RaumFragen: Stadt – Region – Landschaft

Reihe herausgegeben von

Olaf Kühne, Forschungsbereich Geographie, Eberhard Karls Universität Tübingen, Tübingen, Deutschland

Sebastian Kinder, Forschungsbereich Geographie, Eberhard Karls Universität Tübingen, Tübingen, Deutschland

Olaf Schnur, Stadt- und Quartiersforschung, Berlin, Deutschland

RaumFragen: Stadt – Region – Landschaft | SpaceAffairs: City – Region – Landscape
Im Zuge des „spatial turns" der Sozial- und Geisteswissenschaften hat sich die Zahl
der wissenschaftlichen Forschungen in diesem Bereich deutlich erhöht. Mit der Reihe
„RaumFragen: Stadt – Region – Landschaft" wird Wissenschaftlerinnen und Wissenschaftlern ein Forum angeboten, innovative Ansätze der Anthropogeographie und
sozialwissenschaftlichen Raumforschung zu präsentieren. Die Reihe orientiert sich an
grundsätzlichen Fragen des gesellschaftlichen Raumverständnisses. Dabei ist es das Ziel,
unterschiedliche Theorieansätze der anthropogeographischen und sozialwissenschaftlichen
Stadt- und Regionalforschung zu integrieren. Räumliche Bezüge sollen dabei insbesondere
auf mikro- und mesoskaliger Ebene liegen. Die Reihe umfasst theoretische sowie theoriegeleitete empirische Arbeiten. Dazu gehören Monographien und Sammelbände, aber auch
Einführungen in Teilaspekte der stadt- und regionalbezogenen geographischen und sozialwissenschaftlichen Forschung. Ergänzend werden auch Tagungsbände und Qualifikations-
arbeiten (Dissertationen, Habilitationsschriften) publiziert.

Herausgegeben von
Prof. Dr. Dr. Olaf Kühne, Universität Tübingen
Prof. Dr. Sebastian Kinder, Universität Tübingen
PD Dr. Olaf Schnur, Berlin

In the course of the "spatial turn" of the social sciences and humanities, the number of
scientific researches in this field has increased significantly. With the series "RaumFragen:
Stadt – Region – Landschaft" scientists are offered a forum to present innovative
approaches in anthropogeography and social space research. The series focuses on
fundamental questions of the social understanding of space. The aim is to integrate
different theoretical approaches of anthropogeographical and social-scientific urban
and regional research. Spatial references should be on a micro- and mesoscale level
in particular. The series comprises theoretical and theory-based empirical work. These
include monographs and anthologies, but also introductions to some aspects of urban and
regional geographical and social science research. In addition, conference proceedings and
qualification papers (dissertations, postdoctoral theses) are also published.

Edited by
Prof. Dr. Dr. Olaf Kühne, Universität Tübingen
Prof. Dr. Sebastian Kinder, Universität Tübingen
PD Dr. Olaf Schnur, Berlin

Weitere Bände in der Reihe https://link.springer.com/bookseries/10584

Olaf Kühne

Landschaftstheorie und Landschaftspraxis

Eine Einführung aus
sozialkonstruktivistischer Perspektive

3., aktualisierte und überarbeitete Auflage

 Springer VS

Olaf Kühne
Universität Tübingen
Tübingen, Deutschland

ISSN 2625-6991   ISSN 2625-7009   (electronic)
RaumFragen: Stadt – Region – Landschaft
ISBN 978-3-658-34745-1   ISBN 978-3-658-34746-8   (eBook)
https://doi.org/10.1007/978-3-658-34746-8

Die Deutsche Nationalbibliothek verzeichnet diese Publikation in der Deutschen Nationalbibliografie; detaillierte bibliografische Daten sind im Internet über http://dnb.d-nb.de abrufbar.

Planung/Lektorat: Cori A. Mackrodt
Springer VS ist ein Imprint der eingetragenen Gesellschaft Springer Fachmedien Wiesbaden GmbH und ist ein Teil von Springer Nature.
Die Anschrift der Gesellschaft ist: Abraham-Lincoln-Str. 46, 65189 Wiesbaden, Germany

Vorwort zur dritten Auflage

Als die erste Auflage dieses Lehrbuches 2013 erschien, war die sozialkonstruktivistische Perspektive auf Landschaft erst im Begriff, sich im deutschen Sprachraum zu etablieren. Dies ist ihr mittlerweile in kultur- und sozialwissenschaftlichen Landschaftsforschung auch gelungen. Doch hat auch in dieser Zeit die landschaftsbezogene theoriegeleitete Forschung nicht stillgestanden, wie sich in der Zeit zwischen erster und zweiter Auflage diskurstheoretische Perspektiven entwickelten und in das Lehrbuch aufgenommen werden mussten, haben sich seit dem Erscheinen der zweiten Auflage *more-than-representational*-Ansätze für die Landschaftsforschung entwickelt und wurden entsprechend in diesem Buch aufgenommen. Gleiches gilt für Forschungsfelder, wie die Bedeutung von Landschaft im Tourismus, in Spielen oder auch in Virtuellen Räumen. Auch die in den letzten Jahren mit großer Intensität geführte Diskussion um die physischen Manifeste der Energiewende (wie Windkraftanlagen, Photovoltaikanlagen, Stromnetze etc.), findet in der Erweiterung des entsprechenden Abschnitts seinen Niederschlag. Entsprechend blieb es auch bei der dritten Auflage nicht bei einer einfachen Aktualisierung der Literatur, sondern es wurden einige Abschnitte ergänzt, in anderen wurden aktuelle Forschungsergebnisse aktualisiert. Dabei wurde die Grundstruktur des Lehrbuches nicht verändert. Aktualisiert wurden hingegen zahlreiche Abbildungen und ihre Verständlichkeit zu verbessern, darüber hinaus wurden einige Abbildungen ergänzt.

Seit dem Erscheinen der zweiten Auflage des Lehrbuches habe ich Anregungen und Hinweise von Menschen erhalten, denen hierfür mein Dank gilt (die Reihenfolge ist wiederum zufällig): Karsten Berr, Corinna Jenal, Lara Koegst und Timo Sedelmeier (alle Tübingen), Dennis Edler (Bochum), Tim Freytag (Freiburg), Tatjana Thimm (Konstanz), Heidi Megerle (Rottenburg), Winfried Schenk (Bonn), Ute Wardenga (Leipzig), Rainer Duttmann (Kiel), Joachim Vogt (Karlsruhe), Florian Weber (Saarbrücken), Mirella Loda, Laura Leonardi, Andrea Bellini und Matteo Puttilli (alle Florenz), Kent Matthewson und Craig Colten (Baton Rouge, Louisiana) und den Studierenden der geographischen Studiengänge der Universität Tübingen, die Kurse mit Landschaftsbezug gewählt haben und unter anderem Eindrücke vermittelt haben, was wie nachvollziehbar darstellbar ist, und was wie eben auch nicht. Besonders danken möchte ich Anna-Kathrin Schneider und Juliane Paul, die sich um die Aufbereitung des Manuskriptes gekümmert haben,

V

etwa um die Aktualisierung des Literaturverzeichnisses, die Prüfung auf Tipp- und andere Fehler hinsichtlich der Rechtschreibung, der Ordnung von Abbildungen etc.

Und wiederum gilt mein besonderer Dank meiner Frau, die mich in meiner Arbeit mental wie inhaltlich unterstützt.

Saarbrücken/Tübingen   Olaf Kühne
im Mai 2021

Vorwort zur zweiten Auflage

In den vergangenen Jahren hat sich die Forschung um das Themenfeld ‚Landschaft‘ erheblich intensiviert – ein Umstand, dem in einer zweiten Auflage meines Buches Rechnung zu tragen ist. Dies betrifft auch den theoretischen Zugriff auf Landschaft, so hat sich beispielsweise mit der diskurstheoretischen Landschaftsforschung eine neue konstruktivistische Perspektive konturiert (Abschn. 6.1.6). Im Zuge des raschen Wandels der physischen Grundlagen von ‚Landschaft‘ in der letzten Zeit, beispielsweise durch den Ausbau von Windkraftanlagen, Stromnetzen, den verstärkten Maisanbau, Siedlungserweiterungen etc. erfolgte auch eine Intensivierung theoriegeleiteter empirischer Forschung, die es ratsam erscheinen lässt, es bei der zweiten Auflage des Lehrbuches ‚Landschaftstheorie und Landschaftspraxis‘ nicht bei einer Durchsicht oder reinen Literaturergänzung zu belassen. Infolge dieser Integration aktueller Forschungsergebnisse, aber auch der Ergänzung von Passagen, die sich für ein problemloses Verständnis als zu kompakt erwiesen haben, musste ich rasch nach Arbeitsbeginn an der zweiten Auflage das Ziel revidieren, diese etwas weniger umfangreich ausfallen zu lassen als die erste.

Seit dem Abschluss an den Arbeiten zur ersten Auflage des Buches haben sich (zu den Kolleginnen und Kollegen, die ich bereits im Vorwort zur ersten Auflage genannt habe) inspirierende ‚Landschaftskommunikationsprozesse‘ ergeben. Für wertvolle Hinweise, Gespräche, Diskussionen und Kritiken möchte ich insbesondere danken (ohne irgendeine Ordnung der Reihenfolge): Wolfgang Haber (Weihenstephan), Florian Weber (Tübingen), Heidi Megerle (Rottenburg), Boris Stemmer (Höxter), Christoph Moning (Weihenstephan), Karl-Heinz Einberger (Weihenstephan), Sabine Hofmeister (Lüneburg), Lisa-Marie Buchner (Tübingen), Frieder Luz (Weihenstephan), Erik Aschenbrand (Tübingen) und vielen anderen (also in besonderer Weise jenen, die jetzt ihren Namen hier vermisst haben).

Einen Dank möchte ich an dieser Stelle wiederholen, nämlich den an meine Gattin, die meine ‚Landschaftsbesessenheit‘ nicht nur toleriert, sondern mich in meinem Bemühen, die unterschiedlichsten Aspekte der sozialen Konstruktion von Landschaft nachzuvollziehen, unterstützt und immer wieder mit klugen Kommentaren neue Blickwinkel befördert.

Tübingen
im Juni 2017

Olaf Kühne

Vorwort zur ersten Auflage

Das Thema Landschaft nimmt seit einigen Jahren in der deutschsprachigen wissenschaftlichen Auseinandersetzung eine immer prominentere Stellung ein. Auch mein berufspraktisches wie auch wissenschaftliches Arbeiten hat es in den vergangenen Jahren beeinflusst, bisweilen geprägt. Insofern war es für mich eine Freude, zum Thema Landschaftstheorie und Landschaftspraxis diese Einführung aus sozialkonstruktivistischer Perspektive zu verfassen, um den aktuellen Forschungsstand zu dieser Thematik einerseits zusammenzufassen, andererseits auch sozial- und geisteswissenschaftliche Konzepte und Theorien zum Thema Landschaft aus sozialkonstruktivistischer Perspektive zu betrachten.

Landschaft repräsentiert gesellschaftliche Werte, Normen, Rollen, Handlungsprioritäten, ästhetische Deutungen, Machtverteilungen etc. Im Gegensatz zu abstrakteren Konzepten (wie Zentrale Orte, Raumstrukturen und -funktionen) ist der Begriff der Landschaft lebensweltlich präsent. Aufgrund dieser großen lebensweltlichen Bedeutung von Landschaft kann sie als ein Medium für nachhaltige Entwicklung genutzt werden. Dies betrifft nicht allein die ökologische Dimension nachhaltiger Entwicklung, sondern insbesondere kulturelle, soziale, ökonomische und politische Bezüge, schließlich gilt es, Chancengerechtigkeit in räumlicher Dimension zu entwickeln. Hierzu soll das vorliegende Buch Anregungen bieten, indem Fragen zu Gerechtigkeit und Machtverteilung in Bezug auf die soziale Konstruktion und ihrer physisch räumlichen Repräsentanzen behandelt werden.

Aufgrund meiner langjährigen Forschungen im Themenfeld Landschaft, Raumentwicklung und nachhaltige Entwicklung habe ich zahlreiche Texte publiziert, die die Thematik des vorliegenden Bandes betreffen. Insofern erbitte ich bei der Leserin und dem Leser ein wenig Toleranz dafür, dass sie oder er häufiger meinen Namen im Text lesen.

Die vorliegende Arbeit hätte in dieser Form nicht entstehen können, wenn ich nicht von einer Vielzahl von Personen Unterstützung erfahren hätte. Mein Dank gilt zunächst meinen Mitarbeiter(innen) Antje Schönwald, Corinna Jenal, Julia Rupp, Beate Wojtyniak, Anna Currin und Sven Hüther, die mir Anregungen gaben, thematische Aspekte und schwierige Formulierungen zu überdenken, sowie sich lange Zeit nahmen, die Arbeit Korrektur zu lesen. Darüber hinaus gilt mein Dank einigen Kollegen für ihre Diskussionsfreude zu diesem Thema: Andrea Hartz (Saarbrücken), Ulrike Sailer (Trier), Ludger Gailing

(Erkner), Stefan Heiland (Berlin), Markus Leibenath (Dresden), Winfried Schenk (Bonn), wie auch Inge und Dirk Gotzmann (Bonn). In besonderer Weise möchte ich Diedrich Bruns (Kassel), der mir zahlreiche Anregungen – selbst noch in der Vorabschlussfassung des Manuskriptes – gab, und Jochen Kubiniok (Saarbrücken) nennen, der mich aus naturwissenschaftlicher Perspektive anregte, die sozialkonstruktivistische Sicht der Dinge präziser und verständlicher zu begründen.

Ein besonderer Dank gilt der Europäischen Akademie Otzenhausen gGmbH, die meinen Lehrstuhl stiftet, und mir es so ermöglicht, mich intensiver meiner wissenschaftlichen Passion zu widmen. Hiermit möchte ich auch dem Springer VS-Verlag für die langjährige gemeinsame Arbeit und insbesondere Cori Mackrodt für ihre freundliche, konstruktive und professionelle Betreuung danken.

Ein großer Dank gilt meiner Gattin, Sibylle Berger, für ihre Toleranz und die Unterstützung.

Saarbrücken   Olaf Kühne
im Juli 2012

Inhaltsverzeichnis

1 Einleitung.. 1

2 Theoretische Grundüberlegungen: Sozialkonstruktivismus, Raum
  und die konstruierte Landschaft................................. 9
  2.1 Die sozialkonstruktivistische Perspektive....................... 10
      2.1.1 Konstruktivismus und Realismus........................ 10
      2.1.2 Mechanismen der sozialen Konstruktion von Wirklichkeit....... 12
      2.1.3 Sprache und Diskurs................................ 17
  2.2 Die Gesellschaft und ihre Räume........................... 19
  2.3 Landschaften – einige Grundüberlegungen aus
      sozialkonstruktivistischer Perspektive......................... 25
      2.3.1 Die soziale Konstruktion von Landschaft................. 26
      2.3.2 Relevanzen und Landschaftskonstruktion.................. 31

3 Historische Entwicklungen: Die Evolution der Landschaftsbegriffe
  und ihrer sozialen Bedingtheiten............................... 35
  3.1 Etymologische Herkunft und die Entwicklung zu einem politischen
      Begriff der regionalen Bezeichnung........................... 36
  3.2 Die Konstituierung der ästhetischen Landschaft: Von der
      Landschaftsmalerei zur im physischen Raum geschauten Landschaft.... 37
  3.3 Die Kontrastierung von Landschaft zu Stadt..................... 41
  3.4 Die aktive physische Übertragung landschaftlicher
      Normvorstellungen: Die Entwicklung des Englischen Gartens......... 43
  3.5 Kulturlandschaft als Heimat und Landschaft als Ökosystem.......... 45
  3.6 Landschaft und Postindustrialisierung......................... 48
  3.7 Historisch entwickelte Landschaftsbegriffe – ein Überblick........... 50
  3.8 Aspekte aktueller gesellschaftlicher Landschaftsverständnisse – ein
      vorläufiges Fazit mit Ausblick.............................. 52

4 Vier Dimensionen von Landschaft – ein analytischer Rahmen........... 59
  4.1 Die gesellschaftliche Landschaft............................. 61

4.2   Die individuell aktualisierte gesellschaftliche Landschaft   62
4.3   Der externe Raum   66
4.4   Die angeeignete physische Landschaft   68
4.5   Landschaften als Ergebnis gesellschaftlichen Handelns und als
       Ergebnis von Grenzüberschreitungen   71

**5   Abriss der historischen Entwicklung der physischen Grundlagen
       angeeigneter physischer Landschaft**   75
5.1   Vormoderne, Moderne und Postmoderne: Aspekte gesellschaftlicher
       Entwicklung   77
5.2   Aspekte der Genese der physischen Grundlagen angeeigneter
       physischer Landschaft bis zum Mittelalter   78
5.3   Exkurs zu einer spezifischen Geschichte: Die Deutschen und ihr
       ‚wilder‘ Wald   84
5.4   Die physischen Grundlagen angeeigneter physischer Landschaft in
       der Entwicklung vom ‚hölzernen‘ zum industriellen Zeitalter   85
5.5   Die physischen Grundlagen angeeigneter physischer Landschaft in
       der fordistischen Moderne   94
5.6   Die physischen Grundlagen angeeigneter physischer Landschaft in
       der Postmoderne   103
       5.6.1   Postmoderne 1: Räumliche Gitter, Abgrenzung und
                Fragmentierung   103
       5.6.2   Postmoderne 2: Hybridisierungen und
                Re-Urbanisierungstendenzen: Stadtlandhybride, *Edgeless
                Cities,* räumliche Pastiches und URFSURBS   110
5.7   Ökonomische und politische Dominanz bei der Entwicklung der
       physischen Grundlagen angeeigneter physischer Landschaften:
       amerikanische Landschaften und die Entwicklung von sozialistischen
       zu postsozialistischen Landschaften   115
       5.7.1   Amerikanische Landschaften   115
       5.7.2   Sozialistische und postsozialistische Landschaften   129

6   Konzepte und Theorien   139
6.1   Wissenschaftstheoretische Grundpositionen in der
       Landschaftsforschung   140
       6.1.1   Das essentialistische Landschaftsverständnis   140
       6.1.2   Das positivistische Landschaftsverständnis   142
       6.1.3   Das sozialkonstruktivistische (auch: nominalistischsozial-
                konstruktivistische) Landschaftsverständnis   143
       6.1.4   Das Verständnis des gemäßigten Sozialkonstruktivismus   144
       6.1.5   Das radikalkonstruktivistische Landschaftsverständnis   145
       6.1.6   Das diskurstheoretische Landschaftsverständnis   147
       6.1.7   ‚More-than-representational‘-Theorien   148

6.1.8   Exkurs: ‚Enger‘ und ‚weiter‘ Landschaftsbegriff – die
        Darstellung einer Diskussion anhand der wissenschafts-
        theoretischen Grundpositionen   151
6.2   Die ‚geographische‘ Landschaft und ihre Persistenzen.   152
6.3   Landschaft und Ästhetik   158
        6.3.1   Ästhetische Grundüberlegungen und ihre Bezüge zum
                Konstrukt der Landschaft.   159
        6.3.2   Die Landschaftsgeographie und ihre Ästhetik.   169
        6.3.3   Theorien zur Präferenz angeeigneter physischer Landschaften:
                die universale, die soziale und die persönliche Dimension   171
        6.3.4   Landschaft und Komplexität   179
        6.3.5   Landschaft und Atmosphäre   181
6.4   Die Zeitlichkeit von Landschaft: Eigenlogik, Landschaftsbiographie
        und die Lektüre von Landschaft.   185
6.5   Landschaftsbewusstsein.   189
6.6   Kritische Perspektiven auf den gesellschaftlichen Umgang mit
        Landschaft   191
        6.6.1   Kritische Theorie – Landschaft zwischen Kultur, Natur,
                Kitsch und Kompensation   191
        6.6.2   Landschaft als Medium sozialer Distinktions- und
                Machtprozesse   197
6.7   Landschaft aus der Perspektive unterschiedlicher politischer
        Weltanschauungen   213
        6.7.1   Liberale Vorstellungen von Landschaft   214
        6.7.2   Konservative Vorstellungen von Landschaft   217
        6.7.3   Demokratische Vorstellungen von Landschaft.   222
        6.7.4   Sozialistische Vorstellungen von Landschaft.   224
6.8   Normative Landschaftskonzepte   227
        6.8.1   Die Theorie der drei Landschaften von John Brinkerhoff
                Jackson.   228
        6.8.2   Die Auflösung der Dichotomie von Stadt und Land und der
                Versuch einer differenzierten konzeptionellen Reaktion: die
                Zwischenstadt   232
        6.8.3   Der gemäßigt-konstruktivistische Landschaftsbegriff in seiner
                normativen Fassung: die Europäische Landschaftskonvention   236
6.9   Vergleichende Betrachtung der Konzepte und Theorien   240

7   Aspekte der sozialen Konstruktion von Landschaft   243
7.1   Die Pluralität von Landschaftsvorstellungen – ihre Ausprägungen und
        Herkünfte.   244
        7.1.1   Aspekte der differenzierten gesellschaftlichen Landschaft   244
        7.1.2   Die kulturell differenzierte Konstruktion von Landschaft.   254

7.2   Landschaft jenseits des Visuellen: Landschaft in multisensorischer
        Dimension 261
7.3   Landschaft und Angst 264
7.4   Landschaft in der Konstruktion von Kultur und Natur: das Dilemma,
        was geschützt werden soll 269
7.5   Die massenmediale Konstruktion von Landschaft. 274
        7.5.1   Moral, (massenmediale) Kommunikation und Landschaft 274
        7.5.2   Landschaft und bewegte Bilder (Film und Video). 278
7.6   Erweiterungsmöglichkeiten individueller und gesellschaftlicher
        Konstruktionen von Landschaft: Virtuelle Räume und Spiel. 281
        7.6.1   (Immersive) Virtuelle Realität und die Konstruktion von
                  Landschaft 282
        7.6.2   Zwischen materiellem Raum und virtuellem Raum:
                  Landschaft und Spiel 284
7.7   Die stereotype Konstruktion von Landschaft im Tourismus 288
7.8   Heimat und Landschaft 291
7.9   Mikrolandschaften: soziale Deutungen und Bedeutungen privaten
        Grüns 295

8   Landschaftstheorie und ihre Praxis 299
8.1   Die Quantifizierung von Landschaft in Landschaftsbewertungs-
        verfahren – eine kritische Betrachtung aus sozialkonstruktivistischer
        Perspektive 300
8.2   Nachhaltige Entwicklung, Energie und Landschaft. 303
        8.2.1   Anmerkungen zu nachhaltiger Entwicklung und Gerechtigkeit ... 304
        8.2.2   Die Prinzipien der ,schwachen' und ,starken' Nachhaltigkeit
                  im Kontext von Weltanschauung und Landschaft 307
        8.2.3   Die Umstellung auf die Erzeugung regenerativer Energien
                  und ihre landschaftlichen Implikationen 309
        8.2.4   Soziale Nachhaltigkeit und Landschaft 323
        8.2.5   Gesundheit, Wohlbefinden, Nahrungsmittel und Landschaft 326
8.3   Governance von Landschaft. 332
        8.3.1   Grundzüge von Governance. 332
        8.3.2   Die Eigenlogiken von gesellschaftlichen Teilsystemen und
                  ihr Einfluss auf die soziale Konstruktion von Landschaft, das
                  Beispiel der Ökosystemdienstleistungen 336
        8.3.3   Zwei Perspektiven auf das Verhältnis von Governance und
                  Landschaft: die institutionelle und die diskurstheoretische 341

9   Schluss und Ausblick. 349

Literatur. 355

Abbildungsverzeichnis

Abb. 3.1   Caspar David Friedrichs ‚Der einsame Baum' repräsentiert das
            romantische Weltverständnis mit seinen zahlreichen symbolischen
            Verweisen: So kann die Eiche als Sinnbild des Deutschen, aber
            auch als Symbol der in die Gegenwart reichenden Vergangenheit,
            der an den Baum gelehnte Hirte als Symbol des Einklangs von
            Mensch und Natur gedeutet werden, die Rahmung des Dorfes im
            Mittelgrund durch Himmel und dessen Spiegelung in den stehenden
            Gewässern als Metapher für ein religiöses Ordnungsprinzip
            (Hannessen, 1985). Aus ökologischer Perspektive ist der
            dargestellte knorrige Baum durch das ständige Abfressen seiner
            Triebe, Knospen und Zweige durch Weidetiere „eigentlich aber
            ein verkrüppelter Baum" (Urmersbach 2009, S. 34).
            (Bildnachweis: bpk/Nationalgalerie, SMB/Jörg P. Anders)   41
Abb. 3.2   ‚Ruinenästhetik' im postindustriellen Zeitalter mit
            Erholungsfunktion: Der Landschaftspark Duisburg-Nord, ein
            Dokument der gesellschaftlichen Umdeutung ehemals
            wirtschaftlich genutzter Objekte. (Eigenes Foto)   49
Abb. 3.3   Die Entwicklung des ‚semantischen Hofes' von Landschaft in
            zeitlicher Abfolge. Die Intensität der Graufärbung symbolisiert
            die Intensität der Ausprägung. (Eigene Darstellung)   50
Abb. 3.4   Häufigkeit der Antworten zur der offenen Frage „an welches
            andere Wort denken Sie zuerst, wenn Sie das Wort ‚Landschaft'
            hören". Berücksichtigt sind Antworten, die häufiger als dreimal
            genannt wurden. (Angaben sind Absolutzahlen; Befragung im
            Saarland; n = 417) (Nach: Kühne 2018b)   55

Abb. 3.5   Bestandteile der angeeigneten physischen Landschaft: Anteile
der Antworten (mehrere Antworten waren möglich) zu der Frage
„Was gehört Ihrer Meinung nach zu einer Landschaft" an der
möglichen Gesamtzahl der Nennungen pro Variable (2004:
n=451; 2016: n=436; nach: Kühne, 2018b). Dabei wird deutlich,
dass sich landschaftliche Zuschreibungen auch in einem relativ
kurzen Zeitraum von einem Dutzend Jahren deutlich ändern
können (mehr hierzu in Abschn. 7.1.1)..........................   56
Abb. 3.6   Der diskursive Begriffskern und seine Zusatzbestimmungen in
Subdiskursen. (Graphisch abgewandelt aus: Hokema 2013).........   57
Abb. 4.1   Der Einfluss des Menschen auf den physischen Raum. (Nach:
Kühne 2006a, 2012)...   67
Abb. 4.2   Die Entstehung angeeigneter physischer Landschaft, dargestellt
als Logo (oben) einer Mastergruppe an der Universität Kassel
(C. Gebehenne, A. Fröhlich, J. Pagel). Einzelne Objekte (dargestellt
als Puzzleteile) werden selektiv zur Konstruktion aktualisierter
Landschaft herangezogen. (Mit freundlicher Abdruckgenehmigung
des Logos und der graphischen Darstellung der Herleitung durch
die Mastergruppe)...   68
Abb. 4.3   Die Ebenen der Konstruktion von Landschaft. (Eigene Darstellung)...   70
Abb. 4.4   Der Bahnhof Milano Centrale, obwohl vor der faschistischen Ära
in Italien entworfen (Baubeginn, 1913, Eröffnung, 1931; Architekt:
Ulisse Stacchini), entsprach die Gestaltung des Bahnhofs den
Gestaltungsidealen der Faschisten, die der Architektur auch die
Funktion zuwiesen (vgl. Michelis, 1983). (Collage auf Grundlage
eigener Fotos)...   73
Abb. 5.1   Geschätzte Veränderungen der Flächenanteile der fünf Haupt-
Ökosystemtypen der mitteleuropäischen physischen Räume seit
dem Ende der letzten Eiszeit. (Aus: Kühne, 2008a; auf Grundlage
von: Haber, 1991; Job, 1999)...............................   79
Abb. 5.2   Die Entwicklung der Bevölkerungszahl im Kontext damit
verbundener historischer Ereignisse in Mitteleuropa, verstanden
als heute deutschsprachiger Raum. (Modifiziert aus: Schenk, 2011)...   81
Abb. 5.3   Bis heute repräsentiert der Marktplatz seine ökonomische
Bedeutung für die mittelalterliche Stadt, hier ein Teil des
Hauptmarktes von Krakau mit der Marien-Kirche als physisches
Manifest des religiösen (bisweilen auch weltlichen) Machtanspruchs
der katholischen Kirche. (Eigenes Foto)........................   82
Abb. 5.4   Energieverbrauch und Gesellschaftsentwicklung in West- und
Mitteleuropa. (Leicht modifiziert nach: Schenk, 2005).............   87

Abb. 5.5   Saarlouis, Beispiel einer Festungsstadt. Die Stadt verdankt
            Gründung und Namen dem französischen König Ludwig XIV, der
            mit einer Festungskette die Ostgrenze Frankreichs sichern wollte.
            Im Jahre 1680 wurde mit der Errichtung der Festungsstadt nach
            den Plänen von Sebastian le Prêstre de Vauban begonnen. Deutlich
            zu erkennen sind die vorgeschobenen Bastionen, also aus dem
            Hauptwall hervorspringende und nach hinten offene Festungswerke,
            die einen direkten Beschuss der Stadt durch feindliche Truppen
            erschwerten. (Quelle: Stadtarchiv Saarlouis, mit freundlicher
            Abdruckgenehmigung)   88
Abb. 5.6   Historische Entwicklung von Akkumulationsregimen,
            Regulationsmodi und Ären. (Geringfügig verändert nach:
            Blotevogel, 1998).   91
Abb. 5.7   Ein Beispiel für die Symbiose von Industrie und Siedlung:
            Neunkirchen/Saar. (Postkarte aus der Jahrhundertwende
            19./20. Jahrhundert aus der Sammlung von Delf Slotta)   92
Abb. 5.8   Fordistische Logik in der Architektur: Aufgrund von
            Skalenvorteilen effizient produzierte Module werden zu einem
            Gebäude zusammengefügt, wodurch günstiger Wohnraum entsteht,
            hier in Behren les Forbach in Lothringen (Frankreich).
            (Eigenes Foto)   95
Abb. 5.9   Anteil der Erwerbstätigen nach Wirtschaftssektoren in der
            Bundesrepublik Deutschland in Prozent für den Zeitraum 1950
            bis 2016. (Eigene Darstellung nach: Statistisches Bundesamt
            2009, 2012 und 2017)   99
Abb. 5.10   Ein Beispiel für die räumliche Repräsentanz fordistischer Logik,
            hier in Lothringen (Frankreich): Große Ackerschläge ermöglichen
            eine rationelle Bewirtschaftung, nur wenige Wege, Büsche, Bäume
            und Ähnliches wirken als Hindernisse des Betriebsablaufes. Die
            so physisch angelegte angeeignete physische Landschaft lässt sich
            durch eine gewisse Reizarmut beschreiben. (Eigenes Foto).   100
Abb. 5.11   Ein Aussiedlerhof, hier im Bliesgau (Saarland), der aussieht „wie
            Fabrikhalle plus Einfamilienhaus" (Ipsen, 2006, S. 142). Er ist ein
            Repräsentant der fordistischen Modernisierung des ländlichen
            Raumes. (Eigenes Foto).   101
Abb. 5.12   Vergleich der Charakteristika von Moderne und Postmoderne mit
            besonderer Berücksichtigung räumlicher Aspekte. (Eigene
            Zusammenstellung nach: Jencks, 1977; Relph, 1987; Ellin, 1999;
            Dear & Flusty, 2002a; Wood, 2003; Eickelpasch & Rademacher,
            2004; Wilson, 2004; Hall, 2006; Hartz & Kühne, 2007;
            Kühne, 2012a)   104

Abb. 5.13   Aufruf zum (wohl auch gewaltsamen) Protest gegen
            Gentrifizierungsprozesse: Aufkleber in einem Gebäude der
            Universität des Saarlandes. (Eigenes Foto)   105

Abb. 5.14   Ein Beispiel einer postmodernen Inszenierung von Ländlichkeit,
            hier in Wolfersheim (Saarland). Die ländliche Formensprache
            repräsentiert zum einen die postmoderne Wertschätzung des
            Historischen, zum anderen aber auch den Abschied des modernen
            Prinzips *Form follows Function,* zugunsten des postmodernen
            Prinzips *Form follows Fiction:* Die Form der Siedlung suggeriert
            eine bäuerliche Einwohnerschaft, doch ist Landwirtschaft in
            Wolfersheim längt zu einer Randerscheinung geworden, die
            Bewohner~innen pendeln längst nach Saarbrücken, Sankt Ingbert
            oder Homburg zur Arbeit (vgl. auch Fontaine, 2017b).
            (Eigenes Foto)   109

Abb. 5.15   Das UNESCO-Weltkulturerbe Zeche ‚Zollverein‘ in Essen stellt
            in seiner Erhaltung und Umnutzung (u. a. als Museum) ein
            Dokument des gewandelten Umgangs mit Objekten dar, die ihrer
            ursprünglichen Funktion nicht mehr entsprechen können. Statt sie
            gemäß einem modernistischen Kalkül abzureißen, dokumentiert
            sich die postmoderne Wertschätzung des Historischen in dem
            Bemühen, eine Folgenutzung zu finden. (Eigenes Foto)   110

Abb. 5.16   Die Entwicklung von URFSURBS in Rückkopplung mit
            gesellschaftlichen, ökonomischen und anderen räumlichen
            Prozessen. (Nach: Kühne, 2016c)   114

Abb. 5.17   Der Yosemite-Nationalpark in Kalifornien. Die Straßen und Wege
            zu den Objekten, die im ästhetischen Modus der Erhabenheit
            wahrzunehmen sind, sind ausgebaut und somit einer großen
            Öffentlichkeit zugänglich und ermöglichen die Inaugenscheinnahme
            ohne größere körperliche Anstrengungen. (Eigenes Foto)   119

Abb. 5.18   Suburbane Siedlungen, hier in der Metropolregion San Diego.
            Mit ihrer Entwicklung rückgekoppelt: der Ausbau der
            Verkehrsinfrastruktur (zumeist in Form von Straßen).
            (Eigenes Foto)   122

Abb. 5.19   Landnutzungszonen in der Stadt und ihrem Umland gemäß dem
            Modell des Differenzialprinzips der Lagerrente. Gemäß diesem
            Modell ist die Lagerrente umso höher, je näher sich ein Standort
            am Zentrum befindet. Da die erzielbaren Erlöse pro Flächeneinheit
            zwischen den unterschiedlichen Landnutzungen unterschiedlich
            sind, siedeln sich jene Nutzungen in Zentrumsnähe an, die in der
            Lage sind, hohe Preise für zentrumsnahe Flächen zu zahlen.
            (Eigene Darstellung nach: Bathelt & Glückler, 2003;
            Heineberg, 1989)   125

Abb. 5.20   Downtown Los Angeles nimmt sich trotz der
            Restrukturierungsbemühungen seit den 1980er Jahren im Vergleich
            zu anderen US-amerikanischen Metropolen eher bescheiden aus:
            Zu groß ist die Konkurrenz der Edge Cities und Edgeless Cities.
            Durch die Ausrichtung des Verkehrs auf das Auto entsteht in den
            Sommermonaten ein dichter Ozon-Smog. (Eigenes Foto)   126
Abb. 5.21   Das Straßennetz von Downtown Los Angeles. (Aus: Kühne, 2012a) . . .   128
Abb. 5.22   Die Architektur eines der Verwaltungsgebäude der Sendzimir-Hütte,
            früher Lenin-Hütte, im Krakauer Stadtteil Nowa Huta, aus der
            frühen sozialistischen Ära Polens, repräsentiert den Wunsch des
            sozialistischen Staates, Macht und die Bedeutung des
            Industriearbeitertums in einer sozialistischen Gesellschaft
            darzustellen. (Eigenes Foto)   132
Abb. 5.23   Ein Beispiel sozialistischer „pathologischer Urbanisierung"
            (Juchnowicz, 1990, S. 250), hier in Warszawa-Bielany.
            Architektonischer Funktionalismus, in Verbindung mit serieller
            Fertigung von Gebäudeteilen, einer seinerzeit geringen
            Durchgrünung und einer eher geringen Ausstattung an sozialer
            Infrastruktur sowie Versorgung der Einwohner mit Gütern und
            Dienstleistungen aktualisiert das Deutungsmuster einer gewissen
            ‚Tristesse'. (Eigenes Foto).   133
Abb. 5.24   In der polnischen Hauptstadt Warschau finden sich sowohl die
            forcierten Einschreibungen der sozialistischen Moderne wie
            auch der demokratisch-marktwirtschaftlichen Postmoderne in
            räumlicher Nähe: Der Kulturpalast, Repräsentant einer stalinistisch-
            historistischen Architektur (rechts), wird umgeben von Hochhäusern
            der Transformationsära (in einer von einem Plakat abfotographierten
            Fotomontage 2. von u. l.) und der Shopping Mall der ‚Złoty Terasy'
            (Goldene Terrassen; u. l.), die sanierte Altstadt befindet sich in rund
            einem Kilometer Entfernung (2. von o. l.). Seit dem Zweiten
            Weltkrieg hat Warschau „einen intensiven Wechsel von der
            ‚Nachkriegsruine', über die Funktion einer Industriestadt im
            Sozialismus bis zur gegenwärtigen Funktion einer Metropole
            vollzogen" (Czesak et al., 2015, S. 167). Dabei hat das
            postmoderne Warschau „im Gegensatz zum kommunistischen
            Warschau keinen großen städtebaulichen Plan. Alles, was nach
            dem Jahr 1989 passierte, war die Folge spontaner Energie und des
            starken Widerspruchs gegenüber den Regeln, die 40 Jahre
            geherrscht hatten" (Piątek, 2008, S. 30). Dies zeigt das Foto o.l.,
            hier finden sich Gebäude der vorsozialistischen Ära, des
            sozialistischen Historismus (Kulturpalast), des sozialistischen
            Funktionalismus, wie auch der postmodernen Architektur – ein
            postmodernes architektonisches Patchwork. (Eigenes Foto)   136

Abb. 5.25   Die unterschiedliche Bedeutung der Vereinheitlichung angeeigneter
             physischer Landschaft (z. B. durch rationelle Landbewirtschaftung)
             am Beispiel ländlicher Räume im sozialistischen und im
             demokratisch-marktwirtschaftlichen Gesellschaftssystem: Im
             demokratisch-marktwirtschaftlichen Gesellschaftssystem ist sie
             Nebenfolge des Ziels der effizienten Flächennutzung, im
             sozialistischen Gesellschaftssystem Mittel zur Erzeugung einer
             sozialistischen Gesellschaft. (Eigenes Foto)   138
Abb. 6.1   Zusammenfassung der landschaftstheoretischen Positionen.
             (Eigene Darstellung)   144
Abb. 6.2   Die Notwendigkeit einer multitheoretischen Befassung mit
             komplexen Gegenständen. (Eigene Darstellung nach: Hügin, 1996) . . .   150
Abb. 6.3   Perspektiven der landschaftsökologischen Forschung. (Eigene
             Darstellung nach: Steinhardt et al., 2012)   156
Abb. 6.4   Bezüge zwischen dem Schönen, dem Hässlichen, dem Erhabenen
             und dem Pittoresken. (Eigene Darstellung)   160
Abb. 6.5   Postmodernes Spiel mit Zitaten (Playgiat) und Orten: Ein an Caspar
             David Friedrich angelehntes Motiv (Der Wanderer über dem
             Nebelmeer). Drei Touristen vor der Kulisse des heutigen San
             Francisco. Aus dem Gebirge einer deutschen Ideallandschaft
             werden Hochhäuser in Kalifornien, aus der ‚Altdeutschen Tracht'
             wird Freizeitbekleidung, aus dem kontemplativen Blick in den
             physischen Raum wird der Blick durch die Kamera des
             Smartphones. Dennoch hat sich das romantische Motiv Friedrichs
             in der gesellschaftlichen Landschaft (insbesondere in Deutschland)
             sedimentiert und dient als Schema der Konstruktion von Landschaft
             (mehr zu Caspar David Friedrich und seiner Wirkungsgeschichte,
             siehe: Hofmann, 2013). (Eigenes Foto)   167
Abb. 6.6   Theorien der Entwicklungsprozesse von Landschaftspräferenzen
             und deren Produkten aus phänomenologischer Perspektive sowie
             Arten der ästhetischen Wahrnehmung und ihren ästhetischen
             Einschränkungen und Möglichkeiten. (Eigene Darstellung, leicht
             verändert nach: Bourassa, 1991)   172
Abb. 6.7   Die Serengeti, ein Beispiel für eine Savanne, deren physische
             Struktur gemäß der Savannen-Theorie eine universelle
             landschaftliche Präferenz für halboffene angeeignete physische
             Landschaft des Menschen ausgeprägt habe. (Foto, mit freundlicher
             Erlaubnis zur Publikation: Gertrud Hein)   174
Abb. 6.8   Die Matrix der Präferenzen nach Kaplan und Kaplan (1989).
             (Eigene Darstellung auf Grundlage der genannten Vorlage)   175

Abb. 6.9   Der Zusammenhang zwischen Komplexität und Attraktivität
            gemäß der Komplexitätshypothese. Die zunehmende
            Schwarzsättigung der Linien stellt einen zunehmenden Grad
            landschaftsbezogener Kenntnisse dar. Einmontierte Fotographien:
            geringkomplexe angeeignete physische Landschaft (links oben) –
            Causses im französischen Zentralmassiv; angeeignete physische
            Landschaft mittelkomplexer Objektausstattung – Bliesgau im
            Saarland; angeeignete physische Landschaft mit hoher
            Reizkomplexität (rechts oben) – Tal der Durance zwischen
            Avignon und Marseilles. (Eigene Darstellung auf Basis von Ipsen,
            2006, unter Zuhilfenahme von Kühne, 2008a)   180
Abb. 6.10   Zwischen verschiedenen Personen und denselben physischen
            Objekten in ihrer Umgebung können sich sehr unterschiedliche
            Atmosphären konstituieren. Das erfolgt in Abhängigkeit von
            Tageszeit, Witterung, Jahreszeit etc. einerseits und der individuellen
            Stimmung andererseits. (Collage unter Nutzung eigener Fotos)   183
Abb. 6.11   Die Einflussfaktoren auf die Landschaftsbiographie und die
            Möglichkeit ihrer praktischen Umsetzung in einem Landschaftsent-
            wicklungsplan. Deutlich wird die intensive Verflechtung der
            Landschaftsbiographie mit gesellschaftlichen Ist- und Soll-
            Vorstellungen von Landschaft. (Eigene Darstellung, verändert
            nach: Meijles & van Hoven, 2010)   187
Abb. 6.12   Die drei Dimensionen des Landschaftsbewusstseins in ihrer
            Funktion als Deutungssysteme für die private und öffentliche
            Kommunikation. (Eigene Darstellung, leicht verändert nach:
            Ipsen, 2006)   190
Abb. 6.13   Die Matrix des Landschaftsbewusstseins nach Ipsen. (Eigene
            Darstellung, leicht verändert aus: Ipsen, 2006; Ipsen et al., 2003)   190
Abb. 6.14   Die Zusammenhänge zwischen Kapitalien untereinander sowie zu
            den Geschmäckern und Klassen bei Bourdieu. (Abbildung, mit
            freundlicher Erlaubnis zur Publikation: Corinna Jenal)   201
Abb. 6.15   Der Zusammenhang von Umfang der Autonomie der Verwaltung
            und der 'Qualität' der Regierung nach Fukuyama. (Eigene
            Darstellung, leicht abgewandelt aus Fukuyama, 2013).   209
Abb. 6.16   Vergleich der landschaftsbezogenen Positionen von Liberalismus
            und Konservatismus. (Eigene Darstellung, leicht verändert nach
            Piechocki, 2010)   221
Abb. 6.17   Landschaft Drei in Yucca Valley (Kalifornien, oben links), Kraków
            (Krakau, oben rechts), Saarbrücken (unten links) und Los Angeles
            (unten rechts). (Eigene Fotos)   230

Abb. 7.1   Bedeutungszuschreibungen von Einheimischen und Touristen in
            Bezug auf die angeeignete physische Landschaft von Alvaneu:
            1 = höchste, 4 = niedrigster Signifikanz. (Eigene Darstellung, leicht
            abgewandelt aus: Kianicka et al., 2006)   246
Abb. 7.2   Eine Typologie hinsichtlich des professionellen Status und dem
            Ortsbezug von Personen mit einigen Beispielen. (Eigene
            Darstellung, leicht ergänzt nach: Bourassa 1991)   249
Abb. 7.3   Anteile der Antworthäufigkeiten auf die geschlossene Frage in
            Bezug auf eine Abbildung, die einen Park im Stile eines englischen
            Gartens darstellt, „Wie würden Sie den oben dargestellten Wald
            charakterisieren?". Bis zu drei Antworten waren möglich,
            Auswertung nach Alterskohorten, die Alterskohorte ‚15 und jünger'
            ist hellgrau dargestellt, da hier aufgrund der geringen Fallzahlen
            keine signifikanten Aussagen getroffen werden können. (Eigene
            Darstellung nach: Kühne, 2014a, 2017b)   251
Abb. 7.4   Unterschiede der Bewertung angeeigneter physischer Landschaft
            in Abhängigkeit von unterschiedlichen Urteilsdimensionen. (Eigene
            Darstellung, leicht verändert aus: Hunziker, 1995 2010)   253
Abb. 7.5   Bis heute ein Ort der Bezugnahme zum physischen Raum im
            ästhetischen Modus der Erhabenheit, gebildet aus Wüste,
            Hochgebirge und symbolischer Konnotation: das Tal des Todes
            (Death Valley) in Kalifornien. (Eigenes Foto)   258
Abb. 7.6   Integrationsstufen angeeigneter physischer Landschaft nach Carol
            (1973a). (Eigene Darstellung auf Grundlage der genannten Quelle) . . .   271
Abb. 7.7   Ein Beispiel für die Möglichkeiten der Erzeugung virtueller – als
            Landschaft deutbarer – Räume (Abbildung, mit freundlicher
            Abdruckerlaubnis: Timo Wiedenlübbert und Dennis Edler)   284
Abb. 7.8   Von menschlichem Einfluss unberührt scheinender Strand, abseits
            von mit dem Auto ansteuerbaren Aussichtspunkten und
            entsprechend nicht von der ‚doppelten Paradoxie' von tourist gaze
            und technischer Domestikation betroffen. Erreichbar allerdings nur
            durch eine Aktualisierung der Gepflogenheiten frühen Reisens: dem
            geübten Umgang mit dem eigenen Körper zum Zwecke der
            Ortsveränderung, hier in Oregon, Vereinigte Staaten. (Eigenes Foto). . .   290
Abb. 7.9   Bedeutung von Heimat (n = 1189; Befragungen im Jahr 2007 im
            Saarland; Mehrfachnennungen waren möglich). (Eigene Abbildung
            nach: Kühne und Spellerberg 2010)   293
Abb. 8.1   Der idealtypische Vergleich von positivistischen und
            konstruktivistischen Ansätzen im Umgang mit historischen
            Objekten in der Planung. (Eigene Darstellung, leicht verändert
            nach Koh 1982 und van der Valk 2009)   300

Abb. 8.2   Die Konzepte ‚schwacher‘ und ‚starker‘ Nachhaltigkeit im Vergleich.
            (Eigene Darstellung, nach: Hauff & Kleine, 2009; Piechocki, 2010)... 308
Abb. 8.3   Windkraftanlagen – hier in der Nähe des kalifornischen Mojaves –
            gelten bis heute gemeinhin nicht als ‚schön‘, mit ihnen kann aber
            auch ‚Nachhaltigkeit‘, ‚Modernität‘ oder ‚Erhabenheit‘ konnotiert
            werden. Das hier gezeigte Beispiel differiert von dem in weiten
            Teilen Europas praktizierten dezentralen Ausbau von Windkraft.
            Mit dem Ziel, Skalenvorteile zu erzielen, wurden hier viele hundert
            Windkraftanlagen auf begrenztem Raum errichtet, dies bedeutet
            auch die Konzentration landschaftlicher Nebenfolgen des Ausbaus
            von Windkraft. (Foto: Olaf Kühne)........................... 313
Abb. 8.4   Die emotionale Bezugnahme zu einem Foto einer ‚Offenlandschaft
            mit Windkraftanlagen‘ in den Jahren 2004 und 2016, erhoben im
            Saarland mit der identischen Methode, Angaben in Prozent
            (2004 n = 455; 2016 n = 433). Die Veränderungen der Werte für
            ‚Angst‘, ‚Gleichgültigkeit‘ und ‚weiß nicht‘ weisen gemäß
            Chi-Quadrat-Test ein signifikantes, für ‚Zugehörigkeit‘ ein
            hochsignifikantes Niveau auf. (Eigene Darstellung, nach:
            Kühne, 2018d)... 315
Abb. 8.5   Auswirkungen unterschiedlicher Anlagen zur Erzeugung
            regenerativer Energie auf die physischen Grundlagen angeeigneter
            physischer Landschaft. (Eigene Darstellung, verändert nach:
            Le Dû-Blayo, 2011)..................................... 316
Abb. 8.6   Beispiele der Verteilung von durch Involvierte eingenommene
            Positionen in Landschaftskonflikten. (Eigene Darstellung nach:
            Kühne, 2019d)... 320
Abb. 8.7   Physische Manifestationen des Religiösen: Kirche St. Josef und
            Selimiye-Moschee in Völklingen/Saar. Diese Manifestationen
            können auch zu Symbolen des Eigenen und des Fremden werden,
            von Identifikation und Ausgrenzung (Nienaber und Reich, 2015).
            Während die Kirche jedoch eine recht eindeutige Konnotation
            (katholisch in einer noch immer stark katholisch geprägten Region)
            aufweist, kann die Selimiye-Moschee durchaus auch als Raumhy
            brid verstanden werden, einerseits da sie ein nicht christliches
            Religionsbekenntnis in einem weitgehend durch die christliche
            Vergangenheit religiös geprägten Raum einbringe, andererseits
            auch, weil das sie beherbergende Gebäude eine weltliche
            Vergangenheit als Kino hat. (Eigenes Foto) 326
Abb. 8.8   Unterschiedliche systemische Logiken (siehe dazu die
            Absch. 6.1.5 und 8.3.2) im Umgang mit Umweltgerechtigkeit.
            (Eigene Darstellung, leicht verändert nach Maschewsky, 2001) 327

Abb. 8.9   Die zunehmende Einbindung von Beteiligten bei
               Planungsprozessen. (Eigene Darstellung, graphisch verändert
               nach: Heiland, 2008)   334
Abb. 8.10   Die Idealtypen von Markt, Netzwerk und Hierarchie. (Eigene
               Darstellung, um die Ausschlusskriterien ergänzt nach: Wald und
               Jansen, 2007)   335
Abb. 8.11   Der soziale Vermittlungsprozess von Veränderungen angeeigneter
               physischer Landschaft. (Eigene Darstellung, verändert nach:
               Weber, 2008)   337
Abb. 8.12   Unterschiede zwischen dem Governance-Verständnis des
               akteurszentrierten Institutionalismus und des diskurstheoretischen
               Ansatzes. (Eigene Darstellung, leicht verändert nach: Leibenath
               et al., 2012)   346
Abb. 9.1   Arten des Wissens. (Eigene Darstellung, stark verändert und
               ergänzt nach: Deming und Swaffield, 2011)   352

Einleitung

1

Zusammenfassung

Die Einleitung ordnet die sozialkonstruktivistische Landschaftstheorie in den Kanon landschaftsbezogener Theorien ein, insbesondere in Bezug auf essentialistische und positivistische Ansätze. Dabei wird die Multiperspektivität auf das Thema Landschaft, die für einen sozialkonstruktivistischen Ansatz zentral ist, herausgestellt. Darüber hinaus wird die Logik des Buches vorgestellt: Zunächst werden allgemeine Aussagen zur Theorie des Sozialkonstruktivismus und der daraus abgeleiteten Landschaftstheorie vorgestellt, über alternative theoretische Zugänge wird dann zu praktischen Fragen übergeleitet.

Schlüsselwörter

Sozialkonstruktivismus · Landschaft · Theorie · Landschaftswandel · Multiperspektivismus

Landschaft wird in der politischen, aber auch öffentlichen und wissenschaftlichen Debatte in den vergangenen Jahren zunehmend präsent (vgl. Stobbelaar & Pedroli, 2011): Die Auswirkungen des anthropogenen Klimawandels, der Ausbau regenerativer Energien, der demographische Wandel, eine zunehmende Reurbanisierung, der fortschreitende Wandel der Industriegesellschaften zu Dienstleistungsgesellschaften und viele andere Entwicklungen sind mit materiellen Veränderungen und fordern traditionelle Verständnisse von Landschaft heraus.

Das vorliegende Lehrbuch widmet sich dem Thema Landschaft aus sozialkonstruktivistischer Perspektive. Anders als – etwa in der lange Zeit dominanten – positivistischen Tradition stehenden Landschaftsforschung, wird Landschaft hier nicht als vom Beobachter

© Der/die Autor(en), exklusiv lizenziert durch Springer Fachmedien Wiesbaden GmbH, ein Teil von Springer Nature 2021
O. Kühne, *Landschaftstheorie und Landschaftspraxis,* RaumFragen: Stadt – Region – Landschaft, https://doi.org/10.1007/978-3-658-34746-8_1

unabhängiger Gegenstand verstanden. Die Landschaft konstituierende Ebene ist nicht im physischen Raum zu suchen, sondern in Mustern der sozialen Deutungen, Bewertungen und Zuschreibungen, ein Verständnis, das die sozialkonstruktivistische Perspektive mit anderen konstruktivistischen Perspektiven auf Landschaft eint, worauf in diesem Buch noch ausführlicher eingegangen wird. Landschaft entsteht aus einer Zusammenschau unterschiedlicher materieller Elemente unter Rückgriff auf soziale Deutungs- und Bewertungsmuster. Landschaft ist entsprechend mehr als eine bloße „Konstellation von Naturtatsachen" (Freyer,1996b, S. 70), nämlich „ein Stück Erde mit Bezug auf den Menschen und insofern ein reflexives Gebilde" (Freyer, 1996b, S. 70). Dieses *reflexive* Gebilde basiert in wesentlichen Teilen auf ästhetischen Deutungen, wie Georg Simmel bereits 1913 (1996, S. 191) feststellte: „Wo wir wirklich Landschaft und nicht mehr eine Summe einzelner Naturgegenstände sehen, haben wir ein Kunstwerk in statu nascendi". Was, *wann* und *von wem* als Landschaft beschrieben werden kann, unterliegt sozialen Aushandlungsprozessen. Entsprechend sind die sozialen Konstrukte von Landschaft unterschiedlichen sozialen und kulturellen Prägungen unterworfen und weisen auch in der zeitlichen Dimension eine hohe Veränderlichkeit auf (unter vielen: Berr & Kühne, 2020; Bruns, 2016; Bruns & Münderlein, 2019a; Kirchhoff, 2020; Kühne, 2018d; Müller, 1977). An dieser Stelle findet sich der Ansatzpunkt der konstruktivistischen Landschaftsbefassung. Gemäß der Position des sozialen Konstruktivismus, oder Sozialkonstruktivismus, kann der Mensch allein durch den Umgang mit anderen Menschen zu Erkenntnissen über die Welt gelangen. Dadurch ist es dem Menschen nicht möglich, Erkenntnisse über die Welt ‚wie sie ist' zu erlangen, sondern lediglich in durch andere vorinterpretierter Form. Die sozialkonstruktivistische Perspektive stellt dabei weder die Existenz physischer Gegenstände noch deren Bedeutung für die Gesellschaft in Abrede, dies würde auch ihren Wurzeln in der Phänomenologie nicht gerecht werden. Gegenüber der Phänomenologie fokussiert sie aber weniger das Erleben physischer Räume durch das Individuum, sondern dessen Verhältnis zur Gesellschaft. Sie befasst sich mit der Entstehung dieser Bedeutungen und der Art, wie der Mensch diese Bedeutungen kommuniziert[1]. Verbunden ist ihre aus der Phänomenologie hervorgehende Entwicklung mit Namen wie Merleau-Ponty (1945), Berger und Luckmann (1966), Schütz (1971 [1962], 1971, 2004 [1932]), Blumer (1973), Husserl (1973[1929], 1975 [1968]), Schütz und Luckmann (2003 [1975]). Die hier dargelegte sozialkonstruktivistische Befassung mit Landschaft stellt also – aufgrund ihrer theoretischen Fundierung in Soziologie, Geographie, Philosophie und Psychologie – mehr als nur eine geschmacksorientierte „Begründung für einen [land-

---

[1]Wie die Ebene der Objekte und die Ebene der sozialen Konstruktion von Bedeutungen aufeinander bezogen sind, verdeutlicht Wolfgang Welsch (1993b, S. 13) am Beispiel der Architektur: „Architektur [hat] immer eine doppelte Wirkungsweise: eine reale und eine symbolische. Real definiert sie Lebensräume und Handlungsmöglichkeiten; auf der symbolischen Ebene prägt sie unsere Vorstellungen von Urbanität, Zusammenleben, Gesellschaft etc. Sie greift also nicht nur in unsere Praxis, sondern auch in den Haushalt unserer Imaginationen, Wünsche und Zielvorstellungen".

schaftsarchitektonischen; Anm. O.K.] Stil" (Deming & Swaffield, 2011, S. 32) dar, bei
der sich das Konzept der Beschreibung ‚Theorie' eher missbräuchlich gestaltet (Deming
& Swaffield, 2011), denn diese Art ‚Theorien' eignen sich – im Vergleich zur sozialkonstruktivistischen Landschaftstheorie – nicht für eine empirische Prüfung und insbesondere Widerlegung im Sinne von Popper (1959).

Aktuell lassen sich im Wesentlichen zwei Traditionslinien sozialkonstruktivistischer
Landschaftsforschung ausmachen, eine, die in der angelsächsischen Geographie ihren Ausgang nahm (unter anderem: Cosgrove 1984, 1989; Duncan 1995; Duncan & Duncan, 1988,
2004), eine zweite, die sich stärker an den soziologischen Grundlagen in Anschluss an
Berger, Luckmann und Schütz orientiert (unter vielen: Al-Khanbashi, 2020b; Aschenbrand et al., 2017a; Greider & Garkovich, 1994; Koegst, 2020; Kühne, 2009b; Stemmer,
2016), die insbesondere in der deutschsprachigen Landschaftsforschung präsent ist und
der auch dieses Buch zuzurechnen ist. Dieses Buch ist damit auch ein Ausdruck eines
zunehmenden Interesses an einer theoretischen Befassung mit Landschaft. In der Landschaftsforschung werden konstruktivistische Ansätze seit längerer Zeit diskutiert, in
den letzten zehn Jahren mit wachsender Intensität und theoretischer Anbindung (z. B.
Tilley, 1994; Corner, 1999b; Makhzoumi, 2002; Terkenli, 2001; Kühne, 2006a und
2008a; Jones, 2007; DeLue, 2008 [2001]; Gailing, 2008, 2012; Paasi, 2008; Gailing &
Leibenath, 2012 und 2015; Kilper et al., 2012; Stakelbeck & Weber, 2013; Schwarzer,
2014; Bruns & Kühne, 2015b; Kühne & Schönwald, 2015a; Kühne & Weber, 2015b;
Schnur, 2015; Stotten, 2015; Stemmer, 2016; Aschenbrand, 2017; Fontaine, 2017a und
2017b; Weber, 2017; seit dem Erscheinen der zweiten Auflage dieses Lehrbuches 2018
etwa: Bellini & Leonardi, 2020; Jenal, 2020c; Kühne, 2018e; Leibenath & Lintz, 2018;
Weichhart, 2018 [2020 erschienen]; Kühne, Edler und Jenal 2021b). Im Vergleich zu
anderen Lehrbüchern und Überblickswerken zur Landschaftstheorie mit unterschiedlichen fachlichen Ausrichtungen (Antrop & van Eetvelde, 2017; Bourassa, 1991; Herrington, 2016b; Howard et al., 2019; Kühne, 2019d; Kühne et al. 2019, Jenal, 2019; Roger,
1995; Winchester et al., 2003; Wylie, 2007) legt das vorliegende Lehrbuch den Fokus auf
eine Theorie, die sozialkonstruktivistische, die entsprechend vertiefter behandelt werden
kann und die dabei auch eine theoretische Verknüpfung von materieller und immaterieller
Welt ermöglicht. Sie schließt nicht wie andere konstruktivistische Zugänge, wie etwa
der radikale Konstruktivismus, die materielle Welt aus (zum Bedeutungsgewinn der
Untersuchung von Materialitäten in der Geographie, siehe Kazig & Weichhart, 2009;
kritisch dazu: Leibenath, 2014a). Infolge ihrer Offenheit zur theoretischen Integration
der materiellen Welt wie auch zu anderen konstruktivistischen Theorien weist sie eine
Art ‚Angelpunkt' aktueller landschaftstheoretischer Forschung auf. Darüber hinaus hat
sie sich als tauglicher theoretischer Rahmen für die empirische Landschaftsforschung
erwiesen, die bis dato keine Ergebnisse erbracht hat, die ihr – in dem von ihr als Theorie
‚mittlerer Reichweite' (Merton, 1968[1949], 1973) gefassten Deutungsanspruch der
Welt – widersprächen (etwa: Aschenbrand, 2017; Fontaine, 2020a; Jenal 2019b; Kühne
2006a, 2018d; Weber et al., 2018; Weber & Sautter, 2018 [2020 erschienen]). Dies
alles legt eine gesonderte Fassung eines Lehrbuches zu Landschaftstheorie aus sozial-

konstruktivistischer Perspektive nahe. Trotz dieses Fokus werden andere theoretische Zugriffe auf Landschaft ebenfalls in diesem Buch behandelt, weil aus der Bezugnahme zu anderen Theorien die Spezifika der sozialkonstruktivistischen Landschaftstheorie deutlicher werden. Das vorliegende Lehrbuch fokussiert sich dabei auf die deutschsprachige Landschaftsforschung bzw. auch auf räumliche Entwicklungen im deutschen Sprachraum, dies liegt einerseits darin begründet, dass – wie oben gezeigt – zahlreiche Überblickswerke zur Landschaftstheorie im internationalen Kontext existieren, andererseits darin, dass im deutschsprachigen Raum spezifische theoretische Entwicklungen zu finden sind, die nicht oder nur teilweise an internationale Diskurse angebunden sind. Diese Konzentration bedeutet jedoch nicht, dass internationale Ansätze ignoriert würden, sondern nur, dass sie aus der Perspektive der deutschsprachigen Landschaftsforschung kontextualisiert werden.

Die Zuwendung zu konstruktivistischen Positionen in der Sozialforschung impliziert ein verstärktes Interesse für Sprache und andere symbolische Systeme (Burr, 2005). Diese Position ist auch mit der Sensibilität für kulturelle Gebundenheiten verbunden: Der Begriff der Landschaft in seiner spezifischen Bedeutung ist kulturgebunden (z. B. Bruns & Kühne, 2015b; Bruns, 2016). Der vorliegende Band befasst sich dabei primär mit dem Begriff der Landschaft im deutschen, bisweilen auch im angelsächsischen Sprachraum. Die Untersuchung der Konstruktion landschaftsähnlicher Begriffe in anderen Kulturen erfolgt in Grundzügen in einem eigenen Abschn. (7.1.2), auch um die Kontingenz von Raumkonstruktionen im Allgemeinen und Landschaftskonstruktionen im Besonderen zu verdeutlichen.

Die vorliegende Arbeit verbindet die Forschungsstränge unterschiedlicher sozialwissenschaftlicher Landschaftsforschungen unter der Perspektive sozialkonstruktivistischer Ansätze, insbesondere der Geographie, der Soziologie, der Psychologie, der Raumplanung, der Landschaftsarchitektur und -planung und nicht zuletzt der Philosophie. Eine solche multiperspektivische Herangehensweise verspricht, die Komplexität des Themas Landschaft eher abbilden zu können als ein monoperspektivischer Ansatz (z. B. allein aus der Perspektive der Umweltpsychologie oder der geographischen Landschaftsforschung; mehr dazu bei: Berr & Hahn, 2020; Kühne, 2020a; Mittelstraß, 1998). Dabei lässt sich der Prozess der landschaftsbezogenen Forschungen – auch aufgrund der Thematisierung von ‚Landschaft' in zahlreichen Wissenschaften – nicht als ein linearer Vorgang verstehen. Vielmehr besteht er aus vielen Strängen, die teilweise unabhängig voneinander entstehen, sich ignorieren oder gegeneinander abgrenzen, und anderen, die wiederum miteinander verflochten sind. Einige Forschungsstränge werden auch aufgegeben, teilweise nicht endgültig, sondern später an anderer Stelle wiederaufgegriffen. Somit besteht heute weder ein Konsens darüber, was unter ‚Landschaft' zu verstehen sei, wie sie zusammengesetzt sein solle, noch wie mit ihr künftig zu verfahren sei. Das vorliegende Buch stellt sich der Aufgabe, einen Überblick über wesentliche Stränge der Landschaftsforschung zu ermöglichen.

Der Begriff der ‚Landschaft' weist nicht nur in der Wissenschaft, sondern auch in der Praxis eine hohe diskursive Anschlussfähigkeit auf, sodass Gailing und Leibenath

(2012; ähnlich Jones & Daugstad, 1997; Schenk, 2013 & 2017) ihn folgendermaßen charakterisieren:

• Er ist vergleichsweise bedeutungsoffen, wird im Allgemeinen positiv konnotiert und bietet daher vielfältige Identifikationsmöglichkeiten.
• Er dient als verbindende Klammer unterschiedlicher raumbezogener Forschungs-ansätze.
• Er ist Ausgangspunkt gegensätzlicher, widersprüchlicher Interpretationen und regt dadurch „zum Nachdenken und Streiten […] – über verschiedene Landschaftsbegriffe, über Forschungsdesigns, aber vor allem auch über die Gestaltung der Räume, in denen wir leben" (Gailing & Leibenath, 2012, S. 96) – an.

Neben der Frage, ob Landschaft als betrachterunabhängiger physischer Gegenstand zu verstehen sei (wie bei positivistischen oder essentialistischen Ansätzen) oder ein soziales und/oder individuelles Konstrukt darstelle, ist die Frage, ob und inwiefern Stadt als Landschaft verstanden werden könne, ein zentraler Bezugspunkt des ‚Nachdenkens und Streitens' um Landschaft. Die Deutung von Stadt als Landschaft, wie sie sich in den ver-gangenen Dekaden in weiten Teilen des sozialwissenschaftlichen und planungswissen-schaftlichen Kontextes im deutschsprachigen Raum durchgesetzt hat, rekurriert dabei einerseits auf natürlich deklarierte Restbestände in Städten (Parks, Ruderalvegetation[2]), ist aber auch andererseits – so Fischer (2011) – vor dem Hintergrund der historischen Entwicklung des Landschaftsbegriffs als ästhetisierte Natur und der (später noch zu dis-kutierenden) Umbildung natürlichen Materials zu kultürlichen Zwecken zu sehen, z. B. in der Verwendung von Steinen zum Hausbau.

Sowohl die Frage nach der gesellschaftlichen Konstruktion, Bedeutungsaufladung und Bewertung von Landschaft als auch die Frage nach der Möglichkeit, die eigenen Interessen räumlich zu manifestieren, verweisen auf den Aspekt der Abhängigkeit der Entstehung von Landschaft von Machtverteilungen in der Gesellschaft. Macht ist stets mit Machtlosigkeit, oder zumindest mit ‚Mindermacht' (Paris, 2005) ver-bunden. Dies betrifft auch Landschaft: Auf einer Fläche, auf der sich eine Nutzung (z. B. eine Industrie) durchsetzen konnte, finden keine alternativen Nutzungen statt (z. B. Fortwirtschaft). Gerhard Hard (2008, S. 286) umreißt dieses Verhältnis wie folgt: „In jeder halbwegs guten, d. h. auch: methodisch reflektierten (sozial) geographischen Exkursion wird (heute hoffentlich standardmäßig) nicht nur gefragt, was von Gesell-schaft, Wirtschaft, Ökologie und Geschichte man im Raum, in der Landschaft, im Gelände sehen oder erschließen kann, sondern auch, was man weshalb nicht sieht (obwohl gerade das fürs gegebene Thema vielleicht weit wichtiger wäre) – und was man

---

[2]Unter Ruderalvegetation wird eine vorwiegend krautige Vegetation verstanden, die auf anthropo-gen stark überformten Wuchsplätzen wächst, sofern diese weder einer land- noch forstwirtschaft-lichen Nutzung unterliegen.

vielleicht nur zu sehen glaubt, weil man sein möglicherweise sogar falsches Vorwissen auf etwas projiziert hat, was vielleicht etwas ganz anderes bedeutet". Diese Perspektive beim ‚Lesen von Landschaft' bedeutet, stets zu reflektieren, was sich aufgrund welcher Machtverhältnisse nicht physisch manifestieren konnte oder auch was aufgrund welcher Machtverhältnisse nicht als Landschaft gesellschaftlich akzeptiert zu deuten ist. In dem oben aufgeführten Beispiel von Stadt als Landschaft ist mit einer sozial-konstruktivistischen Sichtweise auch die Frage verbunden, warum aufgrund welcher Machtverteilungen vormals Stadt nicht als Landschaft definiert wurde, und warum dies aufgrund welcher Machtverteilungen heute möglich ist (zu diesem Verhältnis etwa: Gailing, 2015b; Kühne, 2008a, 2018 f.; Voigt, 2015).

Der theoretische Zugang zum Thema ‚Landschaft' ist – wie bereits angedeutet – ein vergleichsweise junges Phänomen, jung, in Bezug auf die Zeit, in der ‚Landschaft' zum Gegenstand der wissenschaftlichen Befassung wurde, also etwa der Wende vom 18. zum 19. Jahrhundert. Bevor der Aufbau des vorliegenden Buches umrissen wird, sei die Frage beantwortet, warum eine theoretische Befassung mit Landschaft sinnvoll erscheint (Kühne, 2019d; allgemeiner: Kühne & Berr, 2021; Poser, 2012; Tetens, 2013):

1. Theoretische Befassung mit einem Gegenstand (hier Landschaft) erleichtert die Abstraktion von der Vielzahl der Einzelfälle, sie erleichtert also die Orientierung.
2. Landschaftstheorie ermöglicht zudem, die unterschiedlichsten Forschungen zum Thema der Landschaft, die sich selbst häufig nicht oder nur implizit an (wissenschafts) theoretische Begründungen anbinden, diesbezüglich einzuordnen und zu vergleichen.
3. Die Befassung mit der theoretischen Auseinandersetzung mit Landschaft erleichtert die Anschlussfähigkeit an unterschiedliche wissenschaftliche Disziplinen (etwa die Sozialwissenschaften, die Psychologie oder die Philosophie).
4. Die Auseinandersetzung mit Landschaftstheorien verdeutlicht die Vielzahl der Möglichkeiten, sich mit Landschaft zu befassen und bietet damit die Möglichkeit, die eigenen Vorstellungen (auch die theoretischen) von Landschaft zu kontextualisieren.
5. Es ist (eigens für Sozialwissenschaftlerinnen) interessant, sich mit der Frage zu befassen, wie überhaupt ‚das Normale', das ‚Selbstverständliche', das ‚Alltägliche' entstehen.
6. Konflikte um landschaftliche Entwicklungen entspringen häufig unterschiedlichen landschaftsbezogenen (ästhetischen bzw. moralischen) Normvorstellungen, die Reflexion dieser Normvorstellungen erleichtert entsprechend das Verständnis für diese Konflikte.
7. Forschungspraktisch sind – wie bereits angesprochen – Theorien geeignet, empirische Forschung zu rahmen, empirische Forschung wiederum kann den Grad der Ver-allgemeinerbarkeit von Theorien prüfen.

Neben der Theorie befasst sich das vorliegende Lehrbuch auch mit der Praxis von Landschaft, also der Frage, wie Landschaft im alltäglichen, aber auch im beruf-lichen Handeln und Verhalten genutzt, konstituiert und gestaltet wird, auch inwiefern

hier materielle Objekte welche Bedeutung für Handelnde und Sich-Verhaltende aufweisen. Im Vergleich zur makrosoziologischen Betrachtung, die Gesellschaft und ihre
Gliederungen (etwa in Form von Teilsystemen, wie bei Luhmann, 1984) begreift, wird
hier eine mikrosoziologische Perspektive eingenommen, in der – etwa in der Tradition
von Alfred Schütz (1960 [1932]), Harold Garfinkel (1967) oder Pierre Bourdieu (1979
[French Original 1972]) – das Handeln und Verhalten Einzelner in gesellschaftlichen
und materiellen Kontexten in den Fokus der Betrachtungen gerückt wird (Schatzki,
2002). Allgemein lässt sich der Begriff der Praktiken „ganz allgemein [als] konventio-
nalisierte Handlungsmuster [fassen], die in kollektiven Wissensvorräten als Handlungs-
repertoire zur Verfügung gestellt werden, d. h. ein mehr oder weniger explizit Gewusstes,
häufig inkorporiertes Rezept- oder Skript-Wissen über die ‚angemessene' Art und Weise
von Handlungsvollzügen" (Keller, 2016, S. 69; einen Überblick über praxeologische
Zugänge zum Sozialen liefert: Hillebrandt, 2014).

Die vorliegende Einführung gliedert sich nach dieser Einleitung in acht inhaltliche
Kapitel zuzüglich einer kurzen Schlussbemerkung mit Ausblick (Kap. 9). In einem
ersten Schritt werden die theoretischen Grundlagen der Arbeit erörtert (Kap. 1): Hier
werden Grundzüge des Sozialkonstruktivismus ebenso dargestellt wie unterschiedliche
Raumverständnisse und grundlegende Vorstellungen einer sozialkonstruktivistischen
Perspektive der Landschaftsforschung. Wird Landschaft nicht als physisch gegebener
Gegenstand, sondern als soziales Konstrukt verstanden, erhält die Frage nach dessen
Entstehungsgeschichte eine prominente Bedeutung. Der Frage nach der Genese des
Landschaftsbegriffs insbesondere im deutschen Sprachraum wird in Kap. 3 nach-
gegangen, was auch die Vergleichsgrundlage zu Landschaftsverständnissen in anderen
Kulturen bildet (Abschn. 7.1.2). In Kap. 4 werden vier unterschiedliche Dimensionen
von ‚Landschaft' analytisch betrachtet: Die Dimension der gesellschaftlichen
Konstruktion von Landschaft (die gesellschaftliche Landschaft), die Dimension der
individuellen Konstruktion von Landschaft auf Grundlage gesellschaftlicher Deutungen
(die individuell aktualisierte gesellschaftliche Landschaft), die Ebene der Materie als ein
durch Gegenstände gebildetes Substrat landschaftlicher Zuschreibungen (der physische
Raum) und die Dimension jener Gegenstände, die auf Grundlage gesellschaftlicher
Deutungen zu Landschaft synthetisiert werden (die angeeignete physische Landschaft).
Diese Gliederung stellt eine analytische Grundlage für die weitere Befassung mit Land-
schaft in den sich anschließenden Kapiteln dar. Auch wenn Landschaft als soziales
Konstrukt verstanden wird, kommt der Ebene der physischen Gegenstände eine zentrale
Bedeutung als Grundlage für die soziale und individuelle Konstruktion von Landschaft
zu. Auch diese Ebene unterliegt einem zeitlichen Wandel, der mit dem in Kap. 3 nach-
vollzogenen Wandel der Landschaftsbegriffe rückgekoppelt ist: In Kap. 5 werden also
Veränderungen im physischen Raum dargestellt, die in unterschiedlicher Weise Gegen-
stand landschaftlicher Betrachtung werden. Kap. 6 befasst sich mit unterschiedlichen
Konzepten und Theorien von Landschaft. Dabei werden zunächst Landschafts- und
Wirklichkeitsverständnisse vorgestellt, die den Konzepten und Theorien zugrunde liegen
und mit Hilfe derer die Konzepte und Theorien, wie die ‚geographische' Landschaft,

unterschiedliche Konzepte ästhetischer Landschaftskonstruktionen, das Verständnis von Landschaft aufgrund unterschiedlicher Weltanschauungen u. a. verglichen werden. Das folgende Kap. 7 befasst sich mit unterschiedlichen Einflüssen auf die soziale Konstruktion von Landschaft. Dabei werden kulturelle Aspekte ebenso dargestellt wie soziodemographische Variabilitäten oder der Einfluss von Medien auf die soziale Konstruktion von Landschaft. In Kap. 8 werden Aspekte des praktischen Umgangs vor dem Hintergrund sozialkonstruktivistischer Zugänge zu Landschaft diskutiert. Ein besonderes Augenmerk liegt dabei auf der Frage, wie ein am Gedanken der Nachhaltigen Entwicklung ausgerichteter Umgang mit Landschaft erfolgen kann und wie dieser in *Governance*-Prozessen unter Einbindung unterschiedlicher Interessenvertreter (insbesondere der Bevölkerung) organisiert werden kann.

Das Thema Landschaft gerät in zahlreichen Wissenschaften vielfach im Rahmen des *spatial turns* (wieder) in den Fokus. Die vorliegende Einführung soll Studierenden, Doktoranden, Praktikern, Wissenschaftlern aus Disziplinen mit Landschaftsbezug und anderen Interessierten einen Einblick in den aktuellen Diskussionsstand der landschaftsbezogenen Theoriebildung liefern und Anschlusspunkte an die berufliche Praxis bieten. Es richtet sich insbesondere an Landschaftsplaner~innen und -architekten, Geographen~innen, Soziologen, Kulturwissenschaftler~innen, Umweltwissenschaftlerinnen und Psychologen, aber auch Raumplanerinnen und -entwickler wie auch an Künstlerinnen[3], letztlich an alle, die sich mit dem komplexen Phänomen ‚Landschaft' befassen. Da das Lehrbuch sehr viele Aspekte der theoriegeleiteten Landschaftsforschung darstellt, bleiben – trotz seines größeren Seitenumfangs – zahlreiche dieser Aspekte knapp dargestellt, insofern wurde das Buchkonzept so gestaltet, dass zahlreiche Literaturverweise die eigenständige vertiefte Befassung mit den Themen erleichtern. Das Buch ist so konzipiert, dass die einzelnen Kapitel prinzipiell auch ohne die Lektüre der vorangegangenen Kapitel verständlich sind. Eine Ausnahme bildet Kap. 4, das die analytische Basis für die sich daran anschließenden Ausführungen darstellt.

---

[3] Aufgrund einer erleichterten Lesbarkeit des Textes wird im Text mal gegendert, mal die weibliche oder männliche Form verwendet, gemeint sind – wenn nicht anders gekennzeichnet stets alle attribuierten Menschen (hier im fachlichen Kontext).

Theoretische Grundüberlegungen: Sozialkonstruktivismus, Raum und die konstruierte Landschaft

2

Zusammenfassung

Dieses Kapitel stellt Grundzüge des Sozialkonstruktivismus in Rückgriff auf die klassische Arbeit von Berger und Luckmann „Die soziale Konstruktion der Wirklichkeit" vor und leitet daraus einen sozialkonstruktivistischen Zugriff auf Landschaft ab. Dabei wird Landschaft nicht als materieller Raum verstanden, sondern als Ergebnis sozialer Konventionalisierungsprozesse. Die dadurch entstandenen Deutungs- und Bewertungsmuster werden (mittels Sprache) dem sich sozialisierenden Individuum vermittelt, das wiederum prinzipiell die Möglichkeit hat, innovative Vorstellungen zu kommunizieren.

Schlüsselwörter

Sozialkonstruktivismus · Raumverständnis · Sprache · Landschaftstheorie · Diskurs

Die vorliegende Einführung in die Landschaftstheorie und Landschaftspraxis basiert auf einer sozialkonstruktivistischen Perspektive, insofern erscheint es für den Bezug der sozialkonstruktivistischen Theorie auf Landschaft zentral, ihre wesentlichen Aussagen vorzustellen. Dieses Kapitel befasst sich zunächst knapp mit deren Grundzügen des Sozialkonstruktivismus (Abschn. 2.1; ausführliche Einführungen, auch zu den unterschiedlichen Spielarten, finden sich beispielsweise bei Gergen, 1999; Burr, 2005; Tuma & Wilke, 2016). Im Anschluss wird die allgemeinere Kategorie des Raumes behandelt, aus deren Konzeptionierung sich Einflüsse auf die Verständnisse von Landschaft ergeben (Abschn. 2.2). Grundzüge der sozialen Konstruktion von Landschaft werden hierauf aufbauend behandelt (Abschn. 2.3).

© Der/die Autor(en), exklusiv lizenziert durch Springer Fachmedien Wiesbaden GmbH, ein Teil von Springer Nature 2021
O. Kühne, *Landschaftstheorie und Landschaftspraxis*, RaumFragen: Stadt – Region – Landschaft, https://doi.org/10.1007/978-3-658-34746-8_2

2.1   Die sozialkonstruktivistische Perspektive

2.1.1   Konstruktivismus und Realismus

In den vergangenen Jahrzehnten entwickelten sich weite Teile der Naturwissenschaften und große Teile der Sozialwissenschaften auseinander. Diese Differenz verläuft entlang der mehrheitlich in den Sozial- und Geisteswissenschaften vertretenen unterschiedlichen Positionen des Konstruktivismus oder auch den aus konstruktivistischen Positionen entwickelten Ansätzen der Vermittlung zwischen individueller/geistiger und materieller Welt (,more-than-representational'-Theorien; siehe Abschn. 6.1.7) und der in den Naturwissenschaften vielfach vertretenen ,realistischen' Weltsicht (Egner, 2010) und tritt auch innerhalb von Einzelwissenschaften auf, die sowohl natur- wie auch geisteswissenschaftliche Wurzeln aufweisen, wie die Psychologie, die Soziologie und die Geographie, Wissenschaften also, die für die Erforschung von Landschaft entscheidende Impulse gegeben haben. Trepl (2012a, S. 29) verdeutlicht die unterschiedlichen Denkweisen zwischen Natur- und Geisteswissenschaften an der Kategorie des Begriffs: „Begriffe in den Naturwissenschaften sind meist eher Mittel, um ein Ziel zu erreichen. In Geistes- und Sozialwissenschaften [sofern diese, wie die quantitative Sozialforschung nicht naturwissenschaftlich orientiert sind; Anm. O.K.] ist dagegen das Verständnis der Begriffe eher selbst das Ziel".

Der Realismus geht davon aus, dass objektives Wissen möglich ist und anhand geeigneter empirischer Verfahren gebildet werden kann, da eine vom menschlichen Bewusstsein unabhängige, strukturierte und vom menschlichen Bewusstsein erfassbare Wirklichkeit existiert (Bailer-Jones, 2005; Burr, 2005; Collin 2008; Gergen & Gergen, 2009; Lynch 2016). Diese ,Wirklichkeit' stellt also für Realist~innen eine unhintergehbare Basis dar, auf deren Grundlage Wissen über die Welt entsteht und anhand derer Theorien geprüft werden können. Der Extremfall des Realismus ist der sogenannte naive Realismus, also „ein bedingungsloser Glaube an die Realität dessen, was wir wahrnehmen" (Wetherell & Still, 1998, S. 99). Burr (1998 und 2005) konstatiert drei Bedeutungsinhalte zu dem Terminus ,Realität':

1. Realität (im Sinne von Wahrheit) wird als Gegensatz von Unwahrheit verstanden.
2. Realität (im Sinne von Materialität) ist das Gegenteil von Illusion.
3. Realität (im Sinne von als Essenz; zum Essentialismus siehe Abschn. 6.1.1) wird als Manifest gegen Konstruktion verstanden.

Im Gegensatz zu realistischen Positionen gehen konstruktivistische von der sozialen Erzeugung von Wirklichkeit in alltäglichen Praxen, also im sozialen Miteinander entstehenden Handlungsmustern, aus (Berger & Luckmann, 1966), was eine kritische Haltung gegenüber jenem impliziert, „was wir als selbstverständliche Verständnisse der Welt, einschließlich unserer selbst, verstehen" (Burr, 2005, S. 2–3; vgl. auch Schütz &

Luckmann, 2003[1975]). Dabei stellt der Sozialkonstruktivismus kein anti-empirisches Forschungsprogramm dar, er verfolgt vielmehr ein explizit empirisches Forschungsprogramm, „das der Frage nachgeht, welche Wirklichkeitsdeutungen soziale Verbindlichkeit erlangen" (Kneer, 2009, S. 5), wobei er sich auch der Kontextabhängigkeit (bereits die Fragestellung entsteht aus dem Kontext bestimmter wissenschaftlicher Interessen) empirischer Ergebnisse bewusst ist. Seit der dezidierten Entwicklung sozialkonstruktivistischer Ideen in den 1960er Jahren haben sich zahlreiche Forschungsprogramme entwickelt, deren Basis im sozialkonstruktivistischen Denken liegt oder die intensive Bezüge dazu aufweisen, wie beispielsweise die Gender Studies, die Kritische Psychologie, die Diskursive Psychologie, die Cultural Studies, die Diskursanalyse, der Dekonstruktivismus und der Poststrukturalismus sowie allgemeiner die Postmoderne (Burr, 2005; Gergen & Gergen, 2009). Im Gegensatz zum Radikalen Konstruktivismus (Luhmann, 1984; Maturana & Varelam, 1987; Glasersfeld, 1995) verfolgt der Sozialkonstruktivismus kein (dezidiert) erkenntnistheoretisches Programm (d. h. er will nicht darlegen, in welcher Weise Erkenntnis möglich ist) und weist auch nicht wie dieser naturwissenschaftlich-biologische Wurzeln auf, sondern reflektiert – wie gezeigt – die vorwissenschaftliche Lebenspraxis und bezieht stärker die Möglichkeit der Veränderung sozialer Praxen ein (Hacking, 1999; Miggelbrink, 2002; Egner, 2010), womit auch seine besondere Eignung deutlich wird, theoretische Überlegungen mit praktischen Zugängen zu verbinden (im Kontext Landschaft: Knoblauch, 2003; Kühne, 2019h; Schatzki, 2002). Damit zielt der Sozialkonstruktivismus auf „die soziologische Kernfrage, wie es zu stabilen Gebilden sozialer Ordnung kommt" (Tuma & Wilke, 2016, S. 4).

Sozialkonstruktivistische Ansätze greifen – wie in der Einleitung bereits erwähnt – in besonderer Weise auf die Phänomenologische Soziologie von Alfred Schütz zurück[1]. Darauf aufbauend konzipieren Berger und Luckmann, die menschlichen Akteure, von allem Beginn an, als „untrennbar miteinander und mit den Objekten ihres Wissens und Wahrnehmens verknüpft[…]" (Tuma & Wilke, 2016, S. 7) und lösen damit „die problematische dichotome Entgegensetzung einer Erkenntnistheorie aus einsamerkennendem Subjekt einerseits und erkanntem Objekt andererseits im Rahmen eines dialektischen Modells auf[…]" (Tuma & Wilke, 2016, S. 7), wie sie die Geschichte der Aufklärung seit René Descartes prägte. Zentral für die Soziologie von Alfred Schütz ist der Sinn, den Menschen mit Handlungen verbinden. Durch die Bedeutung des subjektiv gemeinten Sinns wird die genauere Untersuchung sozialer Akteure zum zentralen

---

[1]Diese knüpft wiederum an die ‚Verstehende Soziologie' von Max Weber mit dem für sie konstitutiven Begriff des ‚sinngeleiteten Handelns' wie auch der ‚Phänomenologischen Philosophie' Edmund Husserls an. Unter ‚Phänomenologischer Philosophie' lässt sich gemäß Zahavi (2007, S. 13) eine „philosophische Analyse der verschiedenen Erscheinungsweisen der Gegenstände begreifen". Bereits für Husserl (1973[1929]) ist die intersubjektive Erfahrung konstitutiv für die Entwicklung des Subjektes, schließlich könne es nur als Teil einer Gemeinschaft welterfahrend sein. Durch die Kopplung der Weberschen ‚Verstehenden Soziologie' mit der Philosophie Husserls erweitert Schütz (2004[1932]) diese, indem die Konstitution von sozialem Sinn eingeführt wird.

Gegenstand sozialwissenschaftlicher Forschung. Dies unterscheidet sie auch von naturwissenschaftlicher Forschung, da deren Gegenstände kein Selbstverständnis, kein Verständnis von der Welt entwickelten und nicht über Interessen und Motive verfügten (Schütz, 1971 [1962]). Die Deutungen der sozialen Welt durch Sozialwissenschaftler lassen sich mit Schütz (Schütz, 1971 [1962], S. 7) als „Konstruktionen zweiten Grades [verstehen; Anm. O.K.]: Konstruktionen jener Konstruktionen, die im Sozialfeld von den Handelnden gebildet werden, deren Verhalten der Wissenschaftler beobachtet und in Übereinstimmung mit den Verfahrensregeln seiner Wissenschaft zu erklären versucht". Konstruktion bezeichnet dabei „keine intentionale Handlung, sondern einen kulturell vermittelten vorbewussten Vorgang" (Kloock & Spahr, 2007[1986], S. 56): In jede Wahrnehmung fließt in Form von Abstraktionen Vorwissen über die Welt (wie z. B. über Landschaft) ein (Schütz, 1971), wodurch es „nirgends so etwas wie reine und einfache Tatsachen" (Schütz, 1971[1962], S. 5; siehe auch Burr, 2005) gibt.

2.1.2   Mechanismen der sozialen Konstruktion von Wirklichkeit

Die soziale Konstruktion von Welt (und damit auch von Landschaft) ist mit Wahrnehmung, also der Zusammenführung von Sinneseindrücken zu einem Gesamtbild, verbunden. Wahrnehmung ist dabei kein isoliertes Ereignis, sondern vielmehr das Resultat „eines sehr komplizierten Interpretationsprozesses, in welchem gegenwärtige Wahrnehmungen mit früheren Wahrnehmungen" (Schütz, 1971[1962], S. 123–124) in Beziehung gesetzt und Verweisungsstrukturen aktualisiert werden. Prozess lässt sich als ein Spezialfall von Wandel verstehen, er ist zielgerichteter und aktiver als der passive und auch ungerichtete Wandel, wobei zudem stärker die Kontextabhängigkeit von Veränderungen fokussiert wird (Mead, 1909, 1910; in Bezug auf Landschaft ausführlicher: Duttmann, et al., 2020).

Von zentraler Bedeutung bei der Erfahrung der Lebenswelt als „Inbegriff einer Wirklichkeit, die erlebt, erfahren und erlitten wird" (Schütz & Luckmann, 2003[1975], S. 447; vgl. auch Hahn, 2017) ist ein Typisierungsprozess. Dabei wird auf einen sozial vermittelten Vorrat an Handlungsmaximen, Werten, Rollen, Regeln und Normen zurückgegriffen, um Normalität und Unnormalität von Situationen, Handlungsweisen, Aussehen, aber auch räumlichen Konstellationen zuzuschreiben. Dies bedeutet: Typisierungen sind keine „in sich abgeschlossene isolierte Deutungsschemata, sondern vielmehr miteinander verbunden und aufeinander abgestuft" (Schütz & Luckmann, 2003[1975], S. 125). Eine zentrale Bedeutung in der Vermittlung sozialen Handelns nehmen Gegenstände ein, schließlich verweist „jeder Gebrauchsgegenstand und jedes Gerät auf jenen anonymen Mitmenschen, der den Gegenstand produzierte, damit andere anonyme Mitmenschen ihn benutzen, um typische Ziele mit typischen Mitteln zu erreichen" (Schütz, 1971[1962], S. 20). Mit diesen Typisierungen wird routinisiert eine Welt konstruiert, die uns vertraut ist, ohne dass die Bedingungen und Voraussetzungen des Prozesses der Routinebildung uns bewusst wären (Berger & Luckmann, 1966;

Garfinkel, 1967; Zahavi, 2007): Sehen wir beispielsweise Blätter an Ästen, die wiederum mit einem Stamm verbunden sind, der in die Erde mündet, erkennen wir – ohne weiteres Nachdenken – das, was im deutschen Sprachraum ‚Baum' genannt wird.

Wissen entsteht eingebettet in einem Netzwerk von Vertrautheit, Bekanntheit und bloßem Glauben (Schütz, 1971[1962], 1971). Bei dem Vertrautheitswissen haben wir Kenntnis über „nicht nur das Was und Wie, sondern auch ein Verständnis des Warum" (Schütz, 1971, S. 157), wir wissen also beispielsweise, dass Menschen Häuser aus Stein bauen, um darin zu wohnen[2]. Bekanntheitswissen bezieht sich dagegen lediglich „auf das Was und lässt das Wie unbefragt" (Schütz, 1971, S. 157), so erkennen wir eine Eisenhütte, ohne (sofern wir keine Spezialisten sind) genau zu wissen, wie diese funktioniert. Der Modus des bloßen Glaubens ist durch geringe Kenntnis des Was bis zu dessen völliger Unkenntnis abgestuft und wird nach Fundiertheit, Vertrauen auf Autorität und Ignoranz abgestuft (Schütz, 1971). So kann ein Schildvulkan als Vulkan (ohne dass man wüsste, wie er entstanden und aufgebaut ist) bis hin zu ‚irgendeiner Erhöhung im Gelände' verstanden werden. Wissen wird durch soziale Interaktionen als wechselhafte Beziehungen und Austauschprozesse zwischen Menschen gebildet und vermittelt. Schließlich ist der größte „Teil des Wissensvorrates des normalen Erwachsenen nicht unmittelbar erworben, sondern ‚erlernt'" (Schütz & Luckmann, 2003[1975], S. 332), wir wissen also ‚von Natur aus' beispielsweise nicht, was als Vulkan bezeichnet wird, sondern wir lernen dies auf unterschiedlichem Wege (durch Familie, Bekannte, Lehrer u. a.). Dabei lassen sich zwei Arten sozialer Interaktion zwischen Menschen unterscheiden: Erstens, eine ‚nicht-symbolische', die reflexartig bzw. instinkthaft erfolgt und somit auf keiner Reflexionsleistung des Handelnden beruht. Zweitens, eine ‚symbolische', bei der die Bedeutung von Handlungen einer sozialen Aushandlung bzw. Definition unterliegt (Blumer, 1973; Mead, 1975[1968]). Im Sinne des symbolischen Interaktionismus werden dann Symbole, als Zeichen, die für etwas anderes stehen, zu signifikanten Symbolen, wenn für Sender und Empfänger der symbolischen Botschaft derselbe Sinn erzeugt wird. Wenn beispielsweise der Zuschauende eines Konzertes in die Hände klatscht, wird der Pianist dies als Applaus (und damit als Wertschätzung zur erbrachten Leistung) werten, oder aber wenn eine Hecke einen Weg von einem Beet abgrenzt, wird die objekthaft vermittelte Geste des Heckenpflanzers deutlich, das Beet nicht zu betreten. Symbolische Interaktion wird zumeist dinghaft gebunden, dies bedeutet, „dass Menschen ‚Dingen' gegenüber auf der Grundlage der Bedeutungen handeln, die diese Dinge für sie besitzen" (Blumer, 1973, S. 81). Unter ‚Dingen' wird in diesem Zusammenhang „alles gefasst, was der Mensch in seiner Welt wahrzunehmen vermag – physische Gegenstände, wie Bäume oder Stühle; andere Menschen, wie Freunde oder Feinde; Institutionen, wie eine Schule oder eine Regierung; Leitideale

---

[2]Zum Thema Wohnen stellt Hahn (2017, S. 24) fest: „Das Wohnen erfüllt eine menschliche Bedürftigkeit. Es ist eine vorzügliche Art des Menschen, sich in der Welt zu halten. Bedeutungsgenetisch impliziert das Wort Wohnen eine Haltung wie: Bleiben wollen und zufrieden sein".

wie individuelle Unabhängigkeit oder Ehrlichkeit; Handlungen anderer Personen, wie ihre Befehle oder Wünsche; und solche Situationen, wie sie dem Individuum in seinem täglichen Leben begegnen" (Blumer, 1973, S. 81). Die Bedeutung solcher ‚Dinge' entsteht „aus der sozialen Interaktion, die man mit seinen Mitmenschen eingeht" (Blumer, 1973, S. 81), ist von ihr abgeleitet oder entsteht aus ihr. Diese Bedeutung ist nicht stabil, sondern reversibel, was bedeutet, „dass diese Bedeutungen in einem interpretativen Prozess, den die Person in ihrer Auseinandersetzung mit den ihr begegnenden Dingen benutzt, gehandhabt und abgeändert werden" (Blumer, 1973, S. 81).

Konstitutiv für Bedeutungen sind also soziale Aushandlungs- und Vermittlungsprozesse. Soziale Prozesse haben darüber hinaus eine weitreichende Funktion in der individuellen Entwicklung des Menschen: „Der Einzelne erfährt sich – nicht direkt, sondern nur indirekt – aus der besonderen Sicht anderer Mitglieder der gleichen gesellschaftlichen Gruppe oder aus der verallgemeinerten Sicht der gesellschaftlichen Gruppe als Ganzer, zur der er gehört" (Mead, 1975[1968], S. 180). In diesem Prozess wird der Mensch „für sich selbst zum Objekt, indem er die Haltungen anderer Individuen gegenüber sich selbst" (Mead, 1975[1968], S. 180) übernimmt. Entsprechend werden in der sozialkonstruktivistischen Landschaftsforschung physische Objekte (wie Bäume, Häuser, Felder) „als Symbole, nach ihrem symbolischen Gehalt betrachtet, und diese Symbole als konkrete, materielle ‚Verkörperungen' von Sozialem, also z. B. von Ideen, sozialen Beziehungen, Gewohnheiten, Lebensstilen usf. interpretiert. Dabei wird das Soziale also aus seinen physischen Verkörperungen durch Interpretation erschlossen" (Hard, 1995, S. 52; vgl. auch Reusswig 2004; Steinkrüger, 2017; Denzer, 2019). Daraus lässt sich mit Gebhard (2013, S. 29) schließen: „Die Umwelt des Menschen ist ein Symbolsystem. Für den Bezug des Menschen zu den äußeren Dingen ist das ein folgenschwerer Gedanke: Zwischen Ich und Welt, zwischen Subjekt und Objekt, zwischen Innen und Außen gibt es einen dritten Bereich, der vermittelnd den Kontakt herstellt", nämlich die Welt der Symbole.

Der Erwerb und der Inhalt von Wissen, insbesondere über sozial geteilte Bedeutungen, sind nicht allen Menschen in gleicher Weise möglich, sie sind kulturell wie auch sozial differenziert: Die ‚Wirklichkeit' – so das Beispiel von Berger und Luckmann (1966) – eines tibetanischen Mönchs ist ein anderes als die eines amerikanischen Geschäftsmanns. Unterschiedliche Verteilungen von Wissen und unterschiedliche Konstruktionen von ‚Wirklichkeit' verweisen auf den geschichtlichen Charakter des Denkens (Berger & Luckmann, 1966; Stearns, 1995): Wissen ist kulturell wie sozial differenziert – und wird vielfach räumlich zugeordnet (wie die geographisch symbolisierte kulturelle Zuordnung am Mönchs-Geschäftsmanns-Beispiel verdeutlicht). Unter den vielen Wirklichkeiten (z. B. denen der Wissenschaften, der Geschäftswelten, der Behörden) lässt sich – so Berger und Luckmann (1966) – eine herausgreifen, die den Bezugspunkt und die Grundlage der übrigen darstellt: Die Wirklichkeit der Alltagswelt. Diese Wirklichkeit stellt eine Wirklichkeitsordnung dar, die durch vorarrangierte Muster gekennzeichnet ist. Sie erscheint bereits objektiviert, ist also durch eine Anordnung von Objekten konstituiert, denen schon Bedeutungen eingeschrieben wurden, bevor das jeweilige Subjekt handlungsfähig wurde (Berger & Luckmann, 1966): „Wir werden in eine Welt geboren, deren von Menschen genutzte konzeptionelle Rahmen und Kategorien in unserer Kultur bereits existieren" (Burr, 2005, S. 7). Es lassen sich drei Stufen der Objektivierung, also der „Verkörperung subjektiver Vorgänge in Vorgängen und Gegenständen" (Schütz & Luckmann, 2003[1975], S. 305) in der alltäglichen Lebenswelt, unterscheiden (Schütz & Luckmann, 2003[1975]; Rammert, 2007):

- In der ersten Stufe zeigen sie sich in den Ausdruckformen und Handlungen gemeinsam geteilter Situationen (z. B. der diskursiven Einigung, eine Landschaft als schön zu konstruieren);
- die zweite Stufe wird durch Erzeugnisse, also technische Gerätschaften, aber auch durch andere physische Repräsentationen menschlichen Handelns, wie Gärten, Forste, Siedlungen gebildet;
- die dritte Stufe schließlich ist durch eine situative Entkopplung geprägt: Abstrakte Zeichensysteme wie die Sprache können in unterschiedlichen Kontexten zum Einsatz kommen. Hier ist der höchste Grad an „Anonymisierung" und „Idealisierung" (Schütz & Luckmann, 2003[1975], S. 386) erreicht.

Die Wirklichkeit der Alltagswelt scheint um das ‚Hier' des Körpers, als Bedingung für alle räumlichen Erfahrungen der Lebenswelt (Merleau-Ponty, 1945), und das ‚Jetzt' seiner Gegenwart angeordnet. Dieses ‚Hier' und ‚Jetzt' stellt den Ausgangspunkt für die Konstruktion von Welt dar, es wird als real wahrgenommen und bedarf keiner zusätzlichen Verifizierung (Berger & Luckmann, 1966). Probleme in der Alltagswelt bleiben so lange für diese unproblematisch, wie die alltagsweltlichen Routinen und Typisierungen der Wirklichkeitserzeugung nicht zerstört werden und Neuauslegungen von Erfahrungen nötig machen, indem der „Ablauf der Selbstverständlichkeitskette" (Schütz & Luckmann, 2003[1975], S. 39) unterbrochen wird: So ist der Andere in meiner Lebenswelt unproblematisch, solange er sich in die Routinen meines Alltages integrieren lässt (indem er sich rollenkonform verhält), problematisch wird er dann, wenn ihm eine besondere Beachtung zukommen muss (Berger & Luckmann, 1966): „Die Welt wird mindestens so lange als selbstverständlich und in diesem Sinne als ‚wirklich' akzeptiert, wie sie nicht in Frage gestellt wird, wie sie nicht problematisiert wird" (Werlen, 2000, S. 39). Die alltagsweltlichen kohärenten und dynamischen Typisierungen weisen einen höheren Abstraktions- und Anonymitätsgrad auf, je weiter sie sich von dem individuellen Bezugspunkt des ‚Hier' und ‚Jetzt' entfernen (Berger & Luckmann, 1966): Mit der Zunahme sozialer Distanz nehmen persönliche Wahrnehmungen ab und werden durch allgemeine Typisierungen ersetzt (‚die Sozialhilfeempfänger', ‚die Neureichen', ‚die Pfälzer').

Die symbolische Kommunikation ist dabei auf Externalisierungen und Internalisierungen gestützt (Berger & Luckmann, 1966). Externalisierung bedeutet eine Zuschreibung von Bedeutung an Objekte, wodurch diese zu Zeichen werden: Ein Messer wird zum Zeichen für Aggression objektiviert und kann von anderen allgemein verständlich als solches verwendet werden (Burr, 2005; vgl. auch Costonis, 1982). Internalisierung ist dazu komplementär, sie bedeutet eine Sozialisation in die symbolische Welt ihrer Gesellschaft, die Bedeutungen der Alltagswelt, ihrer Institutionen (also sozial verbindlicher Regelsysteme) und Typisierungen (Burr, 2005). Internalisierung ist ein zentraler Mechanismus der Einbindung des Subjektes in die soziale Welt, sie ermöglicht, „dass, trotz der Gefahr des Missverstehens, die Externalisierung eines Anderen für das Selbst prinzipiell sinnhaft erfahrbar ist" (Tuma und Wilke 2016, S. 10). Sozialisation bedeutet also eine sinnorientierte Interaktion des Individuums mit seiner alltäglichen Umwelt, die durch andere Personen mithilfe bestimmter materieller bzw. kultureller Gegenstände bereits strukturiert ist (vgl. Geulen, 1991 & 2005). Dabei entwickelt das Subjekt sprachliche, moralisch-ethische, soziale, kognitive, ästhetische sowie emotionale Handlungskompetenzen. Diese ermöglichen es ihm, „die Wechselwirkung mit der Umwelt in produktiver Weise zu gestalten, wobei die individuellen Bedürfnisse und Interessen von zentraler Bedeutung sind" (Nissen, 1998, S. 32). Dadurch wird ein doppelter Effekt erreicht: Einerseits werden soziale Werte, Normen und Rollen verdauert, dabei erscheinen sie dem sich sozialisierenden Subjekt als objektiv gegeben (z. B. was ‚Vater' genannt wird, wird nur in Ausnahmefällen hinterfragt), andererseits wird das Subjekt in der Gesellschaft handlungsfähig. Sozialisation beschränkt sich nicht auf Heranwachsende, sondern ist ein lebenslanger Prozess. Im Zuge der Modernisierung der Gesellschaft, verbunden mit der raschen Expansion von Wissen, wurden soziale Wissensbestände entwickelt, die mehr oder minder geschlossene Sinnprovinzen bilden und vom Alltagswissen deutlich geschieden sind (z. B. der Soziologen, aber auch der Mechatronikerinnen). Inhaber~innen des Wissens solcher Spezialwissensbestände neigen dazu, Symbole der Autorität (von spezieller Arbeitskleidung bis hin zu einer Fachsprache) zu verwenden – und gegen Lai~innen abzusichern (Berger & Luckmann, 1966). Dabei stehen die symbolischen Sinnwelten in einem ständigen Konkurrenzverhältnis zueinander (z. B. auch der Frage, ob Landschaft ein Objekt oder eine Konstruktion sei): Die Entwicklung alternativer symbolischer Sinnwelten demonstriert, dass die Weltdeutung der vorher vorhandenen Sinnwelten weder abschließend noch zwingend war (Berger & Luckmann, 1966), die Erlangung von absolutem Wissen über die Welt (und auch sich selbst) unmöglich ist.

Die Bezugnahme des Menschen auf seine materielle wie immaterielle Umwelt ist (von wenigen Ausnahmen wie schweren Krankheiten abgesehen) eine aktive, wie Hahn (2017, S. 24) verdeutlicht: „Der Mensch lebt nicht nur sein Leben, er muss sein Leben auch führen. Und er führt dieses Leben – er kann gar nicht anders – in Richtung auf eine Umwelt, ein Umfeld, eine Umgebung, die er hinnehmen muss"; wobei dieses Hinnehmen eher eine Ausgangssituation darstellt, denn der Mensch ist in der Lage, in seine Umwelt, sein Umfeld und seine Umgebung verändernd einzugreifen. Gemäß der sozialkonstruktivistischen Theorie besteht ein wechselseitiges Beeinflussungsverhältnis zwischen der Gesellschaft und einer Person. Die einzelne Person ist dabei also in der Lage, gesellschaftliche Deutungen, Bewertungen und Verhältnisse zu verändern, lebt aber zugleich in einem gesellschaftlichen Kontext, der sie – mittels Sozialisation – prägt.

Dies unterscheidet die sozialkonstruktivistische Sichtweise beispielsweise von einer marxistischen, die (in der Regel) von einer einseitigen Abhängigkeit der Person von den gesellschaftlichen – und hier insbesondere ökonomischen – Verhältnissen ausgeht (vgl. Honneth, 2015; Johnston & Sidaway, 2015).

‚Wirklichkeit' lässt sich in der Tradition des Sozialkonstruktivismus als „Kristallisation eines Internalisierungsprozesses" (Tuma & Wilke, 2016, S. 12) verstehen. Dieser Internalisierungsprozess, als subjektive Verfügbarmachung sozial geteilter Wissensinhalte (einschließlich Deutungs- und Bewertungsmuster, die – wie noch zu zeigen ist – für die soziale und individuelle Konstruktion von Landschaft eine herausragende Bedeutung aufweisen), ist maßgeblich auf Sprache gestützt. Die im Kontext der Sozialisation „entstehende Symmetrie zwischen Innen und Außen muss allerdings stets unvollkommen bleiben – sowohl aufgrund der sozialen Wissensverteilung und der Überkomplexität des Wissensvorrats als auch aufgrund des generell vorsozialen und subjektiven Erlebens des eigenen körperlichen Seins" (Tuma & Wilke, 2016, S. 12). Insofern wird im Folgenden auf die Bedeutung von Sprache für die soziale Konstruktion vertieft eingegangen. Dabei werden – infolge der seit dem Ersterscheinen der ‚Sozialen Konstruktion von Wirklichkeit' zunehmenden wissenschaftlichen Bedeutung von Sprache in der Konstruktion von Welt – auch auf aktuellere Ansätze für diesen Zusammenhang eingegangen.

2.1.3   Sprache und Diskurs

Sprache ist nicht allein ein wesentlicher Träger von Wissen, Sprache ist auch zentraler Mechanismus der Vermittlung einer objektivierten sozialen Welt (Luckmann, 1975; Schütz & Luckmann, 2003[1975]). Sie stellt als Ausgangs- und Bezugspunkt der Alltagswelt Kategorisierungen, Typisierungen und Anonymisierungen zur Verfügung. Damit ist Sprache kein Instrument der Abbildung von Wirklichkeit, Sprache wirkt performativ, sie produziert Wirklichkeiten, sie strukturiert Wahrnehmungen und stellt somit ein gesellschaftliches „Zeichen- und Regelsystem" dar – auch zur Konstruktion von Landschaft – (Werlen und Weingarten, 2005, S. 192, siehe auch Caviola et al., 2018; Denzer, 2019; Döhla, 2019; Jaworski & Thurlow, 2010; Kamlah, 1975; Mattissek & Reuber, 2004), dem zumeist unreflektierte Typisierungen zugrunde liegen (Schütz & Luckmann, 2003[1975]). Sprache ist durch eine gewisse Variabilität gekennzeichnet, doch sind Bedeutungszuschreibungen „nicht willkürlich, aber kontingent, d. h. sie bestimmen sich innerhalb der Koordinaten eines kulturell (räumlich) und geschichtlich (zeitlich) spezifischen Aussagesystems" (Wachholz, 2005, S. 24). Dekonstruktivisten (grob: Personen, die sich kritisch mit Texten befassen) wie Jaques Derrida und Michel Foucault weisen Sprache eine konstitutive Macht als ein System von Zeichen für die Entwicklung der Gesellschaft zu. Dies relativiert auch das Konzept von ‚Wahrheit', so beschreibt Foucault (1981[frz. Original 1969], S. 74) die Produktion von Wahrheit: „Die Wahrheit ist nicht von dieser Welt; in dieser Welt wird sie aufgrund vielfältiger Zwänge produziert, verfügt sie über geregelte Machtwirkungen. Jede Gesellschaft hat ihre eigene Ordnung der Wahrheit, ihre ‚allgemeine Politik' der Wahrheit: D. h. sie akzeptiert bestimmte Diskurse, die sie als wahre Diskurse funktionieren lässt; es gibt Mechanismen und Instanzen, die eine Unterscheidung von wahren und falschen Aussagen ermöglichen und den Modus festlegen, in dem die einen oder anderen sanktioniert werden; es gibt einen Status für jene, die darüber zu befinden haben, was wahr ist und was nicht". Diskurse regeln „die Art und Weise, wie über ein Thema sinnvoll gesprochen und reflektiert werden kann" (Hall, 2001, S. 72). Was (und nicht zuletzt von wem geäußert) als Wahrheit anerkannt wird, ist also diskursabhängig: Ein und dieselbe Aussage kann in einem Diskurs als wahr anerkannt, in einem anderen als unwahr abgelehnt werden, mit potenziell weit reichenden Folgen: „Indem bestimmte Diskurse hegemonial und andere marginalisiert werden, werden bestimmte Wahrheiten und letztlich bestimmte soziale Wirklichkeiten hergestellt" (Glasze & Mattissek, 2009, S. 12; siehe auch Keller, 2007; Marxhausen, 2010; Stakelbeck & Weber, 2013). Diskurse bestimmen auch, „wie Ideen in die Praxis umgesetzt werden und mit dem Ziel verwendet werden, das Verhalten anderer zu regulieren" (Hall, 2001, S. 72). In Bezug auf Landschaft kann – um ein weniger dramatisches Beispiel darzulegen – die Bezeichnung eines Gemäldes mit röhrendem Hirsch vor Alpenkulisse als schön in weiten Teilen der kunstinteressierten Öffentlichkeit als Verstoß gegen den ‚Guten Geschmack' gelten, in anderen Teilen als postmoderne Ironisierung goutiert werden. Diskurse bestimmen also die Gegenstände sozialer Kommunikation, indem Objekte und Praxen unseres Wissens definiert werden. Durch die hohe Reversibilität von Bedeutungen wird Kommunikation für Machtprozesse relevant: Diskurse konstituieren sich an der Erhaltung versus Revision von Bedeutungen, Inhaber der Deutungshoheiten versuchen diese gegenüber alternativen Deutungen zu verteidigen (siehe z. B. Weber, 2013; Hannigan, 2014; Kühne & Weber, 2015b; Weber, 2018; Weber, Jenal et al., 2017). Diskurse lassen sich dabei – Reiner Keller (2016, S. 67) folgend – in drei Dimensionen charakterisieren: Sie stellen, erstens, „normative Regeln für die (formale) Art und Weise der Aussageproduktion bereit (z. B. legitime kommunikative Gattungen)", sie bieten, zweitens, „Signifikationsregeln für die diskursive Konstitution der Bedeutung von Phänomenen an" und mobilisieren, drittens, „Handlungsressourcen (Akteurspotenziale) und materiale Ressourcen (Dispositive) für die Erzeugung und Verbreitung von Bedeutungen".

Bei der Analyse von Diskursen ist der ‚Text' ein zentrales Konzept: Als ‚Text' wird demnach jede gedruckte, visuelle oder sprachliche Mitteilung verstanden, die lesbar, erkennbar oder hörbar ist (wie Artikel, Filme, Gemälde, Musikstücke, Gebäude, Kleidung, aber auch Landschaften, worauf später noch einzugehen sein wird; Denzer, 2019; Duncan, 1990). Diese Texte werden beim Lesen kontingent in Abhängigkeit von individuellen und sozialen Kontexten, die „Bedeutungen strukturieren" (Spirn, 2008[2001], S. 56), konstruiert, interpretiert und können als Grundlage von Interaktionen dienen: „Die Bedeutung eines Textes ist immer undeterminiert, mit einem offenen Ende versehen und offen für Interaktionen. Dekonstruktion ist die kritische Analyse von Texten" (Denzin, 1995, S. 52). Dekonstruktivistische Autoren sehen davon ab, Definitionen zu geben, Werke als geschlossen zu betrachten, ohne genaue

Grenzen zwischen Wissenschaft und Untersuchungsobjekten ziehen zu können (Barthes, 1988). Wird Landschaft als Sprache oder Text verstanden – Spirn (2008[2001], S. 52) bezeichnet beispielsweise die „Sprache der Landschaft als unsere Muttersprache" –, wird die kritische Analyse der Sprache der Landschaft, verbunden mit der Frage, *wer welche Rechte* hat, sich *wie* über Landschaft zu äußern, zu einem wesentlichen Inhalt sozialkonstruktivistischer Landschaftsforschung (siehe auch Ahrens, 2006; zur diskursorientierten Landschaftsforschung siehe Abschn. 6.1.6).

2.2   Die Gesellschaft und ihre Räume

Landschaft lässt sich als eine Ableitung bzw. ein Spezialfall von Raum auffassen: Räumliche Erfahrung ist landschaftlicher Erfahrung vorgelagert (Lehmann, 1968; Piaget & Inhalder, 1975 [1947]; Kühne, 2006a & 2008a), die Konstruktion von Landschaft geschieht stets in einem räumlichen Kontext, räumliche Anordnung ist Grundlage der Synthese ‚Landschaft'. Aufgrund dieses engen Raumbezugs von Landschaft werden im Folgenden die für die weiteren Ausführungen zum Thema Landschaft wesentlichen Annäherungen an Raum vorgestellt. Die Darstellung von Raumtheorien bleibt hier eher knapp, für eine vertiefte Befassung hiermit seit auf das in den letzten Jahren deutlich angewachsene einführende Schrifttum hierzu verwiesen (unter anderem: Aitken & Valentine, 2015; Egner, 2010; Kühne & Berr, 2021; Oßenbrügge & Vogelpohl, 2014; Schlottmann & Wintzer, 2019). Dieser Abschnitt hat also primär die Funktion, einen raumtheoretischen Rahmen für die später behandelten Landschaftstheorien zu bieten, der Einordnungen landschaftstheoretischer Diskussionen in die allgemeinere Raumtheoriebildung erleichtert.

Immanuel Kant (2011[1781]) geht davon aus, Raum wie auch Zeit lägen anderen Vorstellungen a priori zugrunde, sie sind demgemäß also Bedingungen der Möglichkeiten der Erkenntnis. Dabei seien sie Anschauungsformen, ohne an Dingen haftende kontingente Eigenschaften. Dies bedeutet, dass Raum und Zeit abhängig vom erkennenden Subjekt seien und als Erkenntnisweisen des Menschen keine objektive Größe darstellten. Wenn also davon auszugehen ist, „dass die gesellschaftliche Wirklichkeit sozial konstruiert ist, in der sich handelnde Subjekte und gesellschaftliche Strukturen gegenseitig konstituieren" (Risse-Kappen, 1995, S. 175; siehe auch Berger & Luckmann, 1966; Weichhart, 2008), dann stellt sich die Frage nach den Arten der sozialen Erzeugung von Landschaft im Speziellen und Raum im Allgemeinen. Der alltagsweltliche Raum, als selbstverständlich und gegenständlich gegeben erfahren, ist als „Eigenschaft der materiellen Natur" (Läpple, 1991, S. 36) eine historisch entwickelte Abstraktionsleistung. Denn zunächst ist der egozentrische Raum auf den Referenzpunkt des eigenen Leibes bezogen, auf ihn beziehen sich alle wahrnehmbaren Gegenstände, er ist der Bezugspunkt jeder Welterfahrung (Husserl, 2007[1936]). Im alltagsweltlichen Umgang mit dem Anderen wird Raum anthropozentrisch objektiviert; die anthropozentrische Konstruktion von Raum wird in vormodernen Maßeinheiten wie Fuß, Elle,

Morgen und Tagwerk deutlich. Auch die etymologische Herkunft des Wortes ‚Raum‘ als Lichtung, die zwecks Urbarmachung in die Wildnis geschlagen wird, verweist auf den unmittelbaren lebensweltlichen Bezug des Menschen (Bollnow, 1963; Smith, 1984; Läpple, 1991).

Die Auffassung des Behälter- oder Containerraumes der westlichen Kultur stellt eine Abstraktion gegenüber den auf dem unmittelbaren Erleben von Umwelt basierenden Raumkonstrukten dar. Diese Vorstellung fußt auf den Konzepten der klassischen Physik eines dreidimensionalen euklidischen Raumes. Zwar geht dieses Konzept in seinen Grundzügen auf die griechische Antike zurück, wurde jedoch zwischen dem 13. und dem 17. Jahrhundert abschließend konzipiert. Der Behälter- oder Containerraum lässt sich als eine Vereinfachung des Newtonschen Raumverständnisses verstehen; Newton hatte den absoluten Raum als einen unendlichen Raum und nicht als geschlossenen Behälter konzipiert. Das Konzept des Behälter-, Container- oder absoluten Raumes beschreibt den Raum als eine von materiellen Körpern unabhängige Realität, wodurch er zu einem Bestandteil der physisch-materiellen Wirklichkeit wird. Raum wird gemäß dieser Vorstellung „eine Art Behältnis, in das man etwas hineintun kann und [das; Anm. O.K.] mit Objekten ausgestattet (möbliert) ist" (Egner, 2010, S. 98; vgl. Sturm, 2000; Schroer, 2006; Kühne, 2008a; Weichhart, 2008). Das euklidische Denken in Behälterräumen, „welches in Sozialisations- und Bildungsprozessen vermittelt wird, ist für die Konstitution vieler Räume ohne Zweifel eine kulturell notwendige Leistung, um Gegenstände, sich selbst oder andere Menschen in ein Raster einordnen zu können. Diese ordnende Aktivität wird unterlegt und stärkt die Vorstellung, ‚im Raum zu leben‘" (Löw 2001, S. 63). Dieses Konzept stellt die ontologische Basis für viele Raumwissenschaften (Ontologie bedeutet die Lehre vom Seienden), insbesondere für Planende, dar. Ohne Widerspruch zum Behälterraumkonzept lässt sich Raum als ein beliebig abgrenzbarer Ausschnitt der Erdoberfläche konzipieren: Raum wird zu einem eindeutig definierbaren „und über seine Lage näher bestimmbaren Ausschnitt der sichtbaren, materiellen Erdoberfläche" (Egner, 2010, S. 98). Dabei handelt es sich um ein Raumverständnis, das bis heute in Planungswissenschaften, Geographie, Stadt- und Regionalsoziologie Verwendung findet. Nach dem Behälterraumkonzept und dem Konzept der räumlichen Abgrenzung auf der Erdoberfläche ist Raum gemäß relationaler Vorstellung kein Gegenstand, sondern eine Eigenschaft (also ein Attribut; in Bezug auf Landschaft siehe Abschn. 6.1.2). Gemäß dieser Vorstellung entsteht Raum nur dadurch, dass physische Objekte eine zu anderen Objekten bezogene Lage einnehmen (relationaler Ordnungsraum). Dies bedeutet umgekehrt: *„Ohne Dinge gibt es keinen Raum"* (Weichhart, 2008, S. 79; Hervorh. i. O.; ähnlich Läpple, 1992; Ipsen, 2002b; Egner, 2010). Eine neue Emergenz der räumlichen Vorstellungen von Raum bildet das Relativitätsprinzip von Albert Einstein. Das Relativitätsprinzip synthetisiert die Vorstellung von absolutem Raum einerseits und absoluter Zeit andererseits in dem Konzept des Raum-Zeit-Kontinuums. Raum und Zeit werden zu konstitutiv aufeinander bezogenen Größen. Raum lässt sich nun als Beziehungsstruktur zwischen sich ständig im zeitlichen Kontext bewegenden Körpern verstehen (vgl. Löw, 2001): „Jede Veränderung im ‚Raum‘ ist eine Veränderung der ,Zeit', jede Veränderung in der ,Zeit' ist eine Veränderung im ,Raum'" (Elias & Schröter, 1994, S. 75). Raum wird – als raumzeitlich revidierbare Anordnung von Objekten – *„abhängig vom Bezugssystem der Beobachter"* (Löw, 2001, S. 34; Hervorh. i. O.). Dies betrifft auch den Menschen in seiner Körperlichkeit: Die Lebensbahnen mit ihren räumlichen Veränderungen schreiten unweigerlich auf der Zeit-achse voran, wie die ,Time Geography' verdeutlicht (Hägerstrand, 1970), während Ver-gemeinschaftungen nicht mehr von einer zeitlich-räumlichen Co-Präsenz abhängig sind (Kramer, 2012): Telefon, Skype, Facebook, WhatsApp etc. ermöglichen es, „dass unser Nachbar uns vollkommen fremd sein kann, während unser intimster Partner am anderen Ende der Welt lebt" (Rosa, 2013, S. 62).

Ein anderes Verständnis von Raum findet sich in dem Konzept des Raumes als logische Struktur bzw. Ordnungsstruktur. Diesem Konzept zugrunde gelegt ist eine deut-liche Abstraktionsleistung: Raum wird nicht als etwas Existentes konzipiert, sondern er steht für „immaterielle Relationen, etwas Gedachtes" (Egner, 2010, S. 98). Raum wird dabei als eine logische Struktur über das, was unter Realität verstanden wird, gelegt „und bezeichnet damit einen Akt des Ordnens" (Egner, 2010, S. 98). Beispiele für ein solches Raumverständnis sind Gradnetze, topographische und thematische Karten. Ein anderes abstraktes Raumkonzept wurde aus der Systemtheorie von Niklas Luhmann entwickelt (siehe Klüter, 1986; in Bezug auf Landschaft, siehe Abschn. 6.1.5): Raum wird dabei „zunächst als Medium der Wahrnehmung, sowie zunehmend als Medium der Kommunikation verstanden" (Egner, 2010, S. 99), als ein Medium „der Messung und Errechnung von Objekten" (Luhmann, 1995, S. 179; vgl. auch Egner, 2008). Seine Erzeugung geht darauf zurück, „dass Stellen unabhängig von den Objekten identifiziert werden können, die sie jeweils besetzen" (Luhmann, 1995, S. 180; vgl. auch Egner, 2008; Lippuner, 2008b). Stellen werden als das Medium des Raums, Objekte als dessen Formen verstanden, wodurch Stellendifferenzen das Medium markieren, während Objektdifferenzen die Formen des Mediums anzeigen (Luhmann, 1995). Sprache ist dabei ein zentrales Medium der Kopplung von psychischen und sozialen Systemen, mit dessen Hilfe auch über Raum kommuniziert werden kann. Sprache lässt sich demnach, „im Sinne einer losen Kopplung von Elementen als Bestand von Lauten oder Wörtern [begreifen; Anm. O.K.]. Erst durch die Verbindung von Lauten zu Wörtern und Sätzen wird das Medium Sprache (anhand seiner Formen) als solches erkennbar und sinnvolle Kommunikation möglich" (Lippuner, 2008a, o. S.).

Als ein weiteres Verständnis von Raum lässt sich jenes des Erlebnis- bzw. Hand-lungsraums fassen. Räume lassen sich demgemäß als durch kollektives Handeln verräumlichte soziale Strukturen fassen (Paasi, 1986). Räume lassen sich als Ergeb-nisse in der Gesellschaft ablaufender Konstituierungsprozesse verstehen, wodurch sie kontingent werden (Wardenga, 2002): Werden sie in der gesellschaftlichen Praxis nicht andauernd reproduziert, verlieren sie ihre Existenz. Werlen (1995; 1997; 2000) vertritt ein darüber hinaus gehendes rekursives Raumverständnis: Auf der einen Seite beziehen Subjekte in ihrem alltagsweltlichen Handeln die Welt auf sich, auf der anderen Seite gestalten handelnde Subjekte die externe Welt. Im „alltäglichen Geographie-Machen" wird die Erdoberfläche in materieller und symbolischer Hinsicht gestaltet und – einem relationalen Raumbegriff folgend – auf sozial Handelnde bezogen (Wardenga, 2002). Der in materieller und symbolischer Hinsicht entstehende Raum erscheint als „‚faktische Realität'" (Egner, 2010, S. 98), da er gesellschaftlich als solche verstanden und nicht hinterfragt wird (eine genauere Beschreibung der diesem Vorgang zugrundeliegenden Prozesse findet sich in Abschn. 2.3.2; in Bezug auf Landschaft siehe Abschn. 6.1.3).

Ein anderes Raumkonzept geht auf den französischen Soziologen Pierre Bourdieu (1991) zurück: Er unterscheidet den sozialen Raum, der als eine Metapher für Gesellschaft entwickelt ist, den angeeigneten physischen Raum und den physischen Raum, der eine Art verfügbares Substrat für gesellschaftliche Prozesse darstellt und nicht in das Zentrum der Bourdieuschen Betrachtungen gerückt ist. Der physische Raum wird für Bourdieu „nicht zum Raum durch die Anordnungen, sondern *in* ihm (mit anderen Worten: im absoluten Raum) werden die relationalen Anordnungen realisiert" (Funken & Löw, 2007, S. 86; Hervorh. i. O.). Der soziale Raum ist für Bourdieu eine Metapher für die Gesellschaft: Die Positionen innerhalb des sozialen Raumes geben Auskunft über die Akkumulation von symbolischem Kapital (siehe Abschn. 6.6.2) des Einzelnen und von sozialen Gruppen. Der soziale Raum ist dabei in permanenter Bewegung (so bedeutet der Verlust des Arbeitsplatzes in der Regel nicht nur finanzielle Einbußen, sondern auch einen Verlust an sozialen Netzwerken) und erfüllt „nicht nur eine Ordnungsfunktion, er ist auch Garant für die Stabilität der sozialen Ordnung" (Schroer, 2006, S. 84), indem er einen sozialen Orientierungs- und Handlungsrahmen bietet. Die Verbindung zwischen Gesellschaft und physischem Raum wird durch den angeeigneten physischen Raum gebildet: In ihm werden die Verhältnisse des sozialen Raumes physisch manifestiert (Bourdieu, 1991, S. 29): „Der auf physischer Ebene realisierte (oder objektivierte) soziale Raum manifestiert sich als im physischen Raum erfolgte Verteilung unterschiedlicher Arten gleichermaßen von Gütern und Dienstleistungen wie physisch lokalisierter individueller Akteure und Gruppen (im Sinne von an einen ständigen Ort gebundenen Körpern beziehungsweise Körperschaften) mit jeweils unterschiedlichen Chancen der Aneignung dieser Güter und Dienstleistungen wie physisch lokalisierter individueller Akteure und Gruppen". Ein zentrales Element der Bourdieuschen Raumtheorie ist die Frage der gesellschaftlichen Machtverteilung, die sich in physische Räume einschreibt (Rau, 2013).

In seinem ‚Essay über den Raum' befasst sich der Soziologe Dieter Läpple (1991) in Anlehnung an Elmar Altvater (1987) mit den spezifischen Logiken der gesellschaftsräumlich begründeten Einschreibungen in die physischen Strukturen von Raum aus systemtheoretischer Perspektive. Infolge der ‚funktionalen Spezialisierung' und ‚strukturellen Ausdifferenzierung' der Gesellschaft bilden sich verschiedene gesellschaftliche Teilsysteme. Diese Teilsysteme des Ökonomischen, Sozialen, Politischen und Kulturellen sind mit der Lösung spezifischer gesellschaftlicher Problemstellungen betraut. So obliegt dem ökonomischen System die Regulierung von Knappheit, das politische System regelt demnach die Fragen prinzipieller gesellschaftlicher Ausrichtung (vgl. z. B. Parsons, 1951; Luhmann, 1984). Läpple (1991, S. 198; Hervorh. i. O.)

attestiert, dass diese einzelnen, „durch ihre ‚funktionale Spezialisierung' bestimmten *gesellschaftlichen Teilsysteme* [...] mit ihrer ‚strukturellen Ausdifferenzierung' zugleich auch eine je *spezifische räumliche Manifestation* [entfalten; Anm. O.K.]". Diese räumlichen Manifestationen der verschiedenen gesellschaftlichen Teilsysteme werden von Läpple (1991) in Anlehnung an Altvater (1987) als gesellschaftliche ‚Funktionsräume' bezeichnet. Aufgrund der unterschiedlich ausgeprägten Systemgrenzen der verschiedenen gesellschaftlichen Teilsysteme „haben die ‚Funktionsräume' auch *unterschiedliche räumliche Ausbreitungen oder Wirkungsfelder,* und sie entfalten, entsprechend ihrer jeweiligen Funktionsspezialisierung, auch *unterschiedliche raumprägende oder raumstrukturierende Tendenzen*" (Läpple, 1991, S. 199; Hervorh. i. O.). Dennoch ist es unüblich, dass es einem Teilsystem gelingt, den angeeigneten physischen Raum ausschließlich gemäß seiner systemischen Logik (z. B. der ökonomischen) zu organisieren, schließlich überlagern sich im gesellschaftlichen Entwicklungsprozess „diese Funktionsräume entsprechend ihrer jeweiligen Ausprägung" (Läpple, 1991, S. 199; Hervorh. i. O.), wodurch sich physisch eine „*komplexe und widerspruchsvolle Konfiguration* ökonomischer, sozialer, kultureller und politischer Funktionsräume, die zwar ihre jeweils spezifische Entwicklungsdynamik haben, zugleich jedoch in einem gegenseitigen Beziehungs- und Spannungsverhältnis stehen" (Läpple, 1991, S. 199), ausprägt. So dominieren selbst in einem Industriegebiet die raumstrukturierenden und raumprägenden Logiken der Wirtschaft, doch geschieht dies zumeist im Rahmen politischer Vorgaben hinsichtlich der Art und des Umfangs von Flächennutzungen (z. B. durch Ausschluss von Wohnnutzung), sozialer Erfordernisse (z. B. der Erreichbarkeit durch Arbeitnehmer) und im Rahmen kultureller Werte und Normen (wie z. B. der Ausprägung einer Marktwirtschaft anstelle einer Subsistenzwirtschaft).

Steht bei Bourdieu die Frage der Ebenen sozialer Raumbezüge und bei Läpple die funktionale Differenzierung (physisch) räumlicher Prägungen im Vordergrund der Betrachtung, befasst sich der Soziologe Rudolf Stichweh mit der Art der Interferenzen zwischen sozialem und physischem Raum. Zentrales Thema ist für Stichweh (2003, S. 98) die soziale Kontrolle des Raumes im Zuge der soziokulturellen Evolution. Dabei hat der Mensch Strategien entwickelt, die als „die strukturellen Effekte der operativen Vollzüge eines Systems" zu verstehen sind und weniger als intentionales Handeln. Stichweh (2003) charakterisiert fünf solcher Strategien:

1. Bei der Substitution natürlicher durch künstliche Begebenheiten treten zunehmend räumliche Bedingungen (Straßen, Wasserwege, Gebäude), als Folgen gesellschaftlichen Handelns, an die Stelle von Vorgegebenheiten, „die nicht durch Kommunikation und soziales Handeln beeinflusst zu sein scheinen" (Stichweh, 2003, S. 98).
2. Physische Räume werden durch soziale Räume überlagert. Dabei treten die Restriktionen der physischen Räume in ihrer Bedeutung zurück (für die Informationssendung über das Internet stellen beispielsweise die Alpen kein Verkehrshindernis mehr dar). Zwischen sozialer und physischer Distanz besteht kein Kausalzusammenhang (mehr): Wir kennen unsere Nachbarn nicht beim Namen, halten aber freund-

schaftliche Kontakte mit Menschen in anderen Staaten. Allerdings weisen soziale und physische Distanzen bisweilen Korrelationen auf, „aber diese Kopplungen sind relativ locker und die soziale Distanz geht in ihnen nicht auf" (Stichweh, 2003, S. 98). So kann eine sozial hervorgehobene Position einer Person durch eine besondere Position im physischen Raum, z. B. durch Hervorhebung (z. B. durch einen Thron) oder durch Zentralstellung (z. B. Sitzungsleiter am Kopfende eines Tisches) markiert sein, wobei dieser Zusammenhang nicht zwingend ist.

3. Bei der Invisibilisierung einer faktisch vorliegenden und als Struktur unhintergehbaren räumlichen Ordnung handelt es sich um Strategien und Techniken der Nutzung des Raumes. Diese machen „die strukturierende Wirkung solcher Nutzungen unsichtbar" (Stichweh, 2003). Ein Beispiel hierfür sind die Eigentümlichkeiten telekommunikativer Medien, so setzt die Mobiltelefonie „eine präzise Dekomposition des Erdballs in Zellen und Segmente und Nachbarschaftsrelationen unter diesen Zellen und Segmenten voraus" (Stichweh, 2003, S. 99).

4. Im Zuge der Substitution funktionaler durch räumliche Ordnungen werden ehemals räumlich exakt verortete Funktionen (z. B. Märkte) über alternative Wege abgewickelt (z. B. über das Internet), das bedeutet (Stichweh, 2003, S. 99): „Die funktionale Reinterpretation räumlicher Unterscheidungen vollzieht sich in immer neuen Formen".

5. Mithilfe der Strategie der Domestikation des Raumes wird der Raum nicht substituiert, sondern vielmehr kontrolliert. Dabei werden präzise räumliche Ordnungen errichtet, über den Raum wird ein Netzwerk der Lokalisierung sowie der Berechenbarkeit von Ortsveränderungen gelegt. Die äußert sich beispielsweise in just-in-time-Lieferungen ebenso auch in der eindeutigen Lokalisierbarkeit durch Adressen (Name, Straße, Hausnummer, Ländercode, Postleitzahl, Siedlungsname) oder in der Abstimmung von Flugzeiten im Hubs-and-spokes-System (siehe hierzu Kühne, 2006a).

Stehen bei Bourdieu, Läpple und Stichweh die Entstehung und Wirkung sozialer Raumbezüge im Vordergrund der Betrachtungen, stellt der US-amerikanische Geograph Edward Soja (1996; 2003 und 2008 auf Grundlage der Raumtheorie von Lefebvre, 1972, 1974) die räumlichen Erkenntnispraktiken in den Vordergrund seiner Stadt- und Raumtheorie. Dabei unterscheidet er die Epistemologien des *First-*, *Second-* und *Thirdspace*. Die Epistemologien des *Firstspace* beziehen sich auf die materiellen Manifestationen sozialen Handelns. Diese privilegieren also „Objektivität und Materialität und haben eine formale Raumwissenschaft zum Ziel" (Soja, 1996, S. 75), sie umfassen also die Konzepte des Behälterraumes als vom Menschen unabhängige Einheit, die durch logische Struktur bzw. Ordnungsstruktur gekennzeichnet ist. Die Epistemologien des *Secondspace* dagegen befassen sich mit den physischen Strukturen zugrundeliegenden Raumvorstellungen. Sie sind damit Ausdruck aktueller, historisch gewachsener Machtverhältnisse, die sich in besonderer Weise normativen funktionalen, strukturellen und ästhetischen Vorstellungen von Eliten (insbesondere Planern, Politikerinnen, Investoren und Architektinnen) äußern. Als *Thirdspace* wird darüber hinaus eine

„gelebte Kombination von Raumbildern und sozial produzierter Räumlichkeit" (Fröhlich, 2003, S. 109) bezeichnet, „er besteht aus materiellen Gegenständen, die aber alle auch in der Wahrnehmungswelt des Menschen liegen und sozial bedeutungsvoll sind" (Hard 2008, S. 295). Das Konzept des *Thirdspace* ist für Soja (1996, S. 81) eine „behutsame Dekonstruktion und heuristische Rekonstruktion des Dualismus der *Firstspace-secondspace*-Dualität".

Die dargestellten Raumkonzepte verdeutlichen ansatzweise die Vielfalt sozialer Raumkonstruktionen und -beziehungen. Eine Synthese der vorgestellten Raumkonzepte lässt sich von Pierre Bourdieus Konzept ausgehend vornehmen: Der gesellschaftliche Raum umfasst und ordnet die sozialen Positionen von Personen. Diese Personen verfügen über bestimmte Vorstellungen von Raum, wobei diese Vorstellungen sozial weitgehend determiniert sind, aber durch individuelle Aktualisierung immer neu hergestellt werden müssen (Werlen). Auf der Ebene der Gesellschaften differenzieren sich auch unterschiedliche funktionale Teilsysteme aus. Durch das raumbezogene Agieren dieser Teilsysteme wird der angeeignete physische Raum in den physischen Raum als Grundlage der stofflichen Welt eingeschrieben (Läpple). Diese relationalen Einschreibungen reduzieren vielfach den Einfluss des physischen Raumes auf den Menschen (Stichweh). Im Zuge der funktionalen Differenzierung wiederum hat die Gesellschaft (mindestens) ein gesellschaftliches Teilsystem hervorgebracht, das sich mit der wissenschaftlichen Konstruktion von Raum befasst, indem Raum (mindestens) als physisches Objekt, als soziale Vorstellung von Raum und als alltagsweltlicher Handlungsrahmen konzipiert wird (Soja). Diesen Relationen auf den unterschiedlichen Ebenen räumlicher Vorstellungen liegen spezifische Machtbeziehungen zugrunde, die sich in der sozialen Definition von Vorstellungen von Raum, aber auch von Einschreibungen in physische Räume manifestieren. So haben ‚Mindermächtige' (Paris, 2005), wie zumeist ökonomisch schlechter Gestellte, Zuwandernde, Frauen u. a., geringere Chancen ihre Bedürfnisse an Räumen in diese physisch einzuschreiben als Mächtigere, allein schon, weil sie in Entscheidungsgremien zumeist unterrepräsentiert sind (z. B. Cosgrove, 1984; Riley, 1994; Schenker, 1994; Hall, 1995; Mitchell, 2007; Kühne, 2008a, 2012a; Mels, 2013; Stemmer et al., 2020).

2.3 Landschaften – einige Grundüberlegungen aus sozialkonstruktivistischer Perspektive

Die in den vorangegangenen beiden Abschnitten dargestellten Grundzüge sozialkonstruktivistischer Weltsicht und die für den Nachvollzug landschaftlicher Perspektiven wesentlichen Vorstellungen von Raum werden im Folgenden zu einer groben Charakterisierung eines sozialkonstruktivistischen Landschaftsverständnisses zusammengeführt. Die Konstruktion von Landschaft ist zwingend mit einer Raumkonstruktion verbunden, umgekehrt ist jedoch die Konstruktion von Raum nicht von der Konstruktion von Landschaft abhängig. Bei der Konstruktion von Landschaft sind beide Ebenen, die der Landschaft und die des Raumes, jedoch konstitutiv aufeinander bezogen, wobei in der Praxis der bewusstseinsinternen Konstruktion von Landschaft ein Oszillieren zwischen beiden Ebenen erfolgt (vgl. Seel, 1996; Kühne, 2012a). Bestimmte Arrangements von Objekten können als Raum konstruiert werden (z. B. Industrieraum), ohne dass ihnen landschaftliche Qualitäten zugeschrieben werden (d. h. es wird dem so entstandenen Raum die Bezeichnung ‚Industrielandschaft' verweigert), jedoch werden Objekte, deren räumliche Anordnung nicht bedacht wird, nicht als Landschaft konstruiert. Werden Objekte (hier industrielle) in räumlicher Anordnung beobachtet und als Landschaft konstruiert, erfolgt die detailliertere Beobachtung zunächst in räumlicher Perspektive (z. B. von Fördertürmen, Schornsteinen). Die Ergebnisse dieser räumlichen Beobachtung werden der landschaftlichen Bewertung unterzogen, z. B. der Frage, ob Fördertürme und Schornsteine typischerweise als Teil einer ‚Industrielandschaft' bezeichnet werden können.

2.3.1 Die soziale Konstruktion von Landschaft

Aus sozialkonstruktivistischer Perspektive wird Landschaft nicht als objektiv und eindeutig definierbar gegebener Teil der physisch-materiellen Welt verstanden, sondern vielmehr als sozial und kulturell erzeugtes wie auch vermitteltes Konstrukt (vgl. u. a. Paasi, 1992, 2008; Greider & Garkovich, 1994; Ipsen, 2002b; Mitchell, 2002c; Soyez, 2003; Kaufmann, 2005; Ahrens, 2006; Kühne, 2006a, 2008a; Chilla, 2007; Gailing & Leibenath, 2012, 2015; Micheel, 2012; Stakelbeck & Weber, 2013; Wojtkiewicz & Heiland, 2012; Schwarzer, 2014; Bruns & Kühne, 2015a; Kühne & Schönwald, 2015a; Kühne & Weber, 2015b; Schnur, 2015; Stotten, 2015; Claßen, 2016b; Stemmer, 2016; Aschenbrand, 2017; Fontaine, 2017a, b; Weber, 2017; Ellmers, 2020). Denis Cosgrove (1998b, S. 13) charakterisiert den Übergang von einem objektivistischen zu einem konstruktivistischen Landschaftsverständnis folgendermaßen: „Landschaft ist nicht nur die Welt, die wir sehen, es ist eine Konstruktion, eine Komposition von dieser Welt. Landschaft ist eine Art, die Welt zu sehen". Damit schließt er an die Untersuchung ‚*The Making of the English Landscape*' von W. G. Hoskins (2005[1955]) an, der neben der Entwicklung der physischen Strukturen die affektiven Aneignungsprozesse untersuchte, und somit die historische Entwicklung der Art, England zu konstruieren, fokussierte. Der Ansatz von Cosgrove, die gesellschaftlichen Deutungs- und Bewertungsprozesse mit dem traditionellen, materieorientierten Landschaftsverständnis der Geographie zu kombinieren, ermöglichte eine neue Perspektive auf das Wechselverhältnis von sozialer Konstruktion von Landschaft und physischem Raum (Jackson, 1989), eine Tradition, in die auch dieses Buch eingeordnet werden kann.

Landschaften stellen also einerseits Abstraktionsleistungen durch den Menschen dar, sie sind andererseits aber auch Projektionen emotionaler Besetzung (Goodman, 1951; vgl. auch Cosgrove & Daniels, 1988; Greider & Garkovich, 1994; Cosgrove, 1998b; Howard, 2011). Grundlage der Interpretation von Sinneseindrücken als

Landschaft ist das bereits Erlernte. Dieses Erlernte ist – wie oben gezeigt – Ergebnis eines langen sozialen Evolutionsprozesses kultureller Normierungen. Landschaft ist als Teil von der Welt nicht als Abbild, sondern lediglich als Sinn- und Bedeutungszuschreibung erfahrbar (Burr, 1995; Assmann, 1999; Wöhler, 2001), oder wie es Helmut Rheder bereits Anfang der 1930er Jahre (1932, S. 1) formulierte: „Es ist die Kraft und die Arbeit des Gedankens, welche Natur unter dem Bilde der Landschaft erscheinen lässt". Bei dieser Sinn- und Bedeutungszuschreibung erfolgt die Bildung von Gestalten, eine Abgrenzung des Ähnlichen von dem davon Verschiedenen. Hier vollzieht sich die Gestaltbildung durch „den teilenden und das Geteilte zu Sondereinheiten bildenden Blick des Menschen", wobei Gegenstände „zu der jeweiligen Individualität ‚Landschaft' umgebaut" (Simmel, 1996, S. 95) werden. Die Gestaltbildung vollzieht sich unbewusst, daher „erscheint sie uns nicht als soziale Konstruktion, sondern als Wirklichkeit" (Ipsen, 2006, S. 31), oder wie Gailing (2012, S. 3) es formuliert: Landschaften werden zu „mehr oder weniger distinkte[n] räumliche[n] Einheiten, die auf der Basis von Syntheseleistungen durch Ontologisierungen und Reifikationen strukturiert werden". Unter Ontologisierung von ‚Räumen' bzw. ‚Landschaften' versteht Gailing (2012, S. 149) in Anschluss an Schlottmann (2005), „dass räumliche Einheiten als handlungs- oder beobachterunabhängig eindeutig und damit als zunächst unverhandelbar begriffen werden" (vgl. auch Miggelbrink, 2002). Im landschaftlichen Kontext bedeutet dies: Landschaft wird als eindeutig gegebene Einheit verstanden, die unabhängig von der Beobachtung des Menschen existiert. Als Reifikation (oder Hypostasierung) wird dabei in Anschluss an Werlen (2000) verstanden, einen Begriff – beispielsweise ‚Landschaft' oder ‚Raum' – als Sache zu begreifen: „Abstrakte Gegebenheiten werden als substanzielle behandelt" (Gailing, 2012, S. 149). Im landschaftlichen Kontext bedeutet dies: Zwar stellt ‚Landschaft' ein Konstrukt dar, doch wird sie verstanden, als sei sie als Gegenstand eindeutig fassbar. Diese Prozesse lassen sich als Ergebnisse des Wunsches eines „Sinnverlagerns in die ‚Realität'" (Gebhard, 2013, S. 31; einfache Anführungszeichen durch O.K.) verstehen, was eine erhebliche Minderung von Komplexität bedeutet: Entsprechend müssen nur Zusammenhänge zwischen den so verstandenen *Objekten* gedeutet werden, nicht die eigene Interpretation der Objekte und ihrer Selektion (wenn nicht alle vorhandenen Objekte gedeutet werden) wie auch eine Interpretation der Zusammenhänge. Mit den Prozessen der Ontologisierung und der Reifikation ist eine sprachliche Verknüpfung verbunden (z. B. als Benennung als ‚Landschaft XY'), die nicht allein deskriptiv ist, sondern auch normative Inhalte verbindet, die im Kontext mit anderen sprachlichen Verknüpfungen stehen. Werden also die Worte ‚Landschaft XY' genannt, werden dadurch – sofern bekannt – bestimmte Zuschreibungen und Normen aktualisiert, wie ‚schön' oder ‚erhaltenswert'. Um diese Landschaft konstituierenden Zusammenhänge nachvollziehen zu können, „muss der Kontext, innerhalb dessen gesprochen wird, untersucht werden" (Strüver & Wucherpfennig, 2009, S. 117). Es stellt sich die Frage, wer in welchem sozialen Kontext wie Landschaft konstruieren und die erzeugten Konstrukte normativ besetzen kann. Ein eindrückliches Beispiel hierfür liefert Friedericke Weber (2013 und 2015) anhand von

Naturparken: Als politische Einheiten mit politisch-administrativen Grenzziehungen erscheinen sie sukzessive immer stärker als eine ‚naturräumliche Wirklichkeit'.

Die bewusstseinsinterne Bildung von Landschaft in bestimmten Gegenständen in relationaler Anordnung als Gestalt bedeutet dabei mehr als das Erkennen der Gegenstände, „genauso wie Textverstehen mehr als das Erkennen von Wortbedeutungen ist" (Berendt, 2005, S. 29). In systemtheoretischer Terminologie bezeichnet ‚Komplexität' die Unterschiedlichkeit von Funktionen eines Systems, Kompliziertheit ist hingegen eine Bezeichnung für die Unterschiedlichkeit von Strukturen (Müller, 2013; Ropohl, 2012). In diesem Sinne lässt sich die Erzeugung von Landschaft als Gestaltbildung als Komplexitätsreduktion interpretieren. Diese Komplexitätsreduktion, „Reaktion des Umgangs mit Strukturierungsbedarf" (Miggelbrink, 2009, S. 191; vgl. auch im Kontext von Landschaft Kühne, 2004, 2014b; Papadimitriou, 2010), versetzt das menschliche Bewusstsein in die Lage, sich zu orientieren. Ohne Entkomplexisierung müsste das Bewusstsein „jeden Baum von neuem kennen lernen, denn bekanntlich gleicht keiner dem anderen" (Eibl-Eibesfeldt, 1997, S. 901), und wäre nicht in der Lage, mehrere nahe beieinanderstehende Bäume als Wald zu konstruieren (vgl. auch Tuan, 1974; Kaplan et al., 1998; Nohl, 1997; Kühne, 2008d). Lucius Burckhardt (2006a, S. 82) fasst diese Überlegungen prägnant, indem er Landschaft als einen „Trick unserer Wahrnehmung [bezeichnet; Anm. O.K.], der es ermöglicht, heterogene Dinge zu einem Bilde zusammenzufassen und andere auszuschließen".

Die sozialkonstruktivistische Perspektive behauptet dabei nicht, dass Gegenstände wie Bäume, Häuser oder Gras nicht existierten, sie fiktional oder durch Illusion erzeugt seien, sie werden real durch ihre soziale Produktion. Edley (2001) stellt daher klar, Sprache sei für die meisten Sozialkonstruktivisten nicht die einzige ‚Realität': „Sie glauben nicht, dass, sagen wir, Nottingham in der Mitte der Autobahn M1 erscheint, weil es auf einem Blatt Papier steht, noch haben sie die Vorstellung, es würde irgendwie in das Dasein springen, in dem Moment, in dem es erwähnt wird. Die Art und Weise, wie der Konstruktivismus unser common-sense-Verständnis stört ist viel subtiler als diese Vorstellungen. Stattdessen könnte ein Konstruktivist darauf hinweisen, dass Nottingham eine Stadt dank eines Textes ist (z. B. durch ein königliches Dekret) und dass seine Grenzen – wo sie beginnt und endet – auch ein Gegenstand von Verhandlungen und Vereinbarungen ist. Das Argument ist daher nicht, dass es Nottingham nicht gibt, sondern wie es eine sozial konstruierte Realität wird" (Edley, 2001, S. 429). Aus sozialkonstruktivistischer Perspektive finden sich Objekte und soziale Konstruktionen in einem rekursiven Bedingungsverhältnis bei der Konstruktion von Landschaft, d. h. ohne die soziale Konstruktion wären wir nicht in der Lage, in der materiellen Welt eine ‚Landschaft' zu sehen und ohne diese materielle Welt gäbe es keinen Anlass, bestimmte Objekt zu ‚Landschaft' zu synthetisieren, andere hingegen nicht (z. B. Chilla, 2007; Kost, 2013; Kühne, 2013a; Marshall, 2008[2001]; Muir, 2003).

Der Wissensvorrat über Landschaft hat dabei eine Geschichte, er ist – im Anschluss an die allgemeinen Aussagen zum Wasservorrat von Schütz und Luckmann (2003[1975], S. 163) – „das ‚Produkt' der in ihm sedimentierten Erfahrungen". Erfahrungen entspringen nicht allein der direkten sensorischen Konfrontation mit physischen Objekten, denen die Deutung ‚Landschaft' zugeschrieben wird. Vielmehr sind – mehr noch als die unmittelbare Konfrontation mit physischen Objekten – andere Elemente der Sozialisation (Vermittlungen von Eltern, Peer-Group-Mitgliedern, Lehrern, Filmen, Büchern) für die Fähigkeit, Raum als Landschaft zu konstruieren, prägend für den individuellen Begriff von Landschaft. Diese Konstruktionen von Landschaft erfolgen in den meisten Fällen nicht in individueller Bezugnahme und Abwägung, sondern Deutungsmuster sind Interpretationsschemata für weltliche Phänomene, Situationen, Ereignisse und Handlungen" (Keller, 2016, S. 73).

Die Fähigkeit eines Menschen, Landschaft zu konstruieren ist also von einem sozial vermittelten individuellen Wissensvorrat abhängig: „Diese kulturelle Vermittlung ist in der Regel eine Anleitung zur Selektion, also zur Ausfilterung von Eindrücken" (Burckhardt, 2006j, S. 257; vgl. auch Jacks, 2004). Die Konstruktion von Landschaft konturiert sich also auch an Nicht-Landschaft. Wie alle anderen Zeichensysteme auch, müssen gesellschaftliche Deutungs- und Zuschreibungsmuster von Landschaft gelernt werden: „Es gibt keine naive Beziehung zur Landschaft vor aller Gesellschaft. Der Naive kann die Landschaft nicht sehen, denn er hat ihre Sprache nicht gelernt" (Burckhardt, 2006g, S. 20). In diesem Prozess der Konstruktion von Landschaft wird auf kulturell gebundene, sozial vermittelte und zeitgebundene Typisierungen zurückgegriffen, schließlich sehen wir „im Allgemeinen nur das, was wir zu sehen gelernt haben, und wir sehen es so, wie der Zeitstil es fordert" (Lehmann, 1973, S. 48). Landschaft wird zu einem kulturellen Bild, einer bildlichen Art der Repräsentation, indem Umgebungen strukturiert und symbolisiert werden (Daniels und Cosgrove, 1988; vgl. Berendt, 2005; Kühne, 2008a, 2016e). Der Erwerb von Wissen über Landschaft stellt dabei die Sedimentierung aktueller Erfahrungen gemäß bereits erworbener Relevanzzuordnungen und Typiken in Sinnstrukturen dar. Erfahrungen schließen also an Vorerfahrungen an (Schütz und Luckmann 2003[1975]). Die Aktualisierung erworbener landschaftsbezogener Relevanzzuordnungen und Typiken erfolgt zumeist nicht kontinuierlich: Die unmittelbare Erfahrung von physischen Objekten als Landschaft ist in der modernen und postmodernen Gesellschaft häufig von einer gewissen Periodizität geprägt, werden Siedlungen in der Binnenperspektive (zumeist) nicht als Landschaft erfahren, so ist die unmittelbare Konstruktion von Landschaft auf Wochenendausflüge oder Urlaube beschränkt.

Die Konstruktion von Landschaft erfolgt entlang einer ‚Selbstverständlichkeitskette', erst durch Abweichungen im Vergleich von Sinneseindrücken mit den sedimentierten und unbewusst ablaufenden Relevanzzuordnungen und Typiken wird Landschaft bewusst hinterfragt (Ausnahmen bilden jene, die sich intensiv beispielsweise beruflich mit Landschaft befassen). Dabei variiert der Zugang zu Landschaft vom ‚Vertrautheitswissen', verbunden mit Kenntnissen über Klima, Geologie, Vegetation, Haus- und Flurformen etc. eines als Landschaft konstruierten Ausschnitts der Erdoberfläche, über das ‚Bekanntheitswissen', beispielsweise über die diskursive Existenz eines als Landschaft bezeichneten Ausschnitts, bis hin zum ‚bloßen Glauben' es gäbe sicherlich auch andere Landschaften als die bekannten. Das Maß der Wissensvorräte über als Landschaften bezeichnete Ausschnitte der Erdoberfläche ist in der Regel eingeschränkt: So kann eine Person die Geologie in einer Region genau studiert haben, während volkskundliche Zugänge ebenso in den Bereich des ‚Bekanntheitswissens' fallen, wie geologische Verhältnisse in anderen Regionen. Wissensbestände über einen als Landschaft konstruierten Ausschnitt der Erdoberfläche oder andere Ausschnitte können jedoch schrittweise (aufbauend auf Vertrautem oder zumindest Bekanntem) erweitert werden (vgl. Schütz & Luckmann 2003[1975]). Die Erklärung der physischen Struktur Englands durch zunehmende geologische Erkenntnisgewinne ist hierfür ein Beispiel: Fossilfunde wurden als Leitfossilien klassifiziert, auf deren Grundlage die erste Geologische Karte entwickelt wurde, während die *Gentries* (angehörige der oberen Gesellschaftsschichten) einen elitären Diskurs vor Vitrinen umfangreicher Stein- und Fossilsammlungen führten (und dabei nebenbei die Bibel immer weiter infrage stellten)[3].

Sozialkonstruktivistische Landschaftsforschung erfolgt – wie sozialkonstruktivistische Forschung im Allgemeinen (Gergen & Gergen, 2009) – im Wesentlichen auf einer Meta-Ebene, „sie untersucht und erklärt, was Menschen meinen, wenn sie ‚Landschaft' sagen" (Haber, 2001, S. 20; siehe auch Gailing & Leibenath, 2012), allgemeiner formuliert: Sozialkonstruktivistische Forschung versucht „zu erklären, wie wir dazu kommen, unsere üblichen Konzeptionen des ‚Realen und Guten' miteinander zu teilen" (Gergen & Gergen, 2009, S. 100). Aus struktureller Sicht weist sozialkonstruktivistische Forschung zwei Ebenen auf: Erstens, die mikrosoziale Ebene der individuellen Einbettung in gemeinschaftliche und gesellschaftliche Zusammenhänge (wie bei Berger & Luckmann, 1966; Gergen, 1999; Kühne & Jenal, 2020a); zweitens, die makrosoziale Ebene, die sich insbesondere im Anschluss an den Dekonstruktivismus mit der strukturierenden Macht von Sprache befasst (Burr, 2005). Die vornehmlichen Bezüge sozialkonstruktivistischer Forschung liegen nicht in ontologischen Fragen, also Fragen in welcher Art Dinge existieren (z. B. ‚Was ist Landschaft?'), vielmehr rücken Fragen in den Vordergrund, auf welche Art und aufgrund welcher Bedürfnisse Menschen Zuschreibungen konstruieren (z. B. ‚In welcher Form wird seit wann und wie aus Raum Landschaft konstruiert?'), was von Zuschreibungen ausgeschlossen wird (z. B. ‚Was und warum wird dieses und jenes nicht als Landschaft konstruiert?), wie Zuschreibungen kommuniziert werden (z. B. ‚Wann wird Landschaft wie und wo thematisiert?'), welche Ungleichverteilungen von Wissen und Definitionshoheiten dabei erzeugt werden (z. B. ‚Wer entscheidet, was, wie und wo als erhaltenswerte Landschaft definiert wird?', ‚Wer legt aufgrund welcher Definitionen fest, dass suburbane Siedlungen öde sind?'; vgl. Lacoste, 1990; Potter, 1996; Kühne, 2008a, 2018c; Thiem & Weber, 2011; Gailing & Leibenath, 2012). Damit wird Landschaft zur Repräsentantin „psychologischer oder ideologischer Themen" (Mitchell, 2002c, S. 1). Die Befassung mit Landschaft bedeutet darüber hinaus auch eine Auseinandersetzung mit ihrer medialen Bedeutung als Ausdrucksform von Macht, wie dies

---

[3]Ein herzlicher Dank für dieses Beispiel an Diedrich Bruns.

auch für Sprache (und damit auch die Verbindung von Landschaft und Sprache) gilt (vgl. Jackson, 1989; Kühne & Weber, 2015b).

Die Konstruktion von Landschaft weist – wie gezeigt – einen hohen Selektivitätsgrad auf: In die Zusammenschau von Objekten zu Landschaft fließen lediglich die als (im landschaftlichen Zusammenhang) relevant klassifizierten Objekte ein (Kaplan et al., 1998). Relevanzen sind bei der Konstruktion von Landschaft von zentraler Bedeutung, sie werden im Folgenden genauer betrachtet.

2.3.2   Relevanzen und Landschaftskonstruktion

Zentral für die Konstruktion von Landschaften sind Relevanzen, z. B. ob und in welcher Weise bestimmte Objekte in die Konstruktion eingebunden werden oder ob und inwiefern andere Objekte z. B. mit ästhetischen Zuschreibungen versehen werden (siehe detaillierter Abschn. 6.3.1.3 sowie Lothian, 1999). Schütz und Luckmann (2003[1975] unterscheiden nach thematischer Relevanz, Interpretationsrelevanz und Motivationsrelevanz, die jedoch miteinander verflochten sind. Die thematische Relevanz ist in drei Aspekte aufgegliedert:

1. Die erzwungene Aufmerksamkeit oder ‚auferlegte‘ thematische Relevanz tritt auf, wenn im Rahmen des Vertrauten Unvertrautes erscheint und somit Aufmerksamkeit auf sich zieht (z. B. sich in einer ansonsten flachen Region eine morphologische Vollform erhebt), wenn von einem Wirklichkeitsbereich mit geschlossener Sinnstruktur zu einem anderen ‚gesprungen‘ wird (beispielsweise der durch den Moderator einer Veranstaltung bestimmte Übergang vom Thema Landschaft zum Thema Organisation öffentlicher Verwaltung in einer Diskussionsrunde), wenn „Veränderungen der Bewusstseinspannung innerhalb des gleichen Wirklichkeitsbereiches […] zu ‚unmotiviertem‘ Themenwechsel führen" (Schütz und Luckmann 2003[1975], S. 259); z. B. wenn die Erörterung allgemeiner Konstruktionsmechanismen von Landschaft durch die Besprechung konkreter Objekte, die als Teil von Landschaft angesehen werden, abgelöst wird) oder wenn Aufmerksamkeit sozial erzwungen wird (beispielsweise der Äußerung einer Position unter Denkmalschützenden, die den Abriss eines historischen Gebäudes für eine *Shopping Mall* befürwortet).
2. Die freiwillige Zuwendung oder ‚motivierte‘ thematische Relevanz gliedert sich in den Themenwechsel, z. B. der Zuwendung der Studierenden zum Thema ‚Landschaft‘ in einer Lehrveranstaltung mit diesem Thema, und der Themenentwicklung, beispielsweise der sukzessiven Besprechung unterschiedlicher Objekte und Objektgruppen eines als Landschaft beschriebenen Erdausschnitts.
3. Hypothetische Relevanzen entstehen durch Ereignisse, deren Bedeutung auf die eigene Lebenswelt (noch) ungeklärt ist. Dabei kann ein hypothetisch relevantes Thema bestimmte Verhaltensweisen motivieren, so können Gerüchte über den Bau

einer Autobahn Naturschützerinnen motivieren, nach geschützten Tier- und Pflanzenarten zu suchen, um den Bau zu verhindern.

Die Interpretationsrelevanz dient der Einordnung von Wahrnehmungen. Dabei wird routinemäßig eine Überprüfung der Deckung zwischen Thema und Wissenselementen vorgenommen. Schütz & Luckmann (2003[1975] sprechen in diesem Zusammenhang auch von einer ‚auferlegten‘ Interpretationsrelevanz). So erregt die oben exemplarisch angesprochene morphologische Vollform nicht nur die Aufmerksamkeit des landschaftlichen Betrachters, sie entzieht sich auch einer ad hoc-Interpretation. Damit kann sie ihn zu einer genaueren Untersuchung des Phänomens anregen, wodurch er eine Problemauslegung (als ‚motivierte‘ Interpretationsrelevanz) vornimmt. Ein Problem entsteht dabei, „wenn eine aktuelle Erfahrung nicht schlicht in einen im Wissensvorrat vorhandenen Typus – und zwar auf der situationsrelevanten Ebene der Typ-Bestimmtheit – ‚hineinpasst‘“ (Schütz & Luckmann 2003[1975], S. 277). Die aktuelle Erfahrung ‚Vollform in Ebene‘ widerspricht den bisherigen Erfahrungen wie ‚Ebene als vollformenfreier Erdausschnitt‘ und ‚Vollformen finden sich im Kontext anderer Vollformen (Bergland)‘. Im Zuge der Problemauslegung können bekannte Prozesse, die auch in Ebenen und Vollformen führen können (z. B. Vulkanismus oder Haldenschüttungen), geprüft werden.

Neben thematischer und interpretativer Relevanz ist die Motivationsrelevanz zentral für die Behandlung von Themen (Schütz & Luckmann 2003[1975]): der Entwurf des Handelns (Motivation im Um-zu-Zusammenhang) und die biographische Bedingtheit der Einstellung (Motivation im Weil-Zusammenhang). Bei erstgenanntem Motivationszusammenhang wird eine durch das Handlungsziel motivierte, wechselseitig relevante Kette von Handlungsabläufen bzw. Teilhandlungen vollzogen. Diese Ketten sind im Vorhinein hierarchisch und hinsichtlich der Abfolge der Teilhandlungen geplant (vgl. Miebach, 2010). So gliedert sich eine Landschaftspflegemaßnahme in eine Kaskade von Entscheidungen im Um-zu-Zusammenhang: Von den der Definition des Soll-Zustandes, Frage der Art und des Umfangs eingesetzten Geräte über die Frage der Arbeitsorganisation bis hin zu der Art und Weise des Baumschnitts. Diese Um-zu-Motive sind häufig mit Weil-Motiven verbunden, da diese Um-zu-Zusammenhänge begründen. So liegt die Motivation, sich überhaupt mit Landschaftspflege zu beschäftigen häufig in dem Wunsch, Natur und Landschaft zu schützen. Die einzelnen Gründe „für seine Motive im Weil-Zusammenhang müssen dem Handelnden [dabei; Anm. O.K.] nicht bewusst sein, um sein Handeln zu entwerfen" (Miebach, 2010, S. 160), sie sind vermischt mit teilweise diffusen Zielen, Wissen, über das der Handelnde zu einem bestimmten Zeitpunkt verfügt und emotionalen Gestimmtheiten.

Damit wird deutlich, dass anhand von Relevanzen konstruierte Landschaften nicht anhand ‚objektiver‘ Kriterien gebildet werden können: Geometrisch gleich weit vom Betrachtenden aus entfernte Gegenstände können unterschiedliche Relevanzen für die individuelle Konstruktion von Landschaft haben, so kann ein einzeln stehender Baum als Teil von Landschaft konstruiert werden, bei einem gleich weit entfernten Grashalm ist die Wahrscheinlichkeit hierfür weit geringer (vgl. auch hierzu Heidegger,

2005[1927]). In Anlehnung an Heidegger formuliert Zahavi (2007, S. 55) die Relativität eines sozialkonstruktivistischen Raum- und (als Spezialfall) Landschaftsverständnisses: „Mag ein geometrisches Maß noch so exakt sein, es braucht deswegen noch lange nicht relevant und brauchbar zu sein, wenn es darum geht, die eigentliche Räumlichkeit zu bestimmen". Landschaft wird – infolge eines solchen Verständnisses – im Wesentlichen anhand von sozial vermittelten individuell aktualisierten Relevanzen gebildet. Diese Relevanzen sind nicht stabil, sondern verändern sich mit und in sozialen Bezügen und damit sind sie zeitlich gebunden, ein Thema, das im folgenden Kapitel behandelt wird.

Zusammenfassung

In diesem Kapitel wird die Entstehung und Entwicklung von Landschaftsverständnissen im deutschsprachigen Raum behandelt. Der Begriff der Landschaft reicht hier bis in das Mittelalter zurück, wo eine Zusammenschau von materiellen Räumen mit sozialen Gemeinschaften entstand, in der Renaissance erfuhr er eine ästhetische, in der Romantik eine moralische Aufladung und wurde im 19. Jahrhundert zunehmend in wissenschaftlichen Kontexten verwendet. Im Kontext der Postindustrialisierung erfahren auch altindustrielle Objekte eine zunehmende Wertschätzung in landschaftlichen Kontexten.

Schlüsselwörter

Landschaftsmalerei · Historische Landschaftsbegriffe · Altindustrialisierung · Landschaftsästhetik · Landschaftsmoral

Die Befassung mit der Entwicklung des Begriffs der Landschaft ist aus zwei Gründen für die Landschaftsforschung zentral:

1. Mit Berger und Luckmann (1966) lassen sich symbolische Sinnwelten – in diesem Falle Landschaft – als gesellschaftliche Produkte, die eine Geschichte haben, verstehen. Insofern erscheint eine historische Betrachtung der Entwicklung sozialer Verständnisse von Landschaft wesentlich, um eine Annäherung an ihre sozialen Bedeutungen zu ermöglichen. Infolge seiner Evolution mit Bedeutungsverschiebungen, Bedeutungserweiterungen und Umdeutungen hat der Begriff der Land-

© Der/die Autor(en), exklusiv lizenziert durch Springer Fachmedien Wiesbaden GmbH, ein Teil von Springer Nature 2021
O. Kühne, *Landschaftstheorie und Landschaftspraxis,* RaumFragen: Stadt – Region – Landschaft, https://doi.org/10.1007/978-3-658-34746-8_3

schaft einen großen „semantischen Hof" (Hard,1969, S. 10) aus „Assoziationen, Emotionen, Evokationen" (Hard, 2002d, S. 178; ähnlich Howard, 2011) entwickelt.

2. Die soziale Konstruktion von Landschaft beinhaltet auch die wissenschaftliche Konstruktion von Landschaft als Praxis: „Das Verständnis des Sehens als Praxis und die damit verbundene Forderung, die Voraussetzungen dieser Praxis auch im Hinblick auf die Gestaltung von Landschaft ‚deutlich' zu machen, erfordert eine kritische Selbstwahrnehmung der Landschaftsforschung auf diese historisch variablen soziokulturellen ‚Bedingtheiten'" (Berr, 2020a, S. 201). In anderen Worten: Erst die Auseinandersetzung mit den historischen Bedingtheiten (aber auch eigenen weltanschaulichen und wissenschaftstheoretischen; siehe hierzu Kap. 6), ermöglicht Landschaftsforscher~innen eigene Erkenntnisse im Prozess der sozialen und wissenschaftlichen Konstruktion von Landschaft bewusst zu kontextualisieren.

Die Ausführungen zu dem Thema der Entwicklung des sozialen Landschaftsverständnisses wird – dem einführenden Anspruch dieses Buches gemäß – im Folgenden auf wesentliche Grundzüge beschränkt bleiben (für eine Vertiefung des Themas bieten beispielsweise die Arbeiten von Müller, 1977; Piepmeier, 1980; Eisel, 1982; Cosgrove, 1984; Kirchhoff und Trepl, 2009; Schenk, 2013, 2017, 2020; Bahr 2015; Kühne, 2015a; Claßen, 2016b; Fischer, 2016; Berr & Kühne, 2020; Berr & Schenk, 2019 Ansatzpunkte). Die Ausführungen in diesem Abschnitt sind auf die Entwicklungen im deutschen Sprachraum fokussiert, die Konstruktion von Landschaft in anderen kulturellen Kontexten wird später daran kontrastiert.

3.1 Etymologische Herkunft und die Entwicklung zu einem politischen Begriff der regionalen Bezeichnung

In den germanischen Sprachen stellt das Wort ‚Landschaft' ein von -*skapjan* (‚schaften') abgeleitetes Verbalabstraktum *skapi-*, *skapja-* und *skafti-* dar. Der erheblichen Varianz der Wortbildungsmittel zum Trotz waren diese Ableitungen durch ein relativ einheitliches Bedeutungsspektrum geprägt. Dieses umfasste die Bedeutungen von Gestalt, Form, Beschaffenheit, Natur, Zustand sowie Art und Weise. Die substantivischen -*schaft*-Ableitungen werden im Wesentlichen in drei Gruppen gefasst (Müller, 1977): Erstens handelt es sich dabei um Abstrakta wie Meisterschaft und Herrschaft; zweitens werden Kollektiva (genauer: Personengruppenbezeichnungen) wie Mannschaft darunter verstanden (siehe auch Spirn, 1998); drittens werden sie für Raumbezeichnungen wie Grafschaft oder eben Landschaft verwendet. Ihnen ist die Bezeichnung von etwas Zusammengehörendem eigen, das – so Haber (2007) – durch menschliche Tätigkeit (deutsch: ‚schaffen', englisch: ‚*shape*', also schöpfen, ästhetisch gestalten) entstanden ist (siehe auch Termeer, 2007).

Im frühen 9. Jahrhundert wurde das Wort *Lantscaf* erstmals nachgewiesen (Gruenter, 1975[1953]) und bezeichnete im Althochdeutschen etwas, „was in den allermeisten

Fällen die Qualität eines größeren Siedlungsraumes besitzt" (Müller, 1977, S. 6; ähnlich Olwig, 1996; Heiland, 2006). Als Ableitung von Personen- bzw. Personengruppenbezeichnungen hatte es eine Grundbedeutung von den in einem Gebiet üblichen Verhaltensweisen und sozialen Normen dort lebender Bewohner~innen und war nicht durch eine exakte Abgrenzung oder einen unmittelbaren Bezug zu physisch-räumlichen Einheiten geprägt. In den folgenden Jahrhunderten entwickelte sich der Bedeutungsinhalt von den „sozialen Normen in einem Land" zu dem „Land, in dem solche Normen Gültigkeit haben" (Müller, 1977, S. 7; siehe auch Groth & Wilson, 2005). Im Laufe des 12. Jahrhunderts wurde diese Bedeutung durch eine doppelte politische Bedeutungskomponente ergänzt: Erstens wurde Landschaft als ein politisch-rechtlich definierter Raum begriffen, dieser war wiederum konstitutiv Teil einer größeren politischen Einheit (Müller, 1977); zweitens wurden darüber hinaus die politisch Handlungsfähigen (also nicht die Bauern) einer Region als „Repräsentanten der ‚ganzen Landschaft'" (Hard, 1977, S. 14; Bartels, 1973; Sullivan, 1998; Jessel, 2000; Groth & Wilson, 2005; Berr & Kühne, 2020) zusammengefasst. Die Bezeichnung ‚Landschaft' wurde im späten Mittelalter zu einem präzisen Ausdruck von menschlichen Gesetzen und rechtlichen Institutionen (Olwig, 1996). Der Begriff der Landschaft umfasste im Hochmittelalter darüber hinaus auch die von einer Stadt bewirtschaftete und beherrschte Zone (Müller, 1977; vgl. auch Haber, 2000, 2007; Jessel, 2000). Diese war jedoch vom Wald abgesetzt, der vom Menschen (noch) nicht gerodet worden war. Landschaft erhielt also zu einer sozialen, zunächst deskriptiven später auch normativen, unscharf regional gefassten Komponente eine politische Bedeutung, indem herrschaftliche Funktionen regional verortet und gegeneinander abgegrenzt wurden. Physische Räume wurden hinsichtlich ihrer Verwertbarkeit zur Erzeugung von lebensermöglichenden Gütern (Nahrungsmittel, Heiz- und Baumaterial etc.) bewertet, denn einer ästhetisierten Zusammenschau unterzogen (Pfeiffer, 2011).

3.2   Die Konstituierung der ästhetischen Landschaft: Von der Landschaftsmalerei zur im physischen Raum geschauten Landschaft

Die künstlerische Befassung mit Objekten in relationaler Anordnung, die später als Landschaft bezeichnet werden, begann nach ersten Vorstufen in der ägyptischen, mesopotamischen und israelitischen Kultur in der griechischen Antike und wurde in der römischen beibehalten (Baridon, 2006). Sowohl in Griechenland als auch in Rom wurde eine räumlich-ästhetische Konstruktion in Malerei und Dichtung vorgenommen, blieb jedoch auf arkadische Motive wie Gärten, Felder und Weingärten beschränkt, eine Befassung mit vom Menschen unüberprägten Gebieten unterblieb weitgehend (Appleton, 1986). Die antike künstlerische Befassung mit Raum war dabei stark auf den *locus amoenus* zentriert, ein Ort, der von einem oder mehreren Bäumen, einer Wiese sowie einer Quelle oder einem Bach geprägt war, häufig ergänzt durch Vögel (in der Dichtung mit ihrem Gesang), Blumen und einem leichten Wind. Bis in die Gegenwart persistiert die Vorstellung vom *locus amoenus* als „Inbegriff antiker und moderner Daseinswonne" (Curtius, 1954[1948], zit. nach Hard, 2002a, S. 29; vgl. auch Giacomoni, 2007).

Im Mittelalter fand die ästhetische Befassung mit Ort und Raum keine Fortsetzung: „Der Blick ist zum Himmel gerichtet, aber nicht auf dessen irdische Erscheinungsform" (Lehmann, 1968, S. 9). So trat in der mittelalterlichen Malerei das Motiv dessen, was später Landschaft genannt werden sollte, zugunsten der Darstellung von Szenen aus der Heilsgeschichte, biblischen Historien, Heiligenlegenden wie auch Sinnbildern der Glaubenslehre mit dem Anspruch zurück, „dem Göttlichen in Werken der bildenden Kunst Ausdruck zu verleihen" (Büttner, 2006, S. 36). Die mittelalterliche Malerei ist dabei „nicht aus dem Bestreben erwachsen, eine bunte Seinswelt in ihrer Mannigfaltigkeit und in ihrem Beziehungsreichtum zu objektivieren, sondern die Heilsgeschichte der Menschheit und die Symbole ihrer Erlösung darzustellen" (Böheim, 1930, S. 82; vgl. auch Trepl, 2012a). Räumliche Darstellungen weisen dabei die Funktion der Vergegenwärtigung des Ortes des Geschehens auf, wie beispielsweise Wasser und Flussufer bei Christopherus-Darstellungen (Erb, 1997), oder verweisen als Symbole und Allegorien immer wieder auf Jesus Christus als Erlöser und sein ewiges Reich, wobei dieses Reich der ewigen Seligkeit „dann nicht selten in das Bild einer paradiesischen Landschaft gefasst" (Büttner, 2006, S. 36) wurde, die häufig von einem Goldgrund als Widerspiegelung des Paradieses überhöht ist. Im späten Mittelalter und in der frühen Neuzeit wurde die malerische Darstellung von Räumen zur grundbuchhaften Dokumentation von räumlichen Besitzverhältnissen genutzt. Der mittelalterliche Wortsinn von Landschaft als räumlicher Zusammenhang wurde auf das gemalte Bild ausgedehnt, wodurch sich im Landschaftsgemälde „nichts anderes als der Besitzerstolz und die Beschränktheit des Landinhabers" (Warnke, 1992, S. 65) widerspiegelten.

Erst in der Renaissance wurde die Landschaftsmalerei als eigenständige Disziplin entwickelt (Andrews, 1989; Büttner, 2019; Schmeling & Schmitz-Emans, 2007). Mit der Entwicklung der Zentralperspektive in der Renaissance wurde eine detailliertere Darstellung physisch-räumlicher Phänomene und die elaborierte Konstruktion von Stimmungen – zu deren Erzeugung war auch ein analytischer Zugriff auf Farb- und Schattenspiele notwendig – möglich (Piepmeier, 1980; Eisel, 1982; Cosgrove, 1984, 1985; Dinnebier, 1996). In der Renaissance formte sich eine wesentliche Ausprägung sozialer Vorstellungen des Typus einer idealisierten Landschaft, „der in der europäischen Malerei des siebzehnten Jahrhunderts geschaffen wurde und seine […] verbindliche Ausformung durch Claude Lorrain erfuhr" (Riedel, 1989, S. 45; siehe u. a. Cosgrove, 1984, 1993; Roters, 1995; Olwig, 2007; Kirchhoff & Trepl, 2009; Conzen, 2010; Foxley, 2010), Gemälde, die durchweg als „Kunstlandschaften, im Atelier gemalt und mit Szenen aus der Mythologie angereichert" (Spanier, 2008, S. 282) waren. Im Gegensatz zu dem anderen ‚Erzvater' der Landschaftsmalerei, Nicolas Poussin (1594–1665), dem ‚Pathetiker', galt Claude Lorrain (1600–1682) als „der feinere Lyriker; während bei Poussin Figureninszenierung von der Landschaft hinterfangen wird, gliedert sich bei Lorrain die Figur in die Landschaft ein – er ist der ausgeprägtere Landschafter"

(Roters, 1995, S. 31). Im Bestreben, an antike Traditionen anzuknüpfen, „war die Reise nach Italien zu einem festen Bestandteil der Ausbildung nordalpiner Künstler geworden" (Büttner, 2006, S. 125; Howard, 2011), was sich in dem Entwurf von arkadischen Ideallandschaften niederschlug, die weniger Wiedergaben konkreter Raumausschnitte, sondern komponiert, oder – wie Burckhardt (2006e, S. 116) pointiert – „im Atelier nach ideellen Mustern zusammengestückt" waren. Hier wird wiederum – wie Olwig (2008[2001] ausführt – der kreative Prozess des ‚Schaffens' (engl. ‚*shape*', siehe oben) deutlich: Sie schufen (gemaltes) Land.

Mit der malerischen Komposition arkadischer Landschaften entstand eine an visuellen Stereotypen[1] ausgerichtete Seherwartung, schließlich war – so Herbert Lehmann (1968, S. 7) – die bildende Kunst „Schrittmacher unseres Sehens und unseres landschaftlichen Erlebens". Diese Erwartung wiederum wurde auf die Betrachtung physischer Räume übertragen, d. h. in solchermaßen gesellschaftlich konstituierten Weisen der Zusammenschau von Objekten in räumlicher Anordnung wurde Landschaft im physischen Raum geschaut (Cosgrove, 1984, 1993; Hugill, 1995; Haber, 2007; Howard, 2011; Schenk, 2013, 2017), sodass Oppel (1884, S. 36) Landschaft als „Erdraum, welcher sich von irgendeinem Punkte aus dem Blicke als Ganzes darbietet", definieren konnte. Dem Bedeutungsspektrum wurde mit der spezifischen Erwartung visueller Wahrnehmung von einem bestimmten Standpunkt aus eine weitere Dimension hinzugefügt (Tuan, 1974). Die Alexander von Humboldt zugeschriebene Sentenz des ‚Totalcharakters einer Erdgegend' (Hard, 1970; mehr zu Humboldts Landschaftsverständnis siehe: Kwa, 2005) greift sogar über die visuell-ästhetischen Aspekte hinaus und unterstellt einen Zugriff auf den ‚Charakter' eines Raumes.

Der Übergang von der gemalten Ideallandschaft zur in den physischen Raum hineingesehenen Landschaft vollzog sich allmählich, wie das Beispiel der Claude-Gläser (benannt nach Claude Lorrain) zeigt: Diese getönten Spiegel bewegte der Betrachter so lange hin und her, „bis man eine ‚Lorrainsche Landschaft' gleichsam gerahmt eingefangen hatte, wobei der Betrachter der Landschaft bezeichnenderweise den Rücken zukehrte" (Kortländer, 1977, S. 37; vgl. auch Shepard, 1967; Löfgren, 2002; Groth & Wilson, 2005; Foxley, 2010; Schenk, 2013). Einen Vorläufer hatte diese landschaftliche Betrachtung von physischen Räumen – so Joachim Ritter (1996) – mit dem italienischen

---

[1] Der Terminus des Stereotyps wurde von Lippmann (1922) – aus der Druckersprache entlehnt – in die Wissenschaft eingeführt. Es beschreibt verschiedenartige Phänomene wie individuelle Voreingenommenheiten und Irrationalismen, historisch entwickelte Ideologien und kulturelle Traditionen, aber auch das Wirken von Normen in kleinen Gruppen wie auch die Auseinandersetzungen innerhalb und zwischen großen Institutionen auf ein einheitliches Wirkungsprinzip, ohne in diesem Kontext trivial-monokausalistisch zu reduzieren. Damit wird verdeutlicht, dass wir stark geprägt von individuellen, insbesondere aber gesellschaftlichen Wertungen die Welt wahrnehmen, ohne diesen Vorgang zu reflektieren (mehr zum Thema der sozialen Strukturiertheit unserer Weltkonstrukte siehe Abschn. 2.1).

Dichter Petrarca, der im Jahre 1335 den Mont Ventoux in der Provence bestieg, um die Umgebung des Berges betrachten zu können, ohne damit (wie ansonsten zu dieser Zeit üblich), wirtschaftliche, politische oder militärische Interessen zu verbinden (vgl. auch Eissing & Franke, 2015). Die Bedeutung, die Ritter (1996, S. 30–31) dem nach der Ersteigung verfassten Selbstbericht Petrarcas zuschreibt, „liegt in der Reflexion auf die Motive seiner Bergbesteigung. In ihr wird der geistige Zusammenhang fassbar, aus dem einerseits geschichtlich die Zuwendung zur Natur als Landschaft hervorgeht und aus dem sie zugleich – in einer Wende, die diesem fremd bleibt – hinausführt".

Nach der Ära der Klassik, in der Landschaft eher zur Kulisse der Darstellung historischer Ereignisse oder als Natur mittels Vernunft zum Gegenstand der schönen Kunst geworden war (Hohl, 1977), erfuhr sie in der Romantik „ihre höchste Aufwertung, indem mythologische und historische Inhalte in einem erweiterten Begriff von ‚Landschaft' aufgehen" (Hohl, 1977, S. 45; siehe auch Piepmeier, 1980). Für die Maler der Romantik – hervorgehoben sei Caspar David Friedrich (1774–1840) – war das Malen nicht mehr bloß eine Frage der künstlerischen Praxis, „sondern eine der inneren und moralischen und religiösen Verfasstheit des Künstlers" (Büttner 2006, S. 262). Gerade die Landschaftsmalerei Caspar David Friedrichs zeichne sich – so Spanier (2006, S. 33) – „gewissermaßen durch überschießendes Pathos" aus, indem „spirituelle und religiöse Gefühle in Landschaften (Seelenlandschaften)" gekleidet seien (Abb. 3.1). In ihrer allegorischen und symbolischen Dichte knüpft die romantische künstlerische Befassung mit Landschaft an mittelalterliche Darstellungen, insbesondere mit ihren religiösen Verweisen, an, jedoch ist sie auch ein Ausdruck des Bewusstseins der Geschiedenheit des modernen Individuums aus dem Kontext der paradiesischen Natur (Zink, 2006). Die romantische Perspektive wurde jedoch rasch „für manche Kritiker zum Inbegriff des schlechten Geschmacks, da ihre Werke überspannt, unwahrscheinlich, gesucht und willkürlich seien" (Illing, 2006, S. 47), worauf in der Folge eine künstlerische Zuwendung zum Konkreten und Lokalen erfolgte: In den physischen Raum geschaute Landschaft wurde nun zu Gegenstand von Malerei. Diese Zuwendung zu konkreten physischen Räumen war jedoch nicht ohne symbolische Aufladung: Im Biedermeier wurde Landschaft zu einem Symbol für Humanität, welche insbesondere durch zivilisatorische Entwicklung und Tendenzen zu technischer Verwertbarkeit, allgemein zum Nützlichkeitsdenken, im physischen Raum versinnbildlicht in der Ausdehnung von Städten und Industrieanlagen, bedroht gesehen wurde (Kortländer, 1977), Landschaft wurde zum Medium der Sozialkritik. Mit den Landschaftsbildern des Impressionismus endete die Tradition der Landschaftsmalerei, „die mit einer theologischen, moralischen oder wissenschaftlichen Belehrung verbunden war, oder einer spirituell angeleiteten Naturbetrachtung, die selbst in einem kleinen Stück Natur die Schöpfung verherrlicht sah" (Büttner, 2006, S. 316). Einer surrealistischen Episode zum Trotz, in der abstrahierte und destrukturierte Landschaften einer verzerrten, ungewohnten bzw. intertextuellen Rekonstruktion unterzogen wurden (wie bei Max Ernst, Salvador Dalí oder Giorgio de Chiricos; Krysinski, 2007), verlor Landschaft in Malerei und Literatur bis zum letzten Drittel des 20. Jahrhunderts an affirmativer Bedeutung: Ihre tradierte

Abb. 3.1 Caspar David Friedrichs ‚Der einsame Baum' repräsentiert das romantische Welt-verständnis mit seinen zahlreichen symbolischen Verweisen: So kann die Eiche als Sinnbild des Deutschen, aber auch als Symbol der in die Gegenwart reichenden Vergangenheit, der an den Baum gelehnte Hirte als Symbol des Einklangs von Mensch und Natur gedeutet werden, die Rahmung des Dorfes im Mittelgrund durch Himmel und dessen Spiegelung in den stehenden Gewässern als Metapher für ein religioses Ordnungsprinzip (Hannessen, 1985). Aus ökologischer Perspektive ist der dargestellte knorrige Baum durch das ständige Abfressen seiner Triebe, Knospen und Zweige durch Weidetiere „eigentlich aber ein verkrüppelter Baum" (Urmersbach 2009, S. 34). (Bildnachweis: bpk/Nationalgalerie, SMB/Jörg P. Anders)

Symbolik, perpetuiert in zahllos erscheinenden Fotos, Postkarten, Filmen und Videos, wurde Gegenstand der Dekonstruktion (Linke, 2020a; Wiesmüller, 2004).

3.3   Die Kontrastierung von Landschaft zu Stadt

Mit der Entwicklung und Verbreitung der Landschaftsmalerei erfolgten kulturell gebundene, sozial vermittelte Typisierungen von jenen Elementen des physischen Raumes, die zu Land-schaft synthetisierbar waren. Träger der ästhetisierten landschaftlichen Betrachtung waren in Europa insbesondere Gebildete, zumeist Stadtbewohner~innen. Diese gebildeten Städter wiesen die nötige ökonomische und soziale Distanz zu der auf dem Land verorteten Land-schaft auf (unter vielen: Hellpach 1950[1911]; Williams, 1973; Cosgrove & Daniels, 1988; Bourassa, 1991; Daniels, 1993; Bahrdt, 1996; Ritter, 1996; Löfgren, 2002; Green, 2003; Hupke, 2015; Fischer, 2016). Diese Distanzierung der Städter basierte auf der Emanzipation von dem physischen, durch Landwirtschaft strukturierten Raum als Ort der täglichen Arbeit auf dem Feld und der Bedrohung durch Missernten[2]. Durch die Ablösung von der Anforderung, täglich den Widerständen der Natur trotzen zu müssen, um den eigenen Lebens-unterhalt zu sichern, wurden gebildete Städter in die Lage versetzt, „die Realität mit den Augen des Malers und so auch die Natur mit den Augen des Landschaftsmalers zu sehen; unter dem Einfluss solcher Sehgewohnheiten wurde in der […] ‚gehobenen Sprache' […] die Bezeichnung ‚Landschaft' auch auf die Realität, den ‚malerischen Naturausschnitt' übertragen" (Hard, 1977, S. 14), ein bedeutender Schritt zur Ontologisierung und Rei-fikation von ‚Landschaft'. Lucius Burckhardt (2006 f., S. 94) weist in diesem Kontext auf die perspektivische Wechselseitigkeit im Konstruktionsprozess der Dichotomie, also der Zwei-teilung, von Stadt und Landschaft hin: „Die Spannung des Übergangs von der Stadt zum Lande erzeugt das Landschaftsbild. Land ist Landschaft aufgrund des Osterspaziergangs der Städter, und Stadt ist Stadt aufgrund der staunenden Marktfrauen und Brennholzlieferanten". Demnach erhält ländlich konstruierte Landschaft eine kompensatorische Bedeutung: Auf-grund der Organisation des Alltags im urbanen Kontext erwächst das Bedürfnis nach unmittel-barer Konfrontation mit dem, was als natürlich galt (Ritter, 1996; vgl. auch Trepl, 2012a).

Zur rekursiven Verfestigung sozial erzeugter und vermittelter Typisierungen von Land-schaft der Gebildeten wurden nicht nur Landschaftsgemälde herangezogen, sondern auch Gedichte, belletristische Literatur und Sachliteratur. Gerade mit dem Lesen (und Ver-fassen) von Reiseberichten wurden Erlebens- und Wahrnehmungskonventionen erzeugt, häufig vollzog sich dies mit räumlicher Konkretisierung (wie bei den Alpen, dem Mittel-rheintal, Dartmoor; vgl. Löfgren, 2002; Schwarzer, 2014; Aschenbrand, 2016, 2017). Neben der lieblichen, arkadischen Landschaft erfolgte seit dem 18. Jahrhundert die ästhetische Aneignung angsteinflößender Natur und Landschaft, kodifiziert durch die Theorie des Erhabenen (genaueres zur Erhabenheit siehe Abschn. 6.3.1.1. Ausdrücke der Hinwendung zum Erhabenen sind bis heute medial präsent: Gruselromane und Erzählungen von den Ursprüngen des Bergsteigens, Science-Fiction und Heavy Metal Rock Musik zeigen eine starke mediale Präsenz der Idee von Angst (Gold & Revill, 2003).

Wie gezeigt, verband sich mit dem Übergang von der Agrar- zur Industriegesellschaft eine ökonomisch bedingte Entfremdung des Menschen von seiner ursprünglichen Natur-verbundenheit: Immer mehr Menschen lebten nicht in natürlichen Rhythmen der Jahres-zeiten (verbunden z. B. mit Aussaat und Ernte) und Tageszeiten (z. B. dem Vorhandensein

---

[2]Kenneth Olwig (2008) bezeichnet diese Trennung als Insider und Outsider: Der Outsider konstruiert Landschaft gemäß ästhetischer Vorgaben, während der Insider in „unreflektierter Tradition" (Olwig (2008, S. 40) die physischen Grundlagen der Ästhetisierung eines Raumes zu Landschaft erzeugt.

von Licht für die Feldarbeit), sondern in Rhythmen, die der Logik ökonomischer und technischer Prozesse entsprachen (z. B. Arbeitsschichten, Fertigungsprozessen). Bätzing (2000, S. 197) bringt die landschaftliche Betrachtung auch in den Kontext der sozialen Differenzierung während der Industrialisierung: War die Welt durch immer komplexer werdende Arbeitsprozesse und die Entstehung unterschiedlicher Berufe gekennzeichnet, blieb die Welt „zumindest am Sonntag, in der Freizeit, in Form der ‚schönen Land-schaft' noch einmal ganzheitlich erlebbar". An die Stelle der Naturverbundenheit trat eine neue wissenschaftliche Naturerkenntnis und eine verstärkte Naturbeherrschung (siehe auch Donnelly, 2002). In diesem Kontext wird die Stadt zum sichtbarsten Symbol von menschlicher Rationalität und dem Triumph über die Natur (Tuan, 1979a). Land-schaft – als Nicht-Stadt – wird im Gegenzug symbolisch mit Freiheit konnotiert: „Was den Städter vor die Tür und in die Natur treibt, ist nämlich genau dies: Den gesellschaft-lichen Zwängen, der sozialen und räumlichen Enge der Stadt zu entfliehen" (Kaufmann, 2005, S. 59; ähnlich Tuan, 1979a). Die Ästhetisierung von Natürlichem – ob erhaben als Wüste, Meer oder Hochgebirge oder schön als durch den Menschen in Agrarland-schaften kultiviert – als Landschaft impliziert auch eine emotionale Hinwendung zur Natur, die sich auch im Genießen äußert (z. B. Williams, 1973; Tuan, 1979a; Bourassa, 1991; Haber, 1993; Zapatka, 1995; Cronon, 1996a; Fuhrer und Wölfing, 1997; Fischer, 2001; Hoeres, 2004; Howard, 2011). Die romantische Ästhetisierung und emotionale Besetzung von als Landschaft geschauten Ausschnitten des physischen Raumes lässt sich als Wiederverzauberung der durch die Aufklärung entzauberten Natur verstehen, dabei wird die Romantik zur dunklen „Kehrseite der Aufklärung" (Illing, 2006, S. 48; vgl. auch Sloterdijk, 2007), schließlich ist sie als Gegenposition konstitutiv auf das Rationalitäts-ideal der Aufklärung bezogen. Die Abgrenzung von der Aufklärung ging so weit, dass Romantiker eine ganzheitliche Wissenschaft aus kognitiven, moralischen und intuitiv-ästhetischen Vorstellungen konzipierten (Eagleton, 1994 & Eisel, 2009), ein Zugang, der bis heute in wissenschaftlichen Zugängen zu Landschaft persistiert. Das ästhetisch vermittelte Konstrukt eines Sinnzusammenhangs ‚Landschaft' wird zum „Ausdruck des guten und wahren Lebens im Einklang mit der Natur und den ‚natürlichen' gesellschaft-lichen Ordnungen [transformiert und, Anm. O.K.] unter dieser antidemokratischen Perspektive im Zuge der Gegenaufklärung und Romantik in ein konservatives politisches Programm" (Eisel & Körner, 2006, S. 46; siehe Abschn. 6.7.2) überführt.

3.4   Die aktive physische Übertragung landschaftlicher Normvorstellungen: Die Entwicklung des Englischen Gartens

Die weitgehend kanonisierten Landschaftsprinzipien im 18. Jahrhundert beschränkten sich nicht allein auf die Interpretation von infolge von Nebenfolgen sozialen Handelns geprägter physischer Räume als Landschaft, sondern wurden bewusst in physische Räume als „physische Manifestationen von Ideen" (Davies, 1988, S. 33) eingeschrieben (vgl. z. B. Cosgrove, 1985; Löfgren, 1986 & 2002; Daniels, 1988, 1993; Bourassa, 1991; Mozingo, 2003; Schmitz-Emans, 2005; Apolinarski et al., 2006; Mitchell, 2007; Berr, 2019c; Dettmar, 2018). Der Englische Garten (oder Landschaftsgarten) wurde dabei kontrastierend zum Französischen (oder Barocken) Garten konzipiert. Der Französische Garten – besonders ausgeprägt in den Anlagen von Versailles umgesetzt – symbolisiert mit seinen geometrischen Formen in Grund- und Aufriss nicht allein den Herrschafts-anspruch des Menschen über Natur, sondern vielmehr auch „das Verhältnis des (damals) Beherrschbaren zum Unbeherrschten, zum Gebiet des Abenteuers und der Jagd" (Burck-hardt, 2006h, S. 50). Lässt sich der Französische Garten in seiner geometrischen Struktur als ein Symbol für die als ständisch definierte Struktur der Gesellschaft des Absolutis-mus verstehen, wird mit dem Englischen Garten die Idee der Freiheit verbunden (Bender, 1982; vgl. auch Dinnebier, 1997 und Spanier, 2008). So steht der vorder-gründigen Unordnung des – nach Vorbild der Gemälde der Landschaftsmalerei (Spanier, 2008) entstandenen – Englischen Gartens die Symbolisierung einer höheren – also natür-lichen – Ordnung entgegen. Der Englische Garten wird – im Sinne der Aufklärung – zum Symbol „einer künftigen besseren Gesellschaft" (Burckhardt, 2006h, S. 51), in der sich der Mensch von den Fesseln der absolutistischen Ordnung befreit und sich seiner naturgegebenen Grundrechte besinnt (Olwig, 1995). Die häufig den Landschaftsgärten beigefügten Pflanzen aus Nordamerika wurden zu Symbolen der Freiheit (Küster, 2009, S. 80): „Was aus Amerika kam, wurde als eine Metapher der Freiheit angesehen, vor allem nach der Unabhängigkeitserklärung der Vereinigten Staaten".

Symbolisiert der Französische Garten also den Drang zum „,Korrektiv' der Natur" (Seel, 1996, S. 277), setzt der Englische Garten dem die Idealisierung (kulturalisierter) Natur entgegen (vgl. Daniels, 1988, 1999; Buttlar, 1989; Hasse, 1993; Hugill, 1995; Schweizer & Werder-Zyprian, 2019). Der Englische Garten lässt sich als physische Manifestation der Sehnsucht nach der Harmonie von Mensch und Natur interpretieren (vgl. Spirn, 1998), wobei aber letztlich eine Natur erzeugt wird, die „gemäß den Lebens-bedürfnissen des Menschen" domestiziert ist, und dadurch die Zuschreibung „schön-und-gut" (Seel, 1996, S. 130) zugeschrieben bekommt. Die Verbreitung der Idee des Englischen Gartens wurde durch die Konnotation mit der Idee der Natürlichkeit des Paradieses (wie sie beispielsweise in John Miltons ‚Paradise Lost' von 1667 anklingt) befördert: So sei die Natur in ihrem ursprünglichen Zustand vollkommen, „erst der Mensch hat diesen paradiesischen Zustand durch seinen willkürlichen Eingriff zerstört" (Bender, 1982, S. 112). Die Wiederherstellung der scheinbaren (wilden) Natürlichkeit des Englischen Gartens lässt sich als Versuch interpretieren, den Zustand des Paradieses wiederherzustellen (Bender, 1982; Dinnebier, 2004). Der Drang, den durch Folgen und insbesondere Nebenfolgen menschlichen Handelns modifizierten physischen Raum gemäß den Vorstellungen eines Englischen Landschaftsgartens umzugestalten, wurde in der zweiten Hälfte des 18. Jahrhunderts durch Franz von Anhalt-Dessau (1764–1800) umgesetzt. Als Anhänger der Aufklärung bemühte er sich, mit dem Ziel, nach englischem Vorbild eine Einheit von Ästhetik und Ökonomie zu erzielen (Hirsch, 1995), sein gesamtes Fürstentum in ein ‚Gartenreich' umzuwandeln (Haber, 2005; Küster & Hoppe, 2010), um so einen Beitrag zur ethischen und ästhetischen Erziehung der Bevölkerung zu leisten. Lucius Burckhardt (2006d) verweist darauf, dass der Englische wie auch der Französische Garten, nicht auf ihre zeitliche Gebundenheit zu reduzieren seien, vielmehr repräsentierten sie allgemein Ausdrucks- und Selbstdefinitionsbedürfnisse des Menschen (Burckhardt, 2006d, S. 198): „So manifestiert sich im Barockgarten der Wille zur Schaffung einer beherrschten Gegennatur, das Bedürfnis nach Grenze, Abschluss und Geborgenheit gegenüber dem Ansturm des Ungeordneten jenseits des Zaunes". Der Englische Garten verkörpere hingegen „die Sehnsucht nach der Urtümlichkeit vergangener Zeiten, in welchen der Mensch als Hirte zwischen seinen Schafen lebte, das Wasser des frischen Quells trank und sich im Schatten eines Baumes erholte" (Burckhardt, 2006d, S. 198–199; vgl. auch Rodewald, 2001).

3.5   Kulturlandschaft als Heimat und Landschaft als Ökosystem

Eine wesentliche Komponente im ‚semantischen Hof‘ des gegenwärtigen Begriffs von Landschaft stellt das Konzept der Kulturlandschaft dar. ‚Kulturlandschaft‘ wird dabei grob als ein durch den Menschen überformter materieller Raum mittlerer Größe verstanden (z. B. Poschlod, 2017; genaueres siehe Abschn. 7.4). Dieses bereits Mitte des 19. Jahrhunderts entwickelte Konzept geht auf den konservativen Volkskundler und Sozialtheoretiker Wilhelm Riehl (1854) zurück und postuliert eine unentwirrbare Verbindung zwischen Volk und Landschaft (Eisel, 1982; Lekan & Zeller, 2005; Eisel & Körner, 2006). Diese spezifische Verbindung, „d. h. – der Idee nach – immer individuelle und organische Harmonie von Kultur und Natur ist dann im Landschaftsbild ablesbar" (Körner, 2006b, S. 6), eine Harmonie, die in ihrer Ausprägung „aber nicht etwa abhängig von der Eindringlichkeit des ästhetischen Eindrucks [ist; Anm. O.K.], vielmehr von der Klarheit, mit der wir Zusammenhänge und Übereinstimmungen erkennen" (Gradmann, 1924, S. 134). Die Gestalten (Landschaften) werden dann als ‚harmonisch‘ klassifiziert, sofern ihre Entwicklung ‚organisch‘ verlaufen ist (Eisel, 2004b). Das Riehlsche Konzept der Verbindung von Natur und Kultur in der Kulturlandschaft griff Ernst Rudorff (1994[1897]) auf und entwickelt es zu einem modernekritischen Ansatz des ‚Heimatschutzes‘ weiter. In Abgrenzung zum abstrakten Vernunftglauben der Aufklärung, dem formalen Individualismus des Liberalismus (‚jeder ist vor dem Gesetz gleich‘) und dem ökonomischen Kalkül der Effizienzsteigerung unterworfener Industrie, entwickelt er eine Geschichts- und Staatsphilosophie „der konkreten Vernunft und qualitativ gehaltvoller Individualität" (Körner, 2006b, S. 6), die in der Idee ‚monadischer‘ Räume, also landschaftlicher Ganzheiten von einzelnen Erdräumen und Kulturen, mündet (genaueres zum Zusammenhang von Konstruktion von Landschaft und Weltanschauung siehe Abschn. 6.7).

  Symbol des Verlustes an kulturlandschaftlicher Verwurzelung war die Großstadt, sie galt als Ort der großen Gleichmacherei, „in der die Menschen durcheinander gewürfelt werden und von Natur keine Spur mehr ist" (Körner, 2006b, S. 7; Rudorff, 1994[1897];

Schmoll, 2004). Um die Menschen in ihrer angestammten Kulturlandschaft dauerhaft verwurzeln zu können, forderte er, die Zeugnisse der Heimatgeschichte zu erhalten. Dabei lehnte er auch den Einsatz von Maschinen in der Landwirtschaft ab (vgl. Buchwald, 1968). Rudorff begründete damit eine – für den deutschen Naturschutz in weiten Teilen bis heute charakteristische – anti-modernistische (und anti-urbane) Tradition, womit er auch als ein typischer Vertreter einer bürgerlichen Agrarromantik als Gegenströmung zur Aufklärung verstanden werden kann (Knaut, 1993). Er wurde in der Natur (in ihrer vorindustriellen Ausgestaltung) zur zentralen Inspirationsquelle der romantischen Weltdeutung, wobei die von ihm formulierte Norm der Erhaltung durchaus im Gegensatz zur romantischen Norm der „dynamischen Auffassung der Romantiker steht, [die; Anm. O.K.] durch ihren Erkenntnisstil jeden materiellen bzw. immateriellen Gegenstand romantisieren und in dieser Form erleben […] können" (Franke, 2016, S. 281). Der Wirkmächtigkeit seines Ansatzes tat dies bis zum heutigen Tage jedoch keinen Abbruch (Eisel, 1982; Körner, 2005; Franke, 2016).

Die Heimatschutzbewegung war nicht die einzige modernisierungskritische Strömung Ende des 19. und Anfang des 20. Jahrhunderts. Eine besondere Verbindung bestand zur Kunstreformbewegung, die das Ziel der Bewahrung der ‚wahren Kultur' mittels ästhetischer Erziehung, Geschmackskultivierung, Volksbildung und Konsumentenerziehung gegen die einsetzende Massenkultur verfolgte (Maase, 2001). Die Heimatschutzbewegung sollte für die Kunstreformbewegung mit ihrer Befassung mit dem ‚Regionaltypischen' für Kunstschaffende in Abgrenzung zu massenhaft industriell reproduzierten Kunstwerken „als Quelle reichster Anregung" (Pazaurek, 2007, S. 119) dienen (zur Konstruktion des Typischen siehe Buchner, 2017).

Mit der Vereinigung mit dem Sozialdarwinismus und Nationalsozialismus wurde das aus der Heimatschutzbewegung stammende Kulturlandschaftsideal abgewandelt und zum Kampfkonzept missbraucht: Die konservative Idee der Einheit von ‚Land und Leuten' (vgl. insbesondere Abschn. 6.7.2) wurde mit der ‚Blut-und-Boden-Theorie' umgedeutet und somit Rassismus und Technikeuphorie zu einem Motor der Expansionsgelüste von Nazi-Deutschland. Aus dieser Perspektive wurde die ‚deutsche Kulturlandschaft' Abbild der ‚Überlegenheit der nordischen Rasse' (Trepl, 2012a; auch: Eissing & Franke, 2015). So wurden Dichotomien konstruiert zwischen „‚deutsch und blühend' im Gegensatz zur slawischen ‚Wüste' oder ‚Wildnis'" (Blackbourn, 2007, S. 17). Diese ‚Ödnisse' seien darauf zurückzuführen, „dass diese von Deutschen geschaffenen Landschaften unter dem polnischen Regime vernachlässigt worden seien" (Fehn, 2007, S. 44). Entsprechend wurden die Gebiete im Osten als ‚wilder Osten' – stereotypisiert von den Karl-May-Romanen – Gegenstand der Phantasien von Landschaftsplaner~innen, Raumordner~innen und Politiker~innen: Mit Mitteln der technischen Überlegenheit gelte es, diese Räume in ‚deutsche Kulturlandschaften' zu verwandeln (Blackbourn, 2007; Fehn, 2007; Trepl, 2012a). Über diese Exzesse hinaus bestanden zwischen dem Heimatschutz in Deutschland und dem Nationalsozialismus – wie Blackbourn (2007, S. 341) ausführt – „unleugbare Affinitäten": Beide teilten „einen Affekt gegen Großstädte und einen ‚kalten' Materialismus, machten einen ungezügelten liberalen Kapitalismus verantwortlich für die Bedrohung der Schönheit der Landschaft und waren sich sogar in einer ganzen Reihe von spontanen Abneigungen einig – gegen Beton, da dies ein ‚undeutscher' Baustoff sei, Werbeplakate, die das Bild ländlicher Gebiete ‚verschandelten', die Anpflanzung ‚nicht-bodenständiger' Bäume und Sträucher" (Blackbourn, 2007, S. 341; vgl. auch Körner, 2006a; Zutz, 2015). Zwar persistierten konservative, gegen Kommunismus und als amerikanisch kategorisierte Lebensstile gerichtete, Deutungsmuster in der Natur- und Heimatschutzbewegung auch in der Nachkriegszeit (vgl. z. B. Böhm, 1955; Schwab, 1958), doch setzte sich in den 1950er, verstärkt seit den 1960er Jahren, sukzessive eine Ökologisierung und Vernaturwissenschaftlichung des Naturschutzes durch (Körner, 2006a; Blackbourn, 2007; Hupke, 2015). Die Semantik des Naturschutzes wurde an Stelle des Schutzes der Heimat nun durch Schutz von Arten, Ökosystemen und Biozönosen geprägt. Die wissenschaftstheoretische Grundlage des ökologischen Ansatzes ist die des Positivismus. Landschaft sei als Ökosystem ein betrachterunabhängiger physischer Gegenstand mit Strukturen und Funktionen, der sich mit empirischen Methoden erfassen und in ‚neutraler' sowie ‚werturteilsfreier Weise' abgrenzen ließe (King, 2002; vgl. auch Chilla, 2007, Gailing & Leibenath, 2012; Berr, 2014). Positivistische Landschaftsforschung basiert auf der Beobachtung und Abstrahierung von Einzelphänomenen, indem die „‚gesammelten' Beobachtungen durch den Verstand induktiv generalisiert werden" (Eisel, 2009, S. 18; eine genauere Darstellung der positivistischen Position erfolgt in den Abschn. 6.1, im Vergleich zu anderen wissenschaftlichen Landschaftsverständnissen, und 6.2, zur ‚geographischen' Landschaft und der Landschaftskonstruktion in der Landschaftsökologie). Diese ökologische Begründung von Natur- und Landschaftsschutz war jedoch – Körner (2006a, S. 137) zufolge – weniger inhaltlicher denn strategischer Natur, schließlich bestehe „in der Demokratie ein systematischer Zwang zur sachlich nachvollziehbaren Argumentation". Der Übergang zu einer rationalistisch erscheinenden Begründung vollzog sich entsprechend, ohne die Konzepte des heimatlichen Kulturlandschaftsschutzes völlig aufzugeben (Körner, 2005, S. 112): Landschaftliche Eigenart und – davon abgeleitet – Schönheit spielt in Bezug auf „die spezifische Vielfalt der Arten und Biotope weiterhin eine zentrale Rolle bei der Bewertung von Biotoptypen". Damit sind zwei von drei Dimensionen der Idee der Erhaltung von Biodiversität benannt. Die dritte bezieht sich auf die genetische Vielfalt, mit der die Funktion verbunden wird, durch Erhaltung eines umfangreichen Genpools den Bestand einer Art dauerhaft zu sichern (vgl. Hupke, 2015).

Das Doppelkonzept von Naturschutz – einerseits auf der Ebene der Erhaltung von als Heimat gedeuteter materieller Landschaft und andererseits auf der Ebene der Biodiversität zu argumentieren – lässt sich als in sich durchaus widersprüchlich charakterisieren: Die Konstruktion von Landschaft als schützenswerte Natur wurde „gerade als Gegenentwurf zur naturwissenschaftlich und damit rational zugänglichen Natur" (Weber, 2007, S. 22) entworfen. Die ‚Vernaturwissenschaftlichung' des Naturschutzes bedeutet zudem einen Verlust der Kompetenz, bei Zielkonflikten Entscheidungen zu treffen, denn hinter „den Zielen des Naturschutzes stehen stets *Werturteile*. Diese lassen sich bekanntlich nicht aus den Naturwissenschaften gewinnen, die stets aufzeigen, wie etwas ist oder funktioniert, aber nicht, wie es sein soll" (Hupke, 2015, S. 68; Hervorh. i. O.).

3.6   Landschaft und Postindustrialisierung

Mit dem Übergang von der Agrar- zur Industriegesellschaft wurde – wie gezeigt – das Thema des Landschaftswandels einer breiteren Öffentlichkeit präsent. Mit der Erfahrung der Umgestaltung der physischen Grundlagen von Landschaft wurde die wilde bzw. agrarisch geprägte Landschaft sukzessive in immer größeren Teilen der Bevölkerung als ästhetisch und erhaltenswert konstruiert. Ging mit der Industrialisierung der Gesellschaft die Bedeutung des primären Wirtschaftssektors (Landwirtschaft, Forstwirtschaft und Fischerei) in Bezug auf die Bruttowertschöpfung, aber auch auf den Anteil an Arbeitskräften, insbesondere gegenüber dem sekundären Wirtschaftssektor (produzierendes Gewerbe) zurück, vollziehen sich in den Staaten Westeuropas und Nordamerikas, wie auch Japan, seit den 1960er Jahren der Prozesse der Postindustrialisierung (Bell z. B. 1999[1973]), d. h. die Bedeutung des sekundären Wirtschaftssektors geht gegenüber jener des tertiären Sektors (Dienstleistungen) zurück. In räumlicher Hinsicht lässt sich eine Veränderung vom „industrial-space" zum „post-industrial-space" (Lash & Urry, 1994, S. 193; Harrison, 1994) feststellen, die besonders deutlich in den Altindustrieregionen Westeuropas und Nordamerikas (wie dem Mittelenglischen Industrierevier, dem Ruhrgebiet, dem sogenannten ‚Rust Belt' der Vereinigten Staaten) zu finden ist. Wie die räumlichen Repräsentanzen der vorindustriellen Ära (wie Burgen, aber auch landwirtschaftliche Flächen) mit der zunehmenden Industrialisierung eine symbolische und ästhetische Aufladung erfuhren, erfolgt eine solche Neukonnotierung in der Phase der Postindustrialisierung mit den Objekten der Industrieära (Hall, 1995; Liessmann,1999; Pregill & Volkman, 1999; Hoppmann, 2000; Hauser, 2004; Herrington, 2006; Kühne, 2007d; Pütz, 2007; Jenal, 2019a; Schwarzer, 2009, 2014; Weber, 2020; Zepp, 2020). Dabei werden tradierte Deutungs- und Ästhetisierungsmuster aus der Phase der Industrialisierung aufgegriffen und übertragen. Altindustrielle Stadtlandschaften „assoziieren barocke Ruinenästhetik mit zerfallenden Hochöfen und Erinnerungen an den pittoresken Garten des achtzehnten Jahrhunderts" (Hauser, 2004, S. 154; Herrington, 2006; Howard, 2011; Abb. 3.2). In romantischer Tradition symbolisieren Ruinen den Zweifel am Gelingen des Fortschritts (Trigg, 2006) und werden mit Elementen der klassischen Parkgestaltung verbunden, wie Chilla (2005, S. 184) am Beispiel des Landschaftsparks Duisburg-Nord feststellt: „Parkelemente und vielfaltiger Pflanzeneinsatz verfremden das altindustrielle Erbe, werten es zugleich optisch auf und machen es für die Naherholung nutzbar". Mit der Aufgabe der industriellen Nutzungen von Objekten werden diese – sofern sie nicht abgerissen werden – einer konnotativen Umcodierung unterzogen, wobei allerdings die vormaligen Funktionen latent vorhanden bleiben (Hasse, 1993; Dettmar, 2004; Keil, 2005; Ipsen, 2006; Kühne, 2016c; Jenal, 2019a; Weber, 2020). Altindustrielle Objekte werden dabei zu Symbolen des „einfachen, harten Arbeiterlebens" (Vicenzotti, 2006, S. 231). Diese symbolische Aufladung schließt einerseits an das Bewertungsschema des ‚einfachen, harten und gemeinschaftlichen Landlebens' der Zeit des Übergangs von der agrar- zur

Abb. 3.2 ,Ruinenästhetik' im postindustriellen Zeitalter mit Erholungsfunktion: Der Landschaftspark Duisburg-Nord, ein Dokument der gesellschaftlichen Umdeutung ehemals wirtschaftlich genutzter Objekte. (Eigenes Foto)

industriegesellschaftlichen Ordnung an, andererseits stellt sie eine Reaktion auf die Entstandardisierung und Fragmentierung der postindustriellen Gesellschaft dar (vgl. Fischer, 2001; Höfer, 2001; Eisel, 2009). Darüber hinaus bieten altindustrielle Objekte dazu Anlass, neue landschaftliche Erfahrungen zu machen (Herrington, 2006; Schönwald, 2015b)[3]. Dieser Prozess lässt sich durch die Idealisierung der Industrie, die Erfahrung der spezifischen Natur von altindustriellen Flächen sowie das Anbieten des Deutungsmusters altindustrieller Ensembles als wilde Natur beeinflussen (Höfer und Vicenzotti, 2013; Schwarzer, 2014).

---

[3] Dass diese Einschätzung (alt)industrieller Objekte (noch) keine allgemeine Verbindlichkeit erreicht hat, dokumentiert exemplarisch die bei Kremer ((2015, S. 31–32)) zu findende Aussage: „Sogar Industrieanlagen präsentieren sich weitaus erträglicher, wenn hochwüchsige Laubgehölze sie ummanteln".

3.7   Historisch entwickelte Landschaftsbegriffe – ein Überblick

Wie im Vorgegangenen dargestellt, hat der Begriff Landschaft im germanischen (insbesondere deutschen) Sprachraum eine über ein Jahrtausend lange Entwicklungsgeschichte vollzogen. Die Entwicklungslinien dieser Geschichte lassen sich schlaglichtartig folgendermaßen kennzeichnen (siehe Abb. 3.3):

Die Bezeichnung von Landschaft als Begriff der räumlichen Zusammenschau von sozialen Normen und Gebräuchen entstand im frühen Mittelalter, verlor aber mit der

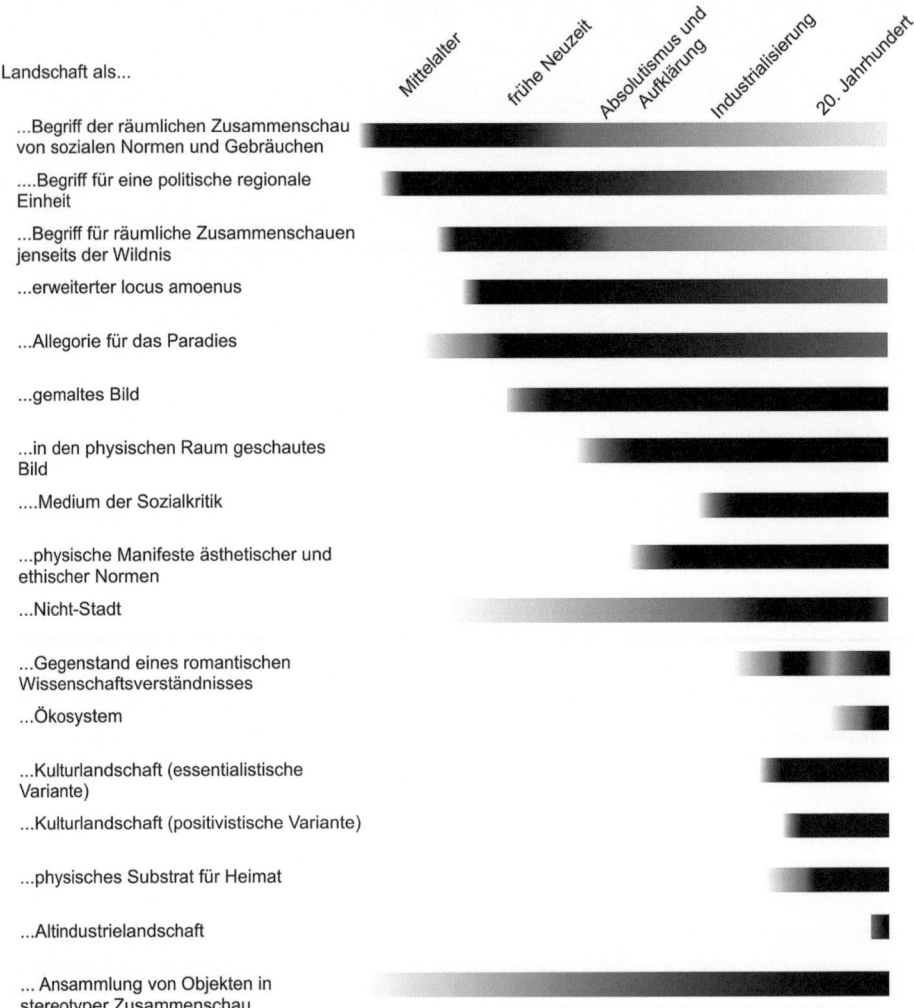

Abb. 3.3 Die Entwicklung des ‚semantischen Hofes‘ von Landschaft in zeitlicher Abfolge. Die Intensität der Graufärbung symbolisiert die Intensität der Ausprägung. (Eigene Darstellung)

Entwicklung anderer Inhalte an Bedeutung. Eine dieser anderen Bedeutungen erstreckte sich auf Landschaft als politische regionale Einheit, die insbesondere im hohen Mittelalter Verwendung fand, bis heute aber als persistierende Bedeutung erhalten geblieben ist. Eine stärker auf den physischen Raum projizierte Bedeutung erhielt das Wort Landschaft im späten Mittelalter als Begriff für die räumliche Zusammenschau von Objekten jenseits der Wildnis. Dieser Aspekt wird in der Konstruktion von Landschaft als erweiterter *locus amoenus* in der Renaissance aufgegriffen, dessen Konstituierung wiederum bereits in der Antike erfolgte. Eine religiöse Konnotation erhielt das Konstrukt der Landschaft als Allegorie für das Paradies mit seinen typischen gartenassoziierten Repräsentanten bereits in der Malerei des Mittelalters. Sowohl die Deutung von Landschaft als *locus amoenus* als auch die des Paradieses bilden bis heute eine wirkungsmächtige Tradition, die immer wieder aktualisiert wird (wobei insbesondere die Aktualisierung von Landschaft als Garten Eden in der Entwicklung des Landschaftsbegriffs in den Vereinigten Staaten eine wesentliche Bedeutung aufweist). Mit der Entwicklung der Landschaftsmalerei in der Renaissance formierte sich ein stärker ästhetischer Blickwinkel auf das Thema Landschaft: Landschaft wurde zum gemalten Bild. Die Landschaftsmalerei bildete wiederum die Basis für die Entwicklung sozialer Sehkonventionen, mit deren Hilfe Landschaft in den physischen Raum geschaut werden konnte. Diese sozial gebildeten Konventionen als ästhetische und ethische Normen stellten die Basis für die bewusste Gestaltung physischer Landschaft in Form des Englischen in Abgrenzung zum Französischen Garten dar, eine Tradition, die bis heute einen wesentlichen Bezugspunkt landschaftsarchitektonischer Entwürfe einnimmt. Bereits im Mittelalter angelegt, wurde die Definition von Landschaft als Nicht-Stadt im Zuge der Modernisierung der europäischen und nordamerikanischen Gesellschaften (mit den wesentlichen Komponenten von Aufklärung, Rationalisierung und Industrialisierung) eine wesentliche Grundlage für die Etablierung der Begriffskomponente von Landschaft als Medium der Sozialkritik: Ländliche Landschaft wurde als Ort der Gemeinschaft und des Einklanges von Kultur und Natur romantisiert. Dieses Verständnis von Landschaft bildete eine wesentliche Grundlage für das Verständnis von Landschaft als spezifisches Ergebnis einer räumlich begrenzten Synthese aus natürlichen Grundlagen und kulturellen Charakteristika: Der Kulturlandschaft. Aus der spezifischen regionalen Kombination natürlicher und kultürlicher Komponenten in kulturlandschaftlicher Ausprägung wurde (und wird) ein physisches Substrat für Heimat gesehen. Die Konstruktion von Landschaft als Kulturlandschaft umfasst jedoch zwei Deutungsstränge: Neben der essentialistischen Variante, in der Kulturlandschaft ein eigenes ‚Wesen‘ zugeschrieben wird, wird Kulturlandschaft in der positivistischen Variante aber auch als von Einzelphänomenen abstrahiertes Konzept begriffen. Das romantisierte Verständnis von Kulturlandschaft als Superorganismus oder eigenes Wesen basierte (und basiert) auf einem romantischen Wissenschaftsverständnis, gebildet aus kognitiven, moralischen und intuitiv-ästhetischen Vorstellungen. Ein solches romantisches Wissenschaftsverständnis erfährt mit der Entwicklung postmoderner Konzepte eine Aktualisierung, nachdem es zu Beginn und in der Mitte des 20. Jahrhunderts durch positivistische und neopositivistische

Paradigmen zurückgedrängt wurde. Diese Vorstellungen wiederum finden Ausdruck im Verständnis von Landschaft als Ökosystem, ein Verständnis, das sich insbesondere in der ersten Hälfte des 20. Jahrhunderts entwickelte und bis heute den Diskurs der Landschaftsökologie dominiert. Mit der Deindustrialisierung der westeuropäischen und nordamerikanischen Gesellschaften entwickelte sich die Konstruktion der Altindustrielandschaft als – vielfach romantisiertes – Symbol für den Verlust der Strukturiertheit der industriellen Gesellschaft.

Über den gesamten Zeitraum der Entwicklungsgeschichte des Landschaftsbegriffs seit dem frühen Mittelalter (einschließlich der in der Renaissance entwickelten Reminiszenzen an die Antike) wurden im Begriff der Landschaft immer mehr Facetten einer Zusammenschau von Objekten sedimentiert und zum Gegenstand stereotyper Deutungen und Erwartungen. Ein Prozess, der bis heute nicht abgeschlossen ist.

3.8   Aspekte aktueller gesellschaftlicher Landschaftsverständnisse – ein vorläufiges Fazit mit Ausblick

Die im Vorangegangenen dargestellte historische Entwicklung von Landschaftsbegriffen schlägt sich im gegenwärtigen Verständnis von Landschaft in der Gesellschaft nieder. Die empirische Untersuchung des gesellschaftlichen Landschaftsverständnisses hat in der wissenschaftlichen Landschaftsbefassung eine lange zurückreichende Tradition und ist im Zuge der zunehmenden Integration der Untersuchung sozialer Aspekte in der Landschaftsforschung in den letzten Jahrzehnten intensiviert worden. Beispielhaft seien folgende Arbeiten genannt: Hard (1970 und 2002d; Hard & Gliedner, 1977) zum semantischen Hof von Landschaft als wesentliche Grundlage einer begrifflichen Auseinandersetzung mit ‚Landschaft' im deutschen Sprechraum, Ipsen, Schuster und Wehrle (2002) zu nachhaltiger Landschaftsentwicklung und Ipsen (2002a) zu Landschaftsbewusstsein (siehe Abschn. 6.5), Nohl (2004) zu Landschaft und Erinnerung, Kühne (2006a) zu Landschaft und Postmoderne sowie deren empirische Aktualisierung (Kühne, 2018d), Hook, (2008) in Bezug auf die Wahrnehmung kulturtechnischer Maßnahmen, Lupp (2008) zur landschaftlichen Wahrnehmung des Müritz-Nationalparks, Kook (2009) zu sozialer Konstruktion von Landschaft als Grundlage für Planungsprozesse am Kaiserstuhl, Tessin (2008) zu Freiraum, Kleinhückelkotten und Neitzke (2010) zu Naturbewusstsein, die Untersuchung von landschaftlichen Präferenzen in Österreich von Arnberger und Eder (2011), die Studie von Micheel (2012) zur alltagsweltlichen Konstruktion von Landschaft, die in diesem Kontext als Meta-Studie angelegte Arbeit von Hokema (2013) zum Wandel der Landschaftsbegriffe, von Stotten (2015) zur Konstruktion bäuerlicher Landschaften, von Stemmer (2016) und Schaffert et al. (2021) zur Integration von Partizipation in landschaftsbezogene Planungsprozesse, die Arbeit von Fontaine (2017b) zu Landschaftssimulationen, von Aschenbrand (2017) zur sozialen Konstruktion von Landschaft in und durch Tourismus, der Konstruktion von Landschaft im Spannungsfeld von Wildniserwartungen und der Nutzung regenerativer Energien bei Tverijonaite et al. (2019), von Jenal (2019b) zur Konstruktion von Wald, von Linke (2019a) zu ästhetischen Aspekten der medialen Konstruktion von Landschaft, von Köpsel (2019) in Bezug auf die soziale Konstruktion von Landschaft im Kontext des Klimawandels, von Al-Khanbashi (2020a) zur Konstruktion von (städtischen) Landschaften durch Migrant~innen, von Münderlein (2020b) zu Glück und Landschaft.

Die gesellschaftliche Konstruktion von Landschaft lässt sich gemäß diesen Arbeiten in folgende Kontexte gliedern:

1. Landschaft wird als natürlich konstruiert. Bereits bei der Untersuchung der ‚Bedeu-tungsverwandten‘ des Landschaftsbegriffes von Hard (1970) wurde der Begriff der Natur als derjenige identifiziert, der am engsten mit dem Begriff der Landschaft konnotiert wurde, womit er sich von dem Begriff der ‚Gegend‘ unterscheidet, der nicht mit Natur konnotiert wird. Auch aktuellere Studien (z. B. Nohl, 2004; Kühne, 2006a, 2006b; Hook, 2008; Kook, 2009; Micheel, 2012) gehen von „Natürlichkeit als unverzichtbares landschaftliches Charakteristikum" (Hokema, 2013, S. 211) aus. Die dabei herangezogene Vorstellung von ‚Natürlichkeit‘ bezieht sich zumeist weniger auf die wilde Natur der Wildnis als auf die gebändigte Natur des Parks bzw. parkähnlicher Landschaften (Kühne, 2008d), die einerseits durch die Anwesenheit von „‚grün‘ als Indikator des natürlich Gewachsenen" (Micheel, 2012, S. 113) und andererseits durch die Abwesenheit von Asphalt, Beton, Glas und anderen Repräsentanzen moderner Zivilisation geprägt ist. Das bedeutet auch:
2. Landschaft wird als ländlich konstruiert. Repräsentanzen des Urbanen wie Industrie, Autobahnen und Großstädte werden als störend und als ‚Landschaftszerstörung‘ beschrieben. Diese Sichtweise äußert sich in einer vielfach ausgeprägten dichotomen Konstruktion von Stadt und Land(schaft). Landschaft wird dabei mit dörflich-ländlichem Leben konnotiert, das als „Antipode zum bebauten Raum, zu Lärm, Dreck, (vielen) anderen Menschen" (Micheel, 2012, S. 113) konstruiert wird (vgl. auch Halm, 2012, Hokema, 2013). Suburbanisierung wird dabei häufig nicht negativ konnotiert, schließlich wird festgestellt, „dass Verstädterung der Landschaft auch etwas mit ‚angenehmem Leben‘ zu tun hat" (Tessin, 2008, S. 136), wobei dieser Verstädterungsprozess eher als ‚Verlandschaftungsprozess‘ von Stadt wahrgenommen wird (Kühne, 2006a; vgl. auch Hesse, 2012; Wojtkiewicz und Heiland, 2012; Hofmeister & Kühne, 2016b).
3. Landschaft wird als Heimat konstruiert. Gerade ländliche Landschaft galt lange als Basis für Heimat. Heute wird jedoch anerkannt, dass Heimat auch in städtischen Kontexten entsteht (Bertels, 1997; Hamm, 2000; Kühne & Spellerberg, 2010; Hülz et al., 2019). Dabei gilt für Heimat eine zumeist positive Besetzung und in der Regel eine räumliche Verortung einerseits, andererseits definiert sie sich über Gebräuche in Abgrenzung zu anderen Gebräuchen, die wiederum räumlich verortet werden, wobei häufig Analogieschlüsse zwischen räumlichen Charakteristika (z. B. engstirnig) und Bewohnern des Gebietes (z. B. Gebirgstalbewohner) konstruiert werden (Kühne 2006a, 2006b).

4. Landschaft wird als wahr, gut und schön konstruiert. Schönheit oder allgemeiner gefasst als „‚ästhetisches Gefallen‘, ‚ästhetischer Charakter‘" (Hard, 1970, S. 59), lässt sich als eine zentrale „Bedeutungskomponente" (Hard, 1970, S. 59) von Landschaft fassen. Landschaft wird mit einer großen Zahl emotional positiv konnotierter Begriffe wie ‚Harmonie‘, ‚Farbigkeit‘, ‚Stille‘, ‚Mannigfaltigkeit‘ und ‚Poesie‘ konnotiert (Hard, 1970, S. 59). Dabei erhält Landschaft eine Aufladung durch „moralische Qualitäten" (Hokema, 2013, S. 208): Eine ‚gute‘ Landschaft ist eine Landschaft, die wenige ‚schädigende‘ Eingriffe (wie großtechnische Anlagen) erfahren hat (siehe z. B. Könen et al., 2018; Kühne, 2012a). Hier transzendieren romantische Vorstellungen von religiöser Aufladung von Landschaft wie auch modernisierungskritische Deutungsmuster (etwa bei Nohl, 2016). Letztere finden sich auch in der Deutung von Landschaft als Vermittlung von ‚Wahrheit‘: Die ‚wahre‘ Landschaft ist die authentische Landschaft, jene die ‚gewachsen‘ ist, nicht jene die durch Design geschaffen (eine Ausnahme bildet sicherlich der Englische Garten, der zwar designt ist, aber natürlich scheint), oder aber durch großtechnische Anlagen verändert wurde (es sei denn, es lässt sich ein persönlicher Gewinn daraus generieren; siehe Hook, 2008).

5. Landschaft wird als Gegenstand konstruiert. Durch diese gegenständliche Konstruktion wird die im vorigen Punkt genannte Zuschreibung als ‚wahr‘ möglich. Durch ihr Potenzial sensorisch (insbesondere optisch) wahrgenommen zu werden – aus sozialkonstruktivistischer Sicht sind es die Elemente, die wahrgenommen und später zu Landschaft synthetisiert werden – wird Landschaft die Funktion zugewiesen, als ‚wirkliche Welt‘ zur Überprüfung von Aussagen über Welt herangezogen zu werden (wie zum Beispiel ob Landwirtschaft als umweltschädlich zu gelten habe oder nicht). Durch das durch Ontologisierung und Reifikation entstandene Gegenstandsverständnis von Landschaft wird diese als „gestalt- und reparierbar" (Micheel, 2012, S. 113) interpretiert, was eine „Bedingung für Regionalentwicklung" (Micheel, 2012, S. 113) darstellt: Würde Landschaft nicht als Gegenstand konzipiert, könnten sich Maßnahmen der Regionalentwicklung nicht auf physische Anpassungsprozesse beziehen (z. B. die Wiederherstellung von ‚historischer Kulturlandschaft‘; weiteres zum Zusammenhang zwischen Landschaft und Regionalentwicklung: Chilla et al., 2016; Gailing, 2014; Mose, 2019).

6. Landschaft wird in der Regel visuell konstruiert. Bei der sozialen Konstruktion von Landschaft dominiert der Einfluss des Visuellen, die Grenze der Sichtbarkeit (also der Horizont) markiert zumeist auch die Grenze der zur Konstruktion von Landschaft herangezogenen Objekte (Kühne 2006a). Allerdings werden auch andere sensorische Reize – insbesondere Düfte – zur Konstruktion von Landschaft herangezogen (siehe Abb. 3.4) und erhalten auch in letzter Zeit eine zunehmende Aufmerksamkeit in der Landschaftsforschung (siehe: Bischoff, 2007; Edler, 2020a; Edler & Kühne, 2019; Kühne & Edler, 2018; mehr dazu in Abschn. 7.2).

7. Landschaft wird aufgrund einer stereotypen Ansammlung von Elementen konstruiert. Gegenständliche Basis der Konstruktion ist eine begrenzte Zahl begrifflich fassbarer Objekte. Wälder, Weiden, Bäche, Wiesen, Bauernhöfe, Berge und Landstraßen

Abb. 3.4 Häufigkeit der Antworten zur der offenen Frage ¦„an welches andere Wort denken Sie zuerst, wenn Sie das Wort ‚Landschaft' hören". Berücksichtigt sind Antworten, die häufiger als dreimal genannt wurden. (Angaben sind Absolutzahlen; Befragung im Saarland; n = 417) (Nach: Kühne 2018b)

	Zahl der Nennungen 2016	Anteil an Nennungen 2016
Natur	121	34.8
Wald/Wälder	38	10.9
Heimat	48	13.8
Wiese/Wiesen	18	5.2
Umwelt	11	3.2
grün	18	5.2
Berg/Berge/Gebirge	10	2.9
Umgebung	13	3.7
Erholung	16	4.6
Felder	8	2.3
Gegend	5	1.4
Ruhe	7	2.0
Hügel	3	0.9
Bäume	1	0.3
Weite	1	0.3
Luft	1	0.3
Schönheit	7	2.0
Idylle	3	0.9
Stille	0	0.0
Gesundheit	1	0.3
Garten/Gärten	1	0.3
Landwirtschaft	5	1.4
Lebensraum	2	0.6
Fließgewässer	3	0.9
stehende Gewässer	4	1.1
Entspannung	3	0.9
Summe	348	100.0

(keine Autobahnen!) sowie Wolken, qualifizierbar als ‚intakt ', ‚sauber' und ‚möglichst ursprünglich', bilden die Grundlage für die landschaftliche Synthese (Abb. 3.5; siehe insbesondere Hard, 1970; Kook, 2009; Schwarzer, 2009; Howard, 2011; Hokema, 2013; Stotten, 2015; Kühne, 2018d).

Dieser kurze Abriss der Grundzüge der gegenwärtigen sozialen Konstruktion von Landschaft zeigt deutliche Persistenzen der historischen Entwicklungen des Landschaftsbegriffs. In gesellschaftlicher Konstruktion ist „Landschaft […] per se ein ästhetisch und emotional positiv besetzter Gegenstand, der Landschaftsbegriff hat damit einen normativen Charakter" (Hokema, 2013, S. 218). Im Einzelnen findet sich die räumliche

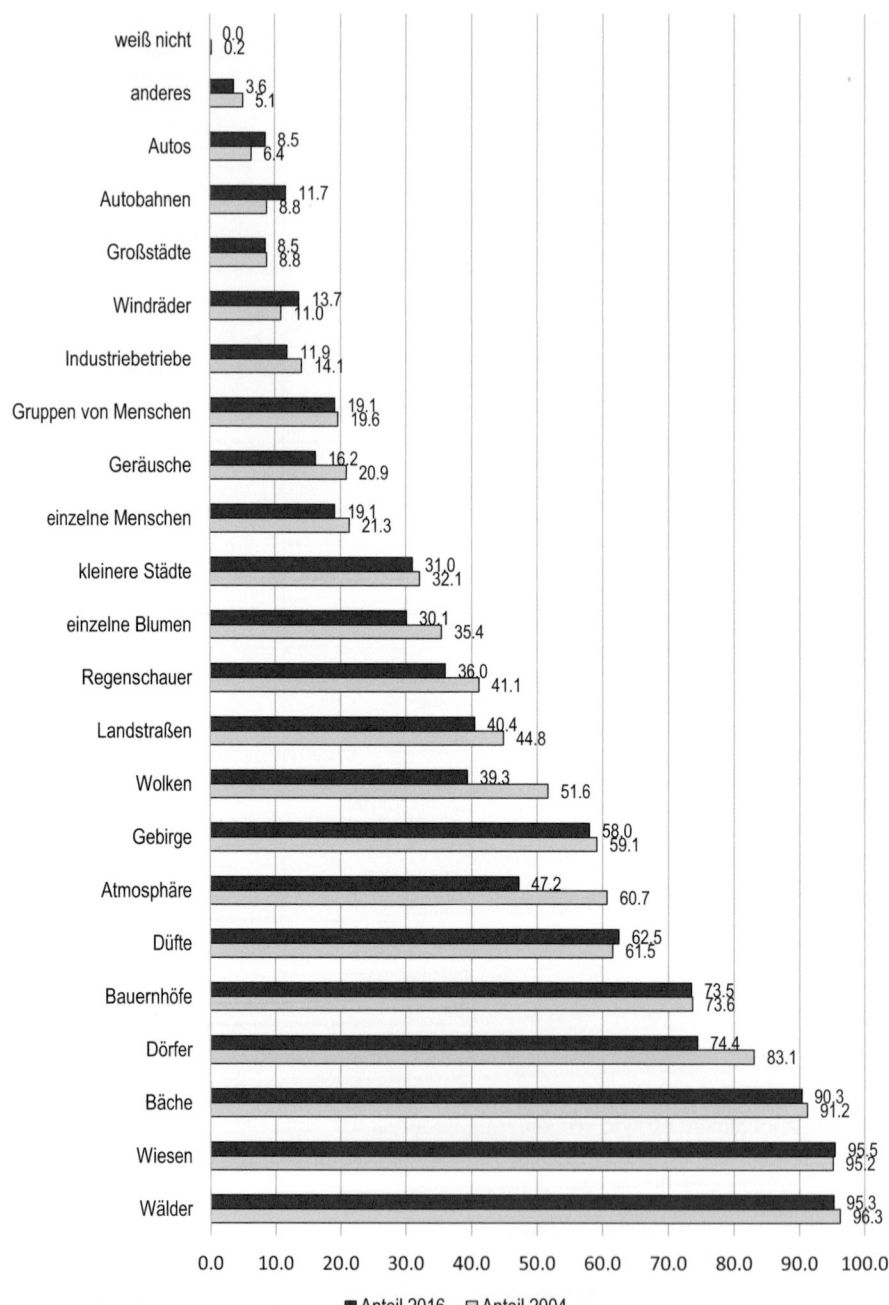

Abb. 3.5 Bestandteile der angeeigneten physischen Landschaft: Anteile der Antworten (mehrere Antworten waren möglich) zu der Frage „Was gehört Ihrer Meinung nach zu einer Landschaft" an der möglichen Gesamtzahl der Nennungen pro Variable (2004: n = 451; 2016: n = 436; nach: Kühne, 2018b). Dabei wird deutlich, dass sich landschaftliche Zuschreibungen auch in einem relativ kurzen Zeitraum von einem Dutzend Jahren deutlich ändern können (mehr hierzu in Abschn. 7.1.1)

Zusammenschau von sozialen Normen und Gebräuchen in der Definition von Heimat wieder; dabei wird auch ein essentialistischer Zusammenhang von Kultur und Landschaft (Landschaft prägt Kultur bzw. Kultur prägt Landschaft) zugewiesen. Diese Zusammenschau wird häufig mit einer lokalen oder regionalen politischen Einheit gleichgesetzt. As erweiterter *locus amoenus* wird Landschaft ästhetisch als Zusammenschau konstruiert, die auf Kriterien der Landschaftsmalerei fußt und insbesondere durch in der Romantik gesetzte Standards ethisch-religiös aufgeladen wurde. Dabei handelt es sich zumeist um Zusammenschauen jenseits der Stadt, die mit Natur konnotiert werden, altindustrielle Objekte gelten jedoch (noch) nicht als Gegenstände der stereotypen Zusammenschau zu Landschaft. Gerade aus dem Konnex von Natur und Landschaft ergibt sich im Zuge des Umweltdiskurses gegenwärtig ein großes Potenzial der sozialkritischen Aufladung von Landschaft. Dabei wird Landschaft als konkreter Raum verstanden, der sich zur Prüfung von landschaftlichen Hypothesen eignet.

Aufgrund der geringen Konkretheit der sozial konstruierten Landschaftsvorstellungen – des großen Hardschen ‚semantischen Hofes‘ – werden Widersprüche der einzelnen Deutungs- und Zuschreibungsdimensionen nur in Einzelfällen einer bewussten Befassung zugeführt. In eine Analyse unterschiedlicher Landschaftsdiskurse hat Hokema (2013) einen gemeinsamen Begriffskern herausgearbeitet, der von allen untersuchten Diskursen geteilt wird (Abb. 3.6). Dieser kann als selbstverständlich geteilt gelten und ist von einem begrifflichen Umfeld umgeben, „dessen Inhalte fallweise hinzugezogen werden" (Hokema, 2013, S. 239). Während die zentralen Begriffe als notwendige Bestandteile des Landschaftsbegriffes verstanden werden können, „werden die umgebenden Begriffe nur in bestimmten Diskursen benutzt – sie tragen nicht notwendig zur Bestimmung des Landschaftsbegriffes bei, sind aber innerhalb der jeweiligen Subdiskurse mit diesem

Abb. 3.6 Der diskursive Begriffskern und seine Zusatzbestimmungen in Subdiskursen. (Graphisch abgewandelt aus: Hokema 2013)

vereinbar" (Hokema, 2013, S. 239), sie konstituieren den ‚semantischen Hof'. In den unterschiedlichen Diskursen um Landschaft (sie werden u. a. in Abschn. 6.6.2.4 genauer charakterisiert) werden auch verschiedene Aspekte des Begriffskerns unterschiedlich gewichtet. Eine sozialkonstruktivistische Perspektive betont eher die gesellschaftliche Prägung, während naturschutzbezogene, ökologische Diskurse eher auf Natürlichkeit rekurrieren.

Diese Darstellung der Verständnisse von ‚Landschaft', innerhalb der Wissenschaften, aber auch außerhalb davon, verdeutlicht die Komplexität der (hier mit Fokus auf den deutschen Sprechraum) bis dato entwickelten, sich teilweise widersprechenden begrifflichen Fassungen von Landschaft. Deutlich wird, dass ‚Landschaft' soziale, individuelle, aber auch materielle Bezüge aufweist. Um diese Komplexität zu reduzieren, wird im Folgenden ein Ansatz entwickelt, mit dem unterschiedliche Verständnisse von Landschaft (also auch Theorien) analysiert werden können.

Vier Dimensionen von Landschaft – ein analytischer Rahmen

4

Zusammenfassung

In diesem Kapitel werden zentrale Terminologien der sozialkonstruktivistischen Landschaftstheorie vorgestellt: Die gesellschaftliche Landschaft bezeichnet das, was unter sozial definiert, unter Landschaft verstehen ist. Die individuell aktualisierte gesellschaftliche Landschaft bezeichnet die individuelle Konstruktion von Landschaft. Der externe Raum ist bildet als physischer Raum oder virtueller Raum die Projektionsfläche für Landschaft. Die angeeignete physische Landschaft umfasst die materiellen und virtuellen Komponenten, die als Landschaft synthetisiert werden.

Schlüsselwörter

Gesellschaftliche Landschaft · Individuell aktualisierte gesellschaftliche Landschaft · Externer Raum · Angeeignete physische Landschaft

In den vergangenen Kapiteln wurde deutlich, dass Landschaft zwar durch soziale Prozesse definiert wird, bei der sozialen Konstruktion von Landschaft aber auch physische Objekte von Bedeutung sind, da diese zu Landschaft zusammengeschaut werden. Neben der Ebene der sozialen Konstruktion und kulturellen Sedimentierung dieser Konstrukte einerseits und der Ebene der physischen Objekte andererseits ist die Landschaft konstituierende einzelne Person von zentraler Bedeutung für die Entstehung von Landschaft: Das Individuum vollzieht die landschaftliche Deutung auf Grundlage sozialer Deutungs- und Bewertungsmuster. Dazu greift es Objekte aus dem physischen Raum heraus und setzt sie auf Grundlage der erlernten Deutungs- und Bewertungsmuster in Beziehung. Die einzelne Person ist es aber auch, die – wiederum auf Grundlage sozialer Werte und Normen – in die Struktur des physischen Raumes eingreift und damit die physischen Grundlagen für

O. Kühne, *Landschaftstheorie und Landschaftspraxis,* RaumFragen: Stadt – Region – Landschaft, https://doi.org/10.1007/978-3-658-34746-8_4

die Konstruktion von Landschaft verändert. Landschaft entsteht also im Schnittbereich von physischen Objekten, Person und Gesellschaft. Alltagsweltlich erscheint Landschaft als ein Amalgam gesellschaftlicher und natürlicher Elemente, denen gesellschaftliche Deutungen und Bewertungen eingeschrieben wurden (vgl. auch Olwig, 2007, 2009; Jenal, 2020b; Kühne, 2015c). Um die unterschiedlichen Ebenen der gesellschaftlichen Konstruktion von Landschaft gezielt untersuchen zu können, wird im Folgenden auf die Konzeption der vier-dimensionalen Landschaft als Weiterentwicklung der Konzeptionen von Kühne, 2006a, b, 2008a, 2012a) zurückgegriffen[1]. Hierbei wird in vier Dimensionen unterschieden:

1. Die gesellschaftliche Landschaft als Dimension der gesellschaftlichen Verständnisse, was unter Landschaft zu verstehen ist und was mit ihr konnotiert werden kann.
2. Die individuell aktualisierte gesellschaftliche Landschaft als die individuelle Konstruktion von einer Landschaft durch eine Person.
3. Der externe Raum ist als physischer Raum das physische Ausgangssubstrat einer externen Welt der Gegenstände; mit der Entwicklung moderner Kommunikations-medien erstreckt er sich auch auf virtuelle Komponenten.
4. Die angeeignete physische Landschaft als jene Objekte des physischen Raumes, die auf Grundlage gesellschaftslandschaftlicher Deutungen und Definitionen in Zusammenschau als Landschaft verstanden werden können.

Im Folgenden werden diese vier Dimensionen von Landschaft genauer erläutert.

---

[1] Zur Entwicklung dieser Gliederung von ‚Landschaft' wurden im Wesentlichen Elemente aus vier theoretischen Konzepten herangezogen (vgl. auch Kühne, 2012):

1. Das Konzept von Löw (2001) zur relationalen (An)Ordnung von sozialen Gütern und Lebe-wesen. Es stellt die Grundaussage der konstitutiven Bedeutung des Sozialen in Bezug auf Raum im Allgemeinen und damit auch in Bezug auf dessen ästhetisierte soziale Repräsentation dar.
2. Die Überlegungen von Bourdieu (1991) zum sozialen Raum, verstanden als eine Metapher für Gesellschaft, als Raum der Kämpfe der einzelnen Felder um Macht, zum physischen Raum, verstanden als physisches Ausgangssubstrat für soziale Prozesse, und zum angeeigneten physischen oder reifizierten physischen Raum, als einem Raum, in dem selektiv Relationen des sozialen Raumes physisch ihren Niederschlag finden. Diese Bourdieuschen Überlegungen bilden das Grundgerüst der hier Verwendung findenden Gliederung hinsichtlich der unter-schiedlichen Dimensionen von Landschaft (vgl. auch Neckel 2009).
3. Die Drei-Welten-Hypothese von Popper (1973); vgl. auch Hard (2002a) und Werlen (1997)). Sie liefert die Grundlage der Differenzierung von materieller, individueller und sozialer Welt und erweitert die von Bourdieu abgeleitete Perspektive um die Perspektive der individuellen Welt (zuletzt auch: Kühne 2020a; Kühne und Jenal 2020a, b, 2021).
4. Die Überlegungen zur Hybridbildung natürlicher wie kultürlicher Phänomene auf Basis der Akteurs-Netzwerk-Theorie von Latour (1996a). Diese Überlegungen bilden die Grund-lage für eine synthetisierte Betrachtung von Landschaft als sozial-natürliche Mischform. Die Perspektive der Akteurs-Netzwerk-Theorie integriert Materialität, indem sie dem objektver-mittelten Handeln eine zentrale Bedeutung beimisst (vgl. auch Löw, 2010).

4.1   Die gesellschaftliche Landschaft

Die gesellschaftliche Landschaft ist die sozial-konstruktive Dimension von Landschaft. Hier werden Deutungen und Bedeutungen erzeugt, weitergegeben und ausgehandelt. Sie ist Teil der Sphäre des sozialen Seins, „das Reich der Regeln[,] ist auch die Sphäre der Bedeutungen" (Bauman, 2009[1993], S. 133). Die gesellschaftliche Landschaft stellt „als sozial definierter Gegenstand und Ensemble von Zeichen" (Hard, 2002b, S. 233) die soziale Grundlage für die Konstruktion von Landschaft dar, schließlich gehen „Seh-Erwartungen […] den reellen Bildern immer schon voraus. Wo Natur zur Landschaft wird, ist sie kulturell als Bild konstruiert" (Hasse, 1997, S. 151). Damit ist gesellschaftliche Landschaft Teil des gesellschaftlichen Wissensvorrates. Die Genese der gesellschaftlichen Landschaft ist wiederum konstitutiv mit der individuellen Ebene verbunden: Die Elemente des gesellschaftlichen Wissensvorrates entspringen dabei letztlich den Vorgängen des subjektiven Wissenserwerbs (hier der individuell aktualisierten gesellschaftlichen Landschaft), doch setzte „die Einverleibung subjektiv erworbener Elemente in den gesellschaftlichen Wissensvorrat […] intersubjektive Vorgänge der Objektivierung und die Ausprägung sozialer Relevanzen voraus, und die historische Anhäufung von Wissen des Wissens ist von institutionalisierten Vorgängen der Wissensvermittlung abhängig" (Schütz & Luckmann, 2003[1975], S. 410). Gesellschaftlich landschaftliches Wissen und individuelles landschaftliches Wissen befinden sich in einer gegenseitigen Abhängigkeit. Ohne die Vermittlung sozialer Relevanzen was in welchem Kontext als Landschaft zu bezeichnen ist, wäre das Subjekt nicht in der Lage, eigene (vielleicht innovative) Vorstellungen von Landschaft zu entwickeln. Diese sozialen Vorstellungen von Landschaft sind – wie gezeigt – durch eine historische Entwicklung geprägt, also künftig reversibel, und unterliegen einer mehr oder minder systematischen Vermittlung in Sozialisationsprozessen.

Die Erhaltung von Wissenselementen (z. B. über die Beurteilung von dem, was Landschaft genannt wird), setzt – unabhängig von Modifikationen und Innovationen – zwei Bedingungen voraus (Schütz & Luckmann, 2003[1975], S. 400; Hervorh. i. O.): „*Erstens* muss die soziale Vermittlungskette, das heißt die Sozialstruktur, in wesentlichen Zügen erhalten bleiben. […] Die *zweite* Voraussetzung für die Erhaltung von Wissenselementen im gesellschaftlichen Wissensvorrat ist die fortbestehende Relevanz der Probleme, deren ‚Lösung' die Wissenselemente darstellen". Findet in einem Gebiet beispielsweise ein (zumeist gewaltsamer) Bevölkerungsaustausch statt, ist die Wahrscheinlichkeit groß, dass tradierte Formen der Landnutzung (z. B. Jagd) durch andere Formen (z. B. Weidenutzung oder Ackerbau) ersetzt werden – mit entsprechenden Folgen für die physischen Grundlagen von Landschaft (erster Fall). Im zweiten Fall machen gesellschaftliche Innovationsprozesse bestimmte Institutionen überflüssig: In einer industrialisierten Gesellschaft ist das Wissen um die Herstellung von Faustkeilen weniger relevant als das Wissen um den Weg zum nächsten Baumarkt und das Wissen um die Gepflogenheiten des Geldverkehrs in Interaktion mit dem ökonomischen Gebaren des Baumarktes.

Die gesellschaftliche Landschaft ist dabei nicht allein durch kognitive Wissensbestände geprägt, vielmehr sind auch emotionale Bezüge konstitutiv für gesellschaftliche Landschaft (Lehmann, 2001). Gesellschaftliche „Gefühlskonventionen" (Hasse, 2000, S. 117) stellen einen Teil der affektiven Sozialisation dar (Flam, 2002; Kühne, 2019 g), sie entscheiden darüber, ob und inwiefern Objekte einer emotionalen Erlebbarkeit ohne den Verlust sozialer Anerkennung zugeführt werden können (oder vielmehr dürfen): Bei einem Raum, der als ‚Waldlandschaft' konstruiert ist, ist eine sozial anerkannte emotionale Besetzung wahrscheinlicher als bei einem Sandkorn. In Abhängigkeit von Lebensalter, räumlicher, kultureller und sozialer Selbst- und Fremddefinition können dies sehr unterschiedliche physische Objekte sein: Einem Kind wird ein weiterer Spielraum eher zur Artikulation emotionaler Besetzungen (z. B. Angst vor bestimmten Gebäuden) eingeräumt als einem Erwachsenen (siehe Tuan, 1979a; Ulrich, 1979), einem Bewohner des Ruhrgebiets wird eher die emotionale Besetzung einer Bergehalde als Element von ‚Heimat' zugestanden als einer Bewohnerin des Allgäus. Wesentlich bei der emotionalen Dimension gesellschaftlicher Landschaft ist die Anwesenheit von Objekten, die als emotionalisierte Symbole zu erleben bzw. intuitiv zu verstehen sind (wie z. B. Denkmäler; vgl. Arnesen, 1998; Hasse, 2000; Lanninger & Langarová, 2010; Howard, 2011; Fischer, 2016; Jenal et al., 2019; Kühne, 2018b; Lengen, 2019; Rudolf, 2020).

Aus diesen Ausführungen zu der inneren Differenziertheit der gesellschaftlichen Landschaft wird deutlich, dass eine gesamtgesellschaftliche Landschaft als Gesamtheit aller in einer Gesellschaft vorhandenen, sozial akzeptierten emotionalen und kognitiven Konstruktions-, Besetzungs- und Deutungsmuster eine eher abstrakte Größe darstellt, die für die soziale Konstruktion von Landschaft zwar eine grundlegende Basis darstellt, aber für die Sozialisierung von landschaftlichen Konstruktionsmustern von untergeordneter Bedeutung ist. Diese Sozialisierung wird durch teilgesellschaftliche Landschaften bestimmt: Sie sind abhängig von sozialen Milieus, regionalen Deutungsspezifika, kulturellen Hintergründen, Bildungsaspekten u. a. (siehe Abschn. 7.1).

4.2   Die individuell aktualisierte gesellschaftliche Landschaft

Im rekursiven Entstehungs-, Vermittlungs- und Entwicklungskontext der Konstruktion von Landschaft zwischen (Teil)Gesellschaft und Person nimmt die individuell aktualisierte gesellschaftliche Landschaft gegenüber der (teil)gesellschaftlichen Landschaft eine komplementäre Funktion ein: Sie bezeichnet die individuellen Konstruktions-, Besetzungs- und Deutungsmuster einer Person – allerdings in Grundlage gesellschaftlicher Wissensvorräte und ‚Gefühlskonventionen' – in Bezug auf Landschaft. Die landschaftsbezogenen subjektiven Relevanzstrukturen, wie Relevanzstrukturen überhaupt, „die im Erfahrungsablauf und in den Handlungen des normalen Erwachsenen in der Lebenswelt des Alltags wirken, sind in vielfacher Weise gesellschaftlich bedingt" (Schütz & Luckmann, 2003[1975], S. 342).

Die individuell aktualisierte gesellschaftliche Landschaft lässt sich als ein Teil des subjektiven Wissensvorrates beschreiben. Als solcher „bildet sie sich aus den sedimentierten subjektiven Erfahrungen der Lebenswelt" (Schütz & Luckmann, 2003[1975], S. 410). Der Einzelne betritt eine Situation (z. B. eine gemäß gesellschaftlicher Standards zu ‚Landschaft' zusammenzuschauende Ansammlung von Objekten) „nie völlig ‚unvoreingenommen' und erfasst deren thematische Gegebenheiten nie in ihrer absoluten, aktuellen Einzigartigkeit. Er bringt in die Situation bestimmte Einstellungen, Pläne, Handlungsentwürfe sowie einen Vorrat an vorgeformten Typisierungen und Auslegungen mit; kurzum, er betritt die Situation mit einem System von Interpretations- und Motivationsrelevanzen" (Schütz & Luckmann, 2003[1975], S. 348). Der individuelle lebensweltliche Zugang zu Landschaft kann erweitert werden, wenn gesellschaftliche Sonderwissensbestände über Landschaft (z. B. durch landschaftsbezogenes Studium) erworben werden. Die Verschiedenheit der Deutungen, die physischen Objekten zugeschrieben werden, verdeutlicht Hahn (2017, S. 25) plastisch: „Ein See bedeutet einem Schwimmer etwas anderes als einem Nichtschwimmer. Ein Bergsteiger betrachtet ein Alpenmassiv mit anderen Augen als ein Bauer". Die Konsequenz daraus: „Es gibt niemals so etwas wie den See oder den Berg schlechthin" (Hahn, 2017, S. 25). Abstrakter lässt sich formulieren: Die individuelle Konstruktion der Welt weicht stets von der sozial geteilten ab (Rodaway, 2002) und damit auch jene von Landschaft (Kühne, 2006a; Howley, 2011). Eine weitere Konsequenz: In einen physischen Raum werden viele (individuell aktualisierte bzw. teil-gesellschaftliche) Landschaften projiziert (vgl. auch: Furia, 2021).

Die individuell aktualisierte gesellschaftliche Landschaft entsteht individuell durch eine Beobachtung von Objekten in der ihnen sozial bestimmten Anordnung und ihrer Deutung als Landschaft. Dabei werden inkorporierte gesellschaftliche Interpretationsmuster individuell, also vor dem Hintergrund persönlicher Welterfahrung (die wiederum milieu-, bildungs- und kulturspezifisch differenziert ist), interpretiert (siehe Bourdieu, 1974; Schelske, 2005) und einer Wertung zugeführt (siehe auch Duncan, 1973; Appleyard, 1979; Duncan & Duncan, 2004; Howard, 2011). Die individuell aktualisierte gesellschaftliche Landschaft lässt sich auf Grundlage gesellschaftlicher Landschaftskonventionen in sieben Dimensionen gliedern (vgl. Costonis, 1982; Turner, 1996; Wagner, 1997; van den Berg et al., 1998; Ipsen, 2002b, 2006; Mitchell, 2002b; Lehmann, 2003; Peil & Sooväli, 2005; Kühne, 2006a, 2008a, 2017b; Howley, 2011; Saunders, 2013; Stotten, 2015):

1. Die symbolische Dimension bezieht sich auf die Zuschreibung symbolischer Gehalte. Diese Zuschreibung erfolgt in Bezug auf einzelne physische Objekte oder kleinere Objektgruppen (z. B. den Petersdom, das Niederwalddenkmal, Stonehenge) bis in Bezug auf ganze angeeignete physische Landschaften (die Toskana, die Schwäbische Alb, die Hochkarpaten).
2. Die ästhetische Dimension bezieht auf die individuelle Zuschreibung insbesondere nach dem Schema schön/hässlich, bisweilen auch in Bezug auf die Wertungen von Pittoreskheit und Erhabenheit gemäß sozialisierten Deutungsmustern.

3. Die kognitive Dimension enthält mehr oder minder differenzierte individuelle Kenntnisse über einen als Landschaft konstruierten Raum. Auch diese Kenntnisse sind sozial vermittelt (z. B. durch Unterricht und Bücher) oder auf Grundlage sozial erlernter Methoden (z. B. der Bodenanalyse) gewonnen.

4. Die emotionale Dimension lässt angeeignete physische Landschaft als Projektionsfläche von Gefühlen (wie Heimatgefühl oder Fernweh) wirken. Der emotionale Zugriff auf Landschaft basiert auf gesellschaftlich vermittelten ‚Gefühlskonventionen‘ und wird insbesondere an Raumsymbole geknüpft (vgl. auch Costonis, 1982; Arnesen, 1998; Peil, 2004; Peil & Sooväli, 2005; Paasi, 2008; Kühne & Spellerberg, 2010; Kühne & Hernik, 2015; Marg, 2017b; Solbrig et al., 2017).

5. Die funktionale Dimension gliedert sich in zwei Ebenen. Einerseits handelt es sich um die funktionale Zuschreibung von physischen Grundlagen an angeeignete physische Landschaft in Bezug auf die ‚Allgemeinheit‘. Diese Ebene wird insbesondere von Personen mit einem expertenhaften Zugriff auf Landschaft behandelt (siehe Näheres unter Abschn. 7.1.1). Dies betrifft z. B. die Frage, inwiefern ein als Landschaft verstandener Raum eine ‚Erholungsfunktion‘ für die ansässige Bevölkerung hat. Dem gegenüber bezieht sich andererseits die zweite Ebene auf die persönliche Aneignung, z. B. im Sinne einer Funktion für die eigenen Ansprüche an Freizeitgestaltung, z. B. als Kulisse beim Joggen oder als Vorlage für eigene Ambitionen der Bildenden Künste (im bayerischen Dialekt wird diese Art der Aneignung treffend mit ‚taugt es [in diesem Falle Landschaft] mir‘ umschrieben; Stemmer & Bruns, 2017; Stemmer et al., 2020 vgl. auch Gebhard, 2013; Winter, 2014; Aschenbrand, 2017).

6. Die ökonomische Dimension bezieht sich auf ein eigenes wirtschaftliches Interesse an einem als Landschaft bezeichneten Raum. Dieses Interesse ist zwischen Personen stark differenziert ausgeprägt und kann zeitlich variieren: Landwirte haben beispielsweise ein dauerhaft hohes ökonomisches Interesse (Burton, 2012; Stotten, 2015), Mitglieder von Bürgerinitiativen gegen Veränderungen des physischen Raumes (wie durch Windkraftanlagen) ein temporär hohes (wenn sie den Verlust des Wertes ihrer Immobilie befürchten; Kühne & Weber, 2017; siehe auch Abschn. 8.2.3), dagegen ist das ökonomische Interesse bei den meisten Menschen dauerhaft eher gering.

7. Die normative Dimension erhält angeeignete physische Landschaft durch eine individuell differenzierende Betrachtung zwischen dem wahrgenommenen gesellschaftlich präformierten Ist- und einem Soll-Zustand, der wiederum von gesellschaftlichen Interpretations- und Deutungsmustern geprägt ist (vgl. auch Henderson, 2003; Schein, 2003).

Als Landschaften konstruierte physische Räume umfassen in der Regel mehrere Dimensionen dieser individuell aktualisierten gesellschaftlichen Bezugnahme. Dabei sind die Dimensionen miteinander amalgamiert: Wird ein physischer Raum als Landschaft beschrieben, wird er zumeist symbolisch besetzt (z. B. als Symbol für ‚gutes Leben‘, ‚Freiheit‘ u. a.) bzw.

ästhetisiert (beispielsweise als ‚pittoresk'), mit der symbolischen und ästhetischen Zuwendung geht zumeist das Erwerben kognitiver Kenntnisse einher. Motivierend für eine derartige Zuwendung wirkt vielfach eine emotionale Zuwendung zu einem Ort bzw. einer Landschaft. Auf Grundlage symbolischer Besetzung, Ästhetisierung, kognitiver Bezugnahme und Emotionalisierung werden häufig normative Ziele formuliert (insbesondere die Erhaltung der physischen Grundlagen angeeigneter physischer Landschaft).

Diese Dimensionen dienen in ihrer sozialen Präformiertheit auch der individuellen Verortung, sowohl im physischen wie auch im sozialen Raum. Damit haben sie eine indikatorische Funktion für den sozialen Status einer Person: Häufig aufgesuchte Orte unterliegen in der Regel einer intensiveren symbolischen Besetzung als weniger häufig aufgesuchte; in Abhängigkeit von der Milieuzugehörigkeit werden vielfach andere Objekte anders symbolisch besetzt (so kann das *County Jail* von Los Angeles dem einen als Symbol der Sicherheit vor Verbrechen, dem anderen für unmenschlichen Strafvollzug gelten). Ästhetische Zuschreibungen sind vielfach milieuspezifisch differenziert, so erscheint einem Gebildeten heute ein röhrender Hirsch vor Alpenpanorama eher als kitschig denn schön oder erhaben. Kognitive Kenntnisse über einen als Landschaft bezeichneten Raum sind hinsichtlich ihrer verschiedenen Relevanz in unterschiedlichen Diskursen sozialindikatorisch klassifiziert: Im landschaftsbezogenen Diskurs von Naturschützern sind zum Teil andere kognitive Kenntnisse (z. B. über vorkommende Arten) relevant als im Diskurs des Regionaltourismus. Die Kommunikation über emotionale Anbindung an als Landschaften konstruierte Räume weist ebenfalls eine sozialindikatorische Funktion auf: Eine emotionale Besetzung von Objekten wird sozial insbesondere Personen zugestanden, die eine unmittelbare physische oder symbolische Konfrontation mit ihnen hatten. Die sozial akzeptierte emotionale Besetzbarkeit von Objekten ist jedoch von gesellschaftlichen Konventionen hinsichtlich ihrer Bedeutung abhängig: So wird beispielsweise eine emotionale Verbindung zu einer Garage nur jenen ohne Verlust sozialer Anerkennung zugestanden, die in ihrer Kindheit zu dieser speziellen Garage besondere Erlebnisse hatten (z. B. Bau einer Seifenkiste), während die emotionale Besetzung der Frankfurter Paulskirche allen Deutschen, die des Eiffelturms zumindest allen Europäern zugestanden wird. Auch die Formulierung von landschaftlichen Normzuständen wirkt als sozialer Indikator: Eine Auffassung, die physischen Grundlagen angeeigneter physischer Landschaft sollten primär von ökonomischen Faktoren abhängen, wird im Diskurs der erhaltenden Kulturlandschaftspflege als ökonomistisch und normwidrig zurückgewiesen.

Die individuelle landschaftliche Aneignung von Objekten und Räumen ist (zunächst) unabhängig von einer unmittelbaren (insbesondere ökonomischen) Inwertsetzung, diese wird erst infolge normativer Praktiken relevant, wenn symbolisch, ästhetisch und kognitiv konstituierte, emotional besetzte Landschaft gemäß normativer Vorstellungen in ihrer physischen Struktur erhalten oder entwickelt, z. B. durch eine bestimmte ökonomische Nutzung (z. B. Landwirtschaft, Folgenutzung in Altindustriegebäuden, Tourismus), werden soll.

4.3   Der externe Raum

Der externe Raum stellt eine weitere konstitutive Dimension von Landschaft dar. Der physische Raum wie auch der virtuelle Raum finden sich außerhalb des beobachtenden Subjektes. Raum wird dabei durch die bewusstseinsinterne und sozial präformierte Zusammenschau physischer oder virtueller Objekte gebildet und ist – in nominalistischer Denktradition[2] – als extern konstruierter Raum zu verstehen. Der externe Raum ist dabei als Konstrukt eines solchen zu verstehen. Dieses ist – aufgrund sozial gebildeter und vermittelter Vorstellungen – an das individuelle Bewusstsein gebunden. Dabei wird in der Regel der eigene Körper bei der Konstruktion des physischen Raumes als Teil des physischen Raumes ausgeblendet, während die Körper anderer Menschen als Teil der Konstruktion des externen Raumes herangezogen werden (Wunderlich, 2010).

Der physische Raum wird durch die räumlich-relationale Anordnung von belebten und unbelebten Objekten im Allgemeinen unabhängig von der sozialen oder individuellen Beobachtung und Bezeichnung als Landschaft konstituiert. Diese Objekte haben Eigenschaften, die „intersubjektiv meist nicht sinnvoll zu bestreiten" (Miggelbrink, 2002, S. 341) sind (in diesem Kontext z. B. Baum, Straße, Haus): Eigenschaften Erster Ordnung. Diese unterscheiden sich von Eigenschaften, die „auf Zuschreibungen beruhen, die erst durch Handeln und Kommunikation zustande kommen" (Miggelbrink, 2002, S. 341), wie eben (angeeignete physische) Landschaft: Eigenschaften Zweiter Ordnung. Der physische Raum umfasst sowohl belebte und unbelebte Objekte (als Eigenschaften Erster Ordnung), die Teile der angeeigneten physischen Landschaft sind, aber auch solche, die nicht für die soziale bzw. individuelle Konstruktion von Landschaft herangezogen werden (als Eigenschaften Zweiter Ordnung). Zwischen Gesellschaft bzw. handelnder Person befindet er sich in einem doppelten Strukturierungsprozess: Er wird durch Menschen strukturiert und strukturiert wiederum Menschen (siehe Löw, 2010). Er bedeutet für den einzelnen Menschen wie für die gesamte Gesellschaft eine Ermöglichung von Handlungsoptionen, aber auch deren Restriktion. Ein Gebäude ermögliche viele Nutzungen z. B. als Behausung oder Arbeitsstätte von Menschen, wirkt aber andererseits hinsichtlich alternativer Nutzungen (z. B. für die Landwirtschaft) restriktiv. Damit stabilisieren Gebäude soziales Leben, indem sie Kontingenz vermindern: „Sie stehen nicht nur imposant herum, sondern werden zu Objekten der Interpretation und Erzählung, beeinflussen aber auch in ihrer materiellen Anwesenheit Handlungsabläufe" (Löw 2010, S. 106).

---

[2] Der Nominalismus geht davon aus, dass Begriffe keine eigene Realität aufweisen, sondern menschgemachte Abstraktionen sind. So bezeichnet die Lautfolge P-F-E-R-D eine bestimmte Menge belebter Gegenstände, bei denen man von einer bestimmten Ähnlichkeit ausgeht. Sie sind jedoch nicht – wie es eine essentialistische Sichtweise nahelegen würde – eine Konkretisierung der Idee ‚Pferd'.

Wie dargestellt, ist das Handeln des Menschen häufig von Objekten vermittelt (er kommuniziert mit anderen Menschen mit Hilfe von Objekten; z. B. Verkehrszeichen) bzw. auf.

Objekte bezogen (indem er Objekte verändert, hinzufügt oder versetzt). Durch solche objektorientierten Aktivitäten des Menschen wird der physische Raum in vielfacher Weise gesellschaftlich überprägt, heute findet sich auf der Erde schwerlich ein physischer Raum, der nicht durch den Menschen zumindest indirekt (z. B. durch anthropogene Gasemissionen) beeinflusst wäre. Durch objektbezogenes bzw. objektvermitteltes Handeln bringt der Mensch soziale Prioritäten materiell zum Ausdruck (Hayden, 1997, 2004b; Marshall, 2008[2001]). Die anthropogenen Überprägungen können sich sehr unterschiedlich gestalten (Abb. 4.1; siehe auch Schwind, 1973; Köstlin, 2001; Bonsdorff, 2005): Physische Räume können von Objekten, die durch natürliche Prozesse strukturiert sind, dominiert werden (z. B. tropische Regenwälder), sie können aber auch durch intensive anthropogene Überformung konstituiert werden (z. B. Kernkraftwerke oder *Shopping Malls;* vgl. auch Spirn 2008[2001]). Schwind (1973) nennt eine Vielzahl möglicher Einflüsse auf physische Objekte: Initiative von Einzelpersonen, Gruppen oder großen Menschenmengen, staatliches Handeln, bewusste Nachahmung, Gewohnheit und Brauch, Zufall, kulturelle Prägung, Reiz angeeigneter physischer Landschaften, Naturnotwendigkeit u. a.

Mit der immer weiter greifenden Verfügbarkeit von modernen Informations- und Kommunikationstechnologien verliert der physische Raum als externes Substrat für die soziale und individuelle Konstruktion von Landschaft seine Exklusivität. Virtuelle Räume tragen dazu bei, die „herkömmlichen Zeit- und Raumstrukturen zu revolutionieren" (Bertels, 1997, S. 44; Stichweh, 2003). Virtualität lässt sich als eine Eigenschaft eines Objektes verstehen, nicht in der Art vorzukommen, in der sie vorzukommen scheint (vgl. Sinn, 1998), wobei es in seiner Erscheinung und teilweise auch in ihrer Wirkung einer in dieser Art vorkommenden Sache gleicht. Dabei sind virtuelle Räume (noch) stark konstitutiv auf physische Räume wie auf soziale und individuelle Raumkonstruktionen bezogen: Ohne Vorbilder im physischen Raum, ohne interpretierende Personen und ohne soziale Raumkonstruktionsmechanismen wären sie kaum

Abb. 4.1 Der Einfluss des Menschen auf den physischen Raum. (Nach: Kühne 2006a, 2012)

vorstellbar. Dabei sind virtuelle Räume (in Filmen, Fernsehserien, privaten Videos und dem Internet) durch Sekundärinformationen als Ergebnis eines Vorselektionsprozesses kontingenter Inhalte geprägt (Anders, 1980; Werlen, 1997; Edler, Kühne et al., 2018; Fontaine, 2020b; Thimm, 2017). Diese Sekundärinformationen sind nicht dem unmittelbaren Wahrnehmungsfeld entnommen, werden aber dennoch in die Konstruktion von externer Welt (z. B. in Form von Landschaft) eingebunden. Virtuelle Räume sind also stärker anthropogen geprägt als physische Räume.

4.4   Die angeeignete physische Landschaft

Die angeeignete physische Landschaft stellt eine Zusammenschau von jenen Objekten externer Räume dar, die für die Konstruktion von Landschaft herangezogen werden. Es ist die Ebene der Reifikation von Landschaft, die auf Grundlage von Ontologisierungen vollzogen wird. Der Begriff der Aneignung bezeichnet dabei die Zuweisung von Bedeutung. Diese vollzieht sich zwar individuell, ist aber gesteuert von sozialen Ressourcen und Anerkennungsmechanismen (Hall, 1980; Abb. 4.2). Die angeeignete physische Landschaft umfasst den physischen Raum in den seltensten Fällen in Gänze, sondern selektiv: Nicht sämtliche Objekte des physischen Raumes werden einer synthetischen

Abb. 4.2 Die Entstehung angeeigneter physischer Landschaft, dargestellt als Logo (oben) einer Mastergruppe an der Universität Kassel (C. Gebehenne, A. Fröhlich, J. Pagel). Einzelne Objekte (dargestellt als Puzzleteile) werden selektiv zur Konstruktion aktualisierter Landschaft herangezogen. (Mit freundlicher Abdruckgenehmigung des Logos und der graphischen Darstellung der Herleitung durch die Mastergruppe)

Betrachtung zu Landschaft unterzogen. Das bedeutet auch, dass ein physischer Raum eine Vielzahl angeeigneter physischer Landschaften beinhaltet (Arnesen, 1998). Das Konzept der angeeigneten physischen Landschaft, in Differenzierung von den Ebenen des physischen Raumes auf der einen und der sozialen und individuellen Konstruktion auf der anderen Seite verdeutlicht die Hybridität von Landschaft materieller wie nicht-materieller Bezüge[3]. Gemäß ihrer Ableitung von gesellschaftlichen, teilgesellschaftlichen und individuellen Bezügen lässt sich die angeeignete physische Landschaft in drei unter-schiedliche (Teil)Mengen des landschaftlichen Raumbezugs gliedern:

1. Die gesamtgesellschaftliche angeeignete physische Landschaft umfasst jene Objekte des physischen Raumes, die ohne Verlust sozialer Anerkennung in einer Gesellschaft grundsätzlich als Landschaft bezeichnet werden können. Es handelt sich dabei im Vergleich zu den beiden anderen angeeigneten physischen Landschaftsbegriffen um die größte Menge an Objekten, die zu Landschaft synthetisiert werden (können).
2. Die teilgesellschaftliche angeeignete physische Landschaft umfasst jene Objekte des physischen Raumes, die auf Grundlage milieuspezifischer, bildungsspezifischer, kultureller, regionalspezifischer teilgesellschaftslandschaftlicher Deutungen und Definitionen in Zusammenschau als Landschaft verstanden werden können. Diese Definitionen können im Vergleich zur gesamtgesellschaftlich angeeigneten physischen Landschaft umfänglich eingeschränkt und im Vergleich zu anderen teilgesellschaftlichen Landschaftsdiskursen mitunter sehr verschieden sein. So mag es im Diskurs von Land-schaftsarchitekt~innen üblich sein, suburbane Siedlungen als Landschaft zu begreifen, während das Landschaftsverständnis von Laiinnen und Laien mit geringer formaler Bildung primär an der Integration von Wäldern, Wiesen, Bergen und Fließgewässern orientiert ist, und Siedlungen (mit Ausnahme kleiner Dörfer) ausschließt.
3. Die individuelle angeeignete physische Landschaft lässt sich als die Zusammenschau von Objekten konzipieren, die individuell auf Grundlage (teil)gesellschaftsland-schaftlicher Grundlagen als Landschaft verstanden werden. Durch die individuelle Prägung durch milieu-, bildungs-, kultur- und regionalspezifische Deutungen ist die individuelle angeeignete physische Landschaft zumeist als (teilweise widersprüch-liche) Teilmenge der teilgesellschaftlichen angeeigneten physischen Landschaft aus-geprägt.

---

[3] Diese Hybridität wird auch in den Ausführungen von Jones (2006, S. 3) deutlich: „Häufig als eine Dichotomie dargestellt, greifen die Materialität und ihre Repräsentation von Landschaft ineinander und können nicht getrennt werden; der Begriff der Landschaft kann eher als eine Brücke zwischen dem Materiellen und der Repräsentation gesehen werden. Landschaft kann nicht von den sozialen Beziehungen geschieden werden, die sowohl in den physischen Umgebungen als auch in der Art und Weise, wie sie repräsentiert werden, zu finden sind".

Die angeeignete physische Landschaft lässt sich in doppelter Hinsicht „als weitgehend instabil" (Mrass, 1981, S. 29) beschreiben: Sowohl auf der Ebene der physischen Manifestationen als Folge und Nebenfolge sozialen Handelns wie auch auf der Ebene der gesellschaftlichen Landschaft ist sie variabel: Physische Objekte unterliegen einem anthropogenen wie auch natürlichem Veränderungsdruck, Veränderungen wiederum stellen ein „Nebeneinander von langfristigen und kurzfristigen, von latenten und manifesten Entwicklungen" (vgl. auch Henderson, 2003; Békési, 2007, S. 23) dar, soziale Zuschreibungen und Wertungen sind revidierbar (z. B. Corner, 1999a;), wie auch die individuellen Zuschreibungen (Stotten, 2015).

Die angeeignete physische Landschaft ist konstitutiv mit den Ebenen der gesellschaftlichen Landschaft, der individuell aktualisierten gesellschaftlichen Landschaft und des physischen Raumes verbunden (Abb. 4.3), im alltagweltlichen und häufig auch wissenschaftlichen Sprachgebrauch wird sie schlicht ‚Landschaft' genannt. Die angeeignete physische Landschaft setzt sich aus einer gesellschaftlichen bzw. individuellen Besetzung von Objekten zusammen, die sich in sechs historisch bezogene Zusammenhänge gliedern lässt (die ersten vier nach Schwind, 1973):

1. In der Gegenwart geschaffene bzw. modifizierte Objekte, die einer gegenwärtigen Nutzung unterliegen (z. B. Städte, Verkehrseinrichtungen).
2. In der Vergangenheit geschaffene, aber gegenwärtig noch genutzte Objekte (Siedlungen, Flurformen).
3. In der Vergangenheit geschaffene, aber gegenwärtig nicht mehr in der ursprünglichen Denotation genutzte Objekte (Burgen, römerzeitliche Aquädukte).
4. In der Vergangenheit geschaffene, aber gegenwärtig nur noch durch Spuren feststellbare Objekte (Wüstungen, Ruinen).

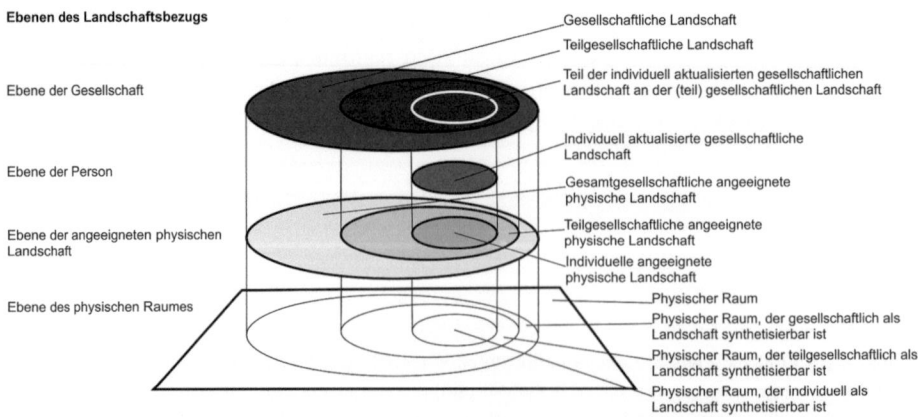

Abb. 4.3 Die Ebenen der Konstruktion von Landschaft. (Eigene Darstellung)

5. In der Vergangenheit geschaffene und gegenwärtig nicht mehr feststellbare Objekt-reste, die aber noch Gegenstand von Kommunikation und symbolischer Aufladung sind (z. B. verschwundene Straßenbahnlinien).

6. In der Vergangenheit fiktiv oder nicht nachweisbar physisch erschaffene Objekte, die aber noch Gegenstand von Kommunikation und symbolischer Aufladung sind (Buenaventura River, Hintertupfingen, Atlantis).

7. Besuchbare Orte, an denen Geschichten platziert werden, über die gerne kommuniziert wird, deren räumliche Verortung jedoch eher spekulativ bleibt, etwa die Höhle, in der eine sagenumwobene Nymphe Odysseus angeblich jahrelang festhielt[4].

Komplementär lassen sich jene Objekte beschreiben, die (erstens) bei der Konstruktion angeeigneter physischer Landschaft nicht berücksichtigt werden oder (zweitens) in der Vergangenheit physisch existiert haben, aber weder als solche (wenn auch nur in Resten) erkennbar sind, noch Gegenstand von Kommunikation oder symbolischer Aufladung geworden sind.

4.5   Landschaften als Ergebnis gesellschaftlichen Handelns und als Ergebnis von Grenzüberschreitungen

Landschaften im Besonderen und Räume im Allgemeinen werden durch soziale Prozesse konstituiert und lassen sich als Ergebnisse gesellschaftlichen Handelns verstehen. Unter gesellschaftlichem Handeln verstehen Schütz und Luckmann (2003[1975], S. 548) ein Handeln, „dessen Sinn sich vom Entwurf her auf Andere bezieht". Während dieses gesellschaftliche Handeln grundsätzlich dann unmittelbar ist, „wenn der Andere, auf den der Entwurf gerichtet ist, während des Handlungsablaufs in Reichweite des Handelnden ist", ist umgekehrt das gesellschaftliche Handeln dann grundsätzlich vermittelt, „wenn der Andere während des Handlungsablaufs außerhalb der Reichweite des Handelnden ist". Landschaften (und Räume) lassen sich als Folgen und Nebenfolgen sowohl mittelbaren wie unmittelbaren gesellschaftlichen Handelns beschreiben. So besteht der physische Raum aus Objekten, deren Lage, Art und Umfang von Menschen unbeeinflusst ist, und Objekten, deren Lage, Art und Umfang durch den Menschen beeinflusst ist. Der Grad des menschlichen Einflusses kann dabei variieren von indirekten Einflüssen (z. B. durch den Klimawandel) bis hin zur völligen Umgestaltung des physischen Raumes (z. B. durch die Errichtung von *Shopping Malls*). Anthropogene Modifikationen des physischen Raumes sind zumeist Ergebnisse mittelbaren gesellschaftlichen Handelns. Der physische Raum basiert zu großen Teilen auf

---

[4] Mein herzlicher Dank für diese Anregung gilt Diedrich Bruns.

objekthaft vermitteltem gesellschaftlichem Handeln, wenn physische Objekte in Lage, Art und Umfang durch den Menschen beeinflusst werden, um auf den Anderen wirksam zu werden. Dies reicht von dem Anbringen von Piktogrammen mit appellativem Charakter über die Errichtung von technischen Infrastrukturen bis hin zur Errichtung von Siedlungen. Diese Modifikationen des physischen Raumes sind dabei in der Regel Ergebnis eines einseitig mittelbaren Handelns, das durch zwei Umstände gekennzeichnet ist: „Es wurde von Handelnden schon im Entwurf darauf angelegt, dass es einseitig bleibt, *und* es bleibt im Vollzug dann tatsächlich einseitig" (Schütz & Luckmann, 2003[1975], S. 577; Hervorh. i. O.). Die Anlage eines Feldes geschieht in der Regel ohne direkte Einflussnahme des Konsumenten, schließlich konsumiert dieser landwirtschaftliche Erzeugnisse oder die als konstruierte ‚schöne' Landschaft mit dem Ziel der Erholungssuche. Bei der Entstehung gesellschaftlicher Landschaft und individuell aktualisierter gesellschaftlicher Landschaft sind neben mittelbaren Einflüssen (die gedankliche Synthese physischer Objekte zu Landschaft, Schrifttum über Landschaft, Filme etc.) Einflüsse wechselseitigen unmittelbaren Handelns „in *lebendiger* Intersubjektivität" (Schütz und Luckmann, 2003[1975], S. 572; Hervorh. i. O.) von zentraler Bedeutung: Landschaft (wie auch Raum) wird zum Ergebnis von Vermittlungs- und Aushandlungsprozessen in *Face-to-face*-Situationen, wie sie typisch sind für gemeinschaftliche Wanderungen, Seminare oder Schulstunden.

Angeeignete physische Landschaft als Ebene der objektbezogenen sozialen und individuellen Zuschreibungen in ihrer Zeichen- und Symbolbehaftetheit vermittelt Nachrichten über die Grenzen der unmittelbaren individuellen Erfahrung hinweg, „indem sie alles, was für die jeweils gegenwärtige Erfahrung thematisch, interpretativ und motivationsmäßig relevant ist, jedoch den Kern der Erfahrung in irgendeiner Weise überschreitet, in der Erfahrung [mit-vergegenwärtigt; Anm. O.K.]" (Schütz & Luckmann, 2003[1975], S. 635). Die unmittelbar in sensueller Konfrontation mit physischen Objekten konstruierte angeeignete physische Landschaft verweist also einerseits in die Welt der historischen Entwicklung der Zeichen und Symbole, ihrer Kommunikation und Sozialisation, andererseits in die Welt der physischen Objekte in ihrer zeitlichen Bedingtheit, wodurch das konstruierende Subjekt bewusst oder zumeist unbewusst die historischen Entwicklungen im Hier-und-Jetzt aktualisiert (vgl. hinsichtlich der doppelten Bedeutung von sozialer Praxis und physischen Grundlagen von Orten – bei ihm – siehe Entrikin, 1991). Landschaftliche Zeichen und Symbole dienen aber auch der wechselseitigen Verständigung mit anderen Menschen und dabei auch der Überschreitung von Grenzen, die durch die selbstbezügliche Struktur des menschlichen Bewusstseins angelegt sind. So sind – Berr (2014, S. 36) folgend – beispielsweise Gebäude nicht „einfach nur ‚Spiegel' im Sinne einer Rück-Spiegelung oder Wiedergabe, sondern auch im Sinne eines anschaubaren Deutungs- und Orientierungsangebotes", d. h. sie können mit der Intention gestaltet sein, eine bestimmte symbolische Konnotation zu erfahren, „[ob; Anm. O.K.] diese Deutungen und Orientierungen – bewusst oder unbewusst und von wem auch immer – affirmativ übernommen, abgelehnt, reflektiert oder gar nicht wahrgenommen" werden, ist dann eine andere Frage (Abb. 4.4).

Abb. 4.4 Der Bahnhof Milano Centrale, obwohl vor der faschistischen Ära in Italien entworfen (Baubeginn, 1913, Eröffnung, 1931; Architekt: Ulisse Stacchini), entsprach die Gestaltung des Bahnhofs den Gestaltungsidealen der Faschisten, die der Architektur auch die Funktion zuwiesen (vgl. Michelis, 1983). (Collage auf Grundlage eigener Fotos)

Abriss der historischen Entwicklung der physischen Grundlagen angeeigneter physischer Landschaft

5

Zusammenfassung

Fokussierte sich Kap. 3 auf die Entwicklung der Landschaftsverständnisse im deutschen Sprachraum, ergänzt Kap. 5 diese durch die Darstellung der Grundzüge der Entwicklung der als Landschaften gedeuteten physischen Räume. Hier werden die Einschreibungen gesellschaftlicher Entwicklungen in physische Räume fokussiert, etwa durch Rationalisierung und Industrialisierung, aber auch der materiellen Folgen und Nebenfolgen der Postmodernisierung, wie der partiellen Auflösung moderner räumlicher Ordnungen. Fallbeispiele sind (post)sozialistische sowie US-amerikanische Raumentwicklungen.

Schlüsselwörter

Industrialisierung · Agrargesellschaft · Postmoderne · Landschaftsgeschichte · Postsozialismus

Landschaft unterliegt einem doppelten historischen Entstehungsprozess. Die gesellschaftslandschaftliche Genese wurde in Kap. 3 erörtert, im Folgenden sollen die Entwicklungen der physischen Grundlagen angeeigneter physischer Landschaften ins Zentrum der Betrachtung gerückt werden, schließlich sind sie – so Hans Freyer (1996a, S. 72; Küster, 1999) – „mit Geschichte geladen, mit Geschichte getränkt, einige nur oberflächlich, wie wenn eine Flutwelle über sie hinweg geschlagen wäre, andere so eindringlich, dass es keinen Fleck gibt, der nicht von Menschenhand genützt, gebahnt, gestaltet wäre". Die folgenden Ausführungen stellen schlaglichtartig wesentliche Aspekte der Entwicklung der physischen Grundlagen angeeigneter physischer Landschaften insbesondere in Europa dar. Der Fokus liegt darauf, wesentliche physisch-räumliche Einschreibungen sozialen Handelns und auch gesellschaftslandschaftlicher Soll-Vorstellungen zu charakterisieren, um so Charakteristika des menschlichen Umgangs mit physischem Raum als eine Grundlage angeeigneter physischer Landschaft darzustellen. Ausführlichere Arbeiten zur Genese physischer Grundlagen angeeigneter physischer Landschaft finden sich beispielsweise bei Küster (1999, 2009, 2012, 2019), Blackbourn (2007), Schreg und Schenk (2008), Schenk (2011, 2020), Hampicke (2013) und Poschlod (2017), mit dem Schwerpunkt Landwirtschaft bei Haber (2014) wie auch Hampicke (2018) und in einer populäreren Perspektive auch bei Kremer (2015); ausführlicher als im Folgenden auch bei Kühne (2008a).

Die folgenden Ausführungen befassen sich mit dem Verhältnis der Beeinflussung des physischen Raumes durch die Gesellschaft, die diesen physischen Raum wiederum gemäß der in Kap. 3 erläuterten Kriterien zu Landschaft synthetisiert. Ein wesentlicher Aspekt der Einschreibung menschlicher Bedürfnisse in den physischen Raum ist die gegenüber seinem Ausgangszustand z. T. deutliche und bisweilen kaum reversible Modifikation, sodass Radkau (1994, S. 28) formuliert: „Der erste umwelthistorische Lernschritt besteht darin, dass man sich die romantische Vorstellung einer noch bis in die Moderne ziemlich unberührten, erst durch die Industrialisierung beschädigten Natur aus dem Kopf schlägt". Die Entwicklung der Gesellschaft wird gemeinhin als ein Prozess verstanden, der sich in Phasen und Perioden (z. B. Antike, Mittelalter und Neuzeit; Vormoderne, Moderne und Postmoderne) gliedern lässt (Ipsen, 2006).

Bei der Darstellung historischer physischer Räume als Landschaft handelt es sich um einen dreifachen Konstruktionsprozess:

1. Den Prozess der Konstruktion, der jeder Synthese von Objekten zu Landschaft eigen ist.
2. Die Konstruktion eines historischen physisch-räumlichen Zustandes, über den wir keine Kenntnisse aus unmittelbarer Anschauung haben, den wir vielmehr aufgrund einer mehr (z. B. Neuzeit) oder minder (z. B. Steinzeit) großen Quellengrundlage rekonstruieren müssen.
3. Die Konstruktion von ‚historischer' Landschaft vollzieht sich auf Grundlage eines Landschaftsbegriffs, also dem jeweils zeitgenössischen in einem gewissen sprachlichen, sozialen und kulturellen Kontext (vgl. Abschn. 3.7), in diesem Falle einem gegenwärtigen, des deutschsprachigen Raumes, fachlich geographisch/soziologisch orientiert, in einer westlichen Tradition der Aufklärung stehend. Wenn im Folgenden also ökologische Probleme historischer angeeigneter physischer Landschaften diskutiert werden, erfolgt dies einerseits auf Grundlage des aktuellen ökologischen Forschungsstandes, andererseits waren ökologische Fragen z. B. in der Renaissance noch nicht Gegenstand des Landschaftsverständnisses.

5.1 Vormoderne, Moderne und Postmoderne: Aspekte gesellschaftlicher Entwicklung

Die Gesellschaft des Mittelalters war durch eine relativ einfache Strukturierung, durch Stände geprägt (z. B. der Geistlichen, der Adeligen und der Bürgerinnen bzw. der Bauerinnen), ihre wirtschaftliche Basis war die Landwirtschaft. Diese Gesellschaft wurde im Zuge der gesellschaftlichen Modernisierung zu einer Klassen-, später zu einer Schichtgesellschaft. Die ökonomische Basis der modernen Gesellschaft lag in der Industrie, später zunehmend auch in den Dienstleistungen. Als wesentliche Merkmale der modernen Gesellschaft gelten ihre nationalstaatliche Gefasstheit, die Differenzierung von Öffentlichkeit und Privatheit, die Trennung von Recht und Politik, die Entkopplung der Wirtschaft von Religion und Moral bei gleichzeitiger Monetarisierung der Beziehungen, wie auch die Trennung sozialer Normen von religiösen Begründungen sowie die Industrialisierung (vgl. Luhmann, 1988, 1989 [1980], 1990; Bahrdt, 1996; Schulze, 1999). Ein wesentliches Charakteristikum der Moderne sind Standardisierungen: Im sozialen Kontext sichern Formalisierung (beispielsweise heterosexuelle Zweierbeziehung mit den daraus erwachsenden Kindern), Beherrschbarkeit (beispielsweise die Abhängigkeit der nicht erwerbstätigen Ehefrau) und Berechenbarkeit (durch Sanktionen abgesicherte Normen, wie sich die Aufgaben von Ehefrau und Ehemann gestalten) die Standardisierung von Lebenslauf und Alltag (Wagner, 1995).

Die postmoderne Gesellschaft lässt sich als eine durch Milieus geprägte Dienstleistungs- und Wissensgesellschaft verstehen. Sie ist stark durch ein Vordringen wissenschaftlichen Wissens in die Gesellschaft geprägt (Weiß, 2006). Die Postmoderne ist ökonomisch durch die Ausprägung eines globalen Konkurrenzsystems geprägt[1]. Die Auswirkungen der Globalisierung für die Gesellschaften Westeuropas und Nordamerikas liegen in dem Wandel eines Systems „standardisierter Vollbeschäftigung" in ein „System flexibel-pluraler Unterbeschäftigung" (Beck, 1986, S. 222). Damit unterläuft die ökonomische Globalisierung „die ökonomische Selbstdefinition" (Beck et al., 2001, S. 23) des modernen Nationalstaates: Nationalstaaten verlieren immer stärker ihren Einfluss auf die Wirtschaft, schließlich hat die Globalisierung „einen universellen Prozess des Benchmarking[s], der vergleichenden Bewertung, in Gang gesetzt" (Moïsi, 2009, S. 31; vgl. auch Kühne & Weber, 2015a), Eliten lösen sich aus ihrem lokalen Kontext und werden kosmopolitisch (Richter, 2005). Ralf Dahrendorf (2000) erkennt hier sogar die Entstehung einer ‚globalen Klasse' von Entscheidungsträgern in Wirtschaft, Politik, Wissenschaft, etc., deren Bezugs- und Entscheidungshorizont, das Nationale ablehnend, explizit

---

[1]Globalisierung lässt sich als „Prozess der Herausbildung einer Weltgesellschaft und einer globalen Kultur, in der transkontinentale Vernetzungen und Mobilitäten einen strukturellen Wandel" (Castells, 1991, S. 130) erfahren, verstehen.

global sei. Diese ‚globale Klasse' (die er auf etwa ein Prozent der Bevölkerung beziffert) beeinflusse wiederum eine weitaus größere Anzahl an Menschen, die ihre Präferenzen, Wertvorstellungen und Verhaltensweisen an jenen der ‚globalen Klasse' ausrichteten (Dahrendorf, 2003; mehr zur Soziologie Dahrendorfs siehe: Kühne, 2017c; Kühne & Leonardi, 2020). Die Mitglieder dieser ‚globalen Klasse' sind in der Lage, die für ihre jeweiligen Wünsche optimal erscheinenden Orte auszusuchen, z. B. um sich zu vergnügen, Steuervorteile auszunutzen oder billig Güter herstellen zu lassen. Der Soziologe Zygmunt Bauman (2008) bezeichnet diese Vorgänge als ‚Verflüssigung' ehemals fester moderner Strukturen. Ein wesentliches Merkmal dieser ‚Verflüssigung' ist die Individualisierung, wobei Individualisierung dabei nicht „die Befreiung des Menschen von den Fesseln der Gesellschaft [bedeutet; Anm. O.K.], sondern eine bestimmte, historisch neue Form der Vergesellschaftung. Individualisierung bezeichnet eine gesellschaftliche Zumutung, einen paradoxen Zwang" (Eickelpasch & Rademacher, 2004, S. 20): Der Mensch sieht sich dem Zwang ausgesetzt, jenseits traditioneller Bindungen (wie Familie, Nachbarschaft) eine eigene Existenz zu entwerfen (Beck & Beck-Gernsheim, 1994).

5.2   Aspekte der Genese der physischen Grundlagen angeeigneter physischer Landschaft bis zum Mittelalter

Die physischen Grundlagen angeeigneter physischer Landschaften waren seit dem Auftreten des Menschen Gegenstand seiner generell zunehmenden Beeinflussung (vgl. Abb. 5.1). Bereits vor der neolithischen Revolution griffen Jäger und Sammler in die lokalen und regionalen Tier- und Pflanzenbestände ein, mit der Sesshaftwerdung des Menschen trat an die Stelle weitgehend homogener Waldgebiete räumliche Struktur von Acker- und Weide-flächen an Gunststandorten (insbesondere ebene Lage, Felsfreiheit des Untergrundes, Ver-fügbarkeit von Wasser) und ansonsten Waldflächen. Durch den Übergang zur Landwirtschaft wurde es möglich, das Leben berechenbarer zu machen, die Zufuhr an Nahrungsmitteln erfolgte kontinuierlicher, was die Ernährung von mehr Menschen als durch das Sammeln und Jagen ermöglichte (vgl. Job, 1999; Küster, 2009; Schenk, 2011; Poschlod, 2017). Eine intensivere Überprägung des physischen Raumes erfolgte durch die frühen Hochkulturen in Mesopotamien, im Niltal, in den Niederungen des Indus und des Gelben Flusses. Auf-grund periodischer Überschwemmungen erfolgte hier ein andauernder fremdbürtiger Nähr-stoffeintrag, dessen Nutzung jedoch nur dann umfänglich erfolgen konnte, wenn technische Vorkehrungen (wie Be- und Entwässerungsgräben) in überlokalem Maßstab organisiert wurden (Kolb, 2005). Ort der Organisation solcher Maßnahmen wurden Städte, wodurch es sich bei diesen frühen Städten zunächst um Schaltstellen der Macht handelt, „an denen überschießende landwirtschaftliche Erträge aus fruchtbaren Gegenden gesammelt, gelagert und umgeschlagen werden" (Benevolo, 1999, S. 19).

Eine besondere Bedeutung für die Entwicklung physischer Räume hatten auch die Städte der griechischen und römischen Antike, sie sind somit „vom Beginn der europäischen Geschichte an weit mehr und mussten weit mehr sein als bloße Siedlungsagglomerate"

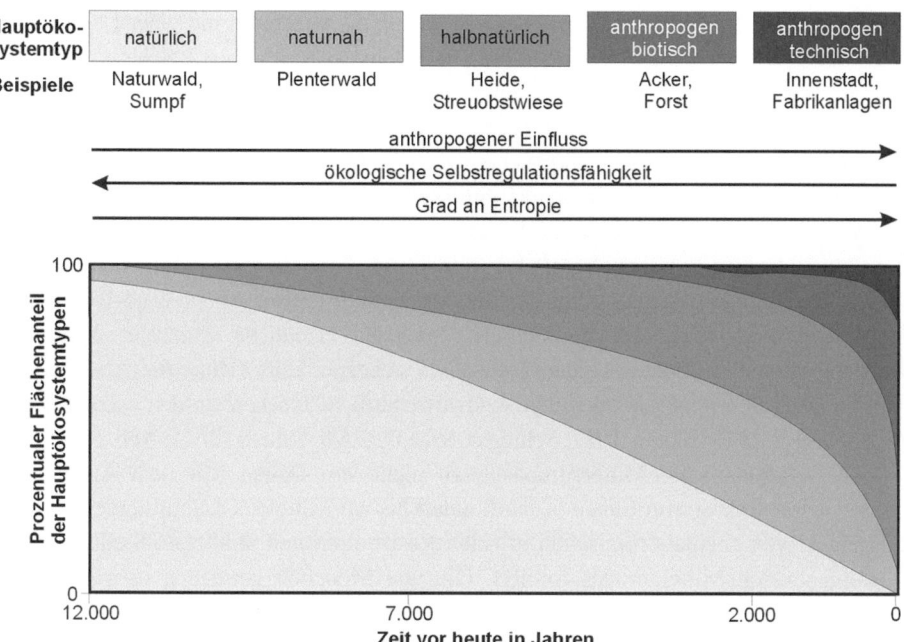

Abb. 5.1 Geschätzte Veränderungen der Flächenanteile der fünf Haupt-Ökosystemtypen der mitteleuropäischen physischen Räume seit dem Ende der letzten Eiszeit. (Aus: Kühne, 2008a; auf Grundlage von: Haber, 1991; Job, 1999)

(Stahl, 2008, S. 27). Die Stadt der griechischen Antike, die Polis, ist dabei durch Offenheit geprägt, ihr rechtlicher Geltungsbereich erstreckt sich auch auf die ländliche Bevölkerung, für die sie in Notzeiten auch Ort der Zuflucht war (Benevolo, 1999, S. 22): „Sie ist ein einheitliches Gebilde aus Einzelteilen, die in Gestalt und Proportion aufeinander bezogen, wenn auch von ganz unterschiedlicher Form sind". Die ökologischen Nebenfolgen der griechischen Stadtbildung blieben jedoch zumeist begrenzt, da – sobald eine bestimmte Einwohnerzahl überschritten wurde – in der unmittelbaren Umgebung eine ähnlich große oder sogar größere Stadt errichtet wurde. Deutlich größer war der ‚ökologische Fußabdruck' (Wackernagel & Beyers, 2010) römischer Städte, insbesondere Roms, das bereits in der frühen Kaiserzeit 1,0 bis 1,5 Mio. Menschen zählte, die größtenteils in mehrstöckigen Mietshäusern lebten und durch ein weit verzweigtes System von Leitungen mit Frischwasser aus teilweise weit entlegenen Gebieten versorgt wurden. Gerade der hohe Wasserverbrauch römischer Städte von 800 bis 1.000 Litern pro Person (Stahl, 2008), auch in Gebieten mit (periodisch) geringen Niederschlägen produzierte ökologische Fernwirkungen, wie auch der hohe Bedarf an Lebensmitteln der römischen Städte aus der Überschussproduktion landwirtschaftlicher Produkte ländlicher Herkunft die physische Grundlagen angeeigneter physischer Landschaften prägte. Der hohe Brennholzbedarf Roms, unter anderem durch die zahlreichen Thermen verursacht, war mit einer weitgehenden Abholzung des Umlandes verbunden, die wiederum mit einer Degradierung der Böden verbunden war (Meurer, 1997). Die Städte des Römischen Reiches waren durch ein gut ausgebautes Straßensystem miteinander verbunden, das neben dem Transport von Waren von Stadt zu Stadt und der Erschließung des Hinterlandes auch militärischen Zwecken diente (Wightman, 1970; Schreg & Schenk, 2008; Schenk, 2011). Der Verfall des Römischen Reiches bedeutete auch mit dem raschen Rückgang der Bevölkerung verbunden mit Rückbau und teilweise Wüstung von Städten in der Völkerwanderungszeit, einer Aufgabe der Erhaltung römischer Infrastruktur und Extensivierung der Landwirtschaft, ein Rückgriff auf vorrömische Bewirtschaftungsmuster (Feld-Wald-Wechselwirtschaft, teilweise mit Siedlungswechsel). Auch das ländliche römische Agrar- und Siedlungssystem, gebildet aus einem Netz allein stehender Höfe *(Villae Rusticae)* und *Vici,* kleinen Landstädten, wurde überprägt, landwirtschaftliche Flächen wurden wiederbewaldet (Schönberger, 1975; Ennen, 1987; Schreg & Schenk, 2008; Schenk, 2011; Abb. 5.2).

Die Deurbanisierung Mitteleuropas blieb nicht von Dauer. Mit dem Aufstieg des Merowingerreiches (vom frühen 5. Jahrhundert bis zur Mitte des 8. Jahrhunderts) wurde, ausgehend von ehemals römischen urbanen Restzentren und ähnlichen Siedlungen, die Neuorganisation Mitteleuropas forciert. Die von Mönchen getragene ostwärtige Ausbreitung des Christentums, deren Ansiedlung dort erfolgte, wo „sie sich Sicherheit vor instabil siedelnden Menschen erhofften" (Küster, 1999, S. 168), also insbesondere auf Inseln und Bergkuppen, bedeutete eine Ausbreitung von Klöstern. Als Zentren feudaler Macht wurden Burgen errichtet, sie fungierten als weithin sichtbare Manifeste weltlicher Macht: „Der Blick von der Burg war Jahrhunderte lang ein argwöhnischer Spähblick oder ein herrschaftlicher Verfügungsblick" (Warnke, 1992, S. 47; vgl. auch Schreg & Schenk, 2008). Mit der Ausweitung des Fernhandels entstanden im nördlichen Europa und nördlichen Mitteleuropa an geistliche oder weltliche Machtzentren angelehnte Wik-Orte. Von den weltlichen und geistlichen Machtzentren erwarteten sich die Händler Schutz wie auch Geschäfte. Aus diesen Wik-Orten entwickelten sich bisweilen dauerhafte und multifunktionale Siedlungen (wie z. B. das englische Brunswick, das deutsche Braunschweig oder auch Wyk auf Föhr, die allesamt auch noch die ursprüngliche Siedlungsbezeichnung im Namen tragen, vgl. Ennen 1987). Dabei zielten „wirtschaftliche, staatliche und kirchliche Kräfte […] allesamt darauf ab, Mitteleuropa zu einem Land ortsfester Siedlungen zu machen, denn nur eine ortsfeste Besiedlung war in einem Staats- und Wirtschaftssystem kalkulierbar" (Küster, 1999, S. 172).

Im Zuge des Siedlungsausbaus (das Städte, Dörfer wie in späteren Phasen auch Weiler betraf) des frühen und hohen Mittelalters wurde durch Rodungen die Waldfläche Mitteleuropas erneut reduziert, auf etwa ein Drittel des Bestandes vor dem Ausbau der Siedlungen (Kral, 1992). Die Art der Landbewirtschaftung wurde zugleich intensiviert: Bereits ab dem 7. Jahrhundert wurde – insbesondere auf dem Herrenland – die Feldgraswechselwirtschaft zunehmend durch die Dreifelderwirtschaft verdrängt, während auf dem von Kleinbauern selbst bewirtschafteten Hintersassenland die Feldgraswechselwirtschaft noch zunächst die vorherrschende Bodennutzungsform blieb (vgl. Henning, 1994). Die Dreifelderwirtschaft machte mit ihrem Fruchtwechsel Wintergetreide, Sommergetreide, Brache innerhalb

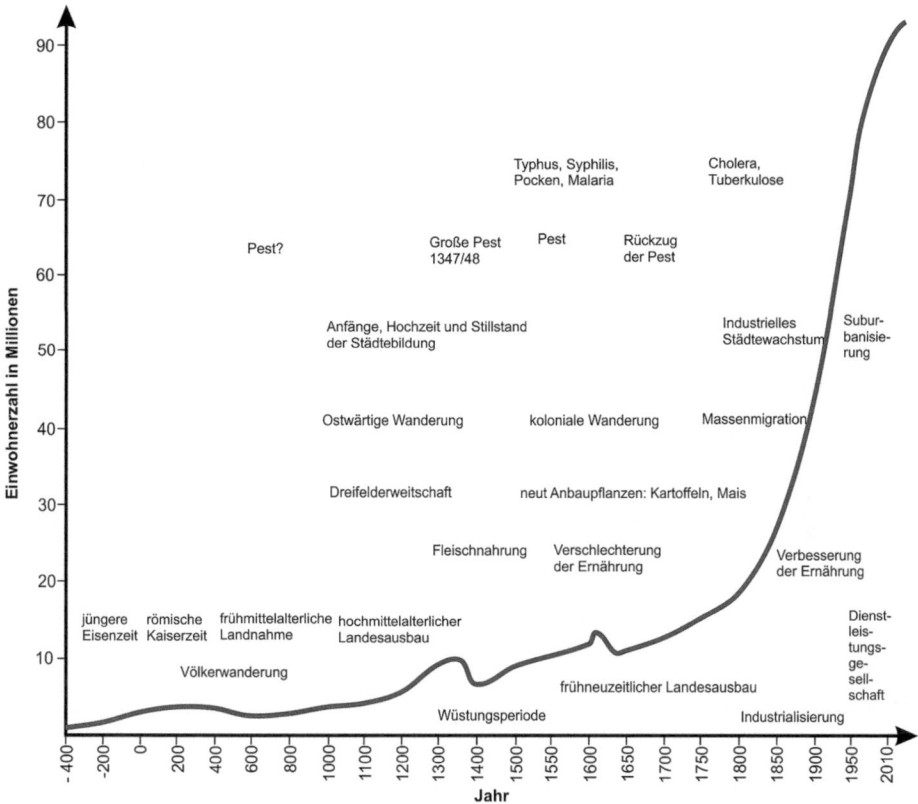

Abb. 5.2 Die Entwicklung der Bevölkerungszahl im Kontext damit verbundener historischer Ereignisse in Mitteleuropa, verstanden als heute deutschsprachiger Raum. (Modifiziert aus: Schenk, 2011)

von sechs Jahren vier anstelle von drei Getreideernten möglich, war aber auch mit der Unterteilung der Ackerflächen in einheitlich genutzte Bereiche der Flur verbunden, den sogenannten Gewannen (Poschlod, 2017). Die Intensivierung der Landbewirtschaftung war auch mit technischen Innovationen, wie dem Schollen wendenden Pflug mit Rädern und eiserner Schar und Pflugmesser, der Rahmenegge, der vermehrten Verwendung von Hufeisen, der Errichtung von Wasser- und Windmühlen u. a. mit dem Ergebnis verbunden, dass die Landwirtschaft in die Lage versetzt wurde, nicht nur für den Eigenbedarf (Subsistenzlandwirtschaft), sondern auch für einen (regionalen) Markt zu produzieren, und so die Ernährung der Bevölkerung in Städten sicher zu stellen (Schenk, 2011).

Die eindeutige Trennung von Stadt und Land im Hochmittelalter wurde durch die Stadtmauer symbolisiert, sie verwies neben der Wehrhaftigkeit der Stadt auch auf ihre rechtliche Geschiedenheit vom Land: Während die freien Bürger der Stadt Selbstverwaltungs- und Freiheitsrechte (Ennen, 1987; Blackbourn, 2007) innehatten, aber zugleich auch besonderen Zwängen, wie dem Zunftzwang unterlagen, waren weite Teile

Abb. 5.3 Bis heute repräsentiert der Marktplatz seine ökonomische Bedeutung für die mittelalterliche Stadt, hier ein Teil des Hauptmarktes von Krakau mit der Marien-Kirche als physisches Manifest des religiösen (bisweilen auch weltlichen) Machtanspruchs der katholischen Kirche. (Eigenes Foto)

der ländlichen Bevölkerung einer persönlichen Verfügungsgewalt ihres Feudalherrn unterworfen. Die Trennung von Stadt und Land im Mittelalter hatte auch eine ökonomische Dimension: War die Landbevölkerung auf eine bäuerliche Wirtschaftsweise ausgerichtet, wurden städtische Ökonomien von Handwerkern und Händlern geprägt (Weber, 1976 [1922]; Abb. 5.3)[2], wodurch sich ein zunehmend differenziertes System der wechselseitigen Abhängigkeit entwickelte (Küster, 1999), wobei die Städte eine ökonomisch (und letztlich auch kulturell) führende Rolle entwickelten, allerdings auch weiterhin von der regionalen Nahrungsmittelversorgung abhängig blieben, wodurch auch die Zahl und

---

[2] Diese Einteilung von Bürgerin und Bauer wird durch den Ackerbürger ergänzt. Hauser und Kamleithner (2006) verweisen im Zusammenhang des vielfach komplexen Verhältnisses zwischen Stadt und Umland im Mittelalter auch auf die besondere Situation der Suburbien hin: Die in der Regel weder ein vollwertiger Teil der Stadt noch des Landes gewesen seien, sondern durchaus einen gesonderten Rechtsbereich darstellten, der beispielsweise auch einem Kloster unterstehen konnte.

Größe der mittelalterlichen Städte limitiert blieb. Ferntransporte von Massengütern, wie beispielsweise von Getreide, waren limitiert und lediglich in der Nähe von Fließgewässern möglich, schließlich muss bei einem Transport von Nahrungsmitteln auch der Transportierende ernährt werden, was die maximal mögliche Transportentfernung limitiert: Bei einem menschlichen Träger ist die mitgeführte Nahrung bei spätestens 500 km durch Eigenverbrauch erschöpft, bei einem Pferd bereits bei spätestens 250 km (Sieferle, 2004). Durch die Nutzung von Karren oder Wagen kann die Reichweite zwar erhöht werden, bleibt aber prinzipiell limitiert. Eine wirksame Erweiterung des Transportradius war der Transport über Wasserwege: War bei dem Transport einer Tonne Last pro Kilometer ein Einsatz von rund 4 kg Getreide nötig, verringerte sich dieser Bedarf bei dem Transport auf Flüssen und Kanälen auf 1 kg, auf dem Seeweg auf 0,4 kg (Sieferle, 2004)[3]. Die Minimierung der Transportwege, die neben Nahrungsmittel auch Zeit kosteten, die für andere Tätigkeiten eingesetzt werden konnten, kam auch in der Multifunktionalität von Gebäuden, aber auch ihrer Bewohner~innen zum Ausdruck (Sieferle, 2004), denn Bürger übten über Ihr Handwerk auch die Funktion Stadtsoldaten, Ratsherren, Kirchenvorstände aus, auch die Bauwerke gehörten immer mindestens zwei, meist aber mehreren Funktionsbereichen an, so dienten Kirchen nicht allein als Gotteshäuser, sondern sie waren – außerhalb der Gottesdienstzeiten – auch Orte des Handels und der Geselligkeit.

Siedlungsgeschichtlich folgt auf das Hochmittelalter mit dem Spätmittelalter – insbesondere für ländliche Siedlungen – ein „Zeitalter der Krisen" (Schreg & Schenk, 2008, S. 198): Zwischen der Mitte des 14. bis zur Mitte des 16. Jahrhunderts wurden zahlreiche Siedlungen teilweise oder sogar gänzlich aufgegeben (die als ‚villa desolata' bzw. ‚wustunge' bezeichnet wurden). Die Gründe für die große Zahl spätmittelalterlicher Wüstungen sind vielfältig und bis heute Gegenstand unterschiedlicher konkurrierender Theorien (Schreg & Schenk, 2008; Schenk, 2011; Poschlod, 2017):

- Gemäß der Kriegs- oder Fehdetheorie wird davon ausgegangen, dass die von den zahlreichen Kriegen zermurbte Bevölkerung in andere Gebiete abwanderte.
- Die Fehlsiedlungstheorie geht von einer Rücknahme von Siedlungen aus den Ungunstlagen des hochmittelalterlichen Landausbaus aus.
- Gemäß der Ballungstheorie wanderte die ländliche Bevölkerung aufgrund ihrer größeren Attraktivität in die Städte ab.
- Die Klimatheorie geht davon aus, dass Klimaänderungen im 14. Jahrhundert in einer Vorphase der Kleinen Eiszeit (16.–18. Jahrhundert), verbunden mit geringeren Lufttemperaturen, aber zugleich höheren Niederschlägen, zu Ernterückgängen und damit

---

[3] Eine Möglichkeit, dieser Einschränkung Herr zu werden, ist die „Identität von Transportgut und Transportmedium" (Winiwarter & Knoll, 2007, S. 220). Die beiden wichtigsten Beispiele hierfür sind der Trieb von Viehherden, „mitunter über mehrere hundert Kilometer, wie im europäischen Ochsenhandel gebräuchlich, und das Verflößen von Stammholz" (Winiwarter & Knoll, 2007, S. 220).

zu Hunger und Bevölkerungsrückgängen führten. Teilweise damit deckungsgleich ist folgende Theorie:

- Die Bevölkerungsrückgangstheorie besagt, dass die Bevölkerungszahl infolge von Hungersnöten (besonders nach 1309) und Pestzügen (nach 1349) regional bis zu einem Drittel zurückgegangen sei.
- Gemäß der Agrarkrisentheorie stiegen die Preise für gewerbliche Güter im Vergleich zu landwirtschaftlichen Produkten an, was die Abwanderung von Bauern in die Städte beschleunigte.

5.3   Exkurs zu einer spezifischen Geschichte: Die Deutschen und ihr ‚wilder' Wald

Insbesondere in Deutschland erfährt Wald – im interkulturellen Vergleich – eine große soziale Wertschätzung. Dem Wald – genauer dem‚deutschen Wald' – wird eine identitätsstiftende Bedeutung zugeschrieben (Lehmann, 1996, 2001; Jenal, 2020b; Stroh & Megerle, 2017). Diese Identitätsstiftung nahm mit der Mystifizierung der Varusschlacht in der Romantik ihren Anfang: Sind die Deutschen (bzw. die zu ihren Vorfahren erklärten Germanen) geeint, werden sie gemeinsam mit ihrem Wald als unbesiegbar verklärt. In der Romantik wurzelt auch die Mythologisierung der Eiche, die zu „ein[em] Sinnbild für Ewigkeit des sogenannten germanischen Ursprungsvolkes" (Urmersbach, 2009, S. 76) erklärt wurde. Auch die Buche unterliegt einer hohen symbolischen Aufladung: Die Wörter ‚Buchstabe' und ‚Buch' kommen von der Buche, da Germanen Schriftzeichen in Buchenstäbe ritzten, auch rund 1500 Ortsnamen in Deutschland gehen auf die Buche zurück. Wald wird bis in die Gegenwart positiv mit einem ‚natürlichen Zustand' konnotiert. Zugleich wird er mit Personen verbunden, deren Aktivitäten als gesellschaftlich abweichend gelten: So beschreibt die Märchenwelt die Aktivitäten von Wilderern, Räubern, Hexen, Feen und anderen (Urmersbach, 2009). Diese Tradition der Verbindung von Wald und Abweichung von gesellschaftlichen Handlungsnormen wird bis heute perpetuiert, wie u. a. in Michael Endes in Deutschland sehr populärer Erzählung ‚Die unendliche Geschichte' (hier wird der Wald als eine Kulisse für Phantasien verwendet, in einem Land, in dem jedes Teil und jedes Lebewesen ein Teil der menschlichen Phantasie ist und durch das Nichts, also die Aufgabe von Träumen und Hoffnungen der Menschen, bedroht wird). Im Laufe des 19. Jahrhunderts wurde – seit der Romantik und verstärkt seit dem Biedermeier – dem Wald eine politisch-pädagogische Bedeutung zugeschrieben, der „Wald möge den Menschen und seine Welt verbessern" (Urmersbach, 2009, S. 85). Die Wandervogel- und die Heimatschutzbewegung luden den Wald symbolisch als Alternative zur Industrialisierung, Individualisierung und Rationalisierung auf. Die Kompensationsbemühungen in Bezug auf die Erfahrung des Verlustes einer traditionellen Ordnung durch die Aufklärung, Rationalisierung und Industrialisierung waren jedoch ironischerweise mit deren Errungenschaften verknüpft: Die Industrialisierung vollzog sich auch durch die Substitution regenerativer durch fossile Energieträger und zudem wurden mit der Substitution des

Energieträgers Holz Wiederaufforstungen (wenn auch häufig in einer monokulturell geprägten Form des Altersklassenhochwaldes) wie auch Walderhaltung in größerem Maßstab möglich (Schenk, 2006; Uekötter, 2007; Winiwarter & Knoll, 2007; Zutz, 2015).

In der Zeit des Nationalsozialismus wurde diese Konnotation gemeinsam mit dem Mythos des ‚deutschen Waldes' zu propagandistischen Zwecken und zur Erzeugung von Überlegenheitsphantasien herangezogen (vgl. Körner, 2006a, 2006b). Der Heimatfilm der 1950er Jahre lässt sich als – wohl gelungener – Versuch der Rehabilitation des (deutschen) Waldes von der Nazipropaganda deuten, indem er wiederum als edles und wildes Stück Natur inszeniert wurde – „das Einfache, so romantisch, so schön, so völlig unpolitisch" (Urmersbach, 2009, S. 105). Die intensive, symbolisch positive Besetzung des Waldes in Deutschland lässt die hohe gesellschaftliche Resonanz nachvollziehbar werden, die das ‚Waldsterben' ausgelöst hat: Es hat „eine Krise der Kultur bewirkt und das gegenwärtige politische Bewusstsein vieler Zeitgenossen sehr weitgehend beeinflusst" (Lehmann, 1996, S. 145). So dient der Wald bis heute weithin als ästhetische Landschaftskulisse, er gilt als Symbol für ein harmonisches Zusammenleben von Bäumen[4] unterschiedlicher Art und unterschiedlichen Alters (Lehmann, 2001) und wird häufig mit religiösen Metaphern belegt (Stroh & Megerle, 2017). Der hohen ästhetischen Wertschätzung von und emotionalen Zuwendung zu Wald zum Trotz sind die kognitiven Kenntnisse über Wald eher gering ausgeprägt (Lehmann, 2001; Kühne, 2014b; Jenal, 2020a; Schönwald, 2015a).

5.4   Die physischen Grundlagen angeeigneter physischer Landschaft in der Entwicklung vom ‚hölzernen' zum industriellen Zeitalter

Alle Zeitalter vor der Industrialisierung waren insbesondere energetisch von regenerativen Trägern abhängig. Aufgrund der großen Bedeutung von Holz lässt sich diese Zeit mit Radkau und Schäfer (1987) als ‚hölzernes Zeitalter' charakterisieren. Dabei war die Nutzung von Holz nicht auf seinen Brennstoffgehalt – neben der Heizung von Gebäuden insbesondere auch zur Herstellung von Glas und Metallen – beschränkt, Holz wurde zum Gebäudebau, für den Maschinenbau und den Schiffsbau eingesetzt. Regionale Übernutzungen und Degradierungen des Waldes, insbesondere in Regionen mit hohem Nutzungsdruck z. B. durch die Erzverhüttung, waren die Folge (Küster, 2009; Schenk, 2011). Durch die nach dem Spätmittelalter wieder wachsende Zahl der Bevölkerung (von dem Einschnitt des Dreißigjährigen Krieges abgesehen) bis zum 18. Jahrhundert „sank der Waldanteil in den meisten deutschen Landschaften auf einen Tiefststand ab" (Küster, 1999,

---

[4]Wobei die Zuschreibung von Harmonie – zumindest in weiten naturschutzfachlichen Kreisen – dann endet, wenn Neophyten (wie etwa die Douglasie) in dem betreffenden Wald zu finden sind (vielen Dank für diesen Hinweis an Florian Weber).

S. 233; siehe Abb. 5.2 in Bezug auf den Waldanteil). Geprägt ist das ‚hölzerne Zeitalter' durch die Nutzung von regenerativen Energiequellen mit geringer Energiedichte (Wasserkraft, Windkraft, Muskelkraft): In windreichen Gegenden (also vor allem in Küstennähe) waren Windmühlen weit verbreitet, in gebirgigen Gegenden mit Fließgewässern wurden diese zur Gewinnung von kinetischer Energie für den Betrieb von Schmieden und Mühlen genutzt. Die Regulierung der Wasserkraft erfolgte durch Teiche und Grabensysteme. Durch die – im Vergleich zu fossilen Energieträgern – geringen Energiedichten waren die Menschen gezwungen, effizient zu wirtschaften, um den Energieinput in Produktionsprozesse (von der Agrarproduktion bis hin zum Handwerk) möglichst zu minimieren, Güter möglichst lange durch Reparatur in Gebrauch zu halten und Stoffe unterschiedlichster Art (von Exkrementen bis hin zu Metallen) möglichst zu rezyklieren. Entsprechend der großen Abhängigkeit von regionalen regenerativen Energieträgern sind regionale Gesellschaften stark von Naturvariabilitäten (insbesondere der Witterung) abhängig. Der infolge steigender Bevölkerungszahlen zunehmende Nutzungsdruck auf die landwirtschaftlichen Flächen hatte auch eine Wirkung auf die verbliebenen Wälder: Waldweiden und die Entnahme von Streu und Plaggen schränkten die Regenerationsfähigkeit der Wälder ein (vgl. Radkau & Schäfer, 1987; Winiwarter & Knoll, 2007; Urmersbach, 2009). So stieß die indirekte Nutzung solarer Einstrahlung durch Holz, Wind, Wasserkraft sowie landwirtschaftliche Produkte im vorfossilen Zeitalter an ihre Grenze (Abb. 5.4).

Auch die Gestalt der Städte änderte sich in der frühen Neuzeit: Die Entwicklung neuer Waffen – im Besonderen Kanonen – setzte die Wirksamkeit von Stadtmauern als Schutz gegen Angreifer deutlich herab. Darüber hinaus stand nicht mehr die einzelne Stadt im Fokus der Verteidigungsbemühungen, sondern der sich entwickelnde Nationalstaat in exakt definierten und kartographisch fixierten Grenzen – im Mittelalter war die räumliche Ausdehnung von Herrschaften eher durch Säume ausgeprägt, die durch Wälder, Gebirge, Öden, Moore, Seen oder Flüsse, in der Regel also durch geringe Bevölkerungsdichten, geprägt waren (Warnke, 1992). Die systematische Anlage von Festungsbauten zum Schutz dieser Grenzen des Nationalstaates war die Folge. Dies führte teilweise zum Auf- und Ausbau von Festungsstädten (wie Saarlouis und Metz; Abb. 5.5) mit weit hinausgeschobenen Bastionen, die sich in ihrer ökonomischen wie bevölkerungszahlbezogenen Entwicklung gehemmt sahen, denn aufgrund von Rayonbestimmungen, die eine Freihaltung des Schussfeldes erzwangen, wurde ihre Möglichkeit der Siedlungserweiterung beschränkt: Vorstädte konnten – wenn überhaupt – vor dem Schussfeld errichtet werden (Dorfs, 1972; Hofmeister, 1994). Im 18. und frühen 19. Jahrhundert erfolgte die Entwicklung von Städten – getragen von den Ideen der Aufklärung, die „jedes Ding in seiner eigenen objektiven Wirklichkeit [sieht; Anm. O.K.] und […] dadurch das Gleichgewicht, das aus traditioneller Sicht zwischen ihnen [den Dingen; Anm. O. K.] herrschte, [zerstört; Anm. O.K.]" (Benevolo, 1999, S. 185) – nach den Schönheitskriterien „Regelmäßigkeit, Proportion, Ordnung" (Hauser & Kamleithner, 2006, S. 105), was sowohl mittelalterliche Städte wie auch Neugründungen (ein prominentes Beispiel ist Karlsruhe mit seinem halbkreisförmigen Grundriss) betraf.

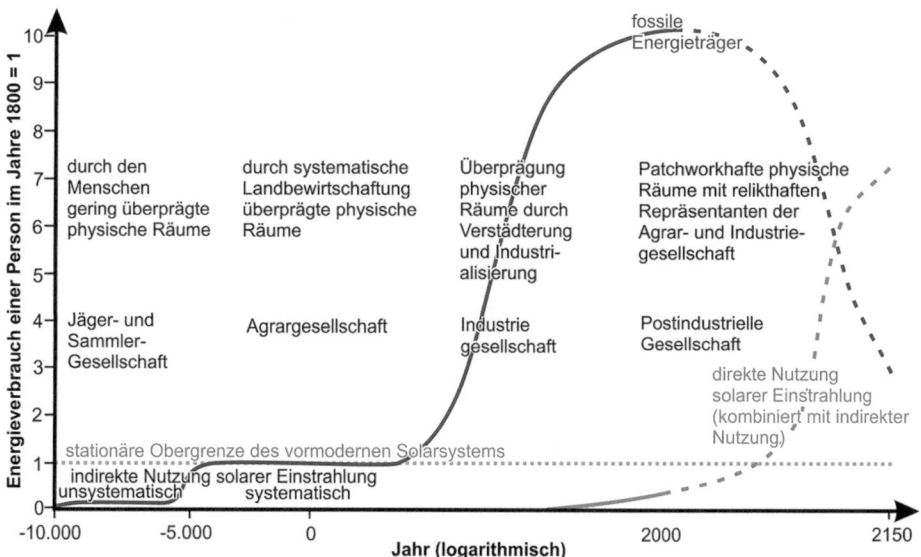

Abb. 5.4 Energieverbrauch und Gesellschaftsentwicklung in West- und Mitteleuropa. (Leicht modifiziert nach: Schenk, 2005)

Nicht allein städtische Räume wurden Gegenstand eines rationalisierten Verständnisses der Entwicklung von Raum, auch ländliche Räume wurden gemäß den Ideen der Aufklärung überprägt: Die traditionelle Dreifelderwirtschaft wurde durch die verbesserte Dreifelderwirtschaft ersetzt (dabei wurde die Brache durch eine Ackernutzung, zumeist Kartoffeln, Rotklee oder Rüben, abgelöst). Die verbesserte Dreifelderwirtschaft wich wiederum der Fruchtwechselwirtschaft mit ihren zahlreichen Fruchtfolgevarianten (Kühbauch, 1993; Poschlod, 2017). Diese zweite agrarische Revolution war in ländlichen Räumen auch mit Meliorationsmaßnahmen (wie die Trockenlegung von Feuchtgebieten) verbunden, wodurch die angeeignete physische Landschaft dauerhaft umgestaltet und einem Vereinheitlichungsprozess unterzogen wurde: Ehemalige Standortunterschiede wurden durch die systematisierte Auswahl von Saatgut, Düngung, Be- und Entwässerung, Abschaffung der Allmende (also ein gemeinschaftlich bewirtschafteter Teil der landwirtschaftlichen Fläche abseits der parzellierten Flurstücke), die Einführung neuer Feldfrüchte und insbesondere deren größere Verbreitung (Rüben, Klee, Raps, Kartoffeln) u. a. nivelliert (z. B. Beck, 1996; Konold, 1996a; Häcker, 1998; Job, 1999; Gudermann, 2005; Poschlod, 2017). Die Meliorationsmaßnahmen dienten allerdings nicht allein dazu, dem Bevölkerungswachstum Rechnung zu tragen, was auch die fiskalischen Einnahmen des Staates vergrößerte und somit von diesem nach Kräften unterstützt wurde (Abel, 1967), sondern sie waren auch Gegenstand von Machterwägungen: „Die Trockenlegung von Sümpfen beseitigte die dunklen Schlupfwinkel, in denen Deserteure sich versteckt hielten. Sümpfe und Moore sollten die gut gedrillte Armee des Königs [hier Friedrichs des Großen;

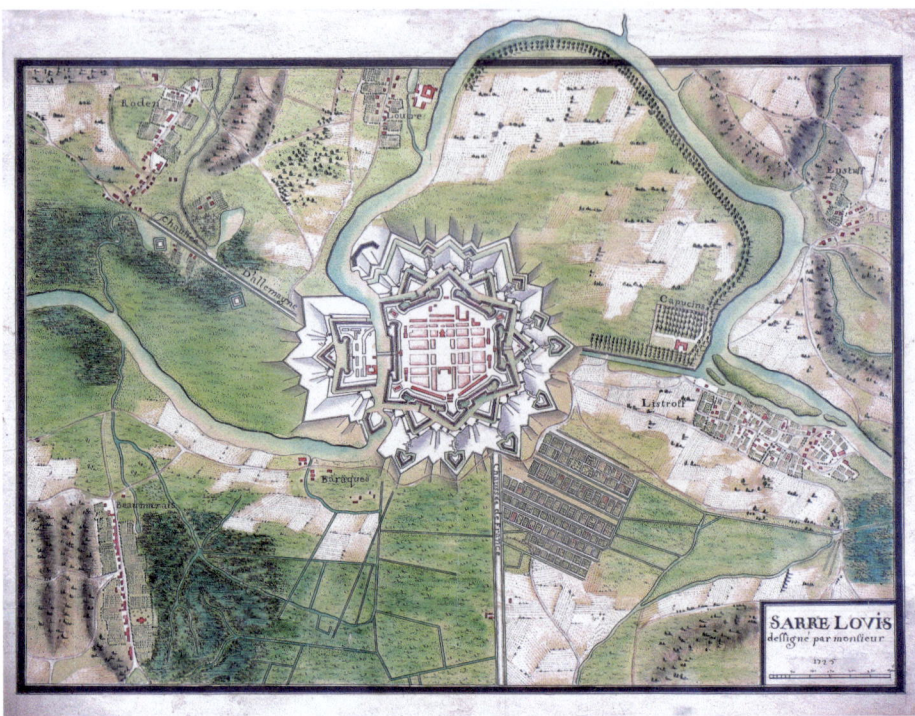

Abb. 5.5 Saarlouis, Beispiel einer Festungsstadt. Die Stadt verdankt Gründung und Namen dem französischen König Ludwig XIV, der mit einer Festungskette die Ostgrenze Frankreichs sichern wollte. Im Jahre 1680 wurde mit der Errichtung der Festungsstadt nach den Plänen von Sebastian le Prêstre de Vauban begonnen. Deutlich zu erkennen sind die vorgeschobenen Bastionen, also aus dem Hauptwall hervorspringende und nach hinten offene Festungswerke, die einen direkten Beschuss der Stadt durch feindliche Truppen erschwerten. (Quelle: Stadtarchiv Saarlouis, mit freundlicher Abdruckgenehmigung)

Anm. O.K.] nicht länger beim Vormarsch behindern". Auch die exakte Kartierung des Geländes diente neben dem Zwecke der Grundlage für die „Festsetzung der Grundsteuer" (Blackbourn, 2007, S. 57) auch dem der exakten militärischen Orientierung. Die Kartierung war Ausdruck eines naturwissenschaftlich-aufgeklärten Weltbildes, dabei „sei es notwendig, Dorf und Flur sorgfältig zu vermessen. Spezialkarten mit Angabe und Beschreibung der verschiedenen Bodenarten seien anzufertigen" (Däumel, 1963, S. 346), um ein möglichst exaktes und ‚objektives' Bild von der Welt zu erhalten. Die Kartierungsleistungen wurden zum „Maßstab für politische Macht" (Blackbourn, 2007, S. 14). Auch der Aus- bzw. Neubau von Straßen oder ‚Chausseen' diente neben dem Austausch von Gütern der Abwicklung „militärischer Transaktionen" (Warnke, 1992, S. 17). Befestigte Straßen waren in jener Zeit „die Wege, die man auf urbar gemachtem Boden angelegt hatte, und die Meilensteine an ihrer Seite sichtbare Symbole für die Ordnung, die hier Einzug gehalten hatte" (Blackbourn, 2007, S. 57). Meliorationsmaßnahmen, Maßnahmen des Ausbaus technischer

Infrastruktur, Kartierung von Gelände u. a. erforderten die Entwicklung eines ausgereiften bürokratischen Apparates, der jedoch nicht allenthalben entwickelt werden konnte (Weber, 2008, S. 220–221): „Mit der bürokratischen Durchdringung ihrer Gebiete waren die kleinen Herrschaften oft ebenso überfordert wie mit dem Aufbau militärischer Macht oder höfischer bzw. adeliger Repräsentation". Ein Beispiel ist hier die Begradigung des Oberrheins: Erst als „die Umwälzungen der Französischen Revolution das Heilige Römische Reich zerstört hatten und die politische Landkarte Deutschlands neu gezeichnet war" (Blackbourn, 2007, S. 103), konnte dieses Projekt umgesetzt werden. Unter ökologischen (verstärkte Erosion des Flusses, Absinken des Grundwasserspiegels, Veränderung von Ökosystemen u. a.) und ökonomischen (Verringerung der Goldfunde, denn schließlich war die Verlagerung der Sandbänke, an denen sich Goldkörner absetzten, mit der Begradigung verhindert) Nebenfolgen wurde die Länge des Rheins zwischen Basel und Worms von 345 auf 273 km verkürzt. Wie sehr die Romantisierung von angeeigneten physischen Landschaften unabhängig von deren physischer Entstehung sein kann, verdeutlicht Krysmanski (1996, S. 236): „Auch die typische schleswig-holsteinische Knicklandschaft, die heute als ‚vollendet schöne' Landschaft gilt, ist im 18. Jahrhundert vom damaligen dänischen König mit Gewalt durchgesetzt worden, um die Viehwirtschaft zu intensivieren". Ein anderes Beispiel zur Machtvermittlung angeeigneter physischer Landschaft liefert die klassische Studie von Denis Cosgrove (1993) zur,Palladianischen Landschaft', worin dargestellt wird, wie im ländlichen Veneto, der *Terra Firma,* durch Andrea Palladio (1508–1580), und andere angeeignete physische Landschaften umgestaltet wurden, um so die Zugänglichkeit (durch Kanäle und Straßen) zu erhöhen, aber auch die Macht venezianischer Familien zu demonstrieren.

Die Modernisierung der Gesellschaft war auch mit einer Angleichung der sozialen Verhältnisse insbesondere des Landes an die Stadt geprägt: Im politisch-rechtlichen Kontext wurden Landbewohner den Bewohnern der Städte sukzessive gleichgestellt, in Preußen beispielsweise durch die Steinsche Städteordnung von 1808. Abgeschlossen war dieser Prozess mit der Weimarer Verfassung von 1918 (vgl. Krabbe, 1989). Die Modernisierung der Ökonomie wurde durch burgerliche Reformen mitgetragen, die beispielsweise in Preußen ab dem ersten Jahrzehnt des 19. Jahrhunderts eingeführt wurden. Gewerbefreiheit und privates Grundeigentum, wie auch eine freie Standortwahl von Gewebebetrieben, verbunden „mit Gewerbesteuer, Wahlrecht und Kommunalverfassung [ermöglichten; Anm. O.K.] die eigenständige Stadtentwicklung" (Brake, 2001, S. 15), denn „damit sind alle Kräfte und Bedingungen entfaltet, die nun systematisch die Ausbreitung der Städte in Gang setzen, d. h. die Suburbanisierung als einen Siedlungsprozess ermöglichen" (Brake et al., 2005, S. 15). Die Agrarliberalisierungen in der Zeit der Jahrhundertwende vom 18. zum 19. Jahrhundert waren allerdings auch mit der Freisetzung billiger und eigentumsloser Arbeitskraft verbunden (Rodenstein, 1974). Marx (1957[1867]) bezeichnete diesen Prozess als eine doppelte Befreiung: Einerseits wurde der Lohnarbeiter frei von feudalem oder ständischem Zwang, andererseits war er auch frei von Boden als Existenzgrundlage. Die daraus resultierende Wanderung in die Städte bedeutete einen starken Bevölkerungsanstieg (Bernhardt, 2001; siehe Abb. 5.2). Die Zuwanderung wiederum spitzte soziale, politische und ökologische Probleme der Städte zu, waren sie noch nicht mit einer professionellen

Verwaltung (was auch die Polizei betraf), einer systematischen Frischwasserver- und Abwasserentsorgung ausgestattet: „Die europaweiten Choleraepidemien sind in diesem Zusammenhang zu sehen, genauso wie Konflikte um konkurrierende innerstädtische Raumnutzungsinteressen (Wohnsiedlungen contra Ansiedlung der aufstrebenden, aber oft emissionsintensiven Industriebetriebe)" (Winiwarter & Knoll, 2007, S. 191; vgl. auch Ipsen & Wehrle, 1995).

Gemäß der Theorie der Regulation (Aglietta, 1976; Hirsch & Roth, 1986; Krätke, 1996) etablierte sich mit der Industrialisierung die Phase der extensiven Akkumulation, die sich auch als erste Phase der ökonomischen Moderne bezeichnen lässt. Für Deutschland lässt sich ein Einsetzen dieser Phase der extensiven Akkumulation in der Mitte des 19. Jahrhunderts und deren Auslaufen nach dem Ersten Weltkrieg annehmen. Bei durchschnittlich gleichbleibender Technologie und Arbeitsorganisation kann der Mehrwert nur dann gesteigert werden, wenn die Arbeitszeit verlängert bzw. die Arbeitslöhne gesenkt werden. Die Produktion lässt sich dann steigern, wenn der Input von Arbeit, Boden und Kapital etwa proportional zur Steigerung der Produktion erhöht wird. Aufgrund schwacher Binnenkaufkraft ist eine Steigerung der Vermarktung von Produkten auf Binnenmärkten – wenn überhaupt – nur in geringem Maße zu erzielen. Eine solche Steigerung beschränkt sich zumeist auf eine Ausweitung der Absatzgebiete, z. B. durch die Kolonisierung anderer Regionen. In der Phase der extensiven Akkumulation greift der Staat nur in relativ geringem Maße regulierend in die Produktion ein, vielmehr definiert er den politischen Rahmen des Wirtschaftens (Hirsch & Roth, 1986; Ipsen, 1992, 2006).

Der Übergang von extensiver handwerklicher Einzelfertigung zur extensiven kleinindustriellen Serienfertigung (Abb. 5.6) war mit weitreichenden Folgen für die Entwicklung der physischen Grundlagen angeeigneter physischer Landschaften verbunden. Die Phase der ökonomischen Entwicklung war durch geringe Produktivitätssteigerungen geprägt, sodass Steigerungen des Outputs von Produkten mit Steigerungen des Inputs in ähnlicher Größenordnung verbunden waren. Dies führte einerseits zur Ausdehnung des Rohstoffabbaus, andererseits aber auch zu einer Ausdehnung des Einsatzes von Arbeitskräften. Arbeitskräfte standen infolge des Bevölkerungswachstums in hinreichend großer Zahl zur Verfügung, die Steigerung des Energieinputs konnte (seit Beginn des 19. Jahrhunderts) durch den Ersatz von regenerativen Energieträgern durch fossile Energieträger gedeckt werden (siehe auch Abb. 5.4). Der durch Hans Carl von Carlowitz bereits 1713 formulierte Grundsatz nachhaltiger Waldwirtschaft, nämlich nicht mehr Holz zu entnehmen als nachwächst, wurde sukzessive umgesetzt, mit der Folge, dass sich die Waldbestände in Mitteleuropa regenerierten (vgl. Küster, 1998; Radkau, 2005; Blackbourn, 2007; Urmersbach, 2009). Die Möglichkeit, nachhaltige Forstwirtschaft zu betreiben, war auch dadurch möglich geworden, dass durch die Einführung der Dreifelderwirtschaft, des Dreiräderpfluges, der Stallfütterung, der Züchtung ertragreicher Sorten und die Einführung der Kartoffel „der Wald […] zur Mast und Weide nicht mehr gerbraucht [wurde; Anm. O.K.]" (Urmersbach, 2009, S. 31).

Die scheinbar unbegrenzte Verfügbarkeit des billigen Brennstoffs Kohle ließ Knappheitserfahrungen in Bezug auf Energie in den Hintergrund treten: „Das Schlagwort der

Zeit	Akkumulationsregime	Regulationsmodus	Ära
bis ca. 1850	Extensive handwerkliche Einzelfertigung	‚Nachtwächterstaat‘, ständische Gesellschaft	Vorkapitalismus
bis ca. 1925	Extensive kleinindustrielle Serienfertigung	Liberalismus, Klassen-Gesellschaft	Manchester-Kapitalismus
bis ca. 1975	Großindustrielle Massenfertigung	Wohlfahrtsstaat, Mittelschichtgesellschaft, Massenkonsum	Fordismus
seit ca. 1975	Flexible Spezialisierung	Unternehmer-Staat, Pluralisierung der Lebensstile	Postfordismus

Abb. 5.6 Historische Entwicklung von Akkumulationsregimen, Regulationsmodi und Ären. (Geringfügig verändert nach: Blotevogel, 1998)

‚Holznot‘ als Ausdruck der permanenten Knappheitserfahrung fand bezeichnenderweise zunächst keine Entsprechung im Vokabular des Industriezeitalters" (Uekötter, 2007, S. 15). Diese grenzenlos scheinende Verfügbarkeit an fossiler Energie führte einerseits zu einer Steigerung der energetischen Ineffizienz, andererseits ermöglichte sie auch die gestalterische Annäherung der physischen Grundlagen angeeigneter physischer Landschaft an arkadische, gesellschaftslandschaftliche Ideale. Schließlich wurde die Gewinnung von Energie (mit Ausnahme der Nahrungsmittelerzeugung) unter die Erdoberfläche verlagert. Das bedeutet, dass sich – so Freyer (1996a, S. 81) – „der industrielle Produktionsprozess […] von der Landschaft [ablöst; Anm. O.K.], mit jedem technischen Fortschritt wird seine Bindung an sie loser, seine Selbstherrlichkeit größer, bis zu dem Grenzwert hin, dass Landschaft zu einer bloßen Standfläche wird, die nach rein industriellen Abwägungen frei gewählt werden kann".

Die Umstellung von der holzbasierten auf eine steinkohlenbasierte Ökonomie war mit einer sukzessiven Differenzierung und Zentralisierung der Wirtschaft verbunden. Die Verhüttung von Metallen, insbesondere Eisen, das auch aufgrund des Ausbaus der Eisenbahn einen Nachfrageschub erlebte, wurde aufgrund von Transportkostenüberlegungen zu den Kohlenlagerstätten verlagert, wodurch die dezentrale Verhüttung von Erzen in ländlichen Räumen eingestellt wurde. Mit der Konzentration industrieller Wirtschaftstätigkeit änderten sich auch die Transportstrukturen: Es entstanden Haupttransportwege zwischen bedeutsamen Förderstandorten und bedeutsamen Abnahmestandorten, ob zu Wasser, also über die hohe See, Flüsse oder Kanäle, oder zu Lande über die Eisenbahn (Winiwarter & Knoll, 2007). An den Förderstandorten der Steinkohle entstanden große Industriereviere (wie in Mittelengland, Oberschlesien, dem Ruhrgebiet, dem Saarland, dem nordfranzösischen Industrierevier u. a.). Infolge langer Arbeitszeiten, geringer Löhne und eines noch unterentwickelten Personenmassentransportsystems waren die Unterkünfte der Arbeiter in der Regel in unmittelbarer Nähe der Industrieanlagen angesiedelt und durch sehr dichte Belegung geprägt (Reulecke, 1985; Schrul, 2008). In den entstehenden Industriestädten erreichte auch der Mietwohnungsbau aufgrund des Fehlens eines kapitalkräftigen Bürgertums nicht die Dimension wie in stärkeren vom Bürgertum geprägten Städten wie Berlin. Auch die kommunalen Verwaltungsbehörden waren „nicht in der Lage und auch nicht bereit, die Folgen der Massenzuwanderung durch Lenkung und Planung zu kontrollieren, [daher; Anm. O.K.] begannen hier Großunternehmer verstärkt seit der zweiten Hälfte des 19. Jahrhunderts selbstständig, die für das Funktionieren der Produktion wichtige Unterbringung des Arbeitskräftepotenzials zu regeln" (Reulecke, 1985, S. 45). Eine solche Siedlungsentwicklung (die auch den Aufbau von Krankenhäusern, Schulen, selbst von Kirchen und Friedhöfen einschloss) war weniger durch ein ethisches, vielmehr durch ein ökonomisches Kalkül geprägt: In der zweiten Hälfte des 19. Jahrhunderts war die Arbeitskraft aufgrund beruflicher Differenzierung und der starken Nachfrage ökonomisch wertvoll geworden. Es entstanden Gefüge, die durch ein nahezu symbiotisches Verhältnis von Industrie und Siedlung geprägt waren (Kühne, 2008c; Abb. 5.7). Die „Unfähigkeit zur Stadtentwicklung" (Reulecke, 1985, S. 13) der entstehenden Industriesiedlungen äußerte sich nicht allein in deren baulicher Struktur, die nur in Ausnahmefällen von Stadtarchitektur geprägt war, sondern auch in der Verhaftetheit ihrer Bewohner in ländlich-kleinbäuerlichen Lebensstilen, die sich in der Unterhaltung von Hausgärten oder Schrebergärten und dem Halten einer ‚Bergmannskuh' (also einer Ziege) in den Bergmannssiedlungen oder in der Rückkehr in die ländlichen Herkunftsgebiete nach Pensionierung dokumentierte. Diese

Abb. 5.7 Ein Beispiel für die Symbiose von Industrie und Siedlung: Neunkirchen/Saar. (Postkarte aus der Jahrhundertwende 19./20. Jahrhundert aus der Sammlung von Delf Slotta)

„unvollständige Urbanisierung der Arbeiterschaft" (Häußermann, 1984, S. 124) prägte sich in einer anderen Variante, in Form des Arbeiterbauerntums, im Saarrevier aus, in dem Arbeiterbauern täglich oder wöchentlich zwischen Hof und Arbeitsstätte in der Schwerindustrie pendelten (Aust et al., 2008; Herrmann & Sante, 1972; Kühne, 2007b, 2007c). Mit dem Anwachsen der städtischen Bevölkerung differenzierte sich diese räumlich in der zweiten Hälfte des 19. Jahrhunderts zunehmend aus (Schrul, 2008, S. 62): Diese soziale Segregation „betraf vor allem den Wohnbereich und wurde in der Herausbildung unterschiedlicher Wohnquartiere und -viertel sichtbar. Einerseits entstanden dabei Arbeiterviertel, die von einer dichten, mehrgeschossigen Bebauung bis hin zu Mietskasernen dominiert waren". Andererseits wurden verschiedenartig ausdifferenzierte bürgerliche Wohnviertel entwickelt, die „von aufgelockerter Bebauung (v. a. offene Blockrandbebauung) im Landhaus- und Villenstil geprägt waren" (Schrul, 2008, S. 62).

Die extensive Akkumulation bedeutete mit der Steigerung des Inputs von Rohstoffen und Arbeitskraft nicht allein einen Anstieg des Outputs an Produkten, sondern auch den Ausstoß von umwelt- und gesundheitsschädlichen Emissionen. So erhöhten sich im Ruhrgebiet die Zahlen von Rachitiserkrankungen, Kindersterblichkeit, Seuchentoten und Bronchialerkrankungen dramatisch: In Essen, Duisburg, Bochum und Dortmund starben zwischen 1875 und 1879 jährlich 100 bis 130 Menschen pro 100.000 Einwohner an Bronchialerkrankungen, in den Stadtgemeinden der damaligen Rheinprovinz hingegen lediglich 32 bis 36, in Landgemeinden nur 7 bis 9 Personen (Spelsberg, 1988). In den letzten Jahrzehnten des 19. Jahrhunderts wurden technische Neuerungen entwickelt, die auch zur Verbesserung der hygienischen Verhältnisse in den Städten beitrugen (Krabbe, 1989; Bertels, 1997; Uekötter, 2007; Winiwarter & Knoll, 2007; Kühne, 2011c; Schott, 2008): Der stadtnahe Raum wird entlang der Strecken der Straßen- und Eisenbahnen verstädtert, was zu einer Verringerung der Bevölkerungsdichte in den Kernsiedlungen führte. Dabei wurde tierische Muskelkraft durch Motoren ersetzt (die elektrische Straßenbahn ersetzte die Pferdebahn, der motorisierte Lieferwagen den Pferdewagen). Frischwasser wurde zunehmend außerhalb der Städte gewonnen, wodurch die Stadt unabhängig von ihren lokalen Grundwasserressourcen wurde. Abwässer wurden mithilfe der Schwemmkanalisation abtransportiert und nicht mehr auf die Straße entsorgt[5]. Die Ableitung von Fäkalien über Leitungssysteme der Schwemmkanalisation in Fließgewässer (anstelle der vormals vielfach üblichen Sammlung und Verwendung als Dünger) bedeutet – in

---

[5]Als problematisch erwies sich dabei vielfach ein ungleichzeitiger Aufbau eigentlich aufeinander bezogener Systeme der Ver- und Entsorgung: „So wurden nach der Inbetriebnahme des ersten Wasserwerks in Berlin 1856 viele Privathaushalte mit Leitungswasser versorgt, was den Betrieb eines modernen Wasserklosetts ermöglichte. Diese entwässerten dann aber in Ermangelung einer unterirdischen Kanalisation vielfach noch in die Rinnsteine der Straßen" (Winiwarter & Knoll, 2007, S. 193).

Verbindung mit der infolge der Industrialisierung zunehmenden Menge industrieller Abwässer – eine bis zum Bau wirksamer Kläranlagen verstärkte ökologische Belastung der Flüsse (Winiwarter & Knoll, 2007). Die Organisation einer kommunalen Müllentsorgung enthob den einzelnen Haushalt aus der Verpflichtung einer Abfallentsorgung in Eigenverantwortung, wodurch er systematisch aus der Stadt verbracht werden konnte. Die Umstellung der Straßenbeleuchtung von Gas auf elektrisches Licht verringerte die Komplexität der Zuleitung, setzte ihre Unfallträchtigkeit herab und führte zu einer immer stärkeren nächtlichen Ausleuchtung der Stadt.

Ohne die Intensivierung landwirtschaftlicher Produktion wäre jedoch der Aufbau großer Industriestädte nicht möglich gewesen: Wissenschaftliche Erkenntnisse in der zweiten Hälfte des 19. Jahrhunderts, insbesondere die Mineralstofftheorie Justus von Liebigs, ermöglichten eine Intensivierung der Landwirtschaft. Die agrikulturchemische, großtechnische Gewinnung von Stickstoffdüngemitteln, aber auch Fortschritte in der Agrartechnik (z. B. des 1837 von John Deere erfundenen selbstreinigenden Stahlpflugs) wie auch ertragssteigernde Züchtung von Pflanzen und Tieren bedeuteten eine deutliche Steigerung der landwirtschaftlichen Produktion (siehe Seidl, 2006).

5.5   Die physischen Grundlagen angeeigneter physischer Landschaft in der fordistischen Moderne

Die fordistische Moderne lässt sich als eine „radikale Umstellung der Effizienzstandards und Konsummuster" (Ipsen, 2006, S. 81; vgl. auch Eissing & Franke, 2015; Abb. 5.8) beschreiben, die mit erheblichen physisch-räumlichen Konsequenzen verbunden war. Der Fordismus (benannt nach Henry Ford, der die Fließbandproduktion für Automobile perfektionierte) ist durch die Entwicklung der Massenkonsumgesellschaft geprägt. Hinsichtlich der Arbeitsorganisation basierte der Fordismus auf der wissenschaftlichen Betriebsführung des nach Frederick Winslow Taylor benannten Taylorismus, der unter anderem durch detaillierte Vorgaben zur verwendeten Arbeitsmethode, einer exakten Bestimmung von Zeitpunkt und Ort der Leistungserbringung, einer betrieblichen Top-down-Kommunikation, einer extremen Zerlegung der einzelnen Arbeitsaufgaben in einzelne Handgriffe, detaillierte Zielvorgaben für den Einzelnen, einer externen Leistungskontrolle wie auch einen für den Einzelnen nicht mehr erkennbaren Beitrag des eigenen Handelns für das Ziel des Unternehmens charakterisiert ist (Grap, 1992). Durch diese Maßnahmen unterlagen die Produkte einer erheblichen Standardisierung (das Ford T-Modell, das als erstes Auto in Fließbandmassenfertigung entstand, gab es zwischen 1915 und 1925 sogar nur in schwarz, weil dann nur eine Lackierstraße nötig war und Nitro-Lack in der Farbe schwarz am schnellsten trocknete) und infolge hoher Losgrößen wurden Skaleneffekte erzielt (d. h. die aufgewendeten Kosten pro Stück sanken durch Massenproduktion). Solche Produktivitätssteigerungen wurden allerdings mit der „Polarisierung der Qualifikationen und Verantwortlichkeiten zwischen Planenden und Ausführenden" (Lipietz, 1991, S. 132; vgl. auch Habermas, 1971) erkauft. Die für den Fordismus ebenfalls konstitutive Schaffung

Abb. 5.8 Fordistische Logik in der Architektur: Aufgrund von Skalenvorteilen effizient produzierte Module werden zu einem Gebäude zusammengefügt, wodurch günstiger Wohnraum entsteht, hier in Behren les Forbach in Lothringen (Frankreich). (Eigenes Foto)

von Massenkaufkraft (schließlich wurde auch eine Abnehmerschaft für die massenhaft produzierten Güter benötigt) war durch Produktivitätssteigerungen vorwegnehmende Lohnsteigerungen – bei gleichzeitiger Verringerung der Arbeitszeiten – bestimmt. Zugleich ist die fordistische Moderne mit der Entwicklung des Wohlfahrtsstaates verbunden: Er greift in die ökonomischen, sozialen und kulturellen Aktivitäten von Menschen ein, um mit Hilfe von Sozialleistungen und Einkommenstransfers eine starke Polarisierung der Gesellschaft zu verhindern; solche Maßnahmen weisen zumeist auch Implikationen auf Ebene des physischen Raumes auf. Das fordistische Akkumulationsregime setzte sich in Deutschland mit starker regionaler Differenzierung ab der Mitte 1920er Jahre bis in die 1950er Jahre durch und geriet – wie in den meisten Teilen der damals sogenannten ‚Ersten Welt[6]‘

---

[6] In der Zeit der Systemgegensätze wurden Staaten häufig mit den Bezeichnungen ‚Erste Welt‘, ‚Zweite Welt‘ und ‚Dritte Welt‘ kategorisiert. Die ‚Erste Welt‘ bildeten die demokratisch-marktwirtschaftlichen Staaten mit einem hohen Bruttoinlandprodukt (bis heute auch als ‚der Westen‘)

–in den 1970er Jahren in eine Krise (siehe Abschn. 5.6; Hirsch & Roth, 1986; Moulaert & Swyngedouw, 1989; Lipietz, 1991; Ipsen, 1992 und 2006).

Die Durchsetzung fordistischer Produktions- und Konsumlogiken bedeutete eine erhebliche Veränderung physischer Grundlagen angeeigneter physischer Landschaften: Zwischen Stadt und Land (die gleichfalls nachdrücklich umgestaltet wurden) entwickelte sich ein suburbaner Raum, der weder eindeutig als städtisch noch als ländlich zu charakterisieren war.

Die Entwicklung fordistischer Logiken weist einen Pol stärkerer Wirtschaftsorientierung und einen Pol stärkerer Wohlfahrtsstaatsorientierung auf. Im Folgenden werden die Entwicklungen im Kontext der wohlfahrtsstaatlichen Orientierung (wie im demokratisch-marktwirtschaftlichen Europa) behandelt, die Variante der stärkeren Wirtschaftsorientierung, wie sie in den Vereinigten Staaten von Amerika zu finden ist, wird in Abschn. 5.7 thematisiert. In der wohlfahrtsstaatlichen Variante waren mit dem Fordismus – insbesondere in Bezug auf die räumliche Planung – stark normativ wirkende Vorstellungen vom ‚guten Leben' verbunden, also eines Lebens, das sich – in der Tradition der Aufklärung – an dem Prinzip der Vernunft ausrichten sollte. Damit sind Architektur und Städtebau in fordistischer Perspektive von dem Bemühen dominiert, einerseits dem in architektonischen und allgemein räumlichen Strukturen zur Norm gewordenen Prinzip *Form follows Function* zu folgen, andererseits durch Standardisierung Gebäude möglichst preiswert zu erstellen (Abb. 5.8; siehe auch Vieillard-Baron, 2016). Der Leitgedanke dieser Ästhetik lässt sich folgendermaßen zusammenfassen: „zu bauen ist das, was funktional ist; Schmuck ohne Funktion ist Kitsch" (Welsch, 1993a, S. 13). Durch ihren normativen Bezug auf die Funktion prägte sich die architektonische Moderne als global einheitlicher Baustil aus, lokale oder regionale entwickelte architektonische oder städtebauliche Spezifika wurden nicht aufgegriffen (Imbert, 2007; Kühne & Franke, 2010; Löw, 2010). Der architektonische Funktionalismus bedeutete eine radikale Verringerung von Kontingenz (Burckhardt, 2004b, S. 147): „Der Funktionalismus fordert das scharfe Programm, die rigorose Entscheidung für den einen und gegen den anderen Bauzweck". Le Corbusiers (1926, S. 182), als führender Repräsentant des funktionalistischen Baustils verdeutlicht dies in Bezug auf die Reinheit der Funktion: „Die Reinlichkeiten gestalten, das Werk mit einheitlichem Leben erfüllen, ihm eine Grund-Haltung geben, einen Charakter: reine Schöpfer des Geistes".

---

bezeichnet, die ‚Zweite Welt' wurde aus den realsozialistischen Staaten in Ostmittel- und Osteuropa wie auch Asien gebildet (auch ‚der Osten'), die Bezeichnung ‚Dritte Welt' bezog sich auf jene Staaten, die ein geringes Bruttoinlandsprodukt erwirtschafteten sowie eine starke Ausrichtung auf die Primärproduktion aufwiesen (auch ‚der Süden' oder ‚Entwicklungsländer'). Heute gilt, infolge des Zusammenbruchs des Realsozialismus sowie der Differenzierung der Staaten ‚des Südens', diese Kategorisierung als überholt, insgesamt gelten Kategorisierungen als schwierig, da sich Staaten und Volkswirtschaften zunehmend differenziert entwickeln.

Gebäude, aber auch ganze Quartiere, die den Anforderungen der fordistischen Moderne nicht unmittelbar entsprachen, galt es durch funktionalistisch ausgerichtete Gebäude und Quartiere zu ersetzen (Hauser, 2001), eine Geisteshaltung, die sich in den als ‚Flächensanierung' bezeichneten Abriss- und Wiederaufbauprogrammen der 1950er bis 1970er Jahre dokumentiert. Dieser Ansatz des architektonischen Funktionalismus wird von dem Stadtsoziologen Walter Siebel (2004, S. 19) als „eine Ingenieursutopie [charakterisiert; Anm. O.K.], die darauf baute, dass die Prinzipien der Natur (Licht, Luft, Sonne) und der Rationalisierung der Industriearbeit ausreichten, um eine gute Stadt zu errichten". Dabei sollen die „rationalistischen Konzepte fordistischer Planung […] der europäischen Stadt […] das Dschungelhafte, Labyrinthische, das Mythische und Bedrohliche austreiben" (Siebel, 2004, S. 20; vgl. auch Vicenzotti, 2008), galten doch verwinkelte und enge Quartiere als „Brutstätten der unheiligen Dreifaltigkeit von Krankheit, Verbrechen und Revolution" (Sennett, 1991, S. 88), also von gesellschaftlicher Devianz.

Die modernistischen Prinzipien des Strebens nach Skalenvorteilen einerseits und der Trennung von Funktionen (z. B. gemäß der Charta von Athen) wurden auch in größeren räumlichen Einheiten (also jenseits des Gebäudes) durchgesetzt: Räume des Wohnens (Wohngebiete) wurden von Räumen der Arbeit (Gewerbe- oder Industriegebiete), Räume der Versorgung (Innenstädte) von jenen der Freizeitgestaltung (z. B. Sportanlagen) getrennt. Daraus entsteht ein räumliches Patchwork von Monostrukturen, die durch Massenverkehrsträger, zunächst öffentliche, später private (Autos), miteinander verknüpft sind. Autos symbolisieren – so J.B. Jackson (2005b) – die „Befreiung aus den engen Grenzen des Hauses […]: Sie verkörpern die Möglichkeit, einfach und schnell mit der restlichen Welt in Kontakt zu treten, zu protzen und – die allerwichtigste Möglichkeit – sich ins Private zurückzuziehen". Somit symbolisiert der modernistische Funktionalismus in Architektur, Stadtplanung und Raumordnung „die imaginären, weil anscheinend natürlich durch normative Trennungen geprägten Beziehungen der Individuen zu realen, unabdingbar arbeitsteilig miteinander verknüpften Lebensbedingungen" (Prigge, 1991, S. 105). Diese Arbeitsteilung setzte sich bis in die innerfamiliäre Struktur durch: Galt dem Mann die Rolle des in abhängiger Beschäftigung befindlichen Ernährers der Familie, wurde der Frau die reproduktive Rolle der Hausfrau und Mutter zugewiesen, die für die Frau eine doppelte Abhängigkeit bedeutete: Sie war von ihrem Mann abhängig und dieser wiederum vom (Welt)Markt (Schneider, 1989). Diese Geschlechterrollen haben sich bis zur Gegenwart weitgehend aufgelöst, auch aufgrund des Trends zur weiteren Auto-Mobilisierung (mit Zweit- und Drittwagen) ist eine intensive Teilhabe am Arbeitsmarkt für Frauen möglich geworden (Hesse, 2012).

Mit der Massenmobilisierung prägt sich eine verstärkte Suburbanisierung aus (z. B. Hauser & Kamleithner, 2006). Friedrichs (1995, S. 99) versteht unter Suburbanisierung die „Verlagerung von Nutzungen und Bevölkerung aus der Kernstadt, dem ländlichen Raum oder anderen metropolitanen Gebieten in das städtische Umland bei gleichzeitiger Reorganisation der Verteilung von Nutzungen und Bevölkerung in der gesamten Fläche des metropolitanen Gebietes". Die Suburbanisierung der Bevölkerung lässt sich als Folge und Nebenfolge eines komplexen Gefüges individueller Wertungen und Entscheidungen vor dem Hintergrund sozialer Rahmenbedingungen und Präferenzen beschreiben (Bourne, 1996; Brake, 2006; Kühne, 2007a; Hahn, 2012, 2017; Hesse, 2012):

- Suburbanisierung ist in großen Teilen die Folge eines rationalen Abwägungs-prozesses. Dabei werden die gemeinhin niedrigeren Kosten für Mieten und Grund-stücke gegenüber Fahrzeiten und Fahrtkosten zum Arbeitsplatz abgewogen. Staatliche Maßnahmen, wie die Pendlerpauschale oder vergünstigte Kredite, aber auch der forcierte Ausbau von Straßen lassen das suburbane Wohnen attraktiver erscheinen.
- Suburbanisierung ist darüber hinaus auch Folge des Strebens nach Wohneigentum als Altersvorsorge, mit dem Ziel, im Alter möglichst ohne Belastung durch Miete oder die Abzahlung eines Kredites leben zu können.
- Suburbanisierung ist zudem Folge des Strebens nach Statussymbolen: So symbolisiert das eigene Haus Wohlstand und Zuverlässigkeit, aufgrund der damit verbundenen Bedingung des Pendelns zum Arbeitsplatz lässt sich auch die Anschaffung und der Betrieb eines größeren Autos gesellschaftlich weitgehend akzeptiert kommunizieren.
- Suburbanisierung ist darüber hinaus in dem Streben nach persönlicher Freiheit begründet. Eine besondere Bedeutung erhält die Verfügbarkeit über das Eigen-tum über ein Haus und ein Stück Land, was zumeist mit einer größeren räumlichen Distanz zu den Nachbarn verbunden ist (Becker, 1997).
- Suburbanisierung ist zudem Folge des Strebens nach einem als sicher geltenden Wohnort. Einem Wohnort also, dem Sicherheit vor Kriminalität und ökologischen Belastungen zugeschrieben wird und der in als attraktiv geltender angeeigneter physischer Landschaft gelegen ist, diese Motive sind besonders bei Eltern mit jüngeren Kindern ausgeprägt (vgl. Spellerberg, 2004; Kühne, 2006a).
- Suburbanisierung ist nicht zuletzt auch das Streben nach Erreichbarkeit sowohl des Städtischen als auch des Ländlichen: „Das Feld der Region und Landschaft steht einem ebenso offen wie das Feld der Großstadt" (Hahn, 2001, S. 230, 2012).

Neben ökologischen Nebenfolgen, wie steigende Verkehrsbelastung und steigender Flächenverbrauch (z. B. für Straßen, Wohngebäude, Parkplätze) produziert die Suburbani-sierung auch soziale Nebenfolgen wie die soziale Segregation, die sich in eine aktive und eine passive Variante gliedern lässt: Während aktive Segregation durch eine freiwillige Wohnstandortwahl gekennzeichnet ist, wird von passiver Segregation dann gesprochen, wenn sich Haushalte „aus einem Mangel an ökonomischen Ressourcen und aus sozialer Diskriminierung […] in ähnlich marginalisierter Lage in benachteiligten Quartieren konzentrieren" (Häußermann & Siebel, 2004, S. 159). Während wohlhabende Bevölkerung also in der Lage ist, ein suburbanes Leben (mit Haus und Auto) zu finanzieren und fort-ziehen, sind arme Bevölkerungsteile dazu nicht in der Lage und verbleiben in der Stadt.

Veränderungen der physischen Grundlagen angeeigneter physischer Landschaft in der fordistischen Ära finden sich nicht allein in dicht besiedelten Räumen, sondern lassen sich auch in weniger dicht besiedelten Räumen finden (siehe z. B. Kühne, 2005b; Ipsen, 2006). Ein wesentlicher Aspekt der fordistischen Modernisierung ist der weitgehende Verlust der ökonomischen Bedeutung des primären Wirtschaftssektors (Landwirtschaft, Forstwirtschaft und Fischerei), sowohl gemessen am Bruttoinlandsprodukt als auch in Bezug auf die Erwerbstätigenzahlen (Abb. 5.9). Dieser Rückgang erfolgte im gesamten Betrachtungszeitraum zugunsten des tertiären Wirtschaftssektors (Dienstleistungen) und bis in die 1960er Jahre hinein auch zugunsten des sekundären Wirtschaftssektors (verarbeitendes Gewerbe). Durch diesen Strukturwandel verlor der ländliche Raum seine traditionelle wirtschaftliche Grundlage. Dieser Bedeutungsverlust manifestiert sich in Bezeichnungen wie ‚strukturschwacher Raum' oder ‚Ausgleichsraum' für städtische Entwicklung und in dem Stigma ‚der Rückständigkeit des ländlichen Raumes' (Henkel, 1996). Diesen Prozess fassen Hofmeister und Scurrell (2016, S. 202) zusammen: „Das ‚Land' [wurde; Anm. O.K.] in der Industriemoderne als ‚Rohstofflager', Standort schmutziger, extensiver Industrien und ‚Nahrungsmittel-Lieferant'" verwendet.

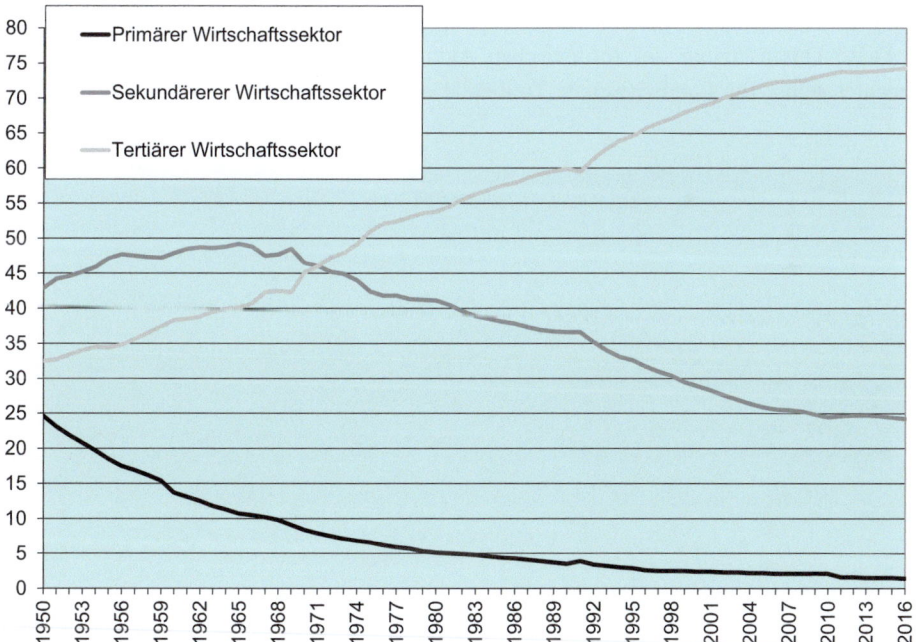

Abb. 5.9 Anteil der Erwerbstätigen nach Wirtschaftssektoren in der Bundesrepublik Deutschland in Prozent für den Zeitraum 1950 bis 2016. (Eigene Darstellung nach: Statistisches Bundesamt 2009, 2012 und 2017)

Der Strukturwandel ländlicher Räume – auch zu verstehen als Modernisierung, also Urbanisierung derselben – wurde auf europäischer Ebene mit der gemeinsamen Agrarpolitik vorangetrieben: Es wurden Förderprogramme zur Rationalisierung der Landwirtschaft mit dem Ziel der Sicherung der Nahrungsmittelerzeugung, der Generierung von Arbeitskräften für die städtische Ökonomie und der Angleichung der Einkommenssituation der ländlichen an die städtischen Regionen aufgelegt. Durch die Senkung der Stückkosten, der Substitution des Produktionsfaktors Arbeit durch den Produktionsfaktor Kapital, die Steigerung der Arbeitsproduktivität und die Senkung der realen und nominalen Erzeugerpreise sollten diese Ziele erreicht werden (Fink-Kessler & Häpke, 1995). Diese fordistischen Modernisierungsbemühungen in ländlichen Räumen bedeuteten neben einer rationellen und technisierten Landwirtschaft auf flurbereinigten Großblockfluren auch die Einführung von Großställen mit verfahrensoptimierter Milch-, Eier- bzw. Fleischproduktion (Abb. 5.10). Die fordistische Modernisierung bedeutet eine zunehmende Abhängigkeit ländlicher Räume von städtischen Räumen: Sie werden einerseits zu Rohstoffproduzenten, wobei sich die Veredelungsbetriebe (wie Schlachthöfe und Molkereien) in der Nähe der städtischen Kundschaft befinden, Entsorgungsräumen (z. B. durch Abfalldeponien) und Fertigwarenabnehmern, auch von agrarischen Produktionsmitteln (wie Maschinen), die zumeist in industrieller Serienproduktion in urbanen Zentren und nicht handwerklich vor Ort hergestellt wurden (vgl. Ipsen, 2006).

Diese Durchsetzung des fordistischen Akkumulationsregimes im ländlichen Raum bedeutet selbst für Landwirtschaft Treibende eine Angleichung an städtische Lebens-

Abb. 5.10 Ein Beispiel für die räumliche Repräsentanz fordistischer Logik, hier in Lothringen (Frankreich): Große Ackerschläge ermöglichen eine rationale Bewirtschaftung, nur wenige Wege, Büsche, Bäume und Ähnliches wirken als Hindernisse des Betriebsablaufes. Die so physisch angelegte angeeignete physische Landschaft lässt sich durch eine gewisse Reizarmut beschreiben. (Eigenes Foto)

weisen, wie Lucius Burckhardt (2006g, S. 29) formuliert: „Was der Hof nicht hervor-
bringt, kauft die Bäuerin wie die Städterin im Laden". Die Ausbreitung städtischer
Lebensstile in ländliche Räume drückt sich auch in den physischen Strukturen der
ländlichen Siedlungen aus, die durch Gebietsreformen zu (Verbands-)Gemeinden
zusammengefasst und zu unselbständigen Ortsteilen degradiert wurden: Bürger-
steige, Peitschenlampen, Vorstadtgärten, die Modernisierung ehemaliger Bauernhäuser
mit Eternitverkleidung, Aluminiumfensterrahmen und -türen und Glasbausteinen,
Verrohrungen und Begradigungen von Bächen sind Repräsentanten der Leitvorstellung
städtischer Lebensweisen. In diesem Kontext werden auch Bauernhöfe aus den zu Wohnsiedlungen gewordenen ehemaligen Dörfern gedrängt, schließlich produzieren diese
vielfach unerwünschte olfaktorische Reize und die zur rationellen Bewirtschaftung
der flurbereinigten Flächen nötigen landwirtschaftlichen Großgeräte lassen sich in
engen Innerortslagen nur unzureichend rangieren. In diesem Prozess entstehen Aus-
siedlerhöfe, die aussehen „wie Fabrikhalle plus Einfamilienhaus" (Ipsen, 2006, S. 142;
vgl. Quasten, 1997b; Stiens 1999; siehe Abb. 5.11). Die landschaftlichen Nebenfolgen
einer fordistischen Modernisierung ländlicher Räume pointiert Jirku (2006, S. 63) wie
folgt: „Bauernhöfe wurden zu Agrarfabriken, die Landwirtschaft wurde rationalisiert
und industrialisiert, was zu ausgeräumten Landschaften geführt hat". Die zunehmende
globale Verflechtung des Handels, die Substitution von natürlichen Materialien durch
synthetische (wie etwa von Baumwolle oder Kunstfasern) wie auch veränderte Bedarfe
infolge technischer Entwicklungen (mit dem Ersatz von Segelschiffen durch maschinen-
getriebene Schiffe war der Bedarf an Segelstoffen nahezu verschwunden) veränderten
die physischen Grundlagen angeeigneter physischer ländlicher Landschaften: Waren
Flachs und Hanf zu Beginn der Moderne in Deutschland bis in das 19. Jahrhundert (und
teilweise darüber hinaus) noch weit verbreitete Kulturpflanzen, wurde ihr Anbau hernach
nahezu völlig aufgegeben (z. B. Poschlod, 2017).

Die Nebenfolgen der gemäß dem fordistischen Kalkül vorgenommenen Rationalisie-
rungen, Intensivierungen und Spezialisierungen der landwirtschaftlichen Produktion

Abb. 5.11   Ein Aussiedlerhof, hier im Bliesgau (Saarland), der aussieht „wie Fabrikhalle plus
Einfamilienhaus" (Ipsen, 2006, S. 142). Er ist ein Repräsentant der fordistischen Modernisierung
des ländlichen Raumes. (Eigenes Foto)

haben die physischen Grundlagen angeeigneter physischer Landschaften auch jenseits der unmittelbaren Wahrnehmbarkeit verändert (vgl. z. B. SRU, 1985; Bauer, 1994; Ganzert, 1996; Job, 1999; Dreibrodt & Bork, 2006; Ipsen, 2006; Haber, 2014; Hupke, 2015; Poschlod, 2017):

- Mit der Ausbringung von Stickstoffdünger, er hatte bis Mitte des 20. Jahrhunderts Leguminosen, Salpeter und Guano als Stickstoffliefernde verdrängt, einerseits und Gülle andererseits, vollzog sich eine Nitratanreicherung, insbesondere im Grundwasser. Trinkwasserbrunnen mussten daraufhin geschlossen und die Trinkwasserförderung in weniger belastete Regionen verlagert werden (was – in Abhängigkeit von der geologischen Situation – häufig mit der Absenkung des Grundwasserspiegels dort verbunden war).
- Mit dem Einsatz von chemisch-synthetischen Stoffen (wie Herbiziden, Insektiziden und Fungiziden) wurde die Artenvielfalt auf landwirtschaftlichen Flächen (und darüber hinaus) verbunden (Sukopp, 1981).
- Mit der Zunahme der Schlaggrößen mit einheitlicher Bewirtschaftung und dem Entfernen von Gebüsch zwischen den Feldern hat die Bodenerosion auf landwirtschaftlichen Flächen zugenommen.
- Mit dem Einsatz technischer Geräte und dem Einsatz von mit großem energetischen Aufwand erzeugten Düngemitteln, Pestiziden u. a. sowie der ineffizienten Umwandlung pflanzlicher Produkte in tierische (insbesondere in der Massentierhaltung) wird in der Landwirtschaft mehr Energie verbraucht, als damit erzeugt wird, es entstehen negative Energiebilanzen.
- Der drastische Einbruch der Transportkosten nach dem Zweiten Weltkrieg (zunächst, weil die zur Versorgung mit Lebensmitteln und militärischem Gerät von Großbritannien und auch der Sowjetunion während des Krieges benötigten Transportkapazitäten nun einer zivilen Nutzung zur Verfügung standen) führte zu einem verstärkten globalen Wettbewerb, wodurch bestimmte Landnutzungsformen und Kulturen aufgegeben wurden (wie etwa die Produktion von Schafwolle oder Lammfleisch).
- Die Konsequenzen der Effizienzsteigerung fordistischer Landwirtschaft im Verbund mit einer Förderung der Produktion seitens der Europäischen Gemeinschaft (wie die Europäische Union damals noch hieß) bedeutete eine Zunahme an Hektarerträgen wie auch der Produktion tierischer Produkte. Das führte in den 1970er Jahren zu einer Überproduktion und zu der Entstehung von ‚Butter-' und ‚Getreidebergen' wie auch ‚Milch-' und ‚Weinseen', deren Umfang nur durch einen subventionierten Absatz auf dem Weltmarkt verringert werden konnte (vgl. z. B. Hupke, 2015). Diese Erfahrung führte zu einer sukzessiven Änderung der Förderpolitik: Anstatt die Massenproduktion zu fördern, wurde eine extensive Wirtschaftsweise unterstützt, die wiederum durch die Intensivierung der landwirtschaftlichen Nutzung infolge der Gewinnung erneuerbarer Energien (Biomasseanbau) abgelöst wurde.

5.6 Die physischen Grundlagen angeeigneter physischer Landschaft in der Postmoderne

5.6.1 Postmoderne 1: Räumliche Gitter, Abgrenzung und Fragmentierung

Seit Mitte der 1960er Jahre wurden die Grenzen der fordistischen Wirtschaftsweise immer deutlicher. Infolge des gesellschaftlichen Wertewandels in den Wohlstands-gesellschaften Ostasiens, Europas, Ozeaniens und Nordamerikas war die standardisierte Produktpalette fordistisch operierender Unternehmen nicht in der Lage, die zunehmend individualisierte Nachfrage zu befriedigen. Dieser Nachfrageverschiebung kommen Wirtschaftsunternehmen durch die Produktion kleiner flexibler Losgrößen auf Grund-lage Rechner gestützter Produktionsverfahren nach, wobei eine geringe Fertigungstiefe (also mit einem geringen Anteil an Eigenfertigung an der Güterproduktion) durch ein weites Netz an Zulieferbetrieben, deren Warenanlieferung lagerkostensparend *Just-in-Time* erfolgt, ermöglicht wird. Durch verkürzte Produktzyklen und die Diversifizierung von Produktpaletten steigt die Bedeutung der produktbezogenen Forschung, durch die Nachfrage nach individuellerer Gestaltung der Produkte jene des Designs. Zentrale Ressource des am wirtschaftlichen Prozess teilnehmenden Subjektes wird sein Wissen, das ständig aktualisiert werden muss, soll es nicht veralten und damit entwertet werden (Rifkin, 2007). Die fordistische Akkumulation hatte aufgrund ihrer Massenorientierung zu erheblichen ökologischen Nebenfolgen geführt (wie Rückgang an Biodiversi-tät, Treibhauseffekt, Müllentsorgung). Diese Nebenfolgen unterlagen nun einer sich intensivierenden gesellschaftlichen Diskussion, die wiederum einen Beitrag zur öko-nomischen Neuausrichtung, weg von zentralen Großproduktionsanlagen, hin zu einer dezentralen industriellen Wirtschaftsstruktur lieferte (Hirsch & Roth, 1986; Moulaert & Swyngedouw, 1989; Soja, 1989; Kühne, 2012a, siehe Abb. 5.22).

Anders als im sekundären Wirtschaftssektor kommt es im tertiären Wirtschaftssektor zu Zentralisierungstendenzen: Es entstehen *Global Cities*. Ihre Entstehung lässt sich darauf zurückführen, „dass die fortgeschrittene Internationalisierung und weltweite Organisation von Wirtschaftsaktivitäten ‚Knotenpunkte' der Koordination und Kontrolle dieser global ausgedehnten Wirtschaftsprozesse benötigt, und *Global Cities* mit ihrer Konzentration von internationalen Finanz- und Unternehmensdiensten als Orte der Produktion globaler Kontroll-Kapazität fungieren" (Krätke, 2002, S. 49; Massey, 1999; Sassen, 2000; Soja, 2000; Gladstone & Fainstein, 2003). Sie sind im Stande, Kommunikation auf sich zu konzentrieren (Sassen, 2009). *Global Cities* werden dabei auch Orte der besonders deutlichen Ausprägung sozialer und kultureller Fragmentierungs- und Polarisierungs-erscheinungen. Großer Wohlstand, insbesondere erworben durch leitende Tätigkeiten in den internationalen Finanz- und Unternehmensdiensten, trifft auf große Armut, jener, die nicht über hohe Bildung und leistungsfähige soziale Netze verfügen, die Zugang zu

	Moderne	Postmoderne
Ökonomie und Staat	Produktionskapitalismus	Konsumkapitalismus
	Fordistisches Akkumulationsregime	Postfordistisches Akkumulationsregime
	Lebenslange Ganztagsarbeit	Fragmentierte Erwerbsbiographien
	Ordnungsfunktion des Staates	Schwächung des Staates durch Globalisierung
	Starker Sozialstaat	Abbau des Sozialstaates
	Stabile soziale Beziehungen	Instabile soziale Beziehungen
Kultur und Wissen	Kultur als System allgemein verbindlicher Werte und Normen	Pluralismus von Traditionen, Werten, Normen, Ideologien
	Kampf gegen Differenz und Ambivalenz	Akzeptanz von Kontingenz und Vielfalt
	Wissen als Kontroll- und Herrschaftsinstrument	Skepsis gegenüber Wissenschaft und Technik
	Rationalität als Norm	Skepsis gegenüber rationalen Weltdeutungen
	Intellektuelle als Träger der Deutungshoheit über Wissen	Intellektuelle als 'Interpreten' von Bedeutungen
	Fortschrittsoptimismus	Bewusstsein von Unsicherheit und Selbstgefährdung
Person und Lebens- führung	Stabile Ich-Identität	Patchwork-Identität
	Langfristige Bindungen	Vermeidung langfristiger Bindungen
	Sicherheit und Selbstvertrauen	Hedonismus, Unsicherheit und Angst
	Zukunftsorientierung	Gegenwartsorientierung
Stadtstruktur	Funktionstrennung	Funktionsmischung
	Dominantes Stadtzentrum	System unterschiedlicher funktionaler Knoten
Architektur und Landschafts- architektur	*form follows function*	*form follows fiction, form follows fear, form follows finesse, form follows finance*
	Globale Massenproduktion der Stile	Kombination eklektizistischer Stile
	Ablehnung des Historischen als unmodern	Wertschätzung des Historischen als Ressource
Stadtregierung	Redistributiv	Unternehmerisch
	Vorhalten von Einrichtungen der Daseinsvorsorge	*Public-private-partnerships* , Markorientierung der Daseinsvorsorge
Planung	Große Entwürfe	Kleine, fragmentierte Entwürfe
	Funktional	Ästhetisch
	Expertendominiert	Netzwerkorientiert
	Planung als Medium der Erziehung	Planung als Ausdruck sozialen Willens
	Zielorientiert	Prozessorientiert

Abb. 5.12 Vergleich der Charakteristika von Moderne und Postmoderne mit besonderer Berücksichtigung räumlicher Aspekte. (Eigene Zusammenstellung nach: Jencks, 1977; Relph, 1987; Ellin, 1999; Dear & Flusty, 2002a; Wood, 2003; Eickelpasch & Rademacher, 2004; Wilson, 2004; Hall, 2006; Hartz & Kühne, 2007; Kühne, 2012a)

Arbeitsplätzen mit großzügiger Bezahlung ermöglichen. Dies trifft insbesondere (als illegal bezeichnete) Einwanderinnen, denen die Teilhabe an der ökonomischen Prosperität versagt bleibt (Sassen, 2001; Amin & Thrift, 2002). Durch die ungleiche Verteilung von Geld und Zugang zu Lebenschancen (mehr zu diesem Begriff siehe Abschn. 8.2.1) entstehen Viertel, die sich häufig in unmittelbarer Nähe zueinander befinden, aber hinsichtlich der dort anzutreffenden unterschiedliche Milieus zugleich voneinander abgegrenzt sind (Soja, 1994): In unmittelbarer Nachbarschaft von Regierungs- oder Finanzvierteln entstehen Quartiere, sozial geprägt von hoher Arbeitslosigkeit, geringer Qualifikation der Bewohner und entsprechend hohen Anteilen prekärer Beschäftigungsverhältnisse, baulich geprägt von Gebäuden mit hohem Renovierungsbedarf. Der postmoderne städtische Raum verliert so den Charakter einer erkennbaren und einzigartigen kohärenten Eigenheit (vgl. Hall, 2006; Jorgensen & Tylecote, 2007). Das historische Zentrum – sofern vorhanden – erhält funktionale Konkurrenz von neuen Zentren, insbesondere jenen, in denen sich Produktionsstätten der Informations- und Kommunikationstechnologien ballen (*Edge Cities;* Garreau, 1991). Andererseits entwickeln historische Kernstädte auch identitätsstiftende symbolische Bedeutungen, werden inszeniert und sogar das Ziel von Zuzügen (Danielzyk & Priebs, 2012), häufig allerdings unter Inkaufnahme von massiven Gentrifizierungsprozessen, also – hier in der Terminologie von Pierre Bourdieu, auf die in Abschn. 6.6.2 näher eingegangen wird (Bourdieu, 1987 [1979], 1989) – der Verdrängung von Personen einer niedrigen Ausstattung an symbolischem Kapital durch Personen mit einer höheren Ausstattung an symbolischem Kapital (z. B. Holm, 2006, 2018; Wacquant, 2008; Abb. 5.13). Das Wachstum der Immobilienbranche in den *Global Cities* ist wiederum mit dem der Finanzwirtschaft positiv rückgekoppelt (Bitterer & Heeg, 2015): Da insbesondere die Immobilienmärkte der *Global Cities* hinsichtlich ihrer Renditeerwartung analysiert und positiv bewertet werden, sind sie das Ziel internationalen Kapitals und die Vermarktung erfolgt wiederum in besonderer Weise an Personen, die mit der Finanzwirtschaft intensiv

Abb. 5.13 Aufruf zum (wohl auch gewaltsamen) Protest gegen Gentrifizierungsprozesse: Aufkleber in einem Gebäude der Universität des Saarlandes. (Eigenes Foto)

verbunden sind, ein Abhängigkeitsverhältnis, das durchaus seine Risiken birgt. Ob die Re-Urbanisierung als ein allgemeiner Trend begriffen werden kann oder lediglich selektiv erfolgt, ist derzeit ein stark diskutierter wissenschaftlicher Gegenstand; so geht Hesse (2008, S. 426) „von der begründeten Vermutung [aus], dass ihre [die Stadt; Anm. O.K] Renaissance derzeit eher diskursiv konstruiert denn ein belastbares Faktum ist".

Die Veränderungen von der modernen zur postmodernen Stadt finden auch ihren Niederschlag in ihrer wissenschaftlichen Charakterisierung (Basten, 2005, S. 57): „Nahezu alle Versuche, die neue, postmoderne Struktur der Stadt zu charakterisieren, greifen auf das Bild eines Gitters oder Netzes zurück, wobei allerdings nicht die Figur eines Spinnennetzes, sondern die eines Tornetzes oder auch die eines Fangzauns gemeint ist". Die Entwicklung der unterschiedlichen Teilräume der Stadt folgt dabei nicht einem universellen Entwicklungsschema, sondern wird abhängig von individuellen Entwicklungen (vgl. Ungers, 1990; Kühn, 2001a; Degen, 2008). Diese Auflösung der Stadt in ein räumliches Patchwork, deren Einzelteile sich voneinander abgrenzen, widerspricht in eklatantem Maße den Vorstellungen moderner Stadtplanung, die den Wunsch verfolgt hat, „ein einheitliches Stadtbild zu gestalten" (Löw, 2010, S. 154; vgl. auch Jorgensen & Tylecote, 2007). Infolge des Machtverlustes von Politik und ihrer Verwaltung (siehe Abschn. 5.1) wird die Umsetzung großer stadtplanerischer und raumordnerischer Entwürfe immer unwahrscheinlicher. Räumliche Planung wird zunehmend zu einer flexiblen Moderation eines kontinuierlichen Veränderungsprozesses, bei der unterschiedliche Akteure wie Investoren, Eigentümer von Grundstücken und Gebäuden, Architekt~innen, (potenzielle) Bewohner und Nutzerinnen eingebunden werden. Planerisches Handeln wird somit zunehmend zu kommunikativem Handeln nach *Governance*-Regeln (siehe Abschn. 8.3; Berr et al., 2019; Fürst, 2008; Gailing, 2019; Hayden, 2009). Charles Jencks (1993) bewertet eine solche kommunikative Planung als positiv, schließlich könnten sich so unterschiedliche Interessen und Ideen in die physischen Grundlagen angeeigneter physischer Landschaft einschreiben, um dann „in ihrer Interaktion eine Art größeren Dialog" (Jencks, 1993, S. 75) führen zu können. Postmoderne räumliche Planung lässt sich so als Beitrag einer Entwicklung einer für soziale und kulturelle Kontingenzen sensiblen Gesellschaft verstehen (Kühne, 2012a). Mit dem Verlust von sozialen Visionen eines physisch-räumlich produzierten ‚besseren Lebens' durch große Entwürfe seitens der Planenden geht auch ein Bedeutungsgewinn großer Investoren und spekulativ agierender Entwicklerinnen einher. Deren Interesse besteht darin, die Vermarktbarkeit ihrer Projekte mit dekorativem Design und stilistischer Absonderung gegenüber der Umgebung und durch das Engagement eines bekannten Architekten mittels der Steigerung der Aufmerksamkeit der Medien in den Fokus zu rücken (Crilley, 1993). Die ökonomische wie ästhetische Überformung städtischer Landschaften (Sudjic, 1993) lässt diese dem Charakter eines Themenparks ähnlich werden (Knox & Pinch, 2010).

Als charakteristisch für postmoderne angeeignete physische Landschaft kann nicht nur ihre angesprochene Patchworkhaftigkeit gelten, vielmehr lassen sie sich auch als polyvalent beschreiben (Kühne, 2006a). War es Ziel der Moderne auch in räumlicher

Hinsicht Monovalenzen zu erzeugen, also jede Fläche exklusiv mit nur einer Nutzung zu belegen (bis hin zur Unterscheidung von Erholungswald und Wirtschaftswald), unterliegen polyvalente Flächen mehreren, unterschiedlichen Nutzungen: Landwirtschaftliche Flächen werden durch Energienutzung durch Windkrafträder ergänzt, Bahnhöfe und Flughäfen werden zu *Shopping Malls,* Autobahnraststätten verstehen sich als Botschafter der Region, in der sie lokalisiert sind. Die Entstehung dieser polyvalenten Räume wird jedoch – auch infolge der Schwächung staatlicher Planung – stark von Kontingenzen bestimmt: „Die Stadtentwicklung erfolgt an quasi zufälligen Standorten. Im Prinzip können alle Standorte gewählt werden, da sie durch Datenautobahnen miteinander verbunden sind" (Dear, 2005, S. 34). Dabei wird die postmoderne Agglomeration „zu einer idealen Arena, um unterschiedliche Lebensstile anzuziehen, zu unterschiedlichen Zeiten und an unterschiedlichen Orten" (Clarke, 2003, S. 166), um so unterschiedlichen Konsumritualen nachgehen zu können (Clarke, 2003; vgl. auch Riley, 1994). Die gesellschaftliche Postmodernisierung bedingt auch – durchaus selektiv – eine Steigerung der Geschwindigkeit der physisch-räumlichen Einschreibungen (Hauser, 2012): In einigen Teilräumen steigt die Abfolge von Nutzungen immer stärker (z. B. in Einrichtungen zur monatsweisen Miete von Schreibtischplätzen), andere Teilräume hingegen fallen aus der Nutzung heraus (wie altindustrielle Flächen). Die vielfältigen Transformationen, die mit der Postmodernisierung städtischer Räume einhergehen und nun ein Patchwork neuer Nutzungen und Symbole bilden, beschreibt Schnur (2015, S. 111) am Beispiel von Berlin-Moabit eindrücklich:

> „Die Spree ist nicht mehr als Transportstraße zu verstehen, sondern als Premiumlage für Immobilien sowie als Fahrweg für die immer größer werdende Flotte an Ausflugsbooten, die inzwischen auch die attraktiv gewordenen Moabiter Spreeufer in ihre Routen eingeplant haben. Die Gebäude an der Spree haben eine ebenso ikonische Wirkung wie die Gebäude des in direkter Nachbarschaft liegenden Regierungsviertels oder des neuen Hauptbahnhofs. Aber auch im Moabiter Norden kann man – wie bereits ausgeführt – zahlreiche neue emotionale Anker-(oder Reibungs-)Punkte erkennen. Gleichzeitig repräsentiert das postfordistisch restrukturierte Moabit jedoch noch das ‚authentische Berlin' und seine traditionelle Kiezstruktur. Beides wird anderen Quartieren in Mitte oder Prenzlauer Berg bereits abgesprochen".

Mit Globalisierung einerseits und dem Bedeutungsgewinn ökonomischer Logik gegenüber politischen Vorstellungen andererseits, sind jedoch nur zwei wesentliche Dimensionen des Einflusses postmoderner Entwicklungen auf angeeignete physische Landschaften beschrieben. Eine weitere Dimension ist die Wertschätzung des Lokalen und des Historischen. Diese Simultanität von Globalem und Lokalem charakterisiert Robertson (1995) mit dem Ausdruck der ‚Glokalisierung', der eine „gleichzeitige Steigerung von Prozessen der Verallgemeinerung und Besonderung" (Ahrens, 2001, S. 14) beschreibt. Bedingt die Globalisierung eine Entbettung *(Dis-Embedding),* also ein Herausheben des Menschen aus dem traditionellen lokalen Kontext (z. B. der Dorfgemeinschaft, der modernen Bergbausiedlung), entwickelt sich aber auch zugleich eine Sehnsucht nach Rückverortung *(Re-Embedding)* im lokalen Kontext (Giddens, 1995 [1990]). Hier versucht der Mensch die Kontingenzsteigerung durch die Globalisierung zu kompensieren: Heimat, Vertrautheit und Gemütlichkeit werden erneut mit Bedeutung gefüllt (vgl. Abschn. 7.8), ‚Kulturlandschaft' wird als Träger spezifischer und positiv bewerteter regionaler Eigenheit verstanden (Olwig, 2011; Weber & Kühne, 2015). Diese Sehnsucht nach historischer und lokaler bzw. regionaler Verortung drückt sich auch in der Architektur aus: „Während die Moderne sich von aller Geschichte zu befreien suchte" (Klotz, 1985, S. 423), sind die postmoderne Architektur und Landschaftsarchitektur darum bemüht, regionale, ethnische und historische Aspekte aufzugreifen. Dieses Aufgreifen stellt jedoch in der Regel keine einfache Erhaltung oder Kopie dar, das Historische tritt mit dem Neuen ergänzend in Beziehung: „Die Geschichte als wiedererlangte Perspektive erlaubt es nicht länger, der Interessantheit der reinen Formen Reize abgewinnen zu wollen, sondern sich stattdessen einzulassen auf den Geist der Ironie" (Klotz, 1985, S. 423). Der postmoderne Bezug zum Historischen bleibt dabei jedoch eine Inszenierung: Historische Formensprachen sind an gegenwärtigen Bedürfnissen ausgerichtet, sie werden zur Kulisse, die eine angenehme Atmosphäre schaffen soll, oder wie es Prigge und Herterich (1988, S. 315) ausdrücken: „Das Ornamentale, der Hang zum Historismus, die Neigung zum Monumentalen und der Anschein handwerklicher Fertigung simulieren Erbauliches, Verwurzelung und Beständigkeit von Werten, während all dies in Wirklichkeit zutiefst in Frage gestellt ist". Stadtsanierung wie auch Dorferneuerung sind bestrebt, die fordistisch-moderne Überformung von Gebäuden und Siedlungen durch einen an der prä-funktionalistischen Formensprache orientierten Zustand zu ersetzen, um sie in einen (idealisierten) Ausgangszustand zu transformieren. Dabei finden sich nahezu durchgehend Entkopplungen von Form und Funktion: Eine historisierende Form, die eine historische Nutzung (beispielsweise als Bauernhaus) suggeriert, beinhaltet eine nicht-historische oder nur teilweise historisch begründete Funktion (beispielsweise als Wohnhaus). Dabei wird selbst die historische Formensprache bisweilen durch die Nutzung aktueller Materialien und Techniken (Doppelverglasung statt Kassettenfenster) erreicht (Abb. 5.14). Abstrakter gesprochen: Ein ästhetisierend-landschaftliches Gestaltungsprinzip dringt in das Urbane ein (Waldheim, 2016).

Die Wertschätzung des Historischen der Postmoderne beschränkt sich in Bezug auf die angeeignete physische Landschaft nicht allein auf aus der Vormoderne stammende Objekte, sondern in besonderer Weise auf Objekte, die in der Phase der extensiven Akkumulation der Moderne entstanden sind (seltener auf Objekte der fordistischen Moderne wie etwa Plattenbausiedlungen oder Siedlungen aus gleichförmigen Fertighäusern). So werden etwa altindustrielle Ruinen als belebendes Element einer historisch verwurzelten Stadt begriffen und einer Ästhetisierung wie auch einer (zunehmend virtuellen) Inszenierung unterzogen (Abb. 5.15; vgl. auch Hasse, 2000; Keil, 2005; Trigg, 2006; Edler, Keil et al., 2019; Jenal, 2019a; Kühne, 2007d; Wood, 2012). Diese Ästhetisierung verdeutlicht die Distanz zwischen Form und Funktion: Funktionslos gewordene Objekte

Abb. 5.14 Ein Beispiel einer postmodernen Inszenierung von Ländlichkeit, hier in Wolfersheim (Saarland). Die ländliche Formensprache repräsentiert zum einen die postmoderne Wertschätzung des Historischen, zum anderen aber auch den Abschied des modernen Prinzips *Form follows Function,* zugunsten des postmodernen Prinzips *Form follows Fiction:* Die Form der Siedlung suggeriert eine bäuerliche Einwohnerschaft, doch ist Landwirtschaft in Wolfersheim längst zu einer Randerscheinung geworden, die Bewohner~innen pendeln längst nach Saarbrücken, Sankt Ingbert oder Homburg zur Arbeit (vgl. auch Fontaine, 2017b). (Eigenes Foto)

werden erhalten und einer Inszenierung beispielsweise durch kontextfremde Ausleuchtung unterzogen (wie beispielsweise in den Photographien von Bernd und Hilla Becher; Sander et al., 1997; allgemeiner: Pfütze, 2016). Damit werden Objekte, die ansonsten als banal und nichtssagend zurückgewiesen würden, geläutert und aufgehoben, „und zwar weder durch hartnäckiges Nachdenken noch durch die Flucht in eine Welt der bloßen Sinnesempfindung, sondern durch Schaffung einer neuen Erfahrung" (Dewey, 1988 [1934], S. 155; vgl. auch Ellin, 1999).

Aufgrund der großen Persistenz physischer Strukturen erfolgt dabei kein durchgängiges Ersetzen vormoderner durch moderne oder moderner durch postmoderne physisch-räumliche Strukturen. Insbesondere infolge der Wertschätzung der Postmoderne für das Historische werden moderne und vormoderne Strukturen erhalten bzw. postmodernen Ansprüchen verfügbar gemacht (z. B. *Shopping Malls* in historischen Gewerbebauwerken, Wohnen im Grünen in ehemaligen Bauernhöfen). Dadurch wird die Patchworkhaftigkeit der räumlichen Struktur, in der „ein Ort […] in sozialer Hinsicht alles Mögliche oder auch gar nichts bedeuten" (Lossau, 2009, S. 41) kann, noch weiter gesteigert. Dies erschwert die Lesbarkeit der physischen Grundlagen angeeigneter physischer Landschaften zusätzlich, schließlich korrespondieren Form und Funktion postmoderner Gebäude, unabhängig davon, ob neu errichtet oder einer neuen Nutzung zugeführt (Weiteres hierzu z. B. bei Fontaine, 2017b).

Abb. 5.15 Das UNESCO-Weltkulturerbe Zeche ‚Zollverein' in Essen stellt in seiner Erhaltung und Umnutzung (u. a. als Museum) ein Dokument des gewandelten Umgangs mit Objekten dar, die ihrer ursprünglichen Funktion nicht mehr entsprechen können. Statt sie gemäß einem modernistischen Kalkül abzureißen, dokumentiert sich die postmoderne Wertschätzung des Historischen in dem Bemühen, eine Folgenutzung zu finden. (Eigenes Foto)

5.6.2   Postmoderne 2: Hybridisierungen und Re-Urbanisierungstendenzen: Stadtlandhybride, *Edgeless Cities,* räumliche Pastiches und URFSURBS

Aktuelle räumliche Entwicklungen lassen Tendenzen erkennen, die die im vorangegangenen Abschnitt beschriebenen postmodernen Beschreibungen erweitern bzw. ergänzen: Stadtlandhybride, *Edgeless Cities,* räumliche Pastiches und URFSURBS, schließlich sind „Differenzen zwischen Zentrum und Peripherie im Zuge der immer komplexer werdenden Entwicklungsmuster in Stadtregionen und den damit verbundenen vereinfachten diskursiven Positionen zunehmend obsolet geworden" (Mlejnek et al., 2020, S. 20).

,Hybridität' und ,Hybridisierung' wurden im Kontext der zunehmenden Verbreitung postmoderner Forschungsansätze in den Kultur- und Sozialwissenschaften (siehe z. B. Vester, 1993) zu einer Kategorie der Deutung sozialer und kultureller Entwicklungen. Dabei lässt sich das Wort ,Hybridisierung' als „Metapher für kulturelle Vermischung"

(Hein, 2006, S. 59; vgl. auch Ha, 2005; Nederveen Pieterse, 2005; Schönwald, 2017) verstehen. Kultur wird dabei nicht mehr – in essentialistischer Denktradition – als Eigenschaft von ‚Völkern' verstanden, vielmehr wird sie als „work in progress" (Ackermann, 2004, S. 144) gedacht, das in Wechselbeziehung zwischen Person und Gesellschaft ausgehandelt wird. Somit bietet das Konzept der Hybridität keine sauber definierte und abgegrenzte Welt, es verspricht „keine derartige Perspektive von Tiefe oder Wahrheit […]: sie [die Hybridität; Anm. O.K.] ist kein dritter Begriff, der die Spannung zwischen zwei Kulturen oder die beiden Szenen des Buches in einem dialektischen Spiel der ‚Erkenntnis' auflöst" (Bhabha, 2000 [engl. Original 1994], S. 168). Hybridität lässt sich als ein sehr offenes Konzept verstehen, das die Abgrenzung des Einen von dem Anderen nicht als konstitutives Element kennt (vgl. Ha, 2006; Scherle, 2016)[7].

Aktuelle räumliche Entwicklungen lassen sich in dem Prozess kultureller und gesellschaftlicher Hybridisierungen verstehen: So lässt sich mit dem Begriff der ‚Stadtlandhybriden' (Kühne, 2012a; auch Kühne & Schönwald, 2014; Kühne, 2016c; Weber, 2017; siehe auch: Mlejnek et al., 2020; Schmidt-Lauber & Wolfmayr, 2020) die (zunehmende) Differenziertheit von Stadt und Land sowohl in struktureller (z. B. in Bezug auf Bebauung), funktionaler (z. B. zentralörtlicher), lebensweltlicher (dem Bemühen, für sich persönlich, die Elemente des Lebens wie wohnen, arbeiten, sich versorgen, sich erholen etc. angesichts der ökonomischen, administrativen, familiären etc. Situation zu optimieren), aber auch emotionaler (also in Bezug auf eine ‚Verheimatung') und kognitiver (z. B. in Form von Raumbeschreibung) Hinsicht beschreiben. Die Prozesse der Stadtlandhybridisierung lassen sich nicht allein als ein Ausgreifen urbaner Lebensweisen in das Umland beschreiben (dies wurde im Kontext der Suburbanisierungsforschung häufig festgestellt), sondern auch eine rurale Beeinflussung suburbaner Räume, wie Gailing (2015c, S. 85) feststellt: „Suburbane Räume sollten auch als subrurale Räume beachtet werden". Darüber hinaus bedeuten die Prozesse der Stadtlandhybridisierung auch – insbesondere im Kontext von Reurbanisierungsprozessen – das Aufkommen von Lebensstilen, die gemeinhin als ‚suburban' galten: häuslich, familien- und autozentriert (Frank, 2018; Kropp, 2015). Die Entstehung von Stadtlandhybriden bedeutet dabei aber nicht die Rückkehr zu modernen Gradienten, sondern es entstehen Pastiches unterschiedlichen Hybriditätsgrades (Hofmeister & Kühne, 2016b).

Die Bildung von räumlichen Pastiches ist durch die Auflösung vormals klarer Funktionstrennungen (wie sie nicht zuletzt von der modernen räumlichen Planung präferiert werden) zunehmend durch Funktionsdurchmischungen, Nutzungsaufgaben, Neunutzungen, Neustrukturierungen von Nutzungen, neue Verbindungen von Funktionen etc. abgelöst. Raumpastiches strukturieren den unterschiedlichen Grad an Hybridität. ‚Pastiche' bedeutet dabei „nicht einfach Entdifferenzierung, sondern *setzt Differenzbildung voraus,* um dann

---

[7]Im Kontext der ökonomischen Verwertbarkeit stellt Ha (2006, o. S.) fest: „Hybridität verkauft sich gut, weil sie für sexy gehalten wird".

zu Hybridkreuzungen, Rekombinationen, Reintegrationen zu führen" (Vester, 1993, S. 29; Hervorh. i. O.; vgl. auch Hoesterey, 2001). Differenz bedeutet dabei „nicht nur eine relative, das heißt auf ein Gemeinsames bezogene Verschiedenheit" (Scherle, 2016, S. 61), sondern auch eine Verschiedenheit, „die durch kein einheitliches Fundament (mehr) zusammengehalten wird und die klassische Frage nach der Relation des Einen und des Vielen, des Allgemeinen und des Spezifischen aufbricht". So war mit der Emergenz von *Edge Cities* ein funktionaler und struktureller Differenzierungsprozess verbunden, der mit der Entwicklung von *Edgeless Cities* (Lang 2003) seine Fortsetzung fand. *Edgeless Cities* entstehen in „vielerlei Formen, Größen und Dichten, sie finden sich in entsprechend vielfältigen Anordnungen" (Lang et al., 2009, S. 727). Gekennzeichnet sind sie dadurch, dass ihnen ein klares ‚Außen' fehlt, weswegen sich auch das ‚Innen' nur schwer definieren lässt. Ihnen wird entsprechend nur in geringem Umfang eine eigene ‚Identität' zugeschrieben, sodass „sie nicht als ein Ort wahrgenommen werden" (Lang et al., 2009, S. 732), obwohl sie flächenhaft bis zu mehreren hundert Quadratkilometern ausgedehnt sein können. Hier findet eine Differenzierung von räumlicher Funktion und Struktur statt, die schwerlich als die eines kontinuierlichen Übergangs von Stadt zu Land beschrieben werden kann. Als geplanter Gegenpol der *Edgeless Cities* in postmodernen Raumpastiches lassen sich die insbesondere im angelsächsischen Raum verbreiteten, aber auch in Deutschland auftretenden, *Business Improvement Districts* (BID) verstehen: Sie lassen sich als Ergebnis des Zusammenschlusses von Grundeigentümern verstehen, die in zentralen Lagen von Siedlungen in Form von Gesamtkonzepten Neugestaltung, Pflege und Unterhaltung der Umgebung ihrer Immobilien übernehmen und damit in Teilen das Handeln der öffentlichen Verwaltung, womit sie einen deutlichen Einfluss auf das jeweilige Quartier gewinnen (Petrow, 2019; siehe auch: Mitchell, 2001; Pütz, 2008). Das Ergebnis, auch der gestalterischen Maßnahmen, ist ein Attraktivitätsgewinn für Personen mit einer höheren Ausstattung an symbolischem Kapital im Sinne Bourdieus (1989; das Konzept wird in Abschn. 6.6.2 ausführlicher besprochen), bei gleichzeitigem Ausschluss von Personen mit einer geringen Ausstattung an demselben (Petrow, 2019; Peyroux et al., 2012; Zukin, 2010).

Der Begriff des ‚Raumpastiches' weist einen hohen Grad an Offenheit auf, sodass es problemlos in jene persistierenden Entwicklungen der ‚Gitternetz'-Postmoderne integriert werden kann, auch, weil hier Verschneidungen unterschiedlicher Entwicklungslogiken zu finden sind: ökonomische, soziale, politische wie kulturelle (als ein Beispiel hierfür sei urbanes Grün genannt: Vom rebellischen *Urban Gardening* bis hin zur Kulisse in einem Hochpreiseigentumswohnungskomplex ist hier alles zu finden; Termeer, 2016).

Gleichwohl bezieht sich das ‚Raumpastiche' konstitutiv auf die emergenten Entwicklungen, die nicht durch Abgrenzung, sondern durch Verbindung und Gradualität gekennzeichnet sind, wie *Edgeless Cities* und die im folgenden behandelten *Urbanizing former Suburbs* (URFSURBs; Kühne & Schönwald, 2015a; Kühne, 2016c, 2017a; Weber, 2016; Kühne & Weber, 2019b; Kühne et al., 2020; Roßmeier, 2019, 2020; Schönwald, 2017).

Wie der Begriff *Urbanizing former Suburbs* (URFSURBS) beschreibt, handelt es sich um die Ausdehnung ‚urbaner' Lebensstile, häufig aber auch Funktionen (z. B. des Arbeitens in ‚gehobenen' Dienstleistungsberufen) und Strukturen (z. B. in Form von bestimmten ‚innenstadttypischen Gebäuden', wie Büro(hoch)häuser oder Appartement-häuser) in innenstadtnahe suburbane Räume. Die Entwicklung von URFSURBS lässt sich einerseits als Konsequenz des Attraktivitätsverlustes suburbanen bis desurbanen Wohnens, andererseits als Folge veränderter ökonomischer Wertschöpfung wie auch ver-änderter gesellschaftlicher Wohnpräferenzen verstehen. Gesellschaftlich ist sie in einer Veränderung des Heiratsverhaltens, sinkenden Geburtenraten und dem Attraktivitäts-gewinn des Lebens als Single, Paar oder Wohngemeinschaft in einer für vielfältige Sozial-kontakte attraktiven Wohnlage begründet. So stellen die ‚klassischen' Suburbanisierer, Mittelschichtfamilien mit Kindern, einen immer geringeren Teil der Haushalte in Europa und Nordamerika. Die langfristige Steigerung der Energiepreise vermindert die Attraktivi-tät eines energieintensiven suburbanen Lebensstils (tägliches Pendeln zur Arbeit und der Temperierung eines zumeist freistehenden Einfamilienhauses; vgl. auch Häußermann, 2009). Ökonomisch erfordern Tätigkeiten in der Kultur- und Kreativwirtschaft zwar keinen Bürostandort, doch sind Möglichkeiten zentral, kurzfristig *Face-to-face*-Kontakte herzustellen. Dies macht einen Wohn- (und häufig kombiniert mit einem Arbeits-) Schwerpunkt in zentrumsnaher Lage attraktiv (Frank, 2012; Hesse, 2010; Gallagher, 2013; Gebhardt & Wiegandt, 2014; Gerhard, 2017; Kühne & Schönwald, 2015b). Wenn jedoch angesichts der umfangreichen Sanierungs- und Bautätigkeit in den klassischen innerstädtischen Lagen angesichts ihrer limitierten Flächenverfügbarkeit eine weitere Entwicklung (insbesondere wirtschaftlich) nicht mehr sinnvoll erscheint, gleichwohl das Interesse von Personen mit einer höheren Ausstattung an symbolischem Kapital (Bourdieu, 1987 [1979] anhält, setzt die Urbanisierung in an die Innenstadt angrenzenden ehemals suburbanen Quartieren ein: Es entsteht der neue Siedlungstypus der URFSURBS. Diese Entstehung kann dabei in unterschiedlicher Weise erfolgen: Besonders deutlich wird diese bei der Schaffung neuer physischer Strukturen (wie insbesondere als Errichtung von Appartementhäusern mit Shopping- und Gastronomieinfrastruktur). Diese Art der Entstehung vollzieht sich insbesondere dort, wo größere Grundstücke zur Verfügung stehen, also besonders auf vormals industriell genutzten Flächen. Der Nutzungswandel kann sich aber auch unter (weitgehender) Beibehaltung der physischen Strukturen voll-ziehen (ehemals leerstehende Ladengeschäfte werden zu Cafés u. ä.). Eine weitere Form der Entwicklung der URFSURBs ist die Erhaltung bestehender physischer Strukturen bei gleichzeitiger Beibehaltung der bestehenden Nutzung (zumeist als Wohnungen), allerdings nach Sanierung durch Personen mit einer höheren Ausstattung symbolischen Kapitals (Abb. 5.16). Breckner (2016, S. 112) verweist auf die zentrale Funktion der (hier: räumlichen) Mobilität für die aktuellen Prozesse differenzierter Siedlungsent-wicklung: „Räumliche Mobilität führt unterschiedliche Menschen zusammen oder hält sie voneinander getrennt, bestimmt soziokulturelle Alltagspraktiken und ermöglicht oder

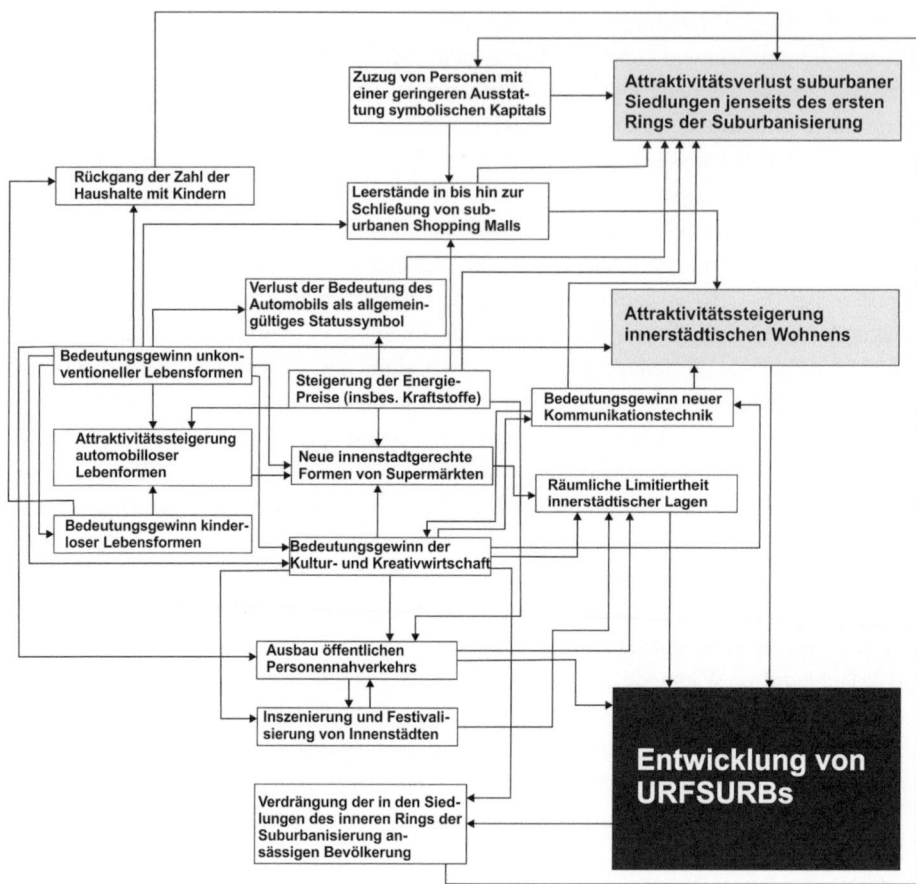

Abb. 5.16 Die Entwicklung von URFSURBS in Rückkopplung mit gesellschaftlichen, ökonomischen und anderen räumlichen Prozessen. (Nach: Kühne, 2016c)

verhindert sozialen Aufstieg sowie gesellschaftliche Anerkennung. Umgekehrt wirken sich soziale Mobilitätsprozesse der Verarmung oder Bereicherung sowie der milieuspezifischen Differenzierung von Wertorientierungen auf räumliche Mobilität aus".

Raumpastiches, Stadtlandhybride und URFSURBS bilden neue, postmoderne Raumentwicklungen, die bislang insbesondere in den Vereinigten Staaten, hier eigens in Südkalifornien, sowie Frankreich, hier in Paris, untersucht wurden (siehe Kühne et al., 2016, 2017). Der Begriff des Raumpastiches ist allgemein auf Raum bezogen, der Begriff des Stadtlandhybriden bezieht sich stärker auf die unterschiedlichen Hybridisierungserscheinungen von Stadt und Land, Natur und Kultur, insbesondere im besiedelten Raum. Der Begriff des Raumpastiches hebt dabei auf emergente Raumstrukturen ab, die sich mit dem Begriff des ‚Patchworks' nicht hinreichend beschreiben lassen, da dieser sehr stark von distinkten Grenzen ausgeht, die – wie die Untersuchungen zu *Edgeless Cities* zeigen – heute einen Spezialfall der Pastichebildung darstellen. So geht das Verständnis von Raumpastiche über das Patchwork, das Gitter bzw. das Netz hinaus, da es auch neue graduelle Übergänge, jenseits von Abgrenzungen, fokussiert. Damit ist der Begriff eng mit dem des Stadtlandhybriden verbunden und betrachtet stark den Aspekt der Mischung unterschiedlicher Strukturen und Funktionen. Die große Dynamik stadtlandhybrider Entwicklungen in Raumpastiches stellen URFSURBS dar: Diese verdeutlichen die Veränderbarkeit von räumlichen Entwicklungen, da einst der Prozess der immer weiter ausgreifenden Suburbanisierung als kaum aufzuhaltender Siedlungstrend galt und heute ehemals suburbane Strukturen durch städtische Lebensweisen überformt werden.

5.7   Ökonomische und politische Dominanz bei der Entwicklung der physischen Grundlagen angeeigneter physischer Landschaften: amerikanische Landschaften und die Entwicklung von sozialistischen zu postsozialistischen Landschaften

Wurde die Entwicklung der physischen Grundlagen angeeigneter physischer Landschaften bislang im Wesentlichen auf Westmitteleuropa (wobei westlich eher politisch denn allein geographisch zu verstehen ist) beschränkt, sollen im Folgenden zwei Pfade der physisch-räumlichen Entwicklung dargelegt werden, die in unterschiedlicher Art die gesellschaftliche Einschreibung in physische Räume repräsentieren, schließlich schreiben sich gesellschaftliche Ordnungen in spezifischer Weise in physische Räume ein (Cosgrove, 1984, 1998a): Während die US-amerikanische Entwicklung der physischen Grundlagen angeeigneter physischer Landschaft stark durch ökonomisches Kalkül und private Interessen geprägt ist (Abschn. 5.7.1), ist die Entwicklung in sozialistischen Staaten stark durch staatliche Einflussnahme mit dem Ziel der Erzeugung weitgehender ökonomischer und sozialer Angleichung geprägt (Abschn. 5.7.2). Im Folgenden wird gezeigt, wie die Entstehung von angeeigneten physischen Landschaften als Folge und Nebenfolge gesellschaftlicher Vorstellungen der Organisation von physischem Raum bezeichnet werden kann.

5.7.1   Amerikanische Landschaften

Die angeeigneten physischen Landschaften in den Vereinigten Staaten lassen sich als Repräsentanten der Einschreibung einer bestimmten Kombination einer religiös geprägten Kultur, demokratischer Grundeinstellung und dem Vertrauen auf die marktwirtschaftliche Regulation von Ansprüchen an physische Räume deuten (z. B. Dahrendorf, 1963; Mills, 1997; Schneider-Sliwa, 2005). In dieser Lesart repräsentieren sie räumliche Folgen und Nebenfolgen des seit dem 17. Jahrhundert entwickelten sogenannten ‚American Way of Life', der von der überwiegenden Mehrheit der Bevölkerung geteilter Nationalkonsens darstellt und bis heute trotz ethnischer, sozialer und kulturelle Heterogenität deutungsmächtige Klammer ist (Dahrendorf, 1963; Holzner, 1994, 1996; Hardinghaus, 2004; Mills, 1997). Im Wesentlichen findet sich dieser Nationalkonsens in der Unabhängigkeitserklärung der Vereinigten Staaten in Form der Grundrechte des Menschen niedergelegt, die ‚Leben, Freiheit und das Bestreben nach Glückseligkeit' als unveräußerliche Rechte des Menschen auffassen (Albrecht, 1990). Einen wesentlichen Einfluss auf den ‚*American Way of Life*' weist Dahrendorf (1963) Benjamin Franklin zu, der zum Erreichen individueller Wohlfahrt, „Fleiß *(industry),* Konzentration auf das, was man tut, auf die eigenen Geschäfte *(attention to one's business)* und Sparsamkeit *(flugality)*" (Dahrendorf, 1963, S. 25) anmahnte. Wesentliche Grundlagen der von den ‚*White Anglo-Saxon Protestants*' (WASPs) geprägten Kultur bilden der Puritanismus und die Aufklärung, die sich in der Idee, „in der individuellen Selbstentfaltung den gelebten Sendungsauftrag zu sehen, eine uneingeschränkte Akzeptanz" (Schneider-Sliwa, 2005, S. 4) verschafften. Der amerikanische Nationalkonsens beinhaltet insbesondere drei soziale Deutungen mit erheblichen Auswirkungen auf die Entwicklung angeeigneter physischer Landschaften: die Mythen des Schmelztiegels und der *Frontier* wie auch die Leitvorstellung einer ländlichen Lebensweise.

5.7.1.1 Historische Aspekte der gesellschaftlichen und physischen Grundlagen angeeigneter physischer Landschaften in den Vereinigten Staaten

Der Mythos des Schmelztiegels wird im Werk ‚Letters from an American Farmer' von Hector St. John de Crèvœur aus dem Jahre 1782 erstmals nachgewiesen. Darin wird die Deutung eines egalisierenden Mechanismus konstruiert, „der Menschen aller Nationalitäten und Kulturen den gleichen harten Lebensbedingungen aussetzte und Unterschiede auf diese Weise nivellierte" (Schneider-Sliwa, 2005, S. 13)[8]. Diese harten Lebensbedingungen seien im Wesentlichen der Präsenz von Wildnis in Nordamerika geschuldet gewesen, mit deren unterschiedlichen Ausprägungen (in Form von Wald, Gebirgen, Flüssen, Wildtieren u. a.) Neuankömmlinge – zumeist aus weitgehend kultivierten angeeigneten physischen Landschaften stammend – konfrontiert waren. Die Konfrontation mit Wildnis wird insbesondere in den Vereinigten Staaten als Katharsis mythologisiert: Dem „europäischen Neunankömmling seine alte Identität" (Hardinghaus, 2004, S. 14) nehmend, werde diese Konfrontation „zum Ausgangspunkt

---

[8] Die Metapher des Schmelztiegels erscheint in doppelter Hinsicht jedoch euphemistisch: Zum einen bedeutete „das Verschmelzen in erster Linie die Anpassung der Einwanderer an die vorherrschenden gesellschaftlichen Normen *eines* Bevölkerungssegments, nämlich des angloamerikanischen" (Schneider-Sliwa, 2005, S. 14), Hervorh. i. O.), zum anderen waren die Vereinigten Staaten auch von Personen bevölkert, mit denen eine Verschmelzung nicht vorgesehen war: Schwarze und Indigene.

seiner Wiedergeburt als Amerikaner *(American Adam)*" (Hardinghaus, 2004, S. 14), die im Wesentlichen darin gesehen wurde, die Gemeinschaft für einige Zeit zu verlassen, sich als Individuum den Gefahren zu stellen (Mills, 1997) und sich frei und eigenständig zu entwickeln: „Man ist nicht eingeklemmt zwischen andere, auch nicht bedrückt von der Geschichte, sondern kann alles machen, macht auch, was man kann, nicht was man darf oder was andere einem sagen" (Dahrendorf, 1984, S. 239). Räumliche Konkretisierung findet diese ‚Wiedergeburt' im Konstrukt der *Frontier.* Ein Konstrukt, das in den 90er Jahren des 19. Jahrhunderts von Frederick Jackson Turner formuliert wurde und fortan zu den zentralen Mythen des Nationalkonsens zählte (vgl. Slotkin, 1973; Kocks, 2000; Mausbach, 2017). Dabei bezeichnet die *Frontier* eine idealisierte Trennlinie zwischen Zivilisation – also kultivierter angeeigneter physischer Landschaft – und Wildnis; oder sozial in der Terminologie jener Zeit formuliert: ‚Zivilisierten', weil Sesshaften, und ‚Unzivilisierten', weil Nomaden. Die Besonderheit der amerikanischen Demokratie leitete Turner „aus der materiellen und psychischen Erfahrung des Frontierlebens ab, in welcher der Einzelne in der Sicherung der Lebensgrundlagen völlig auf sich allein gestellt war" (Schneider-Sliwa, 2005, S. 11), in geodeterministischer (und essentialistischer; siehe Abschn. 6.1) Denktradition wird hier davon ausgegangen, dass der physische Raum den ‚Charakter des Menschen' formt (Rau, 2013). Das Konstrukt der *Frontier* als „Mythos der amerikanischen Identität" (Clarke, 1993, S. 3) wurde mit der Idee der religiösen Auserwähltheit verbunden, die auf dem puritanischen Analogiekonstrukt „zwischen der Überfahrt nach Amerika und dem Auszug des Volkes Israel aus der ägyptischen Gefangenschaft in das Gelobte Land" (Hardinghaus, 2004, S. 46) fußt, woraus das Konstrukt des ‚Exzeptionalismus' Amerikas (Madsen, 1998; Schneider-Sliwa, 2005) abgeleitet wird. In Kanada, wo Wildnis keine solche mythologische Aufladung für das nationale Selbstverständnis erfahren hat, erfährt sie eine andere Konnotation (Ponte, 2010, S. 65): „In Kanada referiert die Sprache zur Wildnis auf das Überleben und auf unerträgliche Angst". Ein Beispiel dafür, dass auch bei räumlicher Nähe und (teilweise) gleicher Sprache gleiche physische Objekte sehr unterschiedlich gesellschaftslandschaftlich konstruiert und konnotiert werden können.

In Anlehnung an die Himmelsrichtung des Voranschreitens der *Frontier* wurde der ‚Westen' zum Symbol des mit Heilserwartungen verknüpften dynamischen Wandels und zum Symbol eines „Raumes der Möglichkeiten" (Campbell, 2000, S. 2; Madsen, 1998), wobei dieses Versprechen des ‚Westens' auch mit Gefahren durch native Amerikaner, Banditen, geflohene Sträflinge u. a. konnotiert war, wie Mills (1997) feststellt. Der Mythos der *Frontier,* „überwiegend als Grenzerfahrung und Kampf konstruiert und rekonstruiert" (Egner, 2006, S. 60) wird bis heute massenkulturell im Filmgenre des Westerns aktualisiert. Kritisch kann die *Frontier* aber auch in vielen ihrer Abschnitte als ein „Prozess der Zerstörung von Flora, Fauna und bereits existierender Kultur" (Pregill & Volkman, 1999, S. 435) verstanden werden.

Erst im 19. Jahrhundert entwickelte sich – auch hier unter Vermittlung der Malerei (siehe Abschn. 7.1.2) – eine gesellschaftslandschaftliche Umdeutung von Wildnis als ästhetisch erhaben. Ein besonderer Ort zum Erleben erhabener Bezugnahme zu

Natur wurden die Niagarafälle (DeLue, 2008 [2001], S. 3): „Ein Besuch von Niagara versprach die Spitze visueller Ekstase". Infolge dieser ästhetischen Zuschreibung der Erhabenheit wurden Nationalparks als Räume zur Erhaltung von Wildnis gegründet. Der anthropozentrische Gedanke dieser Gründungen erschließt sich exemplarisch aus dem Gründungsdokument des ersten Nationalparks, dem Yellowstone-Nationalpark, aus dem Jahre 1872. Dieses Dokument deklariert ihn als öffentlichen Park mit dem Zweck des Nutzens und des Vergnügens der Bevölkerung (The National Park System o. J.), deren eigene Lebenswelt zunehmend ‚naturfern' und städtisch geprägt war. Einen weiteren Grund für die Ästhetisierung und Erhaltung von ‚Wildnis' in Nationalparks verbindet Hupke (2015, S. 261) mit dem Fehlen kultureller Monumente, im Sinne einer Kompensation, denn „schienen die Vereinigten Staaten etwas mitbekommen zu haben, das mindestens so wertvoll erschien wie die Reste einer jahrtausendealten europäischen Kultur. Es handelte sich um Wasserfälle und Canyons, die höher bzw. tiefer waren als die höchsten europäischen Kathedralen" (vgl. auch Otis, 2002, Abb. 5.17).

Als deutliches Symbol der Umwandlung von Wildnis kann die geometrische Einschreibung des *American Grids* in den physischen Raum gelten. Dabei wird der physische Raum einheitlich in quadratische Parzellen gegliedert, an deren Grenzen auch Infrastruktureinrichtungen (wie Straßen, Kanäle etc.) ausgerichtet werden. Mit Ausnahme der 13 Ursprungskolonien sowie von Texas und einigen Gebirgsgebieten im Westen erfolgte die Erschließung des Landes nach diesem Schema (Johnson, 2010). Das *American Grid* deutet Lehmann (Lehmann, 1986a, S. 241) als einen „vollkommenen und definitiven Bruch mit der europäischen Tradition der älteren Kolonialzeit, eine Absage an alles historisch Gewachsene, ein souveränes Hinweggehen über alle natürlichen Grenzen wie Flüsse und Seen, Berge und Täler", womit es „ein echtes Kind des Aufklärungszeitalters, ein Sieg der Ratio, eine Erklärung des Glaubens an die Allmacht menschlichen Willens" sei (ähnlich auch bei Olwig, 1993; Kaufmann, 2005; Muller, 2010). Im Gegensatz zu europäischen Räumen werden mit dem *American Grid* Stadt und Land „ein und demselben Ordnungsprinzip der groben Bodenaufteilung unterworfen" (Fehl, 2004, S. 43). Die egalitäre Struktur des *American Grids* war neben der symbolischen Angleichung von Stadt und Land auch ein Symbol des von Privilegien freien und gleichen Zugangs zum Erwerb von Land (Fehl, 2004). Aufgrund der geringen geometrischen Komplexität war die Gliederung von Land nach diesem Prinzip auch durch Lai~innen kontrollierbar. Ein weiterer, ökonomischer Grund sprach für das *American Grid:* Es entstanden geringe Vermessungskosten, was angesichts der Ausdehnung der zu vermessenden Flächen ein zentrales Argument war (Kaufmann, 2005). Die massenhafte Reproduzierbarkeit immer gleich geschnittener Parzellen lässt das *American Grid* als Vorbote des fordistischen Prinzips verstehen, wodurch eine angeeignete physische Landschaft der geometrischen Entkomplexisierung entstand, „in deren expansivem Rahmen sich die zukünftige Nation selbstbestimmt entfalten konnte" (Kaufmann, 2005, S. 331; vgl. auch Olwig, 1993; Kühne, 2008a). Diese Zurichtung der räumlichen Gliederung des Landes gemäß fordistischer Kriterien erleichterte im 20. Jahrhundert die Implementierung einer fordistischen Landwirtschaft, schließlich mussten hier nicht – wie in weiten Teilen Europas (insbesondere in den

Abb. 5.17 Der Yosemite-Nationalpark in Kalifornien. Die Straßen und Wege zu den Objekten, die im ästhetischen Modus der Erhabenheit wahrzunehmen sind, sind ausgebaut und somit einer großen Öffentlichkeit zugänglich und ermöglichen die Inaugenscheinnahme ohne größere körperliche Anstrengungen. (Eigenes Foto)

Realerbteilungsgebieten[9]) – erst aufwendige und zeitraubende Flurbereinigungsverfahren durchgeführt werden, um große Schläge zu erhalten. Auf Grundlage des *American Grids* wurde auch – gemäß den liberalen Leitideen von Individualismus und Privatbesitzes

---

[9] Realerbteilung bedeutet, dass der Besitz – in diesem Kontext insbesondere wichtig, das Land – so aufgeteilt wird, das jeder Erbberechtigte ein Teil des Besitzes erhält (verbreitet z. B. in Süddeutschland). Im Anerbenrecht wird das Erbe geschlossen an eine einzige Person (in der Regel an den ältesten Sohn) vererbt. Mit der Realerbteilung geht eine zunehmende Flurzersplitterung einher.

(siehe genauer Abschn. 6.7.1) – eine Auflösung des traditionellen Dorfes in ein System einzeln stehender Farmen vollzogen (Kaufmann, 2005).

Diese Gliederung ländlicher Besiedelung bildet eine wesentliche Basis einer Entwicklung, die die physischen Grundlagen angeeigneter physischer Landschaft im 20. und beginnenden 21. Jahrhundert geprägt hat und bis heute prägt: die Suburbanisierung, die „die Kultur, die soziale und wirtschaftliche Struktur des Landes sowie die Lebensweise seiner Bürger und ihre Vorstellungen von einem guten Leben durchgreifender geprägt [hat] als in anderen Ländern" (Müller & Rohr-Zänker, 2001, S. 27). Getrieben wurde die Suburbanisierung durch das historische (bereits durch Thomas Jefferson formulierte) gesellschaftslandschaftliche Ideal des Lebens im ländlichen Raum (Hardinghaus, 2004). Darin spiegelt sich – so Häußermann (1998, S. 80) – ein wesentlicher Unterschied zum europäischen Verständnis von Stadt und Land: Während in Nordamerika die Freiheit des individuellen Eigentums „auf dem freien Land den höchsten Wert des *American way of life*" darstellt, sind in Europa „die Entwicklung einer demokratischen Gesellschaft und Formen individueller Selbstbestimmung eng mit der städtischen Zivilisation verknüpft". Noch deutlicher formuliert Herbert Lehmann (1986a, S. 244) den Unterschied zwischen amerikanischen und europäischen Siedlungsweisen: Wie es in den Vereinigten Staaten im ‚eigentlichen' Sinne keine Dörfer gäbe (die Landbewirtschaftung erfolge schließlich von einzeln stehenden Farmen aus), gäbe es auch – von einigen Ausnahmen abgesehen – keine Städte im europäischen Sinne:

> „Den amerikanischen Städten fehlt ja die historische Funktion unserer europäischen Städte; sie bargen weder das Marktrecht noch das Münzrecht noch sonstige Privilegien, an denen man nur teilhaben konnte, wenn man im Besitz eines Bürgerbriefs war. Die meisten amerikanischen Städte sind nichts anderes als sog. ‚zentrale Orte', in denen die Geschäfte, die drugstores, die Kinos, die Tankstellen (mit ihren wichtigen restrooms) und ein paar Behörden nach einem bestimmten immer wiederkehrenden Schema konzentriert sind, mit einem Gürtel von Randhäusern drumrum".

Was Lehmann (1986a) als ‚Gürtel von Randhäusern' bezeichnete, war ein Prozess der Suburbanisierung, der als Massenbewegung in den Vereinigten Staaten nicht erst mit der Massenmotorisierung begann: Seit Beginn der eisenbahn- und straßenbahnbasierten Massenmobilisierung wuchsen etwa ab den 1870er Jahren die suburbanen Siedlungen. Bereits diese Suburbanisierung wurde systematisch nach ökonomischem Kalkül betrieben, indem Entwickler~innen ein größeres Landstück erwarben, es parzellierten und die so entstandenen Grundstücke erschlossen (mit Straßen, Frischwasserleitungen, Elektrizität etc.) oder sogar bezugsfertige Häuser errichteten (Hayden, 2004a). Diese Art der Erschließung spiegelt – Hayden (2009, S. 21) zufolge – einen fundamentalen sozial-ökonomischen Interessenkonflikt wider: „auf der einen Seite der Wunsch der Bewohner, hier glücklich zu sein, auf der anderen Seite der Wunsch der Investoren, davon zu profitieren".

Die Suburbanisierung in den Vereinigten Staaten ist dabei nicht allein durch die gesellschaftslandschaftlich vorgegebene Zuneigung zum (zumeist stereotyp) Ländlichen begründet, sie basiert auch auf der Ablehnung des (ebenso stereotyp konstruierten) Städtischen (unter vielen: White & White, 1962; Lewis, 1976; Sennett, 1991; Holzner, 1994; Kazig et al., 2003; Wallach, 2010; Kühne, 2012a, Kühne & Schönwald, 2015a). Die Stadt unterliegt einer Konstruktion als „Hort der Unfreiheit, von Lärm, Rauch, Krankheiten und Laster beherrscht und wo das Individuum sich nicht entfalten kann, sondern in der namenlosen Masse auch die politischen demokratischen Tugenden seiner Selbständigkeit und Verantwortung verliert" (Holzner, 1996, S. 21; Lewis, 1976). Diese Zuschreibungen unterliegen einer ständigen medialen Aktualisierung, indem Städte als kriminell, nicht beherrschbar, Ort der Enge, der Verführung, kurz: der Abweichung von allem, was der Mehrheitskultur als lebenswert gilt angesehen werden (Kühne, 2012a).

5.7.1.2 Suburbanisierung in den Vereinigten Staaten

Die Ablehnung des Urbanen und die Bevorzugung des Ländlichen manifestiert sich architektonisch im physischen Raum: die Architektur suburbaner Siedlungen ist an ländlichen Gestaltungsvorbildern orientiert; wobei die Erstellung dieser ländlich anmutenden Häuser fordistischen Skalenkalkülen unterworfen wurde: „Die Stadt im Fordismus war die bauliche Umwelt eines durchtaylorisierten gesellschaftlichen Gefüges", dessen Bewegungszyklus von der Produktion von Gütern „bis auf die Autobahnen und mechanisierten Eigenheime weitergetrieben werden konnte" (Keil, 1993, S. 64; vgl. auch Schäfer, 1998; siehe auch Abschn. 5.5). Als Pioniersiedlung des fordistischen Wohnungsbaus gilt Levittown im Suburbium von New York: Auf Grundlage in Fertighausbauweise bei gleichzeitig effizient organisiertem Einsatz der Arbeiten in allen Produktionsschritten nach tayloristischem Kalkül (so waren Arbeiter z. B. für Malerarbeiten in einer bestimmten Farbe zuständig) wurde der Wunsch nach einem Eigenheim für weite Bevölkerungsteile verfügbar (Hayden, 2004a; Krisch, 2009; Basten, 2017, Abb. 5.18). Dabei wurden „millionenfach die immer gleichen Häuser von der Stange in den typischen ‚Sitcom Suburbs' produziert, deren weiße Bewohner aus der Mittelschicht und der Arbeiterschaft ganz den beliebten ‚Sitcoms' der Vorabendserien der 1950er und 1960er Jahre glichen" (Harlander, 2009, S. 182; Hervorh. i. O.; Hayden, 2009). Sie repräsentieren den massenhaft erreichbaren ‚amerikanischen Traum' eines Ausbruchs von Arbeitern und kleinen Angestellten aus dem Proletariat (siehe Hayden, 2004a, 2009; Waldie, 2005). Im Kontext der Suburbanisierung entsteht eine differenzierte Segregation, die sich in drei Dimensionen abbildet (z. B. Holzner, 1996; Knox & Pinch, 2010; Pietila, 2010):

1. Haushalte unterschiedlicher Größe und Ethnie mit höheren Einkommen verlassen baulich ältere Quartiere in den Kernstädten, mit dem Ziel der Ansiedlung in neuen und verwaltungsmäßig selbstständigen Vororten.
2. Auch in den Suburbiumssiedlungen segregieren sich Menschen nach Einkommen, sozialem Status und Ethnie.

Abb. 5.18 Suburbane Siedlungen, hier in der Metropolregion San Diego. Mit ihrer Entwicklung rückgekoppelt: der Ausbau der Verkehrsinfrastruktur (zumeist in Form von Straßen). (Eigenes Foto)

3. Zu diesen Segregationsprozessen verläuft eine kohortenspezifische Segregation, gemäß derer sich Personen gleicher Lebensphase aggregieren: junge Einpersonenhaushalte (häufig in neu errichteten oder sanierten Gebäuden in der Innenstadt), junge Paare mit oder ohne Kinder, ältere Paaren etc.[10]

Dieses, sich im physischen Raum manifestierende, Streben nach der Gemeinschaft Gleichartiger versteht Zygmunt Bauman (2008, S. 131) im Zuge der zunehmenden Steigerung der Komplexität der Welt als Streben nach einer „Art Versicherungspolice gegen die Risiken, mit denen das tägliche Leben in einer vielstimmigen Welt behaftet ist", auch wenn dieses „Eintauchen in die ‚Gleichartigkeit' […] die Risiken, denen man dadurch aus dem Weg gehen will, nicht verringern oder gar abwehren [kann]".

---

[10]Aufgrund der unterschiedlichen Schnittmengen dieser Prozesse aggregieren sich in bestimmten Quartieren beispielsweise junge schwarze Familien mit einem mittleren sozialen Status, oder ältere weiße Paare mit hohem sozialen Status.

Die sehr deutlich zutage tretende Segregation ethnischer Minderheiten weist – nach Knox und Pinch (2010) – vier Funktionen auf: Erstens, die Funktion der Abwehr gegenüber Übergriffen; zweitens, die Funktion der gegenseitigen Untersetzung durch eine große Ansammlung von Personen in einer vergleichbaren Lebenssituation; drittens, die Funktion der Bewahrung der eigenen Kultur und viertens, die Funktion der Basis für eine spätere Generierung von Macht in einem größeren sozialen Kontext (z. B. den Aufbau von sozialen Netzen mit dem Ziel einer späteren politischen Artikulation der eigenen Interessen, z. B. bei der Wahl kommunaler Räte).

Ein wesentliches Merkmal der physischen Grundlagen angeeigneter physischer Landschaften in den Vereinigten Staaten im Vergleich zu Europa liegt in der physischen Repräsentanz des Fremden insbesondere im urbanen Kontext. Einerseits werden urbane Kontexte sehr viel stärker durch Quartiere geprägt, die durch Bewohner~innen einer kulturellen bzw. ethnischen Herkunft geprägt sind, andererseits werden diese Quartiere physisch sehr viel stärker an die ästhetischen Standards der Herkunftsgesellschaft angepasst als dies in Europa zu finden ist. Diese ethnischen Viertel können eine symbolische Mittlerfunktion zwischen Herkunfts- und Zielgesellschaft übernehmen und einen Zwischenschritt zur Assimilation darstellen, sie können aber auch zur Konstruktion hybrider Identitäten zwischen Herkunfts- und Zielgesellschaft beitragen (Kühne, 2012a; Kühne & Schönwald, 2015a).

Die Versorgung der suburbanen Bevölkerung mit Konsumgütern erfolgt häufig durch *Shopping Malls:* Umgeben von großen Parkplatzflächen, seltener Parkhäusern, integrieren sie wegen Überdachung witterungsunabhängig, Nutzungen unterschiedlicher Art. Eine Vielzahl an Einzelhandelsgeschäften mit großen Schaufensterflächen wird mit Flächen für allgemeine Nutzungen (Spiele, künstlerische Darbietungen u. a.) und Gastronomiebetrieben, bisweilen auch Kinos, kombiniert. Diese „*Mini-Downtowns* erfüllen eine soziale Funktion *(Community Function),* nämlich für eine Bevölkerung zu sein, die keine intakte Innenstadt mehr kennt" (Schneider-Sliwa, 2005, S. 175). *Shopping Malls* lassen sich auch als physische Manifestationen des Strebens nach Sicherheit interpretieren: Im Gegensatz zu öffentlichen Räumen (wie der Innenstadt) können hier die Betreiberunternehmen der Malls unliebsamen Personen (zum Beispiel solchen, die als nicht adäquat gekleidet gelten) den Zutritt verweigern (näheres zu räumlichen, sozialen und kulturellen Bedeutungen von *Shopping Malls* siehe: Bloch et al., 1994; Scharoun, 2014; Wiegandt, 2017).

5.7.1.3 Die ökonomische Regulierung räumlicher Belange

Aufgrund der breiten Akzeptanz suburbanen Lebens bei der Wahlbevölkerung und des (gesellschaftlich vermittelten) Interesses zum Erwerb von Immobilien seitens der Bevölkerung wurden zahlreiche staatliche und lokale Förderungen der Suburbanisierung von Wohnbevölkerung und Wirtschaftsunternehmen eingeführt, wie Zinsverbilligungen, die vergünstigte Versicherung von Hypotheken, die Verringerung der Bundessteuern für Hypothekenzinsen, die beschleunigte Abschreibung für *Greenfield*-Gewerbegebiete, aber auch die Einrichtung eines Bundesfonds zur Finanzierung von Highways. Somit

„haben diese Bundesprogramme eine Nation von Groß- und Kleinstädten in eine Nation metropolregionenartigen Sprawls verwandelt" (Hayden, 2004b, S. 11). Die räumliche Entwicklung in den Vereinigten Staaten unterliegt deutlich stärker als in Europa dem ökonomischen Kalkül. Eingriffe staatlicher räumlicher Planung wird mit großer Skepsis wahrgenommen. Diese Skepsis lässt sich in sechs Punkten zusammenfassen, wobei die ersten drei Punkte aus Perspektive einer liberalen (genaueres in Abschn. 6.7.1) und die letzten beiden Punkte aus einer kritischen Perspektive (näheres in Abschn. 6.6) geäußert werden (Gottdiener, 1977; Neutze, 1988; Bruegmann, 2005; Knox, 2005; Pacione, 2009):

1. Räumliche Planung sei unnötig, schließlich seien die Marktkräfte in der Lage, eine sinnvolle Anordnung von Landnutzung sicherzustellen.
2. Räumliche Planung sei ein Einfallstor für Korruption, was insbesondere die Zulassung unterschiedlicher Landnutzungsintensitäten betrifft.
3. Räumliche Planung erschwere die Anpassung der Raumnutzung an aktuelle und insbesondere künftige Erfordernisse, da Pläne stets überkommene Vorstellungen von räumlicher Ordnung repräsentierten.
4. Räumliche Planung erzeuge Ungleichheiten und Ungerechtigkeiten. Sie gäbe die Möglichkeit, Planungsgewinne zu internalisieren, die Kosten der Ergebnisse von Planung jedoch zu externalisieren (beispielsweise könnten in einem neu errichteten Industriegebiet unternehmerische Gewinne erwirtschaftet werden, die Folgen einer steigenden Verkehrs- und Luftbelastung seien jedoch auch von Anwohnern in Wohngebieten zu tragen [was sich bei der Entwicklung auf Grundlage eines Bodenpreismechanismus nicht grundsätzlich anders darstellt; Anm. O.K.]).
5. Räumliche Planung sei mit der Verschärfung sozialer Segregation verbunden, da durch den Einsatz von Planungsinstrumenten – speziell in suburbanen Räumen – Grundstücksmindestgrößen festgelegt werden und dadurch hohe Immobilienpreise gesichert und somit der Zuzug weniger wohlhabender Bevölkerungsteile verhindert würde.
6. Räumliche Planung habe ihren Anspruch, einen Beitrag zur Entwicklung einer gerechteren Gesellschaft zu leisten, verloren und sei zu einem Management ökonomischer Landverwertung verkommen.

Die Dominanz des Kalküls des Ökonomischen gegenüber dem Politisch-Planerischen äußert sich auch in der Bebauung zentraler Siedlungsbereiche: Hohe Grundstückspreise werden – hohen Baukosten zum Trotz – durch die Errichtung von Hochhäusern relativiert: die nutzbare Fläche (in Form von verfügbarer Geschossfläche) wird vervielfacht und senkt damit wiederum den Quadratmeterpreis der Geschossfläche im Vergleich zu einer niedrigen Bebauung (Alonso, 1964; Heineberg, 1989; Krätke, 1995). Da die Quadratmeterpreise pro Geschossfläche dennoch im Vergleich zu weniger zentralen Bereich sehr hoch sind, siedeln sich insbesondere Dienstleistungsunternehmen mit hohem Wertschöpfungspotenzial pro Flächeneinheit, und, vergleichsweise selten, dann aber sehr wohlhabende, Wohnbevölkerung an (Abb. 5.19).

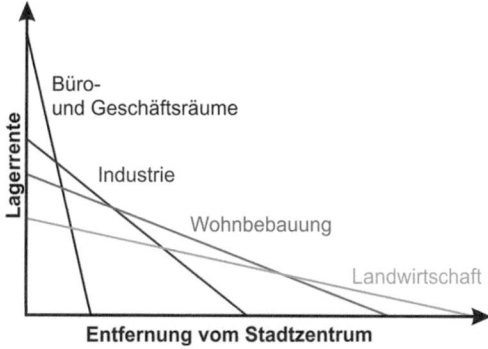

Abb. 5.19 Landnutzungszonen in der Stadt und ihrem Umland gemäß dem Modell des Differenzialprinzips der Lagerrente. Gemäß diesem Modell ist die Lagerrente umso höher, je näher sich ein Standort am Zentrum befindet. Da die erzielbaren Erlöse pro Flächeneinheit zwischen den unterschiedlichen Landnutzungen unterschiedlich sind, siedeln sich jene Nutzungen in Zentrumsnähe an, die in der Lage sind, hohe Preise für zentrumsnahe Flächen zu zahlen. (Eigene Darstellung nach: Bathelt & Glückler, 2003; Heineberg, 1989)

5.7.1.4 Postmoderne Stadtlandhybride: das Raumpastiche Los Angeles

Die im Vorangegangenen dargestellten Prozesse der Entwicklung angeeigneter physischer Landschaften in den Vereinigten Staaten werden seit den 1970er Jahren durch Postmodernisierungsprozesse ergänzt. Als Beispiel kann das Siedlungsgefüge, dem hierbei eine herausgehobene Bedeutung zukommt, der Agglomeration von Los Angeles dienen (unter vielen: Banham, 2009 [1971]; Davis, 1998; Garreau, 1991; Soja & Scott, 1998, 2006; Dear & Flusty, 2002b; Culver, 2010; Kühne, 2012a, 2016a, 2016b, und 2017a). Die Wertungen von Los Angeles reichen von Höllenstadt ohne Urbanität, Historie ohne Horizont (wie Lévy, 2005) bis zur „Verwirklichung einer Art urbaner Utopie und des amerikanischen Traums" (Soja & Scott, 2006, S. 283). Die Siedlungsstruktur der Region ist „durch eine mosaikartige Auflösung und Fragmentierung des städtischen Gefüges in eine Vielzahl von Zellen unterschiedlicher Funktion sowie in einzelne Wohnbezirke aufgeteilt, die nach demographischen, sozioökonomischen und ethnischen Kriterien meist sehr homogen, voneinander deutlich unterschieden, ja isoliert und nicht selten durch Mauern oder Zäune abgeschottet sind" (Thieme & Laux, 1996, S. 82). *Downtown* Los Angeles kann trotz des Versuchs der Funktionsstärkung seit den 1980er Jahren, finanziert durch ausländisches Kapital, insbesondere japanisches (was der Film ‚*Stirb langsam*' publikumswirksam thematisiert) und kanadisches, funktional keine dominante ökonomische Funktion entwickeln und bleibt ein Standort unter vielen, auch wenn er eine hohe symbolische Bedeutung aufweist und immer wieder, z. B. in Spiel- und Dokumentarfilmen, aber auch Internetvideos, zu einer vertikalen Stadt, vergleichbar etwa mit New York, stilisiert wird. In dem Kontext der Genese konturloser Siedlungen entwickelte sich „das post-suburbane Orange County […] zu einer Protometropole eigenen Zuschnitts; es stellt das bei weitem größte metropolitane Gebiet ohne Kernstadt mit mehr als 350.000 Einwohnern dar" (Soja & Scott, 2006, S. 294). Es weist heute „mehr Bürofläche auf als jede andere Region in Kalifornien mit Ausnahme von Los Angeles und San Francisco" (Lowenthal, 2009, S. 71). Dabei weisen Edgeless Cities im Vergleich zu anderen Agglomerationen in den Vereinigten Staaten die größte Bedeutung auf: Lang, Sanchez und Oner (2009, S. 744) zufolge konnten diese im Jahre 2005 bereits 46 % der Bürofläche in der Metropolregion Los Angeles auf sich vereinen (Abb. 5.20).

Die in Südkalifornien dominierende Architektur beschreibt Molotch (1996, S. 248) als zu der Art passend, „wie Kalifornier eben die meisten Dinge täten: mit wenig Bindungen zur Orthodoxie, ausgerichtet an Launen, unter Nachahmung jeglicher architektonischer Gestaltung oder Periode (*French Regency, English Tudor, Spanish Colonial* etc.) oder Kombinationen davon". Charles Jencks (1993, S. 32) sieht in der Diversifizierung und Fragmentierung des Raumpastiches Los Angeles die Grundlage seiner Besonderheit: „Los Angeles ist eine Kombination von Enklaven mit einem hohen Maß an Identität und einer Vielzahl an Enklaven mit einer gemischten Identität und – als Ganzes genommen – ist es die vielleicht heterogenste Stadt der Welt". Heterogenität und die extreme individuelle Mobilität kulminiert in einer starken Zentrierung des Lebens auf das Automobil: Die Bevölkerungsdichte, die gering ist, die Abwesenheit eines dominanten Zentrums, auf das sich der öffentliche Verkehr wirtschaftlich ausrichten ließe, und das Auto als Symbol der Freiheit, haben die Agglomeration von Los Angeles zum „*Prototyp[en] und […] Symbol einer automobilen Gesellschaft*" (Bratzel, 1995, S. 11; Hervorh. i.O.) gemacht „Die Abhängigkeit der Bürger vom Auto und die ökologischen Folgen dieser Automobilität sind wohl in keiner anderen Metropole offensichtlicher" (Bratzel, 1995, S. 11, Abb. 5.20). Wesentliche Bestimmungsgründe einer solchen Ausrichtung finden sich in den normativen Aspekten der gesellschaftlichen Landschaft: Bereits Mitte der zweiten Hälfte des 19. Jahrhunderts wurde Südkalifornien als ‚mediterranes Arkadien' vermarktet, eine Landschaftsnorm, die sich schwerlich mit verdichteter Bebauung vereinbaren lässt, die wenig verdichteten Siedlungen wurden

Abb. 5.20 Downtown Los Angeles nimmt sich trotz der Restrukturierungsbemühungen seit den 1980er Jahren im Vergleich zu anderen US-amerikanischen Metropolen eher bescheiden aus: Zu groß ist die Konkurrenz der Edge Cities und Edgeless Cities. Durch die Ausrichtung des Verkehrs auf das Auto entsteht in den Sommermonaten ein dichter Ozon-Smog. (Eigenes Foto)

dann mit einem System an Trambahnen vernetzt, sodass Verdichtungen nicht zwingend erschienen. Der rasche Ausbau des Stadtlandhybriden erfolgte dann in einer Zeit, in der auch die Nutzung des Automobils boomte. Flankiert wurde diese Entwicklung wiederum von einer explizit anti-urbanen Politik in Abgrenzung zu New York und den europäischen Städten wie auch unter dem Eindruck des Erdbebens von San Francisco im Jahre 1906 und einem massiven Ausbau des Highwaysystems durch die Zentralregierung (Starr, 2006; Swift, 2011; Kühne, 2012a, 2016a).

Zu der Steigerung von Heterogenität hat auch der Übergang zur postfordistischen Wirtschaft beigetragen: Die Fabriken „aus der Ära des Fordismus, wie beispielsweise die Produktion von Autos, Reifen, Glas, Stahl und langlebigen Konsumgütern" (Soja & Scott, 2006, S. 295; Scott, 1996; DeFilippis et al., 2009) sind nahezu verschwunden (siehe auch Meyer, 2010), die Ölförderung – in den 1920er Jahren eine wesentliche Triebfeder der Automobilisierung, weil sie für billigen Treibstoff sorgte – brach ein und erreicht zurzeit lediglich etwa ein Fünftel der Spitzenförderung von 1969 (133 Mio. Barrel). Charakteristisch für die gegenwärtige postfordistische Produktion in Los Angeles ist ein kleinteiliges Patchwork ökonomischer Nutzungen: Orte der Hightech-Industrien und höchstwertige Dienstleistungen sind in unmittelbarer Nähe zu informellen, quasi-legalen bzw. illegalen ökonomischen Aktivitäten angesiedelt (Keil, 1993; Laux & Thieme, 2008; Kühne, 2012a, Abb. 5.21). Das Ergebnis der ökonomischen, aber auch sozialen Differenzierung in Los Angeles, im Folgenden beispielhaft für das Gebiet um Downtown Los Angeles, ist „eine verwirrende Ansammlung von sehenswürdigen Orten" (Soja, 1994, S. 24): „vietnamesische Läden und Hongkong-Wohnungen einer wiederauflebenden Chinatown, die vom großen Tokyo finanzierte Modernisierung noch vorhandener Überreste des Little Tokyo, das künstliche Pseudo-SoHo der Künstlerlofts und Galerien […], die geschützten Ruinen des alten Pueblo an der ‚kalimexifizierten' Olivera Street – als physische Manifestation der Imaginierung von Mediteranität – und auf der erneuerten Old Plaza, die merkwürdig anachronistischen Großhandelsmärkte für landwirtschaftliche Erzeugnisse, Blumen und Schmuck, die sich ausdehnen, während ihre Pendants in anderen Downtowns verdrängt werden" (Soja, 1994, S. 24). Ergänzt werden diese Entwicklungen von einem boomenden Bekleidungsdistrikt, dem Broadway als Zentrum lateinamerikanischen Lebens in Los Angeles, dem alten Barrio[11] Ost-Los Angeles, der sich entindustrialisierenden, nahezu einwohnerlosen Großhandelskommune Vernon (Marchand & Scott, 1991; Davis, 2002), dem von Yuppies bewohnten Sanierungsgebiet South Park, ergänzt durch „die riesige neue Koreatown, die im Westen und Süden gegen die Grenzen des Black Los Angeles drückt" (Soja, 1994, S. 25) und das im Gentrifizierungsprozess befindliche Skid Row (Soja, 1994; Arias, 2010; Füller & Marquardt, 2008, 2010). Diese Siedlungsentwicklung in Los Angeles folgt dabei (wie die Entwicklung der physischen

---

[11] In den Vereinigten Staaten wird unter ‚Barrio' ein Viertel verstanden, das primär von Menschen lateinamerikanischer Herkunft bewohnt wird.

Abb. 5.21   Das Straßennetz von Downtown Los Angeles. (Aus: Kühne, 2012a)

Grundlagen angeeigneter physischer Landschaften in den Vereinigten Staaten allgemein)
weitgehend der Logik der ökonomischen Nutzbarkeit von Flächen. Dabei werden auch
ästhetische Präferenzen (z. B. Blick auf Gewässer oder über Städte) einbezogen, was sich
in deutlich höheren Preisen für entsprechende Immobilien zeigt. Anders ausgedrückt, lässt
sich die angeeignete physische Landschaft in den Vereinigten Staaten als Dokument des
Vertrauens auf die physische Manifestierbarkeit puritanischer Werte mithilfe ökonomischer
Prinzipien beschreiben.

5.7.2 Sozialistische und postsozialistische Landschaften

Wurde im vorangegangenen Abschnitt der Fokus auf eine Gesellschaft gerichtet, die ihre räumlichen Belange stark auf Grundlage der ökonomischen Logik reguliert, wird im Folgenden auf einen Raum fokussiert, bei dem – bis zum Beginn der Systemtransformation Ende der 1980er Jahre – die Raumregulierung auf der Grundlage einer politisch-administrativen Logik vollzogen wurde und der sich mit der gesellschaftlichen Transformation stark in Richtung einer marktwirtschaftlichen Regulation wandelte.

Nach rund einem Viertel Jahrhundert der gesellschaftlichen Transformation vom sozialistischen zum demokratisch-marktwirtschaftlichen Gesellschaftssystem haben sich die physischen Grundlagen angeeigneter physischer Landschaften in Ostmitteleuropa deutlich gewandelt. Doch neben den gegenwärtigen Einflüssen persistieren auch Strukturen der sozialistischen Gesellschaftsordnung. Die ‚nachholende Postmodernisierung‘, die in den Saaten Ostmittel- und Osteuropas seit 1989 eingesetzt hat, folgt dabei eher der amerikanischen Tradition einer weitgehenden Hegemonie der marktwirtschaftlich gesteuerten Raumentwicklung, in der administrative raumordnerische Steuerungen weitgehend unterbleiben (Degórska, 2007; Czepczyński, 2008; Koch, 2010, 2012; Kühne, 2010, 2015g, 2016d; Tuvikene, 2010; Czesak et al., 2015). Im Folgenden sollen wesentliche Grundzüge der Transformation in ihren Auswirkungen auf die physischen Grundlagen angeeigneter physischer Landschaften dargestellt werden, auf eine genauere Differenzierung der Entwicklung der Spezifika einzelner Gesellschaften Ostmittel- und Osteuropas wird verzichtet.

5.7.2.1 Grundzüge des sozialistischen Gesellschaftssystems
Bevor die physisch-räumlichen Auswirkungen des sozialistischen Gesellschaftssystems bzw. des Transformationsprozesses charakterisiert werden, sollen folgend einige Grundzüge des sozialistischen im Vergleich zum demokratisch-marktwirtschaftlichen Gesellschaftssystem stark idealtypisierend[12] erläutert werden (vergleiche French

---

[12] Bei der Konstruktion von Idealtypen im Sinne von Max Weber (1988a) handelt es sich um Konstrukte, mit dem Ziel, die chaotische Vielfalt unterschiedlicher soziale, politischer und ökonomischer Systeme zu gliedern und Sinnzusammenhänge zu veranschaulichen. In der Bildung von Idealtypen wird ein Gesichtspunkt oder eine begrenzte Zahl von Gesichtspunkten eines Phänomens gesteigert. So wäre der Idealtypus einer ‚Industrielandschaft‘ dadurch konstruiert, dass die physischen Grundlagen eines Raumes allein durch Industrie (und den mit ihr verbundenen Infrastrukturen, wie Straßen, Stromleitungen, Verladegleise) geprägt sind. Anhand der Darstellung von Idealtypen lassen sich Vergleiche zu anderen Idealtypen ziehen (‚Industrielandschaft‘ im Vergleich zu ‚Agrarlandschaft‘) oder aber es lassen sich idealtypische Zustände mit Konstrukten vergleichen, die auf phänomenologischer oder empirischer Grundlage entstanden sind (z. B. Vergleich Idealtypus ‚Industrielandschaft‘ zum heute als ‚Ruhrgebiet‘ beschriebenen Raum).

& Hamilton, 1979; Leipold, 1988; Kornai, 1992; Frey, 1994; Kühne, 2003b, 2016d): In der Marktwirtschaft herrscht die Vorstellung vor, die Wohlfahrt der Gesellschaft ergäbe sich dadurch, dass der Einzelne seine persönlichen Ziele verfolge und damit der Gesamtwohlstand erhöht würde. Der Unternehmer/Die Unternehmerin in Marktwirtschaften verfügt als Eigentümer/Eigentümerin über die Produktionsmittel und damit über weitgehende wirtschaftliche Freiheitsrechte. Dabei setzt der Unternehmende die Produktionsfaktoren (Arbeit, Boden und Kapital) auf eine Weise ein, wie er/sie überzeugt ist den Gewinn zu maximieren (beispielsweise kauft er Maschinen, um Arbeitsprozesse zu automatisieren, um weniger Arbeitskräfte zu benötigen, und damit auf mittlere Sicht billiger zu produzieren). Die Verteilung der Konsumgüter erfolgt in der Marktwirtschaft aufgrund der individuellen Kaufkraft. In der Zentralverwaltungswirtschaft hingegen erfolgt die Zuteilung durch eine mengenmäßige Rationierung, bei der sich der Anspruch des Einzelnen nicht nach seinem Beitrag zur Produktion richtet, sondern nach den ihm zugesprochenen Bedürfnissen. Dies bedeutet auch: In der sozialistischen Planwirtschaft (auch Zentralverwaltungswirtschaft; zu der Frage, wie sich sozialistische Weltanschauungen auf Landschaft auswirken, siehe Abschn. 6.7.4) werden die wirtschaftlichen Ziele nicht individuell geäußert, sondern vom Staat stellvertretend für die Wirtschaftssubjekte formuliert und in Plänen mit einer bestimmten Gültigkeitsdauer (z. B. 5-Jahres-Plan) festgelegt. Die Steuerung der Wirtschaft erfolgt in Zentralverwaltungswirtschaften nicht über einen anonymen Markt, sondern durch die staatliche Bürokratie. Durch zentrale Pläne erhalten die einzelnen – in kollektivem (zumeist staatlichen) Eigentum befindlichen – Betriebe Anweisungen darüber, was, in welchem Umfang, wann und wie zu produzieren ist. Die Betriebe in sozialistischen Ökonomien sind auch nicht vom Konkurs bedroht, wie in marktwirtschaftlich organisierten. Aus den angesprochenen Merkmalen des sozialistischen und des demokratisch-marktwirtschaftlichen Gesellschaftssystems ergeben sich unterschiedliche Funktionen des Staates: Im demokratisch-marktwirtschaftlichen Gesellschaftssystem weist er eine prozesspolitisch geringe, ordnungspolitisch jedoch bedeutende Rolle auf. Er schafft also den rechtlichen Rahmen, der ein (möglichst) reibungsloses Funktionieren der wirtschaftlichen Tätigkeiten gewährleistet, und er gewährleistet innere (Polizei) und äußere Sicherheit (Militär) sowie eine funktionierende technische (z. B. Straßen) und soziale (z. B. Schulen) Infrastruktur. Der sozialistische Staat hingegen hat darüber hinaus die Aufgabe, als Eigentümer der Produktionsmittel auch Produktions- und Investitionsentscheidungen zu treffen und die Produktionsfaktoren einzusetzen. Wurden in den vorangegangenen Abschnitten die physisch-räumlichen Folgen und Nebenfolgen einer demokratisch-marktwirtschaftlichen Gesellschaftsentwicklung erörtert, werden nun jene des sozialistischen Gesellschaftssystems betrachtet.

5.7.2.2 Die physisch-räumlichen Einschreibungen des sozialistischen Gesellschaftssystems

Weist die Konzeption des marktwirtschaftlichen Systems keine prinzipielle Bevorzugung einer Raumkategorie (ländlicher Raum, suburbaner Raum, städtischer Raum

u. a.) auf, sofern Raum rationell bewirtschaftet wird, liegt im sozialistischen Gesellschaftssystem eine Präferenz bei urbanen Räumen. Aufgrund der Gesellschaftstheorie des Marxismus, die ein Ablösen des feudalen erst durch das kapitalistische und dann durch das sozialistische Gesellschaftssystem vorsah und als Motor der Entwicklung zum Sozialismus die Arbeiterklasse sah, galt das traditionelle Leben auf dem Land bereits durch den Kapitalismus als überholt, so sprach Marx auch von der Idiotie des Landlebens (Ipsen, 1992). Dies äußerte sich in der sozialistischen Ära in der bevorzugten Entwicklung urbaner Zentren (Jaehne, 1972; Domański, 1997; Fierla, 1999). Aber auch die Kollektivierung bäuerlicher Betriebe diente nicht primär der Anpassung der Agrarstruktur (also der Zusammenlegung vieler kleiner Parzellen zu großen, umso rationeller Landwirtschaft betreiben zu können), sondern verfolgte auch das Ziel, sozialistisches Gedankengut im ländlichen Raum zu implementierten, um so eine Solidarisierung zwischen Arbeitern und ‚werktätigen Bauern' zu erzeugen (Esser, 1998). Das Leitbild der sozialistisch-urbanisierten Gesellschaft äußerte sich auch in der baulichen Struktur ländlicher Siedlungen: Anstelle traditionell dörflicher Architektur wurden städtische Baustile, insbesondere rationeller Plattenbauweise, präferiert.

Trotz der – wie gezeigt – erheblichen Eingriffsrechte des sozialistischen Staates in die Wirtschafts- und Raumstruktur blieb die im Detail durchgeplante sozialistische Stadt in Ostmittel- und Osteuropa – von einigen Neugründungen in der sozialistischen Ära Ostmitteleuropas wie etwa Eisenhüttenstadt (Deutsche Demokratische Republik), Nowa Huta (Polen) oder Dunaujváros (Ungarn) abgesehen – eher eine architektonische und städtebauliche Leitvorstellung. Zumeist wurden gewachsene Städte nach sozialistischen architektonischen und städtebaulichen Vorstellungen überformt. Dabei waren diese städtebaulichen Leitvorstellungen einem Wandel unterworfen: Zunächst wurde – in Bezug auf frühsozialistische Utopien – der Versuch unternommen, Wohnprojekte jenseits der Familie baulich zu fördern. Die stalinistische Ära wiederum war durch den Fokus auf Architektur verschoben, die durch einen „monumentalen Historismus national verbrämter traditioneller Stilformen" (Kadatz, 1997, S. 15) geprägt war (Abb. 5.22). Dieser Periode folgte eine funktionalistisch geprägte Phase sozialistischen Städtebaus. Zu monofunktionalen Großwohnsiedlungen trat die Anlage groß dimensionierter Verkehrsflächen (vgl. French & Hamilton, 1979; Häußermann, 1984). Durch diese Art des Städtebaus ließ sich einerseits der Planungs- und Bauaufwand minimieren, andererseits wurde „eine vereinheitlichende Decke über die städtischen Siedlungen gebreitet und damit auch die neue Gesellschaftsklasse einer egalitär-gewerkschaftlich organisierten kommunistischen Arbeiterschicht erzeugt" (Lichtenberger, 1995, S. 30). Auch aufgrund ihrer städtebaulichen Eintönigkeit bezeichnet Juchnowicz (1990, S. 250, Abb. 5.23) diese Entwicklung als „pathologische Urbanisierung". Die Entwicklung der sozialistischen Stadt basierte dabei auf folgenden Grundzügen (French & Hamilton, 1979; Hofmeister, 1996; Klarer & Francis, 1997, 2000; Kühne, 2010):

- Ausschaltung des marktwirtschaftlichen Konkurrenzkampfes um den Boden durch dessen Verstaatlichung,

Abb. 5.22 Die Architektur eines der Verwaltungsgebäude der Sendzimir-Hütte, früher Lenin-Hütte, im Krakauer Stadtteil Nowa Huta, aus der frühen sozialistischen Ära Polens, repräsentiert den Wunsch des sozialistischen Staates, Macht und die Bedeutung des Industriearbeitertums in einer sozialistischen Gesellschaft darzustellen. (Eigenes Foto)

- Schaffung möglichst autarker Stadtteile durch Integration von Arbeiten und Wohnen zur Reduzierung von Pendlerwegen,
- Betonung des Stadtzentrums bzw. der Stadtteilzentren als Mittelpunkte gesellschaftlichen Lebens,
- Versorgung der Bevölkerung mit Gütern des täglichen Bedarfs, unabhängig von deren Wohnort,
- zentrale Lage bedeutender Industrieanlagen,
- Anbindung von neuen Siedlungsteilen an das öffentliche Nahverkehrsnetz.

Eine besondere Bedeutung in sozialistischen Städten bekam das Stadtgrün zugewiesen. Wurde in der Sowjetunion bis zum Zweiten Weltkrieg Parks eine erzieherische Funktion für die Bevölkerung zugewiesen, die sich von „der kurzlebigen Unterhaltungskultur amerikanischer und europäischer Parks" (Köhring, 2010, S. 105) absetzen, wurde von diesem Leitbild nach dem Zweiten Weltkrieg abgesehen: Die Planung von Grünflächen wurde in den Staaten Ostmittel- und Osteuropas „auf die Ziele der Wohnungspolitik ausgerichtet, d. h. auf die Hygiene der Stadt. Grünanlagen sollten weniger als zuvor Orte der ideologischen Erziehung sein, sondern vielmehr der Gesundung der Bevölkerung dienen" (Köhring, 2010, S. 105), ein Projekt, das in sozialistischen Gesellschaften – aufgrund der Ausschaltung des Bodenmarktes – deutlich einfacher umsetzbar ist, als in kapitalistischen Gesellschaften. In Letzterer ist ein mit grün bestandener Boden keinen Produktionsfaktor, der Rendite in Form durch Mieten oder industrieller Produktion erzeugt.

Abb. 5.23 Ein Beispiel sozialistischer „pathologischer Urbanisierung" (Juchnowicz, 1990, S. 250), hier in Warszawa-Bielany. Architektonischer Funktionalismus, in Verbindung mit serieller Fertigung von Gebäudeteilen, einer seinerzeit geringen Durchgrünung und einer eher geringen Ausstattung an sozialer Infrastruktur sowie Versorgung der Einwohner mit Gütern und Dienstleistungen aktualisiert das Deutungsmuster einer gewissen ‚Tristesse'. (Eigenes Foto)

Die sozialistische Industrialisierung der Sowjetunion und später Ostmitteleuropas – hier insbesondere zu deren Beginn in den 1950er Jahren – bedeutete für diese bislang schwach industrialisierten Staaten, wie Popjaková (1998) feststellt, ein Teil der industrialisierten Welt zu werden. Der Auf- und Ausbau von sozialistischen großindustriellen Strukturen prägte viele sozialistische Siedlungen. Die Industrieunternehmen verfügten in der Regel über angegliederte (Wohn)Siedlungen. Da sowohl Industrieunternehmen als auch Siedlungen häufig abseits der bestehenden Stadt errichtet wurden, prägte sich eine bipolare Raumstruktur aus. Diese städtebauliche Bipolarität äußerte sich nicht nur strukturell durch eine physisch-räumliche Trennung, sondern auch funktional durch eigene Geschäfte, Schulen, Krankenhäuser etc. Diese strukturelle und funktionale Trennung von bestehender Stadt und Industriesiedlung stärkte den Einfluss des Industriebetriebs, schließlich wurde die Siedlung von diesem verwaltet und letztlich – der Zuständigkeit der kommunalen Behörden weitgehend enthoben – kontrolliert. Diese Fokussierung der Siedlungsentwicklung auf Industriesiedlungen war vielfach mit einer baulichen Degradation der älteren Siedlungsteile verbunden, da sich die dort befindlichen Gebäude häufig in Privatbesitz befanden. Aufgrund der geringen Mietniveaus war es für die Hausbesitzer zumeist nicht rational die Gebäude zu sanieren, noch war ein solches Unterfangen aufgrund des Mangels an Baumaterialien (insbesondere für Private) problemlos möglich (Prawelska-Skrzypek, 1988).

Vollzog sich die forcierte Modernisierung (hier insbesondere als Kombination von Urbanisierung und Verstädterung und Industrialisierung) der meisten Gesellschaften Ostmitteleuropas (mit Ausnahme der DDR, die bereits bei ihrer Gründung stark industrialisiert war) durch massive Eingriffe des sozialistischen Staates, vollzieht sich die Postmodernisierung ebenfalls mehr oder minder forciert (in der ehemaligen DDR mehr, in Albanien wenig). Getragen ist diese nachholende Postmodernisierung durch einen weitgehenden Rückzug des Staates aus dem Marktgeschehen, aber auch durch das Bestreben, weiterreichende räumliche Planungen vorzunehmen, wodurch auch auf ein steuerndes Eingreifen auf die Entwicklung der Siedlungsstruktur weitgehend verzichtet wird (Walter, 2005; Degórska, 2007; Kühne, 2010). Dadurch entwickeln sich Struktur, Gestaltung und Funktion postsozialistischer Agglomerationen zu einem postmodernen Patchwork: während der sozialistischen Ära errichtete Wohngebiete grenzen an künstliche Welten der Urban Entertainment Center, sich ausdehnende durch Einfamilienhäuser geprägte Suburbien (denen während der sozialistischen Ära aufgrund ihrer familien- und nicht gemeinschaftszentrierten Ausrichtung mit Misstrauen begegnet wurde) und ungenutzte Industrieruinen (Kühne, 2010). Diese Industrieruinen sind ein physisch-räumlich manifester Indikator für die Deindustrialisierung ostmittel- und osteuropäischer Staaten infolge der Systemtransformation: Mit dem Beginn der Systemtransformation sahen sich die Industriebetriebe Ostmitteleuropas einer globalen Konkurrenz ausgesetzt. Dieser Konkurrenz waren sie aufgrund ihrer ineffizienten Wirtschaftsweise (so gilt die Faustregel: halbe Produktivität bei dreifachem Energiebedarf im Vergleich zu westlichen Pendants) nicht gewachsen, was zur Schließung eines Teiles der Betriebe, der Modernisierung (häufig mit westlichem Kapital), zumeist Verbunden mit dem Verlust eines Großteils der Arbeitsplätze, eines anderen Teiles führte. Auch für landwirtschaftliche Betriebe war der internationale Konkurrenzdruck häufig mit Schließung, Verkauf an Investoren, in der Regel aber mit Freisetzung von Landarbeitern verbunden. Die physischen Grundlagen angeeigneter physischer Landschaft sind hier besonders wahrnehmbar: Innerhalb weniger Jahre entsteht durch die natürliche Sukzession auf Brachflächen ein aus Sträuchern bestehendes Dickicht.

5.7.2.3 Entwicklungen physischer Räume in postsozialistischen Gesellschaften

Die Transformation von einem sozialistischen in ein demokratisch-marktwirtschaftliches Gesellschaftssystem bedeutete in den Staaten Ostmittel- und Osteuropas die Wiedereinführung eines Immobilienmarktes, von Privatisierungen von Unternehmen, freier Berichterstattung, freien, gleichen und geheimen Wahlen sowie die Einführung der regionalen und kommunalen Selbstverwaltung wie auch das Entstehen neuer Akteure, wie etwa Nicht-Regierungsorganisationen. Zugleich wurden die Systeme räumlicher Planung einer erheblichen Reform unterzogen: die hierarchische Top-down-Organisation mit umfangreichen Einflussmöglichkeiten wurde von einer dezentralen Organisation der räumlichen Planung mit deutlich eingeschränkten Einflussmöglichkeiten abgelöst (siehe z. B. Kühne, 2003b, 2016d; Tsenkova, 2007; Czepczyński, 2008; Ferenčuhová & Gentile, 2016; Gawroński, 2015; Węcławowicz, 2016). Damit entstand auf Grundlage sozialistischer und vorsozialistischer Stadtgestaltung eine spezifische Form der postmodernen Stadt.

Die Ausprägung eines postmodernen ökonomisch dominierten Raumpatchworks dokumentiert sich auch in der physisch-räumlichen Ausprägung des Einzelhandels: „Westeuropäische und nordamerikanische multinationale Konzerne kämpfen mit strategisch an neuen Ausfallstraßen platzierten Hypermärkten und anderen Big-Box-Einzelhandelsangeboten auf der grünen Wiese um zukünftige Marktanteile in der Region und fördern damit ein zunehmend autoabhängiges Konsumverhalten" (Altrock et al., 2005, S. 9). Im Zusammenhang mit der nachholenden Wohnsuburbanisierung ergibt sich neben einer zunehmenden Flächeninanspruchnahme und sozialen Segregation eine steigende Präferenz der Verkehrsmittelwahl zugunsten des Autos, wenngleich auch Anstrengungen unternommen werden, alternative Verkehrsmittel zu fördern (Mantey & Sudra, 2019; Pojani et al., 2018). Besonders deutlich wird die sozialräumliche Fragmentierung in der Entwicklung von *Gated Communities* in den größeren polnischen Agglomerationen, insbesondere in der Hauptstadt Warschau, wie sie beispielsweise in Los Angeles zu den prägenden Elementen des Siedlungsgefüges zählen: Gated Communities setzen der Komplexität der Welt eine entkomplexisierte Welt des gestalteten umzäunten Raumes entgegen, indem öffentlicher Raum in privaten Raum umgewandelt wird (Gądecki, 2012, 2014; Kühne, 2016d, 2018i; Marcińczak et al., 2016). Eigenheime im Suburbium, Gentrifizierungstendenzen in den Innenstädten und *Gated Communities* symbolisieren deutlich die Abkehr von dem sozialistischen Paradigma der „Wohnung als sozialer Dienstleistung" zugunsten der Leitvorstellung der „Wohnung als Wirtschaftsgut" (Sailer-Fliege, 1999, S. 69).

Die Postmodernisierung Ostmittel- und Osteuropas umfasst auch die Wertschätzung historischer Zentren. Die Wertschätzung der historischen Kerne von Budapest, Prag, St. Petersburg, Tallin, Warschau, Krakau oder Breslau basiert auch auf einer ästhetischen Zuwendung, die diese Städte mit einer *Unique Selling Proposition* (USP) vermarktbar machen lässt (Paesler, 2007). Diese Städte entsprechen Bedürfnissen postmoderner Reisender, indem sie neben Kultur und historischem Ambiente auch Shopping, Erlebnisse und Festivals bieten (Hopfinger, 2007, Abb. 5.24).

Die physisch-räumlichen Folgen und Nebenfolgen gesellschaftlichen Handelns zeigen im sozialistischen wie im kapitalistischen Gesellschaftssystem gewisse Parallelen: Z.B. die massive Verstädterung in der Moderne, die Rationalisierung der Landwirtschaft oder die Nutzung von Skalenvorteilen bei der Produktion von Gebäuden, Flächen etc. Die diesen ähnlichen physisch-räumlichen Entwicklungen zugrundeliegenden Kalküle sind jedoch verschieden: Im marktwirtschaftlichen System sind sie Ausdruck des Strebens nach Maximierung des Profits durch effiziente Bewirtschaftung, im sozialistischen System dagegen sind sie ein Mittel zur Erreichung einer sozialistischen Gesellschaft (Abb. 5.25). Ist die industrialisierte Landwirtschaft (rationelle Bewirtschaftung möglichst großer Schläge, Massentierhaltung, Arbeitsteilung bei der Bewirtschaftung) in Marktwirtschaften Ausdruck des Strebens nach Senkung der Lohnstückkosten, ist sie im Sozialismus einerseits ein Mittel zur Urbanisierung des ländlichen Raumes durch industrialisierte Produktionsformen, andererseits der Verringerung des Arbeitskräftebedarfs in ländlichen Räumen, um diese in städtischen Industrieanlagen einsetzen zu können. Hartmut Häußermann (1984, S. 13) pointiert den Prozess der urbanen Transformation deutlich mit den Worten: „Die kompakte sozialistische Stadt fasert nicht lediglich an den Rändern aus, sondern sie wird nach einer Explosion neu zusammengesetzt".

Die Systemtransformation manifestiert sich nicht allein in städtischen und wachsenden suburbanen Räumen, sondern auch in ländlichen (Bajerski, 2020; Hernik & Dixon-Gough, 2013; Jucu, 2016). Insbesondere durch unklaren Eigentumsverhältnissen, dem Konkurrenzdruck globaler Nahrungsmittelmärkte, besseren Einkommensmöglichkeiten außerhalb der Landwirtschaft und der Abwanderung jüngerer Bevölkerungteile aus landwirtschaftlich geprägten Räumen fallen zahlreiche ehemals landwirtschaftlich genutzte Flächen brach und unterliegen der natürlichen Sukzession. Zudem werden soziale Infrastrukturen (etwa Schulen und Kindergärten) geschlossen und technische Infrastrukturen (wie Straßen) nicht erneuert. Dadurch verändern sich die physischen Grundlagen angeeigneter physischer Landschaft auch in ländlichen Räumen in hohem Tempo.

Abb. 5.24 In der polnischen Hauptstadt Warschau finden sich sowohl die forcierten Einschreibungen der sozialistischen Moderne wie auch der demokratisch-marktwirtschaftlichen Postmoderne in räumlicher Nähe: Der Kulturpalast, Repräsentant einer stalinistisch-historistischen Architektur (rechts), wird umgeben von Hochhäusern der Transformationsära (in einer von einem Plakat abfotografierten Fotomontage 2. von u. l.) und der *Shopping Mall* der ,*Złoty Terasy*' (Goldene Terrassen; u. l.), die sanierte Altstadt befindet sich in rund einem Kilometer Entfernung (2. von o. l.). Seit dem Zweiten Weltkrieg hat Warschau „einen intensiven Wechsel von der ,Nachkriegsruine', über die Funktion einer Industriestadt im Sozialismus bis zur gegenwärtigen Funktion einer Metropole vollzogen" (Czesak et al., 2015, S. 167). Dabei hat das postmoderne Warschau „im Gegensatz zum kommunistischen Warschau keinen großen städtebaulichen Plan. Alles, was nach dem Jahr 1989 passierte, war die Folge spontaner Energie und des starken Widerspruchs gegenüber den Regeln, die 40 Jahre geherrscht hatten" (Piątek, 2008, S. 30). Dies zeigt das Foto o.l., hier finden sich Gebäude der vorsozialistischen Ära, des sozialistischen Historismus (Kulturpalast), des sozialistischen Funktionalismus, wie auch der postmodernen Architektur – ein postmodernes architektonisches Patchwork. (Eigenes Foto)

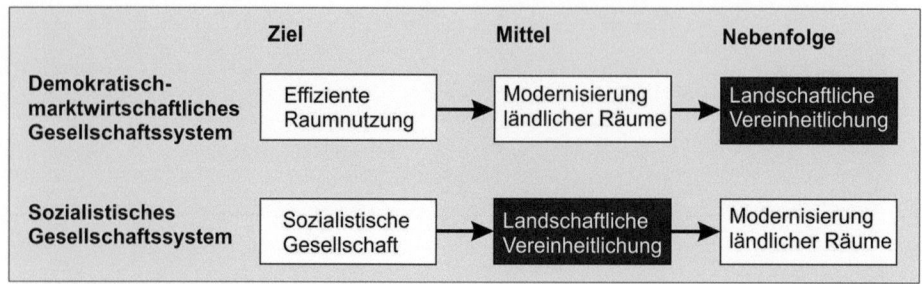

Abb. 5.25 Die unterschiedliche Bedeutung der Vereinheitlichung angeeigneter physischer Landschaft (z. B. durch rationelle Landbewirtschaftung) am Beispiel ländlicher Räume im sozialistischen und im demokratisch-marktwirtschaftlichen Gesellschaftssystem: Im demokratisch-marktwirtschaftlichen Gesellschaftssystem ist sie Nebenfolge des Ziels der effizienten Flächennutzung, im sozialistischen Gesellschaftssystem Mittel zur Erzeugung einer sozialistischen Gesellschaft. (Eigenes Foto)

Konzepte und Theorien 6

Zusammenfassung

Dieses Kapitel ordnet die sozialkonstruktivistische Landschaftstheorie in den Kanon anderer theoretischer Ansätze zum Thema Landschaft ein, zeigt Unterschiede und Gemeinsamkeiten. Dabei wird deutlich, dass sich – ausgehend von einem essentialistischen Verständnis von Landschaft – nach der ‚positivistischen Wende' die theoretischen Ansätze zunehmend pluralisiert und differenziert haben. So werden im konstruktivistischen Spektrum neben dem sozialkonstruktivistischen Ansatz, auch diskurs- und radikalkonstruktivistische Ansätze verfolgt.

Schlüsselwörter

Landschaftstheorien · Essentialismus · Positivismus · Diskurstheorie · More-than-representational Theorien

Theorien von und Konzepte zu Landschaft werden in unterschiedlichen Wissenschaften, wie der Philosophie, der Soziologie, der Psychologie, der Geographie, der Landschaftsplanung- und -architektur, entwickelt. Dennoch ist das Thema Landschaft in diesen Wissenschaften kein prominenter Gegenstand der theoretischen Befassung, schließlich wird sie – teilweise bis in die Gegenwart hinein – als unzuhinterfragender physischer Gegenstand verstanden. Viele Ergebnisse landschaftsbezogener Reflexionsprozesse erhalten damit eher den Charakter von Konzepten denn von Theorien. Sie sind also weniger Erklärungsmodelle auf Grundlage von ausformulierten Annahmen (z. B. philosophischen Überlegungen oder empirischen Befunden), sondern eher von einer bestimmten (Ziel-)Vorstellung von Landschaft geprägt, die es zu begründen gilt. Bevor einzelne Theorien und Konzepte zum Thema Landschaft dargestellt werden können,

© Der/die Autor(en), exklusiv lizenziert durch Springer Fachmedien Wiesbaden GmbH, ein Teil von Springer Nature 2021
O. Kühne, *Landschaftstheorie und Landschaftspraxis,* RaumFragen: Stadt – Region – Landschaft, https://doi.org/10.1007/978-3-658-34746-8_6

gilt es über die in den Kap. 2 und 4 dargestellten konstruktivistischen Ansätze hinaus-
greifende grundsätzliche Landschaftsverständnisse – insbesondere zur Frage, was sich
unter Landschaft verstehen lässt – zu betrachten (Abschn. 6.1). Daran anschließend wird
das bis heute insbesondere in den Planungsdisziplinen wirkmächtige Konzept der ‚geographischen' Landschaft dargestellt (Abschn. 6.2), bevor das weite Feld der ästhetischen
Landschaftsbefassung angesprochen wird (Abschn. 6.3). Die Komponente der Zeitlichkeit von Landschaft stellt die Überlegungen zu Eigenlogik und Pfadabhängigkeit landschaftlicher Entwicklungen in das Zentrum der Betrachtung (Abschn. 6.4). In dem
Abschnitt zum Landschaftsbewusstsein (Abschn. 6.5) wird das Verhältnis zwischen
individuell aktualisierter gesellschaftlicher Landschaft und gesellschaftlicher Landschaft
thematisiert. Die Betrachtung von Landschaft aus Perspektive der kritischen Wissenschaft befasst sich insbesondere mit Fragen zum Zusammenhang von Macht und Landschaft (Abschn. 6.6). Wie deutlich die Vorstellungen – auch von Wissenschaftlern – von
Landschaft von weltanschaulichen Grundeinstellungen abhängen, wird in Abschn. 6.7
thematisiert, bevor die normative Bedeutung von Landschaftstheorien und -konzepten
behandelt wird (Abschn. 6.8). Dieses Kapitel fasst wesentliche Strömungen theoretischer
und konzeptioneller Landschaftsbetrachtung zusammen und ordnet teilweise ähnliche
Ansätze einander zu. Dabei gilt es, Prinzipien und Logiken der wissenschaftlichen
Befassung mit Landschaft in den Vordergrund zu rücken und weniger, eine umfassende
Sammlung landschaftstheoretischer Betrachtungen zu betreiben.

6.1   Wissenschaftstheoretische Grundpositionen in der Landschaftsforschung

Insgesamt lassen sich gegenwärtig sieben prinzipielle theoretische Zugriffe auf Landschaft feststellen (vgl. Kühne, 2012a, 2019d; Kühne, Edler und Jenal 2021b; Weber et
al., 2019; Chilla et al., 2015; Chilla et al., 2016; in Bezug auf Geographie siehe auch
Johnston & Sidaway, 2015). Bei dieser Gliederung handelt es sich um eine Typisierung
der in den Landschaftsdiskursen ermittelbaren Wirklichkeitsverständnisse von Landschaft. Diese Wirklichkeitsverständnisse werden jedoch von den einzelnen Autoren
nicht immer stringent vertreten: Häufig findet sich beispielsweise eine theoretische
Begründung mit sozialkonstruktivistischer Ausrichtung, während die folgende Untersuchung positivistisch oder essentialistisch gehalten ist, oder es werden Ansätze
formuliert, die positivistische wie essentialistische Komponenten aufweisen (diese
Position wird im Folgenden als ‚gemäßigt sozialkonstruktivistisch' benannt).

6.1.1   Das essentialistische Landschaftsverständnis

Den Essentialismus (von lateinisch ‚*essentia*' = Wesen) kennzeichnet die Überzeugung, „dass es das Ziel der Wissenschaft sei, Wesenheiten zu enthüllen und mit Hilfe

von Definitionen zu beschreiben" (Popper, 2003 [1945], S. 40). Somit besteht das Charakteristikum eines essentialistischen Landschaftsbegriffs (in der Auffassung, Landschaft ließe sich als ‚Ganzheit' im Sinne eines ‚selbstständigen Eigenwesens' verstehen. Der Zugang geht in seinen Wurzeln auf die Ideenlehre Platons zurück und wurde von Thomas von Aquin (1225–1274) im Versuch, den Glauben an eine ‚natürliche Vernunft' zu binden, wesentlich geprägt. Die Ganzheit sei wiederum „nicht im Erlebnis des Betrachters" zu finden, sondern müsse vielmehr „im Objekt selbst gesucht und begründet werden" (Lautensach, 1973, S. 24). Entsprechend besteht die Aufgabe von Wissenschaft darin, die „wahre Natur eines Dinges ausfindig zu machen und zu definieren" (Popper, 2003 [1945], S. 40).

Basis des Essentialismus ist „die Annahme der Existenz wesentlicher, also essentieller und zufälliger, akzidenteller Eigenschaften von Dingen" (Albert, 2005, S. 44), also Eigenschaften die zum ‚Wesen' von Landschaft gehören, und solcher, die zufällig dort verortbar sind. Diese Eigenschaften werden häufig der allgemeinen Ökonomisierung und Vereinheitlichung zugeschrieben (z. B. bei Sauer, 2005; Jackson, 2005a; Olwig, 2011). Die essentiellen Eigenschaften eines Dings, hier von Landschaft, „machen es dabei zu dem, was es ist, während die akzidentiellen Eigenschaften für die Existenz des Dinges keine solche Bedeutung haben" (Albert, 2005, S. 44). Es wird also davon ausgegangen, es gäbe einen bestimmbaren Kern von Landschaft, womit Landschaft eine eigenständige Realität zugesprochen wird, deren Ästhetik eine ihr innewohnende Eigenschaft sei, die ihr Wert verleihe (womit sie an ein vormodernes Wissenschaftsverständnis anschließt).

Ähnlich dem positivistischen Verständnis von Landschaft (siehe Abschn. 6.1.2) ist der physische Raum konstitutiv für das Verständnis, jedoch ist er für das essentialistische Verständnis nicht wie im positivistischen Verständnis lediglich eine Ansammlung von Objekten, deren relationaler Bezug oder deren Anordnung im Raum zu untersuchen ist, sondern er wird zum transzendierenden Medium des ansonsten verborgen bleibenden Wesens von Landschaft. Charakteristisch ist dieser Ansatz für Wissenschaftler, die Landschaft im Sinne einer Ganzheit betrachten (Beispiele für dieses Landschaftsverständnis finden sich bei: Sauer, 2005; Lautensach, 1973; Jackson, 2005a; Quasten, 1997a, b; Wöbse, 1999, 2002). Essentialistische Landschaftsverständnisse finden sich in der heutigen sozialwissenschaftlichen Landschaftsforschung eher selten, wenn, dann eher implizit (schließlich gilt der Essentialismus heute hier als weitgehend überholt und wissenschaftstheoretisch kaum begründbar), während politische und populärwissenschaftliche Schriften wie auch Planungswerke häufiger auf einem essentialistischen Landschaftsverständnis fußen (siehe hierzu insbesondere Wojtkiewicz, 2015). Dem essentialistischen Landschaftsverständnis sind dabei stark normative Züge eigen, da alles, was nicht der ‚Jahrhunderte alten Synthese' von Natur und Kultur entspricht, also das ‚Wesen der Landschaft' ausmacht, abgelehnt wird, darunter die physischen Manifestationen des ‚Fremden', der ‚Modernisierung' und der ‚Postmodernisierung'. Diese Ablehnung reicht von Neophyten, über die Großschläge der rationellen Landwirtschaft bis hin zu Bungalows in Neubaugebieten (vgl. auch Hupke, 2015; Chilla et al., 2015, 2016; ausführlicher: Koegst, 2020; Schneider, 2019; Weber & Kühne, 2019; Wollrath, 2020).

Der Essentialismus basiert auf der Ansicht, Definitionen könnten richtig oder falsch sein, anhand des Kriteriums, ob sie das ‚Wesen' eines Begriffes erfassten. Ein Verständnis, dem Karl Popper (Popper, 1984, 2010) vehement widerspricht, denn Definitionen unterlägen der wissenschaftlichen Aushandlung und basierten stets auf undefinierten vorwissenschaftlichen Begriffen. Während also aus essentialistischer Perspektive eine ‚richtige' und somit eindeutige Definition des Terminus ‚Landschaft' angestrebt wird, muss die Sinnhaftigkeit dieses Unterfangens in Anschluss an Popper negiert werden. Demnach können unterschiedliche Definitionen von ‚Landschaft', etwa bei verschiedenem Forschungsinteressen (kultur-, sozial- oder naturwissenschaftlich), sinnvoll sein (Gailing & Leibenath, 2012; Kühne, 2018h; Kühne & Berr, 2021).

6.1.2   Das positivistische Landschaftsverständnis

Das positivistische Verständnis von Landschaft umfasst die Vorstellung, Landschaft sei ein betrachterunabhängiger physischer Gegenstand, der sich mithilfe empirischer Methoden erfassen und beschreiben ließe. Er wurde von Auguste Comte (1798–1857) so benannt und entwickelte sich insbesondere im 19. Jahrhundert. Der positivistische Landschaftsbegriff ist Ausdruck eines modernen Wissenschaftsverständnisses: „Die moderne Wissenschaft versucht nicht mehr, einen allem seinen Wert verleihenden Sinn hinter oder über den Dingen zu finden, wie das vorher tat" (Trepl, 2012a, S. 56), sie beobachtet und misst Einzelphänomene und abstrahiert davon, indem die „'gesammelten' Beobachtungen durch den Verstand induktiv generalisiert werden" (Eisel, 2009, S. 18). Die Konstruiertheit von Landschaft auf Grundlage empirischer Ergebnisse wird dabei (zumeist) nicht in Frage gestellt, doch wird davon ausgegangen, die empirischen Ergebnisse seien geeignet, den Verhältnissen der ‚Wirklichkeit' irgendwann gerecht zu werden. Landschaft wird bei dieser Vorstellung als Teil eines ‚Raumcontainers' verstanden, in dem sich Merkmale idealerweise exakt verorten und abgrenzen lassen, als relationaler Ordnungsraum, in dem der Bezug unterschiedlicher Elemente Raum konstituieren, und/ und oder als logische Struktur bzw. Ordnungsstruktur, die sich mithilfe empirischer Verfahren entschlüsseln lässt. Diese Auffassung wird insbesondere in der naturwissenschaftlichen Landschaftsforschung vertreten, eigens der Geomorphologie, der Pedologie, der Ökologie und der Biogeographie (Beispiele von Veröffentlichungen mit positivistischem Landschaftsverständnis sind: Troll, 1950; Neef, 1967; Paffen, 1973a, b; Schmithüsen, 1973; Forman & Godron, 1996; Leser, 1991, 2019; Smith et al., 2001[1]. Positivistische

---

[1]Karl Popper erweiterte das positivistische zum neopositivistischen Verständnis von Wissenschaft. Zentral ist dabei die Anerkenntnis, dass „Erkenntnis nicht aus Einzelbeobachtungen hervorgeht, sondern zunächst mit einem vorgegebenen Konstrukt beginnt" Eisel (2009, S. 20).

Landschaftsforschung weist einen deskriptiven und analytischen Zugang zum Thema Landschaft auf. Moralische Erwartungen an das Handeln, wie im Essentialismus, sind ihm fremd. Nutzungseinschränkungen werden auf Grundlage empirischer Befunde, etwa in Bezug auf die Artenausstattung oder die Erhaltung der Bodenfruchtbarkeit, häufig unter Verweis auf rechtliche Regelungen, formuliert (vgl. Kühne, 2008a; zum Vergleich der unterschiedlichen Ansätze siehe Abb. 6.1; mehr zu Positivismus (und Landschaft): Gansland & Carrier, 2004; Kambartel, 2004; Kitchin, 2015; Kühne & Berr, 2021; Weber & Kühne, 2019).

6.1.3 Das sozialkonstruktivistische (auch: nominalistischsozialkon-struktivistische) Landschaftsverständnis

Da das vorliegende Lehrbuch auf dieser – schon ausführlicher an anderer Stelle (Kap. 2 und 4) dargelegten – Perspektive basiert, erfolgt hier eine Darstellung aus Gründen der Vollständigkeit und Vergleichbarkeit in kondensierter Form.

Für das (nominalistisch) sozialkonstruktivistische Landschaftsverständnis ist – wie in Abschn. 6.1.3 gezeigt – nicht das hinter dem physischen Raum liegende ‚Wesen' (Essentialismus) oder der als Landschaft gedeutete physische Raum (Positivismus) konstitutiv, sondern die gesellschaftliche Konstruktion. Damit verliert die Welt der materiellen Objekte auch die Funktion einer ‚wahren' Referenzebene für soziale Landschaftskonstrukte (wie dies noch beim gemäßigten Sozialkonstruktivismus der Fall ist; siehe Abschn. 6.1.4). Als hier zugrundeliegende Raumverständnisse lassen sich der Erlebnis- bzw. Handlungsraum, von Raum als Medium der Wahrnehmung bzw. die Bourdieusche Raumtheorie fassen. Als nominalistisch lässt sich dieses Landschaftsverständnis deswegen verstehen, weil physisch-materiellen Objekte in nominalistischer Denktradition kein innerer Zusammenhang unterstellt wird, vielmehr wird angenommen, ein Zusammenhang bestehe lediglich gemäß sozialer Vorgaben durch die betrachtende Person. Diese Konstruktionsprozesse von Landschaft werden Gegenstand der wissenschaftlichen Untersuchung. Dieses Landschaftsverständnis teilt mit dem positivistischen Landschaftsverständnis die nominalistische Grundposition, lehnt aber dessen Annahme der (vollständigen) empirischen Erschließbarkeit von Landschaft ab. Im Zentrum des Interesses stehen entsprechend nicht Fragen zu Abgrenzung und Definition von physischen Räumen als Landschaft, sondern (Meta-)Fragen zu den sozialen Prozessen aufgrund deren ‚Landschaft' beschrieben, abgegrenzt und bewertet, kurz konstruiert, wird. Entsprechend dieser Grundposition werden landschaftsbezogene Normen in Bezug auf einen ‚fairen' Umgang mit unterschiedlichen Positionen zum Thema ‚Landschaft' formuliert, nicht primär auf die Erhaltung oder Gestaltung physischer Objekte (Beispiele für diese wissenschaftliche Landschaftsverhältnis finden sich bei Cosgrove, 1984, 1999; Greider & Garkovich, 1994; Dinnebier, 1996; Kühne, 2006a, 2008a, Kühne, 2012a, 2009a; Backhaus et al., 2007; Trepl, 2012a; Fontaine, 2017b; Koegst, 2020; Stemmer, 2016; Abb. 6.1).

	Essentialismus	Positivismus	Sozialkonstruktivismus	Gemäßigter Sozial-konstrukivismus	Radikaler Konstrukivismus	Diskurstheorie
Landschafts-verständnis	‚Landschaft' als beobachterunabhängige ‚Ganzheit', ‚selbstständigen Eigenwesens', ‚Superorganismus'	Beobachterunabhänige Einheit, die sich aufgrund bestimmter räumlicher, quantifizierbarer Verteilungen von Objekten von anderen Landschaften unterscheidet	Landschaft als Ergebnis individueller Zuschreibungen auf Grundlage sozialer Konventionen	Bedeutungszuschreibungen zu einer positivistisch verstandenen Landschaft	Landschaft als Ergebnis von Kommunikationsprozessen, deren Inhalt von spezifischen Systemlogiken bestimmt wird	Landschaft als Ergebnis des diskursiven Strebens nach Hegemonie über Bedeutungen
Methoden	Mittels Beobachtung sollen 'wahre' Aussagen gemacht werden (Beobachtung z.B. von Bauernhausformen oder Dialekten)	Quantitative Methoden der Natur-, Wirtschafts- und Sozialwissenschaften	insbesondere qualitative Methoden der empirischen Sozialforschung	insbesondere quantitative Methoden der empirischen Sozialforschung	eher qualitative Methoden empirischer Sozialforschung	qualitative und zunehmend quantitative Methoden der Analyse von Texten
Konstitutive Ebene(n) von Landschaft und Bedeutung der übrigen Ebenen	Das hinter der Erscheinung des physischen Raumes, gedeutet als 'Landschaft', liegende 'Wesen' derselben	Physischer Raum, verstanden als gesellschaftliche und individuell aktualisierte gesellschaftliche Landschaft problematisiert, da	individuell aktualisierte gesellschaftliche und gesellschaftliche Landschaft; physischer Raum nur als Projektionsfläche (als angeeignete physische Landschaft)	physischer Raum, gedeutet als 'Landschaft', gesellschaftliche Bezugnahmen hierzu	gesellschaftliche Landschaft, individuell aktualisierte gesellschaftliche Landschaft; physischer Raum ohne eigene Bedeutung	gesellschaftliche Landschaft, physische Grundlagen von Landschaft eher als 'Medium' des Diskurses
Ziel	Erfassen des 'Wesenskerns' der Landschaft und dessen, was dem 'Wesen' zuwiderläuft	Objektive, quantitative Erfassung und Modellierung von Landschaft	Nachvollzug der sozial, kulturell und individuell differenzierten Konstruktionsprozesse von Landschaft	Erfassung der Bezugnahmen zum 'Realobjekt Landschaft'	Verständnis der systemspezifischen Eigenlogiken im Konstruktionsprozess von 'Landschaft'	Erfassung diskursiver Aushandlungsprozesse um 'Landschaft' und der diesen zugrunde-liegenden gesellschaftlichen Machtstrukturen
Anschlussfähigkeiten untereinander	Versuche, positivistische Methoden zur Validierung einzusetzen; ansonsten keine Kompatibilitäten	Bedingt anschlussfähig an konstruktivistische Forschungen, da positivistisches Modellieren, auch ein Konstruktionsprozess	Anschlussfähig an die übrigen konstruktivistischen Ansätze, an Positivismus dann, wenn dessen Ergebnisse als eine mögliche Konstruktion der Welt verstanden werden; Bezug zu Essentialismus nur in Meta-Perspektive	Anschlussfähig an Positivismus und Essentialismus (da Landschaft als 'Realobjekt' oder auch als Ausdruck eines ‚Wesens' verstanden); bedingt anschlussfähig an Sozialkonstruktivismus (da dieser eine Bedeutung des physischen Raumes sieht); nicht anschlussfähig an radikalen Konstruktivismus und Diskurstheorie	anschlussfähig an Diskurstheorie und sozialen Konstruktivismus (beide sehen gesellschaftliche Landschaft konstitutiv), keine Anschlussfähigkeit an übrige Ansätze (physischer Raum oder 'Wesen') konstitutiv	anschlussfähig an radikalen Konstruktivismus und sozialen Konstruktivismus (beide sehen gesellschaftliche Landschaft konstitutiv), keine Anschlussfähigkeit an übrige Ansätze (physischer Raum oder 'Wesen') konstitutiv
Beispiel-untersuchungen	Lautensach (1973[1938]), Quasten (1997a), Wöbse (2002)	Leser (1991), Bastian/Schreiber (1999), Smith/Prentice/Sykes (2001)	Cosgrove (1984), Greider/Garkovich (1994), Kühne (2008)	Wojtkiewicz/Heiland (2012), Vicenzotti (2014)	Heiland (1992), Assche/Verschraegen (2008), Kühne (2014a)	Chilla (2007), Leibenath/Otto (2012), Weber (2015)

Abb. 6.1　Zusammenfassung der landschaftstheoretischen Positionen. (Eigene Darstellung)

6.1.4　Das Verständnis des gemäßigten Sozialkonstruktivismus

Gemäß der Vorstellung einem gemäßigten Sozialkonstruktivismus werden die physisch-materiellen Grundlagen von Landschaft zwar als konstitutiv betrachtet, doch wird in den unterschiedlichen Konstruktionen von Landschaft ein eigenständiger Ansatz zur

Untersuchung von Landschaften gesehen. Dabei wird ein Dualismus von Landschaft (physisch als Realobjekt verstanden, im Sinne eines Containerraumes, relationalen Ordnungsraumes oder Raumes als logische Struktur) und Landschaftsbild und Wahrnehmung von Landschaft (als Konstrukt, im Sinne eines Erlebnis- bzw. Handlungsraumes oder als Medium der Wahrnehmung) konstruiert. Da Landschaft auch als ‚Realobjekt‘ verstanden wird, lassen sich positivistische wie essentialistische Vorstellungen perpetuieren, sie werden lediglich durch Konzepte aus der Soziologie, der Neuen Kulturgeographie, den *Cultural Studies,* der Psychologie u. a. ergänzt. Die ‚unreine‘ theoretische Grundposition ermöglicht allerdings eine intensive Anschlussfähigkeit an praktische Fragestellungen. So sind deskriptive, analytische und normative Aussagen ebenso möglich wie Objekt- und Meta-Aussagen (als Beispiele für dieses Verständnis lassen sich beispielsweise anführen: Corner, 2002a, b; Becker, 1998; Ipsen, 2002a, b, 2006; Körner & Eisel, 2006; Schmitz-Emans, 2005; Felber Rufer, 2006; Heiland, 2006; Gailing & Röhring, 2008b; Hook, 2008; Korr, 2008; Meier et al., 2010; Wojtkiewicz & Heiland, 2012; Vicenzotti, 2011; Keller & Backhaus, 2021 und auch die Europäische Landschaftskonvention, Council of Europe, 2000b, verwendet ein solches Verständnis von Landschaft, siehe Abschn. 6.8.3: eine noch nicht sozialkonstruktivistisch terminologisch begründete Perspektive findet sich bei Lehmann, 1973,der zwischen sachbezogenem und erlebnishaften/physiognomischen Aspekt von Landschaft unterscheidet[2]; Abb. 6.1).

6.1.5 Das radikalkonstruktivistische Landschaftsverständnis

Landschaft lässt sich auch als Folge sozialer Kommunikation im Sinne des radikalen Konstruktivismus verstehen (im Anschluss an das Verständnis, Raum als Medium der Kommunikation zu begreifen). Physische Objekte werden in diesem radikalkonstruktivistischen Landschaftsbegriff (nahezu) bedeutungslos und werden – in der Tradition der Luhmannschen Systemtheorie (z. B. Luhmann, 1984) – lediglich als Medien von Kommunikation behandelt (Stichweh, 1998). Durch den starken Kommunikationsbezug werden die Forschungsergebnisse auf Grundlage der übrigen dargestellten Landschaftsverständnisse lediglich in der Meta-Perspektive anschlussfähig, d. h. sie werden selbst als Kommunikationen über Landschaft betrachtet. Raum wird dabei „zunächst als Medium der Wahrnehmung, sowie zunehmend als Medium der Kommunikation verstanden" (Egner, 2010, S. 99) verstanden. Wie auch Zeit ist Raum für Luhmann ein

---

[2]Der Doppelcharakter zwischen naturwissenschaftlich-positivistischem Ansatz und konstruktivistischem Ansatz wird in der Reflexion des Lehmannschen Werkes durch Renate Müller (1986, S. 20–21) in folgendem Zitat deutlich: „Mit Hilfe exakter meteorologischer Messdaten wie der mittleren Ortshelligkeit als Maß für die Lichtintensität und dem Linkeschen Trübungsfaktor als Maß für die Sichtweite lassen sich zwar keine ästhetischen Qualitäten, keine Landschaftswertigkeiten bestimmen, wohl aber spontane Eindrücke von den atmosphärischen Voraussetzungen her verifizieren".

Medium „zur Errechnung von Objekten" (Stichweh, 1998, S. 342), wobei Objekte nicht allein materiell, sondern auch sozial sein können (Stichweh, 1998; Rau, 2013). Erzeugt wird Raum dadurch, „dass Stellen unabhängig von den Objekten identifiziert werden können, die sie jeweils besetzen" (Luhmann, 1995, S. 180; vgl. auch Hard, 2002c; Lippuner, 2008b; Pott, 2007auch Klicken oder tippen Sie hier, um Text einzugeben.). Stellen begreift Luhmann (1995) als Medium des Raums, Objekte wiederum als dessen Formen. Stellendifferenzen markieren das Medium, Objektdifferenzen die Formen des Mediums (Luhmann, 1995). Entsprechend ordnen sich die Elemente des Mediums ‚Raum' an, „das als eine Art neurologische Basisstruktur bei Wahrnehmung und Kommunikation vorausgesetzt, aber selbst nur anhand seiner Formen, das heißt anhand von Objektdifferenzen wahrnehmbar ist" (Lippuner, 2011a, S. 323). Die Fähigkeit, eine Vorstellung von ‚Raum' zu entwickeln, ist von beobachtbaren Unterschieden abhängig: „Der Raum *ist* jene Umgebung einer Unterscheidung, die ich nur anfangen kann, als Umgebung zu beobachten, weil ich eine Unterscheidung getroffen habe, die eine Umgebung voraussetzt. Der Raum ist die Möglichkeit, ihn dank der Operation der Unterscheidung in verschiedene Teile zu unterscheiden, etwa Innenseite und Außenseite" (Baecker, 2015, S. 41; Hervorh. i. O.).

Gemäß der Systemtheorie Luhmanns (z. B. 1984, 1986) ist die Gesellschaft in einzelne Teilsysteme gegliedert, die exklusiv spezifische Aufgaben für die gesamte Gesellschaft wahrnehmen. So regelt das politische System die öffentlichen Angelegenheiten, das System der Rechtsprechung ist für die Einhaltung von Recht zuständig, die Wirtschaft regelt die Versorgung der Gesellschaft mit Gütern und Dienstleistungen, die Wissenschaft die Definition von Wahrheit und die Medien die Definition, Kommunikation und Aufbewahrung von Nachrichten etc. Im Zentrum radikalkonstruktivistischer Landschaftsforschung stehen entsprechend Fragen, wie sich die systemisch differenzierte Kommunikation unterschiedlicher gesellschaftlicher Teilsysteme über Landschaft vollzieht, warum also letztlich ‚Landschaft' im gesellschaftlichen Subsystem Wirtschaft gemäß einer anderen Eigenlogik (der des Geldverdienens) betrachtet wird als im System der Politik (hier werden Machtfragen behandelt; näheres zu diesem Ansatz siehe Abschn. 8.3.2; Heiland, 1992; Klüter, 1986; van Assche & Verschraegen, 2008; Lippuner, 2011b; Kühne, 2014b, 2019a; Lippmann, 2016; Abb. 6.1)[3]. Landschaft – wie auch Raum

---

[3]Dieses Prinzip der Eigenlogiken hat – Luhmann (1990 [1986]) zufolge – das Problem der Umweltbelastung wesentlich verursacht: Die Belastungen der natürlichen Umwelt werden von diesen gesellschaftlichen Teilsystemen dabei nur nach Maßgabe der jeweils eigenen Systemstruktur behandelt, ein eigenes System der Beobachtung der natürlichen Umwelt existiert nicht. Das bedeutet: Für die Wirtschaft existieren Umweltbelastungen nur dann, wenn mit ihnen eine monetäre Schädigung eines Wirtschaftssubjektes verbunden ist (wenn zum Beispiel Fischer verlangen, den Schaden zu ersetzen, der durch die Einleitung von Abwässern durch einen Industriebetrieb durch Fangausfälle entstanden ist), für die Politik, wenn mit Umweltthemen Wählerstimmen generiert werden können etc.

allgemein – wird also zu einem Medium, das kommunikativ gemäß der Eigenlogik der einzelnen gesellschaftlichen Teilsysteme hergestellt wird (Klüter, 1986; Rau, 2013). Insgesamt lässt sich jedoch feststellen, dass die Potenziale dieses Ansatzes für die Landschaftsforschung noch nicht vollständig ausgeschöpft wurden, sondern eher Detailfragen, insbesondere in Bezug auf Planung wie bei Heiland (1992), van Assche und Verschraegen (2008) und Duineveld et al. (2017) in Bezug auf Tourismus bei Lippmann (2016) oder der Kritik des Ansatzes der Ökosystemdienstleistungen aus Perspektive der Landschaftsforschung (Kirchhoff, 2019b; Kühne, 2014b; Kühne & Duttmann, 2019) behandelt wurden.

6.1.6 Das diskurstheoretische Landschaftsverständnis

Die diskurstheoretische Landschaftsforschung (z. B. Leibenath & Otto, 2011, 2012, 2014; Kühne et al., 2013; Weber, 2019; Weber & Kühne, 2016; Weber, 2015, 2018; Gailing & Leibenath, 2010, 2017; Roßmeier et al., 2018; schließt bis dato insbesondere an die Diskurstheorie von Laclau und Mouffe (1985) an, die auf die *temporäre* Verankerung von Bedeutungen abhebt. Als konstruktivistische Theorie begreift sie Landschaft als sozial produziert. Dies bedeutet: Es existiert keine Basis, auf der eine spezifische Deutung von Landschaft fußen würde. Was als ‚Landschaft' verstanden wird, ist reversibel und das Ergebnis von gesellschaftlichen Aushandlungsprozessen (Weber, 2015, 2019). Eine endgültige Fixierung von Landschaftsverständnissen ist entsprechend unmöglich. Aus einer solchen Unmöglichkeit „einer endgültigen Bedeutungsfixierung folgt, dass auch Identitäten, gesellschaftliche Beziehungen und ‚Räume' letztendlich immer kontingent sind. Entscheidungen, die getroffen werden, könnten also durchaus auch anders ausfallen" (Weber, 2015, S. 101). Die Veränderbarkeit von Bedeutungen wird jedoch im Alltag nicht reflektiert, Bedeutungen und Bewertungen werden üblicherweise als gegeben und ‚normal' verstanden.

Somit entsteht eine temporäre Fixierung von Differenzbeziehungen. Als Differenzbeziehungen werden sprachliche Zeichen verstanden, „die sich grundsätzlich alle voneinander unterscheiden, aber durch Aneinanderreihung in Beziehung gesetzt werden" (Weber, 2015, S. 104). Diese temporäre Fixierung von Differenzbeziehungen bezeichnen Laclau und Mouffe (1985, S. 112) als Diskurs. Hierdurch werden alternative Diskurse und Bedeutungen ausgeschlossen bzw. unterdrückt. Wird also ‚Landschaft' als mesoskaliger Raum diskursiv geschlossen, bilden etwa Innenräume das ‚Außen' des Diskurses. Wird ein Diskurs um einen zentralen Punkt – einen Knotenpunkt – organisiert, werden gleichzeitig Außengrenzen gesetzt: es erfolgt eine Abgrenzung von dem, was das, Innen des Diskurses' *nicht* ist. Je ‚natürlicher' die Verknüpfungen des Diskursinneren erscheinen, umso machtvoller wird der Diskurs – ein ‚hegemonialer Diskurs'. Wird Landschaft hegemonial als ‚schönes, natürliches und wertvolles Gebiet' definiert, werden etwa Bäume in dieses Gebiet eingeschlossen, während etwa eine antagonistische Grenze z. B. zu Windkraftanlagen gezogen wird (Leibenath & Otto, 2011, 2012). In den vergangenen Jahren hat sich eine eigenständige diskurstheoretische Landschaftsforschung hinsichtlich der Analyse von Machtprozessen entwickelt, mit der gerade auch anwendungsbezogene Fragestellungen wie beispielsweise um den Ausbau von Windkraft und Stromnetzen Beachtung finden. Während im gemäßigten Sozialkonstruktivismus der Ebene der physischen Objekte eine eigene Bedeutung zukommt, werden aus diskurstheoretischer Perspektive Elemente des ‚externen Raums' erst durch sprachliche Vermittlung gesellschaftlich relevant. Dies hat zur Folge, dass Diskurse *über* Landschaft analysiert werden, aber weniger Aussagen zur ‚zwingenden' Entwicklung, der physischen Grundlagen – wie dem Erhalt ‚historisch gewachsener Kulturlandschaften' – getroffen werden. Anwendungsbezogen lassen sich diskurstheoretisch alternative Deutungsmuster in den Vordergrund rücken und damit zeigen, dass auch andere Sichtweisen als derzeit verfestigte Bedeutungen möglich erscheinen. Wenn Normen wie Verfahrensgerechtigkeit formuliert werden, betreffen diese die Regeln diskursiver Prozesse, die es ‚offen' auszuhandeln gilt (zum Vergleich mit den übrigen betrachteten Theorien: Abb. 6.1).

Die Anschlussfähigkeit der Diskurstheorie an den Sozialkonstruktivismus wird in der Entwicklung des ‚kommunikativen Konstruktivismus' (Keller et al., 2013; Knoblauch, 2016) deutlich, der bestrebt ist, den Fokus der ‚sozialen Konstruktion der Wirklichkeit' auf die sie konstituierenden kommunikativen Prozesse zu richten. In Bezug auf Räume stellt Keller (2016, S. 76) die Bezüge von Diskursen und deren Erforschung her: „Symbolische und materielle Ordnungen des Räumlichen sind in ganz unterschiedlicher und vielfacher Weise in Diskursprozesse einbezogen, die mit dem Instrumentarium der Wissenssoziologischen Diskursanalyse analysiert werden können". Infolge der von Vornherein starken symbolischen Aufladung von zu Landschaft synthetisierten materiellen Objekten zeigt der Ansatz des ‚kommunikativen Konstruktivismus' auch ein großes Potenzial für die Landschaftsforschung.

6.1.7 ‚More-than-representational'-Theorien

In den vergangenen Jahren werden die Potenziale von Theorien für die Landschaftsforschung ab, die als ‚Mehr-als-representational' (Lorimer, 2005; Waterton, 2013) bezeichnet werden. Dabei handelt es sich um ein Aufgreifen der Phänomenologie, die Assemblage-Theorie, die Akteurs-Netzwerk-Theorie sowie die neopragmatische Landschaftsforschung. Alle diese Ansätze greifen konstruktivistisches Denken auf (bzw. sind – im Falle der Phänomenologie – evolutionär damit verbunden, sie zielen aber in unterschiedlicher Weise darauf, Materialitäten in die jeweiligen theoretischen Rahmen zu integrieren (Bauriedl et al., 2000; Strüver, 2011; Kühne, 2019h; Müller, 2015).

Sowohl positivistische wie auch konstruktivistische Landschaftsverständnisse gehen von einer Strukturierung der Welt in das Soziale/das Bewusstsein auf der einen und der äußeren Welt der Objekte auf der anderen Seite aus. Bei den konstruktivistischen Ansätzen liegen jedoch unterschiedlichen Intensitäten dieser Trennung vor. Schließlich verfügt der Sozialkonstruktivismus über phänomenologische Wurzeln, die auch eine Verbindung von einzelnen Menschen mit Objekten herstellen, während radikal- oder diskurstheoretische die materielle Welt eher als ‚das Andere' thematisieren. ‚Mehr-als-repräsentationale Theorien' (Lorimer, 2005; Waterton, 2013) bemühen sich hingegen, die konzeptionelle Dichotomie von Subjekt (bzw. Gesellschaft) und Objekt aufzulösen.

Bei einem phänomenologischen Zugriff auf ‚Landschaften', ‚Orte' und ‚Räume' rücken diese als ‚Phänomene' in den Fokus des Interesses. Sie werden als Einheiten verstanden, als Dinge und Ereignisse, die sich der Welt präsentieren (Tilley, 1997). Diese Dinge und Ereignisse gilt es aus der Perspektive der Phänomenologie nicht allein zu beschreiben und zu verstehen, sondern sich insbesondere mit dem (individuellen) Erleben von Landschaften, Orten und Räumen zu befassen (Lorimer, 2005; Tilley, 1997; Wylie, 2005). Der Fokus auf das Individuelle Erleben macht den phänomenologischen Forschenden von und zu Orten und Räumen zum Erzählenden seiner/ihrer Erfahrungen eines Raumes, eines Ortes bzw. einer Landschaft (Tuan, 1989), wobei diese Erfahrungen durch die eigene Selbstbewegung (also zu Fuß) gewonnen werden (Macpherson, 2016; Wylie, 2005).

Am anderen Ende der Abstraktionsskala lässt sich die Akteurs-Netzwerk-Theorie (ANT) ansiedeln (Latour, 1996b, 1997; Latour & Roßler, 2007 [2005]): Die Akteurs-Netzwerk-Theorie stellt soziale, technische und natürliche Einheiten und Faktoren als prinzipiell gleichberechtigte Knoten von Vernetzungsprozessen neben-einander, sie werden von der „Akteurs-Netzwerk-Theorie nicht als Explanans, sondern als Explananda behandelt" (Schulz-Schaeffer, 2000, S. 188). Forschungen, die auf der ANT fußen, verwenden eine eigene Terminologie, schließlich sei die klassische wissen-schaftliche Sprache zu stark in repräsentationalen Denkstrukturen verhaftet (Gerten-bach, 2015; Latour & Woolgar, 2013 [1979]). Im Zentrum der Befassung mit ‚Welt' auf Grundlage der ANT stehen Netzwerke, die sich aus den Relationen der zu ‚Aktanten' gewordenen belebten und unbelebten Elementen von Raum/Ort/Landschaft ergeben. Landschaft wird in der ANT anti-dialektisch und von skalaren Beschränkungen befreit gedacht, da sie als Netzwerk von Aktanten verstanden wird, das sich einem Denken in festen Maßstäben entzieht (Allen, 2011).

Die Assemblage-Theorie bindet dagegen von einer konstruktivistischen Grundhaltung ausgehend, Materialitäten in ihren theoretischen Rahmen ein. Sie befasst sich mit der Erlangung von Relevanz von Materialitäten in gesellschaftlich-diskursiven Prozessen (Mattissek & Wiertz, 2014). Materielles wird dann gesellschaftlich relevant, wenn es diskursiv verhandelt wird (Mattissek & Wiertz, 2014). Sie lässt sich als Ansatz ver-stehen, „der soziale Ensembles auf Basis der Prozesse, die sie generieren, anspricht. Sie konzeptionalisiert Prozesse der Kreation und Transformation von sozialen Ensembles, die als Assemblages bezeichnet werden, und unterbreitet eine Herangehensweise zur Analyse generativer Prozesse" (van Wezemael & Loepfe, 2009, S. 108). Nicht die essentialistische Frage, was Materielles ‚im Kern' oder ‚dem Wesen nach' ist, wird verhandelt, sondern wie Materielles (sozial) wirken kann (van Wezemael & Loepfe, 2009). Neben einer Anbindung an die Diskurstheorie, weist die Assemblage-Theorie auch Potenziale für die kritische Raum- und Landschaftsforschung auf, wenn etwa die Bedeutung von Materie für Machtprozesse untersucht wird (Färber, 2014).

Einen grundsätzlich anderen Weg beschreitet die neopragmatische Raum- und Landschaftsforschung. Aus neopragmatischer Perspektive wird davon ausgegangen, dass
komplexe Phänomene, wie Landschaft oder Region mit nur einer theoretischen Perspektive
hinsichtlich bestimmter Aspekte untersucht werden kann, sie wirken also stark komplexi-
tätsmindernd. Entsprechend wird aus neopragmatischer Perspektive bezweifelt, dass es
‚die' einzige legitime theoretische Perspektive ‚Raum' im Allgemeinen, ‚Ort', ‚Region',
‚Landschaft' etc. gibt bzw. sogar geben kann. Gerade im Kontext einer inter- und transdisziplinären Befassung mit Landschaft erscheint ein solcher ‚theoriereiner' Anspruch
jedoch wenig opportun. Gemäß der ‚Scheinwerfertheorie' Karl Poppers (2011 [1947])
lassen sich Theorien mit Scheinwerfern vergleichen, die einen Forschungsgegenstand aufgrund ihrer Standortabhängigkeit nur teilweise ausleuchten, entsprechend andere Teile
des Objektes unausgeleuchtet lassen. Dem folgend wird bei der Befassung – insbesondere
mit komplexen Forschungsobjekten – die Nutzung mehrerer Theorien nötig, um ein
umfassenderes Bild von diesem Objekt zu erhalten (Abb. 6.2). Eine hierarchische Unterordnung von Theorien (aber auch Methoden, Forschenden, Daten) unter ein weltanschau-
liches Ziel (wie es bei kritischen Ansätzen zu finden ist; Belina, 2013) widerspricht dem
neopragmatischen Rahmen, wie im Folgenden ausgeführt wird.

Ausgehend von der pragmatischen Zielorientierung (James, 1977; Peirce, 1991), in
der nicht interne Widerspruchsfreiheit, externe Übereinstimmung von Aussagen in Bezug
auf Sachverhalte oder moralische Grundsätze zum Prüfstein von ‚Wahrheit' werden,

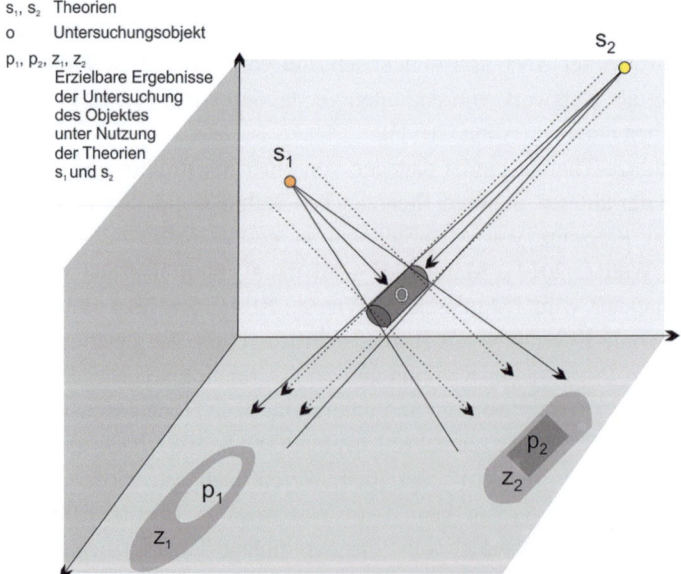

Abb. 6.2 Die Notwendigkeit einer multitheoretischen Befassung mit komplexen Gegenständen.
(Eigene Darstellung nach: Hügin, 1996)

sondern Brauchbarkeit, Nützlichkeit bzw. Erfolg in konkreten Kontexten (Joas, 1988; Kühne & Berr, 2021; Schubert et al., 2010; Steiner, 2014a, b; Zepp, 2020), bedient sich die neopragmatische Forschung auch unterschiedlicher theoretischer Perspektiven bei der Befassung mit komplexen Phänomenen, wie etwa Landschaft. Auf postmodernes Denken zurückgreifend, werden entsprechend Auffassungen universeller Wahrheit und Vorstellungen von einer unumstößlichen Objektivität, die als Prüfstein für Theorien dienen könnte, so Richard Rorty als einer der Begründer des Neopragmatismus, abgelehnt (Hildebrand, 2005; Rorty, 1997). Stattdessen verfolgt der Neopragmatismus eine Strategie der Offenheit, der Angemessenheit und Tauglichkeit in Bezug auf Theorien (und Methoden) ausgerichtet, was sich mit der (insgesamt gesellschaftlichen) Norm ergebnisoffener, demokratischer Aushandlungsprozesse verbindet (siehe genauer: Hildebrand, 2003, 2005; Rorty, 1989). Ausgehend von der Zielbestimmung der wissenschaftlichen Befassung mit Räumen, werden in der neopragmatischen Forschung neben Daten, Methoden und Forscherperspektiven eben auch Theorien trianguliert (Denzin, 2007; Kühne & Jenal, 2021; Schründer-Lenzen, 2013). In Abhängigkeit von dem Ziel der raumbezogenen Untersuchungen (etwa einer synthetischen regionalen Geographie oder der integrativen Befassung der Entstehung von ,Landschaft') werden, die für einzelne Teilfragestellungen begründet, geeignete Theorien herangezogen, was jedoch die Kenntnis, einen Vergleich und eine Abwägung unterschiedlicher theoretischer Ansätze voraussetzt (Eckardt, 2014; Kühne & Jenal, 2020a, b). Zugleich weist die neopragmatische Forschung einen deutlichen Anwendungsbezug auf, was sie neben dem oben dargestellten inter- auch einen transdisziplinären Anspruch verleiht (Chilla et al., 2015; Kühne, 2018h).

6.1.8 Exkurs: ,Enger' und ,weiter' Landschaftsbegriff – die Darstellung einer Diskussion anhand der wissenschaftstheoretischen Grundpositionen

Eine in den ersten eineinhalb Jahrzehnten des 21. Jahrhunderts stattfindende, seitdem deutlich abgeflaute, fachliche Diskussion betraf die Frage nach der ,Weite' des Landschaftsbegriffs (Apolinarski et al., 2004; Gailing, 2007; Gailing & Röhring, 2008b; Hokema, 2009, 2013; Wojtkiewicz & Heiland, 2012; Wojtkiewicz, 2015). Diese Diskussion erscheint nicht allein ob ihres Inhaltes interessant, sondern sie zeigt einerseits das Ringen um angemessene Begriffe zur Beschreibung von Welt, andererseits beinhaltet sie (zumeist implizite) Bezüge zu oben dargestellten landschaftstheoretischen Grundpositionen.

Ein ,enges' Verständnis ist mit der Vorstellung von angeeigneten physischen Landschaften im Sinne von Naturlandschaften oder kultivierten Naturräumen verbunden (die Thematik von Natürlichkeit bzw. Kultürlichkeit von Landschaft wird in Abschn. 7.4 genauer behandelt): „Die Auffassung bezieht sich auf Naturzustände oder Formen der Kultivierung, die häufig nicht mehr dem gesellschaftlichen Stand der Naturaneignung entsprechen. Als Ideallandschaften gelten vielfach vorindustrielle bäuerliche Kulturlandschaften" (Hokema, 2009, S. 239; siehe auch Brady, 2006). Der in dieser Form gefasste

Landschaftsbegriff unterliegt einer positiven und darüber hinaus in der Regel normativen Besetzung. Konstruktionen gemäß ‚enger‘ Landschaftsvorstellungen definieren den zu erreichenden Zielzustand aller (definitorisch so gefassten) ländlichen Räume. Ihnen wird ein ‚Eigenwert‘ zugeschrieben, was auf eine essentialistische Grundhaltung dieses Ansatzes hindeutet. Das bedeutet wiederum: Im ‚engen‘ Landschaftsbegriff werden fordistische und zumeist auch postmoderne Landschaften abgelehnt.

Das ‚erweiterte‘ Verständnis von Landschaft wird dagegen sowohl auf unbebaute wie auch auf bebaute Räume bezogen. Selbst naturferne Räume lassen sich „in die verschiedenen Spielarten des erweiterten Landschaftsbegriffes“ (Hokema, 2009, S. 239; auch Hokema, 2013) integrieren. In diesem Verständnis wird Kulturlandschaft „als jede anthropogen veränderte Landschaft unabhängig von qualitativen Aspekten und normativen Festlegungen unter Einbezug aller historischen, gegenwärtigen und zukünftigen Ergebnisse anthropogener Landschaftsveränderungen“ (Apolinarski et al., 2004, S. 9) verstanden.

Anhand dieser Diskussion, um die ‚Weite‘ des Landschaftsbegriffs lassen sich die in Abschn. 6.1 dargestellten wissenschaftstheoretischen Grundpositionen erläutern: Der Gegenstand der Diskussion lässt sich als Frage behandeln, ob ‚Landschaft‘ ein ‚Wesen‘ habe, zu dessen Erhaltung bestimmte ‚Normen‘ zu gelten haben (= ‚enger‘ Landschaftsbegriff) oder, ob Landschaft deskriptiv bzw. analytisch positivistisch wertfrei als physischer Raum gefasst werden könne (= ‚weiter‘ Landschaftsbegriff‘). Aus Perspektive der diskurstheoretischen Landschaftsforschung kann diese Auseinandersetzung als Streben um diskursive Hegemonialität verstanden werden, d. h. welcher Landschaftsbegriff setzt sich (temporär) als ‚gültiger‘ fest. Aus Perspektive des Radikalkonstruktivismus lässt sich fragen, welche Systemlogik sich stärker durchsetzt, die von Politik und ihrer Administration, da dieser mit seinen normativen Implikationen eine höhere Administrierbarkeit aufweist (‚enger Landschaftsbegriff‘) oder der ‚weite‘ Landschaftsbegriff, der sich stärker am aktuellen (sozialwissenschaftlichen) Stand der Wissenschaft orientiert. Aus (nominalistisch) sozialkonstruktivistischer Perspektive lässt sich darüber hinaus fragen, welche physischen Objekte von welchem der widerstreitenden Diskutantenkonstellationen in welcher Form symbolisch aufgeladen werden, oder wessen Anerkennung die handelnden Akteure erhalten wollen (mehr hierzu in Abschn. 6.6.2). Aus Perspektive des gemäßigten Sozialkonstruktivismus lässt sich beispielsweise untersuchen, welche Vorstellungen von Landschaft bei der Bevölkerung vorherrschen, um daraus Vorgaben für die räumliche Planung abzuleiten.

6.2   Die ‚geographische‘ Landschaft und ihre Persistenzen

Der Begriff der Landschaft hat in der (deutschsprachigen) Geographie eine äußerst wechselhafte Geschichte durchlaufen (seine zeitweilige Dekonstruktion war im internationalen Kontext bei weitem nicht so intensiv (vgl. u. a. Berr & Kühne, 2020; Berr & Schenk, 2019; Eisel, 1980; Kühne, 2014e, 2019d; Wardenga, 2006a, b).

Für die Begründung der deutschsprachigen Geographie als wissenschaftliche wies
der Begriff der Landschaft eine nahezu konstitutive Bedeutung auf (vgl. Schenk, 2013).
So stellte Schmithüsen (1973, S. 158) fest: „Für den Geographen ist es [die Teilantwort
auf die Frage, was Landschaft sei; Anm. O. K.] ein wissenschaftlicher Grundbegriff von
einem ähnlichen Rang wie Gestein für den Petrographen, Lebensgemeinschaft für den
Biologen oder Epoche für den Historiker". Dem Begriff ‚Landschaft' wurde dabei auch
die Bedeutung zugewiesen, die Einheit des sich in zahlreichen Bindestrich-Geographien
(z. B. als Wirtschafts-, Sozial- oder Klimageographie) differenzierenden Faches zu
gewährleisten (Paffen, 1973a). Ende der 1960er Jahre geriet die Landschaftszentrierung
der (deutschsprachigen) Geographie in die Kritik der jüngeren Forschungsgeneration,
die auf dem 1969 in Kiel stattfindenden Geographentag kulminierte (Blotevogel, 1996,
2000). Die geographische Landschaftsforschung wurde als empirisch nicht belegbar,
methodologisch kaum begründbar und unschwer ideologisierbar und hinsichtlich eines
„allzu schlichten Realismus" (Kaufmann, 2005, S. 102) kritisiert, der auch durch die
Beschränkung auf das Lokale oder Regionale, bei gleichzeitigem Ausblenden von Einflüssen, die aus überregionalen Ebenen stammen, begründet ist (Mitchell, 2005; Duncan,
1980; vgl. auch Eisel, 1980). Darüber hinaus ginge die traditionelle Geographie von
„der Welt als einem wohlgeordneten Mosaik von räumlich segmentierten natürlichen
und gesellschaftlichen Einheiten aus" (Blotevogel, 1996, S. 13), das „sowohl die immer
wichtiger werdenden räumlichen Verflechtungszusammenhänge wie auch die Konflikt-
haftigkeit von Raumbildungen strukturell ausklammert" (Blotevogel, 1996, S. 13). Das
Paradigma der Landschaft wurde in der Anthropogeographie insbesondere durch eine
paradigmatische Ausrichtung auf neopositivistische, empirische Ansätze weitgehend
ersetzt, sodass es in weiten Teilen des „Mainstreams in der Anthropogeographie wenig
karrierefördernd war, von Landschaft zu sprechen" (Schenk, 2006, S. 17). In der naturwissenschaftlich orientierten physischen Geographie blieb das Konstrukt der Landschaft
erhalten, auch in Verbindung mit ökosystemischen (in der Ökologie auch als ‚öko-
systemare' bezeichnete) Ansätzen als Geo- bzw. Landschaftsökologie. Durch die verstärkte Hinwendung zu konstruktivistischen Ansätzen in der Anthropogeographie seit
den 1990er Jahren, wird die Untersuchung von Landschaft – verstanden als individuelles
und soziales Konstrukt – auch in der Anthropogeographie wieder anschlussfähig (siehe
ausführlicher: Eisel, 1980; Gebhardt, 2016, 2019; Hard, 1973; Kulke et al., 2004;
Schlottmann & Wintzer, 2019; Schultz, 1980; Wardenga, 1996, 2005).

Seit dem letzten Drittel des 19. Jahrhunderts definierte sich die Geographie – mit
dem Verständnis von Raum als Container (siehe Abschn. 6.1.2) – als Länder- und
Landschaftskunde (Eisel, 1980; Wardenga, 1989). Mit der Entwicklung des ‚Länderkundlichen Schemas' (auch bekannt als ‚Hettnersches Schema') systematisierte Alfred
Hettner (1927) den Aufbau geographischer Arbeiten: In einer einheitlichen Reihenfolge sollten die ‚Schichten' (später Geofaktoren genannt) einzelner Räume beschrieben
werden (von Lage, Gestalt und Größe über das Klima bis hin zu religiösen Spezifika).
Diese Schichten sollten nach einer Einzelbetrachtung in das komplexe Wirkungs-

gefüge der Landschaft integriert werden (vgl. auch Uhlig, 1970; Tzschaschel, 2012)[4]. Diese Integration galt als Basis für einen späteren Vergleich mit anderen Landschaften, der wiederum als Basis für eine Typisierung von Landschaften dienen sollte. Die Konstruktion des ‚Typischen' stellt ein wesentliches Charakteristikum des ‚geographischen' Landschaftsverständnisses dar, der damit verbundene Selektionsprozess impliziert eine Reihe von Verallgemeinerungen, was Lucius Burckhardt (2006j, S. 258–259) folgendermaßen pointiert: „Der Geograph ist auf der Suche nach dem ‚Typischen', er erschafft die Kriterien dessen, was eine Heide, ein Hochmoor oder eine Industrielandschaft sei." Der damit verbundene Prozess der Subsumtion bedeutet eine Entscheidung, „bei welcher Dichte der Erika- und Wacholdersträucher sich der Begriff der Heide noch rechtfertigt, oder ob es sich bei der beobachteten Ebene vielleicht um etwas anderes handele, eine Steppe oder eine Tundra oder was auch immer [...]" (2006j, S. 259). Diese Typisierung wurde in der klassischen Landschaftskunde angewendet während die Landschaft in länderkundlicher Tradition als Individuum begriffen wurde (siehe z. B. Paffen, 1953; Neef, 1973; Schmithüsen, 1973; Gunzelmann, 1987)[5]. Eine hierarchisierende Verbindung zwischen Landschafts- und Länderkunde zieht Passarge (1929, S. 2–3, Hervorh. i. O.), wenn er schreibt: „Als Krone aber trägt die Landschaftskunde die *Länderkunde,* die eine Darstellung nicht nur des heutigen Raumes, sondern auch eine solche seiner Entwicklung, der Geschichte des Menschen, seiner staatlichen, sozialen, wirtschaftlichen, seiner stofflichen und geistigen Kulturgüter bringt".

Für die geographische Befassung mit Landschaft ist in weiten Teilen eine Beibehaltung von vormodernen Begriffsinhalten und damit ein partielles Beibehalten alltagssprachlicher Inhalte (vgl. auch Paffen, 1973a)[6] charakteristisch, des Weiteren eine beschränkte Ausprägung von Spezialwissen sowie der Versuch in weiten Bereichen ein naiv-naturalistisches bzw. alltagsweltliches Weltverständnis, sowohl auf die Gegenstände der physischen wie auch der Humangeographie, anzuwenden (Hard, 1970; Eisel, 1980;

---

[4]Diese Denkweise der Erfassung von Landschaft in ‚Schichten' persistiert bis heute in dem sogenannten ‚Layer Cake Model' in der Landschaftsplanung und -architektur, das den mit GIS verbundenen Methoden zugrunde liegt, und Landschaft (verstanden als physischer Gegenstand) als quantifizierbares Verhältnis unterschiedlicher Verteilungen von Gegenständen im Raum, die sich unterschiedlichen Schichten zuordnen ließen (z. B. Geologie, Landnutzung; Dank für diesen Hinweis an Diedrich Bruns; siehe auch: Dickmann 2018; Dickmann und Zehner 2001; Edler und Dickmann 2019).

[5]Auch dieses Verständnis persistiert in Landschaftsplanung und -architektur bis heute: Landschaft wird als Individuum verstanden, welches sich durch einzigartige Charaktermerkmale auszeichnet. Dieses heute praktizierte ‚Landscape Character Assessment', steht der Konstruktion des ‚Typischen' ablehnend gegenüber (Dank für diesen Hinweis an Diedrich Bruns).

[6]Die Versuche, den Begriff der Landschaft durch wissenschaftlich exakt definierte Termini wie ‚Chore' oder ‚Synergose' zu ersetzen, scheiterten unter anderem infolge der durch lange Forschungstradition weiten Verbreitung des Wortes Landschaft in den raumbezogenen Wissenschaften (Paffen (1973a); vgl. auch Hartshorne (1961 [1939])).

Wardenga, 1989). So stellt Hard (1977) die Persistenz mittelalterlichen Bedeutungsinhaltes des Wortes Landschaft im Sinne von Region fest, der bereits im 19. Jahrhundert sukzessive aus der Alltagssprache verdrängt worden war. Diese Traditionslinie wurde um die Wende vom 19. zum 20. Jahrhundert mit dem Konzept von Landschaft im Sinne von *Landscape,* als ästhetischer Betrachtungsraum, kombiniert, wie er auf die Landschaftsmalerei der Renaissance zurückging. Der geographische Landschaftsbegriff entsprang damit zwei Denktraditionen (Hard, 1977, S. 15): „(1.) die aus ‚naiver' Weltsicht und ‚landschaftlichem Auge' kombinierte ‚physiognomische' Tradition des vielseitig interessierten Reisenden und (2.) die ‚regionalistische' Tradition des ‚Denkens in Erdräumen' und Erdraumgliederungen". Im Folgenden sollen diese beiden Traditionen, die bis heute in unterschiedlicher Weise ihren Einfluss auf das (wissenschaftliche) Verständnis von Landschaft entfalten, kurz erläutert werden.

Ein regionalistisch-positivistischer Landschaftsbegriff wird bei der Definition der ‚geographischen Landschaft' von Karlheinz Paffen (1973b, S. 76) deutlich: „Die geographische Landschaft ist eine vierdimensionale (raumzeitliche) dynamische Raumeinheit, die aus dem Kräftespiel, sei es physikalisch-chemischer Kausalitäten unter sich, sei es diese mit vitalen Gesetzmäßigkeiten oder auch geistigen Eigengesetzlichkeiten gepaart in einer stufenweisen Integration von anorganischen, biotischen und gegebenenfalls kultürlich-sozialen Komplexen als Wirkungsgefüge und Raumstrukturen erwächst". Die geographische Landschaft dieser Lesart lässt sich als ein nach bestimmten Kriterien (von Geologie bis Dialekt) abgrenzbarer, sich aber zugleich dynamisch entwickelnder, Raumausschnitt verstehen. Der entwickelte Raumausschnitt ist demnach von anderen als disjunkt zu denken, wie aus den Ausführungen von Troll (1967, S. 426–427) deutlich wird: „Am Anfang steht die Aufgabe, die verschiedenen Landschaften der Erde und der Länder räumlich und dinglich zu erfassen und gegeneinander abzugrenzen. Der abwechselnde Blick auf Landschaftsinhalt und Landschaftsgrenzen schärft dabei das Verständnis für die wesentlichen Landschaftsmerkmale und für die sogenannte Landschaftsstruktur". Im Ergebnis entsteht ein kontinuierliches Feld von aneinander anschließenden und sich gegenseitig ausschließenden eigenartigen Landschaften (Eisel, 1980). Mehr als das regionalistische Verständnis von Landschaft ist das physiognomische Verständnis Gegenstand der Diskussion um die Frage, ob und inwiefern neben der im physischen Raum verorteten Landschaft auch subjektive und gesellschaftliche konstitutive Elemente in einem geographischen Verständnis von Landschaft von Bedeutung sein dürften. So erklärt Paffen (1973, S. XXIV) unter physiognomischen Landschaftsverständnis sei nicht „jener im Ästhetischen und Psychischen verhaftete physiognomische Aspekt der ‚Erlebnislandschaft'" gemeint. Vielmehr definiert Paffen (1973a, S. XXIV) das physiognomische Verständnis von Landschaft als ein im geographischen Sinne objektbezogenes, das nichts Anderes bedeutet als das ‚räumlich-gegenständliche, formale ‚Erscheinungsbild' von Landschaft, wie es sich „aus der Gesamtheit der in der ‚geographischen Substanz' physiognomisch erfassbaren ‚geographischen Formen' (Erscheinungen) ergibt". Damit distanziert er sich von Granös Konzept der ‚Wahrnehmungs- und Gegenstandswelt' (1973), die dadurch konzipiert wird, dass Landschaft stets durch subjektive Interpretation physischer Gegenstände entstünde.

So erklärt Granö (1973, S. 11) – stellvertretend für andere Vertreter der physiognomischen Landschaftsgeographie – „unter den Wesenszügen der Landschaft sind die Formen am wichtigsten", woraus er für Landschaftstypologien folgert: „Ein auf die Landschaften bezogenes Typensystem, das in erster Linie Art und Gruppierung der unbeweglichen Formen berücksichtigt, ist geographisch am zweckentsprechendsten". Als physiognomisch klassifiziert Granö (1973, S. 12) eine solchermaßen entstandene Typenbildung, „da wir bei ihrer Bestimmung nur die sichtbaren Züge in Betracht ziehen", über „Herkunft, Entwicklung und Verwandtschaftsverhältnisse" hingegen sage ein solches System nichts aus. Der physiologische Zugriff auf das Thema Landschaft zeigt also durchaus phänomenologische Züge. In der ersten Hälfte des 20. Jahrhunderts setzte sich in der Geographie der regionalistische Ansatz stärker durch, ohne jedoch den physiognomischen Ansatz „gänzlich zu eliminieren" (Schenk, 2011, S. 13), wodurch der deutsche geographische Mainstream der Landschaftsforschung bis Ende der 1960er Jahre durch ein wissenschaftstheoretisch kaum gefasstes Konglomerat essentialistischer und positivistischer, antimodern-konservativer, bisweilen esoterisch wirkender, normativer Weltsichten geprägt war (vgl. auch Eisel, 1980; Wardenga, 1996, 2001a; Kühne, 2019d; Schenk, 2011).

Ein regionalistisch-positivistischer Landschaftsbegriff wird bis heute insbesondere in der Landschaftsökologie perpetuiert. Der Begriff der Landschaftsökologie geht zurück auf Carl Troll (1939, 1968), der unter Landschaftsökologie die Wissenschaft der räumlichen Aspekte der Wechselbeziehungen zwischen Lebensgemeinschaften und deren Umweltbedingungen definierte. Unabhängig von der verfolgten Traditionslinie, der nordamerikanischen, die stärker an der Ökologie als Subdisziplin der Biologie ausgerichtet ist, oder der kontinentaleuropäischen, die sich stärker auf räumliche Fragen der oben genannten Wechselbeziehungen konzentriert, sieht sich die Landschaftsökologie einer naturwissenschaftlichen Denktradition verpflichtet (Kirchhoff, 2011b, Abb. 6.3; vgl. auch Steinhardt et al., 2012). Ein weiteres Ergebnis einer regionalistisch-positivistischen Landschaftsauffassung besteht in der Entwicklung der ‚naturräumlichen Gliederung', deren Ziel Schmithüsen (1953–1962, S. 1) darin sah, „Deutschland nach den Unter-

Abb. 6.3 Perspektiven der landschaftsökologischen Forschung. (Eigene Darstellung nach: Steinhardt et al., 2012)

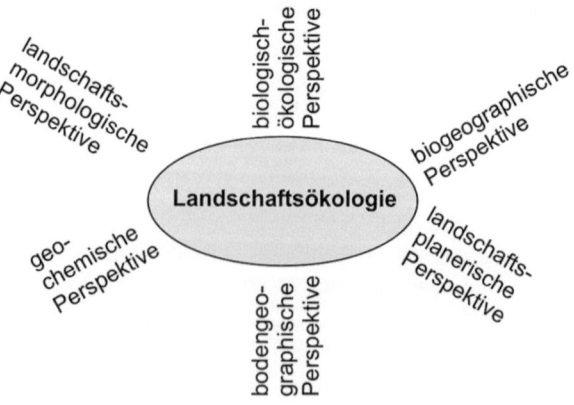

schieden seiner Landesnatur in Gebiete zu gliedern, die für viele Zwecke als Bezugseinheiten dienen können". In dem von Emil Meynen und Josef Schmithüsen zwischen 1953 und 1962 herausgegebene ‚Handbuch der naturräumlichen Gliederung Deutschlands' wurden disjunkte Flächen auf Grundlage struktureller Daten (insbesondere der Geologie) konstruiert. Dabei wurde weder die der Konstruktion zugrundeliegenden (subjektiven) Entscheidungen der Abgrenzung immer dargelegt, noch die Wechselwirkungen zwischen den einzelnen Raumeinheiten einer Betrachtung unterzogen, was der Verbreitung und planerischen Anwendung der ‚naturräumlichen Gliederung' aufgrund ihrer Praktikabilität hinsichtlich der möglichen Zuordnung von Orten zu Landschaften jedoch keinen Abbruch tat (Steinhardt et al., 2012).

War die klassische Landschaftsgeographie von der Auffassung geprägt, Landschaft könne als ‚reale Raumeinheit' (beispielsweise Maull, 1973; Paffen, 1953, 1973c; Schultze, 1973; Troll, 1973; Schmithüsen, 1973; Lautensach, 1973) verstanden werden, beschreibt Hans Carol (1973a, S. 146) Landschaft als einen „beliebig begrenzbare[n] vertikale[n] Ausschnitt aus der Geosphäre", wodurch Landschaft den Charakter einer Fiktion erhalte; Schmitthenner (1954) charakterisiert Landschaft als eine ‚Forschungshypothese' und ‚Setzung' des Verstandes. Bartels (1973, S. 189) versteht in Abgrenzung zu einer essentialistischen Landschaftsgeographie unter Landschaften „relative Modellkonstruktionen", deren Teile nichts als „gedankliche Aggregate" darstellten. Die Granösche (1973) Konzeption eines physiognomischen Landschaftsverständnisses integriert subjektive wie auch materielle Aspekte und stellt ein frühes Beispiel der Befassung mit landschaftlicher materiell-geistiger Hybridität dar, wobei die Zusammenfassung unterschiedlicher Aspekte zu Ganzheiten als Konstrukt zu verstehen ist: „*Die geographische Forschung bildet die Ganzheiten, derer sie bedarf*" (Granö, 1973, S. 5, Hervorh. i. O.), indem durch „zielbewusste Vereinfachung der in der Wirklichkeit wahrgenommenen Mannigfaltigkeit, […] *die in wesentlichen Teilen der Wirklichkeit entsprechende, vereinfachte homogene Ganzheit, das geographische Gebiet*" (Granö, 1973, S. 16) erzeugt wird. Hier werden (sozial)konstruktivistische Landschaftsverständnisse vorgeprägt, wie sie gegenwärtig unter dem Eindruck der angloamerikanischen und französischen Geographie im Zuge des *Cultural* und *Spatial Turns* der Sozial- und Geisteswissenschaften entstehen (vgl. z. B. Wood, 1996; Aschauer, 2001; Gebhardt et al., 2003; Gebhardt, 2019; Kemper, 2003; Kühne, 2019d). Doch bleiben diese Vorläufer ohne die sozialwissenschaftliche Begründung der gegenwärtigen sozialkonstruktivistischen Landschaftsforschung und waren von dem Vertrauen auf eine bewusstseinsexterne Wirklichkeit als Referenzrahmen geprägt. Dieser Referenzrahmen für die geographische Raumbeobachtung könnte mit dem aktuellen sozialkonstruktivistischen Forschungsstand nicht mehr in dieser Eindeutigkeit formuliert werden. Dennoch erhält die aktuelle sozialkonstruktivistische Landschaftsbefassung dadurch eine Verbindung zur ‚alten' Landschaftsgeographie. Gemein ist den geographischen Ansätzen zum Themenfeld Landschaft, dass sie zumeist (eine Ausnahme stellten bisweilen landschaftsökologische Verständnisse dar) einen ‚weiten' Landschaftsbegriff verwenden (vgl. Trepl, 2012a; Hokema, 2013; Wojtkiewicz & Heiland, 2012). Die gegenwärtige (geographische) Landschaftsforschung ist dabei beileibe nicht auf positivistische und konstruktivistische Positionen beschränkt:

Nicht zuletzt infolge des durch das Bundesnaturschutzgesetz (BNatschG) definierten Schutzauftrags von ‚Vielfalt, Eigenart und Schönheit' wird die essentialistische Perspektive in Form der Vorstellung von ‚Eigenart' formuliert (während eine Befassung mit ‚Vielfalt' und ‚Schönheit' auch ein positivistisches und konstruktivistisches Verständnis impliziert; Kühne et al., 2017; Stemmer & Bruns, 2017).

6.3   Landschaft und Ästhetik

Auch wenn die Definition Ritters (1996, S. 35) von Landschaft als „Natur, die im Anblick für einen fühlenden und empfindenden Betrachter ästhetisch gegenwärtig ist" sehr fokussiert wirkt (zum einen auf Ästhetik, zum anderen auf Natur), wird daraus die große Bedeutung von Ästhetik für Landschaft deutlich: Einerseits entstand zu großen Teilen das moderne Verständnis von Landschaft aus der ästhetisch-künstlerischen Befassung (siehe Kap. 3), andererseits konstituierte sich ein Teil der klassischen geographischen Landschaftsgeographie in der Ablehnung dieser ästhetischen Sichtweise (siehe Abschn. 6.2). Die ästhetische Konstruktion lässt sich als Teil der ästhetischen Erfahrung verstehen, die sich „als eine Weise, sich in der Welt zu orientieren" (Küpper & Menke, 2003, S. 9) erklärt. Gerade in der Alltagswelt weist die ästhetische Erfahrung eine fokussierende Bedeutung auf, da alltäglich scheinende Gegenstände durch „ästhetische Vermittlung in das Bewusstsein gerückt" (Greverus, 2005, S. 38) werden können und so zu neuen Erfahrungen scheinbar belangloser Objekte führen können. Die ästhetische Aneignung von Welt ist dabei unabhängig von der räumlichen Maßstabsebene, sie vollzieht sich „von der kleinsten räumlichen Einheit, den Türgriffen, Geschirr und Wohnzimmereinrichtungen bis hin zum Straßenzug, der Stadtgestaltung, Regionalentwicklung, nationalen Symbolen (Flagge, Uniformen) oder dem Erscheinungsbild weltweit agierender Konzerne (Logos)" (Helbrecht, 2003, S. 164). Der physische Raum wird damit auch ein „Territorium ästhetischer Raumbildung [als angeeignete physische Landschaft; Anm. O. K.]: der ungleichen Verteilung von Interesse und Neugier oder der Fähigkeit, Amüsement und Freude zu erregen" (Bauman, 2009 [1993], S. 251). Der folgende Abschnitt befasst sich mit Konzepten und Theorien ästhetischer Landschaftsaneignung (eine intensivere Befassung mit dem Thema Landschaftsästhetik erfolgt z. B. bei Bourassa, 1991; Lothian, 1999; Brady, 2006; Wöbse, 2002; Howley, 2011; Jorgensen, 2011; Nohl, 2015; Antrop, 2015; Berleant, 1997; Berr, 2020b; Herrington, 2016a; Linke, 2017a, 2019b, 2020a, b, Berr, 2020b; Antrop, 2015; Berleant, 1997). Dabei werden zunächst wesentliche Aspekte ästhetischer Weltsicht angesprochen.[7]

---

[7]Dieser Abschnitt bietet jedoch nur einen kursorischen Einblick in die Ästhetik. Für eine vertiefte Befassung mit dem Thema sei auf ein umfangreicheres einführendes Schrifttum verwiesen, wie beispielsweise Gethmann-Siefert (1995), Townsend (1997), Graham (2001), Eldridge (2005), Schneider (2005), Majetschak (2007), Schweppenhäuser (2007) und Pöltner (2008) wie auch Peres (2013), Reicher (2015), Scheer (2015 [1997]) und Betzler und Nida-Rümelin (1998).

6.3.1 Ästhetische Grundüberlegungen und ihre Bezüge zum Konstrukt der Landschaft

Das Wort ‚Ästhetik' stammt aus dem Griechischen und bedeutet Wissenschaft von der sinnlichen Wahrnehmung *(Aisthetike Episteme)*. Diese Wissenschaft ist komplementär zu den Wissenschaften vom Denken *(Logike Episteme)* und der Moral *(Ethike Episteme)* gedacht. Diese drei Wissenschaften bildeten die unterschiedlichen Aspekte der alteuropäischen Vorstellung von der Einheit des Wahren, des Schönen und des Guten (z. B. bei Augustinus, 1962 [390]; Areopagita, 1988 [um 500]). Dennoch entwickelte sich die Ästhetik als eigenständige philosophische Disziplin erst in der Neuzeit (Gilbert & Kuhn, 1953; Majetschak, 2007). Mit dem Werk *‚Aesthetica'* von Alexander Gottlieb Baumgarten (2009 [1750–1758]) wurde eine neue Denkform des Ästhetischen eingeführt, die „das aus Antike und Mittelalter überkommene Paradigma einer ontologisch fundierten Theorie des Schönen immer mehr verdrängt" (Schneider, 2005, S. 7). Dabei konzipiert Baumgarten ein sich ergänzendes Verhältnis von ästhetischer Kunst und logischer Wissenschaft, wie sie Joachim Ritter (1996, S. 43) verdeutlicht: „Wo die ganze Natur, die als Himmel und Erde zu unserem Dasein gehört, nicht mehr als Begriff der Wissenschaft ausgesagt werden kann, bringt der empfindende Sinn ästhetisch und poetisch das Bild und das Wort hervor, in denen sie sich in ihrer Zugehörigkeit zu unserem Dasein darstellen und ihre Wahrheit geltend machen kann". Während Wissenschaft analytisch gliedert und einzelne Zusammenhänge untersucht werden, führt die ästhetische Betrachtung also unterschiedliche Phänomene zusammen (z. B. Peres, 2013). Dies bedeutet auch, dass ästhetische Bezugnahmen von sinnlichen Wahrnehmungen ausgehen (Hahn, 2017). Dabei haben – so Pfütze (2016, S. 87) – Sozialwissenschaften und Ästhetik eine Gemeinsamkeit: Beiden gelingt „die theoretische Erfassung ihrer Gegenstände nicht vollständig und dauerhaft", was zwar den theoretischen Ehrgeiz kränke, sich aber – insbesondere bei gegenseitiger Bezugnahme von Sozialwissenschaften und Ästhetik – als fruchtbar erwiese. Die Fruchtbarkeit liegt daran, dass eine ‚endgültige Fixierung' wissenschaftlicher Deutungen die die Vielfalt der Perspektiven wie auch des Austausches zwischen Theorie und Praxis, eingeschränkt würde.

Die Befassung mit ästhetischen Fragen lässt sich als auf fünf zentrale – allerdings immer wieder ineinandergreifende – Diskursstränge konzentriert betrachten:

1. Die Frage nach dem, was das Ästhetische ausmacht: Schönheit – Pittoreskheit – Erhabenheit – Hässlichkeit.
2. Die Frage, ob und in welcher Weise Kunst und/oder Natur Ästhetisches hervorbringen können: Kunstästhetik – Naturästhetik.
3. Die Frage, ob das Ästhetische Teil eines Objektes ist, oder eine Zuschreibung: Objektorientierung – Subjektorientierung.
4. Die Frage, wie sich der Mensch dem Ästhetischen nähern könne: Rationalität – Sinnlichkeit – Emotionalität.
5. Die Frage, ob und wie das Ästhetische gesellschaftlich gewertet werden kann bzw. soll: Hochkultur (Kunst) – Trivialkultur (Kitsch).

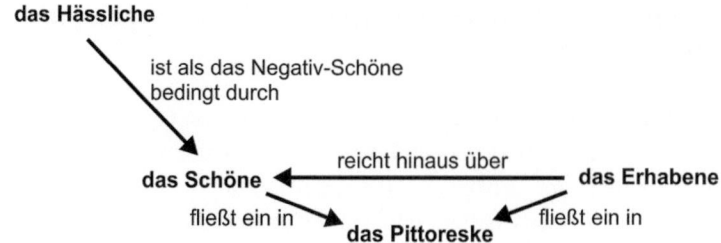

Abb. 6.4 Bezüge zwischen dem Schönen, dem Hässlichen, dem Erhabenen und dem Pittoresken. (Eigene Darstellung)

Diese Diskussionsstränge werden im Folgenden, insbesondere in ihren Bezügen zur Landschaftsforschung, genauer erläutert.

6.3.1.1 Diskussionsstrang: Schönheit – Pittoreskheit – Erhabenheit – Hässlichkeit

Bis heute hat in der Befassung mit dem Ästhetischen die Frage nach der Schönheit, zumeist verstanden als „Einheit in der Vielheit" (Schweppenhäuser, 2007, S. 63), eine besondere Prominenz. Borgeest (1977, S. 100) geht so weit, die Entwicklung der Ästhetik als eine Geschichte „einer ständigen Uminterpretation des Schönheitsbegriffs" zu charakterisieren (vgl. auch Abb. 6.4). Das Schöne sei – so Kant (1959 [1790]) – dadurch charakterisiert, dass es ohne Begriff allgemein gefalle, also das Subjekt kein unmittelbares (z. B. wirtschaftliches) Interesse an dem als schön bezeichneten Objekt habe, wie bei der Zusammenschau von Objekten zu einer arkadischen Landschaft, ohne dass dem konstruierenden Subjekt hier ein weitergehendes Interesse (z. B. als Landwirt) eigen wäre. Gegen diese Kantsche Trennung zwischen ästhetischer und praktischer Welt opponiert Dewey (1929, 1988 [1934]): die Konstruktion von Schönheit sei durchaus konsumtiv und damit durch individuelle Interessen geprägt und stelle eine Interaktion zwischen Objekt und Subjekt dar (zur Konstituierung von Atmosphäre siehe Abschn. 6.3.5). Gegenüber dem Begriff der Schönheit findet sich im Erhabenen „die Natur in Bezug auf den Menschen betrachtet, und zwar näherhin in ihrer Fähigkeit, durch die Anschauung moralische Ideen im Menschen zu wecken" (Gethmann-Siefert, 1995, S. 90; vgl. auch Cronon, 1996a; Loesberg, 2005; Wicks, 2013)[8]. Edward Burke (1989 [1757]) grenzt das Schöne zum Erhabenen durch die emotionale Bezugnahme des Menschen auf Objekte ab: Während das Schöne zur Liebe anrege, sei das Erhabene mit Bewunderung verbunden. Somit sei das Erhabene mit großen und schrecklichen Objekten

---

[8]Aus Sicht der Ästhetik lässt sich mit Seel (1996, S. 20) unter Natur jenen „sinnlich wahrnehmbaren Bereich der lebensweltlichen Wirklichkeit des Menschen, der ohne sein beständiges Zutun entstanden ist und entsteht" verstehen.

verbunden (z. B. Vulkanen), während Schönheit mit kleinen und angenehmen Objekten verbunden sei. Für Burke konstituiert sich das Erhabene „in jedem Fall als ein ‚Sprung' des Bewusstseins in etwas erdrückend Bedrohliches, dem in Sekunden ein Aufschrei der Erlösung folgt, weil das Ich sich selber der Gefahr entzogen [hat] und [sich] ihr darum für einen Augenblick titanisch gewachsen fühlt" (Poenicke, 1989, S. 85). Das ‚Schöne' ist wiederum bei Kant „in dem harmonischen Zusammenspiel von Verstand und sinnlicher Vorstellung (‚Einbildungskraft') begründet" (Peres, 2013, S. 38; siehe auch Graham, 2005), während „er das ‚Erhabene' auf ein disharmonisches Zusammenspiel von Vernunft und sinnlicher Vorstellung" (Peres, 2013, S. 38) zurückführt. Im Erhabenen kommen Widersprüche zusammen, was eine Analyse des Erhabenen erheblich erschwert: „Auf der einen Seite gehört zum Gefühl des Erhabenen die Ohnmacht und Infragestellung des Subjekts angesichts der übermächtigen Natur, des einstürmenden ‚Zuviel'" (Pries, 1989, S. 10), andererseits das Bemühen, die innere und äußere Natur der Vernunftsidee zu unterwerfen (Pries, 1989 in Anschluss an Kant), sich den, als erhaben erlebten, Gegenständen unter Nutzung des eigenen Verstandes zu bemächtigen. Dies bedeutet auch, dass der Begriff des Erhabenen letztlich ein paradoxer ist: „Man kann über das Erhabene nichts aussagen, ohne gleichzeitig das Gegenteil behaupten zu müssen. Im Gefühl des Erhabenen fallen nicht nur Unlust und Lust zusammen, sondern es enthält […] nahezu sämtliche Ausprägungen der abendländischen Dichotomie: Irrationalität und Rationalität, Passivität und Aktivität, Empirizität und Transzendenzialität, Negation und Affirmation, Loslösung und Anbindung, Natur und Kultur, *physis* und *techne,* Krise und Größenwahn, Kritik und Metaphysik, Abgrund und Übergang, Chaos und Ordnung, Revolution und Restauration – auch diese Reihe ließe sich beliebig fortsetzen" (Pries, 1989, S. 11, Hervorh. i. O.; vgl. auch Scherle, 2016. Nachdem der Begriff des Erhabenen im deutschen Sprachraum im 20. Jahrhundert weitgehend in Vergessenheit geriet (Pries, 1989), erfuhr – im Zuge der Postmodernediskussion seit den 1970er Jahren – das Thema der Erhabenheit durch Lyotard (1991) eine Renaissance. Diese war bestimmt durch die Anschauung des nicht Fassbaren, des nicht Darstellbaren (Welsch, 1987; auch vgl. Pries, 1989, 2013). Eine Art der Anschauung, die eigens durch die ästhetische Bezugnahme zu Technik angetrieben wurde, sei es hinsichtlich der Geschwindigkeit (wie beim rasenden ICE), der Ausmaße (wie beim Tagebau, etwa für Braunkohle) oder aber der Verbindung von Größe, Hitze und Gefahr (etwa in einem Eisenwerk; vgl. Bartels, 1989). Während der ästhetische Modus des Erhabenen eine Renaissance erfährt, gerät das Schöne in eine Krise: So sei die „Ästhetik des Schönen […] unkritisch zum bloßen ‚Design' verkommen und in der Konsumgesellschaft auf eine Ware reduziert worden" (Friesen, 2013, S. 90). Diese Kritik an einer ‚Ästhetisierung der Lebenswelt' findet sich auch bei zeitgenössischen Vertretern der ästhetischen Philosophie wie Rüdiger Bubner, Odo Marquard und Wolfgang Welsch, „die drohende Übersättigung, die Anästhetisierung und soziale Desensibilisierung beargwöhnen" (Recki, 2013, S. 229). Anästhetik bedeutet, dass keine Empfindungen bei dem Betrachtenden ausgelöst werden, „es entzieht sich also der Wahrnehmung und ruft aus diesem Grund kein ästhetisches Erlebnis hervor" (Linke, 2017a, S. 28; ausführlicher bei Welsch, 1993a).

Eine weitere Dimension des Ästhetischen wird durch das Hässliche gebildet, das eine ausführliche Würdigung in der ‚Ästhetik des Hässlichen' von Karl Rosenkranz (1996 [1853]) erfuhr. Dem Hässlichen wird dabei keine eigenständige Bedeutung beigemessen, vielmehr habe das Hässliche das Schöne zur Voraussetzung. Das Hässliche wird als das „Negativschöne" konzipiert und führt ein „sekundäres Dasein" (Rosenkranz, 1996 [1853], S. 14–15). Die Befassung mit der Ästhetik des Hässlichen begründet Rosenkranz (1996 [1853], S. 11) mit einem Analogieschluss, schließlich gehöre das Böse zum Gegenstandbereich der Ethik: „Die Hölle ist nicht bloß eine religiös-ethische, sie ist auch eine ästhetische. Wir stehen inmitten des Hässlichen". Das Hässliche tritt nach Rosenkranz in drei grundsätzlichen Erscheinungsformen auf:

1. Amorphie bezeichnet die Gestaltlosigkeit bzw. die Unbestimmtheit der Gestalt. Hier mangele es an wesensentsprechender Begrenzung bzw. der Einheit im erforderlichen Unterschied (Pöltner, 2008).
2. Die Asymmetrie bezeichnet das Ungleichmaß von Gegensätzen, also die Ungestalt.
3. Die Disharmonie bezeichnet das Missverhältnis zwischen dem Teil zu dem Ganzen, also eine Misseinheit, in der statt Übereinstimmung falsche Kontraste erzeugt sind.

Eine ästhetische Aufhebung des Hässlichen kann – Rosenkranz (1996 [1853]) zufolge – dann gelingen, wenn es ins Komische transformiert wird, „welches das Hässliche (das immer einen Zwang enthält) in die Freiheit des Schönen zurückbildet. Das Komische vereinigt das Schöne und das Hässliche, indem es beide von ihren jeweiligen (pseudo-idealen) Einseitigkeiten befreit" (Hauskeller, 2005, S. 61). Als höchste Form dieses Umschlagens des Hässlichen in das Komische gilt die durch Übertreibung und Missverhältnis gekennzeichnete Karikatur. Das Erhabene stellt dabei nicht einen „Mittelwert zwischen dem Hässlichen und dem Schönen" (Seel, 1996, S. 132) dar, sondern bildet eine eigene Kategorie. Der ‚ästhetische Dreipol' (Seel, 1996), gebildet aus Schönheit, Hässlichkeit und Erhabenheit, lässt sich durch das Pittoreske erweitern. Dabei kommt dem Pittoresken eine Mittelstellung zwischen dem Schönen und dem Erhabenen zu: Während das Schöne als klein und sanft, subtil variierend, beschrieben werden kann, das Erhabene dagegen durch Größe, Stärke, Intensität und der Fähigkeit zu erschrecken gekennzeichnet ist, ist das Pittoreske in der Regel zwischen den Polen des Erhabenen und des Schönen angesiedelt. Das Pittoreske ist somit durch eine vergleichsweise hohe Komplexität, Unregelmäßig und Differenziertheit gekennzeichnet (Carlson, 2009; vgl. Abb. 6.4). Die Frage nach der Erweiterung um Hässlichkeit von angeeigneter physischer Landschaft ist eng an die ‚Enge' oder ‚Weite' des Landschaftsbegriffs geknüpft. Während auch in einem ‚engen' Verständnis von Landschaft, angeeignete physische Landschaft mit den Attributen von Schönheit, Pittoreskheit bzw. Erhabenheit konstituiert werden kann, bedarf es einer ‚Erweiterung' des Landschaftsbegriffs, Hässlichkeit als konstitutives Element der sozialen Konstruktion von Landschaft zu begreifen, und zwar jenseits eines normwidrigen Zustandes (vgl. Hartz & Kühne, 2009; Hokema, 2013, 2015).

6.3.1.2 Diskussionsstrang: Kunstästhetik – Naturästhetik

Eine Frage, die mit der Entwicklung der philosophischen Ästhetik eng verbunden ist, ist diejenige, in welcher Art und Weise das Kunstästhetische und das Naturästhetische aufeinander bezogen seien. Kant (1959 [1970]) weist dem Naturästhetischen gegenüber dem Kunstästhetischen einen höheren Wert zu, schließlich handele es sich bei dem Naturschönen um ein absichtslos Schönes. Hegel (1970 [1835–1838]) weist hingegen dem Kunstschönen aufgrund der Höherschätzung des Geistes gegenüber dem Nicht-Geistigen eine höhere Wertschätzung zu, schließlich sei diese eine *„aus dem Geiste geborene und wiedergeborene Schönheit,* und um so viel der Geist und seine Produktionen höher steht als die Natur und ihre Erscheinungen, um so viel ist auch das Kunstschöne höher als die Natur" (Hegel, 1970 [1835–1838], S. 14, Hervorh. i. O.)[9]. Seiner Auffassung nach entstehe Schönheit durch Übereinstimmung zwischen Begriff und äußerer Realität. Damit werde sie zur Idee und lasse sich auch als Wahrheit der Erscheinung verstehen. Eine solche Wahrheit sei der unbewusst schaffenden Natur vorenthalten: „Dort ist der Geist noch außer sich und tritt nur andeutungsweise in Erscheinung. Es fehlt der Natur insgesamt die unbedingte Einheit und Autonomie des Begriffs" (Hauskeller, 2005, S. 52). Daraus lässt sich schließen: „Hegels Ästhetik ist deshalb ausschließlich Kunstphilosophie" (Peres, 2013, S. 32), Ästhetik wird also „nicht mehr [als] eine Emanzipation der Sinnlichkeit" (Friesen, 2013, S. 80) verstanden, wie dies Baumgarten vorgeschlagen hatte. Eine solche Argumentation wird von Croce (1930) aufgegriffen und zugespitzt: Schönheit sei Ausdruck und Ausdruck wiederum sei an geistige Tätigkeit gebunden, damit bliebe Natur, da passiv und geistlos, von der Schönheit ausgeschlossen. Im Kontext der sich zuspitzenden Diskussion um Natur- und allgemein um Umweltbelastung und -schutz entwickelt die Frage nach dem Naturschönen eine erneute Aktualität (vgl. Lundmark, 1997; Tiezzi, 2005). Die Betrachtung des Naturschönen bleibt auch gegenwärtig auf den Menschen ausgerichtet, dennoch wird Natur nicht allein als physische Ressource für die ästhetische Erbauung betrachtet (vgl. van Noy, 2003; Haber, 2006). Auch erfolgt eine Auflösung der dichotomen Konstruktion des Natur- und des Kunstschönen: Ästhetische Natur wie auch ästhetische Kunst haben demgemäß gemeinsam, „dass sie beide ,Einheitsphänomene' des Ästhetischen sind" (Seel, 1996, S. 269), also Stimmungen erzeugen, die zwischen zugewandtem Mensch und Objekt entstehen, aber

---

[9]Berr (2009, S. 226) kommt auf Grundlage der Befassung mit der mittlerweile verfügbaren Mitschrift der Hegelschen Ästhetikvorlesungen (und nicht einer editierten Fassung) zu einem etwas differenzierten Verständnis des Hegelschen Begriffs des Naturschönen: „Hegel geht nicht davon aus, dass das Naturschöne ein objektiv gegebenes Naturphänomen oder eine objektiv gegebene Eigenschaft von Naturdingen sei, sondern es ist Ergebnis eines produktiven Naturvollzuges, der je nach Voraussetzung – d. h. den kulturellen Rahmenbedingungen und den individuellen Präferenzen des Natur Vollziehenden – zu verschiedenartigen Phänomenen führt".

dem Objekt zugeschrieben werden (Hartmann, 1953). Der Bezug zum Natur- und Kunst-
schönen wird auch hinsichtlich der Konstrukte der Natur- und Kulturlandschaft (siehe
Abschn. 7.3) relevant. Z. B. in der Frage, in welcher Form natürliche bzw. kultürliche
Objekte aus ästhetischen (und anderen) Gründen erhalten werden sollen.

6.3.1.3 Diskussionsstrang: Objektorientierung – Subjektorientierung

Der Diskurs über Ästhetik ist von einem weiteren Bruch geprägt: Der Frage, ob das
Ästhetische Eigenschaft eines Objektes ist oder eine subjektive Zuschreibung. In Bezug
auf Landschaft handelt es sich um die Frage, ob ‚ästhetische Qualität' als ‚Eigenschaft' des ‚Objektes Landschaft' verstanden werden kann oder, ob es sich dabei um
eine soziale bzw. individuelle Zuschreibung handelt (ausführlicher bei Lothian, 1999).
Die erste Position lässt sich mit Shusterman (2001) als ‚Naturalismus', die zweite als
‚Historismus' kennzeichnen. Die naturalistische Position der objektiven Ästhetik wird
bereits von Platon (2005 [im 4. Jh. v. u. Z.]) formuliert. Platon vertrat die Auffassung,
jedem Gegenstand läge eine Idee zugrunde, die umso schöner erscheine, je mehr sich
diese Idee materiell ausprägen könne. Mit Francis Hutcheson (1694–1747; 1986 [1725])
wurde eine subjektivistische Auffassung von Ästhetik prominent: Er vertrat die Auffassung, das Schöne sei eine Vorstellung, die zwar aus Verbindung von Einförmigkeit
und Mannigfaltigkeit auf der Ebene der Gegenstände resultiere, insbesondere aber von
dem Vermögen abhinge, Schönheit zu empfinden. In dieser Tradition formuliert Friedrich Theodor Vischer (1807–1887; 1922, S. 438): „Schönheit ist kein Ding, sondern ein
Akt". Schönheit als „Produkt des Subjektes und seiner geistigen Anlagen und Fähigkeiten" (Hartmann, 1924, S. 3) unterliegt damit einer sozialen Grundlage. Auf diese
soziale Bedingtheit ästhetischer Urteile hatte bereits Kant (1959a [1781], 1959b [1790])
hingewiesen, schließlich basiere die ästhetische Deutung auf „soziokulturellen Werten,
erlernten Normen, persönlichen Erfahrungen, Charaktereigenschaften und Wunschvor-
stellungen" (Frohmann, 1997, S. 175). Das ästhetische Urteil, ist jedoch kein Erkenntnis-
urteil – und damit kein logisches Urteil –, sondern ein Geschmacksurteil (Kant, 1959b
[1790]). Insofern spricht Kant „ästhetischen Vollzügen die Erkenntnisfunktion ab und legt
ihnen eine ausschließlich die Subjektivität reflektierende Urteilskraft zugrunde" (Peres,
2013, S. 35). Geschmack als „Synonym für ästhetische Urteile" (Illing, 2006, S. 8)
unterliegt einer sozialen diskursiven Aushandlung (siehe auch z. B. Eickelmann, 2016).
Was wann und von wem ohne Entzug sozialer Anerkennung als ästhetisch bezeichnet
werden kann und darf, ist variabel. Dies verdeutlicht Borgeest (1977, S. 100) anhand
des Schönen: „Es gibt zur Bestimmung des Schönen nicht einen Orientierungspunkt,
der auf allseitige und allzeitliche Akzeptanz hoffen darf und von dem nicht mit gleichem
Recht das Gegenteil behauptet werden könnte". Während der ‚Naturalismus' eine
essentialistische Position einnimmt, ist mit dem ‚Historismus' eine konstruktivistische
Deutung verbunden. Empirisch lassen sich sowohl Objektkonstellationen erfassen, die
präferiert werden, wie auch die Frage wer, wie und wann Objekte präferiert (mehr hierzu
in Abschn. 6.3.3).

6.3.1.4 Diskussionsstrang: Rationalität – Sinnlichkeit – Emotionalität

Die Operationalisierung von Ästhetik im ‚Geschmack‘ erfolgt dabei einerseits häufig unbewusst und emotional, als individuelles ‚Geschmacksempfinden‘, andererseits werden Geschmacksurteile häufig einem kognitiven Prozess unterzogen. Diese Zweiwertigkeit des Geschmacks erläutert Satter (2000) anhand der ästhetischen Behandlung von Musik: Demnach bedürfe Musikempfinden des Gefühls für heitere bzw. traurige Klänge, um grundsätzlich von Musik berührt zu werden. Jedoch müsse bei höher ausgebildeter geschmacklicher Sensibilität die musikalische Qualität höher sein, um emotionale Reize auslösen zu können. Demnach sei – so Satter (2000) – davon auszugehen, der ‚wertneutrale‘ Geschmack sei allein emotional bestimmt, während die Möglichkeit einer Beurteilung der Qualität eine kognitive Komponente hinzukäme. Sowohl die emotionale Zuwendung als auch die kognitive Befassung sind dabei von der sinnlichen Wahrnehmung abhängig. Ein ästhetisches Urteil (als kognitiver Akt) wird demnach erst durch Verbindung einer sinnlichen Wahrnehmung mit einer intellektuellen Beurteilung möglich, wodurch Ästhetik nicht mehr nur ‚sinnliche Wahrnehmung‘ sei, sondern zur ‚Wissenschaft von der sinnlichen Wahrnehmung‘ oder zur ‚Wissenschaft der sinnlichen Erkenntnis‘ werde (nach Alexander Gottlieb Baumgarten; Satter, 2000). Deutlich erteilt auch Nelson Goodman (1992, S. 573) einer rein emotionalisierten Bezugnahme von sinnlicher Wahrnehmung und Emotion eine Absage: „Jede Vorstellung von der ästhetischen Erfahrung als einer Art emotionalem Bad oder einer Orgie ist einfach blödsinnig. Verglichen mit der Furcht, Trauer, Niedergeschlagenheit oder Begeisterung, die eine wirkliche Schlacht oder ein Verlust, eine Niederlege oder ein Sieg auslösen, sind die Emotionen, die dabei eine Rolle spielen, gewöhnlich unterdrückt und indirekt *(oblique),* und sie sind im Allgemeinen nicht ausgeprägter als die Erregung, Verzweiflung oder Freude, die das wissenschaftliche Forschen und Entdecken bereitet". Die gegenseitige Durchdringung emotionaler und kognitiver Zugänge zu Welt setzt sich auch in dem Verhältnis von Kunst und Wissenschaft fort: So geht Goodman davon aus Kunst und Wissenschaft seien nicht eindeutig trennbar (Goodman, 1951, 1973, 1978). Vielmehr handele es sich um gegenseitig bedingende Arten der Welterzeugung (mit der Folge, dass Ästhetik als eine Sonderform der Epistemologie verstanden werden kann). Die ästhetische Einstellung als Synthese von Kunst und Wissenschaft wird als ruhelos, wissbegierig wie auch prüfend charakterisiert (Goodman, 1973). Die Verbindung von Kunst und Wissenschaft führt dazu, dass Erkennen weniger bedeutet, eindeutige Wahrheiten zu produzieren, als „unterschiedliche Weltentwürfe (in Wissenschaft wie Kunst) hervorzubringen" (Gethmann-Siefert, 1995, S. 110). Als ein Beispiel für diese Operationalisierung von Ästhetik zu Geschmack lässt sich die Frage nach der Präferenz eines ‚engen‘ oder ‚erweiterten‘ Landschaftsverständnisses interpretieren.

6.3.1.5 Diskussionsstrang: Hochkultur (Kunst) – Trivialkultur (Kitsch)

Das Hervorbringen unterschiedlicher Weltentwürfe bedeutet mit deren wechselseitiger Anerkenntnis (Postmoderne als ‚Verfassung radikaler Toleranz‘) ein zentrales Element postmoderner Ästhetik, die durch die Auflösung der Dichotomie von Hoch- und Trivialkultur geprägt ist (vgl. Welsch, 1988). Das ästhetische Urteil ‚Kitsch‘ durch die Repräsentanten der Hochkultur bedeutet eine Stigmatisierung des ‚schlechten Geschmacks‘ als Repräsentant der so konstruierten Trivialkultur. Das Urteil ‚schlechter Geschmack‘ impliziert die distinktiv wirkende Zuschreibung eines Mangels an Selbst-verwirklichung angesichts als allgemeingültig konstruierter ästhetischer Standards (Illing, 2006; vgl. auch Reusswig, 2017; im Kontext Architektur: Stevens, 2002).

Im Gegensatz zur modernen Kultur ist die Konzipierung der postmodernen Kultur „nicht an universell bindende[n] Autoritäten" (Kastner, 2002, S. 232) gekoppelt, viel-mehr werden „maßgebende Hierarchien" (Kastner, 2002, S. 232) nivelliert. Postmoderne Kultur zeichnet sich „durch interpretative Polyvalenz" (Kastner, 2002, S. 232) aus. Die Bemühungen einen einzigen hochkulturellen Standard gesellschaftlich durchzusetzen und diskursiv abzusichern, scheitern zunehmend an der Differenzierung der Gesellschaft (aus einer Schicht- wird eine Milieugesellschaft). Sie werden durch eine Vervielfältigung kultureller Diskurse ersetzt. Diese Diskurspluralisierung macht deutlich, dass es in der Postmoderne keine einheitliche Bewertungsgrundlage mehr gibt, was ‚Hochkultur‘ und was ‚Trivialkultur‘ sei: Kitsch fungiert im postmodernen Denken nicht mehr „als falscher Ausdruck falscher Bedürfnisse, auch nicht als Ausdruck richtiger Bedürfnisse, sondern Kitsch, so will es zumindest die Toleranzästhetik unserer Tage, gilt als richtiger Ausdruck richtiger Bedürfnisse" (Liessmann, 2002, S. 26–27). Postmoderne Ästhetik dokumentiert die Prinzipien postmodernen Denkens von Perspektivität und Relativität und lässt sich als Ergebnis des Prozesses verstehen, dass sich das Denken „seit Kant zunehmend auf die Einsicht zubewegt, dass die Grundlage dessen, was wir Wirklichkeit nennen, fiktionaler Natur ist" (Welsch, 2006, S. 8). Das postmoderne Denken ästhetisiert, wo in der Moderne das Aufklärungs- und Vernunftmodell galt. Wirklichkeit erweist sich immer mehr als „nicht ‚realistisch‘, sondern [als] ‚ästhetisch‘ konstruiert" (Welsch, 2006, S. 7; vgl. auch Trigg, 2006 Abb. 6.5). Eine solche „Ästhetisierung des Alltagslebens" (Schulze, 1992, S. 33) werde – so die Diagnose – von einer zunehmenden Verschmelzung von Ökonomie und ästhetischem Zugriff auf die Welt durch eine „ästhetische Ökonomie" (Reckwitz, 2012, S. 133) getragen, die selbst die Objekte des täglichen Bedarfs einer Gestaltung im modischen (und damit kurzlebigem) Design unterwerfe. Damit werde letztlich ‚Kunst‘ entgrenzt und an die Stelle ästhetischer Weltbefassung tritt die Funktion der Produktion von Kontingenz (vgl. Reckwitz, 2012; Kauppert, 2016; Fontaine, 2017b). Diese Ent-grenzung des Ästhetischen in der Postmoderne findet sich auch in der zunehmenden Auf-lösung der Differenzen von ‚Kunstwerk‘ und Publikum (Reckwitz, 2012). Besonders deutlich wird dies bei den kollektiven Simulationen von partizipativen Kunstevents, über Mittelaltermärkten bis hin zu Disneyland: Besucher gewanden sich nach ihren Vor-stellungen von ‚Authentizität‘, passend zum besuchten Ereignis und werden so zum Teil der Inszenierung (siehe Eickelmann, 2016; Henning, 2016; Fontaine, 2017a, b; Pöltl, 2021). Zugleich lässt sich die Erweiterung der gesellschaftlichen ‚ästhetischen Kompetenzen‘ als Folge der sich seit den späten 1960er Jahren vollziehenden ‚Bildungs-expansion‘ beschreiben, verstanden als eine intergenerationelle Zunahme an Bildung

Abb. 6.5 Postmodernes Spiel mit Zitaten (Playgiat) und Orten: Ein an Caspar David Friedrich angelehntes Motiv (Der Wanderer über dem Nebelmeer). Drei Touristen vor der Kulisse des
heutigen San Francisco. Aus dem Gebirge einer deutschen Ideallandschaft werden Hochhäuser in
Kalifornien, aus der ‚Altdeutschen Tracht' wird Freizeitbekleidung, aus dem kontemplativen Blick
in den physischen Raum wird der Blick durch die Kamera des Smartphones. Dennoch hat sich das
romantische Motiv Friedrichs in der gesellschaftlichen Landschaft (insbesondere in Deutschland)
sedimentiert und dient als Schema der Konstruktion von Landschaft (mehr zu Caspar David Friedrich und seiner Wirkungsgeschichte, siehe: Hofmann, 2013). (Eigenes Foto)

(Hadjar & Becker, 2009; vgl. Müller, 1986). Gemäß diesen Überlegungen kann mit Kazig
(2016, S. 216) festgestellt werden: „Die Ästhetisierung des Alltags ist ein zentrales Kenn-
zeichen der gegenwärtigen, postmodernen Dienstleistungsgesellschaften. Es scheint
heute kaum noch einen Lebensbereich zu geben, in dem ästhetische Kriterien nicht von
Bedeutung sind" (siehe auch: Kazig, 2019b). Infolge dieser Prozesse der umfassenden
Ästhetisierung des Alltags gewinnt auch die ästhetisierte Betrachtung von Raum als
Landschaft an gesellschaftlicher Relevanz (was insbesondere dann festgestellt werden
kann, wenn sich die physischen Grundlagen von Landschaft verändern; vgl. u. a. Weber,
Kühne et al., 2016; Fontaine, 2017b; Kühne, 2019b; Abschn. 8.2.3).

   Dem postmodernen Zugriff auf Landschaft sind u. a. infolge der Perspektivität und
Relativität ein konstruktivistischer Ansatz in Kombination mit einem ‚erweiterten' Landschaftsbegriff eigen.

6.3.1.6 Die fünf Diskussionsstränge vor dem Hintergrund einer sozialkonstruktivistischen Landschaftstheorie

Die vorgestellten fünf Diskussionsstränge ästhetischer Fragen sind in intensiver Weise mit der Frage nach der ästhetischen Konstruktion von Landschaft verknüpft:

1. Die Frage nach dem, was das Ästhetische ausmacht (Schönheit – Pittoreskheit – Erhabenheit – Hässlichkeit) ist eine der zentralen Fragen der Erforschung von Landschaftsästhetik: Welche angeeigneten physischen Landschaften werden als schön/pittoresk/erhaben/hässlich konstruiert? Worin bestehen Unterschiede der physischen Grundlagen angeeigneter physischer Landschaften, wenn diese beispielsweise als hässlich und nicht pittoresk gewertet werden? Warum kommt es dazu, dass Menschen bestimmte angeeignete physische Landschaften anderen vorziehen? Welche Kombination aus schön und erhaben machen ein Arrangement physischer Objekte geeignet, sie als pittoresk zu bezeichnen?
2. Die Frage, ob Kunst und/oder Natur in welcher Weise Ästhetisches hervorbringen können (Kunstästhetik – Naturästhetik), aktualisiert sich im Kontext der Definition von Naturlandschaft und Kulturlandschaft, aber auch in Bezug auf die bewusste Gestaltung von Landschaft: Wann kann oder sollte eine Landschaft im Modus des Kunstästhetischen, wann im Modus des Naturästhetischen bzw. im Sinne eines Hybriden von Natur und Kultur gelesen werden?
3. Die Frage, ob das Ästhetische Teil eines Objektes ist oder eine Zuschreibung (Objektorientierung – Subjektorientierung), stellt sich im Kontext der Landschaftsforschung in folgender Weise: Ist landschaftliche Ästhetik eine Eigenschaft der physischen Grundlagen angeeigneter physischer Landschaft oder ist sie durch das wahrnehmende Subjekt (auf Grundlage sozialer Deutungs- und Wertungsmuster) konstruiert?
4. Die Frage, wie sich der Mensch dem Ästhetischen nähern könne (Rationalität – Sinnlichkeit – Emotionalität), stellt sich in der landschaftsästhetischen Perspektive in vielfältiger Weise: Welche Sinneseindrücke werden wie zu Landschaft synthetisiert? Kann Landschaftsästhetik rational erklärt werden? Welche Bedeutung haben emotionale Besetzungen für die Konstruktion von Landschaft? Wie stehen – wenn es kognitive wie emotionale Bezugnahmen gibt – diese in Konkurrenz bzw. Einklang miteinander?
5. Die Frage, ob und wie das Ästhetische gesellschaftlich gewertet werden kann bzw. soll (Hochkultur – Trivialkultur), verweist im landschaftsästhetischen Kontext auf die Thematiken der diskursiven Definitionshoheit von Ästhetik in Bezug auf Landschaft, der gesellschaftslandschaftlichen Konstruktionsmechanismen, aber auch der Zeit- und Kulturabhängigkeit gesellschaftslandschaftlicher Konstrukte.

Erfolgt eine Befassung mit diesen Grundfragen der Ästhetik aus sozialkonstruktivistischer Perspektive, wird die dritte Frage eindeutig mit ‚subjektorientiert' beantwortet: Das Ästhetische wird also nicht als Eigenschaft eines Objektes (wie es z. B. der Essentialismus nahelegt) verstanden, sondern als individuelle Zuschreibung auf Grundlage gesellschaftlicher

Werte und Normen. Aufgrund der sozialkonstruktivistischen Grundposition werden die anderen vier Fragen nicht auf der Objekt-, sondern der Metaebene betrachtet.

Somit lässt sich die sozialkonstruktivistische Landschaftsforschung als eine doppelt spezifische Operationalisierung des allgemeinen Zugangs der philosophischen Ästhetik beschreiben, die „Begriff und Verwendungsweise ästhetischer Prädikate, Werturteile und -maßstäbe" (Peres, 2013, S. 36) analysiert: Sie weist einerseits eine thematische Fokussierung auf das Thema Landschaft (und befasst sich damit z. B. nicht mit Plastiken) und andererseits eine Fokussierung auf soziale Prozesse auf. Dies bedeutet für die ästhetische Konstruktion von Landschaft, dass es nicht mehr genügt „den Kontext von Ort, Ethik und Spiritualität (wie etwa ‚Bedeutung') herzustellen, denn sie ist zwangsläufig in eine soziale, ökonomische und politische Matrix eingebettet" (Porteous, 2013, S. 10)[10].

6.3.2 Die Landschaftsgeographie und ihre Ästhetik

Die Befassung mit der Frage, in welcher Weise Landschaft (verstanden zumeist als physischer Gegenstand) ästhetisch wirke, wurde auch in der Landschaftsgeographie (siehe Abschn. 6.2) verhandelt. Insbesondere die stark auf die Gestalt der Erdoberfläche ausgerichteten Physiognomen befassten sich intensiv mit der Ästhetik von Landschaft. Im Anschluss an positivistische oder essentialistische Wissenschaftsverständnisse (bisweilen an beide) wurde die Ästhetik von Landschaft als eine ihr entweder innewohnende Eigenschaft (Essentialismus) und/oder als durch bestimmte Kriterien empirisch messbare Konstellation von Gegenständen (Positivismus) verstanden. In beiden Fällen war – wie gezeigt (Abschn. 6.1 und 6.2) – das ästhetische Verständnis objekthaft geprägt. Als Beispiel für ein physiognomisches Landschaftsverständnis seien im Folgenden Kriterien einer ‚ästhetischen Landschaftsbeschreibung' nach Passarge (1929) dargestellt, der sich dabei auf Ratzel (1906) und Hellpach (1950 [1911]) bezieht. Passarge (1929, S. 228) beschreibt in phänomenologischer Tradition folgende „Umstände", unter denen „ein Landschaftsbild ein angenehmes, behagliches Gefühl" erwecke:

- Reichtum der Landschaft, der sich anhand der Fülle an Bergen, Hügeln, Wiesen, Feldern, Weiden, Dörfern, Städten u. a. bemesse. Wenn ein Land fruchtbar wirke und vom Wohlstand der Bewohner zeuge, wirke dies angenehm auf den Betrachter.

---

[10]In Bezug auf das Thema der Landschaftsästhetik zeigt sich das Potenzial des hier vertretenen und als ‚theorieunrein' beschreibbaren Konzeptes (Leibenath, 2014a): Dieses Potenzial ergibt sich sowohl aus der Berücksichtigung gesellschaftlicher und individueller Konstruktionsprozesse als auch physischer Objekte. Sie ist einerseits an große Teile der ästhetischen Forschungstradition und andererseits in Bezug auf die positivistische Landschaftsforschung anschlussfähig. Dadurch werden ihre Ergebnisse auch für Planungsprozesse operationalisierbar (siehe Bruns & Kühne, 2013).

- Harmonie und Gruppierung beziehen sich auf die Anordnung von Gegenständen. So könnten auch reiche Landschaften als hässlich gelten, wenn sie „nicht harmonisch und malerisch" (Passarge, 1929, S. 228) gruppiert seien, während jedoch ein „Ausblick in die Ferne auf eine andere Welt, z. B. durch ein Felsentor, oder zwischen Bergen hindurch auf eine weite Ebene, […] die Einbildungskraft und die Sehnsucht" (Passarge, 1929, S. 299) anrege und daher als angenehm empfunden werde.
- Intensität und Harmonie der Farben werden als „von größter Wichtigkeit" (Passarge, 1929, S. 229) beschrieben, sie dürften „grell und lebhaft sein, aber sie dürfen sich nicht beißen" (Passarge, 1929, S. 229). Insbesondere das Abendrot erzeuge eine harmonische Farbgebung von Landschaft.
- Ruhepunkte böten „inmitten einer verwirrenden Fülle von Gegenständen […] dem Auge einen festen Punkt, wo es verweilen" (Passarge, 1929, S. 229) könne, wie bei einem Baum inmitten einer Wiese.
- Mensch und Natur müssten sich in einem harmonischen Verhältnis in der Landschaft wiederfinden. So wirke eine „völlige Bezwingung der Natur durch den Menschen" (Passarge, 1929, S. 229) unangenehm.
- Harmonie der Gegensätze würde dadurch erreicht, wenn sie zum Nachdenken anregten und die Aufmerksamkeit fesselten. Solche Gegensätze seien u. a. möglich in Unterschieden von Form und Inhalt, Farbe und Beleuchtung, Ruhe und Bewegung.

Neben diesen Kriterien der Betrachtung von Landschaft befasst sich Passarge (1929) auch mit der Frage, wie im landschaftlichen Kontext Erhabenheit erlebt werden kann. Hier gliedert er in:

- Die Erhabenheit der Bewegung, die sich nicht allein in Erscheinungen wie Wirbelstürmen und Sturmfluten, sondern auch in der Betrachtung von Gebirgen mit großer Reliefenergie und Formenvielfalt äußere.
- Die Erhabenheit der Ruhe, die sich beispielsweise auf der Fläche des Meeres mit geringem Wellengang äußere.
- Die Erhabenheit der Weite und Größe, die sich bei dem Blick über weite, gering strukturierte Flächen einstellte, wie ebenfalls bei der Betrachtung des Meeres oder aber einer Steppe.
- Die Erhabenheit der Stille, der Einsamkeit und Leblosigkeit der Natur stelle sich dann ein, wenn eine Landschaft durch geringe Bewegung und durch geringe Geräuschentwicklung, insbesondere bei Windstille gekennzeichnet sei, wobei Erhabenheit bei längerem Andauern dieser Bedingungen durch das Gefühl des „Unbehagens und der Langeweile oder trostloser Öde und Hässlichkeit" (Passarge, 1929, S. 231) abgelöst werden könne.
- Die Erhabenheit geschichtlicher Erinnerungen entstehe dort, wo sich der Mensch mit historischen Stätten (wie den Kulturstätten des Altertums) konfrontiere.
- Die Erhabenheit des Naturerkennens entstünde dann, wenn der Mensch die Zusammenhänge, die Landschaft (verstanden als betrachterunabhängiger physischer Gegenstand) entstehen ließen, verstünde.

Viele dieser Kriterien finden sich auch in späteren Konzepten und Theorien zur (ästhetischen) Bewertung von Landschaft – vielfach empirisch gemessen – wieder, z. B. im Kriterium ‚Harmonie und Gruppierung', das in der Kaplanschen Präferenztheorie als ‚Mysteriosität' eine zentrale Bedeutung einnimmt (siehe Abschn. 6.3.3.1 und Abb. 6.8). Mit der ‚Erhabenheit des Naturerkennens' wird eine Schnittstelle zwischen natur- und geisteswissenschaftlicher Konzeption von Landschaft hergestellt. Trotz dieser Anschlussfähigkeit wird die phänomenologische Landschaftsästhetik, hier am Beispiel von Passarge (1929) dargestellt, zum Gegenstand der Kritik, wie sie beispielsweise Hard (1995, S. 132) formuliert: „Das ‚Subjekt' dieser ‚Welt', die der Phänomenologie beschreibt, ist meist unausdrücklich ein Mensch der Gegenwart, dessen Erfahrungsweise dem Phänomenologen von sich selber her bekannt ist". Der Mensch konstruiert Landschaft also gemäß seinen kulturellen und sozialen Standards, wobei die Gefahr besteht, diese zu verabsolutieren und als allgemeingültig zu verstehen, wie Hard (1995, S. 133) ausführt: „Die Begrenztheit des phänomenologischen Vorgehens ist klar: Als intersubjektiver empirischer Test steht ihm nichts anderes zur Verfügung als das zustimmende Verstehen des Lesers aufgrund verwandter Lebenserfahrung in diesem Lebensbereich". Ausdruck dieses Unbehagens an der individuell-phänomenologischen Zuwendung zu Landschaft ist der Versuch, allgemeine Gesetze oder auch nur Regeln zur Bildung von Präferenzen von Landschaft zu finden, diese werden im folgenden Abschn. (6.3.3) behandelt.

6.3.3 Theorien zur Präferenz angeeigneter physischer Landschaften: die universale, die soziale und die persönliche Dimension

Die wissenschaftliche Befassung mit Landschaftsästhetik hat mittlerweile eine große Zahl an Arbeiten hervorgebracht, die das Thema aus unterschiedlichen Perspektiven und mit unterschiedlichen Methoden untersuchen. Eine Klassifikation landschaftstheoretischer Arbeiten unternahm vor über 20 Jahren Steven Bourassa (1991; in Berücksichtigung früherer Versuche, landschaftsbezogene Theorien zu klassifizieren, wie bei Zube, 1984; einen aktuelleren Überblick liefern: Tveit et al., 2006). Die von ihm ermittelte Klassifikation stellt einen „umfassenden theoretischen Rahmen des Landschaftserlebnisses [dar; Anm. O. K.], der bis heute Bestand hat" (Hunziker, 2010, S. 35). In Rückgriff auf die entwicklungspsychologischen Arbeiten von Vygotsky (z. B. 1981 [1979], 1978) unterscheidet Bourassa (1991) drei Theoriekomplexe (vgl. auch die Weiterentwicklung durch Hunziker, 2000, 2010):

1. Theorien biologischer Gesetze (Phylogenese) gehen von einer (weitgehenden) biotischen Determiniertheit des Menschen hinsichtlich seiner Landschaftspräferenzierung aus. Infolge evolutionärer (also in diesem Sinne genetischer) Programmierung zeige der Mensch universell (also ohne kulturelle oder soziale Prägung) eine Präferenz für bestimmte angeeignete physische Landschaften, während andere aufgrund dieser instinktiven Programmierung abgelehnt würden. Die Präferenz für bestimmte Landschaften

sei eine Folge bestimmter Umweltbedingungen, die in vorgeschichtlicher Zeit das Überleben des Menschen erleichtert hätten. Diese Theorien zielten – so Bourassa (1991) in Rückgriff auf May (1958) – auf das phänomenologische Konzept von Umwelt, also biotischen Ansprüchen, Trieben und Instinkten (siehe Abb. 6.6). Phylogenetische Theorien sind letztlich darauf ausgerichtet, Gesetzmäßigkeiten zwischen objekthaften Konstellationen und menschlichen Präferenzen zu finden.

2. Theorien kultureller Geschichte (Soziogenese) rekurrieren auf die soziale Vermitteltheit von landschaftlichen Präferenzen. Stabilität sozialer Gefüge wird durch Identifikation mit diesen und der Übernahme von deren Werten und Normen erreicht. Die Konstruktion und Beurteilung von Landschaft basiert gemäß soziogenetischer Theorien auf sozial vermittelten ästhetischen Regeln. Im Unterschied zu biologischen Gesetzen sind soziale Regeln nicht universell, sondern kultur-, schicht-, milieu- bzw. gruppenspezifisch geprägt, werden jedoch „ebenfalls von mindestens zwei Menschen geteilt, sind also von intersubjektiver Gültigkeit" (Hunziker, 2000, S. 31) und verfügen daher über einen hohen Grad sozialer Verbindlichkeit. Die Theorien kultureller Geschichte zielten – Bourassa (1991) in Rückgriff auf May (1958) zufolge – auf das phänomenologische Konzept von Mitwelt, der Welt der Interaktionen mit anderen Menschen (siehe Abb. 6.6). Soziogenetische Theorien sind demnach darauf gerichtet, spezifische Rollen- und Regelstrukturen hinsichtlich gesellschaftlicher Konstruktionsmechanismen von Landschaft zu erfassen.

3. Theorien individueller Strategien (Ontogenese) stellen die individuelle Entwicklung des Menschen in das Zentrum der Betrachtung. Das Individuum entwickelt demnach in Berücksichtigung seiner für es einmalig sozial und physisch-räumlich konfigurierten Rahmenbedingungen mit seiner spezifischen Kreativität und Intelligenz „persönliche Strategien […], mit denen die spezifische Lebenssituation zu seiner größtmöglichen Zufriedenheit gemeistert werden kann" (Hunziker, 2000, S. 31). Im Zentrum ontogenetischer Theorien der Landschaftsästhetik steht entsprechend die individuelle Entwicklung landschaftsästhetischer Deutungen. Nach Bourassa (1991; in Anlehnung an May 1958) beziehen sich ontogenetische Theorien auf das phänomenologische Konzept von Eigenwelt, also die Welt der inneren Beziehung des Menschen mit sich selbst (siehe Abb. 6.6). Ontogenetische Theorien zielen dabei auf die Erfassung persönlicher Strategien im Umgang mit Landschaft.

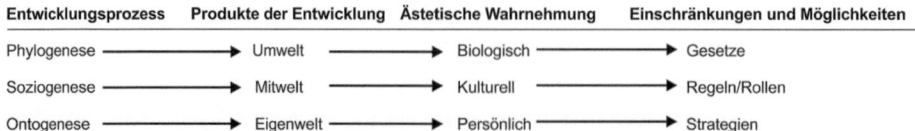

Entwicklungsprozess	Produkte der Entwicklung	Ästetische Wahrnehmung	Einschränkungen und Möglichkeiten
Phylogenese ⟶	Umwelt ⟶	Biologisch ⟶	Gesetze
Soziogenese ⟶	Mitwelt ⟶	Kulturell ⟶	Regeln/Rollen
Ontogenese ⟶	Eigenwelt ⟶	Persönlich ⟶	Strategien

Abb. 6.6 Theorien der Entwicklungsprozesse von Landschaftspräferenzen und deren Produkten aus phänomenologischer Perspektive sowie Arten der ästhetischen Wahrnehmung und ihren ästhetischen Einschränkungen und Möglichkeiten. (Eigene Darstellung, leicht verändert nach: Bourassa, 1991)

Im Folgenden sollen diese drei Theoriekomplexe genauer in der Argumentation ihrer Hauptvertretenden charakterisiert werden. Da allerdings die Theorielogik der Soziogenese bereits insbesondere in den Kap. 2 (aus soziologischer Perspektive) und 4 (als sozialkonstruktivistische Landschaftstheorie) erläutert wurde und auf wesentliche Argumentationslinien an der soziogenetischen Perspektive an späterer Stelle (insbesondere Kap. 7) genauer eingegangen wird, ist die Darstellung der einzelnen Theorien der Soziogenese in diesem Kapitel lediglich auf besondere Spezifika beschränkt.

6.3.3.1 Theorien biologischer Gesetze

Theorien biologischer Gesetze (Phylogenese) beziehen sich zumeist auf das Habitat von Menschen. Habitattheorien postulieren entsprechend, „dass wir Landschaften, die Elemente und Strukturen aufweisen, welche den frühen Menschen das Überleben und die weitere Entwicklung ermöglichten, instinktiv auch heute noch bevorzugen" (Hunziker, 2010, S. 35), schließlich – so das Argument von Butzer (1977) – entfallen 99,8 % menschlicher Existenz auf die vorhistorische Zeit. Wir würden diesen Landschaften instinktiv und unbewusst die Bedeutung ‚überlebenssichernd' und daher bevorzugt zuweisen – heute allerdings nicht mehr im existenziellen, sondern im übertragenen Sinne der ‚Landschaftspräferenz' (Hunziker, 2010). Eine weitere Verbreitung im wissenschaftlichen Diskurs der Landschaftspräferenzanalyse fanden drei Theorien (Bourassa, 1991; Hunziker, 2000, 2010; Lorberg, 2010; Howard, 2011):

1. Die Savannen-Theorie von Orians (1980, 1986) stellt dabei einen relativ breiten Ansatz dar. Ausgangsüberlegung für ihn ist der Habitattyp der sich entwickelnden Menschheit: die Savanne. Die physische Struktur der Savanne ist geprägt durch eine homogene Pflanzengemeinschaft, die durch eine weitgehend geschlossene Grasschicht und einigen darin zu findenden Kräutern sowie zerstreut stehenden Holzpflanzen (Bäumen, Sträuchern, Büschen) charakterisiert ist (Walter & Breckle, 1991; Abb. 6.7). Infolge dieser Savannenbürtigkeit der Menschheit schließt Orians (1980, 1986) auf eine Präferenz für Halboffenlandschaften, charakterisiert durch Grasflächen, eingelagerten Gehölzen und Wasserflächen sowie höher gelegenen Aussichtspunkten. Einen Indikator für die Gültigkeit seiner Theorie sieht Orians in der Präferenz ebensolcher Landschaften bei der Besiedlung Nordamerikas, aber auch in höheren Preisen für Immobilien mit Fern- bzw. Wasserblick im Vergleich zu ähnlichen Immobilien ohne diese Aussicht[11]. In Anschluss an Orians argumentiert Wilson (1984), der Mensch sei darum bemüht, savannenähnliche Landschaften (in Form von

---

[11]So weisen Schläpfer et al. (2015) in einer Untersuchung in der Schweiz positive Effekte auf Mietpreise durch Ausblicke, verschiedene Erholungsinfrastrukturen wie die Nähe von Seen, Feuchtgebieten, ‚national bedeutsamen Landschaften' und Kulturstätten nach, während negative Effekte durch Straßen- und Eisenbahnlärm, die Nähe zu Industrie und Stromleitungen ermittelt wurden.

Abb. 6.7 Die Serengeti, ein Beispiel für eine Savanne, deren physische Struktur gemäß der Savannen-Theorie eine universelle landschaftliche Präferenz für halboffene angeeignete physische Landschaft des Menschen ausgeprägt habe. (Foto, mit freundlicher Erlaubnis zur Publikation: Gertrud Hein)

Gärten oder Parks) selbst herzustellen. Home und Bauer und Hunziker (2010) gehen in ihrer Untersuchung zur Beurteilung von städtischem Grün davon aus, dass dieses (auch) nach universalen landschaftlichen Ansprüchen beurteilt wird. Als weiterer Indikator für eine Präferenz savannenartiger Landschaften gilt die Arbeit von Smith (1989), gemäß derer in der Landschaftsmalerei savannenähnliche bzw. englischen Gärten ähnliche Landschaften bevorzugt werden. Umstritten ist, ob die Bevorzugung von halboffenen Landschaften bei Kindern (z. B. Ulrich, 1977, 1979; Kook, 2008) auf eine biotische Prägung oder durch frühe Vertrautheit mit Parklandschaften (zumindest teilweise) zu erklären ist (Lyonsm, 1983).

2. Die Prospect-Refuge-Theorie (deutsch etwa: Aussicht-Zuflucht-Theorie) von Jay Appleton (1975, 1984) zeigt im Vergleich zu der Savannen-Theorie eine deutliche Einengung auf die Anforderung nach Schutz und Überblick. Zentraler Aspekt der Prospect-Refuge-Theorie ist das Prinzip des „Sehens-und-nicht-Gesehen-Werdens" (Appleton, 1975, S. 73), der damit begründet wird, dass „die Befriedigung des Bedürfnisses nach Schutz und Überblick einen Zwischenschritt bei der Befriedigung der meisten weiteren biologischen Grundbedürfnisse darstelle" (Hunziker, 2010, S. 36; vgl. auch Sreetheran, Konijendijk van den Bosch, 2014). Sicht biete die Savanne durch ihre

weiten Grasflächen, die vereinzelt oder in Gruppen stehenden Bäume böten Sichtschutz bzw. könnten auch als Versteck dienen. Die Prospect-Refuge-Theorie beschreibt – Bourassa (1991, S. 75) zufolge – „einen Mechanismus, der Individuen vor Gefahren schützt". Als Theorie der Landschaftspräferenz stellt sie – wie Appleton (1984, S. 92) selbst feststellt – ein sehr „einfaches Modell" dar, das als „Vereinfachung notwendigerweise zu einer Übervereinfachung" neige, aber dennoch zeige sie einen wesentlichen Zusammenhang zwischen Umwelt und Mensch. Als Indikator für die Gültigkeit der Prospect-Refuge-Theorie werden Präferenzunterschiede zwischen Frauen und Männern (z. B. Nasar, 1988) gewertet: So bevorzugten Männer Landschaften, die stärker durch Aussicht, Frauen hingegen Landschaften, die durch eine stärkere Eignung für Zuflucht geprägt seien. Dies wird mit der typischen Rollenverteilung von Frauen und Männern in Jäger-und-Sammlergesellschaften begründet, die sich biotisch-instinktiv verfestigt habe und persistiert werde.

3. Die Information-Processing-Theorie von Kaplan und Kaplan (1989; vgl. auch Kaplan & Kaplan, 1982; Kaplan et al., 1998) stellt den wohl am weitesten entwickelten und empirisch meist geprüften und verwendeten Ansatz der biologischen Theorien dar (Hunziker, 2010). Auch die Information-Processing-Theorie basiert auf Überlegungen zu den Bedürfnissen in vorgeschichtlicher Zeit lebender Menschen, und geht davon aus, dass solche Landschaften bevorzugt werden, die eine Beschaffung von Informationen stimulieren und erleichtern. Basis der Überlebensfähigkeit der Menschen war ihr Verstand, was zur Grundannahme der Kaplan/Kaplanschen Theorie führt: Menschen bevorzugen Räume, die eine Informationsbeschaffung erleichtern und deren Informationen verstandesmäßig anschlussfähig sind. Im Vergleich zu den anderen biologischen Theorien differenzieren Kaplan und Kaplan (1989) in vier unterschiedliche Kriterien zur Klassifizierung der Informationsqualität: Komplexität (als Vielzahl an unterschiedlichen Objekten und Interdependenzen; vgl. Abschn. 6.3.4), Mysteriosität (nicht alle Informationen sind unmittelbar verständlich, bieten aber die Möglichkeit, verständlich zu werden), Kohärenz (einfache Strukturen und Zusammenhänge) und Lesbarkeit (die Möglichkeit, an den Ausgangspunkt zurückzufinden; siehe Abb. 6.8). Diese vier Kriterien gliedern sich in eine Matrix ein, die einerseits auf das Informationsbedürfnis abhebt (Exploration und Verständnis), andererseits auf den Zeitpunkt der Befriedigung bezogen ist (sofort oder vorauszusehen). In Bezug auf Landschaft wird physischen Strukturen mit sehr hoher oder sehr niedriger Komplexität und Kohärenz eine verringerte Präferenz entgegengebracht

Zeitpunkt der Befriedigung	Exploratives Informationsbedürfnis	Bedürfnis nach Verständnis
sofort	Komplexität	Kohärenz
voraussehbar	Mysteriosität	Lesbarkeit

Abb. 6.8 Die Matrix der Präferenzen nach Kaplan und Kaplan (1989). (Eigene Darstellung auf Grundlage der genannten Vorlage)

(vgl. Wohlwill, 1976; Gimblett et al., 1985; Kaplan & Kaplan, 1989; Bourassa, 1991; Ipsen, 2006; Kühne, 2006a; während die Untersuchung von Hunziker & Kienast, 1999 diesen Befund nicht aufweist). Dagegen seien Mysteriösität und Lesbarkeit stets positiv gewertet (Hunziker, 2010; vgl. auch Gimblett et al., 1985). Die vier Kriterien sind dabei nicht disjunkt voneinander trennbar, so hat Komplexität Auswirkungen auf Kohärenz, Mysteriosität und Lesbarkeit (eine hochkomplexe Landschaft ist zumeist auch mysteriöser, weil nicht alle Informationen unmittelbar anschlussfähig sind, die Kohärenz kann durch unterschiedliche Elemente herabgesetzt sein, Gleiches gilt für die Lesbarkeit).

Die Gestalt-Theorie von Köhler (1969) schließlich unterstellt einen Isomorphismus (= Angleichung) zwischen bestimmten formalen Aspekten von Umweltobjekten und neuro-logischen Prozessen. Köhler (1969) geht davon aus, dass psychische Prozesse und die sie begründenden Prozesse im Gehirn ein kausales Bezugsverhältnis aufweisen. Bourassa (1991, S. 88) hält in diesem Kontext allerdings die Frage für unbeantwortet, „warum sollte das Gehirn so programmiert sein, auf eine bestimmte Art und Weise auf abstrakte formale Qualitäten von Landschaft zu reagieren".

Konstitutiv für die Theoriefamilie der Phylogenese ist die Angst des vorzeitlichen Menschen vor dem Überrascht- und Verletzt-/Getötet-Werden und dem (allem anderen überzuordnenden) Streben nach physischer Sicherheit (Gold & Revill, 2003). Diesen Ansatz charakterisiert Tuan (1976) als einen simplen Reduktionismus, denn hier werde das ‚Gespür für Landschaft' letztlich als eine biologische Antwort auf ein Bedürfnis nach Überleben in einem bestimmten Habitat gefasst, ohne die Fähigkeit des Menschen zu berücksichtigen, auf seine Umgebung und deren Veränderungen (reflektiert) zu reagieren. Die Theorien der Phylogenese entwickeln dabei ein doppeltes Theorieverständnis: Empirisch ermittelbare Präferenzen (positivistisches Verständnis) werden essentialistisch in Rückgriff auf das Wesen des Menschen erklärt (genaueres zur Kritik der Ansätze findet sich bei Lorberg, 2010 und auch bei Greider & Garkovich, 1994). Dabei ist den hier besprochenen Theorien ein ‚erweitertes' Landschaftsverständnis gemein: Sie definieren Landschaft nicht normativ und auf bestimmte Objekte reduziert.

6.3.3.2 Theorien kultureller Geschichte

Während biologische Theorien davon ausgehen, dass landschaftliche Präferenzen auf vorgeschichtliche Prägungen zurückzuführen sind und genetisch vererbt werden, gehen Theorien kultureller Geschichte davon aus, dass landschaftliche Präferenzen sozial tradiert sind und im Prozess der Sozialisation an nachfolgende Generationen weitergegeben werden. Zentral für den Aneignungsprozess ist die symbolische Kommunikation (siehe Kap. 2). So stellt Costonis (1982, S. 401) fest, ästhetische Bezüge seien nicht in die als Landschaft verstandenen physische Objekte eingeschrieben, vielmehr „schreiben wir der Umwelt auf Grundlage unserer individuellen und kulturellen Überzeugungen, Werte und Bedürfnisse" symbolische Bedeutungen zu. Appleyard (1979) sieht Landschaft als ein Element dieser symbolischen Kommunikation, sie diene damit als Instrument der

Definition von Normalität (und damit auch Nicht-Normalität) auch als räumlich aus-geprägtes Symbol von Zugehörigkeit und Fremdheit. So definiert das Vorhandensein von Minaretten in muslimisch ausgerichteten Gesellschaften einen nicht genauer hinter-fragten Normalzustand, in christlich geprägten Gesellschaften wird er zum Symbol des Andersartigen. Mit unterschiedlichen Konzepten der *place identity*, Ortsbindung, Heimat oder regionalen Identität (siehe Abschn. 7.8) wird die symbolische Aufladung physischer Objekte zur Projektionsfläche für persönliche Erfahrungen und Bindungen, wodurch „Landschaftsschutz und -planung auch als Instrumente der Stabilisierung und Sicherung von gesellschaftlicher Identität" (Hunziker, 2010, S. 36), aber eben auch als Mechanis-mus des Ausschlusses des Fremden interpretierbar ist (genaueres siehe Abschn. 7.8). Ein weiteres Konzept, das den Bezug von Menschen zu physischen Räumen (und in synthetisierender Zusammenschau von angeeigneter physischer Landschaft) behandelt, ist jenes der Vertrautheit (z. B. Lyons, 1983; Ipsen, 2006; Hunziker, 2010; Kühne, 2011b; Berr, 2019a; Kühne & Hernik, 2015). Vertrautheit wird dann in Präferenz transformiert, wenn mit der Vertrautheit eine (zumeist positiv gewertete) symbolische Besetzung ein-hergeht (z. B. als Heimat, siehe Abschn. 3.5 und 7.8; vgl. auch Bourassa, 1991; Hunziker, 2000; Kühne, 2019c; Stotten, 2019a). Auch zwischen Besiedlungsdichte des Wohn-ortes und landschaftlicher Präferenz besteht ein Zusammenhang, wie ihn Dearden (1984) feststellt: Je weniger dicht der Wohnort von Befragten besiedelt ist, desto größer ist ihre Präferenz für ländliche Landschaften und Wildnis. In einer Untersuchung von Kühne (2006a) hingegen wiesen Bewohner~innen suburbaner Siedlungen den größten Drang in der Nähe als attraktiv bewerteter Landschaften zu leben (höher noch als Bewohner~innen ländlicher Gebiete). Dabei bevorzugen – gemäß der Studie von Dearden (1984) – Frauen stärker urbane Landschaften, während Männer ländliche präferieren. Eine weitere Dimension soziogenetischer Landschaftsforschung befasst sich mit der Frage der unter-schiedlichen Konstruktion von Landschaft durch Expertinnen und Experten (z. B. Geo-graphen, Landschaftsplaner und -architekten) im Vergleich zu Laiinnen und Laien. Dabei werden dieselben physischen Räume teilweise völlig unterschiedlich zu angeeigneter physischer Landschaft transformiert und nach berufsspezifischen Deutungsmustern bewertet (siehe z. B. Beute & Kort, 2019; Burckhardt, 2004c; Craik, 1972; Daniel, 2001; Entrikin, 1991; Howard, 2011; Hunziker et al., 2008; Kühne, 2008a, 2015a, d; Lindern et al., 2013; Mitchell, 2003; Morgan, 1999; näheres dazu in Abschn. 6.6.2). Hunziker et al. (2008) verweisen zudem darauf, dass die Präferenzzuweisung angeeigneter physischer Landschaft nicht allein auf ein Kantsches ‚interesseloses Wohlgefallen' ausgerichtet ist, sondern auch ökonomische Interessen einschließt (z. B. Verdienstmöglichkeiten der orts-ansässigen Bevölkerung bei der Errichtung eines Golfplatzes; zu vergleichbaren Ergeb-nissen kommt Hook (2008) in Bezug auf die Akzeptanz von Windkraftanlagen, die dann zunimmt, wenn die lokale Bevölkerung finanziell am Erfolg der Anlagen beteiligt wird). Auch die klassische Studie über das Bostoner West-End von Herbert Gans ‚The Urban Villagers' zeigt unterschiedliche Bewertung räumlicher Arrangements durch Politiker und Planer einerseits und Bewohnern andererseits. Galt ersteren das Bostoner West-End als Ort der sozialen Desintegration, unterhielten zweitere differenzierte und enge soziale

Netze, die jedoch durch die von Stereotypen geprägten Selektivität der Wahrnehmung Erst-
genannter nicht beobachtet wurden (Gans, 1962; ähnlich zu Watts, einem Stadtteil von Los
Angeles, siehe Fine, 2000).

Als einen wesentlichen Beitrag zur soziogenetischen Landschaftspräferenzforschung
bezeichnet Hunziker (2000) den ‚Typically'-Ansatz von Purcell (1992). Grundlage
dieses Ansatzes ist die Eigenschaft des Menschen, komplexe Informationen zu ‚Typen'
zusammenzufassen, ihre Komplexität dadurch zu mindern und seine eigene Handlungsfähigkeit zu erhalten (vgl. auch Abschn. 2.1.2). Wird ein physischer Raum als Landschaft
konstruiert, wird er mit bereits gebildeten – sozial vermittelten – Landschaftstypen verglichen; insbesondere Abweichungen von dem ‚Typischen' werden abgelehnt. Nach
Purcell (1992) lassen sich vier zentrale Bewertungskriterien von Landschaft finden:
Erstens, die Ausdehnung des als Landschaft konstruierten Raumausschnittes; zweitens,
der Grad der (zugeschriebenen) Natürlichkeit bzw. anthropogenen Überformung;
drittens, die Reliefiertheit; viertens, das Vorkommen von Wasser (zur genaueren Diskussion dieses Ansatzes siehe Hunziker, 2000).

6.3.3.3 Theorien individueller Strategien

Im Vergleich zu den Theorien biologischer Gesetze und kultureller Geschichte lassen
sich die Theorien individueller Strategien der landschaftsästhetischen Aneignung als
wenig elaboriert bezeichnen (vgl. Bourassa, 1991; Hunziker, 2000). Eine genauere
Befassung mit dem Thema vollzieht Bourassa (1991) in Bezug auf kreative Individuen,
die spätere soziale Standards der Landschaftspräferenzierung vorwegnähmen bzw. diese
schüfen. Damit wird die Befassung mit individueller Landschaftspräferenzierung an die
Sozialtheorie Pierre Bourdieus (z. B. 1987 [1979]) anschlussfähig, in der er davon ausgeht, eine ‚herrschende Klasse', gebildet aus Unternehmern und Intellektuellen setzte
ästhetische Standards, die von der Mittelklasse (unvollkommen) übernommen würden,
wodurch sich die herrschende Klasse – um den distinktiven Abstand zur Mittelklasse
zu wahren – gezwungen sieht, neue ästhetische Standards herzustellen, in Bezug auf
Landschaft also andere physische Räume als Landschaft zu konstruieren und einem
ästhetischen Urteil zu unterziehen (Kühne, 2008a; genaueres zur Bourdieuschen
Klassentheorie findet sich im Abschn. 6.6.2.1). Dabei stellt Bourassa (1991) jedoch
hinsichtlich der Möglichkeit individueller Kreativität im Umgang mit Landschaft ein-
schränkend fest, dass diese sehr stark durch biotische Gesetze (z. B. hier durch ein-
geschränkte Fähigkeit des Menschen elektromagnetische Strahlung wahrzunehmen)
bzw. durch kulturelle Muster geprägt sei. Hinsichtlich der kulturellen Einbindung von
Kreativität stellte Eliot bereits 1980 fest: „Kein Dichter, kein Künstler jedweder Kunst,
kann Bedeutung eigenständig schaffen. Seine Besonderheit, sein Verständnis, ist das Verständnis seines Verhältnisses zu den toten Dichtern und Künstlern".

Hunziker (2000, S. 37) führt die Vernachlässigung der individuellen Einflüsse auf die
Präferenzbildung von Landschaft darauf zurück, weil in „empirischen Studien davon ausgegangen [wird], dass die individuellen Einflüsse entweder vernachlässigbar klein oder
durch die Versuchsanlage kontrollierbar (und somit nicht wirklich individuell) seien". Im

Zuge der die Postmoderne mit konstituierenden Individualisierung der Gesellschaft (unter vielen: Bauman, 2008, 2009) kommt im Zuge der ‚Verflüssigung' (Bauman, 2008) ehemals fester moderner Strukturen der Untersuchung individueller Zugänge zu Landschaft eine zunehmende Bedeutung zu, schließlich werden moderne Kategoriensysteme wie Geschlecht (im Sinne einer Einheit von biotischem und sozialem Geschlecht), Schichtzugehörigkeit, Alter, Beruf u. a. eine immer weniger strukturierende Bedeutung zu.

6.3.4 Landschaft und Komplexität

Das Themenfeld der Komplexität gehört in der Landschaftsforschung zu den immer wieder untersuchten (z. B. Ulrich, 1979; Kaplan & Kaplan, 1989; Prominski, 2004; Ipsen, 2006; Weis, 2008; Ode Sang et al., 2010; Papadimitriou, 2010, 2020a, b, 2021). Die Komplexitätstheorie, wie sie von Ipsen (2006) auf das Thema Landschaft bezogen wurde, integriert biotische, kulturelle und individuelle Aspekte. Komplexität als Zusammenhang zwischen vielen, voneinander abhängigen Merkmalen in einem Teilbereich von Welt (Dörner, 1994) ist geprägt durch nichtlineare Zusammenhänge (eine kleine Ursache kann Wirkungen unterschiedlichen Ausmaßes haben), Prozesshaftigkeit (durch den zeitlichen Verlauf ändern sich Dinge und gehen aus einem Prozess i. d. R. verändert heraus) und Relationalität (Dinge interagieren während eines Prozesses miteinander, sind also in unterschiedlicher Weise aufeinander bezogen; Prominski, 2004; Ode Sang et al., 2010). Damit steht das Konzept der Komplexität „dem klassischen physikalischen Weltbild mit seinen Zielen von prinzipieller Vorhersagbarkeit, Zeitlosigkeit und Allgemeingültigkeit diametral entgegen" (Prominski, 2004, S. 29). Um die psychologische Komplexitätstheorie entwickeln zu können, müsste das am naturwissenschaftlichen Idealorientierte Denken, alle komplexeren Verhaltensweisen seien auf der Grundlage von Primärmotivationen (wie Sexualität, Hunger) konditioniert, überwunden werden (Ipsen, 2006), schließlich ist – gemäß der Komplexitätstheorie – „Wahrnehmung [als] eine aktive Leistung zur Konstruktion der Wirklichkeit zu begreifen […] und nicht im Sinne der Reiz-Reaktionstheorie *(stimulus–response)* als eine schlichte Reaktion auf Umwelteinflüsse" (Ipsen, 2006, S. 23). Das menschliche Bewusstsein kann demnach durch seine Umwelt zwar angeregt werden, auf diese Reize aus der Umwelt folge jedoch keine linear vorhersagbare Reaktion. Andererseits sind die Reaktionen auf Reize auch nicht völlig zufällig. So findet sich ein (nichtlinearer) Zusammenhang zwischen der wahrgenommenen Komplexität von Reizen und der Bewertung einer Situation: So erhöht die Möglichkeit neue und komplexe Informationen aufzunehmen zunächst die Attraktivität einer Situation bis zu einem Optimumniveau, steigt nach Erreichen dieses Optimumniveaus die Komplexität der wahrgenommenen Situation weiter an, so verliert sie „an Attraktivität und wird, insofern es möglich ist, gemieden" (Ipsen, 2006, S. 24; vgl. Abb. 6.9). Die biotische Ursache dieses Zusammenhangs findet sich in der physiologischen Erregung des zentralen Nervensystems: „Ist diese sehr gering, so ist der Antrieb, sich mit der Umwelt zu beschäftigen, ebenfalls gering, Ist die Erregung sehr

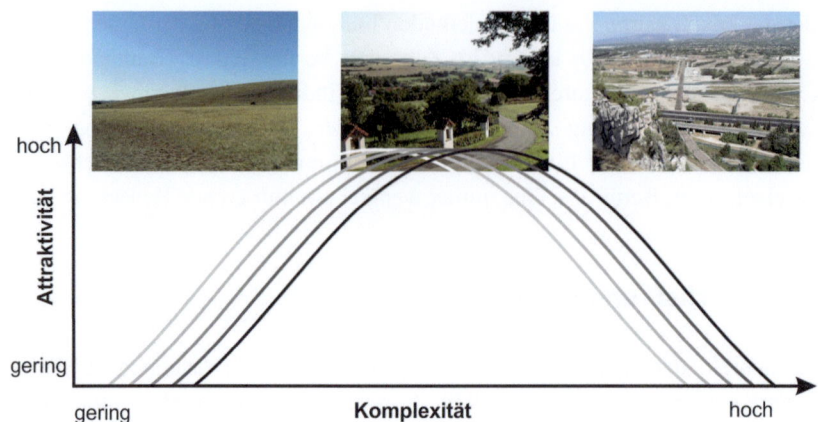

Abb. 6.9 Der Zusammenhang zwischen Komplexität und Attraktivität gemäß der Komplexitätshypothese. Die zunehmende Schwarzsättigung der Linien stellt einen zunehmenden Grad landschaftsbezogener Kenntnisse dar. Einmontierte Fotographien: geringkomplexe angeeignete physische Landschaft (links oben) – Causses im französischen Zentralmassiv; angeeignete physische Landschaft mittelkomplexer Objektausstattung – Bliesgau im Saarland; angeeignete physische Landschaft mit hoher Reizkomplexität (rechts oben) – Tal der Durance zwischen Avignon und Marseilles. (Eigene Darstellung auf Basis von Ipsen, 2006, unter Zuhilfenahme von Kühne, 2008a)

hoch, wird die Umweltsituation gemieden. Eine mittlere Erregung ist optimal" (Ipsen, 2006, S. 24).

In Bezug auf die physischen Grundlagen angeeigneter physischer Landschaften kann Komplexität– so Weis (2008, S. 118) „durch ein bewegtes Relief, abwechslungsreiche Landnutzungsformen oder Höhendifferenzen zwischen aneinandergrenzenden Bodenbedeckungen entstehen". Lynch (1965) fasst die wahrnehmbaren Elemente in fünf Typen zusammen, die sich in unterschiedlicher Komplexität aufeinander beziehen können: Wege, Grenzlinien (z. B. Uferlinien), Bereiche, also Flächen, die aufgrund von Relief oder Flächennutzung weitgehend einheitlich erscheinen (z. B. Siedlungen, Täler), Brennpunkte (z. B. Aussichtspunkte) und Merkzeichen, also Objekte oder Objektgruppen, die einen hohen Grad an Besonderheit, Kontrast- oder Fernwirkung aufweisen (z. B. Felsen, Tümpel). Fivos Papadimitriou unterscheidet drei unterschiedliche Dimensionen von Komplexität einer als Gegenstand verstandenen Landschaft, die eine Grundlage zur wissenschaftlichen Befassung mit dem Thema ermöglichen (Papadimitriou, 2010, 2020b):

1. räumliche/strukturelle Komplexität (d. h. die Komplexität der Landschaft gemessen an ihrer kartographischen Darstellung),
2. funktionale Komplexität (die Komplexität der Energie- und Massenströme in der Landschaft) und
3. qualitative Komplexität (die Komplexität der Semantik, Konnotationen, Affekte, Bedeutungen etc. nicht-quantitativer Charaktere der Landschaft).

Einfach strukturierte Grundlagen angeeigneter physischer Landschaften, die aus wenigen unterscheidbaren Formen und Elementen zusammengesetzt sind, bieten wenige Möglichkeiten, neue Informationen aufzunehmen (siehe Papadimitriou, 2010). Sie wirken – gemäß der Komplexitätstheorie – somit tendenziell weniger attraktiv als Landschaften, die auf Grundlage komplexerer physischer Strukturen (d. h. zahlreichen unterschiedlichen Elementen und Formen, mit einer Vielzahl von zugeschriebenen Zusammenhängen) konstruiert wird. Allerdings werden angeeignete physische Landschaften wiederum weniger attraktiv bewertet, sofern sie hochkomplexe Strukturen aufweisen, indem sie eine große Zahl unterschiedlichster wahrnehmbarer Elemente mit einer großen Zahl unterschiedlicher wahrnehmbarer Formen kombinieren (siehe Abb. 6.9, insbesondere in Bezug auf die abgebildeten Beispiellandschaften). Komplexität bezeichnet – wie Ipsen (2006, S. 25) feststellt – stets „die Relation zwischen einer Situation und einem Subjekt", was er anhand des Begriffs eines Schotterbettes erläutert: „Hätten wir den Begriff des Schotterbettes nicht, so wäre die gleiche objektive Situation um ein Vielfaches komplexer, als sie dies mit dem Begriff für uns ist" (Ipsen, 2006, S. 25). Die Adaptionsfähigkeit bzw. -bereitschaft von Komplexität ist gesellschaftlich nicht gleich verteilt: „jede Person hat ihr eigenes zu einem bestimmten Zeitpunkt gültiges Adaptionsniveau, durch das die Verarbeitungskapazität von Information bestimmt ist" (Ipsen, 2006, S. 24). Auch hinsichtlich soziodemographischer Variablen finden sich Unterschiede (Jenal, 2019b, 2008a; Kühne, 2018d; Kühne & Jenal, 2018): Die wahrgenommene Vielfalt von angeeigneter physischer Landschaft ist bei Akademikern höher als bei Nicht-Akademikern, bei Jüngeren höher als bei Älteren, bei Personen mit Wohnort in ländlicher strukturierten Räumen höher als bei Bewohnern des suburbanen Raumes, wobei deren Wahrnehmung landschaftlicher Vielfalt wiederum größer als die von Bewohnern von Verdichtungsräumen ist (genauere Ausführungen zu Unterschieden in der Konstruktion und Bewertung von Landschaft hinsichtlich soziodemographischer Variablen siehe Abschn. 7.1; vgl. auch Duncan & Duncan, 2004). Gerade Landschaftsexperten neigen zu einer höheren Wertschätzung komplexer angeeigneter physischer Landschaften. Aufgrund ihrer – insbesondere durch Studium erworbenen und in der Praxis verfestigten – Fähigkeit, Objekte einander zuzuordnen und (fachterminologisch) zu benennen, erfolgt eine Entkomplexisierung, die für Laien nur durch intensive Befassung mit Landschaft möglich ist (Kühne, 2008a; Stemmer & Bruns, 2017). In Bezug auf die in Abschn. 6.1 dargestellten Ansätze lässt sich die Komplexitätstheorie einerseits dem positivistischen Wirklichkeitsverständnis zuordnen, schließlich fußt sie auf empirischen Grundlagen, andererseits ist ihr ein ‚erweitertes' Landschaftsverständnis eigen, da sie hinsichtlich der Objekte, die zu Landschaft synthetisiert werden, keine Vorauswahl trifft.

6.3.5 Landschaft und Atmosphäre

Der Begriff der Landschaft ist – insbesondere in seiner ästhetischen Dimension – eng mit dem Begriff der Atmosphäre verknüpft (siehe Abschn. 7.8; vgl. auch Lehmann, 1973

[1950]). Dabei sind Atmosphären von flüchtiger Natur, sie weisen weder räumlich noch zeitlich größere Persistenzen auf (Kazig, 2007). Dabei lassen sie sich als Übergangsphänomen zwischen den unterschiedlichen Ebenen von Landschaft bezeichnen (siehe insbesondere Kazig, 2007, 2013, 2016). Ein wesentlicher Aspekt der Entstehung von Atmosphären liegt in dem Konzept der Verbindung des Menschen zu seiner Umwelt mit seinen Sinnen (siehe auch Abschn. 7.8). Die sinnlich wahrgenommene Konstellation der Umwelt beeinflusst dabei die subjektive Befindlichkeit des Menschen (z. B. Kazig, 2007, 2008, 2019a; Hasse, 2012; Forkel & Grimm, 2014; Ulber, 2017; Weber, 2017). Gernot Böhme (1995) weist Atmosphären eine eigenständige Wirklichkeit zu, die sich insbesondere nicht im Zeichenhaften begrenzen lässt. Solchermaßen verstanden, können Atmosphären als Medium sinnlicher Beziehungen zwischen dem Menschen und seiner Umwelt konzipiert werden (Thibaud, 2003). Düttmann (2000, S. 101) konkretisiert die Beschaffenheit der Umwelt als eine räumliche: „Raum und Atmosphäre stehen in einem engen Verwandtschaftsverhältnis, sie bedingen einander". Dies hieße in sozialkonstruktivistischer Terminologie: Ohne die Vermittlung durch Atmosphären wäre keine individuelle oder soziale Konstruktion von Raum möglich, wie auch die Entstehung von Atmosphären an das Vorhandensein räumlicher Arrangements gebunden sei.

Atmosphären konstituieren sich dabei weniger kognitiv, vielmehr entwickeln sie sich zwischen Individuum und physischem Raum in Form affektiv-emotionaler Betroffenheit (Hasse, 1993, 2000; Seel, 1996; Kazig, 2008; Weber, 2017; Abb. 6.10). Gebhardt und Kistemann (2016, S. 12) nennen dieses „Zusammenfließen von Subjekt- und Objektanteile[n]" ein „Amalgam aus Erfahrung der äußeren Welt (‚äußere Landschaften') und Erfahrung des eigenen selbst (‚innere Landschaften')", wodurch eine „Resonanz" zwischen beiden entstünde. Infolge der dominierenden Emotionalität sind sie stärker durch individuelle Bezugnahmen geprägt als durch gesellschaftliche Muster (siehe auch: Herrington, 2016a).

Neben der Dimension des Emotionalen stellt jene der Aufmerksamkeit eine wesentliche Bestimmungsgröße für die Entstehung von Atmosphären dar: Wobei Aufmerksamkeit nicht bedeutet, „dass sich die Sinne wie ein Scheinwerfer auf einen bestimmten Ausschnitt der Umgebung richten" (Kazig, 2008, S. 150), sondern „dass entsprechend einer Situation Sinne, Geist und Körper in einer spezifischen Form zusammenspielen" (Kazig, 2008, S. 150), wodurch Aufmerksamkeit als eine leibliche Befindlichkeit verstanden werden kann. Eine weitere Dimension der Befindlichkeit bildet – Kazig (2008) zufolge – die Motorik, die überwiegend darin zum Ausdruck kommt, „dass sich Atmosphären in bestimmten Bewegungsstilen niederschlagen" (Kazig, 2008, S. 150).

Wird Atmosphäre als Medium der Wahrnehmung verstanden, also als Mittler zwischen dem Wahrnehmenden und dem Wahrzunehmenden, lässt sie sich in der Konzeption der vier Dimensionen der Landschaft medial als zwischen externem Raum und individuell aktualisierter gesellschaftlicher Landschaft einordnen. Sie beeinflusst dabei die Entstehung individuell angeeigneter physischer Landschaft wie auch die emotionale Bezug-

Abb. 6.10 Zwischen verschiedenen Personen und denselben physischen Objekten in ihrer Umgebung können sich sehr unterschiedliche Atmosphären konstituieren. Das erfolgt in Abhängigkeit von Tageszeit, Witterung, Jahreszeit etc. einerseits und der individuellen Stimmung andererseits. (Collage unter Nutzung eigener Fotos)

nahme in vielfacher Hinsicht: Atmosphäre beeinflusst die Art, Auswahl und Dominanz der zu Landschaft zusammengeschauten Objekte, so erhält die Sonne bei abendlichen Landschaftskonstrukten eine größere Bedeutung als am Mittag, Landschaften, denen mit Angst begegnet wird, werden an andere Atmosphären gebunden als Landschaften, die mit freudigen Erinnerungen konnotiert sind u. a. (vgl. zur Situationsabhängigkeit der Konstruktion von Landschaft Droz & Miéville-Ott, 2005; Brunsch, 2017). Atmosphärische Einflüsse auf die Bildung und Bewertung individuell angeeigneter physischer Landschaft sind auch von Jahreszeiten abhängig, belaubte Bäume im Sommer sind häufig mit einer weniger weiten Atmosphäre verbunden als unbelaubte im Winter, die deutlicher Einblicke auf hinter ihnen liegende Objekte erlauben (siehe hierzu auch bereits Lautensach, 1973 [1938]).

   Auch ändert sich die Atmosphäre mit der Zahl anderer Personen im eigenen Umfeld: „Eine leicht gefährliche Atmosphäre stellt sich ein, wenn in dem Fußgängerbereich eines Platzes andere Verkehrsteilnehmer als Fußgänger unterwegs sind" (Kazig, 2008, S. 154), oder aber auch, wenn außerhalb der Stadtlandschaft Äste auf Wege hängen, Wespen oder Bremsen um den Wandernden fliegen. Neben den ‚leicht gefährlichen Atmosphären' verweist Kazig (2008) auf vier weitere Atmosphären von Plätzen, die konzeptionell auf die Atmosphären von Landschaften ausgeweitet werden können: Atmosphäre der Weitung, die sich neben der Weitung des Blickfelds auch auf die Möglichkeit bezieht, einen größeren Teil des Himmels einsehen zu können (z. B. durch Heraustreten aus einem Wald auf eine Lichtung); Durchgangsatmosphären, die sich durch „die Abwesenheit von systematisch ablenkenden Elementen" (Kazig, 2008, S. 155) konstituiert (beispielsweise auf einem Waldweg, der durch gleichförmige Fichtenforsten gesäumt wird); gemeinschaftliche Atmosphäre, die in einem Bereich entsteht, in dem es zu vermehrten Blickkontakten unter Fremden kommt (insbesondere dort, wo viele Menschen mit nicht einseitig gebundener Aufmerksamkeit, wie bei Fußballspielen in Stadien, zusammentreffen); Atmosphäre ästhetischer Anregung, die durch eine ungestörte Annäherung an das ästhetisierte Objekt bzw. die ästhetische Zusammenschau verschiedener Objekte vollzogen wird, unabhängig davon, ob diese ‚kultürlich' oder ‚natürlich' angeordnet oder beschaffen sind. Die wissenschaftliche Befassung mit Atmosphäre kann aus positivistischer, essentialistischer aber auch konstruktivistischer Wirklichkeitsauffassung heraus, sowohl aus einer ‚engen' als auch aus einer ‚erweiterten' Perspektive erfolgen: Atmosphäre kann essentiell als ‚Wesen' von ländlicher Landschaft verstanden werden, sie kann aber auch aus konstruktivistischer Perspektive als Zuschreibung auf Grundlage sozialer Konventionen gelten, wobei die Objekte, denen eine Atmosphäre in landschaftlicher Zusammenschau zugeschrieben wird, nahezu beliebig sein können. Das Potenzial, das für die Landschaftsforschung mit der Befassung mit ‚Atmosphäre' verbunden ist, pointiert Kazig (2013, S. 221): „Der Atmosphärenbegriff, mit dem der dynamische, sinnlich vermittelte Zusammenhang zwischen Umgebungsqualitäten, subjektiven Befindlichkeiten und Aktivitäten in den Blick gelangt, hilft die sinnliche Dimension des ‚landscaping' systematisch zu erfassen."

6.4   Die Zeitlichkeit von Landschaft: Eigenlogik, Landschaftsbiographie und die Lektüre von Landschaft

In den vergangenen Jahren ist das Thema Zeitlichkeit in Bezug auf die Koevolution von Gesellschaft und physischem Raum stärker in den Fokus wissenschaftlicher Betrachtung gerückt. Beide Konzepte, Eigenlogik und Landschaftsbiographie, beziehen sich nicht allein auf die physischen Grundlagen angeeigneter physischer Landschaft, sondern beziehen insbesondere die gesellschaftlichen, aber auch die individuell aktualisierten gesellschaftlichen Aspekte der Entwicklung von Landschaft ein. Beiden Ansätzen gemein ist auch die Fokussierung auf die Genese: (Stadt)Landschaft wird nicht als gegeben angenommen, sondern als in Entwicklung begriffen. Während das Konzept der Eigenlogik der Entwicklung stärker auf städtische angeeignete physische Landschaften fokussiert wurde, wurde das Konzept der Landschaftsbiographie unabhängig ihres Urbanitäts- bzw. Ruralitätsgrades entwickelt.

Die Vorstellung der Eigenlogik wurde von Martina Löw (2010) in der soziologischen Raumforschung maßgeblich konzeptionalisiert (wobei sich Ansätze einer solchen Denkweise bereits früher finden, z. B. bei Spirn, 1988). Unter Eigenlogik ist, Löw (2010, S. 78, Hervorh. i. O.) zufolge, „ein Ensemble zusammenhängender Wissensbestände und Ausdrucksformen" zu verstehen, „wodurch sich Städte zu *spezifischen Sinnprovinzen* verdichten", wobei sich das Eigene „sowohl aufgrund *historisch motivierter Erzählungen, Erfahrungen und Materialschichtungen* als auch im *relationalen Vergleich zu formgleichen Gebilden,* das heißt anderen Städten" (Löw, 2010, S. 96, Hervorh. i. O.; vgl. auch Rodenstein, 2008; Berking, 2013) ergibt. Das Konzept der Eigenlogik fragt – so Berking (2013, S. 227) – „nach den Mustern, den Verknüpfungs-Regeln, die sich zwischen materialer Struktur, kulturellen Dispositionen und Alltagsroutinen herstellen und auf diese Weise den individuellen Charakter dieser Stadt und ihrer ‚Wirklichkeit' prägen". Dies bedeutet auch, dass räumliche Entwicklung nicht mehr als das Manifest einer „Orientierung an einer ‚Allgemeinen Vernunft'" (Egner, 2008, S. 186) verstanden werden kann, sondern zahlreiche gesellschaftsteilsystemische Eigenlogiken die Entwicklung eines Raumes bestimmen. Dabei vollzieht sich die Entwicklung von (hier städtischen) Landschaften auch wesentlich in einem Vergleich und in Abgrenzung zur Entwicklung anderer Städte. Physische Objekte, wie Gebäude und Straßen, lassen sich gemäß dem Konzept der Eigenlogik also als ein spezifisches Ergebnis der eigenlogischen Entwicklung einer Stadt im Kontext überregionaler Entwicklungen verstehen, wobei es des Vergleichs mit anderen Siedlungen bedarf, um die spezifische Eigenlogik erfassen zu können (Löw, 2010). Neben den physischen Strukturen des Verkehrs kommt Gebäuden dabei eine zentrale gesellschaftliche Funktion zu, da sie soziales Leben stabilisieren: „Sie stehen nicht nur imposant herum, sondern werden zu Objekten der Interpretation und Erzählung, beeinflussen aber auch in ihrer materiellen Anwesenheit Handlungsabläufe" (Löw, 2010, S. 106). Dadurch kann die physische Form der Stadt als „Ergebnis komplexer, sich verflechtender und überlappender Erzählungen" (Spirn, 1988, S. 108) verstanden werden. Dieses Ergebnis umfasst die Entwicklungspfade der örtlichen Entwicklungen, deren Verbindungen zu überörtlichen Entwicklungen, wie auch die Verbindungen des Ortes mit den ihn bewohnenden Menschen (Spirn, 1988)[12].

Die Landschaftsbiographie wurde explizit in den späten Jahren der 1990er Jahren als Konzept von Archäologinnen in den Niederlanden formuliert (z. B. Kolen, 1995; Roymans, 1995) und gewann dann rasch an Popularität (Bloemers & van der Valk, 2007; Roymans et al., 2009; Meijles & van Hoven, 2010; Vervloet et al., 2010; Bernstein, 2018; Kühne & Schönwald, 2015a; Spicer et al., 2020). In seiner gegenwärtigen Ausformulierung ist das Konzept inter- und transdisziplinär angelegt und umfasst neben den wissenschaftlichen Disziplinen der Archäologie, der Anthropologie, der historischen Geographie auch Geologie und Geomorphologie sowie die praktische räumliche Planung (Roymans et al., 2009). Dadurch wird Landschaftsbiographie zu einem Konzept mit einer großen Offenheit für verschiedene Interpretationen (Vervloet et al., 2010).

Wesentliche Bezüge des aktuellen Konzeptes der Landschaftsbiographie liegen in den anthropologischen Arbeiten von Appadurai (2015 [1986]) und Kopytoff (2015 [1986]) sowie des Geographen Samuels (1979), der feststellte, dass Landschaften nicht ohne den Einfluss von einzelnen Personen und Gruppen im Zeitlauf verstanden werden können. Damit grenzte er sich von Ansätzen ab, die Landschaft als „passives Nebenprodukt anonymer ökonomischer und sozialer Entwicklung" (Roymans et al., 2009, S. 339; vgl. auch Apolinarski et al., 2006) ansahen. Samuels (1979) sah neben den ‚Landschaften der Impression' als Einschreibungen von Ideologien und kulturellen Repräsentationen von Raum und Ort (wie auch Planungskonzepten) auch ‚Landschaften der Expression', die infolge des individuellen und kollektiven Agierens von Menschen entstanden. Das aktuelle Konzept der Landschaftsbiographie geht – so Roymans et al. (2009) – in drei Punkten über seine historischen Vorläufer hinaus: Erstens, ist es auf die Betrachtung der langen Dauer *(Longue Durée)* ausgerichtet und betrachtet Prozesse von prähistorischen Zeiten bis in die Gegenwart; dabei ist es das Ziel, Landschaft zu jedem Zeitpunkt ihrer Geschichte als Ergebnis eines „lange andauernden und komplexen Interaktionsprozesses zwischen Geschichte von Mentalitäten und Werten, institutionellen und gouvernementalen Veränderungen, sozialen und ökonomischen Entwicklungen und ökologischer Dynamiken" (Roymans et al., 2009, S. 339) zu verstehen. Zweitens, weist es eine intensive Berücksichtigung der unterschiedlichen Entwicklungsschritte landschaftlicher Genese auf: Jede neue Ebene landschaftlicher Entwicklung baut auf vergangenen auf und ist verflochten mit „den Biographien und Genealogie der Menschen, sie verbindet Personen und Generationen, während sie zur gleichen Zeit ihre eignen Lebensgeschichten in unterschiedlichen Zeitabschnitten durch sich entwickelnde soziale Kontexte schreiben" (Roymans et al., 2009, S. 339). Drittens, wird in dem Konzept

---

[12]Das Konzept der Eigenlogik der Entwicklung von Städten hat zahlreiche Studien beeinflusst (z. B. Rodenstein, 2008 für Frankfurt und Hamburg, Kühne, 2012b zu Los Angeles).

der Landschaftsbiographie kein scharfer Bruch zwischen Vergangenheit und Gegenwart gesehen, schließlich fußen gegenwärtige soziale Entwicklungen ebenso in der Vergangenheit wie die unterschiedlichen landschaftsbezogenen Diskurse. Das Konzept der Landschaftsbiographie ist damit auf die Interaktionen zwischen den physischen Grundlagen angeeigneter physischer Landschaft, der Repräsentation und Interpretation von Landschaft (als gesellschaftliche Landschaft) und den Identitäten von Landschaft konstituierenden Personen und Gruppen bezogen (Jacobs, 2002; Roymans et al., 2009; van der Valk, 2009; Harrison, 2010; Bernstein, 2018; Jenal et al., 2019; Vervloet et al., 2010; Abb. 6.11): Infolge der Auseinandersetzungen zwischen lokalen Eigenheiten mit

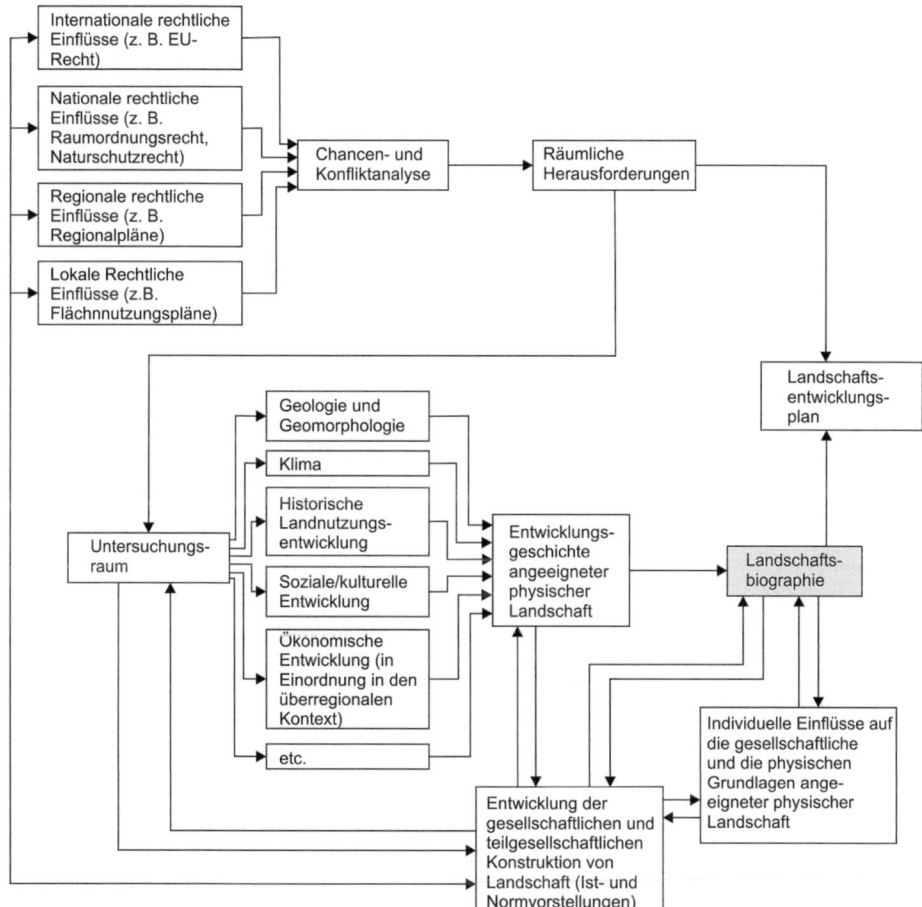

Abb. 6.11 Die Einflussfaktoren auf die Landschaftsbiographie und die Möglichkeit ihrer praktischen Umsetzung in einem Landschaftsentwicklungsplan. Deutlich wird die intensive Verflechtung der Landschaftsbiographie mit gesellschaftlichen Ist- und Soll-Vorstellungen von Landschaft. (Eigene Darstellung, verändert nach: Meijles & van Hoven, 2010)

überlokalen (heute insbesondere globalen) Prozessen entstehen spezifische Deutungs-muster der lokalen Besonderheit, deren Ergebnisse sich in den physischen Raum ein-schreiben (können). Diese Einschreibungen wiederum werden als Symbole lokaler Besonderheit konstruiert und werden Gegenstand lokaler und regionaler Identifikations-prozesse (vgl. Abschn. 7.8; Hall, 1994).

Sowohl die (Re)Konstruktion der Eigenlogik räumlicher Entwicklung wie auch die Landschaftsbiographie sind stark mit der Interpretation physischer Objekte in ihrer relationalen Anordnung verbunden, ein Prozess der häufig als ,Lesen von Landschaft' beschreiben wird. Widgren (2004, 2006) hat vier Kriterien zum Lesen von Landschaft entwickelt: Form (Wie ist ein Objekt gestaltet?), Funktion (Welche Bedeutung hat es in Relation zu anderen?), Prozess (Wie ist es mit anderen Objekten verbunden?, Wie ist es entstanden?) und Kontext (Wie fügt es sich in ein größeres Gefüge ein?). Zwar hält Widgren Form und Funktion für zentral für die Lektüre von Landschaft, doch „müssen sie im Kontext der Gesellschaft und im Lichte der Vergangenheit und gegenwärtigen Prozesse betrachtet werden" (Tuvikene, 2010, S. 510), schließlich kann die Funktion nicht aus der Form, ohne Berücksichtigung des Kontextes gelesen werden. So hat eine Hochofen-anlage z. B. im Ruhrgebiet die Funktion, Roheisen zu erzeugen, dabei ist sie in zeitliche (von Errichtung über Nutzung bis zu Stilllegung), räumliche (Förderung von Eisen-erz und Kohle an anderen Orten, Vertrieb der Eigenprodukte an andere Orte), technische (Element des Betriebsablaufes der Stahlerzeugung), ökonomische (Erzeugung von in Geld tauschbare Produkte) und soziale (Arbeitsplätze) Prozesse ebenso eingebunden wie in einen gesellschaftlichen Kontext, z. B. des fordistischen Akkumulationsregimes. Ändert sich beispielsweise der gesellschaftliche Kontext, z. B. durch den Übergang vom fordistischen zum postfordistischen Akkumulationsregime, kann sich dies auf Funktion (Stilllegung und Aufbau eines Landschaftsparks) und damit der damit verbundenen Prozesse (Erholung statt Arbeit) und Formen (Demontage besonders gefährlicher Objekte) einhergehen. Der gesellschaftliche Kontext bezieht dabei in besonderer Weise gesell-schaftslandschaftliche Vorstellungen ein, wie z. B. die postmoderne Wertschätzung des Historischen gegenüber der modernen Ablehnung des Unmodernen, weil Veralteten. Gerade der Kontext verweist auf spezifische lokale und regionale Eigenlogiken, die die (Re)Konstruktion einer spezifischen Landschaftsbiographie ermöglichen.

Die Konzepte der Eigenlogik der Entwicklung von angeeigneten physischen Land-schaften und der Landschaftsbiographie weisen gewisse Parallelen zur klassischen Landschaftsgeographie (siehe Abschn. 6.4) auf: Auch sie untersuchen die historische Entwicklung der physischen Grundlagen angeeigneter physischer Landschaften in Abhängigkeit zur gesellschaftlichen Evolution. Dennoch berücksichtigen die beiden aktuellen Konzepte sehr viel stärker die alltagsweltliche Bedeutung von Landschaft, also ihre gesellschaftliche und individuell aktualisierte Dimension. Ist der Fokus der Land-schaftsbiographie dabei – in raumwissenschaftlicher Forschungstradition – stärker auf eigenbürtige Entwicklungselemente gerichtet (wie hat sich der Bezug der Bewohner zu dem von ihnen besiedelten Land entwickelt), bezieht sich das Konzept der Eigen-logik – in soziologischer Forschungstradition – stärker auf die sich durchdringende

Dynamik von Lokalität und Globalität sowie der sozialen Begründung räumlicher Entwicklungen. Den Konzepten von Pfadabhängigkeit bzw. Landschaftsbiographie liegt einerseits ein positivistisches Wirklichkeitsverständnis (insbesondere in Bezug auf die naturwissenschaftliche Betrachtung des Untersuchungsraumes der Landschaftsbiographie), andererseits auch ein konstruktivistisches Verständnis (insbesondere in Bezug auf die symbolische Aufladung und Kommunikation von Landschaft) zugrunde. Dabei wird Landschaft gemäß einem ‚erweiterten‘ Landschaftsbegriff verstanden; die Konzepte von Pfadabhängigkeit und Landschaftsbiographie sind auch auf städtische und suburbane angeeignete physische Landschaften anwendbar.

6.5   Landschaftsbewusstsein

Zielen die Konzepte der Eigenlogik bzw. der Landschaftsbiographie primär auf die Erklärung der Entstehung der physischen Grundlagen angeeigneter physischer Landschaft und nur sekundär auf die Entstehung gesellschaftlicher und individuell aktualisierter gesellschaftlicher Landschaft, befasst sich das Konzept des ‚Landschaftsbewusstseins‘ von Detlev Ipsen (2002a, b, 2006; Ipsen et al., 2003; Kost, 2013) vornehmlich mit diesen Aspekten: Ipsen (2002b, S. 95–96) versteht unter ‚Landschaftsbewusstsein‘ die implizit oder explizit im Bewusstsein von Akteuren vorhandenen „materiellen und ästhetischen, die wirtschaftlichen und kulturellen Aspekte einer Landschaft“. Das ‚Landschafts-bewusstsein‘ lasse sich also der gesellschaftlichen wie auch der individuell aktualisierten gesellschaftlichen Landschaft zuordnen, wobei diese Aspekte mit den materiellen Aspekten „in einem dialektischen Verhältnis zueinander [stehen, Anm. O. K.]. Zum einen bezieht sich das Landschaftsbewusstsein immer auf eine Materialität der Umwelt, von der das Bewusstsein abstrahiert. Zum anderen führt erst die Reduktion von Komplexität aus der ‚unendlichen‘ Vielgestalt der materiellen Welt zu einem Bild“ (Ipsen, 2006, S. 84; vgl. auch Carlson, 2007)[13]. Ipsen (2002a, b, 2006) gliedert das Landschaftsbewusstsein in die drei Dimensionsbereiche des Kognitiven, des Ästhetischen und des Emotionalen (Ipsen, 2002b; siehe Abb. 6.12 und 6.13; vgl. auch Nohl, 1981, 2006; Kühne, 2006a). Die drei Dimensionen des Landschaftsbewusstseins lassen sich als wesentliche Deutungssysteme für die private und öffentliche Kommunikation verstehen (siehe Abb. 6.12). Wird über die Veränderungen der physischen Grundlagen angeeigneter physischer Landschaft z. B. durch die Eröffnung einer Kiesgrube beispielsweise in einem Gemeinderat verhandelt, werden üblicherweise die Themen ökologische Auswirkungen (kognitive Dimension),

---

[13]Hinsichtlich der Entstehung des Landschaftsbewusstseins verweist Ipsen (2006) auf die hier in Abschn. 6.3.3 (Theorien zur Präferenz angeeigneter physischer Landschaften: die universale, die soziale und die persönliche Dimension) dargestellten Theorien, mit einer gewissen Präferenz für die Theorien kultureller Geschichte. Auf eine eindeutige Positionierung verzichtet er jedoch, weil er dies für die Entwicklung seines Konzeptes für unerheblich hält.

	Kognitive Dimension	Ästhetische Dimension	Emotionale Dimension
Naturraum	Biologie, Geologie, Geomorphologie, Klima u.a.	Naturästhetik, Naturbeobachtung u.a.	Naturliebe
Nutzung	Landschaftsgeschichte, Standortwissen u.a.	Wahrnehmung der Landnutzungsformen	Nutzungsbildungen
Soziale Strukturierung	Eigentumsverhältnisse, rechtliche Regelungen u.a.	Besondere Orte, besondere Personen, besondere Personengruppen u.a.	Soziale Netzwerke, soziale Milieus, Familie u.a.
Kulturelle Bedeutung	Märchen, Literatur, Malerei u.a.	Symbolische Bedeutung besonderer Orte	Dialekt, Heimat, Identität

Abb. 6.12 Die drei Dimensionen des Landschaftsbewusstseins in ihrer Funktion als Deutungssysteme für die private und öffentliche Kommunikation. (Eigene Darstellung, leicht verändert nach: Ipsen, 2006)

Abb. 6.13 Die Matrix des Landschaftsbewusstseins nach Ipsen. (Eigene Darstellung, leicht verändert aus: Ipsen, 2006; Ipsen et al., 2003)

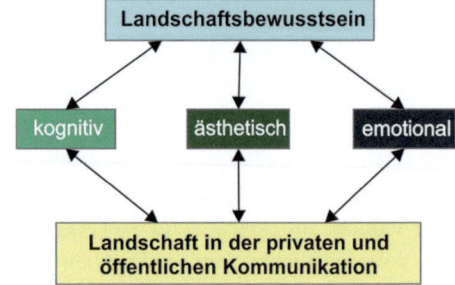

Auswirkungen auf das ‚Landschaftsbild' (ästhetische Dimension) und Heimatverlust (emotionale Dimension) diskutiert.

Die Ausprägung des Landschaftsbewusstseins kann dabei auch individuell in differenzierter Form auftreten: So kann die kognitive Komponente – möglicherweise aufgrund eines expertenhaften Bezuges (etwa als Volks- und Landeskundler, Naturschützerin) – stark ausgeprägt sein, während eine emotionale Bezugnahme (z. B. aufgrund einer nicht vollzogenen Verheimatung) unterbleibt und eine ästhetische Zuwendung zeitlich auf den Wochenendspaziergang mit der Familie beschränkt bleibt. Nicht nur auf individueller, auch auf Ebene der gesellschaftlichen Landschaft unterliegt Landschaftsbewusstsein Variabilitäten und Transformationen (vgl. Bourassa, 1991; Ipsen, 2002a, b; Carlson, 2007; Ellmers, 2020; Kühne, 2008a):

- zeitlich (Landschaften wurden im Mittelalter beispielsweise anders bewertet als heute),
- kulturell (die Bewertung einer Weinbaulandschaft variiert beispielsweise zwischen Personengruppen christlicher und muslimischer Tradition),
- sozial (so werden Landschaften durch unterschiedliche Milieus unterschiedlich konstruiert und bewertet),
- ökonomisch (Landschaften werden z. B. unterschiedlich nach ihrem touristischen Potenzial oder ihrer Eignung für die Landwirtschaft bewertet),

- politisch (so werden Landschaften bestimmte politische Präferenzen ihrer Bewohner~
  innen zugeschrieben).

Das Konzept des Landschaftsbewusstseins kombiniert ein gemäßigt-sozialkonstruktivistisches Wirklichkeitsverständnis (das explizit offen für positivistische Forschungsergebnisse ist) mit einem ‚erweiterten' Landschaftsbegriff, da Landschaft nicht als
materiell-ländliches Objekt verstanden wird.

6.6   Kritische Perspektiven auf den gesellschaftlichen Umgang mit Landschaft

Landschaftsverständnisse sind stets voraussetzungsreich und implizieren weltanschauliche Deutungen. Cosgrove (1985, S. 45) charakterisiert Landschaft daher als ein „ideo-
logisches Konzept". So ist das Thema Landschaft aufgrund seines über eine lange
differenzierte Entwicklungsgeschichte gebildeten großen semantischen Hofes ein Feld
unterschiedlicher Konzepte, in sich nicht widerspruchsfrei und beinhaltet– so (Jones,
1991, S. 234) – „mehrere ungelöste Konflikte: zwischen kollektiver Zugehörigkeit und
individueller Kontrolle, zwischen dem Subjektiven und dem Objektiven, und zwischen
dem Geistigen und dem Materiellen". Dadurch wird das Feld der Landschaftsbegriffe
auch für die Beobachtung der distinktiven Entwicklung von Diskursen und Subdiskursen
in den landschaftsbezogenen Wissenschaften interessant: In akademischen Kreisen
werden erbitterte Debatten über die Diskurshoheit darüber geführt, was als Landschaft
bezeichnet werden dürfe und was nicht (wie z. B. bei Körner, 2006b, c; Prominski,
2006a; Schöbel-Rutschmann, 2007; Eisel, 2008, 2011; Gailing & Leibenath, 2012;
Leibenath & Otto, 2014; Poerting & Marquardt, 2019; Wylie, 2015).

Im Folgenden sollen zwei kritische Perspektiven auf das Thema Landschaft vorgestellt werden. Die Bezugnahme der Kritischen Theorie (Max Horkheimer, Theodor
W. Adorno, Herbert Marcuse, Jürgen Habermas) bezieht sich dabei seltener unmittelbar auf Landschaft, sondern vielmehr auf Natur bzw. Kunst, doch lassen sich die Ausführungen der Kritischen Theoretiker durchaus im Landschaftskontext lesen. Die zweite
Perspektive befasst sich mit der Generierung, Verteilung und Absicherung gesellschaftlicher Definitionsmacht über Landschaft und deren physische Manifestation in den
physischen Grundlagen angeeigneter physischer Landschaft (insbesondere unter Bezugnahme auf Kühne, 2008a, 2012b, 2018c; vgl. auch Mitchell, 2007).

6.6.1   Kritische Theorie – Landschaft zwischen Kultur, Natur, Kitsch und Kompensation

Der Kritischen Theorie liegt eine ‚philosophisch-kritische' Auffassung von Wissenschaft
auf Grundlage von Hegel, Marx und Freud zugrunde. Ihre Vertreter werden auch wegen
ihres Entstehungsorts in den frühen 1930er Jahren im ‚Institut für Sozialforschung'

in Frankfurt a. M. als ‚Frankfurter Schule' bezeichnet. Gemäß ihrer Wissenschafts-
auffassung gilt es weniger darum, Welt zu beschreiben, zu erklären und zu typisieren,
sondern darum, sie zu interpretieren und (kritisch) zu bewerten: „Die Tatsachen, die
uns die Sinne zuführen, sind in doppelter Weise gesellschaftlich präformiert: durch den
geschichtlichen Charakter des wahrgenommenen Gegenstandes und den geschichtlichen
Charakter des wahrnehmenden Organs" (Horkheimer, 1977 [1937], S. 17). Bauriedl
(2009, S. 220) versteht eine Raumtheorie dann als kritisch, wenn „die gesellschaftlichen
Normierungen durch die Verwendung des Begriffs ‚Raum' und Essentialisierungen bei
der Analyse von Raumdimensionen reflektiert" werden. Gegenstand der Befassung der
Kritischen Theorie war bislang weniger Landschaft als das Verhältnis von Kultur und
Natur oder die Ästhetik von Natur und Kunst (während eine Befassung mit Landschaft in
Rückgriff auf eine marxistische Perspektive häufiger zu finden ist z. B. Cosgrove, 1984;
Wormbs, 1996; Michaeli, 2008).

6.6.1.1 Das Verhältnis von Natur und Kultur in der Kritischen Theorie

Ein zentraler Aspekt der Befassung der Kritischen Theorie mit dem Verhältnis von
Kultur und Natur stellt die von Horkheimer und Adorno (1969) aufgestellte These
dar, „dass die Geschichte der Befreiung des Menschen von übermächtigen Gewalten
nicht zu einem vernünftigen Zustand der Welt geführt hat. Indem die Menschen ihre
Emanzipation ins Werk gesetzt haben, eine Unternehmung, die wesentlich darin
bestand, sich zum Herren und Eigentümer der Natur zu machen, haben sie sich einer
allein technisch-instrumentellen Rationalität ausgeliefert" (Lehmann, 2009, S. 1; mehr
zur sozialen Konstruktion von Natur und Kultur findet sich in Abschn. 7.4). Dabei ist
der Gebrauch von Vernunft zunächst der Selbsterhaltung des Menschen geschuldet
(Horkheimer, 1976): Durch sein zunehmend planerisches Handeln wird er immer
unabhängiger von den Unvorhersagbarkeiten der Natur und kann damit sein Überleben
immer wirkungsvoller absichern. Die Unterwerfung der äußeren Natur findet dabei einen
Zusammenhang mit der Beherrschung der inneren Natur des Menschen, die sich in einer
Beschränkung der Freiheitsmöglichkeiten des Einzelnen niederschlägt (Horkheimer,
1977 [1937]). Mit der denkenden Distanzierung des Menschen, „um sie vor sich hinzu-
stellen, wie sie zu beherrschen ist" (Horkheimer & Adorno, 1969, S. 36), geht auch eine
„Verleumdung der Natur im Menschen" (Horkheimer & Adorno, 1969, S. 61) einher.
Diese Verleumdung gipfele – so Horkheimer und Adorno (1969, S. 37) – in der „Herrschaft des Menschen über sich selbst", indem er Vernunft entwickele und gebrauche, um
einerseits die äußere Natur (physische Grundlagen angeeigneter physischer Landschaft)
auf seine Wünsche zuzurichten, andererseits seine Triebe zu unterdrücken. Damit wird
Vernunft nicht allein die Form der Herrschaft des Menschen über seine innere wie auch
äußere Natur, „sondern zugleich die Form der Herrschaft des Menschen über andere
Menschennaturen" (Lehmann, 2009, S. 1). Der Prozess der rationalen Zuwendung
von Welt ist dabei – so Horkheimer und Adorno (1969, S. 15) – mit Entfremdung verbunden: „Die Menschen bezahlen die Vermehrung ihrer Macht mit der Entfremdung von
dem, worüber sie Macht ausüben. Die Aufklärung verhält sich zu den Dingen wie der

Diktator zu den Menschen. Er kennt sie, insofern er sie manipulieren kann. [...] In der Verwandlung enthüllt sich das Wesen der Dinge immer als je dasselbe, als Substrat von Herrschaft". Diese Herrschaft bleibt zumeist unbewusst, weil sie als Normalität nicht hinterfragt wird; ein solches Bewusstmachen von Herrschaftsmechanismen gehört zu den zentralen selbstgestellten Aufgaben der Kritischen Theorie. Die Normalisierung und Veralltäglichung von Macht wird durch die Sozialisation vollzogen. Durch Sozialisation erhält der zu sozialisierende Mensch eine unauflösbare Beziehung zur Gesellschaft, oder wie es Horkheimer (1963, S. 8) ausdrückt: „Das Individuum für sich allein ist eine Abstraktion. Es ist in die Gesellschaft verflochten; von den Besonderheiten der Verflechtung hängt zum Teil nicht bloß sein Schicksal, sondern auch sein Charakter ab".

Werden die Überlegungen zum Verhältnis von Kultur und Natur von Horkheimer und Adorno auf das Themenfeld der Landschaft übertragen, lässt sich Landschaft als Ergebnis eines dreifachen Herrschaftsprozesses verstehen:

1. Die Entwicklung der physischen Grundlagen angeeigneter physischer Landschaft zu einem „komplexe[n] Artefakt" (Hugill, 1995, S. 22) lässt sich als physische Manifestation des Emanzipationsprozesses des Menschen von einem Zustand des Ausgeliefertseins der Übermacht der Natur zu einer die Natur (scheinbar) beherrschenden und sich an ihr bereichernden Zivilisation beschreiben (ähnlich hierzu Popitz, 1995; Kühne, 2008a).

2. Die gesellschaftlichen Grundlagen angeeigneter physischer Landschaft haben sich zu einer die Naturbeherrschung kulturell legitimierenden Instanz entwickelt: Die Präferenz halboffener ‚historisch gewachsener Kulturlandschaft' hat dazu beigetragen, die Einschreibungen einer ungleichen Verfügbarkeit über Land ästhetisch zu überhöhen, und somit einer kritischen Reflexion zu entheben. Die bisweilen sakralisierenden gesellschaftlichen Konstruktionen von ‚historisch gewachsener Kulturlandschaft' bilden damit „ein wahres kulturelles Gepäck" (Shepard, 1967, S. 132; siehe auch Riley, 1994).

3. Die Deutungs- und Bewertungsmuster (teil)gesellschaftlicher Landschaft werden im Prozess der Sozialisation in das individuelle Landschaftsbewusstsein (als individuell aktualisierte gesellschaftliche Landschaft) überführt. Eine Abweichung von diesen Standards wäre mit dem Verlust sozialer Anerkennung verbunden. Solche negativen Sanktionen erschweren die Entwicklung alternativer Deutungs- und Bewertungsmuster, wodurch „die gesellschaftlichen Akteure spontan bereit sind zu tun, was die Gesellschaft von ihnen verlangt" (Wayand, 1998, S. 226).

Eine zentrale Bedeutung bei der intergenerationellen Verstetigung von Deutungs- und Bewertungsmustern kommt den ‚ideologischen Staatsapparaten' (Althusser, 1977) wie Medien und Schulen zu. Schließlich kann – so Althusser (1977, S. 122) – „keine herrschende Klasse dauerhaft die Staatsmacht innehaben, ohne gleichzeitig ihre Hegemonie über und in den ideologischen Staatsapparaten auszuüben". Die Schule dient entsprechend „der gezielten Beeinflussung", sie ist „auf die Aneignung von gesellschaftlich erwünschten Kenntnissen, Fähigkeiten und Werthaltungen ausgerichtet" (Tillmann, 2007, S. 144; Marcuse, 1965). Zwar hat die Macht des Staates insbesondere infolge der Globalisierung abgenommen, doch ist er bis heute in der Lage, zentrale gesellschaftliche Machtpositionen durch seine ‚ideologischen Staatsapparate' zu besetzen und „die herrschenden Interessen durchzusetzen und auf Interessensgegensätzen basierenden gesellschaftliche Verhältnisse zu kontrollieren" (Belina, 2006, S. 13).

Die Modernisierung der Gesellschaft schlägt sich auch – wie gezeigt – in den unterschiedlichen landschaftlichen Dimensionen nieder. Jürgen Habermas (1981) beschreibt als wesentliches Merkmal der Moderne die Rationalisierung der Lebenswelt und die Entkopplung von System und Lebenswelt: Die Lebenswelt dient für ihn als Bezugspunkt für Situationsdefinitionen, die von den jeweils beteiligten Personen als unproblematisch angesehen werden (Habermas, 1981, S. 107): „Die Lebenswelt speichert die vorgetane Interpretationsarbeit voran gegangener Generationen; sie ist das konservative Gegengewicht gegen das Dissensrisiko, das mit jedem aktuellen Verständigungsvorgang entsteht". Den Unterschied zwischen Lebenswelt und System beschreibt Habermas (1981, S. 348) wie folgt: „Während für die symbolische Reproduktion der Lebenswelt am sozialen Handeln vor allem der Aspekt der Verständigung relevant ist, ist der Aspekt der Zweckmäßigkeit wichtig für die materielle Reproduktion. Diese vollzieht sich durch das Medium von zielgerichteten Eingriffen in die objektive Welt". Mit der Rationalisierung der Lebenswelt – Habermas schließt hier an den von Max Weber geprägten Begriff der Entzauberung der Welt an – werden Bereiche, die vormals in traditioneller Weise geregelt waren, nun einer systematischen Untersuchung und Rationalisierung unterzogen (vgl. die Ausführungen zum Fordismus in Abschn. 5.5). Diese Rationalisierung betrifft auch das Themenfeld der Landschaft: Mit empirischen Methoden werden zunächst die physischen Grundlagen, später auch die gesellschaftlichen und individuell aktualisierten Grundlagen der angeeigneten physischen Landschaft zu einem Objekt natur- und sozialwissenschaftlich-positivistischer Untersuchungen gemacht. Landschaft wird vermessen, abgegrenzt und klassifiziert und einem mehr oder minder normativen (gesellschaftlich definierten) System rechtlicher Regelungen unterworfen. Im Zuge der Rationalisierung der Lebenswelt wird physischer Raum dem individuellen zweckrationalen Wirtschafts- und Verwaltungshandeln unterworfen: Gemeinschaftliche Nutzungsrechte werden gegenüber individuellen verdrängt (Olwig, 2008; ähnlich Wormbs, 1996; Michaeli, 2008), die emotionale Bezugnahme zu Landschaft wird als sentimental in Planungen nicht berücksichtigt, ästhetische Perspektiven werden mithilfe der ‚Landschaftsbildbewertung' (siehe Abschn. 8.1) einem Prozess der Standardisierung unterzogen. Mit einem solchen zweckrationalen Zugriff auf Welt gehen die Tendenzen einher, die Gegenstände der Welt nur noch als potenziell verwertbare Dinge zu verstehen – so Lukács (1968). Das Gegenüber – unabhängig, ob Mensch oder Element des physischen Raumes – wird damit lediglich zum ‚Objekt' von ertragreichen Transaktionen. Der ‚Wert' von Landschaft bestimmt sich demnach anhand der durch sie erzielbaren monetären Umsätze (in Tourismus, Landwirtschaft, Industrie etc.). Auf der anderen Seite wird bei dieser Betrachtungsweise auch das individuelle Vermögen als eine vermarktbare Ressource betrachtet. Die Folgen eines solchen Umgangs mit (gegenständlich verstandener) Landschaft fasst Wormbs (1996, S. 244) wie folgt zusammen: „Seit mit der weltweiten Ausdehnung der Warenproduktion auch die Bebauung der Erde alle landschaftlichen Bezugsrahmen von einst gesprengt und ein dichtes Standortnetz der Industrie rings um den Globus geknüpft hat, werden Irrationalität und Desorganisation im technischen Gesamtinstrument offensichtlich. Sie treten in der räumlichen und ökologischen Unverträglichkeit aller nur zweckrational organisierten Einzelteile zutage". So sei die am einzelbetrieblichen Gewinn ausgerichtete marktwirtschaftliche Logik damit verbunden, dass die Kosten seiner Herstellungs-weise, wie Rohstoffverschwendung, Umweltbelastung und Gesundheitsschäden, der gesellschaftlichen Begleichung überantwortet würden (Wormbs, 1996).

Die in diesem Abschnitt dargestellten Zugänge der Kritischen Theorie zum Thema Natur weisen einerseits essentialistische, wie in Bezug auf die ‚Natur' des Menschen, andererseits konstruktivistische Züge, wie bei der Frage der Sozialisation oder der Frage der kulturellen Bedingtheit von Landschaftsverständnissen, auf. Da sich die hier dar-gestellten Ansätze eher mit Fragen befassen, die sich nicht mit der Synthese von konkreten Objekten zu Landschaft befassen, lässt sich – wenn überhaupt – eine Tendenz zu einem ‚erweiterten' Landschaftsbegriff feststellen.

6.6.1.2 Kultur, Ästhetik und Kitsch

Ein wesentliches Augenmerk Kritischer Theorie ist darauf gerichtet, wie ‚ungerechte' Zustände gesellschaftlich gebilligt werden, wie eine Kultur der Angepasstheit ent-stehen kann. Eine solche Kultur versteht Herbert Marcuse (1965, S. 63) als ‚affirmative Kultur', die er als „jene bürgerlichen Epochen [begreift; Anm. O. K.], welche im Laufe ihrer eigenen Entwicklung dazu geführt hat, die geistig-seelische Welt als ein selbst-ständiges Wertreich abzulösen und über sie zu erhöhen. Ihr entscheidender Zug ist die Bejahung einer allgemeinen verpflichtenden, unbedingt zu bejahenden, ewig besseren, wertvolleren Welt, welche von der tatsächlichen Welt des alltäglichen Daseinskampfes wesentlich verschieden ist. Die aber jedes Individuum ‚von innen her' ohne jede Tatsäch-lichkeit zu verändern, für sich realisieren kann". Die ‚affirmative Kultur' wird demnach zu einem Disziplinierungssystem, „da Kultur die Subjekte aufs Bestehende einschwört – darin besteht ihr affirmativer Charakter – und Glücksversprechen, da sie eine Wirk-lichkeit abbildet, die utopische und freiheitliche Momente in sich trägt" (Cavalcanti, 2004, S. 3). Dabei wäre gerade die Kultur – aus Sicht der Kritischen Theorie – in Form künstlerischer Tätigkeit geeignet, eine herrschaftsfreie Annäherung an die Wirklich-keit, zu vollziehen (Adorno, 1970). Gerade die Auseinandersetzung mit Natur mache diese zu einem gleichberechtigten Gegenüber im Rahmen einer kommunikativen Hand-lung: „Wie verklammert das Naturschöne und das Kunstschöne sind, erweist sich an der Erfahrung, die jenem gilt. Sie bezieht sich auf Natur einzig als Erscheinung, nie als Stoff von Arbeit und Reproduktion des Lebens. Wie die Kunsterfahrung ist die ästhetische Erfahrung von der Natur eine von Bildern. Natur als erscheinendes Schönes wird nicht als Aktionsobjekt wahrgenommen. In der Lossage von den Zwecken der Selbst-erhaltung, emphatisch in der Kunst, ist gleichermaßen die Naturerfahrung vollzogen"

(Adorno, 1970, S. 112). Für Adorno kann Ästhetik somit einen emanzipatorischen Charakter erhalten: Eine ästhetische Erfahrung von Natur wie auch Kunst ermögliche die Erfahrung eines nicht durch Entfremdung geprägten Verhältnisses des Menschen zu Natur und zu anderen Menschen. Durch die emanzipatorische Funktion des Ästhetischen fordert Adorno auch die Darstellung des Hässlichen, um so im Hässlichen die Welt zu denunzieren (Adorno, 1970, S. 79). In Bezug auf die ästhetische Erfahrung von Landschaft sei diese – gemäß der Deutung von Adorno (1970) – in Form herrschaftsfreier Aneignung von Natur zu vollziehen. Die naturästhetische Fixiertheit der ästhetischen Landschaftskonstruktion verdeutlicht Adorno (1970, S. 112) mit folgenden Worten: „So wahr es ist, dass ein jegliches in der Natur als schön aufgefasst werden kann, so wahr das Urteil, die Landschaft der Toskana sei schöner als die Umgebung von Gelsenkirchen"[14], womit auch ein ‚enger‘ Begriff von Landschaft verbunden wird.

Mit dem Übergang zur massenhaften Produktion hat für Adorno Kunst ihr emanzipatorisches Potenzial verloren. Die Kulturindustrie, mit ihrer Allgegenwart in den Massenmedien korrumpiere die Sinnlichkeit der Subjekte, indem ihnen Glück vorgegaukelt werde und das, „was in ihnen, wie unterdrückt und neurotisch verkümmert auch immer, als Hoffnung sich äußert, abermals unterjocht" (Schneider, 2005, S. 195). Für Adorno markierte die Kulturindustrie „einen sichtbaren Übergang[,] an dem der reine Profit dem Kunstwerk übergeordnet ist – Kultur wird industriell produziert und erhält somit einen Umschlag von der Qualität vergangener Kunst in die Quantität der Serienproduktion" (Cavalcanti, 2004, S. 5). Eng verbunden mit der massenhaften Produktion der Kunstindustrie ist für Adorno Kitsch. Neben dieser äußeren Seite – wie Liessmann (2002) sie nennt – der billigen, massenhaften Herstellung und dem ebenso billigen und massenhaften Vertrieb, lässt sich eine innere Seite des Kitsches formulieren. Diese bezieht sich auf die Vortäuschung nicht vorhandener Gefühle und die Vorspiegelung von Kunst (Adorno, 1970): „Wo nur das plakativ Schöne zu finden ist, durch Vortäuschung von Erschütterung, wo nur ein falsches Sentiment erzeugt wird, durch die Illusion tiefer Emotionalität, wo nur kalkulierte Tränen fließen" (Liessmann, 2002, S. 9). Damit wird auch der moderne Kitsch von der Volkskultur der Vormoderne abgegrenzt: Volkskultur sei authentisch gewesen, Kitsch hingegen sei unecht (Adorno, 1972; Greenberg, 2007), wobei beiden ein essentielles Wesen zugeschrieben wird. In diesem Kontext lässt sich auch Landschaft unter dem Modus des Kitschdiskurses betrachten (Gelfert, 2000; Kühne, 2008b, 2012a): So lässt sich die heutige Ästhetisierung von Wildnis in der Tradition des ‚Erhabenheitskitsches‘ deuten, während die Ästhetisierung arkadischer Landschaft auf „die liebliche, arkadische-paradiesische Natur [bezogen ist; Anm. O. K.], die vor allem den Kitsch der kindlichen Unschuld" (Gelfert, 2000, S. 42) begleitet. Die ‚historisch gewachsene Kulturlandschaft‘ repräsentiert zumeist einen physisch-räumlichen Zustand,

---

[14]Hauser (2000) bezeichnet diese Ausführungen als antiquiert, schließlich sei heute die Umgebung von Gelsenkirchen als Landschaft anzusprechen, sie habe die eindeutige Eigenart einer ausgeprägten Kulturlandschaft.

der gegenwärtigen gesellschaftlichen, insbesondere ökonomischen Bedingungen nicht
mehr entspricht. Im Sinne von Gelfert (2000) lässt sich dieser Zustand als ‚unechte Kunst'
interpretieren, gegenwärtige angeeignete physische Landschaft wird zu einer Kopie eines
geschätzten Originals eines als historisch definierten Zustandes physischer Landschaft. So
wird physischer Raum, der ehemals durch eine ‚authentische Volkskultur' geprägt war, in
gegenwärtiger landschaftlicher Betrachtung „in Kitsch verwandelt, weil sie als Ausdruck
einer tatsächlich nicht mehr vorhandenen Authentizität vermarktet wird" (Gelfert, 2000,
S. 15). Bei deren konsumtiver Betrachtung wird der Betrachtende zum Genießenden der
sich selbst im Genuss genießt (Gelfert, 2000), simplifizierte Programme und Ordnungs-
bilder werden demnach mit dem Effekt einer distanzlosen Sentimentalisierung als „durch-
gängige Überschwemmung der erlebten Wirklichkeit mit dem eigenen subjektiven
Gefühl" (Gelfert, 2000, S. 77) aktualisiert.

Die individuelle und soziale Konstruktion von Landschaft kann in der Lesart der
Kritischen Theorie einerseits einen emanzipatorischen Charakter aufweisen, wenn sie
herrschaftsfrei erfolge. Andererseits kann sie auch zur Stabilisierung als ungerecht
bezeichneter Verhältnisse beitragen, weil sie als Ausdruck ‚affirmativer Kultur' durch
Kitsch geprägt sein kann. Zentral bei der Definition von Landschaft ist die Frage, wer, wie,
wann mit welchem Kalkül Diskurse über Landschaft zu beherrschen vermag. Inwiefern
es Personen gelingt, in gesellschaftlichen Diskursen die Deutungshoheit über das, was
Landschaft genannt werden darf, zu erlangen und wie sich unterschiedliche Verfügungs-
macht in physisch-räumlichen Strukturen niederschlägt, ist Gegenstand der folgenden Ausführungen.

6.6.2   Landschaft als Medium sozialer Distinktions- und Machtprozesse

Der Frage nach dem Zusammenhang von Macht und Landschaft wird in den raumbezogenen Sozialwissenschaften verstärkt seit den späten 1990er Jahren nachgegangen.
Allgemein liegt dabei eher der Fokus auf den Fragen, wie sich gesellschaftliche Machtprozesse in den physischen Raum einschreiben als auf den Fragen, wie gesellschaftliche
Landschaftsdeutungen von Machtverhältnissen abhängig sind (einige Beispiele der macht-
bezogenen Landschaftsforschung sind: (W. J. T. Mitchell, 2002b; Schein, 1997, 2002c;
Olwig, 2003; Kühne, 2008a, 2019e; Wescoat, 2008; Leibenath, 2014b, 2015; Kost &
Schönwald, 2015; Gailing & Leibenath, 2017; Poerting & Marquardt, 2019; Santos et al.,
2020).

6.6.2.1 Grundzüge von Macht und Distinktion

Macht ist ein alltägliches und häufig nicht hinterfragtes Phänomen. Macht ist zudem
ambivalent: Macht lässt sich einerseits mit Freiheit, der Emanzipation von Natur, andererseits aber auch mit Unterdrückung in Verbindung bringen. Heinrich Popitz (1992, S. 12)
verweist dabei auf den anthropogenen Charakter von Machtverhältnissen, schließlich sind

sie, „nicht gottgegeben, sie sind nicht durch Mythen gebunden, nicht naturnotwendig, nicht durch unantastbare Traditionen geheiligt. Sie sind Menschenwerk". Aus dieser gesellschaftlichen Gebundenheit von Macht resultiert ihre Reversibilität (Popitz, 1992), die wiederum den Kampf um Macht verstärkt, wodurch Machtkämpfe ein Teil „des schon immer stattfindenden Aushandelns von Normalität" (Paris, 2005, S. 7) sind. Aus einer systemtheoretischen Perspektive heraus lassen sich mehr oder minder stabile Macht-verhältnisse als ein wesentliches Element der Stabilität der Gesellschaft beschreiben, schließlich kommen sie dem Bedürfnis nach Verlässlichkeit und Sicherheit nach (Parsons, 1951; vgl. auch Anter, 2012) – eine Auffassung, der Dahrendorf (1963) vehement wider-spricht, indem er auf die gesellschaftliche Produktivität von (aus unterschiedlichen Macht-verteilungen erwachsenden) Konflikten verweist.

In seiner klassischen Definition bezeichnet Max Weber (1976 [1922], S. 28) Macht als „jede Chance, innerhalb einer sozialen Beziehung den eigenen Willen auch gegen Widerstreben durchzusetzen, gleichwohl worauf diese Chance beruht". Diese Definition formuliert vier Kriterien (Anter, 2012):

1. Die auf die Potenzialität von Macht verweisende Kategorie der ‚Chance',
2. auf den personalen Charakter von Macht verweisende ‚soziale Beziehung',
3. auf das voluntaristische (die Dominanz des Willens gegenüber dem Verstand) Element, auf das der ‚eigene Wille' verweist,
4. auf einen potenziellen Widerstand, der sich dem ‚eigenen Willen' entgegenstellt, worauf das Wort ‚widerstreben' verweist.

Soziale Gefüge setzen sich aus Mächtigeren und Mindermächtigeren zusammen, wobei eine absolute Macht und eine absolute Machtlosigkeit nur in Ausnahmefällen denkbar ist (Sofsky und Paris, 1994). In seiner Machttheorie unterscheidet der Soziologe Heinrich Popitz (1992) vier Grundtypen von Macht mit ihnen zu eigenen Machtverhältnissen:

1. Die Aktionsmacht ist die Macht, andere Menschen zu verletzen. Sie basiert einerseits auf der Verletzbarkeit des menschlichen Körpers, andererseits auf der Macht des Ent-zugs von Subsistenzmitteln und sozialen Teilhabechancen. Das typische Machtver-hältnis der Aktionsmacht ist die pure Gewalt.
2. Die instrumentelle Macht basiert als Unterwerfungsmacht auf der Verfügung über Bestrafungen und Belohnungen, dem Entzug oder dem Gewähren von Grati-fikationen. Das typische Machtverhältnis der instrumentellen Macht ist die Erzeugung von Konformität mittels Angst und Hoffnung.
3. Die autoritative Macht steuert das Verhalten und die Einstellung anderer Personen. Sie erzeugt eine einwilligende Folgebereitschaft, sie ist verinnerlicht und bleibt somit in der Regel unbewusst. Das typische Machtverhältnis der autoritativen Macht ist die fraglose Autorität.
4. Die Daten setzende Macht beschreibt die Objekt vermittelnde Macht technischen Handelns. Sie ergibt sich aus der Schaffung von technischen Artefakten und der

daraus erwachsenden Möglichkeit, das Handeln anderer zu strukturieren. Das aus der Daten setzenden Macht erwachsende typische Machtverhältnis ist die technische Dominanz.

Diese Machttypen sind hinsichtlich ihres Auftretens variabel: Sie können gemeinsam und in unterschiedlicher Dosierung auftreten. Im Zuge der Gesellschaftsentwicklung verschiebt sich die Anwendung der unterschiedlichen Machttypen. Mit der verringerten Bedeutung der Aktionsmacht und der instrumentellen Macht geht ein Bedeutungsgewinn der autoritativen und – im Zuge der gesellschaftlichen Technisierung – der Daten setzenden Macht einher. In zwei von drei Punkten stimmen die Machverständnisse von Popitz und Weber überein: beide gehen von einer asymmetrischen sozialen Beziehung aus, beide gehen davon aus, dass Macht nicht auf Zustimmung angewiesen ist. Während jedoch Weber Macht auf konkrete Situationen beschränkt, zielt Popitz gerade in Bezug auf die autoritative und die Daten setzende Macht auf die Verallgemeinerung von Machtbeziehungen ab. Diese Verallgemeinerung deutet auf einen Bedeutungsgewinn von Macht hin, denn Macht ist – so Hannah Arendt (1970) – dort besonders groß, wo sie nicht offen (insbesondere in Form von Gewalt oder auch nur in Form von Gewaltandrohung) Zutage tritt. Diese Verallgemeinerung geht dabei auch mit der Umwandelung von Fremdzwängen zu Innenzwängen einher, wie sie Elias (1997 [1939]) für charakteristisch für den Prozess der Entwicklung von Zivilisationen, denn neben die Monopolisierung und Zentralisierung von Macht und Gewalt tritt der gesellschaftliche Zwang der Individuen, sich zu disziplinieren, gesellschaftliche Erwartungen auch ohne unmittelbare Androhung von Sanktionen zu erfüllen (eine Auffassung, die heute in der sozialwissenschaftlichen Literatur sehr weite Verbreitung gefunden hat, wie etwa bei Luhmann, 1977; Foucault, 1977).

Im Gegensatz zu Macht ist Herrschaft spezifischer: Sie beinhaltet keine absolute Kontrolle über andere, sondern „ist stets auf bestimmte Inhalte und angebbare Personen begrenzt" (Dahrendorf, 1972, S. 33; im Anschluss an Max Weber). Diese stärkere Organisiertheit von (undifferenzierter) Macht zu Herrschaft versteht Ralf Dahrendorf (1983) als einen zentralen Aspekt friedlicher gesellschaftlicher Entwicklung (wie sie etwa in der von ihm favorisierten repräsentativen Demokratie zu finden ist; ausführlicher: Kreuzer et al., 1983; Kühne, 2017c; Leonardi, 2014). Die Entwicklung von Macht zu Herrschaft beginnt – Max Weber (1976 [1922]) zufolge – mit der Entstehung des modernen Staates. Dieser trat an die Vielzahl lokaler Machthaber, Machtverhältnisse wurden zentralisiert und zunehmend allgemein verbindlich geregelt (d. h. Recht gilt für alle gleich und seine Einhaltung wird durch den Staat garantiert). Mit der Entwicklung des Staates geht, neben der Monopolisierung physischer Gewalt (die freilich unvollständig bleibt, denn sonst gäbe es keine ‚Gewaltverbrechen') auch die spezifische Organisation von Wissen in Form der Bürokratie einher (vgl. Anter, 2012; Seibel, 2016). Beide Entwicklungen sind dazu geeignet, Sicherheit zu generieren, die wiederum eine wesentliche Grundlage für die Akzeptanz einer zentralen Macht ist (siehe Anter, 2012).

Die Bürokratie dient dabei nicht allein der Durchsetzung von Herrschaft, sie ist selbst Trägerin von Macht (Weber, 1988b). So bündelt sich einerseits das in den unterschiedlichsten Ausbildungsrichtungen erworbene Fachwissen der Bediensteten, andererseits verfügen die Bediensteten exklusiv über Wissen über die behördlichen Organisationsabläufe (über die sie in der Lage sind, Einfluss auf die Gesellschaft zu nehmen). Behördliche Organisation ist dabei gekennzeichnet durch Hierarchie, Arbeitsteilung, Effektivität und Berechenbarkeit (mehr bei Fukuyama, 2013). Einmal eingeführt, „ist eine praktisch so gut wie unzerbrechliche Form der Herrschaftsbeziehungen entstanden" (Weber, 1976 [1922], S. 570). Im Sinne von Popitz ist so mit der Perfektionierung der ‚Daten setzenden Macht' „im späten 20. Jahrhundert ein Supervisionsstaat entstanden, der – theoretisch – alles über seine Bürger in Erfahrung bringen kann" (Anter, 2012, S. 73).

Wie Max Weber sieht auch Michel Foucault eine enge Verbindung von Wissen und Macht. Macht befinde sich in einem (wechselseitigen) Bedingungsverhältnis mit Wissen, was Foucault (1983 [1976], S. 114) mit der Bezeichnung von Macht als „Wille zum Wissen" zum Ausdruck bringt. Dabei geht er davon aus, dass Macht immer weniger zentriert und auch zentrierbar ist: Macht wird zu einer „Vielfältigkeit von Kräfteverhältnissen, die ein Gebiet bevölkern und organisieren" (Foucault, 1983 [1976], S. 113). Macht ist weder räumlich noch funktional monozentriert, sondern vielmehr verästelt in einem omnipräsenten Geflecht aus Machtkonflikten zwischen Herrschenden und Beherrschten (Bourdieu, 2001). Macht lässt sich in diesem Sinne auch nicht als eine objektiv messbare Ressource beschreiben (vgl. Leibenath, 2015), dazu ist sie sowie in ihrer Beziehungsstruktur zu vielfältig.

Ein Konzept, das den Kampf um die Diskurshoheit in einem dezentrierten Feld der Macht nachvollziehbar macht, ist das der symbolischen Macht von Bourdieu (z. B. 1985b; Bourdieu, 1985a, 1987 [1979]) und Bourdieu und Passeron (1973). Bourdieu und Passeron (1973, S. 12) definieren symbolische Macht (oder symbolische Gewalt) als „jede Macht, der es gelingt, Bedeutungen durchzusetzen und sie als legitim durchzusetzen, indem sie die Kräfteverhältnisse verschleiert, die ihrer Kraft zugrunde liegen". Macht resultiert demnach aus dem gesellschaftlich differenzierten Zugang zu symbolischem Kapital, als jene Chancen, die geeignet sind, soziale Anerkennung und soziales Prestige in der gesamten Gesellschaft bzw. einzelnen gesellschaftlichen Feldern zu gewinnen und zu erhalten (Bourdieu, 1987 [1979]). Symbolisches tritt in Form von ökonomischem, sozialem und kulturellem Kapital auf, denen Knappheit und Begehrtheit gemeinsam ist (Bourdieu, 1985b, 1987 [1979]). Ökonomisches Kapital wird als materieller Besitz verstanden, der in Geld getauscht werden kann. Soziales Kapital „wird als ein relationales, den sozialen Beziehungen innewohnendes Gut beschrieben und als eine Ressource von verschiedenen sozialen Strukturen mit unterschiedlicher sozialer Reichweite für Individuen und korporative Akteure bzw. Gemeinschaften vorgestellt" (Maischatz, 2010, S. 31). Kulturelles Kapital wird in drei Subkapitalien gegliedert (Bourdieu, 2005 [1983a]; Jurt, 2012):

- Die objektivierte Form umfasst physische Manifestationen menschlicher Tätigkeit (Bücher, technische Gerätschaften, Kunstwerke).

- Die inkorporierte Form ist unmittelbar an die physische Existenz der handelnden Person gebunden (Bildung, kulturelle Fertigkeiten).
- Die institutionalisierte Form stellt die gesellschaftliche Repräsentanz eines Teiles des inkorporierten kulturellen Kapitals in Bildungstiteln dar (z. B. Abschlusszeugnisse).

In der unterschiedlichen Verfügbarkeit von symbolischem Kapital liegt eine vertikale Differenzierung der Gesellschaft (wie auch ihrer Teile) begründet. Dabei unterscheidet Bourdieu (1987 [1979]) in drei Grundklassen (siehe Abb. 6.14):

1. Die herrschende Klasse ist zusammengesetzt aus Unternehmer~innen (mit viel ökonomischem, aber wenig kulturellem Kapital) und Intellektuellen (mit viel kulturellem, aber wenig ökonomischem Kapital). Sie ist Trägerin des legitimen Geschmacks, der sich durch ‚den Sinn für Distinktion' auszeichnet, also einen Geschmack auszuprägen, der den anderen Klassen (zunächst) nicht zugänglich ist.
2. Die Mittelklasse (auch Kleinbürgertum) ist Trägerin des mittleren Geschmacks, der durch ‚Bildungsbeflissenheit' und dem ständigen Versuch gekennzeichnet ist, den Geschmack der herrschenden Klasse zu imitieren.
3. Die beherrschte Klasse ist Trägerin des populären Geschmacks, der sich an ‚der Entscheidung für das Notwendige' orientiert. Sie bildet die übrige Gesellschaft.

Diese Struktur der Gesellschaft transzendiert „die subjektiven Absichten und die individuellen oder kollektiven Entwürfe" (Bourdieu, 1979 [französisches Original 1972], S. 179). Die herrschende Klasse, aber auch die Mittelklasse ist um die Bestandssicherung ihres symbolischen Kapitals gegenüber Popularisierung bemüht. Im Kontext des sozialen Kapitals vollzieht sich diese Bestandssicherung vorzugsweise durch soziale Schließung (Maischatz, 2010), d. h. unerwünschte Personen wird der Zugang zu sozialen Netzen verweigert.

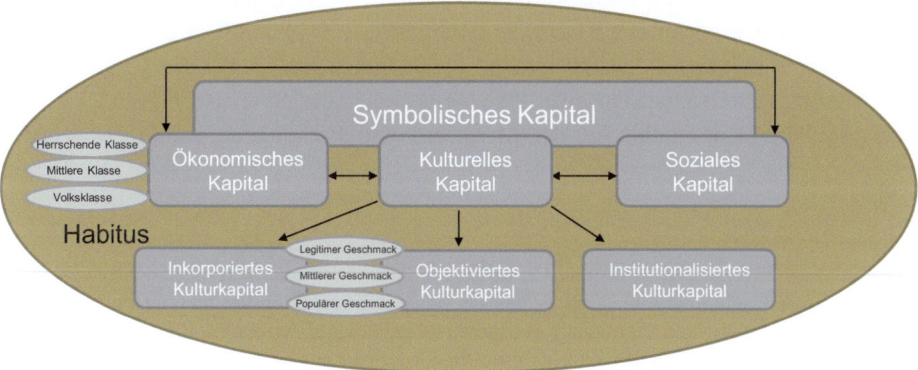

Abb. 6.14 Die Zusammenhänge zwischen Kapitalien untereinander sowie zu den Geschmäckern und Klassen bei Bourdieu. (Abbildung, mit freundlicher Erlaubnis zur Publikation: Corinna Jenal)

6.6.2.2 Aspekte der Macht in den vier Dimensionen gesellschaftlicher Landschaft

Die gesellschaftliche Entwicklung der letzten tausend Jahre brachte neben der Genese unterschiedlicher (teilweise mit Deutungshoheit verbundenen) Begriffe auch eine zunehmende Möglichkeit des Menschen mit sich, die physischen Grundlagen angeeigneter physischer Landschaft nach seinen Ansprüchen zu modifizieren. Sowohl die Genese und diskursive Durchsetzung als auch die Modifikation physischer Räume ist mit Macht verbunden. Hinsichtlich der Modifikation physischer Räume wirken in Koevolution mit einer zunehmenden technischen Beherrschbarkeit auch eine Systematisierung ökonomischer Aneignung (z. B. in der Akkumulation hinreichenden ökonomischen Kapitals zum Aufbau größer Fabrikanlagen) und rechtlicher Reglementierung, z. B. die Durchsetzung des Baus von großen Infrastrukturen gegen den Willen der örtlichen Bevölkerung, die ein zentrales Element der Domestikation des Raumes bildeten (Engels, 2010). Der ökonomische Zwang zur effizienten Landbewirtschaftung erzwingt in der Ersten Welt eine Technisierung der Landwirtschaft (in Form großer Schläge und Großstallanlagen; näheres siehe Abschn. 5.5), mit der Folge, dass die physischen Grundlagen angeeigneter physischer Landschaften immer weniger mit den gesellschaftslandschaftlich weit verbreiteten (romantisch geprägten) Vorstellungen von angeeigneter physischer Landschaft korrespondierten (siehe Kap. 3). Angeeignete physische Landschaft dokumentiert damit letztlich einen überkommenen Machtverteilungszustand. Auch die Durchsetzbarkeit politisch formulierter landschaftlicher Soll-Zustände bedarf einer systematisierten Machtakkumulation und Transformation in Herrschaft[15]. Instrument rationalisierter politischer Machtausübung wurde die Bürokratie (Weber, 1972 [1922]). Die dabei generierten Manifestationen politischer Herrschaft symbolisierten Macht, wie Blackbourn (2007, S. 57) am Beispiel von Meliorationsmaßnahmen in Sümpfen verdeutlicht (siehe Abschn. 5.4), sodass Sümpfe nicht länger ein Ort der latenten Bedrohung epidemischer Krankheiten sein (Symbol des staatlich vermittelten rationalen Geistes über ‚Wildnis‘). Mit der nach rationalistischem Kalkül organisierten Verwaltung wurde in der zweiten Hälfte des 19. Jahrhunderts eine Erweiterung der behördlichen Macht (Krabbe, 1989, S. 130) durch „Stellenvermehrung, Professionalisierung und Spezialisierung" geschaffen. Diese stellte die Grundlage der Durchsetzung einer rationalistischen Planung dar, die „der europäischen Stadt [...] das Dschungelhafte, Labyrinthische, das Mythische und Bedrohliche austreiben" (Siebel,

---

[15]Herrschaft stellt – so Max Weber (1976 [1922], S. 541) einen „Sonderfall von Macht" dar. Im Unterschied zu Macht, definiert er Herrschaft als Chance für einen bestimmten Befehl, Gehorsam zu finden. Spezifikum von Herrschaft gegenüber allgemeinerer Macht ist eine größere Dauerhaftigkeit, wodurch Herrschaft „als ein institutionalisiertes Dauerverhältnis der Machtausübung einer übergeordneten Person oder Personengruppe gegenüber untergeordneten Gruppen verstanden [wird; Anm. O. K.], das ohne ein Mindestmaß an Anerkennung und Gehorsam [...] nicht möglich wäre" Imbusch (2002, S. 172).

2004, S. 20) sollte; ein prominentes Beispiel ist der Umbau des mittelalterlichen, durch Gassen geprägten Paris und einer durch Boulevards (auch als Sichtachsen) durch klassizistischen Baustil geprägten Metropole durch Georges-Eugène Baron Haussmann (1809–1891) im Auftrag von Napoléon III.

Die bisherigen Ausführungen illustrieren die enge Verflechtung von Macht und Landschaft. So lassen sich die physischen Grundlagen angeeigneter physischer Landschaft (in wesentlichen Teilen) als die physisch-räumlich manifestierten Folgen und Nebenfolgen gesellschaftlichen, machtvermittelten Handelns beschreiben. Mit Max Weber (1976 [1922]) wiederum lässt sich Handeln als äußeres oder innerliches Tun, Unterlassen oder Dulden, mit dem der Handelnde oder die Handelnden einen Sinn verbinden, beschreiben. Eine unterlassene Kultivierung stellt somit gleichsam ein Handeln dar, schließlich verbinden handelnde Personen mit dem Unterlassen den Sinn, dass eine Kultivierung aufgrund bestimmter Überlegungen nicht opportun erscheint (siehe Kühne, 2008a). Wird die konstitutive Dimension gesellschaftlicher Landschaft in die Überlegungen zu Macht und Landschaft einbezogen, lässt sich die Entstehung angeeigneter physischer Landschaft demnach als durch das Diktat des als ökonomisch gebotenen Definierten, modifiziert durch sozialgemeinschaftlich durchgesetzte (vielfach ästhetische) Normen und Werte, in den Grenzen politisch-administrativer Durchsetzungsmacht, manifestiert im rechtlich Gestatteten und Verbotenen unter der ästhetisierenden Konstruktion des Bewusstseins auf Basis gesellschaftlicher Normensysteme beschreiben (Kühne, 2012a). Die physischen Grundlagen angeeigneter physischer Landschaft werden damit auch zum Indikator für Machtverteilungen in lokalem, regionalem, nationalem, kontinentalem bis globalem Maßstab unter dem Einfluss politischer, ökonomischer, sozialgemeinschaftlicher und kultureller Eigenlogiken (siehe Abschn. 6.3 und 6.4), vermittelt durch das Handeln einzelner bzw. mehrerer Menschen, die als Träger dieser Eigenlogiken fungieren. Im Folgenden werden gesellschaftslandschaftliche und individuell aktualisierte gesellschaftslandschaftliche Mechanismen der Machtgewinnung, Machterhaltung und Machtausübung diskutiert (siehe ausführlicher: Ellmers, 2019, 2020; Gailing, 2019; Kühne, 2015b; Poerting & Marquardt, 2019; Voigt, 2015).

6.6.2.3 Soziale Distinktion, Macht und Landschaft

Mit der Entwicklung des landschaftlichen Blicks wurde Landschaft zum Medium sozialer Distinktion (genaueres Kühne, 2008a; vgl. auch Schenker, 1994; in Bezug auf Architektur Stevens, 2002): Die Ästhetisierung physischer Räume zu angeeigneten physischen Landschaften erforderte die Beherrschung des landschaftlichen Codes (siehe Abschn. 3.4), schließlich kann allgemein nur „wer den Code kennt, […] die Zeichen verstehen und weiterhin agieren" (Kastner, 2002, S. 232). Wer also keine Schulung in der Frage hatte, welche Elemente des physischen Raumes in welcher Konstellation unter Verwendung welchen Vokabulars in welchem sozialen Kontext als ‚Landschaft' zu bezeichnen waren, verfügte entweder nicht über den richtigen oder verwendete diesen in nicht angemessener Weise und demaskierte sich damit eines nicht hinreichend entwickelten Geschmacks (Cosgrove, 1993, 1998b; Ipsen, 2006; zur Verräumlichung von Codes siehe Lippuner,

2008b). Doch wie andere durch die herrschende Klasse definierte Kulturgüter wird auch der ästhetisierte Zugriff auf Landschaft durch den mittleren Geschmack übernommen. So wurde auch der romantische Zugriff auf Landschaft durch den mittleren Geschmack imitiert, wobei diese Popularisierung des romantisch-landschaftlichen Codes ohne die metaphorische Tiefe der Landschaftskonstruktion der Romantiker erfolgte. Im Vergleich zu den Dichtern, Malerinnen und Landschaftsbeschreibenden der Romantik (im Sinne einer herrschenden Klasse Intellektueller interpretierbar) wirkten die Schriften und Bilder der Heimatschutzbewegung (als Repräsentantinnen des mittleren Geschmacks) auch in Rückgriff auf romantische Motive wenig inspiriert und originell. Ein weiteres wesentliches Element der Trivialisierung von Landschaft lag in dem Aufkommen billiger Massenverkehrsträger, zunächst der Eisenbahn, später dem Kraftfahrzeug (vgl. Clarke, 1993; Vöckler, 1998; Green, 2003): „Landschaft wird nicht mehr in der Versenkung, sondern vornehmlich als Zerstreuung empfunden" (Krysmanski, 1996, S. 224). Abstrahierte der gebildete Reisende der Renaissance und noch in der Romantik beispielsweise auf seiner *Grand Tour*[16] eine Abfolge von Bildern auf Grundlage unterschiedlicher Deutungsmuster zu einem Landschaftseindruck und ertrug „extreme Unannehmlichkeiten [des Reisens; Anm. O. K.] mit innerer Gefasstheit" (Lippard, 2005, S. 122), erwartete der Tourist des Eisenbahnzeitalters, ein möglichst in einem durch Bildbände und Postkarten vorgeprägtes fokussiertes Panorama bei größtmöglichem Reise- und Aufenthaltskomfort (Vogel, 1993; Lippard, 2005; Burckhardt, 2006c). Mit dem Automobil wird Landschaft nahezu allgemein und allerorten öffentlich zugänglich (Lippard, 2005) und als vorselektiertes „Stimmungsbild erlebt, als ‚gute Aussicht' mithilfe der ADAC-Karte konsumiert" (Vöckler, 1998, S. 278). Im zweiten Drittel des 20. Jahrhunderts werden für Bourdieu (1987 [1979], S. 108) „‚kitschige' Lieblingsmotive wie Berglandschaft, Sonnenuntergang am Meer und Wald" Ausdruck der ‚Ästhetik' der unteren Klassen (vgl. auch Fischer, 2001; Kühne, 2008a). Sowohl die erhabene naturnahe als auch die arkadische Landschaft sind somit für den legitimen Geschmack ihrer Distinktionsfähigkeit beraubt worden (Aschenbrand, 2016; Kühne, 2006c, 2008a). Mit dem Übergang von der industriellen zur postindustriellen Gesellschaft hat sich allerdings in den vergangenen drei Jahrzenten erneut die Möglichkeit ergeben, Landschaft als Medium distinktiver Ästhetisierung zu nutzen: Ähnlich der Ästhetisierung vorindustrieller Landschaft im Zuge der Industrialisierung werden nun physische Manifeste der Industriegesellschaft distinktiv wirkenden Ästhetisierung unterworfen (siehe näheres Abschn. 5.6; Kühne, 2008a; vgl. auch Pütz, 2007).

---

[16]Die *Grand Tour* bezeichnet eine Reise der Söhne des europäischen (zunächst insbesondere englischen) Adels, später auch des Bürgertums, zu den Stätten europäischer in besonderer Weise antiker Kultur sowie durch als sehenswert klassifizierter Landschaften. Die *Grand Tour* diente dazu, die in der Erziehung erlangten Fähigkeiten (z. B. in Bezug auf Fremdsprachen oder Fechtkunst) zu verfeinern und zugleich die Kenntnisse über unterschiedliche Regionen Europas zu vertiefen (Dirlinger, 2000; Brilli, 2001; Löfgren, 2002).

6.6.2.4 Die Bedeutung von Macht und Distinktion in den Diskursen gesellschaftlicher Landschaft: Expertendiskurse

Teil der Modernisierung der Gesellschaft ist ihre Differenzierung in unterschiedliche Einheiten (die Systemtheorie spricht hier von Systemen, Bourdieu von Feldern), die mit der Lösung spezifischer Probleme betraut sind. Dabei entwickeln diese Einheiten spezifische Eigenlogiken und Diskurse. Auch die Entwicklung landschaftsbezogener Expertensysteme (z. B. der Landschaftsarchitektinnen und Landschaftsplaner, aber auch Geograph~innen, Soziologinnen, Kulturwissenschaftler, Biolog~innen etc. mit Landschaftsbezug) lässt sich als ein Aspekt dieser Entwicklung verstehen (vgl. Stevens, 2002; Tänzler, 2007; Kühne, 2008a, f, 2015d; Stemmer et al., 2020). Damit geht die „Trennung der Menschen in solche, die kompetent sind und solche, die inkompetent sind" (Bourdieu, 2005 [1983b], S. 13), einher. Wissenschaftlich legitimierte Expert~innen sind Repräsentanten eines – infolge der sozialen Differenzierung der Gesellschaft mit eigenständigen Funktionslogiken im Sinne eines radikalkonstruktivistischen Zugriffs auf Landschaft – monopolisierten sozialen Systems des problemlösenden Handelns geworden (vgl. z. B. Luhmann, 1990; Weingart, 2003; Tänzler, 2007; Hilbig, 2014; Kühne, 2014c, 2018g; Matheis, 2016). Kritisch umschreibt Zygmunt Bauman (2009 [1993], S. 294) das Ergebnis dieser Fragmentierung: „Im Zuge der expertengeleiteten Wiederbefähigung internalisieren Bürger der Moderne eine solche Welt komplett mit der Fragmentierungsmacht der Expert~innen, die gemeinsam und zugleich Erbauer, Verwalter und Sprecher dieser Welt sind". Die Ausprägung einer spezifischen ‚déformation professionelle' stützt sich – so Gerhard Hard (1973, S. 14) – auf die scheinbare Gewissheit „die Krönung eines jahrhunderte-, ja jahrtausendelangen Bemühens um die gleichen Gegenstände" erreicht zu haben. Zentral für die expertenhafte Transformation von Macht ist die Möglichkeit, die eigene Fach-Sprache als legitim gegenüber der Alltagsprache der Laien durchzusetzen: „Der Entwerfer erlangt definitorische Macht, wenn es ihm gelingt, die Sprache zu okkupieren. Diese schlägt in reale Macht über die Lebensverhältnisse um, wenn die Maßnahmen, die die Menschen ihres selbstbestimmten Alltags, Freiraums berauben, durchgesetzt werden" (Lorberg, 2006, S. 101). Wie weit die unterschiedlichen Konstruktionen eines physischen Raumes und den damit verbundenen Bewertungen aus den unterschiedlichen Perspektiven (hier Expert~innen und Lai~innen) sein können, zeigt sich besonders deutlich an Siedlungen, die durch Expert~innen als ‚suburban' und häufig ‚landschaftszerstörend' beschrieben werden, während Lai~innen sie als ‚dörflich' und ‚lebenswert' qualifizieren (Ströbele & Hunziker, 2017). Auch finden Termini wie etwa Zwischenstadt, Suburbia, Stadtlandhybride oder suburbaner Raum bei der lebensweltlichen Zuwendung zu ihren bewohnten Räumen durch Lai~innen keine Verwendung (Göb, 2019), diese bleiben dem fachlichen (kognitiven) Diskurs vorbehalten.

Die mehrere Forschergenerationen andauernde Befassung mit einem Gegenstand, hier Landschaft, führt jedoch nicht zu einer Vereinheitlichung von Sichtweisen im Sinne einer Konvergenz, sondern sie prägt unterschiedliche Diskurse mit eigenen Diskurshoheiten und -logiken aus. In Bezug auf Landschaft lassen sich nach Kühne (2006a, 2008a; vgl. auch Berr, 2018, 2019b; Berr & Kühne, 2020; Berr & Schenk, 2019; Groth & Wilson,

2005; Hupke, 2015; Jones & Daugstad, 1997; Kirchhoff, 2020; Wojtkiewicz, 2015; Wojtkiewicz & Heiland, 2012) gegenwärtig vier Diskurse mit spezifischen Eigenlogiken und landschaftsbezogenen Sollvorstellungen nachvollziehen:

1. Der Diskurs der Erhaltung und Wiederherstellung der physischen Grundlagen angeeigneter physischer Landschaft verfolgt das Ziel, einen normativ definierten Ideal-zustand, den des klassischen Paradigmas der ‚historisch gewachsenen Kulturland-schaft‘, (wieder)herzustellen bzw. zu erhalten. Das in diesem Diskurs als schützenswert Bezeichnete ist auf die Konstrukte von „Eigenart und Vielfalt [ausgerichtet], so dass die Welt bzw. eine Entwicklung dann ‚Substanz‘ hat, wenn sie individuell ist, d. h. ein-malig, nicht gleichartig mit beliebigen Alternativen" (Körner & Eisel, 2006, S. 54). Er lässt sich damit als eine Kombination eines essentialistischen Wirklichkeitsver-ständnisses mit einem ‚engen‘ Landschaftsbegriff verstehen. Dieser Diskurs steht in Opposition zu der physischen Manifestation des fordistischen Akkumulationsregimes: Globale Vereinheitlichungstendenzen werden ebenso abgelehnt wie das Ausgreifen des ökonomischen Kalküls (vgl. auch Muir, 1998). Dieser Diskurs hat (mit unter-schiedlichen Schwerpunkten) insbesondere bei Geograph~innen, Naturschützer~innen und Denkmalschützer~innen, aber auch bei Stadt- und Raumplaner~innen, zahlreiche Unterstützende[17].

2. Der Diskurs der sukzessionistischen Entwicklung von physischer Landschaft ist normativ von einem passiven Verständnis der Strukturierung der physischen Grundlagen von angeeigneter physischer Landschaft als Nebenfolge ökologischer bzw. gesellschaft-licher Entwicklungen geprägt. Dieser Diskurs wird einerseits von Naturschützern (in Bezug auf den Verzicht auf ‚Landschaftspflege‘), andererseits von Ökonomen (ins-besondere in Bezug auf die Anpassung von Landschaft an ökonomische Bedürfnisse) vertreten. Wissenschaftstheoretisch wird in der Regel ein positivistischer Ansatz ver-treten, der mit einem ‚erweiterten‘ Landschaftsverständnis kombiniert ist. Deutliche Ablehnung findet er charakteristischerweise bei Planer~innen (schließlich formuliert er die Position auf den Verzicht von Planung und damit einer geplanten räumlichen ‚Ordnung‘).

3. Der Diskurs der reflexiven Gestaltung der physischen Grundlagen angeeigneter physischer Landschaft ist durch die Auffassung geprägt, durch gezielte Veränderungen

---

[17]So stellt Wojtkiewicz (2015, S. 167) in Bezug auf ein wesentliches Ergebnis expertenhafter Landschaftsbefassung fest: „Landschaftspläne beziehen sich mit beiden Worten überwiegend auf visuelle, ästhetische Aspekte, wobei vornehmlich strukturreiche, kleinräumige und durch extensive Nutzung geprägte Räume als (Kultur-)Landschaft bezeichnet und gegenwärtige anthropogene Nutzungsformen negativ bewertet werden".

der Elemente des physischen Raumes, alternative Bewertungen hinsichtlich der Konstruktion gesellschaftlicher Landschaft erzeugen zu können. Dieser Diskurs fußt auf einem gemäßigt sozialkonstruktivistischen Weltverständnis; Landschaft wird dabei im Sinne des ‚erweiterten' Begriffs verstanden. An diesem Diskurs partizipieren in der Regel Landschaftsarchitekt~innen und Architekt~innen, bisweilen auch Stadt- und Raumplaner.

4. Der Diskurs der Umdeutung der gesellschaftlichen Landschaft ist normativ dadurch geprägt, dass sich die Konstruktion (insbesondere hinsichtlich ihrer wertenden Elemente) angeeigneter physischer Landschaft möglichst ohne Eingriffe in die physischen Grundlagen vollzieht, sondern durch Umdeutungen in der gesellschaftlichen und individuell aktualisierten gesellschaftlichen Landschaft. Dabei sollen die in der gesellschaftlichen Landschaft vorhandenen Deutungs- und insbesondere Bewertungsschemata mit dem Ziel eines toleranteren Umgangs mit Landschaft bzw. der Durchsetzung neuer Landschaftsästhetiken verändert werden. Dieser Diskurs, der auf konstruktivistischen Ansätzen und einem ‚erweiterten' Landschaftsverständnis fußt, wird insbesondere von Sozialwissenschaftler~innen, bisweilen auch von Planer~innen und Landschaftsarchitekt~innen bestimmt.

Insbesondere in Konfliktsituationen werden jedoch die diskursiven Deutungshoheitsansprüche gegenüber alternativen Diskursen aktualisiert (vgl. auch Schultheiß, 2007). Sozial abgesichert wird der eigene Diskurs gegenüber alternativen Diskursen durch Generierung insbesondere sozialen, vielfach auch kulturellen Kapitals unter anderem in Form der gegenseitigen Gewährung von Anerkennung und Respekt, mittels gegenseitiger Zitate, wechselseitiger Einladungen zu Vortragsveranstaltungen oder positiver Erwähnung gegenüber Dritten (vgl. Bourdieu, 2005 [1983a]; Kühne, 2008a). Diese Dritten sind jedoch nicht willkürlich gewählt, vielmehr handelt es sich dabei um die ‚Bezugsgruppe'. Der Begriff der Bezugsgruppe „bezeichnet den Sachverhalt, dass ein Einzelner sein Verhalten an der Zustimmung oder Ablehnung von Gruppen orientiert" (Dahrendorf, 1971 [1958], S. 45), also solche Gruppen, „zu denen seine Positionen ihn notwendig in Beziehung bringen" (Dahrendorf, 1971 [1958], S. 45). Die Autoritätsbeziehung zwischen Expert~innen (insbesondere innerhalb eines Diskurses) basiert dabei auf einem doppelten Anerkennungsprozess (Popitz, 1992, S. 29): „Auf der Anerkennung der Überlegenheit anderer als der Maßsetzenden, Maßgebenden und auf dem Streben, von diesen Maßgebenden anerkannt zu werden, Zeichen der Bewährung zu erhalten", wobei die Maßsetzenden dann die Bezugsgruppe bilden. Hier sind die Anerkennungsbeziehungen dabei zumeist zugleich asymmetrisch und reziprok: „Wir wollen von denen, die wir besonders anerkennen, besonders anerkannt werden" (Popitz, 1992, S. 115). Konstitutiv gemeinsam ist den Landschaftsexpertinnen die distinktive Abgrenzung gegenüber den Laien, die sich durch die Verfügbarkeit von institutionalisiertem kulturellem Kapital, nämlich dem Innehaben legitimierender

Diplome, manifestiert (vgl. auch Bourdieu, 2004)[18]. Bei dem Streben nach Anerkennung durch Fachkolleginnen (Schneider, 1989) geraten Expertinnen der Landschaft vielfach in strengen Widerspruch „zur propagierten emotionalen Neutralität des Wissenschaftlers, die er Objektivität nennt, [und] zu der des Künstlers, der seinem Begehren den Namen ‚göttliche Eingebung' gegeben hat und zu der des Schützers, der vom Schutzgegenstand ‚an sich' spricht" (Schneider, 1989, S. 128).

Dieses Streben nach Anerkennung vollzieht sich in einem gesellschaftlichen Kontext klassischer repräsentativdemokratischer Institutionen, einerseits durch eine stärkere Beteiligung (letztlich Teilen) der Bevölkerung (siehe Abschn. 8.3) und andererseits durch den von Beyme (2013, S. 13, Hervorh. i. O.; ähnlich Michelsen & Walter, 2013; Nowotny, 2005) festgestellten allgemeinen Bedeutungsgewinn des Expertentums – innerhalb wie außerhalb der staatlichen Bürokratie: „Der Niedergang der Klassen und der *Aufstieg der Experten* scheint die demokratischen Parteien entscheidend zu schwächen. Sachliche Kompetenz hat vielfach den Enthusiasmus der Amateure verdrängt". Daraus folgt eine „Verwissenschaftlichung der Politik" (Jörke, 2010, S. 275), die dazu geführt hat, dass „Experten und Planer [...] den klassischen Intellektuellen gleichsam von der Bühne verdrängt" (Michelsen & Walter, 2013, S. 365) haben. Verbunden ist dieser Prozess mit der Folge einer immer stärkeren Fokussierung gesellschaftlicher Herausforderungen, also dem Verlust, administratives und insbesondere politisches Handeln in einen Kontext zu setzen, Implikationen und Nebenfolgen abzuschätzen. Diese abstrakte Aussage lässt sich anhand des Beispiels des Naturschutzes konkretisieren (Hupke, 2015, S. 150): „Der Naturschutz macht [...], folgt man seinem Selbstverständnis, seltene Arten häufiger, aber auch häufige Arten sollen nicht seltener werden. Der Naturschutz benötigt im Grunde einen wachsenden Planeten".

Ein zentrales Element des Weberschen Verständnisses des Verhältnisses von Politik und Verwaltung ist ihre strikte Trennung (Weber, 1976 [1922]): Während der Politiker damit

---

[18]Die Eigendynamik des Selbstverständnisses von Planern dokumentiert ein Ausschnitt aus dem ‚Grundriss der Raumordnung und Raumentwicklung' aus dem Jahre 2011. In dem von der Akademie für Raumforschung und Landesplanung (ARL) herausgegebenen „Grundlagenwerk" (so das Selbstverständnis) für die räumliche Planung wird – in Rückgriff auf die Luhmannsche Systemtheorie – festgestellt: „Ihre [die Raumplanung als Verwaltung; Anm. O. K.] professionelle, am ausbalancierten Gemeinwohl und an der langen Frist orientierte Rationalität wird also nicht nur durch widerständige Partialinteressen betroffener Unternehmen oder anderer Verwaltungen eingeschränkt, sondern auch durch zentrale Eigenschaften des politischen Systems und Prozesses: durch Koalitionsabsprachen, fragwürdige politische Paketbildungen, Wiederwahlinteressen lokal orientierter einzelner Politiker [...]" (Akademie für Raumforschung und Landesplanung (2011, S. 18).) Auch wenn nach diesen Worten ein Hinweis folgt, die Führungsfunktion der Politik sei zu akzeptieren, bleiben Zweifel hinsichtlich des hier geäußerten Demokratieverständnisses zurück: In einer repräsentativen Demokratie ist nicht ein „am ausbalancierten Gemeinwohl und an der langen Frist orientierte Rationalität" ausgerichtete Planer der Vertreter der Interessen des Souveräns (des Volkes), sondern vielmehr demokratisch legitimierte Politiker.

befasst sei, Mehrheiten für seine Politik zu generieren, habe der staatliche Bedienstete jenes auszuführen, was im politischen Prozess beschlossen würde. Gelange jedoch der staatliche Bedienstete in politische Verantwortung (z. B. durch die Weigerung der Politik Entscheidungen zu treffen), übertrüge er/sie die Logik der Verwaltung auf die Politik, wodurch diese in Form einer, in Vorgänge zergliedernde, Verwaltungspraxis vollzogen würde (vgl. van Assche & Verschraegen, 2008; Michelsen & Walter, 2013; Hahn, 2014; Kühne, 2014c). Das Ergebnis ist Verlagerung von Herrschaft der Parlamenten auf die Verwaltungen: So stammen Gesetzesvorlagen in der Regel aus der Ministerialbürokratie und nicht aus den Parlamenten (die gemäß dem Prinzip der Gewaltenteilung dafür verantwortliche wären), Verwaltungen, die später wiederum über deren Einhaltung wachen (Kühne, 2008a; Anter, 2012; in Bezug auf Naturschutz und Bürokratie siehe auch Hampicke, 2013). Dabei steht es im Interesse der Verwaltungen gegenüber Außenstehenden zu suggerieren, Macht sei an der Spitze der Verwaltung konzentriert, da dies der gesellschaftlichen Erwartung (auch an demokratische Legitimation) entspreche (Luhmann, 2002) und – wie weiter vorne diskutiert wurde (Abschn. 6.6.2.1) – Macht dann ihr Potenzial besonders entfalten kann, wenn sie nicht offensichtlich ist. Das Verhältnis von der ‚Qualität' der Regierung und dem Grad der Autonomie der Verwaltung spitzt Fukuyama (2013) in einem umgekehrt u-förmigen Graphen zu (Abb. 6.15): Wird die Verwaltung an strikte politische Vorgaben gebunden, wird sie ihres Ermessensspielraums beraubt, Sachfragen werden zu politischen Fragen, zudem wird sie ineffizient, da jede Entscheidung von der Spitze der Hierarchie getroffen wird. Im anderen Extrem, der völligen Autonomie ist das Handeln der Bürokratie nur noch unzureichend politisch legitimiert, sie folgt (wie oben beschrieben) der eigenen Logik (siehe auch Abschn. 6.1.5 und 8.3.2).

Fehlen die politischen Vorgaben, ruft dies „das unpolitische Verwaltungshandeln auf den Plan, das in der Gunst der outputorientierten Bürgerschaft angesichts der abnehmenden Problemlösungsfähigkeit der politischen Institutionen steigt" (Michelsen & Walter, 2013, S. 109). Überspitzt formuliert: Staatliches Handeln muss nicht demokratisch legitimiert sein, es soll vor allem effizient (= preiswert) sein. Doch in diesem Kontext kommt Sofsky zu einer sehr ernüchternden Bilanz staatlichen Handelns: Der Staat „bewahrt nicht vor materieller Not, vermag weder Arbeit noch wirtschaftliches Wachstum

Abb. 6.15 Der Zusammenhang von Umfang der Autonomie der Verwaltung und der, Qualität' der Regierung nach Fukuyama. (Eigene Darstellung, leicht abgewandelt aus Fukuyama, 2013)

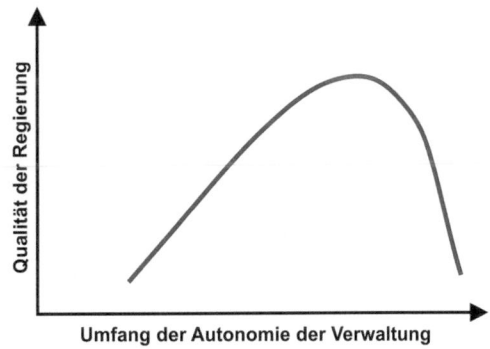

zu schaffen, lässt vielerorts Verkehrswege und Bildung verrotten" (Sofsky, 2007, S. 104),
während das „Wachstum staatlicher Verwaltung und parastaatlicher Schalt- und Regel-
zentralen" (Sofsky, 2007, S. 104) anhält. Der dargestellte Ansatz, die Machtbezogenheit
von Landschaftsdiskursen zu untersuchen, basiert auf einem konstruktivistischen Wirklichkeitsverständnis: Machtdiskurse werden sozial erzeugt und bedienen sich dabei der
Referenz physischer Objekte. Da die Untersuchung der Eigenlogiken der diskursiven
Erzeugung von ‚engem' und ‚erweitertem' Landschaftsbegriff im Vordergrund des
Interesses steht, entzieht sich dieser Ansatz der Logik von ‚eng' und ‚erweitert' (vertiefend
in diesem Kontext: Kühne, 2013d; Langer, 2019; Seibel, 2016; Stemmer et al., 2019).

6.6.2.5 Das Problem der moralischen Kommunikation; hier: in Bezug auf Landschaft

Moralische Expertise ist – wie Bogner (2005, S. 172) feststellt – „heute Privatsache und
öffentliche Angelegenheit zugleich". Dies betrifft auch die Kommunikation über Land-
schaft, hier insbesondere die Veränderung deren physischen Grundlagen (Berr, 2017;
Berr & Kühne, 2019a; vgl. Weber et al., 2017). So werden in Bezug auf Naturschutz und
Nachhaltigkeit, aber auch die Erhaltung der „historisch gewachsenen Kulturlandschaft,
auffällig oft die ganz großen Gefühle bemüht. Angesichts der Größe der zu lösenden
Aufgaben scheinen es wohl nur diese ‚ganz großen Gefühle' sein zu können, die in der
Kommunikation angemessen sind. Ob das wirklich so sein muss, verdient gut überlegt
zu sein, denn ein Zuviel an Pathos und Emotionalität kann auch unangenehm berühren"
(Spanier, 2006, S. 31). Bei der Verurteilung von Veränderungen der physischen Grund-
lagen von Landschaft werden diese dann – in konservativer Denktradition (siehe
Abschn. 6.7.2) – häufig in einen religiösen Kontext gerückt (z. B. bei Zimmermann,
1982), wie beispielsweise bei Fassl (2014, S. 79) deutlich wird: „Durch eine technisch
geprägte Landschaft verlieren wir das unverfügbare, nicht selbst geformte Gegenüber der
Natur, welche als Schöpfung, als Wunderwerk Natur, als Geschenk und Vermächtnis, als
Heimat, als Ort des Geborgenseins, begriffen wird".

Die Kommunikation auf der Ebene der ‚ganz großen Gefühle' bedeutet letztlich –
im Sinne des radikalen Konstruktivismus (siehe Abschn. 6.1.5) – die Transformation
eines ökonomischen, politischen, rechtlichen, wissenschaftlichen etc. Problems in
ein moralisches. Das Steigen des „Moralpegel[s] der öffentlichen Kommunikation"
(Luhmann, 1993, S. 332) bedeutet (1) eine Verbreiterung der Teilnehmerschaft am
Kommunikationsprozess durch den Rückgriff auf den universal-systemischen Code ‚gut'
und ‚schlecht, doch ist es (2) mit spezifischen Nebenfolgen verbunden, die eine problem-
adäquate Kommunikation in der Regel erschweren (vgl. Bogner, 2005). Am Beispiel
der Errichtung von Windkraftanlagen (siehe genauer Abschn. 8.2.3) wird dies besonders
deutlich: Anstelle der wissenschaftlichen Untersuchung der Gefahr des Vogelschlags
(also der Kollision von Vögeln mit Windkraftanlagen) und der rechtlichen Beurteilung
dieser Gefahr im Rahmen eines Genehmigungsverfahrens werden der Vogelschlag und
die Windkraftanlagen (und damit auch Windkraftanlagenbetreiber) moralisch verurteilt
(vgl. Weber et al., 2017; Kühne, 2018a, 2019i).

Moralisches Engagement, das die Durchsetzungserwartung der „in einer Gemeinschaft oder Gesellschaft gewachsenen allgemeinen lebensweltlichen Üblichkeiten, Gepflogenheiten, Traditionen, Konventionen, Werte, Normen und Regeln" (Berr, 2014, S. 31) beschreibt, kann nur schwer wieder zurückgenommen werden. Der moralische Code zielt nicht allein auf einzelne Rollen einer Person, sondern auf die Person in Gänze. Dabei ist moralische Kommunikation nicht auf Achtung, sondern auf Missachtung ausgerichtet: mit der Anwendung des moralischen Codes gehen die Diskreditierung von Handlungen oder Ansichten einer Person und häufig die Diskreditierung der Person an sich einher (Luhmann, 1993). Der moralische Code weist eine gleichsam entdifferenzierende Funktion auf, d. h. wirtschaftliche, politische oder wissenschaftliche Eigenlogiken werden moralisiert. Darüber hinaus gibt es – Luhmann (1993) zufolge – keine höhere Instanz, die die moralische Kommunikation kompensieren könnte. Daher ist das Engagement von Personen in moralischen Diskursen besonders hoch – insbesondere, da sie nicht allein in Rollen, sondern als Personen handeln (Luhmann, 1989 [1980], S. 370): „Moral ist ein riskantes Unternehmen. Wer moralisiert, lässt sich auf ein Risiko ein und wird sich bei Widerstand leicht in der Lage finden, nach stärkeren Mitteln suchen zu müssen oder an Selbstachtung einzubüßen". Daher wohnt der Anwendung des moralischen Codes die Tendenz inne „Streit zu erzeugen, aus Streit zu entstehen und den Streit dann zu verschärfen" (Luhmann, 1989 [1980], S. 370). In unserem Beispiel: Der moralisch als ‚Vogelmördende' und ‚Heimatzerstörende' diskreditierte Betreibende oder Befürwortende von Windkraftanlagen kann nicht mehr auf sachlicher Ebene (etwa der Relativierung des Vogelschlags durch Windkraftanlagen durch die Zahl der im Straßenverkehr getöteten Zahl von Vögeln) kontern, sondern sieht sich gezwungen, seinerseits zu moralisieren, indem er/sie die Windkraftanlage als Element der ‚Rettung der Welt vor der Klimakatastrophe' und die Windkraftgegner~innen als ‚Klimakiller~innen' moralisiert (Kühne, 2018a). Dieses Beispiel zeigt das besondere Problem der Anwendung moralischer Kommunikation: der unterschiedlichen Vorstellungen von Moral und der Gefahr, von einem alternativen Moralprogramm beobachtet zu werden (hier: Heimat- und Vogelschutz = gut versus Klimaschutz; Luhmann, 1993). In einer sich pluralisierenden Gesellschaft wird ebenfalls in einer zunehmenden Zahl von Echokammern um moralische Deutungshoheiten gewetteifert, in der Regel verbunden mit der Dichotomisierung der Welt in eine (zumeist relativ kleine) ‚gute' In- und eine (entsprechend große) ‚böse' Outgroup (Kühne, 2018g; Münker, 2009; Nagle, 2017; Schmidt, 2011; Wagner, 2019b). Letztere wird nicht allein moralisch diskreditiert, sondern häufig auch paternalisiert, denn „aus dem weltanschaulichen Kontrahenten wird ein pathologischer Fall. Und mit Patienten diskutiert man nicht, Patienten muss man heilen" (Grau, 2017, S. 47).

6.6.2.6 De-Sensualisierung und inverse Landschaften – die Macht des Verbergens

Der Prozess der Modernisierung und Postmodernisierung lässt sich auch als Prozess der Verschiebung hin zu autoritativer und Daten setzender Macht verstehen (vgl. Abschn. 6.6.2.1; Anter, 2012; Hofmeister & Kühne, 2016a). Diese Verschiebung betrifft auch die landschaftlichen Folgen und Nebenfolgen von Machtprozessen (Kühne, 2015a, c, 2018a): So bergen unterwünschte Nebenfolgen von Machtbeziehungen die Gefahr für ihre Verursacher, soziale Anerkennung zu verlieren. Dieser Verlust wiederum ist mit der Gefahr verbunden, zu negativen Sanktionen führen zu können. Um diese unerwünschten Nebenfolgen machtvermittelten Handelns zu minimieren, entwickelten moderne (und insbesondere postmoderne) Gesellschaften Mechanismen des De-Sensualisierens (durch stoffliche Umwandlung) insbesondere von (unerwünschten) Nebenfolgen ihres Handelns (mehr zu dieser Strategie bei Kühne, 2012a, 2013b, 2018a): So wurden für Abfall Systeme der weitgehend visuell und olfaktorisch gering präsenten Beseitigung ent-wickelt, auch Entsorgungs- und Versorgungsleitungen in Gebäuden werden unter Putz werden gelegt (die Sichtbarmachung derselben ist lediglich unter dem ästhetisierenden Modus künstlerischer Befassung, wie im Pariser Centre Pompidou, weithin akzeptiert und lässt sich als Ausdruck des Fachdiskurses des ‚Diskurses der reflexiven Gestaltung der physischen Grundlagen angeeigneter physischer Landschaft' deuten; siehe Abschn. 6.6.2.4). Gleichermaßen werden die logistischen Voraussetzungen für den Konsum in Hochregallagern fernab der Supermärkte und Shopping Malls errichtet, wie Anlagen der Energieerzeugung in wenig besiedelte oder ohnehin ‚industriell vorbelasteten Räumen' angesiedelt werden. Damit lässt sich De-Sensualisierung auch als Strategie des Versuchs der Verhinderung der Bewusstwerdung der latenten (Macht)Interessen deuten. Die Maßnahmen der De-Sensualisierung sind dabei vielfältig:

- Räumliche Zusammenhänge werden verschleiert (dies betrifft beispielsweise den ‚ökologischen Fußabdruck' von individuellem und gesellschaftlichem Handeln).
- Durch Beschleunigung und Entschleunigung wird Aufmerksamkeit gelenkt (entlang von Orten, denen mehr Aufmerksamkeit geschenkt werden soll, wird Geschwindig-keit stark verringert, wie in Fußgängerzonen; entlang von Orten, die beispielsweise den stereotypen Schönheitserwartungen widersprechen, wird die Geschwindigkeit gesteigert, oder sie werden völlig verborgen).
- Durch (scheinbare) Veralltäglichung werden Objekte ‚normalisiert' (so werden Objekte – die symbolisch negativ konnotiert sind – etwa Gefängnisse – so gestaltet, dass sie in ihrer Umgebung kaum auffallen).

Die De-Sensualisierung von Funktionen und Strukturen, die den stereotypen Land-schaftserwartungen zuwiderlaufen – dies gilt auch für die zugrundeliegenden Macht-beziehungen, die gängigen Moralvorstellungen in Teilen oder in Gänze nicht entsprechen (vgl. Berr, 2017) – lässt sich als ein Spezialfall von ‚inverser Landschaft' verstehen (Kühne, 2012a, 2013b, 2018a). Die ‚inverse Landschaft' lässt sich als Ausdruck land-schaftlicher Kontingenz begreifen. Sie bezeichnet eine *potenzielle* Landschaft, also eine Landschaft, die nicht besteht, aber möglich wäre. Auch hier lässt sich die Unter-scheidung zwischen physisch-räumlicher, gesellschaftlicher und individuell-gesellschaft-licher Dimension treffen: In der Dimension des physischen Raumes bezieht sich dies auf jene möglichen Objekte, die sich physisch nicht manifestieren konnten, weil die ihnen zugrundeliegende soziale Verfügbarkeit von Macht gegenüber der Verfügbarkeit von Macht anderer Interessen nicht durchsetzungsfähig war (beispielsweise hinsichtlich der Errichtung der Erhaltung einer Grünanlage zuungunsten einer Wohnbebauung im Gefolge des Prozesses der ‚Nachverdichtung‘). Die ‚inverse Landschaft‘ umfasst auch eine sozial-konstruktive Dimension. Dabei handelt es sich um jene alternativen Deutungen von Landschaft, die innerhalb eines Diskurses oder Subdiskurses ausgeschlossen werden (so schließt der stark normativ geprägte ‚Diskurs der Erhaltung und Wiederherstellung der physischen Grundlagen angeeigneter physischer Landschaft‘ etwa eine rationelle Landwirtschaft als wünschenswerte Landnutzung aus; zu Raumdiskursen siehe Abschn. 6.1.6). Aber auch die individuell aktualisierte gesellschaftliche Landschaft wird von einer inversen Seite komplettiert: Die individuell aktualisierte inverse gesellschaftliche Landschaft umfasst jene kontingenten Landschaftsbestandteile, die zwar denkbar als Teil individuell aktualisierter gesellschaftlicher Landschaft denkbar wären, aber infolge persönlicher Präferenzen, sozialer Konventionen, kultureller Spezifika etc. (siehe hierzu genaueres in Kap. 7) nicht Teil derselben sind (so kann eine Person die Auffassung vertreten, altindustrielle Objekte ‚gehörten‘ nicht zu einer Landschaft, obwohl dies gesellschaftslandschaftlich zwischenzeitlich durchaus denkbar ist).

Die inverse Landschaft lässt sich entsprechend als ein Ausdruck von ‚Mindermacht‘ (Paris, 2005) verstehen, sie umfasst eine Vielzahl von Elementen, die nicht Teil von ‚Landschaft‘ werden können. Die Befassung mit ‚inversen‘ Landschaften erleichtert dabei die Analyse von gesellschaftlichen – in Landschaften gebundenen – Machtstrukturen und -funktionen, da sie das analytisch erschließt, „was man weshalb nicht sieht (obwohl gerade das fürs gegebene Thema vielleicht weit wichtiger wäre)“ (Hard, 2008, S. 268).

6.7   Landschaft aus der Perspektive unterschiedlicher politischer Weltanschauungen

Die im vorangegangenen Abschnitt angesprochenen Diskurse zum Umgang mit angeeigneter physischer Landschaft lassen sich (wie gezeigt) weder als Ergebnisse eines empirischen am Ideal der Objektivität ausgerichteten Forschungsprozesses noch als von politischen, ethischen oder weltanschaulichen Werten und Normen unabhängig begreifen. Dabei sind die unterschiedlichen politischen Weltanschauungen „in ihren Deutungen des historischen Wandels“ (Berlin, 1995 [1969], S. 80) sehr verschieden und haben unterschiedliche Auffassungen hinsichtlich der Frage, „welches die elementaren Bedürfnisse, Interessen und Ideale der Menschen seien und wer diese Ideale wie umfassend und über welche Zeiträume hinweg am ehesten repräsentierte“ (Berlin, 1995 [1969], S. 80).

Seit rund zwei Dekaden findet eine intensivierte wissenschaftliche Befassung mit dem Thema der Beeinflussung von Landschaftsbegriffen durch weltanschauliche Vorstellungen statt (stellvertretend genannt seien Jones & Daugstad, 1997; Körner et al., 2003; Eisel, 2004a; Bundesministerium für Verkehr, Bau und Stadtentwicklung, 2006; Voigt, 2009a, b; Piechocki, 2010 und zuletzt Kühne, 2011d, 2015f; Kühne et al., 2021;

Kirchhoff, 2019c; sowie Vicenzotti, 2011). Bei der Unterscheidung verschiedener welt-anschaulicher Hintergründe werden häufig binäre Unterscheidungen vorgenommen (z. B. aufklärerische/gegenaufklärerische Positionen wie bei Piechocki, 2010, individualistisch/kommunitaristisch[19] wie bei Kühne, 2011d oder liberal/konservativ wie bei Kühne, 2015f), oder in drei (wie bei Voigt, 2009a, b) oder vier Weltanschauungssysteme unter-schieden (wie bei Vicenzotti, 2011; Kühne et al., 2021; vgl. auch Schwarzer, 2014). Aufgrund der genaueren Differenzierung wird im Folgenden auf eine Vierteilung zurück-gegriffen, es werden die Weltanschauungen des Liberalismus, des Konservatismus, des Demokratismus wie auch des Sozialismus unterscheiden, deren Interferenz zu land-schaftsbezogenen Vorstellungen im Folgenden – in idealtypischer Konstruktion – dar-gestellt werden soll[20].

6.7.1   Liberale Vorstellungen von Landschaft

Liberale Ideen wurzeln in der Aufklärung und sind mit Namen wie Thomas Hobbes, John Locke, Adam Smith, aber auch Immanuel Kant verbunden. Der zentrale Wert liberaler Weltanschauungen ist die Möglichkeit der einzelnen Person, auf Grund-lage möglichst zahlreicher Alternativen gemäß eigener Überzeugungen frei eine Alter-native wählen zu können. Liberale Vorstellungen sind also davon geprägt, der einzelne Mensch solle sich möglichst ungehinderte von sozialen Zwängen entfalten können. Die möglichst von sozialen Zwängen unabhängige Entwicklung der geistigen, kulturellen, politischen und wirtschaftlichen Möglichkeiten des Einzelnen formt eine „Gesellschaft unabhängiger Einzelner" (Voigt, 2009a, S. 335; vgl. auch Leonhard, 2001), in der der Einzelne – sobald er dazu in der Lage (auf dem hier verwendeten Abstraktionsniveau: Erwachsen) ist – für sich selbst zu sorgen hat. Grundlagen für diesen liberalen Gesell-schaftsbegriff liegen in den Axiomen eines frei geborenen, mit im Vergleich zu anderen gleichen Rechten ausgestatteten, von Natur aus guten und mit Vernunft begabten Menschen, woraus sich die Forderung ableitet, jedem Menschen die Möglichkeit zu geben, sich zu bilden, sein Leben selbst zu gestalten und Verantwortung für sich und

---

[19]Der Kommunitarismus versteht die Gemeinschaft dem Individuum gegenüber übergeordnet, was ihn vom Individualismus unterscheidet, der eine möglichst große Freiheit des Einzelnen von Gemeinschaften als erstrebenswert ansieht.

[20]Die hier referierten Weltanschauungen sind stark zugespitzt, sie lassen sich weiter differenzieren, wie ich es in Bezug auf den Liberalismus an anderer Stelle vorgenommen habe (Kühne, 2011d). Der Differenzierung von Vicenzotti (2011), die neben den drei genannten Weltanschauungen auch den Romantizismus als eigene Weltanschauung behandelt, wird an dieser Stelle nicht gefolgt, weil der Romantizismus einerseits mit den anderen dargestellten Weltanschauungen große Schnitt-mengen aufweist, andererseits im Vergleich zu den anderen drei Weltanschauungen die explizit politische Ausrichtung deutlich schwächer ausgeprägt ist (siehe z. B. Lenk, 1989).

seine Taten zu tragen (Leonhard, 2001; Schaal & Heidenreich, 2006; Bauer & Wall-Strasser, 2008). Konstitutiv eigen ist dem Liberalismus daher das Vertrauen, durch Fort-schritt könne eine ‚bessere' Zukunft gestaltet werden (Zukunftsoptimismus; Leonhard, 2001). Insofern stellt Ralf Dahrendorf (1979, S. 61) knapp fest: „Liberalismus ist not-wendig eine Philosophie des Wandels". Der Zentralbegriff des Liberalismus ist die Frei-heit, unter der Ralf Dahrendorf (2007b, S. 26) zunächst die „Abwesenheit von Zwang" versteht, um dann zu konkretisieren: „Menschen sind in dem Maße frei, in dem sie ihre eigenen Entscheidungen treffen können. Im Zustand der Freiheit finden wir Verhält-nisse, die Zwänge auf ein Minimum reduzieren. Ziel des Liberalismus bzw. der Politik der Freiheit ist, dass es unter gegebenen Beschränkungen ein Maximum an Freiheit gibt" (Dahrendorf, 2007b, S. 26). Amartya Sen (2012, S. 256, Hervorh. i. O.) hält Freiheit aus zwei Gründen für einen kostbareren Wert: „Erstens gibt uns Freiheit mehr *Chancen,* unsere Ziele zu verfolgen – die Dinge, die wir hochschätzen. Sie unterstützt uns zum Beispiel bei der Entscheidung, so zu leben, wie wir möchten, und beim Streben nach den Zielen, die wir erreichen wollen. […] Zweitens können wir aber dem Entscheidungs-*prozess* selbst Bedeutung beimessen. Zum Beispiel möchten wir nicht in eine Lebenslage gezwungen werden, weil andere Druck auf uns ausüben". Im politischen Kontext fordert der Liberalismus entsprechend die „Verteidigung bestimmter individueller Rechte und Freiheiten wie Meinungsfreiheit, Unterlassung von Diskriminierung aufgrund von Rasse, Geschlecht oder Staatsangehörigkeit, Verfahrensrechte (z. B. das Recht auf Verteidigung) sowie politische Rechte auf demokratische Partizipation und Beteiligung an Wahlen" (Rivera López, 1995, S. 17). Mit dem Liberalismus verbunden ist die Vorstellung, dass Gesellschaft keiner übergeordneten Ordnung unterliegt, sie nicht teleologisch auf einen Zielpunkt ausgerichtet ist und ihre Aufgabe es ist, dem Einzelnen in seinem Streben nach Glück Sicherheit zu bieten und ihm Lebenschancen (mehr zu diesem Begriff siehe Abschn. 8.2.1) zu eröffnen[21]. Dabei ist die wesentliche Tätigkeit des Menschen aus Perspektive des Liberalismus jene der Aneignung: „Er eignet sich Mittel an, die dem Überleben und dem immer besseren Leben dienen" (Trepl, 2012a, S. 71). Entsprechend seiner affirmativen Haltung zu Aufklärung und Rationalismus hat der Liberalismus eine Affinität zum Empirismus, der Auffassung, wissenschaftliche Erkenntnis sei allein auf Erfahrung und letztlich Sinneseindrücke zurückzuführen, wodurch sich das

---

[21]Zwar basieren liberale Theorien grundsätzlich auf der Höherschätzung des Individuellen gegen-über dem Kollektiven, doch wird anerkannt, dass bestimmte „zivilisatorische Voraussetzungen, gesellschaftliches Vorwissen und Kooperationsbeziehungen" (Lindner, 2009, S. 22) auf sozialer Vermittlung beruhen, und letztlich die Basis für das Individuum darstellen, sich individuell ent-falten zu können, sie liefern die „Wertvorstellungen, die Maßstäbe liefern" (Dahrendorf, 2007a, S. 44). Anderseits stellt das Individuelle die Grundlage für die Entstehung des Allgemeinen dar, schließlich trage allein das Individuelle „in sich die Möglichkeiten, das ihm widersprechende Prinzip des Allgemeinen zu verwirklichen, so dass die allgemeine Ordnung nur durch die Existenz von Individualität entstehen kann" (Eisel, 1999, S. 31); zit. in Gelinsky (2006).

liberalistische Landschaftsverständnis als ein in erster Linie positivistisch geprägtes bezeichnen lässt (wobei sich auch konstruktivistische Verständnisse mit dem Gedankengut des Liberalismus vereinbaren lassen, da diese u. a. einer individualistischen Interpretation von Welt entgegenkommen).

Wird der Liberalismus hinsichtlich seiner expliziten und impliziten Verständnisse der Konstrukte Wildnis, Kulturlandschaft und Stadt untersucht (wie bei Vicenzotti, 2011), so wird Wildnis einerseits als gefahrenvoller, vorgesellschaftlicher Naturzustand des Kampfes aller gegen alle, als Ort eines schädlichen Chaos, das es zu beherrschen gilt, verstanden. Andererseits wird Wildnis auch mit Freiheit konnotiert, einem Ort also, an dem sich der Einzelne beweisen muss (siehe auch Pregill & Volkman, 1999), wodurch sie „als Mittel ihrer eigenen Überwindung geschätzt werden kann" (Vicenzotti, 2011, S. 110). Darüber hinaus kann sie auch mit Fortschritt konnotiert werden, wenn es die unregulierte Selbststeuerung des Marktes zu symbolisieren gilt. Wildnis als physischer Raum kann aber auch als unproduktiver Ort verstanden werden, den es sich nicht (ökonomisch) zu nutzen lohnt, der also als überflüssig gelten kann. Kulturlandschaft wird symbolisch mit Landleben in Verbindung gebracht, einem durch den Liberalismus durchaus ambivalent beurteilten Raum: So symbolisiert sie „eine fortgeschrittene Stufe im Vergleich zur Wildnis [...], steht aber noch immer unterhalb der Entwicklungsstufe der Stadt" (Vicenzotti, 2011, S. 116) und damit wird Kulturlandschaft als „Etappensieg über die chaotische innere und äußere Natur interpretiert" (Vicenzotti, 2011, S. 116). Darüber hinaus wird mit Landleben auch politische, soziale und technische Rückständigkeit in Verbindung gebracht: die freie und mit unveräußerlichen Rechten ausgestattete Person müsse sich hier der Irrationalität traditioneller Gemeinschaftsstrukturen unterordnen. Diese Irrationalität führe dann zu einer überkommenen und ineffizienten Form der Bewirtschaftung deren physische Einschreibung sich als ‚historisch gewachsene Kulturlandschaft' präsentiere. Dies stellt eine ökonomisch verwertbare Ressource dar, schließlich sei sie agrarisch und touristisch genutzt oder zumindest nutzbar. Die Stadt hingegen „ist aus liberaler Perspektive der symbolische Ort des Gesellschaftszustandes, der Ort also, an dem der Naturzustand überwunden und der Eintritt in die bürgerliche Gesellschaft vollzogen ist" (Vicenzotti, 2011, S. 121). In der Stadt wird der kriegerische Naturzustand der Wildnis nicht durch ein feudales Abhängigkeitsverhältnis (symbolisiert durch die Kulturlandschaft) überwunden, sondern vielmehr wird sie zu einem „Ort der *produktiven Kanalisierung der Leidenschaften*" (Vicenzotti, 2011, S. 122, Hervorh. i. O.; vgl. auch Eisel, 1982; Kötzle, 1999; Körner, 2006b), der Überlebenskampf wird demnach nicht physisch ausgetragen, sondern wird in den Bereich des Ökonomischen übertragen. Aus liberaler Perspektive gilt eine angeeignete physische Landschaft als erstrebenswert, wenn sie die Lebenschancen der auf sie bezogenen Bevölkerung maximiert (Kühne, 2011d, 2015f; Kühne et al., 2021). Dies gilt sowohl für die gesellschaftlichen Diskurse um Landschaft, die möglichst plural gehalten werden sollen und weitgehend ohne Einengungen auf bestimmte objektzentrierte Sollzustände gestaltet werden sollen (z. B. eine ‚historisch gewachsene Kulturlandschaft um 1850'), als auch die physischen Grundlagen angeeigneter physischer Landschaft, die als Repräsentanzen unterschiedlicher individueller Interessen fungieren sollen (u. a. Michaeli, 2008; Kühne, 2011d). Dies bedeutet, dass ausschließenden Deutungen von Landschaft eine Absage erteilt wird. Aufgrund seiner Orientierung auf das Rationale wird in einem dem Liberalismus verpflichteten Umgang mit Landschaft die fordistische angeeignete physische Landschaft in der Regel nicht kritisch gesehen, schließlich garantiert sie – sofern Kriterien zum nachhaltigen Erhalt der Bodenfruchtbarkeit eingehalten werden – eine effiziente Bodennutzung. Postmoderne Entwicklungen werden hingegen deutlich kritischer gesehen: Die mit der Postmoderne einhergehende emotionalisierte Landschaftserfahrung ist ihm – am Leitbild der Ratio ausgerichtet – fremd.

Die Denkfigur des Liberalismus als „Gesellschaft unabhängiger Einzelner" (Voigt, 2009a, S. 335) findet sich aber auch in der Ökologie, hier in der Auffassung, „dass der Einzelorganismus normalerweise nicht von einer bestimmten Gesellschaft abhängig ist" (Voigt, 2009a, S. 338; vgl. auch Fehn, 2007) und stattdessen mit anderen in einem Konkurrenzverhältnis um Ressourcen (im gesellschaftlichen Liberalismus ‚Lebenschancen') steht, mit denen er seine individuelle Produktion (Selbsterhaltung, Fortpflanzung u. a.) zu erhalten trachtet. Sukzession wird dabei als offen und nicht abgeschlossen betrachtet: „Wer mit wem interagiert und wer welche Ressource wie nutzt […] kann sich jederzeit ändern, weil es jederzeit möglich ist, dass Individuen aus der Gesellschaft verschwinden und durch neue ersetzt werden" (Voigt, 2009a, S. 339). Hinsichtlich der in Abschn. 6.6.2.4 dargestellten Diskurse wirken liberale Weltanschauungen im Diskurs der sukzessionistischen Entwicklung von physischer Landschaft konstitutiv. Des Weiteren hat der Liberalismus eine hohe Affinität zum Diskurs der Umdeutung der gesellschaftlichen Landschaft, sofern dieser in Bezug auf einen toleranteren Umgang mit Landschaft gerichtet ist (z. B. Repräsentanzen des ökonomischen Fortschritts ebenso offen gegenüber steht, wie der kulturellen Pluralität, z. B. physische Manifeste der Religionsfreiheit; vgl. Kühne, 2011d; Kühne et al., 2021), wodurch er auch eine Affinität zu einem ‚erweiterten' Landschaftsverständnis erhält.

6.7.2 Konservative Vorstellungen von Landschaft

Auch die Ideen des Konservatismus sind auf die Ideen von Rationalität und Aufklärung bezogen, im Gegensatz zum Liberalismus allerdings nicht affirmativ, sondern ablehnend (vgl. Greiffenhagen, 1971; Schoeps, 1981; Lenk, 1989), woraus die Position des Konservatismus eine dilemmatische wird: Er ist konstitutiv an das Auftreten fortschrittlichen, aufklärerischen Denkens gebunden (Greiffenhagen, 1971; Trepl, 2012a). Seine Werte Religion, Familie und Volk, sind erst in dem Augenblick zu Werten geworden, als sie durch die Aufklärung infrage gestellt wurden. Darüber hinaus sieht sich der Konservatismus gezwungen, sich der Logik des Gegners zu bedienen, um das Selbstverständliche zu verteidigen: die reflektierende Vernunft, wie sie der Aufklärung entspringt (Mannheim, 1984 [1927]; Schoeps, 1981; Lenk, 1989). In kritischer Auseinandersetzung mit der Französischen Revolution und deren Ideen entwickelte sich der frühe

Konservatismus (verbunden u. a. mit den Namen Edmund Burke, Joseph de Maistre und Karl Ludwig von Haller). Grundsätzlich ist im Gegensatz zum Liberalismus das Ziel des Konservatismus nicht die Gesellschaft, die sich aus unabhängigen Einzelnen zusammensetzt, sondern die Gemeinschaft, eine organismische Verbindung von Menschen, die in einem funktionalen und obligatorischen Zusammenhang stehen (Greiffenhagen, 1971; Lenk, 1989; Voigt, 2009a; Kirchhoff, 2019c; Trepl, 2012a)[22]. Organisch bedeutet, „dass die Einzelnen, wie Organe im Organismus, dem Ganzen dienen, und zwar an dem ihnen jeweils zukommendem Ort" (Trepl, 2012a, S. 141)[23]. Entsprechend dieser Betrachtungsweise erhält Tradition eine zentrale Funktion der Ordnung der Gesellschaft, sie dient als Ordnungs- und Bezugsrahmen. Daraus leitet sich ein zentraler Gegensatz zum Liberalismus ab: Ist dessen Grundprinzip der Grundsatz gleicher Rechte (insbesondere Freiheit) für alle Menschen, ist für den Konservativismus die Erhaltung einer historisch gewachsenen Vielfalt (d. h. Ungleichheit) aufgrund ihrer Funktion für den ‚Organismus' Gemeinschaft zentral. Daraus leitet sich für den Liberalismus ab, dass jeder das Recht habe, seine Meinung mit dem Ziel, das tauglichste Argument möge überzeugen, frei äußern zu dürfen. Während man im Konservatismus „nicht mit jedem Menschen über das Richtige streitet, um ihn zu überzeugen, sondern gegen diejenigen, die ‚die es doch nicht verstehen würden', eine paternalistische Haltung einnimmt" (Trepl, 2012a, S. 145)[24]. Der Mächtige nimmt entsprechend – aufgrund der Vorherbestimmtheit seiner Position – gegenüber dem Mindermächtigen die Position ein, über dessen Belange entscheiden zu dürfen. Entsprechend unterliegt der Begriff der Freiheit im Konservatismus einem

---

[22]Die gegenseitig konturierte Betrachtung von Gesellschaft und Gemeinschaft hat eine lange Tradition: Bereits Ferdinand Tönnies (1887) entwickelte das Konzept von (primär dörflicher) Vergemeinschaftung (durch Werte und personale Beziehungen getragen) und (primär städtischer) Vergesellschaftung (auf Arbeitsteilung und rationalem Kalkül in der Großstadt basierend). Seine Kritik an der – primär in Großstädten lokalisierten – Vergesellschaftung wiederum wurde von Helmuth Plessner (2002 [1924]) Anfang des 20. Jahrhunderts kritisch beleuchtet: Plessner kritisierte Tönnies Verklärung der (dörflichen) Gemeinschaft als Absolutsetzung eines menschenwürdigen Zusammenlebens und verdeutlichte die Notwendigkeit der gesellschaftlichen Organisation für den Fortschritt des Menschen. Nur die Gesellschaft biete genügend Abstand zum Anderen und zu sich selbst, um sich immer wieder selbst auszuprobieren und neu zu erfinden.

[23]Anfang des 20. Jahrhunderts wurde der räumliche Bezug sogar auf die nationale Ebene ausgedehnt, wie Ute Wardenga (2001b, S. 20) anhand der Arbeiten des Geographen Otto Maul verdeutlicht: Der Staat wurde entsprechend „nicht lediglich als Verbreitungsform einer gesellschaftlichen, rechtlichen oder wirtschaftlichen Institution gesehen" (Wardenga, 2001b, S. 20), es erfolgte vielmehr eine Verknüpfung von „Raumbegriff und Staatsbegriff", indem der „Staat als Raumorganismus" (Wardenga, 2001b, S. 20) verstanden wurde.

[24]Der Liberale Isaiah Berlin (1995 [1969], S. 217) lehnt eine solche paternalistische Position strikt ab, wenn er (in der Tradition Kants) ausführt: „Paternalismus ist der schlimmste Despotismus – weil er mit den Menschen umgeht, als wären sie nicht frei, als wären sie für mich, den wohlmeinenden Reformer [oder den konservativen Gemeinschaftsmoralisten; Anm. des Autors], Material, das ich gemäß meinen, nicht ihren Zwecken forme".

anderen Verständnis als im Liberalismus: „Freiheit bedeutet also in dieser Konzeption die Anpassung an die höhere Ordnung des Ganzen" (Kötzle, 1999, S. 23), d. h. der Mensch soll sich in seiner eigenen Besonderheit selbstverantwortlich „an die höhere Ordnung des Ganzen" (Kötzle, 1999, S. 32) anpassen. Liegt dem Liberalismus eine kritische Grundhaltung gegenüber Autorität zugrunde, gilt diese im Konservatismus als Garant für die Erhaltung der Gemeinschaft. Ihre Autorität wird häufig mit einem Bezug auf Gott begründet. Die Aufgabe der Gemeinschaft besteht dabei, sich ‚harmonisch' in ihre (auch natürliche) Umwelt einzugliedern (Lenk, 1989; Eisel, 2004a; Voigt, 2009a), wodurch Abweichungen von traditionellen sozialen Normen als begründungsbedürftig gelten. Erkenntnistheoretisch hat der Konservatismus eine Affinität zum Essentialismus, der das ‚Wesen' der Forschungsobjekte (z. B. ‚Völkern' oder ‚Landschaften') als eine notwendige und konstitutive Eigenschaft derselben zu ergründen sucht. Zentrum konservativer Weltdeutung wird damit die Idee von Eigenart bzw. Persönlichkeit[25] (Eisel, 1997; Vicenzotti, 2011; Hauser, 2012; Trepl, 2012a).

Entsprechend seines Ideengefüges weichen die Deutungen und Bewertungen des Konservatismus in Bezug auf die Konstrukte von Wildnis, Kulturlandschaft und Stadt von jenen des Liberalismus deutlich ab (Vicenzotti, 2011): Innere wie äußere Wildnis gilt dem Konservatismus „als Sphäre der Triebgebundenheit. Sie ist die Versuchung, der es zu widerstehen, das, was es zu zügeln und hinter sich zu lassen gilt" (Vicenzotti, 2011, S. 140; Kötzle, 1999). Andererseits wird mit Wildnis aber auch nicht nur Triebhaftigkeit verbunden, sondern auch ein paradiesischer Ursprung wie auch ‚Ursprünglichkeit' und ‚unschuldige Jugend'. Wird Wildnis im Konservatismus ambivalent konstruiert, ist (ländliche) Kulturlandschaft in konservativer Betrachtung „Ausdruck, Ideal und Symbol gelingender kultureller Entwicklung" (Vicenzotti, 2011, S. 147). Das Landleben erzeuge schließlich ein Zusammenwirken von Natur und Kultur, das zu einer individuellen Vervollkommnung führe, eben zu einer Synthese von ‚Land und Leuten' zu einem ‚Superorganismus' (Eisel, 1982, 2004b; Rodewald, 2001; Vicenzotti, 2011). Damit werde Kulturlandschaft zu einem Ort der vernünftigen Kulturentwicklung, wobei unter Vernunft hier nicht die nomothetisch und universelle Rationalität des Liberalismus zu verstehen ist, sondern eine Vernunft, die sich dem Konkreten, Gegebenen und Lebendigen zuwendet und ihr wahres Wesen erforscht, anstatt sich der Welt empirisch-distanziert zu nähern (Kirchhoff, 2019c; Kirchhoff & Trepl, 2001; Gelinsky, 2006; Vicenzotti, 2011; vgl. auch Mitchell, 2005). Die physischen Grundlagen angeeigneter physischer Landschaft, konservativ affirmiert als ‚historisch gewachsene Kulturlandschaften' werden stets als „historisch gewachsene Produkte überlieferter Erfahrung" (Vicenzotti, 2011, S. 154; ähnlich Muir, 1998) gedeutet, sie werden als „Spiegel der Kulturgeschichte und Ort des

---

[25]Burr (2005) grenzt die Konzepte von Identität gegenüber jenem von Persönlichkeit ab, so vermeide das Konzept der Identität die essentialistischen Konnotationen des Konzeptes von „Persönlichkeit, und ist auch ein implizit soziales Konzept" (Burr, 2005, S. 106).

kulturellen Gedächtnisses" (Vicenzotti, 2011, S. 154) wertgeschätzt. In diesem Verständnis fungiert der Begriff Kulturlandschaft „als eine Art Gütesiegel für ausschließlich positiv besetzte Landschaften" (Schmidt et al., 2006, S. 4)[26], sie seien Ausdruck der Vollkommenheit, „einer Vollkommenheit, die sowohl dem Wesen der Gemeinschaft (Volkscharakter) als auch dem des Lebensraums entspricht" (Trepl, 2012a, S. 156). Kulturlandschaften werden normativ als Orientierungsinstanzen für nachwachsende Generationen symbolisch aufgeladen, schließlich seien sie organisch gewachsen und nicht etwa hergestellt oder bewusst konstruiert, von ihrer Erhaltung wird sogar der „soziale Zusammenhalt" (Vileniske, 2008, S. 435) abhängig gemacht. Ländliche Kulturlandschaften bedeuteten zudem Freiheit, schließlich werde das Leben hier als „unverfälschte und ungekünstelte, dem Ursprung nahe und damit naturgemäße und gerade deshalb vernünftige Lebensweise imaginiert" (Vicenzotti, 2011, S. 160). Gilt die (ländliche) Kulturlandschaft im konservativen Landschaftsverständnis als physischer Ausdruck einer anzustrebenden Lebensform, wird die moderne Großstadt, und alles was damit konnotiert wird, abgelehnt: Sie gilt einerseits als Ort der Verführung durch käufliche Frauen, andererseits wird die Stadt selbst „als sich hingebende, sich öffnende, verschlingende Frauenfigur imaginiert" (Löw, 2008, S. 198), die als Warnung vor Kontrollverlust moralisch aufgeladen wird. Gilt also die moderne Großstadt als Ausdruck von moralischer Verwerflichkeit, Widernatürlichkeit und Künstlichkeit, wird die kleinere ständisch verfasste mittelalterliche Stadt mit ihrem ordnenden Zunftwesen positiv besetzt, (z. B. bei Riehl, 1925 [1853]; Spengler, 1950 kritisch hierzu Häußermann & Siebel, 2004). Die Großstadt sei Ort des Pöbels anstatt eines Volkes, der Erdverbundenheit des Dörflers stehe die Wurzellosigkeit des Städters gegenüber. Die Stadt wir als Ort der Sittenlosigkeit und der zügellosen Grobheit konstruiert, sie sei der Ort der Gleichmacherei und der Geldgier, „wodurch sie jeglicher Ordnung" (Vicenzotti, 2011, S. 168) entbehre und als Hort der internationalen Uniformität des Sozialismus werde. Der Barbarei des Proletariats wird dabei die Überzivilisation des Bürgertums entgegengestellt, das ebenfalls seine Verwurzelung im Konkreten des ländlichen Raumes verloren habe (Vicenzotti, 2011; für den angelsächsischen Raum Muir, 1998). Die physischen Manifestationen des fordistischen Akkumulationsregimes werden als Ausdehnung städtischer Rationalisierungsprinzipien bzw. als Einflüsse, die nicht in der Logik der Region als Symbiose von ‚Land und Leuten' begründet sind, sondern

---

[26]Dabei gehen Historisierungen – so auch die soziale, expertenbasierte Konstruktion einer ‚historischen Kulturlandschaft' – „auf sozial bedingte Motive zurück", sie mögen „den ‚Tatsachen' entsprechen […], aber auch durchaus legendär oder fiktiv sein" (Schütz und Luckmann (2003 [1975], S. 383) und dienen in erster Linie dazu, objektivierte Legitimation zu erzeugen, deren Hinterfragen sozial unerwünscht ist. Plastisch formuliert Burckhardt (2006f, S. 91) diesen Zusammenhang (den er auch als Chimäre bezeichnet): „Die Höfe und Rieselfelder der Poebene, die Weingüter des Bordelais, die Büffelherden der römischen Campagna spiegeln uns die scheinbar zyklische Produktion und Reproduktion zeitloser Gesellschaften vor. ‚Die alten Kulturlandschaften' das klingt so wie ‚die Wiege der Menschheit'".

	Konservatives Weltbild	Liberales Weltbild
Naturverständnis	Natur ist ein Organismus in Form der historisch gewachsenen Landschaft, in der sich der Mensch einzuordnen hat.	Natur ist eine Objektansammlung, die sich der Mensch zunutze machen kann.
Biodiversität	Biologische Integrität.	Biologische Diversität.
Ökosystemverständnis	Ökosystem sind reale Ganzheiten im Sinne eines Super-Organismus.	Ökosysteme sind soziale Konstruktionen. Das Vorkommen von Arten ist das Resultat eines voneinander unabhängigen Verbreitungsprozesses.
Charakterisierung	Qualitativ: Beschreibung der individuellen Eigenart von Ökosystemen.	Quantitativ: Ermittlung der Anzahl der vorhandenen Arten.
Fremde Arten	Fremde Arten werden als Störfaktoren für die heimatliche Landschaft angesehen.	Fremde Arten gelten als Bereicherung des vorhandenen Artenspektrums, solange keine ökonomischen Schäden durch sie verursacht werden.
Ökologie-Verständnis	Holistischer Ansatz: Die Mitglieder einer Lebensgemeinschaft sind Teil einer harmonischen, einander bedingenden und unteilbaren Ganzheit .(Superorganismus)	Individualistischer Ansatz: Lebensgemeinschaften sind eine mehr oder minder zufällige Kombination von Arten in einem bestimmten Gebiet (und kein Superorganismus).
Nutzungen	Nutzungen (jenseits der traditionellen) werden als Belastungen der Landschaft begriffen (z.B. in Form von 'Zersiedelung', 'Zerschneidung').	Nutzungen werden dann als Störung verstanden, sofern Nutzungsansprüche eingeschränkt werden.
Tragekapazität	Es existieren objektive Sollzustände und entsprechend herleitbare Grenzen der Belastbarkeit.	Sollzustände und Grenzwerte der Belastbarkeit sind bewusste Setzungen des Menschen.
Erkenntnisfähigkeit	Das Wesen von Landschaft ist erfassbar.	Anhand empirischer Studien lassen sich Zusammenhänge konstruieren.

Abb. 6.16 Vergleich der landschaftsbezogenen Positionen von Liberalismus und Konservatismus. (Eigene Darstellung, leicht verändert nach Piechocki, 2010)

allgemeineren Logiken, z. B. globalen, entsprechen (Mitchell, 2005), ebenso abgelehnt wie postmoderne Inszenierungen, die als künstlich und nicht authentisch gelten.

Die Denkfigur des Konservatismus als „organismische Gemeinschaft" (Voigt, 2009a, S. 339) findet sich in ökologischen Auffassungen, die davon ausgehen, Organismen könnten nur „wechselseitig ihre Existenz ermöglichen" (Voigt, 2009a, S. 340), wodurch aus dem Ökosystem eine „funktionale Ganzheit" (Voigt, 2009a, S. 340) werde, die dadurch geprägt sei, dass sie sich selbst hervorbrächte, erhalte, entwickele, abgrenze und reguliere. Dabei entwickele sie sich „von einem Jugend- zu einem Klimaxstadium" (Voigt, 2009a, S. 340; vgl. Abb. 6.16). In Bezug auf die in Abschn. 6.6.2.4 dargestellten Diskurse wirken konservative Weltanschauungen im Diskurs der Erhaltung und Wiederherstellung der physischen Grundlagen angeeigneter physischer Landschaft konstitutiv, wodurch ihnen ein ‚enges' Landschaftsverständnis eigen ist. Die im Konservatismus präferierte Erhaltung angeeigneter physischer Kulturlandschaft lässt sich auch als Symbol für die Sehnsucht nach einfachen, geordnet scheinenden sozialen Verhältnissen, geprägt durch einfache Arbeitsteilung und minimale Wissensaufsplittung, verbunden, mit einer gesellschaftlich hochgradig vordefinierten Identität, interpretieren (Berger & Luckmann, 1966). Im städtischen Kontext ist der konservative Ansatz auf Erhaltung oder Rekonstruktion von Bebauung oder zumindest von Grundrissen ausgerichtet, um „einen ganz bestimmten Typus von Bewohnern in die Innenstadt zu locken. Der neue Stadtbürger soll sich auf seiner Parzelle mit der Stadt identifizieren und für die Stadt engagieren und ihr somit zu der gewünschten selbsttätigen Entwicklung verhelfen, die Planung von oben überflüssig macht" (Hennecke, 2010, S. 97), indem sich diese ‚organisch' in gemeinschaftlichem Kontext entwickele, dessen Ausdruck dann eine gemeinsame ‚Identität' sei, die insbesondere aus Eigentum an Boden erwachse. Dazu Hennecke (2010, S. 100) kritisch: „Wenn als Ausschlusskriterium für die Zugehörigkeit zu einer Gemeinschaft der Besitz einer hier über die organische Metapher esoterisch bestimmten ‚Identität' propagiert wird, öffnet dies sozialer Exklusion bis hin zur Einführung rassistischer Wertmaßstäbe die Türen".

6.7.3   Demokratische Vorstellungen von Landschaft

Eine dritte Position hinsichtlich des Verhältnisses von Individuum und Gemeinschaft nimmt der Demokratismus ein. Gemeinschaft wird hier als Zusammenschluss von Individuen verstanden, wodurch sie einen komponentenhaften Charakter in Bezug auf das Ganze bekommen: sie kooperieren und konkurrieren nicht – wie im Liberalismus – miteinander, sie sind aber auch nicht aufgrund einer übergeordneten Fügung auf ihren Platz im Ganzen verwiesen worden wie im Konservatismus (Truhlar, 2006; Voigt, 2009a, b). Inbegriff des demokratischen Gesellschaftsverständnisses ist die *Volonté Générale* im Verständnis von Jean-Jacques Rousseau (1964 [1762]): In Abgrenzung zum Willen Aller als Summe der Einzelinteressen, der *Volonté de Tous,* und dem Willen der Herrscher (bei Rousseau insbesondere die Monarchen), grenzt dieses Allgemeininteresse ab. Während die *Volonté Générale* auf das Gemeinwohl abziele, und der Bürger als politisches Subjekt, als *Citoyen,* überindividuelle Interessen vertrete, sei in der *Volonté de Tous,* der Bürger als Wirtschaftssubjekt, als *Bourgeois,* Vertreter seiner partikularen Interessen (vgl. Schaal & Heidenreich, 2006). Damit ist der *Citoyen* darauf verpflichtet, höheren Prinzipien (Tugenden) gerecht zu handeln. Aufgabe des Individuums wird es damit, sich diesen Tugenden unterzuordnen und seinen Teil zur Vervollkommnung der tugendhaften, kommunitaristisch orientierten Gemeinschaft zu leisten. Eine solche „demokratische Gemeinschaft wird nicht durch die Individualitäten (also eine Vielfalt Einzelner, die ihre spezifische Aufgabe erfüllen [wie im Konservatismus; Anm. O. K.]) begründet, sondern durch gleiche und freie Staatsbürger" (Voigt, 2009b, S. 123). Erkenntnistheoretisch lässt sich dem Demokratismus eine Orientierung am Rationalismus, also der Vorstellung, Erkenntnis ließe sich durch rationales Denken (und weniger durch Sinneserfahrung, wie beim Empirismus, oder auch göttliche Offenbarung) zuordnen (Trepl, 2012a). Insofern steht dem Demokratismus ein essentialistischer Landschaftsbegriff nahe.

Die demokratischen Konnotationen zu Wildnis, Kulturlandschaft und Stadt unterscheiden sich von jenen des Liberalismus und des Konservatismus teilweise deutlich. Dem demokratischen Verständnis gemäß ist Wildnis Symbol von Naturzuständen, von denen Rousseau (1964 [1762]) zwei unterscheidet. Den reinen Naturzustand und den Zustand beginnender Vergemeinschaftung. Der reine Naturzustand definiert den Menschen als ohne Bewusstsein seiner selbst, ohne Sprache oder Vernunft, lebt er gemäß dieser Vorstellung als einzelner und autarker Jäger und Sammler ohne soziale Vergemeinschaftung. Zu dieser wird der Mensch durch den steigenden Bevölkerungsdruck und durch Naturkatastrophen gezwungen. In dieser Phase entwickele der Mensch, in lockeren Gruppen und Familienverbänden als Hirte lebend, Sprache, Vernunft und Selbstbewusstsein, als Voraussetzung zur Entwicklung von Glücks- und Schönheitsempfindungen. An dieses ‚goldene Zeitalter' schließe sich der Verfall des menschlichen Gemeinwesens an, der durch die Teilung der Gesellschaft in Besitzende und Besitzlose im Zuge der Entwicklung des Ackerbaus begründet werde und zu einer durch Habgier, Neid, Missgunst und Konkurrenz bestimmten Gesellschaft geführt habe (Fetscher, 1993 [1975]; Firges, 2004; Voigt, 2009b; Vicenzotti, 2011). Der demokratische Wildnisbegriff ist also durchaus ambivalent: Sie versinnbildlicht die Abhängigkeit des Menschen von äußeren Zwängen, sie ist derjenige „Teil der äußeren Natur, der noch nicht beherrscht und kontrolliert ist und den Menschen in seiner Freiheit […] bedroht" (Vicenzotti, 2011, S. 181). Wildnis kann metaphorisch auch die Verwilderung des Menschen zu einem egoistisch motivierten Kampf von jedem gegen jeden verstanden werden. Andererseits wird Wildnis auch positiv als Ort der Emanzipation gegen zivilisatorische Zwänge konnotiert, wodurch Wildnis auch als Ort der Erfahrung von Erhabenheit verstanden wird und somit zur Selbsterfahrung des handelnden Subjektes beitragen kann (Vicenzotti, 2011). Weitaus affirmativer sind die Konnotationen des Demokratismus in Bezug auf angeeignete physische Kulturlandschaft: Sie sei ein physisches Manifest tugendhafter und gerechter Lebensweise (in Begrenzung gegenüber der Despotie höfischen Lebens) und stelle einen Ausdruck eines Ausgleichs zwischen Kultur und Natur dar; anderseits kann sie auch physischer Ausdruck despotischer Verhältnisse sein (Eisel, 1982; Vicenzotti, 2011). Die Konnotationen des Demokratismus mit Stadt weichen deutlich von jenen des Konservatismus und des Liberalismus ab, was insbesondere dem zugrundeliegenden Konstrukt von Stadt geschuldet ist: Das Stadtkonzept des Demokratismus schließt an jenem der griechischen Polis an und nicht an Zuständen der marktdominierten Stadt der Moderne. So wird die Stadt zum Ort der freiwilligen und von Tugendhaftigkeit definierten Vergemeinschaftung, die durch das Befolgen einer selbsterlassenen Ordnung geprägt ist (Fetscher, 1993 [1975]). Diese Ordnung sei an der *Volonté Générale* orientiert und damit sowohl von feudalem Machtanspruch als auch wilder Triebgesteuertheit abgesetzt (Vicenzotti, 2011). Landschaft hat im Demokratismus aber auch eine weitere Funktion: „Das Spazieren in der Landschaft, das Leben in ihr, das Malen von Landschaft, das Beschreiben von Landschaften in Romanen und Gedichten, das künstliche Herstellen von natürlicher Landschaft, d. h. das Anlegen von Landschaftsgärten, diente der Erziehung der Menschen zur Tugend" (Trepl, 2012a, S. 82). Die fordistische Umgestaltung der physischen Grundlagen angeeigneter physischer Landschaft wird aufgrund seiner starken ökonomischen Rationalität ebenso kritisch gesehen wie die inszenierte und sich patchworkhaft entwickelnde angeeignete physische Landschaft der Postmoderne. Letztere symbolisiert, aus Sicht einer demokratischen Denkweise, das Auseinanderbrechen des Gemeinwesens in partikuläre Einzel- und Gruppeninteressen. Die angeeignete physische Landschaft, die aus der *Volonté Générale* erwächst, kann sowohl ,eng' wie auch ,erweitert' gefasst sein, wodurch keine eindeutige Zuordnung möglich ist.

Die Denkfigur des Demokratismus als „maschinenhafte Gemeinschaft" (Voigt, 2009a, S. 340), in der jeder seinen Beitrag für das Wohl der Gesellschaft beizutragen habe, bildet sich auch in ökologischen Theorien ab. So wird in ihnen betont, „dass die singulären Anforderungen des Einzelorganismus mit derjenigen der anderen Komponenten so übereinstimmen, dass sich ein funktionierendes Ganzes ergibt" (Voigt, 2009a, S. 340). Dabei entwickelt sich ein kybernetisches System von Rückkopplungsschleifen, die dazu beitragen, dass das System in einem Zustand des Fließgleichgewichts gehalten werden kann. Ein Beispiel hierfür ist der globale Kohlenstoffhaushalt, an dem die Komponenten, biotische und abiotische, beteiligt sind (Voigt, 2009b). Das bedeutet: „Die Komponenten bilden gemeinsam ein System, das (bleibt man bei der politischen Sprechweise) einen ,übergeordneten' Zweck hat: z. B. das Zirkulieren des Kohlenstoffs" (Voigt, 2009a, S. 341). Die Aufgabe des Ökosystems besteht nach diesem Verständnis darin, seinen Zusammenschluss zu optimieren, um so beispielsweise die Effizienz des Energiedurchflusses zu steigern (Voigt, 2009a). Gemäß der in Abschn. 6.6.2.4 charakterisierten Diskurse weist die Position des Demokratismus eine bedingte Affinität zu allen Diskursen auf: Die Wiederherstellung der physischen Grundlagen angeeigneter physischer Landschaft wird favorisiert, sofern diese als Ergebnis eines ,tugendhaften' Umgangs mit Raum gilt. Der Sukzessionismus wird bevorzugt, sofern dieser zu dem Ergebnis eines ,tugendhaften' Umgangs mit Raum führt. Die reflexive Gestaltung der physischen Grundlagen angeeigneter physischer Landschaft wird dann als erstrebenswert erachtet, wenn damit ein ,tugendhafterer' Umgang mit Landschaft verbunden wird. Auch die Position der Umdeutung gesellschaftlicher Landschaft kann aus demokratischer Perspektive priorisiert werden, wenn gesellschaftslandschaftliche Vorstellungen einem ,tugendhaften' Umgang mit Landschaft (in allen Dimensionen) im Wege stehen.

6.7.4   Sozialistische Vorstellungen von Landschaft

Die unterschiedlichen Konzeptionen des Sozialismus entstanden in Fortführung der Ideen der französischen Revolution wie auch der Ablehnung von Liberalismus und Konservatismus im 19. Jahrhundert (Bärsch, 1981; Euchner et al., 2015). Die Theorien und Lehren, die unter dem Begriff ,Sozialismus' zusammengefasst werden, definieren einen „Vorrang der ,Gesellschaft' respektive des ,Gesellschaftlichen'" (Bärsch, 1981, S. 170) vor dem Individuum. Entsprechend der Orientierung des Sozialismus am Leben in Gesellschaft (die als eine ‚Ganzheit' gedacht wird) anderer Menschen, lehnt er die Privilegierung einzelner aufgrund dessen Gewinnstreben ab (Bärsch, 1981). Im Gegensatz zum Konservatismus ist dem Sozialismus eine progressive bis revolutionäre Grundhaltung eigen. Vom klassischen Sozialismus, der lediglich eine Kollektivierung von Produktionsmitteln fordert, lässt sich der Kommunismus unterscheiden, „der die Produktionsmittel wie auch die Konsumgüter in das Gemeineigentum (Güterverteilung) überführen will" (Bärsch, 1981, S. 172; vgl. auch Fainstein, 2010). Eine weitere Variante des Sozialismus besteht im Realsozialismus (oder Staatssozialismus), der in zahlreichen Staaten Ostmittel- und Osteuropas bis zur Systemtransformation 1989/90 (und heute noch in Kuba und Nordkorea wie auch in einer Fragmentform in Venezuela herrscht; siehe auch 5.7.2).

Wie der Konservatismus, zeigt auch der Sozialismus eine paternalistische Haltung, so sollen hier die Massen durch eine ‚revolutionäre Elite' zur ‚gerechten Gesellschaft' geführt werden: „Was sie [‚die revolutionäre Elite'; Anm. O. K.] leitete, war die Überzeugung, dass es ihre Aufgabe war, die Ausgebeuteten und Unterdrückten zu befreien" (Becker, 2013, S. o. S.)[27]. Das dem Sozialismus zugrundeliegende Gerechtigkeitsprinzip ist ein egalitäres (jedem Mitglied der Gesellschaft steht das Gleiche zu) bzw. ein kommunistisches (jeder nach seinen Fähigkeiten, jedem nach seinen Bedürfnissen; zu Gerechtigkeitsverständnissen siehe auch 8.2.1). Der Sozialismus geht – im Gegensatz zum Liberalismus, der keine gesellschaftliche Zielvorstellung formuliert – teleologisch vor, also von einem Zustand aus, zu dem sich die Gesellschaft entwickeln soll. In Verbindung mit diesem Revolutionsparadigma steht die These der ‚Selbstzerstörung' des Kapitalismus, gemäß derer „die Marktwirtschaft die Ursachen ihres eigenen Untergangs immer schon in sich trage" (Herzog, 2013, S. 109). Als Triebfeder gesellschaftlicher Entwicklung in ‚westlichen' Gesellschaften gilt das ‚Profitinteresse'. Zentral für die Analyse „der Industriegesellschaft des Privateigentums […] [ist] die Hypothese von den Krisen des Kapitalismus, insbesondere die von der Verelendung" (Bärsch, 1981, S. 191), die auf die Ausbeutung der Arbeiter zurückzuführen sei, sodass auch reformsozialistische Bemühungen entsprechend als ‚Management und Manipulation der kapitalistischen Krise' beschrieben werden (siehe z. B. bei Harvey, 2005, 2013). Dabei wird eigens von (neo)marxistischen Autoren – hier bei Soja (2007, S. 87–88) – die Aufgabe von Forschung formuliert: „unter der oberflächlichen Erscheinung der Phänomene

---

[27]Der Leitgedanke ist auch dem sozialistischen Bildungsverständnis innewohnend, das sich grundsätzlich von dem Bildungsideal der Liberalen unterscheidet: „Die Liberalen wollen aus dem Arbeiter den Bürger stilisieren, ihn in die sprachlichen, politischen und geistigen Traditionen des Bürgertums integrieren, während die Sozialisten mit den Mitteln der Bildung Klassensolidarität und Klassenbewusstsein, auch politisch, herzustellen suchen" (Knoll (1981, S. 92). Es geht also darum, durch Bildungsprozesse das ‚falsche' durch ein ‚richtiges' Bewusstsein zu ersetzen. Dies erscheint aus sozialistischer Perspektive nötig, da der Widerspruch zwischen Individuum und Gesellschaft nach Marx – zu dem die Geschichte des Sozialismus ‚hinführt' und von ihm ‚wieder weggeht' (Bärsch, 198) – gelöst werden muss (Bärsch, 1981).

(räumliche Ergebnisse) in den strukturierten und strukturierenden sozialen Produktionsverhältnissen nach den zugrundeliegenden Wurzeln zu suchen". Die solchermaßen aufscheinende essentialistische Weltdeutung wird bei Schipper (2013, S. 21, Hervorh. durch den Autor dieser Arbeit) deutlich, wenn hier der ‚neoliberalen Stadtpolitik‘ vorgeworfen wird, „die Stadt *ihrem Wesen* nach als Wettbewerbseinheit in einem globalen Raum der Konkurrenz" zu sehen. Auch wenn der Anspruch, das ‚hinter den gesellschaftlichen Erscheinungen verborgene Wesen des Menschen‘ erkennen zu wollen, essentialistische Anleihen zutage treten lässt (Laclau & Mouffe, 1985; Popper, 2011 [1947]), weisen sozialistische Raum- und Regionalverständnisse (insbesondere im Realsozialismus) eine besondere Affinität zum Positivismus auf (Delorme, 1990; Kühne, 2003b), schließlich basiert auf dessen Annahme die zentrale Steuerung. Aktuelle neomarxistische Ansätze rekurrieren wiederum stärker auf konstruktivistischen Zugängen (z. B. Swyngedouw & Heynen, 2003).

Den Einschreibungen rationeller Wirtschaftsweisen in die physischen Grundlagen von Landschaft stehen die unterschiedlichen Prägungen des Sozialismus unterschiedlich gegenüber: Wenn auch aufgrund einer anderen Logik des Wirtschaftens, ist dem staatssozialistischen Wirtschaftssystem der Aufbau großer Einheiten immanent, da sich diese einfacher einer zentralen Steuerung unterziehen lassen als zahlreiche kleine Einheiten (Kühne, 2003b; Degórska, 2007; Czepczyński, 2008). Insofern sind die materiellen Manifestationen eines staatssozialistischen Raumverständnisses jenen eines fordistischen nicht unähnlich (mit Ausnahme des Wohnungsbaus, der bei gleicher Nutzung von Skalenvorteilen zu Großwohnsiedlungen und nicht zu Fertighaussuburbien führt; z. B. Juchnowicz, 1990; Lichtenberger, 1995; Domański, 1997; Kühne, 2001; Smith, 1996). Aus neomarxistischer Perspektive werden kleine, gemeinschaftliche Wirtschaftseinheiten favorisiert (wobei auch hier, ähnlich der staatssozialistischen Ausprägung, der Fokus auf der städtischen Entwicklung liegt).

Postmodernen räumlichen Entwicklungen stehen sozialistische Perspektiven (insbesondere die Entwicklung von *gated communities, shopping centern,* kurz, die Differenzierung von Öffentlichkeit und Privatheit) kritisch gegenüber, gelten sie doch als Indikatoren für eine sich differenzierende und individualisierende bzw. ‚entsolidarisierende‘ Gesellschaft, (unter vielen: Soja, 2007; Belina, 2009), die sich entgegen des kommunitaristisch-egalitären Ideals entwickelt. Insbesondere in neomarxistischer Deutung wird die Idee des ‚Rechtes auf Stadt‘ vertreten, die „nicht vorranging irgendwelchen intellektuellen Interessen und Modeerscheinungen" (Harvey, 2013, S. 15) entspringe, sondern sie erhebe „sich ursprünglich aus den Straßen und Stadtvierteln, als Ruf der Unterdrückten nach Hilfe und Unterstützung in verzweifelten Situationen" (Harvey, 2013, S. 15). Dem gegenüber stehe eine Welt der Gentrifizierungsgewinner~innen, „in der die neoliberale Ethik eines habgierigen Individualismus zur Schablone für die Sozialisation der menschlichen Persönlichkeit" (Harvey, 2013, S. 46) werde. Entsprechend wird die Stadt zum Austragungsort, „das Klassenverhältnis zwischen Kapital und Arbeit in der Produktion zu beseitigen, das die Erzeugung des Mehrwertes und dessen Aneignung durch das Kapital ermöglicht" (Harvey, 2013, S. 212). Das ‚Recht auf Stadt' wird entsprechend nicht als individuelles, (dieses würde eine liberale Interpretation nahelegen), sondern als „ein kollektives Recht" (Harvey, 2013, S. 238) verstanden. Hierzu brauche es, so die gängige Argumentation, „Bündnisse zwischen denen, die die Welt wissenschaftlich oder künstlerisch repräsentieren, mit den sowohl kulturell als auch materiell Ausgeschlossenen und ihrer eigenen Repräsentation beraubten Menschen auf der anderen Seite" (Gebhardt & Holm, 2011, S. 22). Hier schwingt ein gewisser Paternalismus der ‚revolutionären Eliten' mit.

Als Alternative zur, durch die ‚neoliberale ökonomische Verwertungslogik und deren architektonische Mainifestationen' (Spencer, 2016) geprägten, postmodernen Stadt wird Gemeineigentum, sowohl auf mittlerer (= städtischer; z. B. in Form genossenschaftlichen Bauens, wie etwa bei Schipper, 2013; Schneider, 2016) als auch auf großer Maßstabsebene (innerhalb von Gebäuden und sogar Wohnungen, wie bei Maak, 2014) gesehen. Diese Kritik an der modernen, heute postmodernen, kapitalistischen Stadt wird auch durch sozialistische, insbesondere neomarxistische, Sichtweisen geteilt (siehe unter vielen Harvey, 1973, 2005, 2013; Swyngedouw et al., 2002; Weber, 2002; Belina, 2009). Dabei wird jedoch als Ziel nicht eine Chancengleichverteilung im urbanen Kontext (und darüber hinaus) angestrebt, sondern die Gestaltung einer an egalitären Prinzipien ausgerichteten Stadt (z. B. Juchnowicz, 1990; Lichtenberger, 1995; Domański, 1997; Degórska, 2007; Kühne, 2003a, 2016c; Czepczyński, 2008; Smith, 1996). Der Fokus sozialistischer Raumentwicklung liegt auf dem Städtischen, sodass auch das Ziel der ‚Urbanisierung' ländlicher Räume bestand (siehe genaueres in Abschn. 5.7.2). Wildnis gilt im Sozialismus insbesondere als ein Symbol, als Ausgang der von Klassenkonflikten geprägten Entwicklung hin zum Sozialismus/Kommunismus, als Beginn gesellschaftlicher Entwicklung.

6.8 Normative Landschaftskonzepte

Die gesellschaftliche Konstruktion von Landschaft ist häufig mit normativen Vorstellungen verbunden. Diese normativen Vorstellungen können in Konzepten und Theorien eher implizit auftreten (wie bei den in Abschn. 6.3 vorgestellten ästhetischen Theorien und Konzepten), sie können aber auch im Zentrum der Konzept- bzw. Theoriebildung stehen. Aufgrund ihrer expliziten Normativität – womit sie die Diskursgrenzen besonders scharf zeichnen – unterliegen sie einem stärkeren Rechtfertigungsdruck gegenüber Vertretern alternativer Diskurse als Konzepte und Theorien, die stärker analytisch bzw. implizit normativ ausgerichtet sind. Insofern erfolgt im Folgenden neben der Vorstellung der normativen Konzepte und Theorien auch eine kurze Würdigung der Kritik an ihnen.

6.8.1 Die Theorie der drei Landschaften von John Brinkerhoff Jackson

Die auf John Brinkerhoff Jackson zurückgehende Theorie der drei Landschaften leitet sich aus den *Cultural Landscape Studies*[28] ab. Zentrales Element der Jacksonschen Landschaftstheorie ist die Einführung eines ‚erweiterten' Landschaftsverständnisses. Grundlage war dabei auch die Beobachtung der Landschaftsentwicklung in den Vereinigten Staaten seit dem Zweiten Weltkrieg (vgl. Prominski, 2004, 2006b, 2019; Körner, 2006b; Krebs, 2008). Den wesentlichen Einfluss auf die von ihm materiell verstandene Landschaft schreibt er dem Menschen zu. Das bedeutet auch, dass Jackson seinen Gegenstand ‚Landschaft', nicht als ein mit naturwissenschaftlichen Methoden zu erforschendes System begreift, vielmehr bleibt er auf der Ebene des Kulturellen (Trepl, 2012b, S. o. S.). So umreißt Jackson (2005b, S. 45) sein Landschaftsverständnis folgendermaßen: „Landschaft ist nicht Szenerie, sie ist nicht eine politische Einheit; sie ist nicht mehr als eine Sammlung, ein System Menschen gemachter Räume auf der Erdoberfläche. Egal, wie groß sie ist, welche Form bzw. Größe sie hat, sie ist niemals nur ein natürlicher Raum, ein Bestandteil der natürlichen Umwelt. Sie ist stets künstlich, stets synthetisch, stets plötzlichen und unvorhersagbaren Veränderungen ausgesetzt. Wir erschaffen sie und brauchen sie, denn jede Landschaft ist ein Ort, an dem wir Menschen Raum und Zeit organisieren. In der Landschaft wird der langsame, natürliche Prozess von Wachstum, Reife und Verfall durch die Macht der Geschichte aufgehoben. Hier beschleunigen, verzögern oder verändern wir das kosmische Programm und ersetzen es durch die menschliche Ordnung". Durch die Naturbeherrschung des Menschen sei er – so Jackson im Rückgriff auf Mircea Eliade (1960) – imstande, mit ihr zu wetteifern, ohne aber dabei Zeit zu verlieren. Mithilfe von Wissenschaft und Arbeit sei der Mensch in der Lage, die Funktion des Zeitverlaufes zu übernehmen, also innerhalb kürzester Zeit die physischen Grundlagen angeeigneter physischer Landschaft zu revidieren.

Angesichts dieser Fähigkeit des Menschen, und diese Umstrukturierungen – insbesondere aus ökonomischem Kalkül – auch vorzunehmen, steht – so Jackson (2005a) – in drastischem Widerspruch zu den arkadischen gesellschaftlich-landschaftlichen Sollzuständen. Aus diesem Widerspruch ergebe sich nahezu zwangsläufig die Ablehnung zeitgenössischer Landschaften und Versuche, Veränderungen von Landschaften zu verhindern oder zu revidieren. Gemäß der in Kap. 4 dargestellten Terminologie besteht das zentrale Anliegen von Jackson darin, nicht die physischen Grundlagen angeeigneter physischer Landschaften gesellschaftslandschaftlichen Soll-Vorstellungen anzupassen, sondern die Deutungs- und Bewertungsmuster der gesellschaftlichen Landschaft an die physischen Grundlagen angeeigneter physischer

---

[28]Das Forschungsprogramm der *Cultural Landscape Studies* fokussiert sich auf die physischräumlichen Einschreibungen menschlicher Aktivitäten. Bereits Mitte der 1920er Jahre charakterisiert Sauer (2005, S. 91–92) sie als „Etablierung eines kritischen Systems […], das die Phänomenologie der Landschaft umfasst, um so Bedeutung und Bandbreite der verschiedenen Erdschauplätze begreifen zu können".

Landschaften anzupassen. Damit vertritt er eine sukzessionistisch-liberale Position (vgl. Abschn. 6.6.2.4 und 6.7.1). Bei seiner Umdeutung der gesellschaftlichen Grundlagen angeeigneter physischer Landschaft analogisiert Jackson die vormoderne mit der aktuellen Landschaft (Jackson, 2005a): Er bezeichnet entsprechend die mittelalterliche Landschaft als Landschaft Eins. Darüber hinaus definiert er die Landschaft der Renaissance als Landschaft Zwei. Landschaft Drei lässt sich nach Jackson (2005a, S. 37) hingegen „in manchen Aspekten des gegenwärtigen Amerika […] sehen". Landschaft Zwei sei – unabhängig ob städtisch oder ländlich – „eindeutig und unumstößlich definiert. Mauern und Hecken, offen Grün- und Rasenflächen lassen […] abgeschlossene, wohlgeformte und schöne Räume sichtbar werden" (Jackson, 2005a, S. 37). Im Gegensatz zu Landschaft Eins, die aus vielen unterschiedlich und unterschiedlich intensiv genutzten Flächen zusammengesetzt sei, bestehe „Landschaft Zwei aus homogenen, auf einen ausschließlichen Zweck gerichteten Räumen. Sie unterscheidet zwischen Stadt und Land, Feld und Wald, zwischen öffentlich und privat, arm und reich, Arbeit und Freizeit" (Jackson, 2005a, S. 37). Gegenüber dem mittelalterlichen „Flickenteppich sich überlagernder Territorien" ist sie durch klare Grenzen unterschiedlicher nationalstaatlicher Einheiten geprägt (Jackson, 2005a, S. 37). Dieser in der Renaissance geborene Drang nach physischer Repräsentation des Willens zur Ordnung (und damit auch zur Macht) wurde in die Vereinigten Staaten übertragen und dort als *American Grid* (des nationalen Rastersystems; siehe Abschn. 7.1.2) in Form des sich ständig wiederholenden rechten Winkels rational gestaltet, nahezu idealtypisch umgesetzt. Wodurch – so Jackson (2005a, S. 38) – eine „vergleichsweise monotone Landschaft mit wenig dramatischer Schönheit" entstand. Die so entstandene Landschaft Zwei ist durch eine geringe interpretative Komplexität geprägt (Jackson, 2005a, S. 38): „Was die amerikanische Landschaft des frühen 19. Jahrhunderts so attraktiv erscheinen lässt, ist die Leichtigkeit, mit der wir sie lesen und interpretieren können. In der Mitte der Felder liegt die Farm, welche den Grad an Wohlstand und Zufriedenheit signalisiert". Landschaft Drei wiederum ist geprägt von einem geringeren planerischen Eingriff in die Entwicklung physischer Strukturen: es entstehen „wuchernde […] Raumnutzungen, für die es in traditionellen Landschaften keine Entsprechungen gibt: Parkplätze, Landebahnen, Shoppingcenter, Wohnmobilplätze, Apartmenthäuser, Zufluchtsstätten für Wildtiere, Disneyland" (Jackson, 2005a, S. 40; vgl. auch Spirn, 1998). Objekte und Objektkonstellationen, auf die jene, die im Kontext von Landschaft Zwei sozialisiert wurden (ob als Laie oder Expertin), zunächst mit Entsetzen reagieren. Jackson (2005a, S. 41) fordert allerdings dazu auf, mit Landschaft Drei toleranter umzugehen, schließlich sei sie „Teil unserer Kultur und muss deshalb mit Respekt behandelt werden". Einen besonderen Fokus fordert er dabei für die (suburbane) Siedlungen ein, die zu „Keimzellen neuer kleiner Landschaften werden" (Jackson, 2005a, S. 43; vgl. auch Hokema, 2013). Die der Entstehung von Landschaft Drei zugrundeliegende gesteigerte Mobilität innerhalb der Gesellschaft sollte von den professionell mit Landschaft befassten als etwas Positives aufgefasst werden, weswegen sich diese Expert~innen stärker mit gesellschaftlichen Entwicklungen befassen müssten. Charakteristikum dieser Landschaft Drei, ist ihre Vernakularität (Jackson, 2005a, b; siehe Abb. 6.17): Unter vernakulären Landschaften

versteht Jackson durch alltagsweltliches Handeln geprägte Räume. Vernakuläre Landschaften sind dabei durch kleinteilige, heterogene und unregelmäßige Strukturen mit
einer hohen Variabilität hinsichtlich Nutzungen, Eigentumsverhältnissen wie auch Ausdehnung geprägt, sie zeichnen sich also durch Wandel und Mobilität aus und weniger
durch dauerhafte Einschreibungen politischer Planungsprozesse (siehe auch Prominski,
2004; Krebs, 2008; Rode & Grimm-Pretner, 2007; Hupke, 2015): Im Gegensatz zu
(normativen) konservativen Vorstellungen von Landschaft, „sind es nicht identifizierbare
Gruppen, die bestimmte Landschaften erzeugen, sondern unzählige und nicht unbedingt
sesshafte Einzelne, die manchmal dasselbe tun, manchmal dieselben Bedürfnisse haben,
manchmal bei großer räumlicher Nähe unterschiedliche Ziele verfolgen, die aber auf jeden
Fall aus vielen unterschiedlichen Situationen kommend mit ihren jeweiligen individuellen
Bestrebungen eine räumliche Struktur schaffen, die die Absichten und Entscheidungen
der vielen Einzelnen übersteigt" (Hauser, 2012, S. 203). Ein solch weites Verständnis von
(angeeigneter physischer) Landschaft, schlägt sich in ihrer Definition nieder: (Prominski,
2004, S. 59; auch Prominski, 2006a, S. 34) fasst die Landschaft der Gegenwart kurz als
ein „dynamisches System menschgemachter Räume". Das Konzept der drei Landschaften
mischt dabei positivistische Elemente, z. B. in der Analyse der Gegenwartslandschaften,

Abb. 6.17 Landschaft Drei in Yucca Valley (Kalifornien, oben links), Kraków (Krakau, oben
rechts), Saarbrücken (unten links) und Los Angeles (unten rechts). (Eigene Fotos)

mit konstruktivistischen Elementen, wenn eine Veränderung der Sehgewohnheiten, gefordert wird. In der Argumentation folgt er letztlich dem Schema des gemäßigten Sozialkonstruktivismus.

Das Konzept von Landschaft Drei wurde (insbesondere in seiner Interpretation durch Prominski, 2004, 2006a, b) einer intensiven Kritik unterzogen (z. B. Körner, 2006b, c, 2010; Trepl, 2012b). Trepl (2012b) kritisiert beispielsweise die Dreiteilung von Landschaft nach Jackson als zu kategorisch und zu wenig historisch fundiert, so sei Landschaft Eins weitgehend durch Projektionen der „Landschaft Drei (oder die Hoffnungen, die er [Jackson; Anm. O. K.] in sie setzt) ins frühe Mittelalter" (Trepl, 2012b, o. S.) geprägt und die den unterschiedlichen Landschaftsschichten zugrundeliegenden gesellschaftlichen Machtverhältnisse seien nicht hinreichend differenziert dargestellt. Insgesamt weise das Konzept einen nordamerika- bzw. eurozentrierten Charakter auf[29]. Das Konzept trenne zudem zu wenig die Vorstellung (also die gesellschaftliche bzw. individuell aktualisierte gesellschaftliche Landschaft) und die physische Ausprägung von Landschaft (als physische Grundlagen angeeigneter physischer Landschaft). Darüber hinaus wurde mit Körner (2006c, S. 24–25; ähnlich Eisel, 2011; Trepl, 2012b) dem Begriff der Landschaft Drei nur eine abgeleitete Existenz zugesprochen: „Die alltäglichen Räume aber mit einem völlig diffusen Landschaftsbegriff als neue Landschaften heiligen zu wollen, konterkariert sich selbst, weil dann weder die Differenz zum ‚alten' Landschaftsbegriff, noch das dahinterstehende kulturelle Programm deutlich wird. Deshalb ist Prominskis Definition auch keine positive, sondern eine negative: ‚Landschaft Drei' kann nur durch das beschrieben werden, was sie im Verhältnis zur ‚alten' Landschaft nicht ist. Damit bleibt sie aber nolens volens im ‚alten' Landschaftsbegriff gefangen". Darüber hinaus kritisiert Körner (2006c), der Begriff von Landschaft Drei sei für die Planungspraxis irrelevant, schließlich hielte er keine anwendbaren Qualitätsmerkmale bereit. Darüber hinaus wird den Vertretern der Landschaft Drei vorgeworfen, sie verstünden sich als landschaftsarchitektonische Avantgarde, die sich distinktiv von den bisherigen Diskursen absetzen wolle (Eisel, 2011, S. 23; ähnlich Körner, 2006b): „Nichts erfüllt die Definitionsbedingungen nicht; da kann nichts mehr schief gehen bei einer expansiven Fachpolitik". Schöbel-Rutschmann (2007) wiederum kritisiert daran anschließend, die Kritiker am Begriff Landschaft Drei verfolgten das Ziel, für Landschaftsarchitekten eine Definitionsmacht über Landschaft zu reklamieren, die – so Prominski (2006a) – auf arkadischen Soll-Vorstellungen von Landschaft (also auf Basis von Landschaft Zwei) basierten.

Die hier angerissene Diskussion um das Konzept von Landschaft Drei lässt sich – stark vereinfacht – als Auseinandersetzung zwischen Protagonisten eines liberal-

---

[29]An dieser Stelle sei angemerkt, dass es als das Charakteristikum von Konzepten, Modellen und Theorien gilt, die Komplexität der betrachteten Welt zuordnen. Verallgemeinerungen und Idealisierungen gehören also zu ihren Merkmalen. Die hier kurz dargestellte Kritik lässt sich also dahin gehend verstehen, dass die vorgenommenen Verallgemeinerungen und Idealisierungen als nicht angemessen wahrgenommen werden.

sukzessionistischen Subdiskurses (Jackson, Prominski, Schöbel-Rutschmann) und eines konservativ-bewahrenden Subdiskurses (Körner, Trepl) um die Diskurshoheit des landschaftsbezogenen Diskurses verstehen. Eine Definitionshoheit über den landschaftsbezogenen Diskurs verspricht schließlich – um machttheoretisch zu argumentieren (vgl. Abschn. 6.6.2.4) – eine Zunahme an Reputation und Einfluss. Die scharf geführten Diskussionen um die Anschlussfähigkeit des Jacksonschen Konzeptes von ‚Landschaft Drei‘ als einem ‚erweiterten‘ Landschaftsverständnis in den deutschsprachigen landschaftsbezogenen Wissenschaften lassen sich auch als diskursive Aushandlung kultureller Konstrukte im Sinne der Aufladung gesellschaftlicher Landschaft mit Machtfragen (siehe Abschn. 6.6.2.4) verstehen: Es wird ein ‚angloamerikanischer erweiterter Landschaftsbegriff‘ adaptiert, dessen Vertreter die Diskurshoheit der Vertreter eines ‚deutschen engen Landschaftsbegriffs‘ in Frage stellen (vgl. auch Abschn. 7.1.2).

6.8.2   Die Auflösung der Dichotomie von Stadt und Land und der Versuch einer differenzierten konzeptionellen Reaktion: die Zwischenstadt

Ähnlich dem Konzept von Landschaft Drei, mit dem das Ziel der Verbreitung eines ‚erweiterten‘ Landschaftsverständnisses geteilt wird (vgl. Tzschaschel, 2012), befasst sich die Zwischenstadt (Sieverts, 1997, 2001, 2004) mit dem physischen Ausdruck der Lebensweise der in ihr lebenden Menschen in der Gegenwart: Die Deregulation der Gesellschaft schlägt sich demnach im physischen Raum nieder und prägt so eine Patchworklandschaft. Der räumliche und zeitliche Fokus der beiden Konzepte ist jedoch ein anderer: Befasst sich Jackson mit dem Wandel von Landschaft vom Mittelalter bis in die Gegenwart sowie einem weiten Kontinuum ländlicher bis metropolitaner Landschaften, fokussiert sich Sieverts auf den suburbanen Raum der Gegenwart: Zwischenstadt meint – in einer ersten Annäherung – eine Verstädterung von (ländlich gedachter) „Landschaft und ebenso die ‚Verlandschaftlichung‘ der Stadt" (Vicenzotti, 2011, S. 15; vgl. auch Vicenzotti, 2008, 2017, 2012; Gailing, 2015c; Hofmeister & Kühne, 2016b). Ähnlich dem Konzept von Landschaft Drei unterliegt das Konzept der Zwischenstadt einem intensiven Diskussionsprozess.

Sieverts (1997) charakterisiert die Zwischenstadt als eine Stadt „zwischen den alten historischen Stadtkernen und der offenen Landschaft, zwischen dem Ort als Lebensraum und den Nicht-Orten der Raumüberwindung, zwischen den kleinen örtlichen Wirtschaftskreisläufen und der Abhängigkeit vom Weltmarkt" (Sieverts, 1997, S. 7)[30].

---

[30]Das Konzept der ‚Nicht-Orte‘ geht auf Marc Augé (1994) zurück. Es handele sich dabei um Räume, die durch Beschleunigung und Telekommunikationsformen entstanden sind; „Zu den Nicht-Orten gehören die für den beschleunigten Verkehr von Personen und Gütern erforderlichen Einrichtungen (Schnellstraßen, Autobahnkreuze, Flughäfen) ebenso wie die Verkehrsmittel selbst",

Ähnlich Jackson, sieht auch Sieverts (1997, S. 8) fundamentale und sich rasch voll-
ziehende gesellschaftliche Veränderungen als treibende Kräfte für die Entwicklung des
neuen Raumtypus:

1. „die weltweite Arbeitsteilung der Wirtschaft und die damit veränderte Stellung der
   Stadt im weltwirtschaftlichen Gefüge,
2. die Auflösung der kulturellen Bindekräfte der Stadt und die damit verbundene
   radikale Pluralisierung der Stadtkultur,
3. die inzwischen fast vollständige Durchdringung der Natur durch den Menschen und
   der sich damit auflösende Gegensatz zwischen Stadt und Natur".

Dabei sei die Zwischenstadt zwischen dem einzelnen, dem besonderen Ort als räum-
lich-historischem Ereignis angelegt „und den überall ähnlichen Anlagen der weltwirtschaftlichen Arbeitsteilung, zwischen dem Raum als unmittelbarem Lebensfeld und der
abstrakten, nur in Zeitverbrauch gemessenen Raumüberwindung, zwischen der auch als
Mythos noch wirksamen alten Stadt und der ebenfalls noch tief in unseren Träumen ver-
ankerten Kulturlandschaft" (Sieverts, 1997, S. 14). Dem Phänomen werde Ratlosigkeit
entgegengebracht (Sieverts, 1997), da

1. die Zwischenstadt weder in der Vorstellung ihrer Bewohner noch derjenigen der
   politischen Eliten eine eigenständige Identität besitze,
2. die mit ihrer Entwicklung verbundenen Aufgaben weder mit den Mitteln des Städtebaus noch jenen der Architektur zu bewältigen seien und
3. der Mythos der ‚Alten Stadt' den Blick auf die ‚Realität' der Peripherie erschwere.

Das Konzept der Zwischenstadt formuliert also eine „Antithese der traditionellen Stadt-
auffassung der Europäischen Stadt mit ihrem Gegensatz zur Landschaft" (Kühn, 2002,
S. 95; vgl. auch Kühn, 2001b). Das Konzept der ‚Europäische Stadt' oder ‚Alten
Stadt' grenzt sich historisch zunächst gegen die Stadtvorstellungen der internationalen
funktionalistischen Moderne ab. Die Rückbesinnung auf die ‚Europäischen Stadt' steht in
enger Verbindung mit der Neuorientierung der Stadtsanierung: Das Prinzip der Flächensanierung, charakterisiert durch den Abbruch ganzer Quartiere, wurde seit den 1970er
Jahren durch das Prinzip der erhaltenden Erneuerung abgelöst (Jessen, 2004). Gegenüber den Anhängern der Konzepte von ‚Alter Stadt' bzw. ‚historischer Kulturlandschaft',
stellen Hauser und Kamleithner (2006, S. 62–63) fest, dass die heutige Situation des

---

genauso wie „die großen Einkaufszentren oder die Durchgangslager, in denen man die Flücht-
linge kaserniert" Augé (1994, S. 44–45). Den Unterschied zu einem Ort fasst Augé (1994, S. 92)
folgendermaßen: „So wie ein Ort durch Identität, Relation und Geschichte gekennzeichnet ist,
so definiert ein Raum, der keine Identität besitzt und sich weder als relational noch als historisch
bezeichnen lässt, einen Nicht-Ort.".

Zwischenstädtischen „mit Billigung von vielen planenden Organen entstanden [ist], die jeweils in ihren territorial definierten Grenzen ihre Zuständigkeit ausüben und versuchen, ihre Perspektive zur räumlichen Materialisierung zu bringen". Die intensiven diskursiven Auseinandersetzungen zwischen Befürwortern und Gegnern der Zwischenstadtidee kommentiert Bodenschatz (2001) indem er zu einem Abrücken exklusiv vorgetragener Positionen mahnt: „Die Alternative zwischen ‚Europäischer Stadt' und ‚Zwischenstadt' ist eine Sackgasse, die in die Irre führt und die Fachwelt lähmt. Wohlgemerkt: das Beharren auf einer Alternative, auf dem Entweder Oder. Das impliziert oft eine verbale Entsorgung der städtischen Zentren auf der einen Seite wie auch eine strategische Vernachlässigung von Suburbia auf der anderen Seite". Neben den Befürwortern und den Gegnern lässt sich eine dritte Position festmachen, die der Qualifizierer. Die einzelnen Positionen zur Zwischenstadt lassen sich mit Vicenzotti (2008, 2011, 2012, 2017, 2019) und Schultheiß (2007) wie folgt fassen:

1. Gegner der Zwischenstadt kontrastieren diese an der ‚historisch gewachsenen Kulturlandschaft' oder der ‚Alten Stadt'. Im Gegensatz zu diesen verfüge die Zwischenstadt – aufgrund ihrer fehlenden Geschichte – über keine Identität, diese hingegen sei notwendig, damit ein Raum zu ‚Heimat' werde. Wesentliches Charakteristikum der ‚unorganisch' entwickelten Zwischenstadt sei ihre Fragmentierung und Heterogenität: „Statt lesbarer Einheiten biete sie seinen ungeordneten Siedlungsbrei" (Vicenzotti, 2011, S. 85), der gegenüber dem städtischen Raum nur verengte Lebensstile zulasse[31]. Die Argumentation der Gegner der Zwischenstadt basiert dominant auf einem konservativen Weltbild.

2. Euphoriker verfolgen nicht das Ziel, eine bestimmte ‚Ortsidentität' auf Grundlage von Geschichte herstellen zu wollen, vielmehr ist es ihr Ziel, Unbestimmtheit und Offenheit wie auch Fragmentiertheit zu steigern, um so einen Ort für möglichst viele individuelle und unterschiedliche Lebensentwürfe zu schaffen. Dabei verfolgen sie einen emphatischen Urbanitätsbegriff (Vicenzotti, 2011, S. 87): „Urbanität bedeutet für sie unbegrenzte Freiheit und unbegrenzte Möglichkeiten, die Durchmischung und Überlagerung aller gesellschaftlich denkbaren Interessen". Damit vertreten die Euphoriker der Zwischenstadt eine liberal geprägte Weltanschauung.

3. Qualifizierer halten – wie auch Gegner – die Identität von Siedlungen für wesentlich, allerdings halten sie – im Gegensatz zu den Gegnern – die Zwischenstadt für einen Ort mit Identität. Die Qualifizierer sind – im Anschluss an Sieverts – bemüht „aus der

---

[31]Waldie (2005, S. 94) relativiert diese Vorstellung suburbanen Wohnens, indem er feststellt: „Ich stimme zu. Mein Leben ist eng. Von einer Perspektive oder einer anderen, sind all unsere Leben eng. Nur wenn Leben nebeneinander platziert sind, scheinen sie größer zu sein".

Akzeptanz der entstandenen Siedlungs- und Landschaftsräume neue Qualitäten zu generieren, die sowohl baulich- wie sozialräumliche Perspektiven vermitteln" (Mölders et al., 2016, S. 45). Für die Qualifizierung von Zwischenstadt halten sie Geschichte für wesentlich, aber nicht für ein ausschließliches Prinzip: Historische Elemente angeeigneter physischer Landschaft (wie Dorfkerne, Wegeverbindungen, Bachläufe) sollen in die Planung von Zwischenstadt einbezogen werden. Das bedeutet (Hauser & Kamleithner, 2006, S. 213): „Sinnvolle Qualifizierungsstrategien setzen Qualifizierungsziele voraus", die wiederum auf einer Ästhetik im Sinne einer „bewussten Wahrnehmung und verständlichen Anschauung" (Boczek, 2007, S. 230) basieren. Das Leitprinzip der Qualifizierungsstrategie ist jenes der Ordnung (Schultheiß, 2007). Eine Qualifizierungsstrategie ist beispielsweise die Herstellung wahrnehmbarer Raumeinheiten aus den unzusammenhängenden Elementen des räumlichen Patchworks, indem diese miteinander in Beziehung gesetzt würden. Eine andere Strategie besteht in der „Inszenierung ihrer [der Zwischenstadt; Anm. O. K.] Fragmentiertheit und Heterogenität [...]. Denn, so wird argumentiert, das Typische der ‚Zwischenstadt' liege gerade in ihrem fragmentierten und heterogenen Charakter" (Vicenzotti, 2011, S. 89). Urbanität wird in diesem Kontext als Möglichkeit individueller Selbstbestimmung einerseits im Rahmen gemeinschaftlich ausgehandelter Grenzen verstanden, was insbesondere auf ein demokratisches Weltbild verweist, andererseits ist das Verständnis der Qualifizierung stark von expertenhaftem Gestaltungs- und Ordnungsanspruch bestimmt, das sich schwer mit den Prinzipien der Partizipation vereinbaren lässt (Schultheiß, 2007). Die Kritik an der Qualifizierungsstrategie pointiert Hahn (2014, S. 83): „Die Bewohner der sog. ‚Stadtregion' wurden [...] nicht gefragt, ob sie sich von Planern ihre räumliche ‚Identität stiften' lassen wollten". Die Bewohner der ‚Zwischenstadt' hatten in der Regel nämlich nicht den Eindruck, in einer ‚identitätslosen' Gegend zu wohnen oder hatten nie den Wunsch nach ‚Identität' geäußert, zumindest nicht einer, die der ‚déformation professionelle' von Planern und Architekten entsprach (vgl. Kühne, 2008a; Kazig, 2016; Weber, 2017).

Das Konzept der Zwischenstadt (wie auch der ‚Alten Stadt'), das auf ein gemäßigt-sozialkonstruktivistisches Weltverständnis zurückgreift, weist sowohl eine analytische (im Sinne: ‚es lässt sich empirisch eine Zwischenstadt beschreiben') als auch eine normative (im Sinne: ‚Siedlungen sollen sich in Form zwischenstädtischer Arrangements entwickeln') auf. Durch eine nicht reflektierte Vermischung analytischer und normativer Dimension können planerische Soll-Zustandsaussagen im Diskurs eine scheinbare Faktizität erhalten. Umgekehrt wird mit der analytischen Aussage, es gäbe eine Zwischenstadt/Alte Stadt, eine normative Aussage verbunden, es solle eine Zwischenstadt/Alte Stadt geben. Diese Amalgamierung von Sein und Sollen lässt sich als ein Sein-Sollen-Fehlschluss (Humesches Gesetz, nach dem Philosophen David Hume) beschreiben: nur, weil etwas ist, heißt es noch lange nicht, dass es auch so sein soll (siehe Schurz, 1997).

6.8.3 Der gemäßigt-konstruktivistische Landschaftsbegriff in seiner normativen Fassung: die Europäische Landschaftskonvention

Im Vergleich zu den beiden im Vorangegangenen vorgestellten Ansätzen ist die Europäische Landschaftskonvention stark auf den praktischen Umgang mit Landschaft ausgerichtet. Aufgrund ihres theoretischen Fundamentes zeigt sie aber auch, wie theoretische Überlegungen rechtlich operationalisiert werden können. Grundlagen sind dabei neben einem ‚erweiterten' Landschaftsbegriff ein gemäßigtes (Landschaft wird teilweise als Objekt verstanden), in Teilen sozialkonstruktivistisches (Landschaft entsteht konstitutiv durch soziale Konstruktion) Wirklichkeitsverständnis.

Die Europäische Landschaftskonvention (ELK) lässt sich als ein Handlungsrahmen beschreiben, der einerseits den physischen Grundlagen, andererseits auch den gesellschaftlichen Grundlangen angeeigneter physischer Landschaft Rechnung trägt. Die Europäische Landschaftskonvention soll der Förderung des Schutzes, der Entwicklung sowie der zwischenstaatlichen Zusammenarbeit in diesen Fragen dienen. Die vom Europarat im Jahre 2000 initiierte und 2004 in Kraft getretene Konvention, wurde bis heute von 29 Staaten ratifiziert[32] und von zwei Staaten ohne Ratifikation unterzeichnet (Island und Malta). Weder ratifiziert noch unterzeichnet wurde sie von neun Staaten (darunter Deutschland und Österreich). Die – so Hunziker (2010, S. 33) „derzeit relevanteste Definition von Landschaft, jene der Europäischen Landschaftskonvention", charakterisiert Landschaft als „ein vom Menschen als solches wahrgenommenes Gebiet, dessen Charakter das Ergebnis des Wirkens und Zusammenwirkens natürlicher und/oder anthropogener Faktoren ist" (Council of Europe, 2000a). Der erste Teilsatz, „ein Gebiet, wie es vom Menschen wahrgenommen wird", verweist hierbei auf ein konstruktivistisches Landschaftsverständnis, d. h. Landschaft ist kein materieller Gegenstand, sondern eine individuelle soziale Konstruktion, die durch Zusammenschau unterschiedlicher Elemente auf Grundlage sozialer Konventionen erzeugt und wahrgenommen wird. Der zweite Teilsatz, „dessen Charakter das Ergebnis der Wirkung und Wechselwirkung von natürlichen und/oder menschlichen Faktoren ist", kann sowohl in Richtung einer essentialistischen als auch einer positivistischen Wissenschaftstradition gedeutet werden. Während in essentialistischer Tradition davon ausgegangen wird, die materiellen Erscheinungen von ‚Landschaft' seien Ausdrücke ihres ‚Wesens', gehen positivistische Ansätze davon aus, Landschaft sei ein physisches Objekt, das empirisch durch messen, zählen und wiegen erfassbar sei. Der Ausdruck „Charakter" verweist dabei eher auf eine essentialistische Denkweise, das Wort „Faktoren" eher auf eine positivistische. Auch die in Artikel 6 geforderte „Erfassung und Bewertung" verweist auf eine stärker positivistische Ausrichtung, denn auf eine essentialistische.

---

[32]Unter Ratifizierung wird eine völkerrechtlich verbindliche Erklärung des Abschlusses einer internationalen Übereinkunft durch die unterschiedlichen Vertragsparteien verstanden.

Die Konvention sieht vier Schritte des Umgangs mit Landschaft vor: Erstens, die Erfassung von Landschaften; zweitens, die Identifikation von Landschaften; drittens, die Charakterisierung von Landschaften; und viertens, „ein Monitoring von Landschaftsveränderungen unter Berücksichtigung der Kräfte und Einflüsse […], die zu Landschaftswandel beziehungsweise -veränderung führen" (Bruns, 2008, S. 105). Auch hier zeigt sich ein eher gegenständlicher (positivistischer) Begriff von Landschaft, der sich inkongruent zu dem im ersten Halbsatz der Definition von Landschaft postulierten konstruktivistischen Verständnis verhält. Dieses Verständnis rückt in Artikel 6 wieder stärker in den Fokus, wenn eine Beteiligung der Bevölkerung bei der Bewertung der erfassten Landschaften bestimmt wird. Dabei bleibt der Landschaftsbegriff der ELK, „folgt man der Definition, ein deskriptiver. Er ist allerdings nicht frei von normativen Elementen, wie der Bezug etwa auf ‚geschädigte' Landschaften zeigt, dem Vorstellungen landschaftlicher ‚Gesundheit' oder ‚Intaktheit' zugrunde liegen müssen" (Hokema, 2013, S. 114).

Angesichts dieser Uneindeutigkeiten lässt sich das landschaftstheoretische Verständnis der ELK als postmodern charakterisieren: Die wissenschaftstheoretischen Grundlagen sind eher eklektizistisch ausgelegt, es findet kein erkennbares Bemühen statt, ein in sich konsistentes Konzept zugrunde zu legen. Der Zugriff, Landschaft sowohl als Gegenstand als auch als soziales Konstrukt zu verstehen, hat sich – der geringen konzeptionellen Stringenz zum Trotz – in den letzten Jahrzehnten in dem wissenschaftlichen Diskurs um Landschaft festgesetzt, er lässt sich als ‚gemäßigter Konstruktivismus' (Abschn. 6.1.4) bezeichnen: Zwar wird Landschaft in sozialen Prozessen konstruiert, doch wird angenommen, es gäbe auch eine objektiv vorhandene materielle Landschaft, die als Referenzebene für die sozialen Konstruktionen herangezogen werden kann.

Eine weitere theoretische Bezugsebene liegt in einem ‚engen' und einem ‚weiten' Landschaftsverständnis (z. B. Apolinarski et al., 2006; Wojtkiewicz & Heiland, 2012; Hokema, 2013). Hierunter verbirgt sich das klassische Natur- bzw. Kulturlandschaftserhaltungsparadigma, das häufig auf einer essentialistischen Landschaftsdeutung basiert. Die ELK rückt, laut Marschall und Werk (2007, S. 720), von der Norm ‚harmonischer' oder sogar ‚arkadischer' Landschaften ab, so wird der Begriff der Landschaft „zunehmend auch für die geschundene, nicht harmonische oder städtische Landschaft" verwendet, was ein ‚weites' Landschaftsverständnis impliziert. Andererseits wird in der Präambel der Wunsch geäußert, „eine nachhaltige Entwicklung auf der Grundlage eines ausgewogenen und harmonischen Verhältnisses zwischen gesellschaftlichen Bedürfnissen, wirtschaftlicher Tätigkeit und der Umwelt zu erreichen". Gerade die Wortwahl (die sich auch in der englischen Fassung als *„balanced and harmonious"* findet) „ausgewogen und harmonisch" legt ein ‚enges' und essentialistisches Verständnis von Landschaft nahe, da es sich um eine Wortwahl handelt, die häufig im Kontext von Erhaltungsnormen ‚historisch gewachsener Kulturlandschaft' zu finden ist (vgl. hierzu Kühne, 2008a). Somit zeigt sich auch im Kontext der Weite des Landschaftsverständnisses ein eher postmodern-eklektizistischer Ansatz.

Eher einen modern-rationalistischen Bezug weist die ELK dagegen hinsichtlich der Frage auf, ob die kognitive, funktionale, emotionale bzw. ästhetische Dimension

von Landschaft behandelt wird. Die ästhetische und emotionale Dimension von Landschaft wird eher indirekt durch die Beteiligung von Bürgern adressiert. Im klassischen
modernen Planungsverständnis wird hingegen auf die kognitive Dimension von Landschaft wie auch auf die funktionale (sowohl als Ökosystem als auch in Bezug auf die
Bedürfnisse des Menschen) rekurriert.

Die unterzeichnenden Staaten, verpflichten sich dazu, die physischen Grundlagen
angeeigneter physischer Landschaften ihres Hoheitsgebietes zu erfassen, zu analysieren und
– vor dem Hintergrund des Landschaftsbezuges der Gesellschaft (im Sinne der gesellschaftlichen Landschaft) – zu bewerten. Neben dem individuellen und sozialen Wohlbefinden
liegt ein zentrales Ziel der Europäischen Landschaftskonvention in der nachhaltigen Entwicklung, die Prieur (2006, S. 13) in diesem Kontext als „ausgeglichenes und harmonisches
Verhältnis zwischen sozialen Bedürfnissen, ökonomischen Aktivitäten und der Umwelt"
beschreibt. Ein wesentlicher Bestandteil der Europäischen Landschaftskonvention liegt – der
Logik der Definition von Landschaft folgend, diese auch als soziales Konstrukt zu begreifen
– in der Bürgerbeteiligung (Jones & Stenseke, 2011; Atmanagara, 2015; Bruns, 2015). Diese
wird für alle Maßnahmen zur Pflege und Entwicklung der Landschaft gefordert. Die direkte
Beteiligung der Zivilgesellschaft an der Entwicklung von angeeigneter physischer Landschaft (im Wesentlichen in ihrer physischen Dimension) wird festgeschrieben, „vor allem
um sicher zu stellen, dass die Bedürfnisse und eigenständigen Vorstellungen der Menschen
in den unterschiedlichen Regionen in der Landschaftsplanung ausreichend Gehör finden
und eine uniforme Entwicklung der Landschaften verhindert wird" (Civilscape, 2010,
S. o. S.; vgl. auch Prieur, 2006; Howard, 2011; Jones & Stenseke, 2011; Hokema, 2013).
Diese große Bedeutung der Beteiligung von Bürgern an der Landschaftsentwicklung
betont die Europäische Landschaftskonvention aufgrund des gesellschaftlich konstitutiven
Charakters von Landschaft, „weil es ja die Menschen sind, die wesentlich den Charakter
einer Landschaft beeinflussen, so wie sie selbst auch von der Landschaft beeinflusst werden"
(Civilscape, 2010, S. o. S.). Die von der ELK sieht vier Schritte des Umgangs mit Landschaft vor: Erstens, die Erfassung; zweitens, die Identifikation von Landschaften; drittens,
deren Charakterisierung; und viertens, „ein Monitoring von Landschaftsveränderungen unter
Berücksichtigung der Kräfte und Einflüsse […], die zu Landschaftswandel beziehungsweise
-veränderung führen" (Bruns, 2008, S. 105; vgl. auch Olwig, 2007).

Während andere rechtliche Regelungen zu landschaftlich relevanten Themen, ob
nationalstaatliche Gesetze (wie das Bundesnaturschutzgesetz) oder Verordnungen
der Europäischen Union (wie die Verordnung (EG) Nr. 1698/2005 des Rates über die
Förderung der Entwicklung des ländlichen Raums durch den Europäischen Landwirtschaftsfonds für die Entwicklung des ländlichen Raums – ELER) eine hohe Regelungsdichte aufweisen, ist die Europäische Landschaftskonvention vergleichsweise allgemein
gehalten. Die geringe Regelungsdichte der Europäischen Landschaftskonvention wird
unterschiedlich bewertet: Diedrich Bruns (2006, S. 14; ähnlich auch Bruns, 2007; 2008,
2015) beschreibt die Europäische Landschaftskonvention als ein modernes Vertragswerk, an
dem das Großartige „die mit klaren Worten vorgetragenen Ziele" seien. Dagegen kritisiert
Beate Jessel (2005, S. 585) die mangelnde rechtliche Operationalisierung der Europäischen

Landschaftskonvention, es handele sich dabei lediglich um Rahmenbestimmungen, „deren Nichtbefolgung mit keinen konkreten Sanktionen bewehrt" sei. Atmanagara (2015) attestiert, welche Deutung *nicht* aktualisiert wird: die eines ‚Eigenwertes' von Natur und Landschaft, eine Deutung, die aufgrund ihres essentialistischen Grundtenors schwerlich mit der gewählten Definition von Landschaft synchronisierbar gewesen wäre.

Die Definition von Landschaft als von ‚Menschen als solches wahrgenommenes Gebiet' bedeutet auch eine Verschiebung des Einflusses von Planern zugunsten der Zivilgesellschaft, wie Bruns (2010, S. 34; siehe auch Jones et al., 2007) feststellt: Mit der Europäischen Landschaftskonvention sind „Wahrnehmungen und die Ansichten aller Mitglieder der zivilen Gesellschaft im weitesten Sinne von Belang […], nicht nur die Auffassung einer politischen oder akademischen Elite (und schon gar nicht nur deren Vorstellung vom Landschaftsbild)". Mit dem Ziel der Demokratisierung des Bewertungs- und Planungsprozesses, ist – ein Umdenken überall dort erfordert, wo „wie etwa bei der flächendeckenden Landschaftserfassung und -bewertung oder bei der Leitbildfindung, das Feld bisher von Experten beherrscht wurde und wo nun auch Laien mitwirken sollen" (Bruns, 2006, S. 17; vgl. auch Mitchell, 2003; Jones et al., 2007). So sind die landschaftsbezogenen Deutungen der Bevölkerung in jede Phase der Entwicklung (insbesondere der physischen Grundlagen) angeeigneter physischer Landschaft einzubeziehen (Bruns, 2010): In die Bestandsaufnahme, in die Analyse (etwa des Wandels der physischen Grundlagen von angeeigneter physischer Landschaft), in die Diskussion und Verabschiedung von Landschaftsqualitätszielen, in die Bewertung angeeigneter physischer Landschaften wie auch in die Einflussnahme auf Entscheidungen in Bezug auf die Entwicklung von Landschaften. Durch die Aufweitung des Landschaftsbegriffs erfordert der Umgang mit Landschaft im Gefolge der Europäischen Landschaftskonvention also eine inter- und transdisziplinäre wissenschaftliche Perspektive (Naranjo, 2006; Pedroli & van Mansvelt, 2006; Jones et al., 2007; Selman, 2010): Einerseits sind unterschiedliche Disziplinen an der Erforschung von Landschaft zu beteiligen (nicht nur Natur-, sondern auch Geistes- und Sozialwissenschaften), andererseits ist der Dialog zwischen Wissenschaft und Praxis Grundlage einer erfolgreichen Landschaftspolitik. Um- und Durchsetzbarkeit der Europaischen Landschaftskonvention (eigens in Deutschland) hat also auch eine intensiver Verbindung zum Thema ‚Landschaft und Macht' (siehe Abschn. 6.6.2): Unter Hinweis auf einen durch die Europäische Landschaftskonvention postulierten zusätzlichen Verwaltungsaufwand wurde die Europäische Landschaftskonvention bis dato von Deutschland nicht ratifiziert (Bruns, 2006; vgl. auch Kühne, 2008a). Ein anderes Begründungsmuster des amtlichen Naturschutzes in Deutschland für die Ablehnung der Europäischen Landschaftskonvention liefert Luik (2007): Die Europäische Landschaftskonvention sei stark an Logik und Terminologie der Raumordnung angelehnt (Artikel 5 fordert auch eine Integration von Landschaft in Raum- und Stadtplanung), diese sei – auch für Bauwesen und Straßenbau zuständig – der natürliche Feind der Natur, was auch die Konkurrenz unterschiedlicher administrativ institutionalisierter Sachdisziplinen (Landschaftsplanung ist in Deutschland die Fachplanung des Naturschutzes) um Deutungshoheit über den Landschafts- und Raumdiskurs und damit auch Machtressourcen verdeutlicht.

Die Europäische Landschaftskonvention zeichnet sich zum einen dadurch aus, dass sie den klassischen essentialistischen oder positivistischen Ansatz um konstruktivistische Elemente erweitert, zum anderen wird ein stärkerer Fokus auf die Partizipation der Bevölkerung, also deren „Beteiligung an kollektiven Entscheidungen" (Gottschick & Ette, 2012, S. 29) gelegt. Dies setzt allerdings die Entwicklung und Umsetzung geeigneter Vorgehensweisen voraus (Naranjo, 2006; Abschn. 8.3). Dieser Einbezug der Bevölkerung wird jedoch durch die Fokussierung auf die kognitive und die funktionale Dimension von Landschaft erschwert, da insbesondere jene Zugänge nur indirekt angesprochen bleiben, die für Nicht-Experten von besonderer Bedeutung sind: Ästhetik und Emotion (z. B. in Form von Heimat; vgl. auch Kühne, 2006a, 2008a).

Die als postmodern-eklektizistisch bezeichnete theoretische Grundausrichtung der Konvention, also der Verzicht auf eine Festlegung auf eine konstruktivistische, positivistische oder konstruktivistische wissenschaftstheoretische Begründung, kann durchaus auch als Ausdruck eines ‚Neopragmatismus' (Chilla et al., 2015; Hildebrand, 2003; Kühne, 2018h) in der Planung verstanden werden. An die Stelle einer stringenten logischen Ableitung von Positionen tritt eine stärker an den Adressaten und den Gegenständen der Planung ausgerichtete Positionierung. In diesem Kontext lässt sich auch die geringe Regelungsdichte der Konvention verstehen. Diese – so kritisiert Atmanagara (2015, S. 312) – bedeute aber auch, dass die ELK „im Hinblick auf die Auswirkungen des globalen Wandels und der damit verbundenen Transformationsprozesse deutliche Lücken" aufweist. Auch sei die Beteiligung der Bevölkerung primär auf lokaler Ebene angesiedelt, wodurch noch immer eine Konzentration von Macht bei Experten auf den höheren Ebenen der Verwaltung impliziert sei, was sich darin äußere, „dass es hier vor allem um eine verstärkte Institutionalisierung der Landschaftspolitik geht (Rechtsprechung, Verwaltungsverfahren, Entwicklung von politischen Strategien und Integration in verschiedene Politikbereiche)" (Atmanagara, 2015, S. 312). Diese Kritik aufnehmend, kann die ELK als ein Schritt in Richtung einer stärkeren Integration von Bürgern in den Umgang mit Landschaft gedeutet werden, ein Prozess der weder abgeschlossen noch unumkehrbar sein muss, denn Diskurse sind nicht endgültig fixierbar, wie in Abschn. 6.1.6 gezeigt.

6.9   Vergleichende Betrachtung der Konzepte und Theorien

Die dargestellten Konzepte und Theorien weisen im – Anschluss an Robert Merton (1968 [1949]) – eine ‚mittlere Reichweite' auf[33]. Bei Theorien ‚mittlerer Reichweite' handelt sich also nicht um universelle Theorien, die den Anspruch haben, die Welt umfassend zu erklären, sondern Ansätze, die unterschiedlich große Teilbereiche von Welt nachvollziehbar machen wollen. Dabei ist den vorliegenden analytischen Ansätzen

---

[33]Eine Ausnahme bildet das radikalkonstruktivistische Landschaftsverständnis, das zwar in die universalistische Luhmannsche Systemtheorie eingebettet ist, aber bislang wenig elaboriert vorliegt.

(Abschn. 6.1 bis 6.7) eigen, dass sie in einen mehr oder minder großen theoretischen Kontext eingebettet sind. Es handelt sich also in der Regel nicht um Theorien, die allein zum Gegenstand der Landschaft entwickelt wurden, sondern um solche, die auch für den landschaftlichen Erklärungskontext herangezogen werden können. Während bei Theorien zur Präferenz angeeigneter physischer Landschaften das Thema Landschaft im Fokus der Theoriebildung stand, ist das Thema im Kontext der Kritischen Theorie eher eine Einzelfrage. Der Integration dieser Perspektivenvielfalt auf Landschaft widmet sich insbesondere der neopragmatische Ansatz durch Formulierung einer Meta-Theorie. Dagegen bemühen sich die Assemblage-Theorie und die Akteurs-Netzwerk-Theorie auf der Ebene der Forschungsgegenstände und Forschenden um Auflösung des Gegensatzes von Subjekt und Objekt bemühen, die Phänomenologie vermittelnde Akte zwischen Mensch und seiner Umgebung ins Zentrum des Interesses stellt. Normative Ansätze (Abschn. 6.8) hingegen sind stark auf das Thema Landschaft als Objekt fokussiert und stellen sich eher mittelbar in einen theoretischen Kontext, indem sie auf einen expliziten theoretischen Anschluss an analytische Theorien verzichten.

Aufgrund des Nichtvorhandenseins einer ‚Universaltheorie' der Landschaft bleibt die Wahl der Theorie bei theoriegeleiteter sozialwissenschaftlicher Landschaftsforschung abhängig vom Forschungsgegenstand: Kulturwissenschaftliche Forschungen zur Ästhetik der Landschaft lassen sich beispielsweise an den Überlegungen zur philosophischen Landschaftsästhetik ausrichten, empirische Studien zu Landschaftspräferenzen an biologistischen, kulturalistischen oder individualistischen Ansätzen. Steht die Entwicklung der physischen wie der sozialen Grundlagen angeeigneter physischer Landschaft im Fokus des Interesses, bieten sich die Ansätze der Eigenlogik und Pfadabhängigkeit als theoretische Grundlagen der Untersuchung an. Sollen die Zusammenhänge zwischen emotionaler, kognitiver und materieller Dimension von Landschaft untersucht werden, bietet der Ansatz des Landschaftsbewusstseins eine geeignete Basis dafür. Kritische Ansätze hingegen sind dazu geeignet, Machtstrukturen im gesellschaftlichen Konstruktionsprozess von Landschaft zu reflektieren. Soll der thematische Schwerpunkt der Untersuchung darauf liegen, auf welche ideologische Fundierung unterschiedliche Landschaftsdiskurse zurückführbar sind, lässt sich die Untersuchung in den Kontext der Betrachtung unterschiedlicher Weltanschauungen stellen. Normative Ansätze bieten die Möglichkeit der Verknüpfung der Konstruktion von Ist-Zuständen mit normativen Zuständen von angeeigneter physischer Landschaft. Die Konstruktion von Soll-Zuständen – unabhängig, ob es sich um die Revision physischer oder gesellschaftlicher Grundlagen angeeigneter physischer Landschaften handelt, unterliegt dabei stets einer besonderen Begründungsbedürftigkeit. Problematisch werden (nicht nur) landschaftliche Kommunikationsprozesse, wenn analytische und normative Aussagen nicht getrennt werden, oder aber aus der puren Existenz von Objekten oder Ideen auf deren normative Erhaltung geschlossen wird (Sein-Sollen-Fehlschluss), d. h. wenn beispielsweise aus der Zusammenschau physischer Objekte zu ‚halboffener Landschaft' ohne weitere Begründung der Erhalt ihrer physischen Grundlagen gefordert wird (mehr dazu: Kühne, 2019d; Kühne & Jenal, 2021).

Aspekte der sozialen Konstruktion von Landschaft

7

Zusammenfassung

Kap. 7 stellt die Vielfalt der bis dato diskutierten Themen im Kontext der sozialen Konstruktion von Landschaft dar, wobei auch Ergebnisse von Forschungen einbezogen werden, die auf Grundlage alternativer Theorien durchgeführt wurden, hier aber dann eine sozialkonstruktivistische Rahmung erfahren. Dabei handelt es sich etwa um den Zusammenhang von Landschaft und Macht, nicht nur in Form von materiellen Einschreibungen, sondern auch in sozialen Konventionalisierungsprozessen, sondern auch um die Entstehung kulturspezifischer Verständnisse oder virtuellen Landschaftserzeugungen.

Schlüsselwörter

Macht · Moral · Pluralität · Multisensualität · Virtual Reality

Die soziale Konstruktion landschaftlicher Vorstellungen vollzieht sich nicht einheitlich, sondern in unterschiedlicher Weise differenziert. In den letzten Jahren hat sich die landschaftsbezogene Sozialforschung dieser unterschiedlichen Differenzierung von Landschaftskonstruktionen verstärkt angenommen. Wesentliche Felder und Ergebnisse dieser Forschung zur sozialen Konstruktion von Landschaft werden nun im Folgenden dargestellt.

Die differenzierte soziale Konstruktion von Landschaft findet sich etwa in Bezug auf unterschiedliche Milieus, aber auch soziodemographische Variablen (Geschlecht, Alter) und kulturelle Unterschiede. Auf diese Aspekte wird in Abschn. 7.1 eingegangen. Die folgenden Abschnitte dieses Kapitels befassen sich mit wesentlichen Zusammenhängen im landschaftlichen Kontext: In Abschn. 7.2 wird behandelt, inwiefern Landschaft mit

© Der/die Autor(en), exklusiv lizenziert durch Springer Fachmedien Wiesbaden GmbH, ein Teil von Springer Nature 2021
O. Kühne, *Landschaftstheorie und Landschaftspraxis*, RaumFragen: Stadt – Region – Landschaft, https://doi.org/10.1007/978-3-658-34746-8_7

Angst besetzt wird. In Abschn. 7.3 werden die nicht-visuellen sinnlichen Eindrücke im Kontext der Konstruktion von Landschaft dargestellt, Abschn. 7.4 befasst sich mit der Frage, in welcher Form Landschaft mit der Konstruktion von Natur und Kultur in Beziehung gesetzt wird. In welcher Weise die Repräsentation von Landschaft in Massenmeiden, insbesondere Filmen erfolgt, wird in Abschn. 7.5 behandelt. In Abschn. 7.6 wird der Fokus auf die Zusammenhänge der sozialen Konstruktion von Landschaft in ‚Virtueller Realität' und Spielen gerichtet (wobei zwischen beiden eine recht umfangreiche Schnittmenge besteht). Im Anschluss daran (Abschn. 7.7) wird die stereotype Konstruktion durch den Tourismus behandelt. Abschn. 7.8 befasst sich mit der im Vorangegangenen bereits häufiger angesprochenen Frage der Zusammenhänge der Konstrukte Heimat und Landschaft.

7.1 Die Pluralität von Landschaftsvorstellungen – ihre Ausprägungen und Herkünfte

Aus zahlreichen Ausführungen im Vorangegangenen wurde deutlich, dass Landschaft schwerlich als ein physisches Objekt mit inhärenten Eigenschaften gefasst werden kann, sondern sozial konstruiert wird und diese Konstruktion nicht universell ist. Mit anderen Worten: Die Konstruktion von Landschaft ist sozial wie kulturell differenziert. Dieser Abschnitt wird sich mit Einzelheiten dieser sozialen und kulturellen Differenzierung befassen.

7.1.1 Aspekte der differenzierten gesellschaftlichen Landschaft

Die teilgesellschaftliche Konstruktion von Landschaft lässt sich als zunehmend stark differenziert beschreiben, was in einem Milieu (z. B. dem traditionellen Arbeitermilieu) als ‚schöne Urlaubslandschaft' gilt, wird in einem anderen Milieu (z. B. dem hedonistischen Milieu) als relativ reizlos konstruiert. Am Beispiel der Alpen stellt Bätzing (2000, S. 199) in diesem Kontext fest: Seit etwa 1980 zerfällt „das einheitliche Alpenbild der Moderne in tausend einzelne Alpenbilder spezialisierter Nutzer- und Interessentengruppen" (ausführlicher bei: Aschenbrand, 2017, 2019; Kühne et al., 2013; Scolozzi et al., 2015; Stotten, 2019b, c). Unabhängig von sozialen Milieus und Schichten lassen sich bestimmte Gemeinsamkeiten der sozialen Konstruktion von Landschaft nachvollziehen (diese wurden in Abschn. 3.8 dargestellt). Ein wesentlicher Bestandteil eines *Common Sense*-Verständnisses von Landschaft ist die Schule. In ihr werden bestimmte gemeinsame Deutungen von Landschaft innerhalb einer Gesellschaft vermittelt. Neben der Schule haben Eltern, aber auch deren Bekannte, Verwandte und insbesondere die Gleichaltrigengruppe (engl. *Peer Group*) Einfluss auf die Sozialisation, die sich „als der Prozess der Entstehung und Entwicklung der Persönlichkeit in wechselseitiger Abhängigkeit von der gesellschaftlich vermittelten sozialen und materiellen Umwelt"

(Geulen & Hurrelmann, 1980, S. 51; detaillierter: Meske, 2011) verstehen lässt. Angesichts gegenwärtiger räumlicher und sozialer Flexibilität, der raschen Veraltung von Wissen, dem zügigen Wechsel von Moden (auch wissenschaftlichen) wird der Prozess der Sozialisation zu einer reflexiven Daueraufgabe.

Die landschaftsbezogene Sozialisation lässt sich in eine lebensweltliche Landschaft der Laien und in eine sonderwissensbasierte Landschaft der Experten gliedern (siehe z. B. van den Berg et al., 1998; Kühne, 2008a; Karmanov & Hamel, 2009; Deming & Swaffield, 2011; Kühne, 2020a; Stemmer et al., 2019). Die ersten landschaftlichen Konstruktionen werden im Kindesalter, durch die Vermittlung insbesondere durch Väter auf Wanderungen, zumeist in der Nähe des Wohnortes vorgenommen. In dieser Phase entwickelt sich bei dem Heranwachsenden die Ablösung von der unmittelbaren Anschauung einzelner Gegenstände, wobei diese Gegenstände noch immer Ausgangpunkt für Abstraktionsleistungen darstellen (siehe Piaget, 1972, 1983). Im landschaftlichen Kontext bedeutet dies: Landschaft wird zunächst als konkreter physischer Raum konstruiert. Welche Objekte jedoch sozial akzeptiert in dieses Konstrukt eines konkreten Raumes zu integrieren sind, wird in der Folgezeit gelernt, wie Kook (2008) anhand der Untersuchung von Landschaftszeichnungen von Kindern unterschiedlicher Altersstufen dargestellt hat. Im Verlauf der späteren Kindheits- und Jugendphase erfolgt eine weitere Differenzierung des Landschaftsverständnisses durch selbstständige Aneignungsprozesse in der direkten Konfrontation mit als Landschaft gedeuteten physischen Räumen, insbesondere im Zusammenhang der Gemeinschaft der Gleichaltrigen (z. B. durch Aneignung von Raum beim Räuber- und Gendarm-Spiel), durch Sekundärinformationen (wie Film, Fernsehen, Schule, Zeitschrift, Reiseprospekt) und Kommunikation über Landschaft (Kühne, 2006a, 2008d, 2019g; Meske, 2011; Visscher & Bouverne-De Bie, 2008).

Die lebensweltliche Landschaft der Lai~innen gliedert sich dabei in die Konstrukte der heimatlichen Normallandschaft und stereotyper Landschaften. Die heimatliche Normallandschaft entsteht im Kinder- und Jugendalter in unmittelbarer Konfrontation mit den als heimatliche Landschaft konstruierten physischen Objekten, unter Vermittlung von Eltern, Lehrenden, Gleichaltrigen etc. (vgl. auch Meske, 2011). Spätestens im Jugendalter tritt die Sozialisation stereotyper Landschaften durch Sekundärinformationen (Schulbücher, Filme, Internet etc.) hinzu (Kühne, 2008a, d; 2017b; Meske, 2011; Bagoly-Simó, 2020; Fontaine 2018, 2019, 2021; Plien, 2017; Prisille & Ellerbrake, 2020). Beide können im Laufe des Lebens intensiviert, aber auch modifiziert (z. B. bei Wohnortwechsel) oder hinterfragt (z. B. bei kritischer Auseinandersetzung mit der eigenen Herkunft) werden. Ein wesentlicher Unterschied zwischen den Konstrukten der heimatlichen Normallandschaft und der stereotypen Landschaft besteht in den an sie gerichteten Ansprüchen: Heimatliche Landschaft muss in erster Linie vertraut sein, ästhetische Qualitäten gemäß unterschiedlicher gesellschaftslandschaftlicher Beurteilung (insbesondere gemäß der positiv besetzten ästhetischen Deutungen von Schönheit, Pittoreskheit und Erhabenheit) sind weniger zentral (weswegen sich viele Menschen auch in ‚hässlich' stereotypisierten Räumen heimisch fühlen), was jedoch für stereotype Landschaften gilt. Infolge der weitreichenden Ablehnung der Veränderungen der physischen Grundlagen ist die Zahlungsbereitschaft zur Erhaltung der

Signifikanzniveau	Einheimische	Touristen
1	Zugehörigkeit	
	Beruf und Eigentum	Freizeitaktivitäten
	Kindheit / Jugend und Familie, sozialer Zusammenhalt, sozialer Verfall	Naturlandschaft, Kulturlandschaft, baukulturelles Erbes, touristische Infrastruktur
2	Kulturlandschaft, Naturlandschaft, touristische Infrastruktur, baukulturelles Erbes	persönliche Beziehungen
3	lokale Kultur	Lokale Kultur
	lokale Wirtschaft	lokale Wirtschaft
4	Mögliche Freizeitaktivitäten, erinnerte Freizeitaktivitäten	Eigentum

Abb. 7.1 Bedeutungszuschreibungen von Einheimischen und Touristen in Bezug auf die angeeignete physische Landschaft von Alvaneu: 1 = höchste, 4 = niedrigster Signifikanz. (Eigene Darstellung, leicht abgewandelt aus: Kianicka et al., 2006)

physischen Grundlagen heimatlicher Normallandschaft „unter den Einheimischen wesentlich stärker ausgeprägt als unter den befragten Gästen" (Job & Knies, 2001, S. 24), für die der gleiche physische Raum nach stereotypen gesellschaftslandschaftlichen Vorstellungen bewertet wird, wie Job und Knies (2001) anhand einer Zahlungsbereitschaftsanalyse[1] zum Erhalt der 'Weinterrassen-Kulturlandschaft' an der Mosel feststellten. Die heimatliche Normallandschaft ist „erfüllt von ersten Erinnerungen an regionale Sprache, Geräusche, Gerüche, Farben, Gesten, Stimmungen und sprechende Dinge und tief im Gedächtnis verankert" (Hüppauf, 2007, S. 112; siehe auch Hull et al., 1994; Rodewald, 2001; Lehmann, 2003; Dixon & Durrheim, 2004; Stotten, 2013; Berr et al., 2019; Collado et al., 2016; Hülz & Sondermann, 2019; Köpsel et al., 2017; Kost, 2015, 2017; Weichhart, 2019). Sie ist stark im ‚kommunikativen Gedächtnis' verankert, unter dem „jene Spielarten des kollektiven Gedächtnisses zusammen [gefasst werden; Anm. O.K.], die ausschließlich auf Alltagskommunikation beruhen" (Assmann, 1988, S. 10; im Anschluss an Halbwachs, 1950). Diese Verankerungen treten intensiver bei Personen auf, die sich intensiv mit den physischen Grundlagen angeeigneter physische Landschaft auseinandersetzen, z. B. bei Bauern, bei denen sich dann häufig emotionale Besetzungen und professionelle Bezüge (die Ausdruck ihrer wirtschaftlichen Interessen sind) mischen (Schmidt, 2008; Junge et al., 2015; Stotten, 2013, 2019c). Abb. 7.1 zeigt die unterschiedlichen Ansprüche von Einheimischen, die den ihren Heimatort umgebenden physischen Raum als heimatliche Normmallandschaft konstruieren, und Touristen, die diesen physischen Raum auf

---

[1] Mit der Zahlungsbereitschaftsanalyse wir die Wertschätzung von etwas erhoben. Diese Wertschätzung wird in Geldeinheiten ermittelt. Es wird z. B. gefragt, wie viel eine Person bereit ist zu zahlen, um den Zustand von einem als Landschaft konstruierten physischen Raum zu erhalten.

Grundlage stereotyper Erwartungen an Ästhetik und Eignung für Freizeitaktivitäten beurteilen (Aschenbrand, 2016; Aschenbrand & Michler, 2021; Kianicka et al., 2006; Kühne, 2008a; Meske, 2008, 2011; Michler et al., 2019), jeweils – worauf Stotten (2014) hinweist – in Abhängigkeit von Art und Umfang des gebildeten ‚kulturellen Kapitals' im Sinne Pierre Bourdieus (siehe Abschn. 6.6.2; vgl. auch Reusswig, 2004). Bereits Willy Hellpach (1950[1911]) verwies darauf, dass die positive Besetzung von ‚Landschaft' von der Konnotation mit Freizeit und ‚schönem Wetter' herrühre, schließlich vollzöge sich die Aneignung von Landschaft primär in der Freizeit bei ‚schönem' Wetter.

Hinsichtlich des Radius der Aneignung physischer Räume finden sich im Kindes- und Jugendalter jedoch geschlechtsspezifische Unterschiede (Meske, 2008): Jungen halten sich häufiger außerhalb der unmittelbaren Umgebung der elterlichen Wohnung auf als Mädchen, Mädchen verabreden sich häufiger „mit der besten Freundin zum Spielen, während Jungen unverabredet zu Spiel- und Sportplätzen gehen, um dort Freunde zu treffen" (Meske, 2008, S. 89), zudem spielten Mädchen häufiger mit ‚Naturmaterialien' als Jungen und bewerteten dies positiv; wobei diese differenzierten Aneignungsmuster von Raum primär auf das soziale Geschlecht, nicht auf das biotische Geschlecht zurückzuführen sind, wie Bodenhorn (1993) anhand von Raumaneignungsprozessen von Inuit feststellt: Welche räumlichen Aneignungen von dem Träger welchen Geschlechts wie vollzogen werden, unterliegt der sozialen Definition. Darüber hinaus lassen sich Unterschiede zwischen der Naturkonstruktion von Kindern aus städtischen und ländlichen Kontexten feststellen: Für Kinder aus städtischen Kontexten gelten Gärten und Parks als Natur, für Kinder aus ländlichen Kontexten, insbesondere Wald, darüber hinaus zählen Stadtkinder „allgemein seltener Tier als zur Natur gehörend auf, und wenn, dann betrifft dies mehrheitlich Vögel (meist auch Enten)" (Meske, 2008, S. 93), während Kinder aus ländlichen Kontexten auch wildlebende Tiere in ihr Naturkonstrukt integrieren.

Die stereotype Landschaft unterliegt einer anderen Genese: Am Beispiel italienischer Landschaften erläutert Herbert Lehmann (1986b, S. 197; vgl. auch Müller, 1986) die Entstehung stereotyper Landschaftskonstrukte: „Unbewusst schieben sich der Aussage [über Landschaft; Anm. O.K.] fremde Leitbilder unter, prägnant vorgeformte Urteile schöpferischer Geister bieten sich an und werden nachgesprochen. Aber es bleibt nicht dabei, dass die Schilderung klischeehafte Züge annimmt. Die Leitbilder erweisen sich als Seh-Modelle, sie beeinflussen das Auge selbst". Eine besondere Bedeutung bei dieser Entstehung von landschaftlichen Stereotypen weist dabei die bildende Kunst auf: „Die Maler bilden die Avantgarde des zeitgenössischen landschaftlichen Sehens, die literarische Formulierung folgt in der Regel erst in gewissem zeitlichen Abstand nach" (Lehmann, 1986b, S. 197; ähnlich Kortländer, 1977). Gemälde dienen als Grundlage für die literarische Darstellung von Landschaft, sowohl Gemälde als auch literarische Darstellungen werden in der Motivwahl für Fotographien und Filme wirksam, in Webeprospekten angepriesen, sie werden in Schulbüchern dargestellt und in Gesprächen aktualisiert, wodurch reduzierte, zusammengefasste und vereinfachte Vorstellungen entstehen. Stereotype Landschaftsvorstellungen werden insbesondere für solche Räume erzeugt, in denen das Landschaft konstruierende Subjekt noch nicht physisch anwesend

war. Selbst bei physischer Anwesenheit dominieren gesellschaftslandschaftliche Vorstellungen die individuelle Aktualisierung des betreffenden physischen Raumes zu
Landschaft (Kühne, 2008a; Lehmann, 1986b). Die unbewusste Aktualisierung von land-
schaftlichen Stereotypen mache – so Lehmann (1986b, S. 203) – „für den Normalver-
braucher […] eine Pinie im Vordergrund Italien, eine Gondel Venedig, der Aquaedukt die
Campagna, der Eselskarren Sizilien. Goethes Mignonlied hat Italien zu einem Land der
Orangen und Zitronen gemacht, obgleich der unscheinbare Ölbaum ein zutreffenderes
Emblem gewesen wäre".

Bei der Zusammenschau von Objekten und Symbolen zu Landschaft werden die inter-
nalisierten Interpretationsmuster der Normallandschaft und der stereotypen Landschaft als
Bewertungsgrundlage herangezogen: „Wenn immer wir mit neuen Erlebnissen konfrontiert
werden, vergleichen wir unwillkürlich die aktuellen Landschaftswahrnehmungen und
-gefühle mit dem im Gedächtnis gespeicherten Erinnerungsgut" (Nohl, 2004, S. 37; ähnlich Lehmann, 2003). In Bezug auf heimatliche Normallandschaft lauten die Vergleiche
dann ‚die Berge sind höher als bei uns‘, ‚es ist grüner als bei uns‘, ‚es gibt weniger
Industrie als bei uns‘ usw.; in Bezug auf stereotype Landschaft lauten die Vergleiche dann
‚die Hochhäuser sind hässlich‘, ‚der Strand ist weniger weiß als ich mir das vorgestellt
hatte‘, ‚Los Angeles ist als Stadt enttäuschend‘.

Neben lebensweltlichen Landschaftsverständnissen von Lai~innen haben sich mit der
gesellschaftlichen Modernisierung expertenhafte Landschaftsverständnisse entwickelt: Auf
der „Suche nach Problemlösungen" wird diese „berufsmäßig organisierten Spezialisten
zugewiesen" (Tänzler, 2007, S. 125). Die expertenhafte Landschaftssozialisation erfolgt
i. d. R. im Erwachsenenalter in Form einer systematischen Vermittlung von landschaftsbezogenen Deutungs- und Bewertungsmustern zumeist in einem landschaftsbezogenen
Fachstudium (Landschaftsplanung und Landschaftsarchitektur, Landschaftspflege, Naturschutz, Städtebau, Geographie u. a.) bzw. einer landschaftsbezogenen Ausbildung (z. B.
im Garten- und Landschaftsbau). Hierbei erfolgt eine Resozialisation, im Sinne einer nach-
träglichen hoch affektgeladene Form der Teritärsozialisation, „also die Demontage voran-
gegangener Sozialisationsinhalte mittels einer, durch neue signifikante Andere, vermittelten
Plausibilitätsstruktur" (Tuma & Wilke, 2016, S. 11). Das Studium revidiert die Weltsicht
der Studierenden also vollständig, wie Hilbig (2014, S. 98, Hervorh. i. O) am Beispiel von
Architekten verdeutlicht: „Sie können am Ende des Studiums nicht anders, *als* Bauwerke so
zu sehen, wie sie sie sehen: als ‚schön‘, ‚hässlich‘, ‚unwahr‘, ‚echt‘ und so weiter". Diese
Sozialisation in eine professionelle Disziplin bedeutet zumeist die Anerkenntnis und Aufrechterhaltung ihrer diskursiven Regeln (schließlich gilt es, sich gegen die Entwertung des
eigenen kulturellen Kapitals zu wehren). Professionelle Disziplinen werden „aufrecht-
erhalten und weiterentwickelt durch spezifische professionelle Curricula, professions-
bezogene Gesellschaften, Konferenzen, referierte Zeitschriften und andere Dinge" (Deming
& Swaffield, 2011, S. 18; vgl. auch Stevens, 2002). Wer sich als Vertreterin oder Vertreter einer Disziplin bezeichnen darf (d. h. über das institutionalisierte kulturelle Kapital
verfügt), wird durch akkreditierte Organisationen (wie Universitäten und Fachhoch-
schulen) entschieden. Aus Perspektive kritischer Wissenschaft (siehe Abschn. 6.6.2) lässt

Abb. 7.2 Eine Typologie hinsichtlich des professionellen Status und dem Ortsbezug von Personen mit einigen Beispielen. (Eigene Darstellung, leicht ergänzt nach: Bourassa 1991)

	Experten	Laien
Insider	örtliche Planer, lokale Landeskundler	örtliche Bewohner
Outsider	fremde Architekten, Planer von übergeordneten Planungsebenen	die meisten Touristen

die Ausprägung einer komplexen und ungleichen sozialen Verteilung „„Experten' [zu] eine[m] der Katalysatoren der Machtkonzentration" (Schütz & Luckmann, 2003 [1975], S. 423) werden, schließlich ist Macht „ein wesentliches Merkmal von Institutionen dar, die bestimmte Arten des Handelns (und der Handelnden) privilegieren und sie als relevant für die gesellschaftliche Ordnung legitimieren" (Knoblauch, 2016, S. 38). Das expertenhafte Sonderwissen wird dabei häufig diskursiv verfestigt und gegen alternative Deutungen teilweise immunisiert, indem beispielsweise von Vertreter~innen des Paradigmas der Erhaltung der physischen Grundlagen angeeigneter physischer Landschaft Konzepte von Vertretern des Paradigmas der reflexiven Umgestaltung der physischen Grundlagen angeeigneter physischer Landschaft (z. B. in Form von *Land Art*) als nicht ‚regionaltypisch' oder schlicht als ‚unsinnige Künstleridee' stigmatisiert werden.

Entsprechend der Unterschiedlichkeit der Diskurse von Expert~innen und Lai~innen fallen auch deren Deutungen von Landschaft aus (Abb. 7.2; Burckhardt, 2004c; siehe auch Craik, 1972; Hunziker, 1995; Hunziker et al., 2008; Hunziker, 2010; Karmanov & Hamel, 2009; Kühne, 2008a; Kühne et al., 2021; Kühne, 2021; Mitchell, 2003; Moore-Colyer & Scott, 2005; Morgan, 1999; Stemmer, 2016; Stemmer et al., 2019; Stemmer & Bruns, 2017; van den Berg et al., 1998). Während der emotionalen Dimension des Landschaftsbewusstseins (vgl. Abschn. 6.5) in der expertenhaften Landschaftssozialisation eine vernachlässigte Bedeutung zukommen (im Gegensatz zur jener von Lai~innen), steht die Vermittlung kanonisierter[2] kognitiver Kenntnisse (von Bodenarten, Ökosystemen bis hin zu Architekturepochen) im Vordergrund der Studiengänge (während Kenntnisse von Lai~innen hier zumeist kursorisch und nicht systematisiert sind). Die Bedeutung der ästhetischen Dimension des Landschaftsbewusstseins differiert je nach Schwerpunkt des Fachstudiums: Bleibt sie bei analytischen Disziplinen (wie der Geographie) implizit, wird sie bei planenden Disziplinen explizit thematisiert (z. B. Landschafts- oder Stadtplanung), bei gestaltenden Disziplinen (z. B. der Landschaftsarchitektur) weist sie eine konstitutive Bedeutung auf (Leveson, 1988; Kühne, 2008d). Laientum und Expertentum sind dabei nicht dichotom getrennt, sie stellen vielmehr unterschiedlichen Enden eines Kontinuums dar. Die vorwissenschaftlichen, alltagsweltlichen Deutungen bei Experten

---

[2] Unter Kanonisierung lässt sich die Übernahme von Forschungsergebnissen in die Ausbildung einer nachwachsenden Wissenschaftlergeneration einer Fachrichtung beschreiben, also die Definition von ‚Lehrbuchwissen'.

verschwinden nicht völlig, sie werden vielmehr überlagert (Kühne, 2006a; Hupke, 2015). Infolge der weiteren Verbreitung höherer Bildung und einer zunehmenden Verfügbarkeit von Information (insbesondere durch das Internet) können Lai~innen in Teilgebieten des Wissens einen expertenhaften Status annehmen (Jones und Cloke, 2002; Weingart, 2003; Kühne, 2008d; Deming & Swaffield, 2011; Hokema, 2015; Schaffert et al., 2021; Stemmer & Kaußen, 2018; van Lammeren et al., 2017; Wagner, 2019a). Als Beispiele können der Windkraftgegner, der sämtliche relevante rechtliche Grundlagen zum Ausbau regenerativer Energien, landschaftsästhetische Bewertungsverfahren und Naturschutzaspekte kennt, oder der Liebhaber~innen von Landschaftsgemälden, der sämtliche verfügbare Literatur zu Landschaftsmalerei studiert hat, gelten. Beide können Expert~innen in ihren spezifischen Teilgebieten auch hinsichtlich des Kenntnisstandes überlegen sein.

Die Konstruktion von Landschaft und ihre symbolische Aufladung unterliegt auch einer räumlichen und zeitlichen Variabilität: „Wie rasch hat sich beispielsweise die Bedeutung von Fels und Eis als äußerster Schrecklichkeit zerschlissen und aufgelöst in einer allgemeinen Lustbarkeit von Winterferien und Skigebiet!" (Burckhardt, 2006g, S. 21). Die Entdeckung von Worpswede durch die Künstlerkolonie lässt sich als klassisches Beispiel für den Wandel der sozialen Konstruktion von ästhetischer Landschaft beschreiben, denn die Schaffung einer solchen ‚schönen Landschaft' erfolgte „nicht etwa durch einen Eingriff in dieselbe, sondern vielmehr dadurch, dass eine dort vorhandene, aber bisher als ärmlich und kaputt betrachtete Landschaftsform, das bewirtschaftete Torfmoor, plötzlich als malbar erkannt wurde" (Burck-hardt, 2006i, S. 47), aber erst, als diese seit mindestens 150 Jahren durch den Menschen dauerhaft veränderten „Moore zu verschwinden begannen" (Blackbourn, 2007, S. 11). Die symbolische Transformation wirkt dabei bis heute nach, sodass Worpswede „auch dann noch als Bilderbuchlandschaft besucht wird, wenn die Torfwirtschaft, die sich als eine historische Episode erwies, längst einer modernen Landwirtschaft weichen musste" (Burckhardt, 2006i, S. 47; siehe auch Poschlod, 2017). Andererseits verlieren auch angeeignete physische Land-schaften an ihr zugeschriebener Attraktivität: Wurden im 18. Jahrhundert die Poebene und die Lombardische Tiefebene hochgeschätzt, der Stadt Turin eine ähnliche Attraktivi-tät zugeschrieben wie Venedig oder Genua, hat sich bis heute ihre (ästhetische) Wert-schätzung deutlich verringert (Lehmann, 1986b). Diese Veränderungen der Zuschreibung von ästhetischen Qualitäten unterliegen einem doppelten Veränderungsprozess: Einerseits können sich die physischen Grundlagen angeeigneter physischer Landschaften verändern, mit der Folge, dass sie stereotypen Vorstellungen von Schönheit, Pittoreskheit oder Erhaben-heit nicht mehr entsprechen (z. B. durch die Errichtung von Autobahnen, Industrieanlagen u. ä.; vgl. Abb. 7.3), andererseits kann sich auch die gesellschaftslandschaftliche Wertung gewandelt haben: Angeeignete physische Landschaften werden mit bestimmten Deutungen konnotiert, die sich im Laufe der Zeit wandeln. Galt die englische Südküste um Brighton noch im 19. Jahrhundert als Möglichkeit für Wohlbemittelte, Erhabenheit des Meeres zu erleben, wurde die Region im 20. Jahrhundert Ziel des Massentourismus, der mit der Ära der Billigflieger abebbte, da mediterrane Stände günstigeren Urlaub bei berechenbarerer Witterung lieferten. Heute finden sich Bemühungen in der Region, an das mondäne Flair

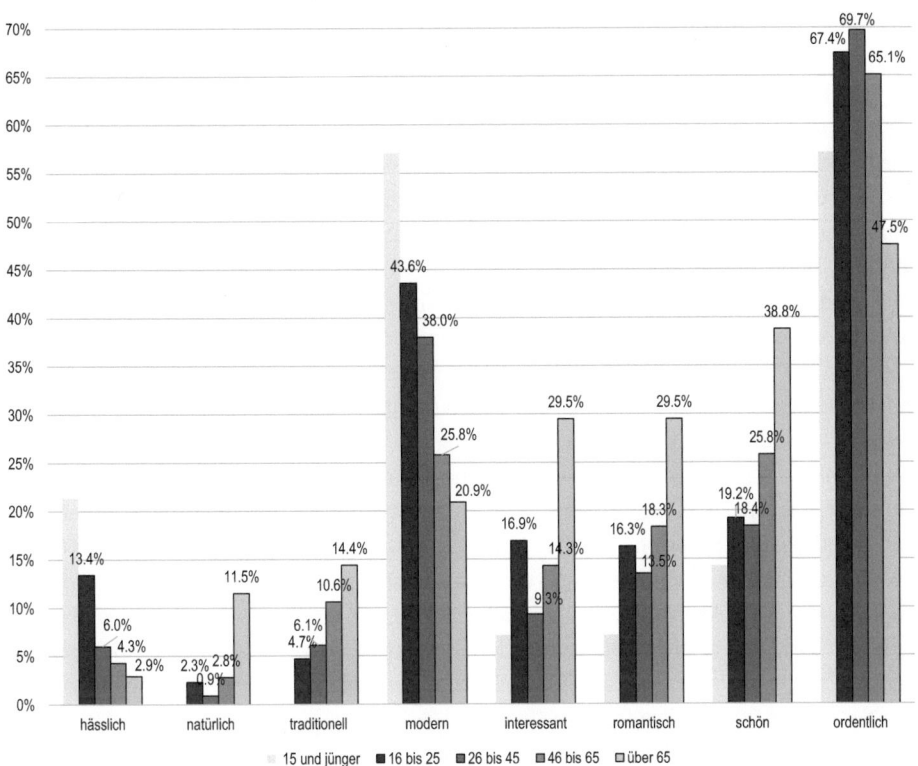

Abb. 7.3 Anteile der Antworthäufigkeiten auf die geschlossene Frage in Bezug auf eine Abbildung, die einen Park im Stile eines englischen Gartens darstellt, „Wie würden Sie den oben dargestellten Wald charakterisieren?". Bis zu drei Antworten waren möglich, Auswertung nach Alterskohorten, die Alterskohorte ‚15 und jünger' ist hellgrau dargestellt, da hier aufgrund der geringen Fallzahlen keine signifikanten Aussagen getroffen werden können. (Eigene Darstellung nach: Kühne, 2014a, 2017b)

des 19. Jahrhunderts symbolisch wie baulich anzuknüpfen (ausführlicher zu touristischen Landschaften: Abschn. 7.6). Nicht nur stereotype Landschaft, sondern auch Heimatliche Normallandschaft unterliegt einem – hier primär intergenerationellen – Wandel. Da ihre Konstruktion wesentlich in der Kinder- und Jugendzeit erfolgt, kann bei raschem Wandel der physischen Grundlagen der heimatlichen Normallandschaft die ältere Generation dies als ‚Heimatverlust' empfinden, die jüngere hingegen als heimatlandschaftlichen Normalzustand (dieser Zusammenhang wird in Abschn. 8.2.3 im Kontext des Umgangs mit dem Ausbau der Erzeugung regenerativer Energie genauer ausgeführt). Bereits im Vergleich des Naturverständnisses zwischen Kindern und ihren Eltern stellte Meske (2011, S. 269) fest, „dass Kinder zum Teil andere Natursichtweisen als ihre Eltern vertreten und sich das Naturbild unabhängig von dem der Eltern entwickeln kann". Dies zeigt, wie bereits in der Kernfamilie unterschiedliche Konstrukte, Deutungen und Wertungen der – hier als Natur gedeuteten – Welt zu finden sind.

Wie deutlich Zuschreibungen bei Befragten unterschiedlicher Alterskohorten differieren können, zeigt Abb. 7.3 (mehr hierzu siehe z. B. Kühne, 2014a; 2017b; am Beispiel der alterkohortendifferenzierten Bewertung des Neckars: Rathfelder & Megerle, 2017). Insbesondere die Zuschreibungen ‚modern‘, ‚romantisch‘ und ‚schön‘ in Bezug auf die Charakterisierung des Fotos eines englischen Landschaftsgartens zeigten erhebliche Unterschiede. Auch finden sich deutliche Unterschiede zwischen der sozialen Konstruktion von Landschaft im Zeitverlauf (siehe hierzu Abb. 5). So ist ein signifikanter Rückgang im Anteil der Nennungen in Bezug auf Atmosphäre (von knapp 61 % auf etwas über 40 %), wie auch der Rückgang des Anteils der Nennungen von Wolken (hier von knapp 52 % auf etwas über 39 %) im Vergleich der Erhebungsjahre 2004 zu 2016, zu erkennen. Insgesamt lässt sich tendenziell ein Bedeutungsverlust von flüchtigen Elementen (Geräusche, Atmosphäre, Wolken, Regenschauer, einzelne Blumen, einzelne Menschen; Ausnahme: Düfte) feststellen. In beiden Erhebungsjahren dominieren bei den Elementen, die als Teil von Landschaft verstanden werden, Wälder, Wiesen, Bäche, Dörfer und Bauernhöfe. Diese sind allesamt multisensorisch, dominant aber optisch wahrnehmbar, dazu tritt der olfaktorische Reiz des Duftes. Ein deutlicher Rückgang im Anteil der Nennungen bezieht sich auf die Atmosphäre (von knapp 61 % auf etwas über 40 %), dieser Rückgang ist gemäß Chi-Quadrat-Test[3] als signifikant zu bewerten, wie auch der Rückgang des Anteils der Nennungen von Wolken (hier von knapp 52 % auf etwas über 39 %). Ansonsten weisen die Unterschiede zwischen den Erhebungsjahren (bezogen auf die gesamte Stichprobe der jeweiligen Bezugsjahre) keine signifikanten Unterschiede auf. Die Zuschreibung von Landschaftszugehörigkeit bei Elementen mit einer höheren physischen Präsenz (wie etwa Wäldern oder Wiesen) bleibt weitgehend stabil.

Häufig wird mit der Konstruktion von Landschaft auf Grundlage physischer Räume nicht allein ein ‚interesseloses Wohlgefallen‘ im Sinne Kants verbunden, vielmehr werden mit Landschaft Interessen verbunden, die einer eigenen Logik unterworfen sind (Abb. 7.4; Hunziker, 2010; Kühne et al., 2019, 2020; Lewis, 2010; Stotten, 2019a; Weber et al., 2016): Wird Landschaft in Bezug auf Tradition bewertet, wie dies für den Diskurs der Erhaltung bzw. Wiederherstellung angeeigneter physischer Landschaften konstitutiv ist, ist der angestrebte Zustand der physischen Grundlagen angeeigneter physischer

---

[3] Bei dem Chi-Quadrat-Test handelt es sich um ein statistisches Verfahren, mit dem geprüft wird, ob und mit welcher Signifikanz ein Zusammenhang zwischen zwei Datensätzen besteht. Je kleiner der Wert ist, desto größer ist die Wahrscheinlichkeit, dass ein Zusammenhang besteht. Bei einem Wert von 0,05 besteht eine Wahrscheinlichkeit von mehr als 95 %, dass tatsächlich ein Zusammenhang zwischen den beiden Datensätzen besteht. Hier wird von einem signifikanten Unterschied gesprochen. Bei einem Wert 0,01 ist die Wahrscheinlichkeit eines Zusammenhangs größer als 99 %, das Ergebnis wird nun als hochsignifikant bezeichnet.

Urteilsdimension in Bezug auf Landschaft	Bedeutung von Landschaft	idealer Zustand von Landschaft
Tradition	kulturelles Erbe	traditionell
Naturschutz	Natur	hohe Vielfalt, Präsenz seltener Arten
Rendite	Produktionsfaktor	rentabel bewirtschaftet
Emotion	Erholungsort	hohe Vielfalt an Farben, Formen und Symbolen

Abb. 7.4 Unterschiede der Bewertung angeeigneter physischer Landschaft in Abhängigkeit von unterschiedlichen Urteilsdimensionen. (Eigene Darstellung, leicht verändert aus: Hunziker, 1995 2010)

Landschaft eine Erscheinung, die möglichst nahe an einem idealisierten historischen Zustand ist. Dabei ergeben sich bisweilen Kongruenzen mit der Urteilsdimension des Naturschutzes, sofern diese nicht (lokal) das Ziel des Sukzessionismus verfolgt. Wird Landschaft jedoch unter Einfluss der Urteilsdimension der Rendite konstruiert, werden physische Grundlagen angeeigneter physischer Landschaft angestrebt, die Ausdruck rentabler Bewirtschaftung sind, unabhängig davon, ob es sich um landwirtschaftliche, industrielle oder auch touristische Nutzung handelt (oder Kombinationen davon). Diesen Zusammenhang pointiert Dollinger (2013, S. 15) in Bezug auf das Verhältnis von Ansässigen, die durch Nutzung der physischen Grundlagen von Landschaft ihren Lebensunterhalt bestritten, und Personen von außerhalb, die andere Interessen hatten, in der Alpenregion Ende des 19. Jahrhunderts – mit Auswirkungen bis in die Gegenwart: „Die daraus resultierende unterschiedliche Sicht zwischen den Einheimischen und den Erholungssuchenden wirkte sich daher auch auf die wissenschaftliche Untersuchung alpiner Landschaften aus. Der neu entstandene Natur- und Heimatschutz musste auf dessen Grundlage aufbauen und wurde oft auch gegen die Interessen der Einheimischen durchgesetzt. Die bis heute bestehenden Nachwirkungen sind das Misstrauen der alpinen Bevölkerung gegenüber den von außen kommenden ‚Landschaftsschutzbewegungen‘ von Bildungsbürgern aus Ballungsräumen."

Beeinflussen Emotionen die Konstruktion von Landschaft, gelten Objekte mit hoher emotionaler Anschlussmöglichkeit und symbolischer Besetzung (von historischen Dorfbrunnen, Hausbäumen bis hin zu Kirchen und Fußballstadien) als idealisierter Zielzustand. Einen deutlichen Einfluss auf landschaftliche Präferenzen haben Nutzungsinteressen von angeeigneten physischen Landschaften. Diese dominieren dabei sogar soziale (z. B. Milieu), demographische (beispielsweise Alter, Geschlecht) wie auch kulturelle Unterschiede (Swaffield, 1998; Bruns, 2016; Lewis, 2010; Loda et al., 2020; Smith & Phillips, 2001): Demnach bevorzugen Jäger, Wanderer, Sportler u. a. in jeweils ähnlicher Weise jene angeeigneten physischen Landschaften, die der Ausübung ihrer jeweiligen Tätigkeit möglichst gerecht werden. Eine ähnlich gelagerte Präferenz lässt sich – gemäß Tapsell (1997) und Tunstall et al. (2004) – bereits bei Kindern finden, die jene Objektkonstellationen bevorzugen, die zum Spielen einladen, während ästhetischen, aber auch ökologischen Aspekten eine geringere Bedeutung beigemessen wird.

Weitere soziodemographische Unterschiede der Konstruktion von Landschaft bzw. Natur lassen sich feststellen hinsichtlich

- des Wohnortes: Bewohner~innen suburbaner Räume verfügen über größere kognitive Kenntnisse über Landschaft als Bewohner~innen von verdichteten oder ländlichen Räumen (Kühne, 2006a), Tübinger~innen schätzen den Neckar in Bezug auf die eigene Lebensqualität positiver ein als Rottenburger~innen (Rathfelder & Megerle, 2017);
- des Bildungsgrades: Personen mit höherer formaler Bildung bezeichnen sich als weniger heimatverbunden und bevorzugen komplexere und weniger stereotype angeeignete physische Landschaften als Personen mit geringem formalem Bildungsgrad (vgl. 6.5; Kühne, 2006a), darüber hinaus weisen Personen mit höherer Bildung eine größere Tendenz auf, Wälder und Meer als Teil von Natur zu beschreiben, während Wiesen und Tiere weniger häufig als ein solcher Teil beschrieben werden (Kleinhückelkotten et al., 2010);
- der politischen Präferenz: Konservative erklären sich in besonderer Weise für heimatverbunden und lehnen überdurchschnittlich häufig Windkraftanlagen ab (Kühne, 2006a, 2018d; weitere Beispiele finden sich in Abschn. 6.3.3.2, aber u. a. auch bei Bourassa, 1991; Hunziker, 2000; Kleinhückelkotten et al., 2010).
- Frauen neigen dazu, als Landschaft verstandene physische Räume oder Elemente der physischen Räume positiver zu bewerten als Männer (z. B. Kühne et al., 2018; Kühne, 2018d; Rathfelder & Megerle, 2017).

Einzelne materielle Objekte, Orte und als Landschaften gedeutete Räume sind einer sehr unterschiedlichen symbolischen Aufladung unterworfen, die auch unterschiedlichen – konfliktären – politischen Rahmungen unterzogen werden kann, wie insbesondere an symbolischen Besetzung von Denkmälern deutlich wird (Pirker et al., 2019; Rudolf, 2020).

7.1.2 Die kulturell differenzierte Konstruktion von Landschaft

Werden die im vorangegangenen Abschnitt dargestellten Unterschiede in der gesellschaftlichen Konstruktion von Landschaft auch innerhalb einzelner Gesellschaften wirksam, lassen sich darüber hinaus deutliche Unterschiede der Wertung und Zusammenschau von Objekten in unterschiedlichen kulturellen Kontexten feststellen. Im Sinne der *Cultural Studies* lässt sich mit Hall (2002) Kultur als Summe der verschiedenen Klassifikationssysteme und der diskursiven Formationen verstehen. Soziale Praxen lassen sich aus diesen Klassifikationssystemen und diskursiven Formationen ableiten und aktualisieren diese wiederum (Hall, 2002): Werden Teile eines physischen Raumes von einer Person als Landschaft bezeichnet, geschieht dies im Kontext eines gesellschaftlich definierten Klassifikationssystems. Durch die Kommunikation über diese Konstruktion von Landschaft wird das Klassifikationssystem wiederum verfestigt. Die Behandlung kultureller Aspekte soll im

Folgenden jenseits der Konstruktion „kultureller Identitäten" (Hall, 1994, S. 199) erfolgen, die sich in distinkten Abgrenzungen (wie ‚die Amerikaner', ‚die Japaner', ‚die Türken') in essentialistischer Denktradition äußert. In den Entwicklungen der unterschiedlich wertenden und zusammenschauenden sozialen Konstruktion von Räumen werden spezifische Entwicklungspfade der Selbst- und Fremdbeschreibung – wie sie als ‚Kultur' verstanden wird – deutlich. Im Folgenden sollen einige dieser ‚kulturspezifischen' Zusammenschauen, für die sich im deutschsprachigen Raum die Bezeichnung ‚Landschaft' etabliert hat, skizziert werden. Auch wenn in den letzten Jahren die Zahl der häufig vergleichenden Studien zu kulturell differenzierten Konstruktionsmechanismen von Landschaft zugenommen hat (z. B. Komar et al., 1999; Makhzoumi, 2002; Zube & Pitt, 1981; Olwig, 2002; Tolia-Kelly, 2004; Drexler, 2009, 2010, 2013b; Küchler & Wang, 2009; Taylor, 2009; Ueda, 2010; Özgüner, 2011; Bruns, 2013; Bruns & Kühne, 2015b; Bruns & Münderlein, 2017, 2019a, b), lassen sich bis dato nur allgemeine Aussagen über die Entwicklung der Vorstellung von dem, was wir Landschaft nennen und insbesondere den gegenseitigen Beeinflussungen kulturell differenzierter gesellschaftlicher Landschaften machen (siehe auch Corner, 1999a).

Eine vergleichende Untersuchung unterschiedlicher Landschaftspräferenzen liefert Wypijewski (1999): Auf Grundlage von weltweiten Landschaftspräferenzbefragungen haben die Pop-Art-Künstler Vitaly Komar und Alexander Melamid in ihrem Projekt ‚Painting by Numbers' die in unterschiedlichen Ländern bevorzugten Landschaftsmotive gemalt. Demnach bevorzugen Amerikaner ‚realistisch' gemalte, in gedeckten Farben (vielfach in herbstlicher Stimmung) gehaltene Landschaften mit Seen, Flüssen oder Ozeanen einerseits und Tiere in natürlicher Umgebung andererseits. Bekleidete Menschen in Gruppen werden in Gemälden ebenso gerne gesehen. In Frankreich hingegen werden agrarisch geprägte Landschaften bevorzugt, „die durchaus den Gemälden Lorrains ähneln" (Spanier, 2008, S. 284) und durch deutliche Spuren menschlicher Tätigkeit geprägt sind. In Russland werden stärker bewaldete Landschaften, mit darin lebenden Eremiten bevorzugt, in Finnland werden Waldarbeiter bei der Arbeit im Wald und Wildtiere vorgezogen, in Island werden Landschaften in kräftigen Blau- und Grüntönen bevorzugt, während in der Türkei Pastelltöne und als Motiv spielende Kinder und der Ukraine Halboffenlandschaften mit traditionellen ländlichen Gebäuden präferiert werden. In Dänemark wiederum werden Gemälde mit Gewitter- oder Dämmerungsatmosphäre mit Menschen und National-flagge (selbstverständlich der eigenen) bevorzugt. In China wiederum werden steile Berge hinter einer Ebene mit Reisfeld und Wasserbüffel geschätzt, ergänzt durch die Abbildung historischer Persönlichkeiten im Vordergrund (Komar et al. 1999; Spanier 2008). Zwar lässt sich eine allgemeine Präferenz für ‚idyllische', ländlich strukturierte Landschaften in Ufernähe feststellen, doch zeigt die genaue Ausgestaltung erhebliche Differenzen zwischen unterschiedlichen Kontexten.

Nicht nur landschaftliche Präferenzen zeigen kulturelle Unterschiede, auch die Begriffsbildungen hinsichtlich einer ästhetisierten Zusammenschau von Objekten unterscheiden sich interkulturell. So hat Drexler (z. B. 2009, 2010, 2013a, b) in zahlreichen Publikationen aufgrund sprachanalytischer Untersuchungen unterschiedliche Konstruktionen physischer

Räume als *Landscape* (Englisch), *Paysage* (Französisch), *Landschaft* (Deutsch) und *Táj* (Ungarisch) dargelegt. Dabei ließe sich feststellen, dass diese Ausdrücke „verschiedene Auffassungen von der Welt um und in uns ausdrücken" (Drexler, 2009, S. 120). *Landschaft* und *Táj* vereinigten sachbezogene wie ästhetische Bezüge, während diese Bedeutungen von *Landscape* und *Paysage* nicht abgedeckt würden: So seien im Englischen die Bedeutungen von *Land* und *Country* von jener der *Landscape* ebenso geschieden, wie im Französischen *Pays* und *Campagne* von *Paysage,* wobei diese geschiedenen Ausdrücke zusätzliche Bedeutungsinhalte aufzuweisen hätten (wie *Country* auch Staat bedeutet). Dabei weisen die sachbezogenen Verständnisse von *Landschaft* und *Táj* eine Begriffsgeschichte auf, die bis ins Mittelalter zurückreicht (zum deutschen Landschaftsbegriff siehe Kap. 3), während *Landscape* und *Paysage* erst zum Ende des 16. Jahrhunderts entstanden. Darüber hinaus wurden *Landschaft* und *Táj* im 19. Jahrhundert um emotionale Aufladungen mit der räumlichen Komponente von Heimat ergänzt (Drexler, 2009, 2010, 2013b; siehe auch Rodewald, 2001). Bereits im 17. Jahrhundert wurde sowohl im französischen wie im englischen Sprachverständnis unter *Landscape* und *Paysage* ein bewusst nach ästhetischen Kriterien (der adeligen Großgrundbesitzer) gestalteter Raum verstanden, ein Verständnis, das sich in Deutschland nur teilweise im höfischen Kontext (noch weniger in den Niederlanden) durchsetzen konnte: Hier blieb bis in das 19. Jahrhundert hinein „die alte Auffassung der ‚gewachsenen' Landschaft" (Drexler, 2009, S. 127; Olwig, 2002, 2008 [2001]; Howard, 2011) dominant; in dem wissenschaftlichen Teildiskurs der Erhaltung der physischen Grundlagen angeeigneter physischer Landschaft bis heute. Eine besondere symbolische Bedeutung erhielt das Thema Landschaft im England des 17. Jahrhunderts in der Auseinandersetzung um *Court* und *County* (Olwig, 1996; Drexler, 2010; Trepl, 2012a): Ziel der *County*-Partei, gebildet zumeist aus Landadeligen, war der Erhalt des germanischen bzw. keltischen Gewohnheitsrechtes und damit der eigenen Macht. Die *Court*-Partei, gebildet insbesondere aus dem Königshaus und den Adeligen des Hofes, drängten auf die Durchsetzung des auf Vernunft gegründeten römischen Rechts, mit dem Ziel, einen absolutistischen Staat durchzusetzen. Zu einem wichtigen Medium der Auseinandersetzung wurden Gemälde, aber auch Bühnenbilder. Die *County*-Partei favorisierte niederländische Motive in Gemälden und Bühnenbildern, die ‚Landschaft' genannt wurden (zu jener Zeit wurde ‚Landschaft' noch nicht im physischen Raum gesehen) und in deren Mittelpunkt das tägliche Leben von Menschen in dem von ihnen – gewohnheitsrechtlich – geprägten Raum stand. Dem wurden von der *Court*-Partei italienische oder spanische Motive entgegengesetzt: „Dargestellt sind schöne Formen, etwa des Geländes und der Bauwerke, und die Symbolik bezieht sich nicht auf das althergebrachte Leben, sondern dessen vernünftige Umgestaltung. Diese erfordert zentrale Leitung" (Trepl, 2012a, S. 164). Auch in Ungarn wurde *Táj* etwa zur Mitte des 18. Jahrhunderts mit einer stark politischen Komponente versehen: Der Begriff wurde mit einer – gegen die habsburgische absolutistische, an *Paysage* orientierte, Landschaftsauffassung einer gestalteten Landschaft gerichteten – normativen Symbolik eines ursprünglichen Lebens in ständischer Gesellschaft aufgeladen, Ende des 18. Jahrhunderts trat die Symbolik „aufgeklärt-adeliger, bürgerlich-liberaler und bürgerlich-demokratischer Gesellschaftsvorstellungen" (Drexler, 2009, S. 128–129) hinzu.

Auch innerhalb eines Sprachraumes (hier des angelsächsischen) können sich spezifische Landschaftsverständnisse entwickeln, wie am Beispiel des amerikanischen Verständnisses von *Landscape* genauer ausgeführt werden soll. Es wurde durch die Konfrontation mit einem nur gering anthropogen überformten Raum beeinflusst, der im Sinne von Sollvorstellungen einer angeeigneten physischen Landschaft überformt werden konnte. Die Konstruktion von Landschaft durch die Einwanderer nach Nordamerika und ihre Nachkommen war primär kontrastierend an Wildnis und weniger an das Städtische gebunden (siehe Abschn. 3.2 und 5.7.1): Landschaft wurde als kultivierte Landschaft in Abgrenzung zu angsteinflößender Wildnis konstruiert und weniger in Abgrenzung zu Stadt (vgl. Tuan, 1979a; Cronon, 1996a; Keck, 2006), unter Beeinflussung europäischer gesellschaftlicher Landschaft wurde sie zunächst als „pittoreskes Spektakel" (Clarke, 1993, S. 9; ähnlich Olwig, 2008; vgl. auch Hirsch, 2003) auf Grundlage von Landnutzung und -besiedlung konstruiert. Diese Ästhetisierung war im 16. und 17. Jahrhundert weitgehend auf die angelsächsisch kolonisierten Räume in Virginia und Neuengland beschränkt und erfüllte auch die Funktion der Abgrenzung zu den Räumen französischer und spanischer kolonialer Territorien (Clarke, 1993; Mills, 1997). Etwa ab der Zeit des Bürgerkriegs (1861–1865) wurden „die sorgfältig manikürten ländlichen Landschaften" (Hugill, 1995, S. 157) im Stil der englischen Landschaftsgärten zum Gestaltungsvorbild physischer Räume (Hayden, 2004a). Auch in den Vereinigten Staaten vollzog sich eine romantisierte Zuwendung zu Landschaften, insbesondere im Kontext der Hudson River School, deren Bilder „detailreiche Landschaften mit moralischen Themen verband" (Campbell, 2000, S. 63) und „Amerika als möglichen Garten Eden" präsentierte (Campbell, 2000, S. 63; vgl. auch Mills, 1997; Mitchell, 2009), doch verwies diese Romantisierung im Vergleich zu Westeuropa, eigens im deutschsprachigen Raum, auf einen anderen räumlich konstruierten Kontext: Die konservative Konstruktion einer landschaftlich gefassten Heimat, in deren Gefolge sich die Heimatschutzbewegung entwickelte, entstand nicht oder nur ansatzweise. Im Zentrum der romantischen Ästhetisierung stand auch viel mehr als im europäischen Kontext die Deutung von Wildnis im Modus der Erhabenheit. Erhaben gedeutete Wildnis beschränkte sich dabei nicht auf Wälder, Sümpfe, Gebirge und Küsten, sie umfasste vielmehr auch Wüsten, Vulkane, Steppen und Halbwüsten (Clarke, 1993; vgl. auch Osborne, 1988; Zapatka, 1995; Conzen, 2017; Kotkin, 2006; Mills, 1997; Mitchell, 2002a; Mitchell, 2009; siehe Abb. 7.5). Sie wurde zum positiv besetzten Symbol der „idealisierten amerikanischen Werte von Unabhängigkeit, Selbstverantwortung und Aufrichtigkeit" (Pregill & Volkman, 1999, S. 436; Cronon, 1996b; Kirchhoff & Trepl, 2009). Der Glaube an die Auserwähltheit wurde durch die Darstellung gigantischer „Naturschönheiten, vom Mammutbaum bis zum Canyon, unterstützt" (Spanier, 2008, S. 278).

Eine von europäischen Konstrukten von Landschaft zunächst unbeeinflusste Entwicklung nahmen China und Japan. Ein wesentlicher Unterschied liegt darin, dass sich hier das in der abendländischen Ästhetik verbreitete Konstrukt der Verschiedenheit von Schönheit und Erhabenheit in der fernöstlichen Philosophie nicht findet (Ueda, 2013). Ein anderer Unterschied besteht in dem Verhältnis von Mensch und Natur: „Der Mensch steht hier nicht der Natur gegenüber, er ist einbezogen in das allem Seiende gemeinsame ‚ch'i', die Lebenskraft, die alles durchdringt" (Lehmann, 1968, S. 15; vgl. auch Hupke,

Abb. 7.5 Bis heute ein Ort der Bezugnahme zum physischen Raum im ästhetischen Modus der Erhabenheit, gebildet aus Wüste, Hochgebirge und symbolischer Konnotation: das Tal des Todes *(Death Valley)* in Kalifornien. (Eigenes Foto)

2015). Allerdings ist das landschaftsbezogene Vokabular in der chinesischen Sprache deutlich stärker ausdifferenziert als in europäischen Sprachen; Küchler und Wang (2009) führen dies darauf zurück, dass die ästhetisierte Betrachtung von Raum in China bereits 1000 Jahre früher als in Europa eingesetzt habe. Im Einzelnen lassen sich folgende Verständnisse nachvollziehen (Küchler & Wang, 2009; Bruns, 2013; Zhang et al., 2013; Bruns & Münderlein, 2017):

- *Shanshui* umfasst den Topos eines künstlerischen Genres, der Landschaftsmalerei. Diese wird zumeist in Tusche, bisweilen um den Farbholzschnitt ergänzt, ausgeführt und umfasst die Komposition landschaftlicher Elemente, selten ohne (männliche) Menschen. Diese Komposition ist bei der traditionellen Malerei nicht zentralperspektivisch angelegt, wodurch eine Fokussierung des Blicks des Betrachters weit weniger erfolgt als in der europäischen Landschaftsmalerei (vgl. auch Lehmann, 1968).
- *Tianyuan* beschreibt Landschaft als Metapher für Freiheit und Zwanglosigkeit, metaphorisch repräsentiert in einer „ländliche[n], von Menschen gestalteten[n] harmonisch-idyllische[n] Gegend" (Küchler & Wang, 2009, S. 205).

- *Fenjing* beschreibt einen Ort, „der den ästhetischen Idealen von shanshui entspricht" (Küchler & Wang, 2009, S. 206). Er bezeichnet also physisch-räumliche Arrangements, die den (chinesischen) gesellschaftslandschaftlichen Schönheitsvorstellungen entsprechen im Sinne einer ‚schönen Szenerie' (Zhang et al., 2013).
- *Jingse* stellt eine Verknüpfung der Worte *Jing* (Szene) und *Se* (Farbe) dar und bezeichnet die gemäß gesellschaftslandschaftlichen Definitionen „(schönen) visuellen Totaleindruck von einem Ausschnitt der Erdoberfläche" (Küchler & Wang, 2009, S. 206).
- *Yuanlin* bezeichnet die Gestaltung physischer Räume gemäß den Vorgaben der *Shanshui*-Malerei. Dabei handelt es sich um die Gestaltung begrenzter Flächen als Garten.
- *Fengshui* (=Wind und Wasser) stellt ein Bewertungsverfahren für die Qualität räumlicher Arrangements dar. Landschaft wird hier als „ein authentischer individueller Ort [konstruiert], dessen Beziehungsqualitäten zu berücksichtigen sind, wenn menschlichem Tun Erfolg beschieden sein soll" (Küchler & Wang, 2009, S. 207). Dabei werden insbesondere „die Ausrichtung eines geplanten Objekts im Verhältnis zur Topographie und den Himmelsrichtungen" (Küchler & Wang, 2009, S. 207) berücksichtigt.
- *Shuitu* (=Wasser und Boden) beschreibt traditionell die physisch-geographischen Bedingungen eines Raumes und findet gegenwärtig als Terminus des Umweltrechts (in Bezug auf die Qualität von Wasser und Boden) Verwendung.
- *Fengtu* (=Wind und Boden) wird komplementär zu *Shuitu* verwendet: *Fengtu* beschreibt die „engen Wechselbeziehungen zwischen Land und Leuten an einem spezifischen Ort" (Küchler & Wang, 2009, S. 207–208).
- *Jingguan* ist im Gegensatz zu den anderen Begriffen fremdbürtiger Herkunft. Es handelt sich dabei um die Übertragung ‚westlicher' Landschaftsverständnisse nach China. So erschien *Jingguan* im frühen 20. Jahrhundert im Japanischen, „um damit das deutsche Wort ‚Landschaft' wiederzugeben, das japanische Autoren beim Studium deutschsprachiger Literatur kennen gelernt hatten" (Küchler & Wang, 2009, S. 215) und gelangte wiederum über japanische Literatur in den 1930er Jahren nach China. Gegenwärtig weist *Jingguan* die Bedeutungsgehalte ‚schöne Naturlandschaft', ‚Landschaft als individuelle Gegend', ‚Landschaft als Typus' wie auch ‚Objekt der Gartenkunst' auf. In den vergangenen Jahrzehnten hat sich *Jingguan* zu einem Schlüsselbegriff der natur- und sozialwissenschaftlichen Landschaftskonstruktion in China entwickelt. In der raumbezogenen Planung hat *Jingguan* den traditionellen ästhetisch fundierten *Yuanlin*-Bezug weitgehend ersetzt. Auch außerhalb des Diskurses der raumbezogenen Planung ist *Jingguan* für soziale Distinktionsprozesse geeignet: *Jingguan* ist von „eine[r] leicht elitäre[n] Aura" (Küchler & Wang, 2009, S. 216) umgeben.

Eine der chinesischen ähnlichen Entwicklung räumlicher Bezüge außerhalb des nordamerikanisch-europäischen Landschaftsdiskurses finden sich auch im türkischen (Türer-Baskaya, 2013), arabischen (Makhzoumi, 2002) und japanischen Sprachraum (Karatani, 1993; Gehring & Kohsaka, 2007; Funck, 2019; Steinhaus & Funck, 2021; Ueda, 2013): Fand zunächst eine weitgehend eigenbürtige Entwicklung von (ästhetischen) Raumkonstruktionen statt, wurden diese zumeist ab der Wende vom 19. zum 20. Jahrhundert durch einen ‚westlichen' Begriff

– zumindest im akademischen Landschaftsdiskurs – sukzessive ersetzt, teilweise sogar mit ‚westlichem' Lehenswort, wie *Peyzaj* in der Türkei (Türer-Baskaya, 2013). Diese Durchsetzung eines ‚westlichen' Landschaftskonzepts impliziert hinsichtlich der Kommunikation zwischen Landschaftsexperten und Landschaftslaien ein besonderes Problem: Bis heute finden sich in raumbezogenen Diskursen in Japan (aber auch in anderen nicht-nordamerikanisch-europäischen Kontexten) infolge der differenzierten Begriffsgeschichte eigenbürtiger und fremdbürtiger Landschaftsbegriffe unterschiedliche Raumdeutungen, was – so Ueda (2010; ähnlich Taylor, 2009) – das wechselseitige Verständnis in partizipativen Planungen erschwere. Schließlich ist nicht davon auszugehen, dass jeder Laiin und jedem Laien außerhalb des nordamerikanisch-europäischen Kulturkomplexes klar ist (und noch nicht einmal dort; vgl. Abschn. 7.1.1), was ein Landschaftsexperte meint, wenn dieser von ‚Landschaft' spricht (und häufig ist dies Expert~innen unterschiedlicher Fachdisziplinen untereinander auch nicht deutlich; Kühne, 2008a).

Gerade angesichts einer zunehmenden internationalen Migration erscheint eine Intensivierung der Untersuchung der kulturell differenzierten Ansprüche an das, was wir Landschaft nennen, für die Landschaftsforschung unerlässlich, so führt Özgüner (2011) die unterschiedlichen Praxen der Aneignungen von städtischen Parks in der westlichen Welt im Vergleich zur Türkei aus: Während in der ‚westlichen Welt' Parks insbesondere für ‚aktive' Tätigkeiten (Sport, Spazierengehen) und weniger für ‚passive' Tätigkeiten (wie Picknick und Ruhen) genutzt würden, seien ‚passive' Tätigkeiten in Parks in der Türkei weiter verbreitet. Forschungen zu unterschiedlichen Ansprüchen an Landschaft können auch der Planungspraxis Anhaltspunkte liefern, welche unterschiedlichen Bedürfnisse in Bezug auf praktische und ästhetische Aneignungen von physischem Raum bestehen und wie sich diese koordinieren lassen. Dies wird besonders virulent, wenn landschaftsbezogene Planungen im internationalen Raum durchgeführt werden sollen, wie Rothfuß und Winterer (2008, S. 151) am Beispiel unterschiedlicher Schutzphilosophien im transnationalen Kontext der benachbarten Nationalparke Bayerischer Wald und Šumava zeigen: „Die verschiedenen kulturverankerten Konstruktionen von Natur und deren Schutz stellen letztlich die größte Herausforderung dar, einen übergreifenden Managementkonsens zu entwickeln".

Die unterschiedlichen Begriffe von Landschaft in verschiedenen Teilen der Welt stellen nicht (nur) kulturspezifische Eigenentwicklungen dar, sie sind durch Interferenzen gekennzeichnet, die sich nicht allein in der Übernahme eines westlichen Landschaftsbegriffs zeigen, sondern auch die landschaftliche Aneignung außereuropäischer physischer Räume in doppelter Hinsicht einschließt: einerseits durch die Konstruktion von Landschaft aufgrund westeuropäischer Landschaftsbegriffe (z. B. Bunn, 2002), andererseits durch die Formulierung und physische Durchsetzung europäischer Landschaftserwartungen (z. B. Frohn & Rosebrock, 2008). Diese Interferenzen vollziehen sich in der Regel zumeist nicht in Form einer konfliktfreien gegenseitigen ‚Bereicherung', sondern vielmehr zumeist (zunächst) einseitig, der Begriff wird in einem kulturellen Kontext in diskursiven Prozessen durchgesetzt, während der Landschaftsbegriff des anderen kulturellen Kontextes hingegen weitgehend unbeeinflusst bleibt. Die Expansion nordamerikanisch-europäischer

Landschaftsvorstellungen kann aus kritischer Perspektive auch als Kolonisierung kulturell andersartig geprägter gesellschaftlicher Landschaften gedeutet werden, so bezeichnet Mitchell (2002b, S. 9) Landschaft als „‚Traumarbeit' des Imperialismus". Entsprechend sind in die physischen Grundlagen „postkoloniale Machtverhältnisse und Abhängigkeitsstrukturen […] eingeschrieben. Sichtbare genauso wie unsichtbare Elemente verdeutlichen Dominanz- und Herrschaftsbedingungen, die auf Praktiken, Symbolen und Diskursen basieren" (Neuburger & Rau, 2019, S. 502). Schließlich kommt es bei diesen diskursiven Prozessen zumeist zu einer Über- bzw. Unterordnung von Deutungen: Bislang dominante Deutungen (z. B. des *Yuanlin* unter das *Jingguan* in China) werden durch ein neues Deutungsmuster zumeist im Sinne von *Paysage* oder *Landscape* ersetzt oder zumindest ergänzt, während englischsprachige, deutschsprachige bzw. französischsprachige Landschaftsbegriffe nicht oder nur randlich von türkischen, japanischen oder chinesischen (ästhetischen) Raumverständnissen tangiert werden. Umso größer gestalten sich dann die Widerstände (insbesondere bei den Expert~innen der Landschaft), wenn das eigene Verständnis von Landschaft, das bislang wenig durch fremde ästhetische Raumverständnisse herausgefordert war, einer ‚Erweiterung' unterzogen werden soll (oder wird), wie das Beispiel der Diskussion um das Konzept von ‚Landschaft Drei' zeigt. Eine andere Widerständigkeit, nämlich eine politisch-weltanschauliche, gegen fremde landschaftsbezogene Deutungen gerichtet zeigt sich im Kontext der Ablehnung von durch den Adel getragen *Paysage-/Landscape*-Vorstellungen in Ungarn und Deutschland im 18. Jahrhundert. Dass ein hegemoniales westliches Verständnis von Landschaft bzw. dessen historische Einschreibungen in physische Räume insbesondere in früheren Kolonien, auch jenseits wissenschaftlicher Diskurse hinterfragt und zurückgewiesen werden, wird anhand des Sturzes von Denkmälern von Personen deutlich, deren Namen mit Kolonisierung bzw. Ausbeutung verbunden wird (Deming & Boone, 2019).

7.2   Landschaft jenseits des Visuellen: Landschaft in multisensorischer Dimension

Obwohl die „Erkenntnis von und das Wissen über Landschaft […] auch dadurch gefördert [wird], dass an der Wahrnehmung meist mehrere Sinne beteiligt sind" (Nohl, 2006, S. 122), wird Landschaft – auch infolge des starken Bezugs auf die Bildhaftigkeit ihrer historischen Genese (siehe Kap. 3) – stark in Bezug auf visuelle Aspekte konstruiert. Gleichwohl wird bei der Konstruktion von angeeigneter physischer Landschaft – wenn auch in weniger konstitutivem Maße – auf andere Sinne zurückgegriffen, wodurch sich auch Geruchs- und Geräuschlandschaften konstruieren lassen (z. B. Southworth, 1969; Schafer, 1977; Porteous, 1982; Rodewald, 2001; Rodaway, 2002; Crang, 2003; Winkler, 2005; Luginbühl, 2006; Upton, 2007; Scott et al., 2009; Roth, 2012; Kazig, 2013; Bernat & Hernik, 2015; Cerwén, 2016; Edler et al., 2012; Edler, 2020a; Edler et al., 2019; Edler & Kühne, 2019; Edler & Lammert-Siepmann, 2010; Kühne & Edler, 2018; McLean, 2020; Siepmann et al., 2020; Weber, 2017). Auf die große Bedeutung von Geräuschen für

die ästhetische Konstruktion verweist Luginbühl (2006), wenn er feststellt, eine Gebirgs-
landschaft werde häufig mit dem Geräusch von Wasserfällen oder Kuhglocken assoziiert
(hierzu auch Kühne et al., 2013). In der Romantik gehörten Töne und Geräusche zu den
integralen Bestandteilen des sozialen Konstruktes Landschaft, eine ‚stumme‘ Landschaft galt als tot, gerade der Gesang von Vögeln galt dem Städter als ‚Natur‘ (Hellpach,
1950[1911]; vgl. Abschn. 7.1.1), eine Deutung, die bis heute persistiert und sogar einen
wesentlichen Beitrag zur Entwicklung der Umweltbewegung geleistet hat: Das 1962
erschienene Buch Rachel Carsons ‚*The silent spring*‘ beschäftigte sich mit den negativen
Auswirkungen von DDT[4] auf Vogelpopulationen und dem entsprechenden Rückgang des
Vogelgesangs.

Die Thematisierung von nicht-visuellen Komponenten bleibt gegenwärtig jedoch in
expertenhafter Perspektive insbesondere in einem Subdiskurs eingeschränkt, schließlich
fehlt zu ihrer Artikulation (noch) weitgehend das geeignete Vokabular (Brady, 2005; ähnlich dazu bereits Simmel, 1908), was besonders für die raumbezogenen Wissenschaften
gilt, die durch die Transformation ihrer Erkenntnisse in visuelle Medien (insbesondere
Karten) geprägt ist (Tuan, 1979b). Die Welt der modernen Wissenschaft ist stark auf
optische Phänomene ausgerichtet, was – wie Latour (2002 [1999], S. 165) feststellt –
auch durch die Verwendung von optischen Metaphern deutlich wird, wenn beispielsweise
formuliert wird, „dass Wissenschaftler die Welt ‚durch eine bestimmte Brille‘ sehen, dass
sie Vorurteile haben, die ihre ‚Sicht‘ eines Gegenstandes ‚verzerren‘, dass sie mit ihren
‚Weltanschauungen‘, ‚Paradigmen‘, ‚Vorstellungen‘ oder ‚Kategorien‘ die Beschaffung
der Welt ‚interpretieren‘“. Die systematische Minderbeachtung insbesondere des Geruchs-
sinns verbindet Raab (1998) mit den Forderungen der westlichen Wissenschaft (Wert-
freiheit, Allgemeingültigkeit und Nachvollziehbarkeit): Während nämlich „z. B. in der
visuellen Wahrnehmung sowohl optische Qualitäten (Farben) einer physikalisch mess-
baren Dimension (Wellenlänge des Lichts) zugeordnet werden können und auch ein über-
schaubares subjektives Kategoriensystem zur Klassifizierung dieser Qualitäten verfügbar
ist (z. B. Grundfarben), sind im olfaktorischen Bereich weder konsistente Beziehungen
zwischen den chemisch-physikalischen Merkmalen von Düften und ihrer Empfindungen
erkennbar, noch systematische Klassifikationsgesichtspunkte, nach denen subjektive Duft-
qualitäten geordnet werden können, vorhanden“ (Raab, 1998, S. 16). So lässt sich die

---

[4] Bei DDT, ausgeschrieben Dichlordiphenyltrichlorethan, handelt es sich um ein Insektizid. Dieses
wurde seit Beginn der 1940er-Jahre als Kontakt- und Fraßgift eingesetzt. Es war sehr wirksam
gegen Insekten wie auch einfach herzustellen, was zunächst zu einer weiten Verbreitung führte.
Jedoch wurde mit zunehmender Einsatzzeit deutlich, dass es hormonähnliche Wirkungen aufwies,
wodurch z. B. Greifvögel Eier mit dünneren Schalen legten, mit der Folge eines zurückgehenden
Bestands. Als DDT dann in Verdacht geriet, beim Menschen Krebs auszulösen wurde es seit
den 1970er Jahren sukzessive weltweit in der Landwirtschaft verboten und ist seit Inkrafttreten
der Stockholmer Konvention nur noch zur Bekämpfung von Krankheiten übertragenden Insekten
zulässig (dies betrifft insbesondere die Malariabekämpfung).

olfaktorische Dimension von angeeigneter physischer Landschaft ebenso wenig durch die Messung chemischer Verbindungen in der Atmosphäre darstellen wie sich die akustischen Komponenten auf die Lautstärke in Dezibel reduzieren lassen (Burckhardt, 2004a, S. 205): Selbst Lärm ist „mehr als eine physische Einwirkung auf unser Gehörorgan; er ist eine Informationsquelle; und die Summe der Geräusche bildet unsere akustische Umwelt". Sowohl die olfaktorische als auch die akustische Dimension von angeeigneter physischer Landschaft ist eher durch unscharfe Übergänge denn durch scharfe Grenzen geprägt. Die Erscheinung von Geruch, Geräusch, Klang und Lärm ist vom Gesellschaftlichen geprägt, die „Vielzahl und Widersprüchlichkeit der Akteure erzeugen das große Rauschen, in das unsere Zivilisation eingetaucht ist" (Bosshard & Winkler, 2003, S. 59; vgl. auch Howard, 2011). Dieses ‚ortlose Rauschen' wiederum lässt sich von Klängen unterscheiden, die klar und genau lokalisierbar sind, wodurch sich – wieder in optischer Metaphorik – eine Differenzierung in Vorder- und Hintergrund der ‚Klanglandschaft' ergibt (Rodaway, 2002; Bernat & Hernik, 2015).

Vor dem 20. Jahrhundert wurde dem Geruch in der Raumforschung durchaus Beachtung zuteil: So waren für die Reiseberichte des 17. bis 19. Jahrhunderts die Beschreibungen von olfaktorischen Reizen weit verbreitet und sie wurden zur Charakterisierung von städtischen angeeigneten physischen Landschaften herangezogen (Kairo rieche nach billigem, gegerbtem Leder, Palermo hingegen nach Zitrusfrüchten, Delhi sei vom Geruch nach feuchter Erde geprägt, Bangkok rieche nach Baumharzen und Weihrauch, Djakarta dagegen nach Blumen; Faure, 1993; vgl. auch Rodaway, 2002; Payer, 2004; Upton, 2007). Ausnahmen für die wissenschaftliche Befassung mit räumlichen Arrangements nicht-visueller Reize im 20. Jahrhundert bilden die Arbeiten der Physiognomen wie Granö (1997 [1929]) oder Lehmann (1973), die zwar auf einen „optischen Kern" (Lehmann, 1973, S. 42) verweisen, aber die Bedeutung der übrigen Sinne bei der ästhetischen Konstruktion von Landschaft betonen, wie beispielsweise ‚Pure Geography' (Granö, 1997 [1929]): Statt instrumentell erfasster Felder (beispielsweise von Schall) werden hier anhand unterschiedlicher Klang-, Duft- und Farbwirkungen konzipierte Aktivitätsräume konstruiert. Da Geruch zumeist nicht exakt verortbar ist (im Gegensatz zu optischen Reizen und teilweise auch Geräuschen), findet die „Zuordnung von Gerüchen […] zumeist unter Zuhilfenahme des Hörens und Sehens statt" (Bischoff, 2003, S. 45; vgl. auch Ipsen & Wehrle, 1995; Bernat & Hernik, 2015).

Klangliche wie auch olfaktorische Aspekte der angeeigneten physischen Landschaft sind, wenn angeeignete physische Landschaft als physische wie auch soziale Chronik menschlichen Handelns verstanden wird, flüchtig und „dem beschreibenden und gestaltenden Zugriff entzogen" (Winkler, 2005, S. 85) und erfordern, dass „der Ort des Menschen als des Wahrnehmenden und Gestaltenden stets erkennbar bleibt" (Winkler, 2005, S. 86). Gerade die Konstruktion von Landschaft durch Lai~innen kombiniert visuelle Aspekte „mit einer akustischen, olfaktorischen, taktilen [, vestibulären; Ergänzung O.K.] und gustatorischen Dimension" (Bischoff, 2005, S. 9; Porteous, 1982; zur Empirie der Bedeutung nicht-visueller Bestandteile in der angeeigneten physischen Landschaft siehe Rodaway, 2002; Kühne, 2006a). Gerade die taktile Dimension von räumlicher – und spezieller landschaftlicher

– Erfahrung weist einen hohen Grad an Intensität auf, da sie sich nicht auf die Erfassung von Oberflächen, Geometrien (Ausdehnung) und Distanzen beschränkt (wie etwa die vorherrschende visuelle Dimension), sondern auch Informationen über Materialität, Energie (z. B. Temperatur) und Dynamik (wie etwa Vibration) liefert (Rodaway, 2002).

Howard (2011) verweist auf eine deutliche Kulturgebundenheit der sensorischen Konnotationen von Landschaft, so sei es im Französischen selbstverständlich, dass – im Gegensatz zu englischen oder deutschen Landschaftsvorstellungen – gustatorische Reize mit dem Wort *Terroir* eng mit landschaftlichen Vorstellungen verbunden seien, woraus sich wiederum ein deutliches Potenzial für die regionale Vermarktung landwirtschaftlicher Produkte ergeben kann (Le Dû-Blayo, 2011). Dabei unterliegen insbesondere die Geräusch- und Geruchslandschaften einer erheblichen Variabilität: Einerseits sind sie auf der physischen Ebene von den sie produzierenden sozioökonomischen Verhältnissen abhängig (so ist der Geruch von Schwefeldioxid mittlerweile auch dem Ruhrgebiet fremd), auf der anderen Seite finden sich erhebliche Unterschiede in der sozialen und kulturellen Bewertung (was in einem kulturellen oder auch Lebensstil-Kontext als ‚Lärm' verstanden wird, gilt in dem anderen als Ausdruck von Lebensfreude; Rodaway, 2002; vgl. auch Abschn. 7.1.2).

Die Darstellung der Forschungen zu nicht-visueller Dimensionen der physischen Grundlagen von Landschaft gestaltet sich als herausfordernd, was erstens in ihrer raumzeitlichen Variabilität, zweitens, dem hohen Anteil subjektiver Deutungen und Wertungen, drittens, der üblicherweise ablaufenden Übersetzung in visuelle Medien (insbesondere Karten), geschuldet ist. Dadurch findet sich bei den kartographischen Aufbereitungen ein geringer Grad an Standardisierung (das andere Extrem: die amtliche topographische Karte), was stark individuell-kreative Lösungen ermöglicht, wenngleich Bemühungen bestehen, die Erfassung und Darstellung von Geräuschlandschaften zu standardisieren und quantifizieren, insbesondere um sie der planerischen Logik verfügbar zu machen (Aletta et al., 2016). Die wachsenden Möglichkeiten der Erzeugung virtueller Räume wie der Produktion von Filmen erweitern zudem die Möglichkeit der Darstellung, insbesondere akustischer Reize, wodurch die „audiovisuelle Kartographie einen bedeutenden Beitrag zur Verdeutlichung Kontingenz von Landschaftskonstruktionen leisten kann" (Siepmann et al., 2020, S. 254; siehe Abschn. 7.6.1; mehr dazu: Cerwén, 2016; Edler & Lammert-Siepmann, 2010; McLean, 2020).

7.3   Landschaft und Angst

Die Deutung angeeigneter physischer Landschaften unter dem Einfluss von Angst hat in der landschaftsbezogenen Forschung eine lange Tradition (z. B. Tuan, 1979a; Sennett, 1991; Douglas, 1994; Kong et al., 1997; Gold & Revill, 1999, 2003; Eisel, 2001; Potteiger & Purinton, 2002; Kühne, 2012a; Coaffee, 2017; Sreetheran & Konijendijk van den Bosch, 2014; Tulumello, 2020), schließlich lässt sich die Geschichte der Menschheit auch als eine Geschichte der Auseinandersetzung mit Angst lesen, eine Geschichte, die „immer neue Versuche erkennen [lässt], Angst zu bewältigen, zu vermindern, zu überwinden oder zu binden" (Riemann, 2009 [1961], S. 7). Auch die in Abschn. 6.3.3.1 genauer thematisierte ‚Savannen-Theorie' basiert auf dem Bedürfnis des Menschen nach Sicherheit und der Abwehr von Angst.

Die landschaftlichen Ergebnisse von Angst finden sich dabei sowohl in ihren physischen wie auch sozialen und individuellen Grundlagen. Dies bedeutet auch, dass physische Objekte vielfach eine indikatorische Funktion für individuelle und soziale Angst aufweisen (z. B. Helbrecht, 1996), schließlich veranlasst Angst den Menschen dazu, sich vor den Zuständen zu schützen, die Angst erzeugen, wodurch „die Angst [...] wiederum unmittelbar greifbar" (Bauman, 2008, S. 18) wird. Physische Einschreibungen von Angst finden sich also dabei häufig in vermittelter Weise durch Objekte, die das Ziel haben, Sicherheit zu steigern. Sie sind physischer Ausdruck eines Schutzreflexes, „der die Identität und Labilität einer Person, einer Kultur oder einer Zivilisation zu einem bestimmten Zeitpunkt zum Vorschein bringt und widerspiegelt" (Moïsi, 2009, S. 136).

Angst ist ein unscharfer und schwer fassbarer Begriff: „Auf der einen Seite suggeriert er irrationale Furcht, Ehrfurcht und Aberglauben einer vormodernen Welt; Aberglauben, Mythologien, Glauben und Rituale formen einen Ursprung von Erklärungen und Trost für ‚primitive' Menschen. Dennoch sagen uns Soziologen, dass wir zunehmend in einem von Angst dominierten Zeitalter leben, vollzogen auf jeder Bezugsebene, vom Individuum bis hin zum globalen ökonomischen System" (Gold & Revill, 2003, S. 27). Dabei durchdringt Angst „unseren Alltag; sie bedarf kaum weiterer Reize von außen, denn die Handlungen, zu denen sie uns tagein, tagaus veranlasst, liefern ausreichend Motivation und Energie, damit sie sich selbst reproduziert" (Bauman, 2008, S. 18; siehe auch Bauman, 2009). Angst wird durch die Abwesenheit des Gefühls von Sicherheit ausgelöst oder verstärkt: Neben der Abwesenheit von physischer Sicherheit (engl. *Safety*) nennt Zygmunt Bauman (2000) noch die Dimensionen der Abwesenheit von emotionaler Sicherheit (engl. *Security*), von Unbesorgtheit (engl. *Not to be worried about*) und von Gewissheit (engl. *Certainty*) als wesentliche Auslöser von Angst. Die gesellschaftliche Unsicherheit wird dadurch gestärkt, dass die modernen Systeme der Vermittlung von Sicherheit in den unterschiedlichen Dimensionen dies in der Postmoderne nicht mehr oder nur noch unzureichend gewährleisten können: weder „die Wissenschaft noch die herrschende Politik, noch die Massenmedien, noch die Wirtschaft, noch das Rechtssystem oder das Militär sind in der Lage, Risiken rational zu definieren oder zu kontrollieren" (Beck, 2006, S. 107). Die Unsicherheit unserer Zeit reicht – so Bauman (2009 [1993], S. 38, Hervorh. i. O.) – tief in moralische Weltdeutungen: „Unsere Zeit ist eine der *tiefempfundenen moralischen Ambiguität:* sie offeriert eine nie zuvor gekannte Entscheidungsfreiheit und befängt uns gleichzeitig in einem nie gekannten Zustand der Unsicherheit".

Physische Räume können Unsicherheit repräsentieren und Angst auslösen (z. B. Tuan, 1979a; Kong et al., 1997). Schnittger und Schubert (2005) benennen Merkmale solcher typischer ‚Angsträume', denen eine zumindest zeitweilige Abwesenheit sozialer Zuwendung, gemeinsam ist:

- Unbelebte Räume in innerstädtischen Lagen aufgrund des Fehlens von Restaurants, Kinos, Kneipen etc.,
- Temporäre Unbelebtheit durch funktionale räumliche Ordnung, also die räumliche Trennung von Arbeit, Wohnen, Freizeitgestaltung etc.
- Erschwerung von Orientierung in den physisch-räumlichen Strukturen, z. B. durch irreführende Beschilderung,
- Schlechte Einsehbarkeit durch Mauern, Gebüsche etc.,
- Unzureichende Beleuchtung,
- Abwesenheit technischer Sicherheitsanlagen (Notrufsäulen und Videokameras) in Tiefgaragen, Unterführungen, U-Bahntunneln,
- Großflächiger Leerstand von Gebäuden, insbesondere Ladenlokalen,
- Verunreinigung des öffentlichen Raums, z. B. durch Graffitis, Abfälle etc.

In postmodernen Städten sind diese physischen Repräsentanzen Angst erzeugender Ungewissheit, auch infolge geringer werdender ordnenden Eingriffsmöglichkeiten der Stadtpolitik (vgl. Abschn. 5.7), weit verbreitet: Leer stehende Gebäude und Parkplätze, Brachflächen, Bauruinen u. a. bilden auch kleinräumig ein Patchwork, das Instabilität, Unsicherheit und Geworfensein symbolisiert (vgl. Trigg, 2006; Kühne, 2012a; Stratmann et al., 2020). Die räumliche Lokalisierung von Angst hat sich (wie auch die Beispiele typischer ‚Angsträume' bereits andeuten) im Zuge der letzten Jahrhunderte (zumindest in den größten Teilen Europas, Nordamerikas, Ostasiens, Australiens und Neuseelands) gewandelt: Es lässt sich feststellen, „dass beinahe sämtliche Gefahrenquellen in die Städte übergesiedelt sind und sich dort niedergelassen haben" (Bauman, 2008, S. 108). Nicht mehr die Wildnis außerhalb des bewirtschafteten Bereichs wird als eine Quelle der Gefahr verstanden, sondern jene der Stadt: Besonders die überall in der Stadt präsenten „schwer fassbaren und mysteriösen *Fremden*" (Bauman, 2008, S. 108, Hervorh. i. O.), deren Anwesenheit mit Überraschung verbunden ist, die „keine gesicherten Routinen der Bearbeitung und des Umgangs" (Stichweh, 2010, S. 75) zulassen, wirken dabei verunsichernd und Angst erzeugend (Tuan, 1979a; Sreetheran & Konijendijk van den Bosch, 2014). Entsprechend hat der Mensch eine Vielfalt physischer Strukturen zur Kontrolle des Fremden zum Schutz des Vertrauten entwickelt[5]: *Gated Communities,* zumeist vergleichsweise einheitlich gestaltete, durch Zäune und Tore gesicherte Quartiere mit Zugang nur für Befugte (Bewohner, angemeldete Gäste und Handwerker etc.), die Überwachung privater (z. B. das Umfeld von Wohnhäusern), halböffentlicher (*Shoppings Malls,* Stadien) und

---

[5] Der Versuch der Kontrolle des Fremden ist nicht in der Postmoderne entstanden, auch in der Vormoderne (auch Stadtmauern mit ihren Toren lassen sich als physische Manifeste des Angst vor dem Fremden interpretieren) oder in der Moderne (Meldepflichten beim Einwohnerregister lassen Zugezogene, d. h. Fremde, zumindest teilweise berechenbar erscheinen) gab es diese Bemühungen, jedoch haben diese Bemühungen in der Postmoderne eine neue Dimension erreicht, das sie jede einzelne Person zum nahezu ständigen Gegenstand von Überwachungen machen.

öffentlicher Räume (Einkaufsstraßen) mit Kameras, Einlasskontrollen in *Shopping Malls* und Bürogebäuden etc. machen „Angst unmittelbar greifbar" (Bauman, 2008, S. 18; vgl. hierzu auch Blakely & Snyder, 1997; Phillips, 2000; Glasze, 2003; Gold & Revill, 2003; Pali & Schuilenburg, 2020). Durch ein solches Vermeidungshandeln, eine Konfrontation mit der Angst (z. B. vor dem Fremden) wird vermieden, wir eine ‚Angst vor der Angst' erzeugt, die wiederum häufig zu einer Verstärkung des Vermeidungshandelns führen kann, wodurch neue physische Repräsentationen des Vermeidungshandeln entstehen (vgl. Seligman, 1975; Stearns, 2006; Krohne, 2010). So kann um ein Wohnviertel ein Zaun errichtet werden, der Zaun wird durch ein bewachtes Tor ergänzt, der Zaun wird durch eine Mauer ersetzt, am Tor werden Reifenkrallen errichtet, die Mauer wird durch eine Kameraanlage überwacht etc., eine Entwicklung die beispielsweise in der postmodernen Metropole Los Angeles nahezu alltäglich ist (Davis, 2004; Kühne, 2012a).

Weiter gefasst, lässt sich Suburbanisierung auch als durch Ängste ausgelöste Flucht-bewegung bezeichnen: Angst vor Kriminalität (hier taucht das Motiv des Fremden wieder auf) und Angst um die Gesundheit durch Umweltbelastungen und Verkehrs-belastungen in Verbindung mit der Sehnsucht nach der Sicherheit einer überschaubaren und nicht überkomplexen Wohnumgebung lassen sich als durch Angst ausgelöste Ent-wicklungen deuten. Suburbanisierung, Überwachungsanlagen, *Gated Communities,* *Shopping Malls* und durch scharfe Einlasskontrollen gesicherte Bürogebäude lassen sich als physische Manifestationen der Flucht aus Angst „vor der ‚chaotischen Intimität' des Großstadtlebens" (Bauman, 2009, S. 67) und als Ergebnis des Verlusts der Durchgriffs-möglichkeiten des (lokalen) Staates interpretieren (Bauman, 2008, S. 103): „Das heißt, man hat sie [die Ängste; Anm. O. K.] lokalen Initiativen und Bemühungen überlassen und größtenteils privatisiert; sie sind in erheblichem Maße in den Bereich der ‚life politics' verlagert worden, der letztlich der Sorge und dem Einfallsreichtum des Einzelnen über-lassen ist, sowie dem freien Markt, der alle Formen gemeinschaftlicher (politischer) Ein-flussnahme oder gar Kontrolle zutiefst verabscheut und sich ihnen weitgehend entzieht".

Angst manifestiert sich nicht allein in den physischen Grundlagen angeeigneter physischer Landschaft, sie wirkt sich auch auf gesellschaftslandschaftliche ästhetische Vorstellungen aus. So kann Angst auch in Form eines (befürchteten) Verlustes von Schön-heit, Erhabenheit oder Pittoreskit, aber auch der Befürchtung, Schönheit, Erhabenheit oder Pittoreskit nicht zu erlangen, auftreten (Ronen, 2009). Im landschaftlichen Kontext bedeutet dies: Menschen fürchten den Verlust von physisch-räumlichen Elementen, denen sie Schönheit, Erhabenheit oder Pittoreskit zuschreiben (von Streuobstwiesen bis hin zu altindustriellen Objekten). Sie fürchten aber auch, dass die Zusammenschau physischer Objekte zu ‚schöner Landschaft' durch Elemente, denen das Attribut ‚schön' (möglicher-weise nur in dem betreffenden Kontext) aufgrund Vorstellungen von stereotyp schöner Landschaft nicht gewährt wird, gestört wird. Beispiele reichen von der Erneuerung von Straßenbelägen über die Errichtung von Windkraftanlagen, Brücken in als schön/erhaben/pittoresk konstruierten angeeigneten physischen Landschaften (wie der Mittel-rheinbrücke zwischen St. Goar und St. Goarshausen oder der Waldschlösschenbrücke in Dresden) bis hin zum Bau oder Ausbau von Flughäfen, Häfen, Siedlungen etc. Mit der

Verbindung von Angst und Schönheit ergibt sich eine paradoxe Situation (Ronen, 2009): Ein Objekt, dem zunächst einmal Schönheit zugeschrieben wird (es löst also ein Wohlgefallen aus), wandelt sich infolge der Angst vor Verlust zum mit Angst konnotierten Objekt, wodurch wiederum ein Missfallen ausgelöst wird. Aus dieser ästhetischen Perspektive lässt sich auch die Entwicklung von *Gated Communities* interpretieren: Ihre Umzäunung/Ummauerung birgt Objekte und Objektkonstellationen, denen Schönheit zugeschrieben wird, von stets gesäuberten Straßen über Häuser mit gefälliger Architektur bis hin zu kleineren Landschaftsgärten mit eingelagerten Sportstätten. Diese Objekte und Objektkonstellationen werden als durch das Eindringen von Fremdem (und seien es Verunreinigungen der Straßen) gefährdet angesehen, wodurch die Umzäunung/Ummauerung zum Medium der Wiederherstellung von Wohlgefallen wird (Wyckoff, 2010; siehe auch Frantz, 2001), so bietet „der Aufenthalt innerhalb der Siedlung ein kognitives Gefühl der Sicherheit, indem das Potenzial unerwarteter sozialer Interaktion reduziert wird" (Rofe, 2006, S. 314).

Die Verbindung von Angst und Ästhetik im landschaftlichen Kontext beschränkt sich nicht auf die Angst vor dem Verlust von Schönheit oder Nicht-Erlangen von Schönheit, sondern findet sich auch in Bezug auf Erhabenheit: Das Erhabene, als das Resultat des „freien Zusammenspiels von Einbildungskraft und Vernunft" (Gethmann-Siefert, 1995, S. 90) lässt sich als mit Angst durchsetzt beschreiben (Gold & Revill, 2003; Ronen, 2009). Diese Angst entfaltet sich sowohl in der unmittelbaren Konfrontation mit dem physischen Raum (wie einem aktiven Vulkan, hohem Seegang, Stürmen u. a.) aber auch deren Repräsentationen in Gemälden, Filmen, Romanen etc. (Krysinski, 2007; Ronen, 2009). Hier werden die Repräsentanten physischer Objekte mit der Intention arrangiert, dass sie in ästhetisierter Zusammenschau Angst auslösen (z. B. Filmkulissen in Horrorfilmen und Kriegsfilmen; siehe Lewin, 2006). Angst kann auch Teil der gesellschaftlichen Grundlagen angeeigneter physischer Landschaften sein: Sie werden unter Zusammenschau der physischen Manifeste des Grauens (z. B. bei den Überresten des Konzentrationslagers von Auschwitz oder dem Ground Zero) gebildet. Die physischen Repräsentanten gesellschaftlicher oder individueller Angst können darüber hinaus durch physische Umgestaltung (z. B. gemäß dem Paradigma der reflexiven Gestaltung der physischen Grundlagen angeeigneter physischer Landschaft) symbolisch ironisch relativiert werden. Ein Beispiel hierfür ist die Berliner Mauer, die von westlicher Seite durch Graffiti symbolisch Bedrohlichkeit genommen bekam. Auch im sozialkommunikativen Kontext lassen sich Verbindungen von Angst und Landschaft finden, z. B. als Angst vor dem Verlust an ästhetischem Distinktionspotenzial durch Trivialisierung des Schönen/Erhabenen/Pittoresken zum Kitschigen. So wurde Ende des 19. und Anfang des 20. Jahrhunderts romantische Landschaftsmalerei dem Massengeschmack zugänglich gemacht (Spanier, 2006), wodurch sie eine ihrer sozialen Funktionen verlor: Als Medium der Abgrenzung der Menschen mit dem ‚richtigen Geschmack' von jenen ‚ohne diesen richtigen Geschmack' zu dienen. Den Trägern des ‚richtigen Geschmacks' ist dabei stets die Angst eigen, die von ihnen ästhetisierten Objekte könnten durch (‚stümperhafte') Aneignung durch Personen ‚ohne diesen richtigen Geschmack' entwertet werden (vgl. Kühne, 2012a).

7.4   Landschaft in der Konstruktion von Kultur und Natur: das Dilemma, was geschützt werden soll

Eine über ein Jahrhundert alte Traditionslinie der Forschungen zum Thema Landschaft ist die Betrachtung der Einflüsse von Natur und Kultur auf jenes Gefüge, das als Landschaft bezeichnet wird (siehe z. B. auch Abschn. 3.2, 3.5, 6.6.1.1 und 6.7). Dieser Abschnitt befasst sich mit der Frage, in welcher Weise Natur und Kultur im landschaftlichen Kontext sozial konstruiert werden (siehe ausführlicher zum Begriff ‚Natur': Berr & Jenal, 2021; Groß, 2006; Hard, 2002d; Kirchhoff, 2011a, 2017; Kirchhoff et al., 2017; Trepl et al. 2005).

Natur wird gesellschaftslandschaftlich sehr unterschiedlich konstruiert (vgl. die sozialen Konstrukte und Wertungen von ‚Wildnis' in Abschn. 6.7): Sie bezeichnet „das Ursprüngliche und Gute […], das im Gegensatz zu Gesellschaft als dem Künstlichen und gar Zerstörenden steht", aber auch gleichwohl das „Wilde und Bedrohliche, das zum Schutz der Gesellschaft gezähmt wird" (Groß, 2006, S. 5; ähnlich Kong et al., 1997; Jenal & Schönwald, 2019; Schönwald, 2012). Dabei bleibt sie stets aber „ein Stück Gegenerfahrung zur Sphäre der kulturellen Sinne" (Seel, 1996, S. 115; vgl. auch Bonsdorff, 2005; Jenal & Schönwald, 2019; Saunders, 2013; Schönwald, 2013; Trepl, 2012a). Gernot Böhme (2007, S. 24) sieht die politischen, moralischen und gesellschaftlichen Naturbezüge mit folgender Vorstellung verbunden: „Sie [Natur; Anm. O.K.] sei das Ursprüngliche und damit auch das ursprünglich Gute, sie sei etwas Maßgebendes, sie sei dasjenige, was von selbst da ist, das den verlässlichen und umschließenden Hintergrund unseres irdischen Daseins bildet". Orvar Löfgren (1986, S. 128) sieht hinsichtlich der Naturnutzung einen paradoxen Natur-Kulturzusammenhang, der darin besteht, „dass man einerseits die Natur mit Aussichtstürmen und Wanderwegen domestiziert und zu einer Konsumtionslandschaft umformt, sie andererseits aber verwildern lässt und mit Qualitäten ausstattet, die ihre Natürlichkeit und Primitivität, ihre Unberührtheit, betonen. So wurde die Natur also für den Großstadtmenschen exotisch, und die Exotik wurde zugleich domestiziert. Als nächstes wird die Natur dann natürlich. Sie symbolisiert das Echte und Unbeeinflusste im Gegensatz zu der gekünstelten, kommerziellen und vom Menschen produzierten Umwelt der Stadt". Sie wird also auch zu einer ‚moralischen Instanz' und Gegenstand von Sehnsüchten, die dem „Leiden an bestimmten kulturellen und sozialen Zuständen" (Bahrdt, 1996, S. 169) entspringen.

Das moderne Weltverständnis schlägt sich auch in der Konstruktion von fundamentalen Dichotomien wie hässlich – schön, gut – schlecht, Mann – Frau, Intellekt – Emotion, Stadt – Land(schaft), aber auch Kultur – Natur nieder (Spirn, 1988; Fuller, 1992; Riley, 1994; Holzinger, 2004; Kühne, 2012b; Schönwald, 2013; Mölders et al., 2016). Ein wesentliches Element der Moderne ist ein Naturkonzept, „das auf einer Ausblendung und Ausbeutung der Natur beruht" (Beck et al., 2001, S. 20). Natur wird – in der Denktradition der Aufklärung als „objektiv' existierendes, großes Uhrwerk, das nach strengen, unabänderlichen Gesetzen in Raum und Zeit abläuft" (Schafranski, 2000, S. 182) konstruiert. In ökonomischem Kalkül wird sie damit zu einer neutralen Ressource, die als beherrschbares „Außen" und unbegrenzt verfügbar erscheint (Beck et al., 2001): „Die Gegenüberstellung von Natur und Gesellschaft ist eine Konstruktion des 19. Jahrhunderts, die dem Doppelzweck diente, die Natur zu beherrschen und zu kontrollieren. Natur ist unterworfen und vernutzt am Ende des 20. Jahrhunderts und damit von einem Außen- zu einem Innen-, von einem vorgegebenen zu einem hergestellten Phänomen geworden. Im Zuge ihrer technisch-industriellen Verwandlung und weltweiten Vermarktung wurde Natur in das Industriesystem hereingeholt. Zugleich ist sie auf diese Weise zur unüber- windlichen Voraussetzung der Lebensführung im Industriesystem geworden" (Beck, 1986, S. 9)[6]. Hans Paul Bahrdt (1996, S. 176) vergleicht den Umgang mit Natur mit dem von Bildung, beide seien dorthin verwiesen und „eingehegt" worden, wo sie ungefährlich seien: in den Freizeitbereich. Sei die autonome und gebildete Persönlichkeit im Berufs- alltag nicht gewünscht, dort könne man „getrost Spezialist, Fachbanause, Untergebener" sein, seien „Licht, Luft und Sonne im Wohngebiet, das Eigenheim im Garten im pseudo- ländlichen Stil, der Urlaub im Hochgebirge oder am Meer" als geziemende Tribute an die ‚heile Natur' zu verstehen, während man „in der Fabrik, im Büro, im Geschäft […] keine Rücksicht auf Natur zu nehmen [brauchte], dort war sie längst der technischen Rationalität geopfert worden".

Das dichotome Konstrukt von Natur und Kultur wird in der Landschaftsforschung in den Konstrukten von Naturlandschaft und Kulturlandschaft aktualisiert: So versteht Carol (1973a, S. 147) Kulturlandschaft als „im Gegensatz zur Naturlandschaft organisiert". Für Siekmann (2004, S. 32) bedeutet diese Sicht, „das menschliche […] Wirken […] vom außermenschlichen, natürlichen Geschehen" abzugrenzen. Carol (1973a) differenziert die Naturlandschaft (in ebenfalls dichotomer Weise) weiter aus, indem er zwischen anorganischer und organischer angeeigneter physischer Naturlandschaft und Kultur- landschaft unterscheidet (Abb. 7.6). Der wesentliche Unterschied zwischen organischer und anorganischer Landschaft sowie Kulturlandschaft ist für Carol die unterschied- liche Integration von Sphären, die anorganische Naturlandschaft ist demnach durch das Fehlen des Einflusses von Biosphäre und Anthroposphäre geprägt. Die gemäß diesem Zugriff auf Landschaft konstitutive Bedeutung der Sphären wird in folgender Äußerung

---

[6]Infolge seiner historischen Entwicklung (siehe Kap. 3) konstituierte sich der Begriff der Land- schaft auch durch die dichotome Abgrenzung von anderen Begriffen (z. B. der Stadt, wobei sich diese Dichotomie aufzulösen beginnt), teilweise finden sich aber auch überschneidende Bedeutungsinhalte. Ein solcher Begriff ist jener der Umwelt. Zahlreichen Autoren zufolge (z. B. Appleton, 1980; Cosgrove, 1998b; Schmeling & Schmitz-Emans, 2007), unterscheidet sich der Begriff der Landschaft durch die ästhetisierte Wahrnehmung von dem Begriff der Umwelt. Während sich Umwelt als vom menschlichen Bewusstsein unabhängig konstruieren lässt, ist Land- schaft stets konstitutiv durch das menschliche Bewusstsein geprägt Maciá (1979). Lavoie (2005) zufolge liegt ein wesentlicher Unterschied zwischen Umwelt und Landschaft in der zwingenden Geschichtlichkeit von Landschaft: Landschaft kann als das Ergebnis einer langen Interaktions- geschichte zwischen Mensch und Umwelt aufgefasst werden.

	Anorganische	Organische	Kulturlandschaft'
	'Naturlandschaft'		
Am Aufbau der physischen Grundlagen angeeigneter physischer Landschaft beteiligte Sphären	Atmosphäre Hydrosphäre Lithosphäre	Biosphäre Atmosphäre Hydrosphäre Lithosphäre	Anthroposphäre Biosphäre Atmosphäre Hydrosphäre Lithosphäre
Herrschende Prozesse	anorganische (chemische, physikalische)	anorganische und organische	anorganische, organische und anthropogene (soziale, individuelle)
Beispiele	Salzwüste, Eis- und Felswüste	Tunda, Urwald	städtische Landschaft, agrarische Landschaft

Abb. 7.6 Integrationsstufen angeeigneter physischer Landschaft nach Carol (1973a). (Eigene Darstellung auf Grundlage der genannten Quelle)

von Carol (1973a, S. 148, Hervorh. i. O.) deutlich: „Die Landschaft ist […] ein *spezifisches Korrelationsgefüge* der sie aufbauenden Sphären". Der Begriff der Kulturlandschaft verweist durch die Nutzung des Wortes ‚Kultur' auf den zeitlichen Charakter der in den physischen Raum eingeschriebenen Ergebnisse sozialen und individuellen Handels, so definiert Schmithüsen (1973, S. 167) in positivistischer Denktradition Kulturlandschaften als „historisch geprägte Gebilde, in denen die Lebensformen und Ideen früherer Gesellschaften auch in der Gegenwart noch in vielfältiger Weise wirkende Realität sind". Diese Einschreibungen durch den Menschen in den physischen Raum unterliegen seinem Nutzenkalkül (Carol, 1973b).

Die dichotome Konstruktion von Natur- und Kulturlandschaft ist jedoch in den landschaftsbezogenen Wissenschaften nicht unumstritten: So unterstreicht Haber (2000), Landschaft sei ein Ausdruck von Kultur und werde nur in kultureller Wahrnehmung ausgeprägt. Eine Aussage, die Spanier (2001, S. 81) zuspitzt indem er feststellt: „Es gibt keinen Gegensatz zwischen Kulturlandschaft und Naturlandschaft. Es gibt nur Kulturlandschaft". Konold (1996b, S. 5) führt dies in Bezug auf die physischen Grundlagen angeeigneter physischer Landschaft aus, indem er feststellt, „dass in Mitteleuropa fast alle Landschaft Kulturlandschaft ist, vom Menschen geformt nach seinen Bedürfnissen und seinen jeweiligen Möglichkeiten" angepasst (ähnlich Hauser & Kamleithner, 2006). In positivistischer Tradition der Landschaftsforschung verstehen Tress und Tress (2001a, S. 55) unter Landschaft einen Übergangsbereich zwischen Natur und Kultur: „Seitdem es Menschen gibt, haben sie Landschaften beeinflusst und verändert. Die Landschaften sind das sichtbare Produkt dieser Beeinflussung. Landschaft entsteht weder allein aus der Natur noch aus der Kultur heraus" (siehe auch Tress & Tress, 2001b). Eine etymologische Begründung für die Ablehnung des Begriffs der ‚Kulturlandschaft' findet sich bei Termeer (2007): Die Silbe *-schaft* verweise bereits auf menschliche Tätigkeit (siehe Abschn. 3.1), insofern bedeute eine Voranstellung von ‚Kultur' vor ‚Landschaft' einen Pleonasmus (also die überflüssige Anhäufung bedeutungsgleicher oder –ähnlicher Worte). In Bezug auf den Schutz von Natur verweist Lucius Burckhardt (2006b, S. 67) in diesem Kontext auf die soziale Konstruiertheit von dessen Grundlagen: „Wir diskutieren heute unter dem

Stichwort Ökologien verschiedene Strategien, die dazu dienen, Ressourcen zu sparen, Arten zu erhalten, natürliche Zyklen nicht zu zerstören; aber die obersten Ziele, an welchen wir uns orientieren sind nicht der Ökologie entnommen, sondern ästhetischer Natur". In Abwägung der Diskussion um den Sinn der Abgrenzung von Naturlandschaft zu Kulturlandschaft stellt Heiland (2006) fest, hier sei zwischen den aktuellen physisch-räumlichen Gegebenheiten einerseits und der terminologischen Ebene andererseits zu unterscheiden. Er plädiert für die weitere Verwendung der Termini von Naturlandschaft und Kulturlandschaft, schließlich gelte es in der Landschaftsforschung keineswegs ausschließlich darum, aktuelle Zustände abzubilden, vielmehr sei es deren Aufgabe, „vergangene und zukünftige oder auch nur denk- oder wünschbare Zustände und Phänomene abzubilden (ansonsten gäbe es wohl kaum die Begriffe des Guten, der Wahrheit, der Freiheit, Gottes usw.)" (Heiland, 2006, S. 49; zu weiteren Details der Diskussion siehe Leibenath & Gailing, 2012). Schenk (2011, S. 14) sieht in der Verwendung des Wortes ‚Kulturlandschaft' einen „strategischen Pleonasmus", „um die Raumwirksamkeit des Menschen in einer historischen Perspektive in den Mittelpunkt [des] Interesses zu markieren" (Schenk, 2011, S. 14). Dabei besteht jedoch – Stemmer (2016, S. 48; einfache Anführungszeichen durch O.K.) zufolge – bei dem Begriff der Kulturlandschaft „die Gefahr weiterer Aufladung mit Bedeutungen, die sich aus dem ‚eigentlichen Wortsinn' bzw. einer vorfindlichen Gegend" ableiten lassen. So hängen solche Aufladungen „zum einen mit Gedanke des Statischen und zum anderen mit (oft nostalgischer) Verklärung zusammen" (Stemmer, 2016, S. 48; einen instruktiven Überblick über die Verständnisse von ‚Kulturlandschaft' liefert Heiland, 2019). Aus (sozial) konstruktivistischer Perspektive verliert die Unterscheidung auf der Sachebene ohnehin jede Relevanz, „da jeder als ‚Landschaft' bezeichnete Erdausschnitt zu einer solchen erst durch menschliche Wahrnehmung und Bewertung wird" (Wojtkiewicz, 2015, S. 7), auf der Meta-Ebene erscheint die Diskussion jedoch durchaus interessant: Aufgrund welcher Mechanismen und unter Nutzung welcher Ontologisierungen und Reifikationen, welcher Deutungsmuster etc. erfolgt die diskursive Trennung von Natur- und Kulturlandschaft?

Wird das Verständnis einer dichotomen Trennung von Kultur und Natur als ein modernes nachvollzogen, wird es in der Postmoderne durch ein solches ersetzt, dass Natur und Gesellschaft als vernetzt betrachtet, schließlich habe es diese moderne Welt „so nie wirklich gegeben. Tief unter den sauber getrennten Bereichen brodeln immer die Hybride" (Passoth, 2006, S. 46). Die hybriden Doppelzuordnungen, so lässt sich der Mensch sowohl als natürliches als auch als kultürliches Wesen beschreiben, werden nicht mehr (normativ) systematisch ausgeblendet oder getrennt (Latour, 1998; vgl. auch Zierhofer, 1999, 2003; Spirn, 2008 [2001]; Reusswig, 2017). Die Akzeptanz der sozialen Konstruiertheit von Wissen verdeutlicht Zierhofer (2003, S. 199): „Natur und Kultur liegen der Erkenntnis nicht voraus, sondern umgekehrt, bestimmte Praktiken gehen der Unterscheidung von Natur und Kultur voran" (Zierhofer, 2003, S. 199), schließlich können wir „Objekte nicht mehr als feststehende Gegenstände vor unserer Erfahrung auffassen, sondern nur noch als Gegenstände, die erst durch unsere Interaktionen konstituiert werden" (Zierhofer, 2003, S. 210). Damit wird deutlich, dass Natur nicht als eindeutig definierbarer Bereich von Welt verstanden werden kann: „Sie ist immer definiert, domestiziert und zugerichtet" (Köstlin, 2001, S. 7; vgl. auch Bonsdorff, 2005). Gemäß postmodernen Auffassungen lässt sich Landschaft als Hybrid verstehen: Sie umfasst sowohl gesellschaftliche wie physische Zusammenhänge, sie enthält Objekte, die in unterschiedlicher Weise sowohl natürlich wie kultürlich beeinflusst sind, sie fußt sowohl auf individueller als auch sozialer Konstruktion. Damit werden auch die modernen Gleichungen Stadt = Kultur und Land = Natur aufgelöst: Natur dringt in Form von Ruderalvegetation an Bahn- und Straßendämmen in die Stadt ein und breitet sich auf Brachflächen aus (Spirn, 1988; Jorgensen & Tylecote, 2007; Hupke, 2015; Hofmeister & Kühne, 2016b; Dettmar, 2019; Gandy, 2016), denen – im Vergleich zu Parkanlagen – eine höhere Authentizität zugeschrieben wird (Rupprecht et al., 2015). Auch die Bebauung dringt mit den Prozessen der Suburbanisierung in ehemals ländliche Gebiete vor. Beides sind Prozesse, die bereits auch im Zuge der Modernisierung zu finden waren, jedoch in diesem Kontext als Abweichung von dem gewünschten Zustand dichotomer Reinheit galten. Erst mit der Postmodernisierung steigt die Toleranz für Hybride.

Angesichts dieser Entwicklungen, sowohl in Bezug auf die physischen als auch die gesellschaftlichen Grundlagen angeeigneter physischer Landschaft, erhält die Frage eine besondere Brisanz, welche ‚Natur' denn geschützt werden solle, insbesondere auf welcher gesellschaftlichen Grundlage (siehe hierzu ausführlich Hupke, 2015). Diese Herausforderung lässt sich mit der Konzeption von drei ‚Wildnis'-Typen durch Sabine Hofmeister (2008) verdeutlichen: So ist der ‚Wildnis'-Typ 1 als ein physischer Raum ohne menschliche Existenz oder Nutzung zu verstehen, den Wildnis'-Typ 2 versteht sie als Simulacrum (zu diesem Konzept: siehe Abschn. 7.5.2) des ‚Wildnis'-Typs 1, ausgehend von einer modernen Natur-Kultur-Dichotomie, der ‚Wildnis'-Typ 3 hebt die Kultur-Natur-Dichotomie auf. So führen beispielsweise die allseits anzutreffenden Auswirkungen des Klimawandels auf physische Räume zu einer Art Hybridnatur des ‚Wildnis'-Typs 3, „in der der Mensch seine Aufgabe erkennt, Natur als ‚humanen' Lebensraum zu gestalten" (Bur & Schönwald, 2016, S. 171; vgl. auch Brady, 2006; Kangler, 2021). Besonders deutlich tritt die Bedeutung der ‚Typ-3-Wildnis' auf Flächen zutage, auf denen eine (weitgehende) Nutzungsaufgabe erfolgt, verbunden mit dem Einsetzen der natürlichen Sukzession. Diese Flächen entziehen sich auch der klassischen ästhetischen dichotomen Deutung des ‚Kunst- und Naturschönen' (siehe Abschn. 6.3.1.2; besonders deutlich wird dies bei altindustriellen Objekten; zum Ruhrgebiet: Zepp, 2020), da sie sich der Dichotomie von Kulturlandschaft und Naturlandschaft als Nicht-mehr-Kulturlandschaft und Noch-nicht-Naturlandschaft entziehen und zugleich einer eigenen Dynamik unterworfen sind, die mit Gandy (2016) als ‚Unlandästhetik' *(Wasteland Aesthetics)* bezeichnet werden kann.

Eine stark stereotype Weltdeutung ist (weil Stabilität suggerierend) ein wesentliches Merkmal der Sicht von Verwaltung auf die Welt (Herzfeld, 1993), wodurch gerade der behördlich organisierte Naturschutz in ein Begründungsdilemma zwischen naturwissenschaftlichen Forschungsergebnissen (der prinzipiellen Instabilität natürlicher Prozesse) einerseits und gesellschaftlicher Stabilitätserwartung (umgekehrt: Veränderungsangst) insbesondere der physischen Grundlagen von Landschaft (siehe Abschn. 7.2 und 8.2) sowie dieser Erwartung entsprechenden Sicherheitsversprechen (das häufig

als Stabilitätsversprechen[7] des Staates gedeutet wird; siehe Abschn. 6.6.2) andererseits gerät. Die aus den unterschiedlichen Weltdeutungen erwachsenden Natur- und
Landschaftsschutzkonfikte sind vielschichtig und „sich dadurch aus, dass darin ästhetische,
moralische und (vermeintlich) objektive naturwissenschaftliche Argumente miteinander
verbunden sind" (Mölders & Hofmeister, 2020, S. 507).

7.5   Die massenmediale Konstruktion von Landschaft

Die massenmediale Konstruktion von Welt im Allgemeinen wie auch von Raum und
Landschaft im Besonderen hat in den vergangenen Jahren eine zunehmende (raum)
wissenschaftliche Zuwendung erfahren (Döring & Thielmann, 2009; Engell et al., 2007;
Schlottmann & Miggelbrink, 2015). Dabei befasst sich die medienbezogene Landschaftsforschung inhaltlich mit der Darstellung und symbolischen Aufladung von Landschaft in den unterschiedlichen Medien, wie Filmen (Escher & Zimmermann, 2001;
Lefebvre, 2006; Lukinbeal, 2012; Zimmermann, 2019), in Computerspielen (Fontaine,
2017b, 2020a), von im Internet präsentierten Fotographien (Dunkel, 2015; Kaußen, 2018;
Linke, 2017a; Loda et al., 2020; Wartmann & Mackaness, 2020) wie auch im Internet
verbreitete Videos (Kühne, 2012a, 2020b; Kühne & Schönwald, 2015a). Hierbei stehen
Fragen im Vordergrund, wie landschaftliche Stereotypen aktualisiert und landschaftliche
Erwartungen geschaffen werden, auf Grundlage derer physische Räume, aber auch andere
Repräsentanzen physischer Räume wiederum beobachtet werden. Ein weiterer Fokus
landschaftsbezogener wissenschaftlicher Befassung mit Massenmedien bezieht sich aber
auch auf deren Fähigkeit, Moral zu kommunizieren. Das Thema der Moral hat mittlerweile eine große Präsenz in Bezug auf Landschaft entwickelt, sodass es sich an zahlreichen Stellen dieses Buches thematisieren ließe (etwa im Kontext Governance, siehe
Abschn. 8.3), jedoch hat Moralkommunikation im Kontext der internetbasierten Massen-
kommunikation eine besondere Erweiterung erfahren, sodass gerade die Zusammenhänge zwischen webbasierter Kommunikation zu Landschaft im Modus der Moral eine
besondere Aktualität erhalten (Nagle, 2017; Wagner, 2019b; Weber et al., 2018).

7.5.1   Moral, (massenmediale) Kommunikation und Landschaft

Eine verstärkte wissenschaftliche Auseinandersetzung den Zusammenhängen von Moral
und Landschaft findet sich seit den 1970er Jahren und hat unter anderem mit den Ver-

---

[7] Ein solches Stabilitätsversprechen lässt sich – in Anschluss an Herzfeld (1993, S. 76) – durchaus
auch als funktionale Basis des Nationalstaates beschreiben, basiert er doch auf „kultureller (und
ethnischer) Kontinuität, auf einer gemeinsamen Sprache und einheitlichen Behörden, der Rhetorik
eines geteilten Schicksals und einer geteilten Normalität".

änderungen physischer Räume im Kontext der ‚Energiewende' an Aktualität gewonnen. Die Einbeziehung moralischer Fragen in die Befassung mit Landschaft lässt „die normative Beziehung zwischen Raum und Verhalten" (Cresswell, 2003, S. 279) in den Fokus rücken und ist der Frage, wie sich ein ‚gutes' Leben in einer als ästhetisch angenehmen Umgebung gestalten ließe. Zugleich ist sie aber auch wie sich moralische Vorstellungen in physische Räume einschreiben (vgl. Tuan, 1989) wie auch wie landschaftlich gedeutete Veränderungen physischer Räume im Modus der Moral bewertet werden. Die Moralisierung von Landschaft ist jedoch keine Erfindung der zweiten Hälft des 20. Jahrhunderts. Bereits in der Romantik erfolgte – wie in Kap. 3 gezeigt – eine auf Moral basierende Auseinandersetzung mit den physisch-räumlichen Manifestationen von Aufklärung, Rationalisierung und Industrialisierung als Element der Modernisierungskritik statt (Kirchhoff & Trepl, 2009; Kühne, 2013c; Trepl, 2012a).

In der öffentlichen, aber teilweise auch raum- und landschaftswissenschaftlichen werden häufig ‚Moral' und ‚Ethik' synonym verwendet. Diese Verwendung entspricht nicht der philosophischen Terminologie, die unter ‚Moral' ein System von normativen, das Handeln von Menschen (mit)bestimmenden, Regeln (Rollen, Normen) und Werten, als Ergebnis sozialer Konventionalisierungsprozesse, versteht, während unter Ethik die wissenschaftliche Reflexion von Moral verstanden wird. Moral ist also das Reflexionsobjekt der Ethik, die in Bezug auf Moral eine Meta-Perspektive einnimmt (Berr, 2017, 2019b; Berr & Kühne, 2019a; Peres, 2013). Im Folgenden wird der Meta-Perspektive gefolgt, indem die Konstitution und Funktion von Moral in Bezug auf Landschaft dargelegt wird. Konventionen, nicht allein moralische, wie bereits in Abschn. 6.3 anhand ästhetischer Konventionen in Bezug auf Landschaft gezeigt wurde – entstehen durch Kommunikation (aber auch Kommunikation gehorcht wiederum Konventionen), was wiederum bedeutet: Sie weisen einen gewissen Grad an Variabilität und Kontingenz auf (Berr, 2014, 2017). Dies wiederum öffnet das Feld für unterschiedliche Bewertungen von Objekten und Entwicklungen, aber auch Kräften der Beharrung auf tradierten moralischen Standards und jenen, die deren Veränderung anstreben, was – wie gezeigt wurde – der Kommunikation unterliegt. Kommunikation wiederum versteht Niklas Luhmann (2017) als die einzige ursprüngliche soziale Handlung, die sich in einer dreifachen Selektion äußert: Information, Mitteilung und Verstehen (Luhmann, 2017). Ein kommunikativer Akt ist dann gelungen, wenn alle drei Prozesse abgeschlossen sind. Dabei weist Kommunikation eine konstitutive Bedeutung für Gesellschaft auf: Ohne Kommunikation keine Gesellschaft.

Moral war bis in die frühe Moderne zumeist religiös begründet und produzierte mit ihrer Bestimmung von Normalität an Anomalität „ein Schema der Generalisierung quer zu dem Situations- und Verhaltenstypen" (Luhmann, 2017, S. 126). Die funktionale Differenzierung der Gesellschaft in verschiedene gesellschaftliche Teilsysteme mit exklusiven Aufgaben für die Gesellschaft (siehe Abschn. 6.1.5) war nicht allein mit einer Zunahme der „Konfliktträchtigkeit und Konfliktfähigkeit" (Luhmann, 2017, S. 220) der Gesellschaft verbunden, vielmehr erfolgte auch eine Differenzierung moralischer Vorstellungen. Diese traten zunächst in Konkurrenz zur religiös definierten Moral und lösten diese sukzessive ab, sie traten aber auch in Konkurrenz zueinander und zugleich wuchs die Bedeutung moralischer Kommunikation durch die Massenmedien (Luhmann, 1996). Die zunehmende Differenzierung der Gesellschaft bedeutet auch eine Zunahme an Komplexität der Verhältnisse zwischen den unterschiedlichen Teilsystemen der Gesellschaft (Gleiches gilt für die Bezugnahmen der Gesellschaft zu ihrer nicht-gesellschaftlichen Umwelt; Luhmann, 1986). Auf diese Komplexitätszunahme reagiert Gesellschaft häufig mit der Expansion des Modus moralischer Kommunikation, wodurch Komplexität reduziert wird: Wirtschaftliche Fragen werden nicht wirtschaftlich kommuniziert (beispielsweise in Bezug auf die Effizienz der Ressourcennutzung), politische Fragen nicht politisch (also hinsichtlich der Frage der Machtgenerierung bzw. –sicherung), sondern moralisch (etwa hinsichtlich der Pauschalisierung, Geld/Politik verderbe den Charakter; Luhmann, 1993). Dabei stellt sich Moral über die spezifischen Logiken der gesellschaftlichen Teilsysteme und in der sozialen Kommunikation dahin gehend, „Streit zu erzeugen, aus Streit zu entstehen und den Streit dann zu verschärfen" (Luhmann, 1989 [1980], S. 370). Die entkomplexisierende Wirkung von moralischer Kommunikation äußert nicht zuletzt „zur Generalisierung des Konfliktstoffes" (Luhmann, 2017, S. 128), Einzelfälle werden als allgemeingültig verstanden, um dann wiederum als ‚typisch' stigmatisiert zu werden und sind schwer wieder zurücknehmbar (vgl. Bogner, 2005). Die Generierung sozialer Missachtung zielt zwar auf eine disziplinierende Wirkung, nämlich die der Einhaltung sozialer Normen (Haus, 2003; Luhmann,1993), jedoch sind diese – wie oben angesprochen – infolge der gesellschaftlichen Differenzierung pluralisiert und ihre Verbindlichkeit bezieht sich immer weniger auf die gesamte Gesellschaft (auch wenn der Anspruch diesbezüglich formuliert wird), sondern formiert sich in (stark differenzierten) Diskursgemeinschaften. Dies wiederum hat zur Folge, dass eine disziplinierende Wirkung ausbleibt, da die fokussierte Person einen anderen Moralkodex folgt (eine detailliertere Einführung in die Soziologie Luhmanns liefern Kneer & Nassehi, 1997). Somit ist – so Luhmann (1989 [1980], S. 370) – Moral „ein riskantes Unternehmen. Wer moralisiert, lässt sich auf ein Risiko ein und wird sich bei Widerstand leicht in der Lage finden, nach stärkeren Mitteln suchen zu müssen oder an Selbstachtung einzubüßen". Die Folge ist eine wechselseitige moralische Diskreditierung der ‚anderen' Seite, jeweils nach eigenen, generalisierten, aber nicht geteilten moralischen Maßstäben. Infolge der Komplexitätssteigerung gesellschaftlicher Verhältnisse geht Grau (2017, S. 12) so weit, moralische Kommunikation als ein konstitutives Merkmal von modernen demokratischen Gesellschaften zu verstehen, denn sie „können Sachfragen kaum anders kommunizieren als im Modus der Erregung und Empörung". Ein wesentliches Element hiervon wiederum sind Massenmedien (klassisch: Bücher, Zeitungen, Zeitschriften, Radio, Fernsehen; aktuell: zusätzlich das Internet, insbesondere soziale Medien), die eine zentrale Bedeutung in der gesellschaftlichen Kommunikation aufweisen, denn wir wissen – Luhmann (1996) zufolge – alles über die Welt durch die Massenmedien.

Massenmedien weisen einen entscheidenden Unterschied zu den anderen gesellschaftlichen Teilsystemen auf (Luhmann, 1996): Sie vermögen es, die Gesellschaft in Gänze anzusprechen, d. h. in Resonanz zu versetzen. So sind Informationen von Unternehmen zumeist nur für andere Unternehmen, aus der Wissenschaft für Fachkolleg~innen, aber selten für die gesamte Gesellschaft von Interesse. An die gesamte Gesellschaft erfolgt eine Adressierung allein durch massenmediale Vermittlung. Massenmedien selektieren – ständig aktuell – Informationen, verbreiten diese in der Gesellschaft und sind so in der Lage, ein Höchstmaß an Irritation in der Gesellschaft zu erzeugen. So können einerseits massenmedial verbreitete Informationen das politische System dazu zwingen, sich mit diesen Informationen in die politische Kommunikation zu integrieren. Andererseits sind sie auch in der Lage, Informationen aus einem gesellschaftlichen Teilsystem an die Gesellschaft in Gänze zu adressieren (etwa die Verbreitung wissenschaftlicher Informationen zum Klimawandel; Weingart et al., 2000, 2008). Dabei sind sie in der Lage, was keinem anderen Teilsystem der Gesellschaft möglich ist, das Medium der Moral zu integrieren: Ohne dass ihre Legitimation dazu hinterfragt wird, dürfen Massenmedien moralische Urteile über Repräsentanten anderer gesellschaftlicher Teilsysteme fällen, z. B. ob Landschaftsveränderung zu Heimatverlust führe und dies zu verurteilen sei, oder aber, ob der Widerstand gegen die Errichtung von Windkraftanlagen eine Verweigerung gegenüber den Erfordernissen des Klimaschutzes darstelle und deswegen moralisch verwerflich sei.

Für eine massenmediale moralische Kommunikation ist das Thema Landschaft aus fünf Gründen besonders geeignet (Kühne, 2019d):

1. Seine alltagsweltliche Bedeutung ist hoch (ob bei Spaziergängen, in Spiel- und Dokumentarfilmen, in Gemälden etc.; vgl. z. B. Kühne, 2018d).
2. Das, was ‚Landschaft‘ genannt wird, wird emotional, etwa in Form von ‚Heimat‘, besetzt (Hüppauf, 2007; Kühne et al., 2016; Kühne & Spellerberg, 2010; Schlink, 2000).
3. Es erfolgt eine Ästhetisierung entlang gesellschaftlicher Stereotypen, die wiederum eine normativ-moralische Absicherung erfahren (Burckhardt, 2006a; Kühne, 2012b, 2013b; Linke 2017b).
4. Die Entstehungsprozesse dessen, was als ‚Landschaft‘ verstanden werden kann, sind sehr komplex (was sowohl für individuelle und soziale Konstruktionsprozesse gilt, wie auch dieses Buch zeigt, unter vielen: Bourassa, 1991; Bruns, 2016; Bruns & Kühne, 2013; Kühne, 2015e).
5. Die Prozesse der Entstehung der physischen Strukturen, die als ‚Landschaft‘ bezeichnet werden, sind ebenfalls komplex (z. B. Küster, 2013 [1995]; Poschlod, 2017; Schenk, 2011).

In der massenmedialen Kommunikation dominiert ein essentialistisches bzw. positivistisches Verständnis von Landschaft (teilweise auch in fachlichen Diskursen). Entsprechend werden (angestrebte) Veränderungen in der materiellen Welt zum Gegenstand von Konflikte, die häufig einen hohen Moralisierungsgrad aufweisen, so gilt die geplante Errichtung der einen Konfliktpartei als ‚unwiederbringliche Zerstörung der gewachsenen historischen Kulturlandschaft‘ oder ‚Heimatzerstörung‘, während die andere Konfliktpartei ‚Klimazerstörung‘ oder ‚Verantwortungslosigkeit gegenüber künftigen Generationen‘ brandmarkt (unter vielen: Kühne & Schönwald, 2013; Weber et al., 2017), beide Seiten erklären letztlich stark generalisierend ‚die Rettung der Welt‘ zu ihrer Aufgabe, nicht allein für die heute lebenden

Menschen, sondern auch für künftige Generationen (siehe hierzu Spanier, 2006), an die
Stelle eines Nachvollzugs der Komplexität wirtschaftlicher, wissenschaftlicher, planerischer
oder politischer Systemlogiken oder des komplexen Verhältnisses von Gesellschaft und ihrer
sozialen und natürlichen, teilweise ästhetisch vermittelten Umwelt, rückt eine moralische
Diskreditierung alternativer Weltsichten. Die – häufig in unterschiedlichen politischen
Weltanschauungen fußenden (siehe Abschn. 6.7) – moralische Kommunikation kann zwar
kurzfristig zu dem erwünschten Erfolg führen, indem andere Menschen dazu gezwungen
werden, in bestimmter Weise zu handeln, doch weist sie auch erhebliche Nebenfolgen auf:
An die Stelle des Ringens um taugliche Regelungen von konkreten Herausforderungen und
Konflikten tritt die De-Differenzierung durch moralische Kommunikation, was in Bezug
auf Landschaft bedeutet: Eine Vielfalt an Deutungsalternativen sowie deren sachbezogene
Abwägung ist Voraussetzung um das Ringen um taugliche landschaftliche Entwicklungen.

Der Zugang zu Massenmedien sei – so Luhmann (1996) – nicht durch eine (kritische)
Distanz, wie etwa bei Kunst, geprägt, Massenmedien erschienen vielmehr „als eine Welt
des schlicht Gegebenen" (Kauppert, 2016, S. 14), was insbesondere für Massenmedien
vor der Verbreitung des Internets gilt. Heute hat die massenmediale Kommunikation die
Trennung zwischen Sender und Empfänger relativiert. Es besteht ein Nebeneinander
qualitätsgesicherter und nicht qualitätsgesicherter Inhalte, es werden Echokammern ausgeprägt, die spezifische Weltsichten reproduzieren und die jeweilig spezifischen Moralen
zur Konstruktion der eigenen Überlegenheit gegenüber den anderen nutzen. Die Nutzung
von *Social Media* ermöglicht zudem in kürzester Zeit moralische Zuschreibungen – etwa
in Bezug auf Landschaftsprozesse – zu generieren, zu aktualisieren und zu verbreiten,
was zu einer Beschleunigung der Ausprägung von Landschaftskonflikten führt (siehe
Abschn. 8.2.3; siehe unter anderem: Berr, 2017; Berr & Kühne, 2019a; Grau, 2017;
Sofsky, 2013; Weber et al., 2018).

7.5.2   Landschaft und bewegte Bilder (Film und Video)

Diese knappen Ausführungen zu Moralkommunikation, insbesondere in Bezug auf
Landschaft, verdeutlichen die Notwendigkeit einer ethischen Reflexion, die nach
Erscheinungsformen differenziert und soziale Nebenfolgen der Moralkommunikation
thematisiert. Hier bestehen noch weitere Forschungsbedarfe, insbesondere in Bezug auf
Prozesse der Formierung und Verallgemeinerung, aber auch in Form von Kaschierung
moralischer Urteile durch scheinbare Sachargumente, nicht allein in der Kommunikation
in sozialen Medien, dort aber in besonderer Weise. Die stereotype Konstruktion von
Landschaft in Film und Internetvideos.

Ein wesentliches Medium der Erzeugung landschaftlicher Stereotype ist der Film
(aber auch seinen Subtypen, etwa Fernsehserien). Filme repräsentieren dabei nicht einfach physische Räume, physische Räume werden nach Maßgabe der erwünschten Wirkung
beim Zuschauer ausgewählt, zugerichtet bzw. hergestellt (besonders deutlich wird dies bei
im Rechner erzeugten Filmlandschaften). Film stellt, wie Medieninhalte auch, nicht ein

Abbild der ‚Wirklichkeit' dar, er ist vielmehr das Ergebnis von „Selektion, Bewertung, Verarbeitung und Interpretationen sozialer Ereignisse" (Werlen, 1997, S. 383). Filme stellen – so Fröhlich (2007, S. 342) – in Bezug auf Städte „eine künstlerische Ausdrucksform dar, in deren kollektiven Produktionsprozessen vielfältige städtische Facetten aufgenommen und reflektiert werden". Ein Film ist also ein wesentlicher Bestandteil der Simulation von Welt, wobei er stets an (vermuteten) Vorerfahrungen des Zielpublikums anschließen muss, soll er eine Wirkung erzielen (Plien, 2017), wobei diese Vorerfahrungen zunehmend wiederum durch die Inszenierung von Welt (unter anderem durch Film oder das Internet) geprägt sind (siehe Kühne, 2018d). Dies hat zum Ergebnis, dass die Referenz zur Bewertung von medialen Inszenierungen von Landschaft wiederum andere mediale Inszenierungen der Welt ist.

Diese Entwicklung lässt sich in den Kontext der Theorie der Simulation von Welt hat Jean Baudrillard (1976 und 1994) einordnen. Dabei versteht er die Geschichte der Erkenntnis nach der Aufklärung als in drei Phasen gegliedert (Baudrillard, 1978; vgl. auch Vester, 1993; Ipsen, 2002b; Rodaway, 2002; Cosgrove, 2008 [2001]): Zunächst stehen Zeichen für die Einsicht in die Zusammenhänge der ‚realen Welt'. Dabei entwirft die Wissenschaft Formeln und Modelle, um die ‚reale Welt' zu simulieren. In der darauffolgenden Phase werden Zeichen dazu verwendet, das Reale zu verschleiern. Mit Hilfe von Zeichen werden gesellschaftliche Machtverhältnisse maskiert. Durch kritische Wissenschaft ist die ideologische Funktion der Zeichen demaskierbar. In der dritten und letzten Phase werden Zeichen zu Simulacra. Sie verweisen auf etwas Reales, das es nicht gibt. Das bedeutet: Zeichen verweisen auf andere Zeichen und erzeugen so eine nicht umfänglich erfassbare Verweisungsstruktur von Zeichen untereinander. Damit werden sie selbst zu ‚Realitäten'. Durch die Auflösung der Sicherheit der Moderne, „dass es in letzter Instanz eine wirkliche, materielle Welt gibt" (Behrens, 2008, S. 24), die auch als Grundlage der Überprüfung von Wahrheitsgehalten herangezogen werden kann, lassen sich Simulacra nicht mit dem Begriff der Lüge beschreiben. In Bezug auf den Film lässt sich diese Entwicklung folgendermaßen veranschaulichen: Dienten Filme in der frühen Phase des Films in erster Linie der Dokumentation von Ereignissen (wie der Einfahrt eines Zuges in einen Bahnhof), rückte die Inszenierung von Ereignissen später in den Vordergrund filmischer Aufbereitung von Welt; so produzieren beispielsweise Western ideologisierte Vorstellungen vom freien Individuum, das im Kontext von *Frontier* und Wildnis die Werte von Aufklärung und Puritanismus verteidigt (vgl. Abschn. 5.7.1). Diese Ideologisierung lässt sich durch historische Studien beispielsweise zu Zerstörungen von Wildnis und indigenen Kulturen dekonstruieren. In der letzten Phase, der Phase der ‚Simulacra' lassen sich diese Dekonstruktionen, wenn überhaupt, nur unter großem Aufwand vornehmen. Postmoderne Filme, wie ‚Pulp Fiction' oder ‚Blade Runner' verweisen nicht mehr auf eine (stereotype historische) ‚Realität', vielmehr zitieren sie andere Filme, ironisieren Zusammenhänge, haben ein zynisches Verhältnis zu gesellschaftlichen Werten und Normen (vgl. auch Moore-Colyer & Scott, 2005). Dadurch verlieren sie an eindeutiger Lesbarkeit. So zerfällt Stadt in den beiden genannten Filmen in einen unzusammenhängenden Archipel von Lebenswelten, die sowohl (relative) Sicherheit, als auch Kriminalität, soziale Desintegration, aber auch Fortschritt symbolisieren. Diese Ambivalenzen und gegenseitige Verweise zwischen Filmen, ohne einen Anspruch ‚Realität' zu repräsentierten, sind charakteristisch für die postmoderne Welterzeugung: „Die Postmoderne wurde nicht im Kino erfunden, aber das Kino, die TV-Welt und das Internet sind die Plätze, an denen sich die postmoderne Kultur am konzentriertesten manifestiert" (Kubsch, 2007, S. 49; vgl. auch Kühne, 2012a).

Durch den Film werden gesellschaftliche und individuell aktualisierte Landschaften erzeugt und verfestigt: Bevor wir in physischer Konfrontation eine Wüste, Los Angeles oder New York, tropischen Regenwald oder das Outback erleben können, wurden uns (stereotype) Vorstellungen dieser Räume vermittelt. Diesen hohen Grad an Idealisierung (als Grundlage für Stereotypisierung) erhalten filmische Landschaften durch ausgefeilte Montagetechniken (Krebs, 2008, S. 137): „In der Zusammenführung zuvor separater Wirklichkeitsfragmente und Requisiten mithilfe von Kamera und Schnittpult bzw. -computer entsteht eine neue, auf das wesentliche verdichtete Landschaft". Diese stereotypen Landschaften dienen als Grundlage für die Beurteilung der betreffenden physischen Räume, sollten wir diese einmal bereisen. So ist die Verwaltung der Stadt Los Angeles bemüht, den physisch räumlichen Stadtteil Hollywood an sein glamouröses gesellschaftslandschaftliches Image anzupassen, um die Enttäuschung bei individueller Aktualisierung von wahrgenommenen physischen Strukturen im Vergleich zu gesellschaftslandschaftlichen Sollvorstellungen nicht zu groß werden zu lassen (vgl. Vester, 1993; Davis, 2004; Kühne, 2012a; Kühne & Schönwald, 2015a). Diese zentrale Bedeutung in der Erzeugung gesellschaftlicher Landschaft kann Film aufgrund seiner deutlichen Bezogenheit auf einen räumlichen Kontext einnehmen. So weist Sergei Eisenstein (1988) der filmischen Landschaft eine ähnlich zentrale Bedeutung zu wie Filmmusik. Neben Musik sei Landschaft „das freiste Element im Film, aber auch jenes, das am stärksten die Bürde zu tragen hat, erzählende Aufgaben und sich verändernde Stimmungen, emotionale Zustände und spirituelle Erfahrungen zu transportieren" (Eisenstein, 1988, S. 217; Übers. O.K.). Die landschaftlichen Bezüge von Film lassen sich in sieben unterschiedliche Repräsentationsmuster von Filmen gliedern (Higson, 1987; Escher & Zimmermann, 2001; Zimmermann, 2019; vgl. auch Cosgrove, 2008[2001]; Kühne, 2006a, 2008a; Kühne, 2012a,; Lüke, 2008; Schleich, 2020): Erstens, bietet filmische Landschaft einen räumlichen Handlungsrahmen und stellt eine angemessene Verortung der Handlung in Form einer Kulisse dar: Im Film dargestellte Objekte werden so angeordnet, dass sie für den Zuschauer als ‚Stadt', ‚Dorf' bzw. ‚Gebirge' zu deuten sind. Damit vermittelt Landschaft, zweitens, Authentizität und Glaubwürdigkeit der Handlung, indem ein räumlich und zeitlich gemäß allgemein verfügbarem Code konsistenter Bezugsrahmen, erzeugt wird; so erschienen die dargestellten Handlungsmuster von ‚Sex and the City' in einer niederbayrischen Kleinstadt der 1920er Jahre gemäß allgemein verfügbarer Bewertungsstandards wenig glaubwürdig. Drittens, wird Landschaft metaphorisch bzw. symbolisch aufgeladen. Bekannte landschaftliche Stereotypen werden entweder bestätigt, wie der Kuss im Rosengarten, die Monotonie des Alltags in der ‚tristen' Industriestadt oder das unbeschwerte Leben am Strand, oder umgedeutet, wie der Traum vom Leben im suburbanen Eigenheim als Ort der Kontrolle und Unfreiheit (wie beispielsweise in *American Beauty*). Landschaft wird, viertens, auch mythisch aufgeladen, wie im Western die Prärie als Ort des Kampfes um Freiheit, im deutschsprachigen Heimatfilm der 1950er und 1960er Jahre Gebirge als Ort der ‚heilen' (= vormodernen) Welt oder in Seefahrerfilmen das Meer als Ort des Kampfes des Menschen mit den Mächten der Natur. Dies kann Landschaft eine Bedeutung geben, die, fünftens, dazu führt, dass Landschaft „um ihrer selbst Willen im Spielfilm präsentiert" (Escher & Zimmermann, 2001, S. 233) wird. Sie erhält hierbei eine zentrale Funktion im Film und wird quasi ein Akteur (wie z. B. bei *Waterworld* oder *Der Schatz im Silbersee*). Bei der Produktion von Filmen entsprechen, fünftens, dargestellte Landschaft und Drehort (‚*Location*' oder ‚*Set*') einander häufig nicht. So wurden zahlreiche Filme, deren Handlung an anderen Orten z. B. New York oder in Südostasien lokalisiert, aufgrund der räumlichen Nähe von Hollywood-Studios in Los Angeles gedreht. Die Ebene gesellschaftlicher Landschaftsproduktion auf Grundlage von Filmen hat auch Auswirkungen auf das raumbezogene Handeln von Menschen, so wird, sechstens, im Film repräsentierte Landschaft Ziel des Tourismus. Touristen suchen Orte auf, die mit Filmen verknüpft werden, wie die Filmstudios von Hollywood oder die Drehorte der *Herr der Ringe*-Trilogie in Neuseeland. Dies wiederum wird vom Regionalmarketing aufgenommen, verstärkt oder überhaupt erst erzeugt. Landschaft wird, siebtens, Teil des Stadt- bzw. Regionalmarketings: Drehorte von Filmen und Serien werden zur Konstruktion von lokalen und regionalen Images herangezogen, wie bei in Münster handelnden Tatort-Folgen oder *Wilsberg*-Fernsehfilmen (Bollhöfer & Strüver, 2005) oder der Inszenierung und der Kommerzialisierung des schweizerischen Heidi-Mythos (Leimgruber, 2004). Der Erfolg des Einsatzes filmischer Medien für das Regionalmarketing ist jedoch opportun, „eine Handlung aus der Landschaft heraus zu schreiben, statt sich nur in sie einzuschreiben, [denn so; Anm. O.K.] werden aus Drehorten sehr beliebte Reiseziele" (Schleich, 2020, S. 306).

7.6   Erweiterungsmöglichkeiten individueller und gesellschaftlicher Konstruktionen von Landschaft: Virtuelle Räume und Spiel[8]

Wir befinden uns mitten in einer digitalen Transformation, die auch als Digitalisierung, digitale Revolution oder vierte Medienrevolution genannt werden, während sich die Begriffe „‚Digitalisierung' und ‚digitale Revolution' (in Anlehnung an die industrielle Revolution) sich eher auf die technischen und wirtschaftlichen Aspekte der Veränderungen beziehen" (Thomas, 2020, S. 448), sieht der der Begriff ‚vierte Medienrevolution' „die Verfügbarkeit digitaler Medien in einer historischen Reihe mit der Entwicklung der Sprache, dem Aufkommen der Schrift und der Erfindung des Buchdrucks" (Thomas, 2020, S. 448). Mit zunehmender Rechnerleistung wurde die Voraussetzung geschaffen, komplexe

---

[8] Ich danke meiner Mitautorin/meinem Mitautor mehrerer Veröffentlichungen zu diesem Thema, Corinna Jenal und Dennis Edler, für die anregende Zusammenarbeit zu diesem Thema, aus der auch der folgende Abschnitt erwachsen ist.

räumliche Zusammenhänge virtuell darzustellen und in Computerspiele zu integrieren. Über die Untersuchung von Computerspielen hinaus lässt sich die Konstruktion virtueller Welten für die Forschung verfügbar machen, aber auch analoges Spiel trägt zur Entwicklung individuell aktualisierter Landschaft bei. Hierbei handelt es sich um sich aktuell durchaus dynamisch entwickelnde Forschungsfelder.

7.6.1 (Immersive) Virtuelle Realität und die Konstruktion von Landschaft

Virtuellen Realitäten sind in den vergangenen Jahren alltagsweltlich immer präsenter geworden. Die zunehmende Verbreitung von *Game Engines* (bspw. ‚Unreal Engine' und ‚Unity') wie auch VR-Systemen, etwa VR-Headsets und Sensor-Tracking-Systeme, ermöglichen seit etwa Mitte der 2010er Jahre das immersive Erleben virtueller Landschaften, also ein Eintauchen in virtuell erzeugte Welten, die dann als materielle Welt erlebt werden. Diese immersive VR – sowie auch vereinzelt die *Game-Engine*-basierte *Augmented Reality* (Keil et al., 2019, 2020) – ist nicht allein Teil der heimischen Unterhaltung geworden, sondern bietet Möglichkeiten der kreativen Auseinandersetzung mit 3D-Visualisierungen für interessierte Personen in nicht kommerziellen wie auch nicht-kommerziellen Kontexten (Dickmann, 2020; Edler et al., 2020; Hochschild et al., 2020; Vetter, 2019). Die Nutzung von Virtual Reality (VR) und Augmented Reality (AR) ermöglicht, „Restriktionen klassischer zweidimensionaler und statischer Medien (Fotos, Druckkarten)" (Dickmann, 2020, S. 237) zu überwinden, etwa indem Prozesse in dreidimensionalen Räumen dargestellt werden können.

Die wissenschaftliche Befassung mit VR blieb in den Geoinformationswissenschaften zunächst stark auf technische Fragen oder Fragen der Anwendbarkeit für ein interessiertes Publikum beschränkt, zeigen aber die Potenziale von VR-Simulationen im Kontext von raumbezogener Planung (z. B. Jamei et al., 2017; Ma et al., 2020; Maffei et al., 2016; Teng & Shen, 2020), Beleuchtungsverhältnissen in Innenräumen (Edler et al., 2018; Jerald, 2016; Sekula, 2015), Standortmarketing (Edler et al., 2019), Klimawandel (Huang et al., 2020), Katastrophensimulation (Dickmann, 2020), Biodiversität (Hruby et al., 2019), Lärmbelastung (Berger & Bill, 2019; Sanchez et al., 2017), audiovisuelle Verkehrssimulation (Edler et al., 2019), Tourismus und Kulturerbe (Büyüksalih et al., 2020; Medyńska-Gulij & Zagata, 2020; Pasquaré Mariotto & Bonali, 2021; Smaczyński & Horbiński, 2020; Walmsley & Kersten, 2020), wie auch geographischer Bildung (Šašinka et al., 2019; Zhao et al., 2020). Die Wirkungen von VR auf Anwender~innen anhand konstruierter Fallbeispiele blieb beschränkt (vgl. Prisille & Ellerbrake, 2020; Vetter, 2020). Eine sozial- und raum-/ landschaftstheoretische Rahmung unterblieb weitgehend. Einige Ausnahmen haben eher explorativen Charakter, zeigen aber deutlich die Potenziale von VR für die raum- und landschaftstheoretische Forschung (Edler et al., 2018, 2019; Kühne & Jenal, 2020b, c).

Für die sozialkonstruktivistische Landschaftsforschung bietet die Erzeugung und Nutzung von VR-Räumen, die sich als ‚Landschaft' deuten lassen, die Möglichkeit der Untersuchung der Prozesse der individuellen und sozialen Konstruktion von Landschaft. Besondere Eignung hierfür erfahren sie, weil sie sich unabhängig von materiellen Raumstrukturen und deren Restriktionen und Gegebenheiten erstellen lassen. Entsprechend ist ihre Eignung dafür hoch, die konstituierenden Prozesse und Strukturen der gesellschaftlichen und individuellen Landschaftskonstruktion zu fokussieren. Dabei lassen sich zwei Zugänge der sozial-konstruktivistisch gerahmten empirischen Landschaftsforschung finden (Edler et al., 2018):

1. Bereits erzeugte virtuelle, gemeinhin als Landschaft gedeutete, Räume werden zum Gegenstand der Forschung gemacht. D. h. es lässt sich untersuchen, welche Elemente von ‚Landschaft' dargestellt werden und welche nicht, auch lässt sich der Detaillierungsgrad der unterschiedlichen Elemente untersuchen. Dies führt letztlich zu einem tieferen Verständnis stereotyper, aber möglicherweise auch heimatlandschaftlicher Deutungen in Bezug auf Landschaft, insbesondere dann, wenn solche Untersuchungen nicht auf quantitative oder qualitative Bildanalysen beschränkt bleiben, sondern durch Befragungen (qualitativ oder quantitativ) ergänzt werden.
2. Es werden bewusst virtuelle Räume konstruiert, die durch Elemente geprägt sind, die sich unter einem landschaftlichen Modus deuten lassen, um so etwa zu erfassen, was wie in welchem Kontext (räumlich, wie auch sozial) als Landschaft gedeutet wird, aber auch was etwa als störend empfunden wird. Auch dieser Zugang lässt sich durch weitere empirische Methoden (etwa durch Befragungen) erweitern.

Hieraus wird deutlich: Virtuelle Welten weisen mit ihrem nahezu unbegrenzten Gestaltungs- und Interaktionsmöglichkeiten (Abb. 7.7) für die experimentelle Forschung gegenüber von Feldforschungen in materiellen Räumen erhebliche Vorteile auf: Es lassen sich störungsfreie Untersuchungsumgebungen schaffen (wie etwa in der Raumkognitionsforschung zur Untersuchung von Orientierungsvermögen bereits praktiziert: Lokka et al., 2018; Lokka & Çöltekin, 2020; Torrens, 2018). Im Vergleich zu Befragungen, die auf insbesondere zweidimensionalen visuellen Darstellungen beruhen (wie Fotos, fotoähnlichen Bildern, Gemälden etc.) ist die ‚Immersion' von Vorteil, da hier insbesondere Möglichkeit des ‚Erlebens' von ‚Landschaft' möglich ist, insbesondere dann, wenn die Stimuli sich nicht auf visuelle Reize beschränken, sondern auch akustische Eindrücke liefern (Dörner et al., 2013; Edler et al., 2015; Edler et al., 2019, 2020; Hruby, 2019; Jerald, 2016; Kühne & Edler, 2018; Lammert-Siepmann et al., 2017). Durch Möglichkeiten zur Interaktion in und mit einer virtuellen Umgebung aus einer Ego-Perspektive in Echtzeit heraus und mittels VR-Headset lässt sich die Intensität der Immersion weiter steigern, insbesondere im Vergleich zu klassischen Impuls-Formaten wie Filmen oder Computerbildschirm-Anwendungen (Hruby et al., 2020). Die Potenziale immersiver VR für sozialwissenschaftlichen Forschungen wachsen nicht zuletzt wegen sich rasch entwickelnden technischen Möglichkeiten, etwa photogrammetrisch genau erfasster Geländedarstellungen, die Einbindung amtlicher sowie ehrenamtlich erfasster Geodaten (*Volunteered Geographic Information,*

Abb. 7.7 Ein Beispiel für die Möglichkeiten der Erzeugung virtueller – als Landschaft deutbarer – Räume (Abbildung, mit freundlicher Abdruckerlaubnis: Timo Wiedenlübbert und Dennis Edler)

vgl. Goodchild, 2007) und Stadtmodelle (Lütjens et al., 2019; Schmohl et al., 2020; Walmsley & Kersten, 2019), mit denen sich solche Geodatenressourcen perspektivisch in Spiele-Engines integrieren lassen (Edler et al., 2018; vgl. Keil et al., 2021).

Restriktionen hinsichtlich des Einsatzes von immersiver VR in der sozialwissenschaftlichen Landschaftsforschung gibt es noch hinsichtlich der Integration sensorischer Reize, jenseits der visuellen und akustischen, etwa in taktiler oder olfaktorischer Dimension, wo bis dato eher erste Pilotstudien vorliegen, sodass hier – im Vergleich zu als Landschaft gedeuteten materiellen Räumen – noch Immersionseignungslücken bestehen (Dodt et al., 2017; Edler et al., 2018; Mancini et al., 2021; Puyana-Romero et al., 2017). Weitere Restriktionen ergeben sich aus dem Unwohlsein unerfahrener insbesondere weiblicher Nutzer~innen von VR (sog. *motion sickness*), aber auch bei Personen, die infolge von Einschränkungen des Sehsinns, die nicht in der Lage sind, mittels VR-Brille visuelle dreidimensionale Simulationen wahrzunehmen (Brooks et al., 2010; Jerald, 2016; Munafo et al., 2017; Stanney et al., 2015).

7.6.2 Zwischen materiellem Raum und virtuellem Raum: Landschaft und Spiel

Ähnlich der Konstruktion virtueller Welten bietet Spiel die Möglichkeit, Verständnisse von Landschaft zu erweitern. Dies betrifft nicht allein die Schnittmenge virtueller

Weltkonstruktion und Spiel, im Computerspiel, sondern auch traditionelle Spiele im materiellen Raum. Die wissenschaftliche Befassung mit den Zusammenhängen von Spiel und Landschaft hat sich erst in den vergangenen Jahren etablieren können (Edler, 2020b; Edler & Dickmann, 2017; Fontaine, 2017b, 2020a; Kühne et al., 2020, 2021, 2022; Kühne & Schmitt, 2012a, b; Lahl, 2019; Liboriussen, 2008), ist Spielforschung doch bis heute – von der Evolutionsforschung ausgehend – in der Psychologie, Pädagogik und Soziologie zuletzt auch Didaktik etabliert (Coccoli et al., 2015; Gordon, 2008; Oerter, 2007; Stintzing et al., 2020; Sutton-Smith, 1997). Doch auch in Bezug auf die Landschaftsforschung ergeben sich erhebliche Potenziale, schließlich ist Landschaft – Fontaine (2020b, S. 275) folgend – in Bezug auf Spiele (insbesondere virtuelle) „eine Art ‚Bühne‘, auf der gesellschaftliche Wünsche und Handlungen sichtbar werden. Gestaltungsmuster sind mit dem Versuch verbunden, besondere Atmosphären zu schaffen, die ästhetische Fragen berücksichtigen mit dem Ziel, Eskapismus zu fördern".

Ausgehend von der Befassung des Spiels bei Kleinkindern etablierte sich ab den 1970er Jahren auch eine Befassung mit dem Spiel von Erwachsenen (bspw. Betcher, 1981; Cohen, 1985) und fokussiert heute insbesondere Computerspiele (Beil et al., 2015, 2018; Pánek et al., 2018; Scharpf, 1997; van Vleet & Feeney, 2015a, b).

Spiel wird unterschiedliche Funktionen zugeschrieben, etwa des Entzugs des Kindes aus Sozialisations- und ‚Realitätszwängen‘, durch Erzeugung einer ‚Wirklichkeit‘ „die man für sich selbst hat" (Piaget, 1969, S. 216). Auch ermögliche das Spiel den konstruktiven Umgang mit nicht bewältigten Alltagserfahrungen, um so „der passiven Erfahrung ein aktives Gegenstück hinzu[zufügen]" (Oerter, 2007, S. 12). Spiel wird darüber hinaus eine kulturbildende Funktion zugeschrieben, so wäre Spiel ein Ursprung von Praktiken, aus denen sich Wirtschaft, Wissenschaft, Politik, Religion etc. entwickelt hätten, die durch Ritualisierungen institutionalisiert hätten werden können (siehe ausführlich Huizinga, 1938). George Herbert Mead weist auf die Funktion von Spielen in der Sozialisation hin, wobei er zwischen ‚Play‘ und ‚Game‘ unterscheidet: Im ‚Play‘ werden von Kindern wichtige Repräsentanten der Gesellschaft, etwa Eltern, nachgeahmt, im ‚Game‘, dem organisierten und geregelten Gruppenspiel, werden mehrere Rollen eingenommen und erprobt. Spiel erhält so eine konstitutive Bedeutung für die ‚Selbstprogrammierung‘ (Mead, 1975 [1968]) des sich sozialisierenden Menschen (mehr zur Funktion von Spiel: Hauser, 2014, 2016; Kluge, 1981). Spielhandeln lässt sich anhand von fünf Merkmalen charakterisieren (Burghardt, 1999, 2005, 2011):

1. Unvollständige Funktionalität im gesellschaftlichen Kontext, d. h. Spiel erfüllt keine unmittelbare Funktion, wie etwa Erwerbsarbeit.
2. Positive Aktivierung (spontan, freiwillig, intentional, angenehm, belohnend, verstärkend oder autotelisch).
3. Spielhandeln ist unvollständig, übertrieben, unbeholfen, frühreif „oder beinhaltet Verhaltensweisen mit veränderter Form, Sequenzierung oder Zielsetzung" (Burghardt, 2011, S. 14).

4. Wiederholung und Variation, d. h. Spiele können mehrfach wiederholt werden und führen bei gleicher Anlage zu unterschiedlichen Ergebnissen.
5. Spiel findet im ‚entspannten Feld' statt, d. h. Spielende sind der unmittelbaren Funktionserfüllung (etwa wie bei der Arbeit) enthoben.

Die Bildung eines eigenen Verständnisses von Landschaft erfolgt – wie gezeigt – nicht allein durch die Vermittlung gesellschaftlicher Landschaftsvorstellungen, sondern auch durch eigene Erfahrung von materiellem Raum (zumeist gerahmt durch gesellschaftliche Deutungs- und Wertungsmuster), in diesem Kontext vollzieht sich auch die spielerische Erfahrung von und Befassung mit Landschaft, so wird Landschaft zumeist als Kulisse bei Play (etwa Cowboy und Indianer) als imaginiert, bei *Game* auch in ihren materiellen Grundlagen (besonders deutlich *Geocashing*) präsent (siehe hierzu auch: Kost, 2017; Kühne, 2008a; Nissen, 1998). In Anlehnung an die Untersuchungen der landschaftlichen Bezüge von Filmen und Internet-Videos (Escher & Zimmermann, 2001; Kühne, 2020b; Kühne & Schönwald, 2015a; Kühne & Weber, 2015b; Lukinbeal, 2005, 2012; Zimmermann, 2019; siehe ausführlicher Abschn. 7.5) entwickeln Kühne, Edler und Jenal (2021a) aktuell eine vierstufige Gliederung der Bedeutungsintensität von Landschaft im Spiel:

1. Landschaft hat keine Bedeutung für das Spiel (etwa beim Spiel mit abstrakten Karten, wie Skat oder Rommé).
2. Landschaft hat die Funktion als Kulisse, bietet dem Spiel einen Rahmen (häufig in Dimension Landschaft 1, etwa beim Versteck-Spiel, teilweise auch im Quartett-Spiel, wenn etwa Autos in einem landschaftlichen Kontext abgebildet sind).
3. Landschaft hat die Funktion der Authentizität vermittelnden Verortung der Spiele-Handlung (etwa in Computer-Spielen von Autorennen oder in vielen Strategie-Brettspielen; auch bei Quartett-Spielen, die ohne landschaftlichen Bezug auf einen wesentlichen Sinnkontext verzichten müssten, wie etwa das Spiel Zechen-Stechen).
4. Landschaft ist konstitutiv für das Spiel, d. h. das Spiel ist auf die Erzeugung bzw. Gestaltung von Landschaft bezogen (etwa bei Computerspielen wie unmittelbar bei SimCity oder eher als Nebenfolge bei Civilization).

Stehen bei den oben dargestellten Intensitäten 2 und 3 noch die Aspekte der Aktualisierung individueller gesellschaftlicher Landschaft im Vordergrund, ermöglichen Spiele der Intensitätsstufe 4 die kontingente Erprobung eigener Vorstellungen von räumlicher Gestaltung, auch unter landschaftlichem Deutungs- und Bewertungsmodus.

Vor der Entwicklung Augmented Reality (AR, wie etwa bei Pokémon Go) waren externe Welt dichotom in materiell und virtuell getrennt, nun sind unterschiedliche Hybridisierungsgrade möglich, indem materielle Räume mit virtuellen Elementen ‚angereichert' werden (Koch, 2016). Diese Anreicherungen lassen sich auch in der auf Landschaft bezogene Bildungsprozesse nutzen lassen, auch indem spielerische Elementen in die Prozesse des Wissenserwerbs integriert werden (Koegst et al., 2022; Stintzing et al., 2020). Die Befassung von VR- und AR-Spielen erfreut sich (mit unterschiedlich intensivem Bezug zu Landschafts- bzw. Raumkonstruktionen) einer seit etwa der Jahr-tausendwende einer größeren Beliebtheit (vgl. dazu u. a. Barab & Squire, 2004; Beil et al., 2015, 2018; Fontaine, 2017b, 2020a; Koebel, 2017; Squire, 2002; Wolf & Perron, 2014), dagegen sind Untersuchungen zu Spielen, die sich mit materiellen Räumen befassen, eher unterrepräsentiert. In diesen Spielen wiederum ist Landschaft zumeist sehr konkret (eben in ihrem materiellen Substrat) präsent, während mit zunehmendem Virtualisierungs-grad auch starke Abstrahierungen möglich sind. Spiele und ihre Landschaften sind in unterschiedlicher Weise und auf unterschiedlichen Ebenen durch ‚expertenhafte Sonder-wissensbestände‘ und deren Verbreitung bestimmt. Dies betrifft zunächst einmal die technische organisatorische Ebene, nämlich in Bezug auf die Konzeption eines Spiels (mit seiner Landschaft), auf die technische Ebene (sofern vorhanden), etwa der der Programmstruktur eines VR-Spiels, aber auch – in diesem Kontext besonders relevant – auf Kenntnisse von räumlichen bzw. landschaftlichen Strukturen und Prozessen (sowohl in Bezug auf materielle Räume als auch gesellschaftliche Deutungs- und Bewertungs-muster) sowie (insbesondere bei AR und VR) Simulierbarkeit (vgl. Kühne et al., 2020). Diese Gebundenheiten an ‚expertenhafte Sonderwissensbestände‘, aber auch Fragen der Aktualisierung gesellschaftlicher und landschaftlicher Stereotypen, stellt die Frage nach gesellschaftlichen Machtverhältnissen und insbesondere deren Perpetuierung. Dies wird im Folgenden an zwei Fallbeispielen verdeutlicht: Modelleisenbahnlandschaften und dem Computerspiel Civilization.

Erst das gestaltete Gelände – so die in der einschlägigen Ratgeberliteratur – macht eine Modelleisenbahn erst glaubwürdig. Somit befasst sich diese nicht allein mit Gleis-plänen, technischen Hinweisen zur Verlegung von Gleisen, der elektrischen Installation, dem Betrieb der Modellzüge, sondern auch mit der Gestaltung von ‚Landschaft‘ (Kühne, 2008a, 2018c; Kühne, et al., 2021, 2022; Kühne & Schmitt, 2012a, b): Diese hat nicht allein die Funktion, den Bahnanlagen und dem Zugbetrieb als Kulisse zu dienen, sie dient vielmehr auch der Legitimierung des gewählten ‚Themas‘ der Modelleisenbahn, wirkt also konstitutiv, so lässt sich ein achtgleisiger Hauptbahnhof nicht durch ein Haufendorf legitimieren, sie dient auch der Kaschierung verdeckter Abstellmöglichkeiten (‚Schatten-bahnhöfe‘) und Kehrschleifen, ‚damit nicht immer derselbe Zug im Kreise fährt‘. An dieser Stelle kommt die distinktive Abgrenzung ‚ins Spiel‘ (siehe Abschn. 6.6.2): ‚der Spiel-bahner‘, der alles wild kombiniert, vom Gebirge mit Küste, ICE mit Dampfzügen, dicht gedrängte Gleisanlagen, Schwarzwaldbauernhöfe mit umfangreich ausgestatteten Bahn-betriebswerken etc. Den ‚Spielbahner‘ betrifft ein Problem deutlich weniger, als jenen, der als ‚echter Modellbahner‘ gelten möchte: das Maßstabsproblem, denn die Modelleisen-bahn ist (in den allermeisten Fällen) nicht einfach eine maßstabsgerechte Verkleinerung des Vorbilds, dafür fehlt den meisten – selbst Großanlagen – schlicht der Platz, zumeist wäre die Gestaltung auch vergleichsweise ‚eintönig‘, sondern sie stellt eine idealisierende Abstraktion des Vorbildes dar. Wie diese zu gestalten ist, unterliegt sozial definierten Kon-ventionen, ist also ein Ausdruck von Macht und dem Streben um soziale Anerkennung, wobei es Modellbahnern durchaus frei gestellt ist, sich von den Konventionen zu lösen, denn (bis auf Clubanlagen) sind sie die Herren (tatsächlich in der Regel männlich) eines (abgesehen von materialtechnischen Rahmenbedingungen, wie auch den Einwirkung der Schwerkraft) frei zu gestaltenden Stücks physischen Raumes, also für sich (oder auch andere) landschaftliche Kontingenzen zu erproben.

Diese Möglichkeit besteht auch bei der Erzeugung von VR-Landschaften, wird jedoch durch ihre Kontextualisierung eingeschränkt, etwa auf das Ziel des Spieles ausgerichtet, wie im Folgenden am Beispiel des Runden basierte Computer-Strategiespiel Civilization zu zeigen ist. Dieses wurde 1991 zum ersten Mal veröffentlicht, die aktuellste Version wurde 2016 auf den Markt gebracht (es ist die sechste). Ziel des Spiels ist das Erringen der Weltherrschaft durch militärische Aktionen. In späteren Versionen kamen auch Sieg-möglichkeiten durch Diplomatie, kulturelle Vorherrschaft oder die Besiedlung des Weltraums hinzu. Mit dem Spiel werden Interdependenzen zwischen wirtschaftlicher, kultureller, wissenschaftlicher, technologischer und politischer Entwicklung verdeut-licht, indem die Weltgeschichte nachgespielt wird. Dabei findet sich eine kulturelle Determiniertheit, denn der Entwicklungspfad ‚westlicher Zivilisation' ergibt sich als jener, der mit größter Wahrscheinlichkeit zum Sieg führt (es sei denn, Spieler~innen sind stark auf das Ziel fokussiert, militärisch zu siegen). Die zu spielenden Zivilisationen sind stark klischeehaft konzipiert (so sei die Zivilisation der Deutschen militärisch und wissen-schaftlich orientiert, die der Inder friedlich und spirituell etc.). So ‚landschaftlichen' Grundtypen des Spiels auf wenige ‚Landschaftszonen', die stark disjunkt voneinander dargestellt werden (etwa Hochgebirge, Wüste, Ebene etc., wie sie auch in Schulbüchern oder Spielfilmen zu finden sind; Kühne, 2008a). Die Darstellung von ‚Landschaft' war in frühen Versionen stark abstrakt-schematisch, infolge steigender Rechnerleistung, bei den späteren Versionen detailliert, die Grundeinstellung wechselte von einer Grundriss-, zu seiner Schrägbild-Perspektive. Eine Kulmination landschaftlicher und kultureller Stereo-typen findet sich in der sechsten Generation Spiels, hier werden Siedlungen kulturell spezifisch in übersteigerter Wiese dargestellt. Die auf modernistische Weise vollzogene dichotome Konstruktion des ‚Eigenen' in Angrenzung zum ‚Fremden', der starken Top-down-Orientierung des Staatsaufbaus, aber auch der Technik- und Wissenschaftsfixierung bei der Erringung zivilisatorischer Fortschritte kontrastiert mit graphischen Gestaltung, die mit ihrer hohen Betonung des ‚Essentiellen' einer Kultur und ihrer Raumgestaltung wie auch hohen Farbsättigung, was die Gestaltung – aus modernistischer Perspektive – die Zuschreibung ‚kitschig' einbrächte (unter vielen: Barros & Togelius, 2015; Burns, 2004; Edwards, 2020; Ford, 2016; Koebel, 2017; Mol et al., 2017; Pobłocki, 2002; Vrtačič, 2014; Kühne, 2022).

7.7   Die stereotype Konstruktion von Landschaft im Tourismus

Das Thema Tourismus im Allgemeinen, aber auch die Bedeutung landschaftliche Stereo-typen für und im Tourismus rücken zunehmend in den Fokus sozialraumwissenschaftlicher Forschung (unter vielen: Bauder & Freytag, 2020; Freytag & Bauder, 2018; Freytag & Popp, 2009; Pott, 2007). Insbesondere in Bezug auf die Reproduktion (landschaftlicher)

Stereotypen wird häufig auf (sozial)konstruktivistische Zugänge zurückgegriffen (Aschenbrand, 2016, 2017, 2019; Burckhardt, 2006k; Kühne, 2008a; Kühne et al., 2013; Leuschen & Thimm, 2019; Thimm, 2013, 2018). Elemente des materiellen Raumes werden – bis hin zu seiner Sakralisation (Amirou, 2012) – mit Bedeutung aufgeladen, sie werden zu Orten, die sich dem Alltag entziehen – im Sinne Foucaults (1990, 2005) – lassen sie sich als Heterotopien verstehen, also Orte, die „eine Illusion schaffen, welche die gesamte übrige Realität als Illusion entlarvt oder indem sie ganz real einen anderen realen Raum schaffen, der im Gegensatz zur wirren Unordnung unseres Raumes eine vollkommene Ordnung aufweist" (Foucault, 2005, S. 19–20). Touristische Destinationen unterliegen also einer stereotypen Erwartung an Reinheit, die dann vor Ort mit dem sich darbietenden – und als Landschaft gedeuteten – physischen Raum abgeglichen wird (Urry, 2002 [1990]; Urry & Larsen, 2011). Die Erzeugung solcher Stereotype unterliegt einer ständigen Aktualisierung, wie Aschenbrand (2017, S. 238) anhand der Werbung von Reiseveranstaltern und Reisebeschreibungen beschreibt, denn Reiseziele „werden […] nach bekannten und immer wiederkehrenden Mustern beschrieben. Landschaft spielt dabei eine Schlüsselrolle, denn der Begriff der Landschaft fungiert als Klammer und Knotenpunkt in den untersuchten Reisebeschreibungen. Landschaft wird durchweg positiv belegt und mit Natürlichkeit und Schönheit äquivalenziert". Die idealisierte Vorstellung von Natur und Landschaft lässt sich mit (Urry, 2002 [1990]) als *tourist gaze* beschreiben. Tourist~innen bewegen sich diese physischen Räume in der Erwartung der Bestätigung der ausgeprägten spezifischen Landschaftsstereotypen (Resch, 1999, aber auch Aschenbrand & Grebe, 2018; Klemm, 2004; Meyer, 1981, 1993; Neater, 1981). Der Landschaftsgenuss der Touristin/des Touristen „ist das Gefühl der Erfüllung jener Bilder, jener Redewendungen, die im Laufe unserer Kulturgeschichte, durch Dichtung und Malerei, aber auch durch die abgesunkenen Kulturgüter, Umschlagbilder von Dreigroschenromanen, Kino, Fernsehen und Tourismus-Werbung in uns aufgebaut werden" (Burckhardt, 2006k, S. 70). Dies ist häufig verbunden mit einer Idealisierung ‚heimatlicher Normallandschaft' in den Destinationsräumen, denen – unter Anwendung essentialistischer Denkmuster – eine quasi-organismische Authentizität, häufig als Einheit von Kultur und Natur gedacht, unterstellt wird (siehe z. B. Achleitner, 1997; Hauser & Kamleithner, 2006; Kühne, 2008a), wenngleich sie durch ihre Anwesenheit der Erleben der heimatlichen Normallandschaft der Einheimischen, etwa durch die Anwesenheit bestimmter identifikatorisch besetzter Orte beeinflussen bzw. einschränken (Prince, 2019).

Tourismus wie auch landschaftlichen Präferenzen im Tourismus sind dabei nicht stabil, sondern – wie außerhalb des Tourismus – von Veränderungen geprägt (Burckhardt, 2006k; Löfgren, 2002; Vogel, 1993): Der Reisende bzw. der Spaziergänger (zumeist männlich) der Romantik abstrahiert eine Abfolge von Eindrucken zu einer ästhetisierten Landschaftssynthese und ertrug „extreme Unannehmlichkeiten [des Reisens; Anm. O.K.] mit innerer Gefasstheit" (Lippard, 2005, S. 122), im Bewusstsein von Distinktionsgewinnen gegenüber weiten Teilen der Gesellschaft (Kühne, 2008a). Dagegen erwartete die Touristin/der Tourist des Eisenbahnzeitalters am Zielort (Singular!) das Erlebnis eines landschaftlichen Panoramas, das aus Bildbänden und Postkarten bereits bekannt war, verbunden mit größtmöglichem Reise- und Aufenthaltskomfort (Lippard, 1999). Dieses Panorama sollte (möglichst vom Hotelzimmer aus) das ‚Wesen' der Landschaft darbieten, in den Alpen etwa Berge, Seen, Dörfer, Gletscher, Felsen und Wald, an der See dagegen malerische Küstenlandschaften, die dann im Tagesausflugsprogramm mit Booten und Ausflugsdampfern „erobert" (Blackbourn, 2007, S. 207; für Kalifornien: Kühne & Weber, 2019a) werden konnten. Wobei eine solche touristische Aneignung von Gebirgen und Küsten nur durch die ‚Bändigung' der Natur durch den Menschen, etwa durch staatliche Organisation, auf Grundlage naturwissenschaftlicher Kenntnis und technischer Eingriffe, möglich war (Blackbourn, 2007). Auch hier zeigt sich eine weitere Paradoxie des Tourismus (wie schon beim *tourist gaze;* Abb. 7.8): Erst die technische und organisatorische Domestikation macht Natur einem touristischen Zugriff verfügbar, der doch ‚ursprüngliche Natur' sucht. Aber eben nicht eine gefährliche Natur (auf Objektebene gedacht) der Vormoderne, sondern die (romantisierte) Vorstellung einer ‚idealen Natur', die sich dem Menschen nicht mit existenzieller Härte entgegenstellt, sondern als Bild eines

Abb. 7.8 Von menschlichem Einfluss unberührt scheinender Strand, abseits von mit dem Auto ansteuerbaren Aussichtspunkten und entsprechend nicht von der ‚doppelten Paradoxie' von tourist gaze und technischer Domestikation betroffen. Erreichbar allerdings nur durch eine Aktualisierung der Gepflogenheiten frühen Reisens: dem geübten Umgang mit dem eigenen Körper zum Zwecke der Ortsveränderung, hier in Oregon, Vereinigte Staaten. (Eigenes Foto)

‚organischen Miteinanders'. Diese Form des Tourismus wiederum hatte politische Folgen: Durch das ‚Erfahren' der eigenen nationalen ‚Landschaften' verstärkte die Entwicklung eines kollektiven Nationalbewusstseins (Etzemüller, 2019).

Mit wachsendem Wohlstand und Massenmotorisierung wandelten sich das Reisen: Der stationäre Tourismus wandelte sich in Massentourismus, Landschaftserwartungen reduzierten sich weitgehend auf eine Kulissenfunktion für Bade- oder Sportansprüche. Tourismus, der auf landschaftliches Erleben abzielte (und abzielt) bediente sich des Autos: Die auf stereotypen Landschaftsvorstellungen basierenden ‚Sehenswürdigkeiten', geleitet von einschlägigen Reiseführern, werden nacheinander mit dem Auto, angesteuert und zugleich ersetzten „moderne Hotels und Motels die großzügigen viktorianischen Hotels und Bäder" (Lippard, 1999, S. 11). Infolge der Expansion von Freizeit und damit auch Abkömmlichkeit vom Arbeitsplatz – werden Reisen – vormals ein Privileg von Adel und Großbürgertum – ein Element milieuspezifischer Distinktionsmechanismen und lassen sich ein Merkmal der ‚Erlebnisgesellschaft' (Schulze, 1992). Wobei mit dem vollzogenen Ortswechsel auch ein Rollenwechsel einhergeht (Kreisel, 2004, S. 75): „Ortswechsel macht den räumlichen Abstand zum Alltag möglich, Rollenwechsel erlaubt, die zumindest zeitweise Distanzierung von Alltags- und Haushaltspflichten".

Anhand des Tourismus zeigt sich besonders prägnant, wie wandelbar die Konstruktion von Landschaft ist und wie sich Präferenzmuster verändern. Inwiefern langfristige Herausforderungen wie der Klimawandel und der Umgang damit, aber auch vergleichsweise kurze Veränderungen, wie etwa die Corona-Krise, das Verhältnis von Tourismus und Landschaft verändern, lässt sich derzeit nur ungefähr abschätzen (mit einer gewissen Tendenz zur Präferenz von näher gelegenen Räumen).

7.8 Heimat und Landschaft

In der komplexer werdenden Welt der Postmoderne mit ihren globalen Bezügen gewinnt – wie in Abschn. 5.6 bereits angemerkt – die Sehnsucht nach dem Vertrauten an Bedeutung. In Abhängigkeit von der weltanschaulichen Grundeinstellung (siehe Abschn. 6.7) wird Heimat „in dem dichotomischen Spannungsfeld zwischen negativ gedeuteter Sesshaftigkeit und positiv besetzter Mobilität" (Tauschek, 2005, S. 16) bei einer liberalen Weltanschauung (z. B. wenn sich eine Person weigert, trotz eines lukrativen Jobangebotes von seinem Geburtsort fortzuziehen), alternativ einer positiv gedeuteten Sesshaftigkeit und negativ gedeuteter Mobilität verortet (z. B. wenn eine Person aufgrund besserer beruflicher Aussichten bereit ist, umzuziehen), während aus Sicht der demokratischen Weltanschauung Mobilität dann positiv gewertet wird, wenn sie zu einer Stärkung bürgerlicher Tugend führt, z. B. durch einen erweiterten Erfahrungsschatz und die Möglichkeit durch Vergleich der heimischen Gemeinschaft mit anderen Gemeinschaften die Tugendhaftigkeit der Gemeinschaften zu erhöhen. Der Begriff ‚Heimat' repräsentiert ein Konzept der Konstruktion einer Verbindung von Menschen und Räumen, wissenschaftlich wurden auch andere Konzepte, verbunden mit anderen Foki, wie ‚regionale Identität‘, ‚lokale Identität‘, ‚Ortsidentität‘ ‚*Place Identity‘*, ‚*Landscape Identity‘* u. a. entwickelt (vgl. z. B. Korpela, 1989; Weichhart, 1990; Bourassa, 1991; Pohl, 1993; Hull et al., 1994; Twigger-Ross & Uzzell, 1996; Schlink, 2000; Dixon & Durrheim, 2004; Ivanišin, 2006; Kühne, 2009a; Kühne & Spellerberg, 2010; Kühne, 2011b; Stobbelaar & Pedroli, 2011; Costadura & Ries, 2016; Kühne et al., 2016; Zöller, 2016; Schönwald et al., 2018; Göb, 2019; Hülz et al., 2019; Kasemets et al., 2019; Loupa Ramos et al., 2019; Weber et al., 2019). Im Folgenden soll der im deutschsprachigen Raum weit verbreitere Begriff genauer behandelt werden, schließlich beschreiben die genannten Konzepte einerseits Teilaspekte von ‚Heimat‘, andererseits ist mit ‚Heimat‘ eine bis ins Mittelalter reichende Begriffsgenese verbunden, die unterschiedliche Aspekte des Verhältnisses des Menschen zu physischen Räumen aufzeigt.

In der Diskussion um Heimat wird Landschaft (häufig beides einzeln wie auch in Kombination essentialistisch verstanden) vielfach eine konstitutive Bedeutung beigemessen, zumindest wird Landschaft die Bedeutung kultureller Eigenart und die Trägerschaft lokaler und regionaler Identifikationsprozesse zugeschrieben (vgl. Cosgrove, 1998a). Die enge Verflechtung zwischen sozialem und physischem Raum verdeutlicht Tilley (1994, S. 67), wenn er feststellt: „Geschichten, Diskurse und Ideologien sind geschaffen und wieder erschaffen in Bezug auf eine spezielle Affinität, die Menschen zu einem Stück Land, aufbaut, seiner Topographie, seinen Gewässern, Felsen, Orten, Pfaden und Grenzen".

In der konservativen Weltanschauung (siehe Abschn. 6.7) wird Heimat zu einer zentralen Kategorie der Verbindung von Menschen und essentialistisch verstandener Landschaft (vgl. auch Gailing & Leibenath, 2017). Ein solches Verständnis der physisch-räumlichen Verortung von Heimat ist jedoch ein Konstrukt der Moderne, wie folgender knapper Überblick über die Genese des Heimatbegriffs zeigt (ausführlicher bei Bertels, 1997; Kühne & Spellerberg, 2010; Zöller, 2015):

- Das Wort heimôte/heimôti wies im Althochdeutschen eine theologische Bedeutung auf, es brachte die Sehnsucht nach dem Himmelreich zum Ausdruck (Piltz, 2007).
- Ab dem 12. Jahrhundert wurde eine weltliche Wandlung vollzogen, das Wort wurde „auf Heim, Einöde, Armut und auch Familie, Vertrauen bezogen" (Bertels, 1997, S. 65).
- Noch bis in das 19. Jahrhundert wurde mit ‚Heimat‘ keine „Erlebniskategorie subjektiv vollzogener Zuordnung zu einem soziokulturellen Raum [bezeichnet], sondern die objektive Tatsache des rechtlichen Zuständigkeitsraumes" (Greverus, 1979, S. 64). Dies beinhaltete Recht und Pflichten, wie etwa An- und Abmeldepflichten, aber auch das Recht auf Geschäftseröffnung oder die Versorgung im Notfall.
- Erst mit der romantischen Verklärung des Ländlich-Vormodernen, entwickelte sich Heimat zur „Wunschkategorie des Elementaren" (Schmitz, 1999, S. 230), einem „Wunschort absoluter Geborgenheit" (Hüppauf, 2007, S. 116).
- In der Zwischenkriegszeit erfolgte eine räumliche Aufweitung des Begriffs vom Örtlichen zum Nationalen, was ihn…
- …der Ideologie der Nazizeit leicht verfügbar machte (Huber, 1999, S. 47): „Von den traditionellen Heimatvorstellungen wurde lediglich der agrarromantische Aspekt

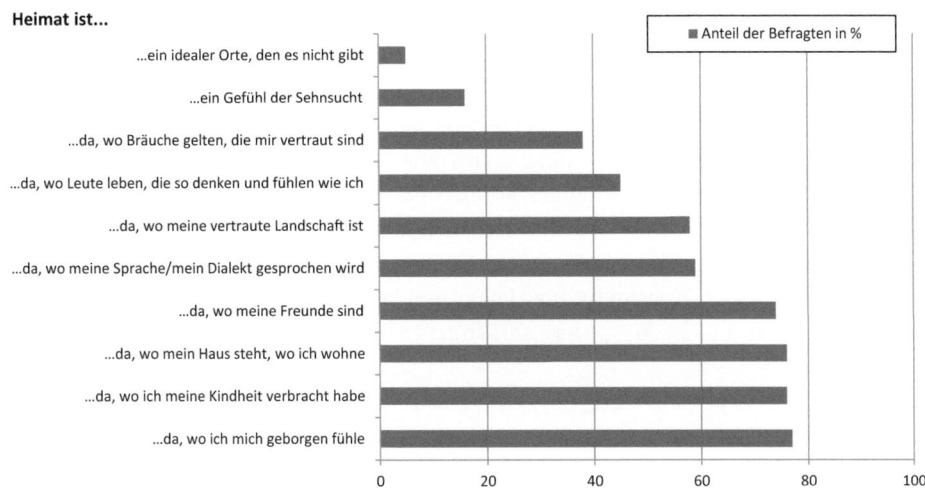

Abb. 7.9 Bedeutung von Heimat (n = 1189; Befragungen im Jahr 2007 im Saarland; Mehrfach-nennungen waren möglich). (Eigene Abbildung nach: Kühne und Spellerberg 2010)

> übernommen, die regionale Komponente hingegen wurde strikt abgelehnt. Es wurde
> die nationale Variante von Heimat betont".

- Die 1950er- und 1960er-Jahren brachten eine Entpolitisierung und massenmediale
  Reproduktion (z. B. in Heimatfilmen und volkstümlicher Musik) „zu einer Ansammlung
  von Phrasen und Klischees, Idyllen und Wunschbildern" (Huber, 1999, S. 48), die insbesondere um alpine Motive kreisen.
- Seit den 1970er-Jahren wird Heimat zunehmend an den Begriff der Umwelt gekoppelt,
  Heimat wird zum Handlungsraum der ökologisch ausgerichteten Öffentlichkeit.
- In der Steigerungsform dieses emotionalisierten Zugriffs wird Heimat im Zusammenhang mit der *Deep-Ecology*-Bewegung[9] zum normativen Konzept einer idealisierten
  an natürliche Bedingungen angepassten Lebensweise.

---

[9] Die konzeptionellen Grundlagen der *deep-ecology*-Bewegung gehen auf Næss (1973) zurück. Es
handelt sich um ein holistisches Konzept, bei dem der Mensch als Teil der Natur zu verstehen sei.
Durch eine Synthese von Denken, Spiritualität, Emotion und Handeln solle der Mensch seinen Platz
in dem Superorganismus Erde finden, ohne die anderen Lebewesen auszubeuten. In Bioregionen, die
nach ‚natürlichen Grenzen‘, wie Wasserscheiden, Gebirgen etc., abzugrenzen sind, sollten Menschen
durch Wiederverwurzelung in „Flora, Fauna und lokalen menschlichen Gemeinden […] ein neues
Gefühl für die Heimat" (Gugenberger & Schweidlenka, 1996; zit. aus Schultz, 1998, S. 109) entwickeln. Wobei die Bioregionen als geographische Gebiete zu bezeichnen sind, „die bezüglich
des Bodens, des Wassers, des Klimas sowie des natürlichen Pflanzen- und Tierlebens gemeinsame
Merkmale aufweisen" (Gugenberger & Schweidlenka, 1996). Diese Bioregionen mit ihrer
dezentralen Organisation seien in der Lage, Nationalstaaten überflüssig machen (Taylor (2000)). Mit
ihrer Verbindung zwischen ‚Land und Leuten‘ entsprechen sie – ihrer anarchistischen Grundhaltung
zum Trotz – einem konservativen und antidemokratischen Weltbild (vgl. auch Schultz, 1998).

Die soziale Konstruktion von Heimat ist dabei weniger auf Utopien denn auf als real erlebte soziale Bezüge und physische Räume gerichtet (Abb. 7.9). Die Dimensionen des Sozialen und des Raumes werden durch die Dimension der Zeit ergänzt (Gebhard et al., 2007): Wird mit Heimat in räumlicher Hinsicht ein Zugehörigkeitsgefühl zu einem bestimmten Raum verbunden, ist in zeitlicher Hinsicht mit Heimat zumeist ein vertraut gewordener, bisweilen auch verlorener, vormals vertrauter Raum gemeint (siehe die Aus-führungen zur heimatlichen Normallandschaft in Abschn. 7.1). Dieser physische Raum symbolisiert dabei die Welt der Kindheit (Gebhard et al., 2007; Kühne, 2009c; Kühne & Spellerberg, 2010). Konstitutiv für Heimat ist das Soziale (Kühne, 2009c; Kühne & Spellerberg, 2010; Zöller, 2015; Marg, 2017b):

1. Heimat ist auf Personen bezogen. Der Kontext des sozialen Wohlbefindens wird aus Personen gebildet (Familie, Freunde, Verwandte, Bekannte, Kameraden etc.).
2. Das Soziale hat eine Heimat definierende und zugleich exkludierende Funktion. Infolge sozialer Übereinkünfte erfolgt eine Definition, wer sich in welchem Zusammenhang ohne Verlust sozialer Anerkennung in einem sozialen, räumlichen und zeitlichen Kontext als verheimatet bezeichnen darf (ein kürzlich zugezogener Hamburger Investmentbanker im niederbayrischen Dorf sicherlich schwerlich).
3. Diese beiden Ebenen sind verbunden mit der sozialisatorischen Vermittlung. Wer sich in welchem Kontext als verheimatet betrachten darf und wer nicht wird im Prozess der Sozialisation durch Familie, Freunde, Kollegen etc. vermittelt.

Die soziale Konstruktion von Heimat ist sowohl in der Dimension des Sozialen, des Raumes wie der Zeit mit einer Komplexitätsminderung verbunden (Kühne, 2009a, 2011b, 2018b, 2019c; Kühne & Spellerberg, 2010): Diese Komplexitätsminderung von Welt zu Heimat erfolgt durch die Selektion von Personen, die ein Netzwerk des ‚Wohl-befindens‘ bilden, die Selektion von Objekten, die als Teil von Heimat symbolisch besetzt werden (wie Straßen, Wiesen, Bäume etc.) und Zeitpunkten und -abschnitten, in denen sich Verheimatungen vollziehen. Die Trennung des Heimatlichen vom Nicht-Heimat-lichen reduziert die Komplexität der Welt und dient der Vergewisserung von Insider- und Outsidertum (vgl. auch Marxhausen, 2010). Die Vergewisserungen werden im Kommunikationsprozess ständig aktualisiert (z. B. durch Aussprüche wie ‚daran erkennt man, dass Du Westfale und kein Rheinländer bist‘ oder Witze, die der In-Gruppe die positiv besetzten Eigenschaften, der Out-Gruppe die negativ besetzten zuschreibt). Diese Entkomplexisierung der Welt zu Heimat dient auch der Kompensation von Angst, die im Zusammenhang mit der Flexibilisierung der sozialen, ökonomischen und ökologischen Bezüge in der Postmoderne stehen (vgl. Abschn. 5.6 und 7.1).

Raumbezogene Identitätsbildung im politischen Kontext basiert – so Schultz (1998) – zumeist auf den Grundzügen eines ‚ethnischen‘ Politikverständnisses. Die Abgrenzung unter den Regionen erfolge unter Maßgabe einer möglichst großen inneren Gleichförmig-keit sowie auf einer Haltung der Abschottung. Eine solche Identifikation von Region fasse „nicht nur Menschen gleicher oder ähnlicher sozialer Interessen zusammen, formt

Alltagsmerkmale zu Mobilisierungsinstrumenten, sondern definiert diese Merkmale auch als Gegenstand des eigenen Interesses" (Aschauer, 1990, S. 8). Solche Interpretationen von (politisierter) Heimat basieren auf einem essentialistischen Begriff von ‚Kulturlandschaft', der (vor allem) normativen Einheit von Kultur und Natur, ein Prozess der heute in der Praxis der Regionalentwicklung alltäglich ist: „Tourismusmanager, Entwickler von Großschutzgebieten, Manager von LEADER-Regionen und andere Akteure, die kulturlandschaftliche Raumkonstruktionen bewusst vornehmen, müssen, um erfolgreich zu sein, eine vereinfachende essenzialisierende Perspektive einnehmen, das heißt, sie konstruieren räumliche Einheiten als Wesenheiten mit scheinbar feststehenden Eigenschaften" (Gailing, 2012, S. 147; näheres siehe auch Kühne & Meyer, 2015; Weber & Weber, 2015; Gailing & Leibenath, 2017).

Heimat, wie auch Landschaft (auch in ihrer gegenseitigen Inbezugnahme), werden zumeist dann Gegenstand einer bewussten Auseinandersetzung, wenn Veränderungen der physischen Grundlagen der angeeigneten physischen Landschaft oder des Konstruktes von Heimat wahrgenommen werden und den ‚Ablauf der Selbstverständlichkeitskette' von Zuschreibungen von Landschaft und Heimat gestört werden und entsprechend eine ‚erzwungene Aufmerksamkeit' auf die Abweichungen vom Gewohnten vorliegt (siehe auch Zöller, 2015). In der Terminologie des Phänomenologen Martin Heidegger (2005 [1927]) ist als seiend konstituierte Landschaft so lange ‚zuhandenes Zeug', das alltagsweltlich als selbstverständlich hingenommen wird, bis wir durch Veränderungen gezwungen sind, unser Verhältnis zu dem, was wir Landschaft nennen, zu überdenken. Landschaft wird also als selbstverständlicher Teil der Lebenswelt konstruiert, bis ihre gewohnte Zuhandenheit beispielsweise durch die Errichtung von technischer Infrastruktur gestört wird. Gleiches gilt für Heimat: Sie ist so lange im Bereich des Vorreflexiven angesiedelt, bis sie lebensweltlich von Nicht-Heimatlichem zur Kontrastierung veranlasst wird (wie zum Beispiel von Globalisierungsprozessen). Das bedeutet, dass dem Heimatlichen das Fremde entgegengestellt wird, wobei sich die Konstruktion des Fremden aus zwei Elementen zusammensetzt (Scherle, 2016, S. 37): „erstens aus der Feststellung eines Unterschieds und zweitens aus der Bewertung des Unterschieds". Diese Bewertung bezieht sich dabei zumeist in der Höherbewertung des Eigenen gegenüber dem Fremden, mit den Dimensionen des Auswärtigen, des Fremdartigen, des Noch-Unbekannten, des Unerkennbaren und des Unheimlichen (Scherle, 2016).

7.9   Mikrolandschaften: soziale Deutungen und Bedeutungen privaten Grüns

Der Garten unterscheidet sich wesentlich von den meisten anderen Hervorbringungen des Menschen (wie etwa Gebäuden, Inneneinrichtungen, Maschinen etc.) durch die Dominanz lebender Einzelelemente, die nur durch ständige Eingriffe des Menschen die Form von dessen Gestaltungskonzept (im Sinne einer individuell aktualisierten gesellschaftlichen Landschaft) einhalten (Feagan & Ripmeester, 2001; Waldeyer, 2016,

2019), wodurch Gärten wild und zugleich domestiziert werden (Nassehi, 2003). Anhand des Gartens wird die Intensität der Hybridität von Natur und Kultur besonders deutlich: Konstitutiv für einen Garten ist die intensive wechselseitige Bezugnahme von natürlich geltenden Elementen und ihrer Beeinflussung durch den Menschen (vgl. Abschn. 4.3, hier insbesondere Abbildung 7). Darüber hinaus lässt sich der Garten auch als eine Hybridisierung zwischen privater Behausung (die dreidimensional geschlossen ist und bei Bedarf auch den Blicken der Außenwelt entzogen werden kann) und öffentlichem Raum verstanden werden: Teile des Gartens können vollständig geschlossen, aber weniger temperiert (Gartenhaus), mit Bedachungen, Pergolen, Markisen etc. teilweise geschlossen werden, mit Zäunen, Hecken, Ranken u. a. teilweise blickdicht gemacht werden, dennoch entbehren sie der Geschlossenheit der eigenen Wohnung bzw. des eigenen Hauses (vgl. Nassehi, 2003; Eckardt, 2019; Hahn, 2017). Die Einfriedungen an den Grenzen des Gartens markieren dabei den Übergang von einer öffentlichen zu einer semi-privaten Sphäre (bzw. von unterschiedlichen semi-privaten Sphären; vgl. Waldeyer, 2016, 2019).

Gerade im Garten ist die Fertigkeitsschwelle zur ‚ästhetischen Praxis', verstanden als sich selbst und anderen „ästhetische Erlebnisse zu verschaffen" (Reckwitz, 2012, S. 193), vergleichsweise (etwa zur Malerei) zunächst gering, da sich der Erfolg (ein Mindestmaß an Pflege vorausgesetzt) der eigenen Bemühungen quasi von selbst einstellt, wobei ‚Verfeinerungen' und ‚Professionalisierungen' der eigenen kreativen Fähigkeiten im Umgang mit Boden, Wasser, Dünger, Pflanzen und Accessoires kaum Grenzen gesetzt sind – womit auch die ‚alltagsästhetische Gartenpraxis' ein erhebliches Potenzial der sozialen Distinktion und der Generierung von Anerkennung bei der sozialen Bezugsgruppe aufweisen kann (vgl. Abschn. 6.6.2). Dabei üben „nachbarschaftliche Teilhaber als Beobachter und Bewerter des Gegenübers" (Waldeyer, 2016, S. 57) auch infolge der potenziell hohen Interaktionsneigung bestimmter Tiere und Pflanzen (als Beispiele seien hier einige Bambusarten oder gar Frösche im Gartenteich genannt) eine besonders intensive Form sozialer Kontrolle aus. Dieser Bezug auf die soziale Bezugsgruppe verdeutlicht im Hinblick auf den Garten die Beeinflussung individueller Sollvorstellungen von Gartengestaltung von gesellschaftlichen Konventionen (allgemeiner: (teil)gesellschaftlicher Landschaft). Waldeyer (2016) differenziert in diesem Kontext fünf Arten des privatgärtnernden Menschen:

1. Der Freiheitliche, dominant in der Nachkriegszeit, begreift den Garten als Ort der Freiheit und Selbstbestimmung, durchaus auch materiell in Form der Selbstversorgung, und assoziiert mit dem eigenen privaten Garten einen Gegenentwurf zu den Zerstörungen des Krieges.
2. Der Wohnliche, in den Wirtschaftswunderjahren die ‚privatgärtnerische Bühne' betretend, genießt die Freizeit im Garten, begreift seinen Garten als Verlängerung seines Wohnzimmers in den Garten und betrachtet diesen als Medium, sich gesellschaftlichen Einflussnahmen zu widersetzen.
3. Der Ökologische, geprägt durch die ‚ökologischen Krisen' der 1970er und 1980er Jahre (Contergan, ‚Waldsterben', Tschernobyl), begreift seinen Garten als Beitrag zur Erhaltung

von ökologischer Vielfalt und ist bestrebt, dies auch der Öffentlichkeit zur Kenntnis zu geben.

4. Der Familiäre, geprägt durch den so wahrgenommenen Verlust kindlicher Erlebnisräume durch Urbanisierung, begreift den Garten als Lern- und Erlebnisort für Kinder wie auch als Raum der Erholung für Erwachsene, Orte also, von denen er annimmt, sie seien durch Urbanisierung und Verstädterung weitgehend verschwunden.

5. Der Theatralische, inspiriert durch die postmoderne Vielfalt an Gartenratgeberliteratur, nutzt den Garten zur Verfeinerung des eigenen Geschmacks, zur Entschleunigung sowie zur Zentrierung der eigenen Lebenswelt, wobei ausgewählte Gäste der Garteninszenierung beiwohnen (und Beifall spenden) dürfen.

Der private (aber auch der gemeinschaftliche) Garten bietet – wie gezeigt – in besonderer Weise dazu die Möglichkeit, alltagsästhetisch tätig zu werden. Gärten lassen sich somit als ein (besonders verbreiteter) Spezialfall der Übernahme der Funktion der Religion durch ästhetische Ideale verstehen (Schäfer, 2016): Sie bietet die Möglichkeit der Bewährung, Lebensglück, der Fokussierung des eigenen Bewusstseins und bedeutet nicht zuletzt eine Strategie der Kontingenzbewältigung. Im sozialen Kontext sind Gärten aber auch Medien der Aushandlung von Normalität und Devianz: Welche Gartengestaltung sozial erwünscht ist, welche sanktioniert wird, ist von sozialen Kontexten (so ist in den meisten Kleingartenanlagen ein ‚wilder, natürlicher Garten' unerwünscht, im Kontext alternativ-ökologischen *Urban Gardenings* erscheint die Anlage eines akkurat figürlich gestalteter Buchsbäume befremdlich). Allerdings sind die gestalterischen Normen nicht so stark, dass sie Innovationen verhindern würden, wie diverse Wechsel an Gartenmoden ebenso zeigen, wie die (wenngleich häufig widerwillige) Akzeptanz nicht-traditioneller Gestaltungen in ansonsten eher homogen gestalteten Kontexten (Feagan & Ripmeester, 2001).

Landschaftstheorie und ihre Praxis

8

Zusammenfassung

Kapitel 8 führt in aktuelle Fragestellungen des praktischen Umgangs – in Rückgriff auf die behandelten theoretischen Zugänge – mit Landschaft ein. Dies reicht von dem Versuch, Landschaft mittels Quantifizierungen einer Bewertung zu unterziehen, über Fragen der sozialen Akzeptanz der physischen Manifestationen der Energiewende, den daraus erwachsenen Landschaftskonflikten sowie den Bemühungen, Landschaft zum Gegenstand politischer Beteiligungsprozesse zu machen (Landschaftsgovernance).

Schlüsselwörter

Energiewende · Windkraftanlagen · Landschaftskonflikte · Landschaftsgovernance · Institutionen

Wurde bislang unter ‚Praxis' insbesondere die Praxis der individuellen und sozialen Konstruktion von physischen Räumen als Landschaft verstanden, soll in diesem Kapitel die Praxis des Umgangs mit als Landschaft gedeutetem physischen Raum in das Zentrum des Interesses rücken. Einen ersten Ansatz des Vergleichs des praktischen Umgangs mit ‚Landschaft', hier insbesondere historischen Elementen, liefert Abb. 8.1. Während positivistische Ansätze auf die Erzeugung von Eindeutigkeiten (insbesondere in der Bewertung und Interpretation) abzielen, betrachten konstruktivistische Ansätze Offenheit und Mehrdeutigkeit als wertvoll in Bezug auf den Umgang mit Landschaft.

In diesem Kapitel gilt es zunächst, Aspekte der positivistisch-planerischen Praxis aus sozialkonstruktivistisch-landschaftstheoretischer Perspektive am Beispiel von Landschaftsbewertungsverfahren zu hinterfragen (Abschn. 8.1), die gesellschaftliche Zielvorstellung der Nachhaltigen Entwicklung in ihren insbesondere sozialen Bezügen

O. Kühne, *Landschaftstheorie und Landschaftspraxis*, RaumFragen: Stadt – Region – Landschaft, https://doi.org/10.1007/978-3-658-34746-8_8

Charakteristika	Positivistische Ansätze	Konstruktivistische Ansätze
Bedeutung von Theorie	dogmatisch	Arbeitshypothese
Ethische Orientierung	Wertfreiheit der Wissenschaft	Bewusstsein über die impliziten Werte von Wissenschaft
Gegenstand der Erhaltung	reliktisch	Ensemble
Wissenschaftliches Weltbild	Quantifizierung, reduktionistisch	qualitativ, dekonstruktivistisch
Metaphorik	Archiv	Genius loci, Charakter
Hauptinteresse	Erhaltung	Entwicklung
Haltung im politischen Prozess	Spezialist für einen Teilbereich	integrierend, auf Zusammenarbeit ausgerichtet
disziplinärer Bezug	monodisziplinär	multi- und interdisziplinär
sozialer Bezug	elitär	transdisziplinär
Verhältnis von Experten zu Laien	Planung unabhängig von Laien	Planung mit Laien
Akademische Ausbildung	Lehrender als Kritiker und Richter über die Leistungen der Lernenden	Lehrender als Koordinator und Unterstützer
Haltung gegenüber der Raumplanung	skeptisch	erwartungsvoll

Abb. 8.1 Der idealtypische Vergleich von positivistischen und konstruktivistischen Ansätzen im Umgang mit historischen Objekten in der Planung. (Eigene Darstellung, leicht verändert nach Koh 1982 und van der Valk 2009)

auf Landschaft zu übertragen (Abschn. 8.2) und die Frage zu behandeln, wie sozial-konstruktivistische Landschaftsvorstellungen in die Praxis räumlicher Planung übersetzt werden können (Abschn. 8.3).

8.1 Die Quantifizierung von Landschaft in Landschaftsbewertungsverfahren – eine kritische Betrachtung aus sozialkonstruktivistischer Perspektive

Die Bewertung von ‚Landschaft‘ unterliegt dem Anspruch, das Landschaft genannte Ergebnis eines Ontologisierungsprozesses einer nachvollziehbaren und allgemeingültigen Bewertung zu unterziehen, um diese dann in Planungsverfahren, als Vorbereitung von Modifikationen des als Landschaft gedeuteten physischen Raums, einbringen zu können. Die weit verbreitete Praxis der Bewertung der physischen Grundlagen angeeigneter physischer Landschaft basiert auf einem positivistischen Landschaftsverständnis: Landschaftsbewertungsverfahren basieren auf der Vorstellung, Nutzungen und ihre Funktionen für den Naturhaushalt in eine ‚objektive‘ Landschaftsbewertung anhand ‚exakter‘ Quantifizierungen überführen zu können (Körner, 2006a; Śleszyński, 2021). Dabei finden sich sowohl ‚enge‘ wie ‚erweiterte‘ Verständnisse von Landschaft. Mittlerweile wurde eine „unüberschaubare Methodenvielfalt" (Roth, 2006, S. 57) hinsichtlich der Bewertung von Landschaft konstatiert.

Landschaftsbewertungsverfahren lassen sich nach dem Gegenstand der Bewertung unterscheiden: Ökonomische Bewertungsverfahren haben das ökonomische Potenzial eines als Landschaft verstandenen physischen Raumes zum Gegenstand (z. B. in Bezug auf Landbewirtschaftungspotenziale oder touristische Potenziale), sie greifen zumeist auf monetäre Größen bei der Beurteilung zurück. Ökologische Verfahren bewerten die ökologische Funktionsfähigkeit von physischen Räumen, in der Regel anhand abstrakter Kenngrößen, wie im Fließgewässerbereich dem Saprobiensystem[1]. Ästhetische Verfahren sind bemüht, die Interferenz zwischen gesellschaftlicher Landschaft und physischem Raum zu erfassen[2]. Im Folgenden werden ästhetische Bewertungssysteme in das Zentrum der Betrachtung gerückt, zwar befasst sich das vorliegende Buch stärker mit ästhetischen denn ökologischen Fragestellungen, jedoch verdeutlichen sie in besonderer Weise die (expertenhafte) soziale Konstruiertheit dieser Verfahren.

Ein mittlerweile als klassisch geltendes (und viel kritisiertes) Bewertungsschema hat Kiemstedt (1967) entwickelt. Es basiert auf der Berechnung des sogenannten Vielfältigkeitswertes. Zur Berechnung dieses Vielfältigkeitswertes werden Eingangswerte für Wald- und Gewässerränder, Reliefenergie, klimatische Bedingungen und die Eignung eines Gebietes für bestimmte Erholungsarten (z. B. Spazierengehen und Wandern) herangezogen. Dieses Vorgehen vollzieht (wie alle Bewertungsverfahren) eine Reduzierung von Komplexität. Hier wird landschaftliche Ästhetik auf bestimmte Muster von Elementanordnungen, nämlich Ränder, reduziert, andere Aspekte landschaftlicher ästhetischer Zuschreibungen, wie symbolische Aufladungen, bleiben unberücksichtigt (vgl. Daniel, 2001; Augenstein, 2002; Kühne, 2008a; Roth, 2006; Roth & Bruns, 2016; Stemmer, 2016)[3]. In den 1990er Jahren gerieten quantifizierende Verfahren der Landschaftsbewertung immer mehr in die Kritik. Anstelle dieser „oft wenig nachvollziehbaren quantifizierenden Verfahren" (Roth, 2006, S. 56–57), wurden zunehmend leitbildorientierte indikatorgestützte Verfahren entwickelt, die aus einem Leitbild, wie der Nachhaltigen

---

[1] Mithilfe des Saprobiensystems wird der Verschmutzungsgrad von Gewässern gemessen und klassifiziert. Indikatoren für den Grad der Belastung sind bestimmte Einzeller, Insektenlarven und Kleinkrebse. In Abhängigkeit von dem Umfang des Vorkommens der unterschiedlichen Indikatorarten in einer Fließgewässerprobe erfolgt eine Klassifikation der Gewässergüte von ‚Gewässergüteklasse I: unbelastet bis sehr gering belastet' bis ‚Gewässergüteklasse IV: übermäßig verschmutzt'.

[2] Loidl (1981) unterscheidet informationsästhetische, neurophysiologische und neuropsychologische Ansätze sowie quantitative Analyseverfahren und subjektiv-deskriptive Verfahren. Wöbse (1994) wiederum unterscheidet in nutzerunabhängige und nutzerabhängige Verfahren. Hoisl et al. (1987) differenzieren räumlich-normative und psychologisch-empirische Ansätze. Nohl (1991) wiederum differenziert in geographische, physiognomische und psychologisch-phänomenologische Verfahren (vgl. Schafranski (1996)).

[3] Eine detailliertere Darstellung unterschiedlicher Landschaftsbewertungsverfahren findet sich beispielsweise bei Job (1999), Augenstein (2002) und Demuth (2006).

Entwicklung, Indikatoren zur Messung des Grades der Zielerreichung, z. B. Biodiversität oder Anteil regenerativ erzeugter Energie an der verbrauchten Energie in einem
Gebiet, ableiten. Jedoch werden auch diese Verfahren aufgrund eines geringen Maßes an
„Vergleichbarkeit, Nachvollziehbarkeit und Strukturiertheit" (Roth, 2006, S. 56; ausführlicher Roth 2012) kritisiert. Roth (2006) sieht gegenwärtig drei Strömungen der Analyse
von ‚Landschaftsbildern':

1. Visualisierungen, die nahezu ‚fotorealistische' Ergebnisse liefern,
2. partizipative Verfahren, bei denen die Bevölkerung in die Bewertung von ‚Landschaft'
   einbezogen wird,
3. geographische Informationssysteme (GIS), mit deren Hilfe unterschiedliche Ausgangs-
   informationen (z. B. orographische Informationen, Vegetationsverteilung) zusammengeführt werden können und daraus automatisiert Bewertungen vorgenommen werden
   können.

Die (quantifizierte) Bewertung von Landschaften lässt sich als Ergebnis der Bemühung
um radikale Entkomplexisierung von Landschaft verstehen. Anordnungen und Ausprägungen physischer Objekte werden einem einheitlichen Bewertungsschema unterworfen, das Objektivität suggeriert. Die scheinbare Objektivität basiert auf einer doppelten
gesellschaftlich fundierten subjektiven, diskursgebundenen Zuschreibung: Auf Grundlage der in einem Expertendiskurs (z. B. Erhalt der physischen Grundlagen angeeigneter
physischer Landschaft) definierten Werturteilszuschreibungen zu bestimmten Objekten
und Objektgruppen (z. B. Streuobstwiesen) werden diesen – auch in zugeschriebener
Beziehung zueinander – Zahlenwerte zugeschrieben. So klassifiziert Wagner (1999)
folgende Typen „als potenziell schutzwürdige anthropogene Landschaftselemente und
-bestandteile" (Wagner, 1999, S. 64): Zeugnisse traditioneller bzw. ehemaliger Wirtschaftätigkeit, Zeugnisse rezenter Wirtschaftätigkeit, Zeugnisse der territorialen und
politischen Geschichte, Siedlungen, Infrastruktureinrichtungen, Kult- und Begräbnis-
stätten, sonstige schutzwürdige Landschaftselemente und -bestandteile. Die zweite
Ebene der Subjektivität wird durch die Anwendung des Bewertungsschemas vollzogen:
Die Bewerterin bzw. der Bewerter hat die Aufgabe, den ‚Wert' von Objekten bzw.
Objektgruppen auf Grundlage der Bewertungskriterien zu ermitteln.

Auf Grundlage der Bewertungsverfahren wird Landschaft zu einem (vordergründig)
objektivierten – und politisch operationalisierbaren – Zahlenwert entkomplexisiert. Seine
Entstehung bleibt für Lai~innen, aber auch vielfach für andere Expert~innen, nicht nachvollziehbar. Dabei entstehen Bewertungsdiskrepanzen zwischen der Auffassung von
Expert~innen und der Einschätzung durch Lai~innen, die werden dadurch aufgehoben,
dass den Einschätzungen von Lai~innen in der Regel kein systematischer Einfluss in die
Konstruktion der Erhebungskriterien zugestanden wird. Eine Ausnahme bilden landschaftliche Präferenzen von Experten, die auf allgemeinen stereotypen Landschaftswertungen

bzw. heimatlandschaftlichen Wertungen fußen (vgl. hierzu Hard, 1970). Landschaftsbewertungsverfahren, die auf der empirischen Erhebung von Präferenzen von Laiinnen und Laien basieren (z. B. Nohl & Neumann, 1986; Stemmer, 2016; bei Scott, 2002 teilweise), verringern zwar den Einfluss expertenspezifischer Deutungsmuster (diese gänzlich zu ersetzten gelingt ihnen nicht, schließlich lässt sich bereits der Versuch, Landschaft objektiv anhand eindeutig festgelegter Kriterien bewerten zu können, als Ausdruck der Expertenlogik verstehen), bedeuten jedoch zugleich eine Vereinheitlichung der sozialen Konstruktion von Landschaft: Die unterschiedlichen Vorstellungen individuell aktualisierter gesellschaftlicher Landschaft werden durch Mittelwertsbildungen einer gesellschaftslandschaftlichen Standardisierung unterzogen, die gemäß solcher Verfahren vorgenommen Landschaftsbewertungen bilden Wertungen gemäß einem gesellschaftlich nivellierten Geschmack ab. Einschreibungen in den physischen Raum, die auf Grundlage dieser Bewertungsschemata vorgenommen wurden, bilden dann nicht mehr Bewertungen auf Grundlage der Machtverteilungen in expertenhaften Diskursen ab, sondern einen nivellierten Mehrheitsgeschmack, der wenig Raum für individuelle Aneignungsprozesse – jenseits stereotyper Zuschreibungen – zulässt. Mit Eisel (2006, S. 105) lässt sich feststellen: „Vergewaltigt wird nicht das ästhetische Anliegen gegenüber der Landschaft und der Landschaftsbildanalyse, sondern die Sehnsucht nach Sinn" (zum Vergleich der unterschiedlichen Ansätze siehe Daniel 2001).

8.2   Nachhaltige Entwicklung, Energie und Landschaft

Die zunehmende Knappheit an nicht regenerativen Rohstoffen, die daraus resultierenden Steigerungen der Preise für Rohstoffe, der voranschreitende Klimawandel, der Verlust an Biodiversität, die Zunahme der Weltbevölkerung einerseits, andererseits die Alterung der Bevölkerung bei gleichzeitigem Rückgang der Bevölkerungszahl in zahlreichen Staaten des Nordens u. a. werden von der globalen bis zur lokalen Ebene mit der Forderung nach Nachhaltiger Entwicklung verbunden. Nachhaltige Entwicklung impliziert räumliche Folgen und Nebenfolgen und wird damit auch für die landschaftliche Perspektive bedeutsam, schließlich wird mit Nachhaltiger Entwicklung nicht nur ein Bedeutungsgewinn regenerativer Rohstoffe, die Vermeidung von Verkehrsströmungen, insbesondere jenen des Motorisierten Individualverkehrs (z. B. durch Ausrichtung der Siedlungen auf Achsen des Öffentlichen Verkehrs), sondern auch soziale Teilhabe verstanden (siehe Piniek et al., 2008). Das Konzept der Nachhaltigen Entwicklung weist dabei eine lange Entwicklungsgeschichte auf: Bereits vor rund 300 Jahren in Grundzügen in der Fortwirtschaft, als Grundsatz nicht mehr Holz zu ernten als nachwächst entwickelt, ist das Thema Nachhaltige Entwicklung spätestens seit dem sogenannten Brundtlandbericht aus dem Jahre 1987 Teil der wissenschaftlichen, politischen und öffentlichen Agenda. Nachhaltige Entwicklung verbindet dabei ökologische mit ökonomischen und sozialen

Fragen: „Nachhaltigkeit gilt als das Rezept für einen politischen und zugleich kulturellen Wandel" (Körner & Eisel, 2006, S. 48)[4]. Dabei vereint es in Bezug auf Landschaft Aspekte von „Philosophie, Theorie und Praxis" (Thayer Jr., 1989, S. 101; vgl. schon Koh, 1982). Sowohl in Bezug auf die Ebene der physischen Grundlagen als auch auf die Ebene der sozialen und individuellen Konstruktion ist Landschaft von sozialen, ökonomischen und ökonomischen Prozessen betroffen, beispielsweise in Bezug auf folgende Fragen: Schreiben sich ökonomische Prozesse so in physische Räume ein, dass nachwachsende Generationen von keinen negativen ökologischen Folgen betroffen sind? Haben alle Teile der Gesellschaft die Möglichkeit, ihre Bedürfnisse an Landschaft zu formulieren und im physischen Raum zu manifestieren? Sind physische Räume so geartet, dass sie als ästhetisch lebenswerte Landschaft konstruierbar sind?

Im Folgenden sollen wesentliche Elemente der Vorstellung Nachhaltiger Entwicklung dargestellt werden (Abschn. 8.2.1), bevor grundlegende Zusammenhänge zwischen unterschiedlichen Verständnissen Nachhaltiger Entwicklung mit ihren weltanschaulichen und landschaftlichen Implikationen (Abschn. 8.2.2) erörtert werden. Eine detailliertere Darstellung zweier Beispiele dieses Zusammenhangs schließt sich an: die landschaftlichen Implikationen des Ausbaus regenerativer Energien (Abschn. 8.2.3) und die Befassung mit den Zusammenhängen sozialer Nachhaltiger Entwicklung und Landschaft (Abschn. 8.2.4)[5].

8.2.1   Anmerkungen zu nachhaltiger Entwicklung und Gerechtigkeit

Mit dem Bericht der Brundtland-Kommission aus dem Jahre 1987 lässt sich Nachhaltige Entwicklung als „dauerhafte Entwicklung [verstehen], die den Bedürfnissen der heutigen Generation entspricht, ohne die Möglichkeiten künftiger Generationen zu gefährden, ihre eigenen Bedürfnisse zu befriedigen und ihren Lebensstil zu wählen" (WCED World Commission on Environment and Development, 1987, S. 43). Gemäß dieser Definition erhält neben der Frage nach der intragenerationellen Gerechtigkeit (also der Menschen, die innerhalb einer Generation leben) jene nach der intergenerationellen Gerechtigkeit (also zwischen den Generationen) eine zentrale Bedeutung (vgl. z. B. Ekardt, 2005; Thompson, 2007). Damit stellt sich einerseits die Frage, wie ‚Gerechtigkeit' in modernen Gesellschaften abgesichert und erweitert werden kann. Andererseits erhält die Frage nach dem verfolgten Gerechtigkeitsbegriff eine besondere Virulenz – schließlich

---

[4] Was im Detail unter Nachhaltigkeit, als (angestrebter) Zustand, bzw. Nachhaltiger Entwicklung, als Prozess, zu verstehen sei, ist Gegenstand intensiv geführter Debatten (siehe z. B. Grunwald und Kopfmüller 2006), an denen sich in diesem Abschnitt nicht beteiligt wird.

[5] Eine genauere Einführung in das Thema Nachhaltige Entwicklung und Landschaft findet sich bei Benson und Roe (2007).

können, in Abhängigkeit vom gewählten Verständnis von Gerechtigkeit, die Antworten, was denn eine intra- und intergenerationell gerechte Entwicklung sei, sehr unterschiedlich ausfallen:

1. Gemäß dem Egalitarismus, auch Gleichheitsprinzip oder ‚Gießkannenprinzip', steht jedem das Gleiche zu, unabhängig von seiner Leistung. Dies gilt zunächst für die Menschen einer Generation, intergenerationell bedeutet dies, dass künftige Generationen (mindestens) über die Ausstattung an Gütern und Dienstleistungen verfügen müssen, wie die heutige.
2. Gemäß dem Leistungsprinzip steht jenem der viel leistet auch mehr zu. Ungleichheit wird nicht nur akzeptiert, sie gilt sogar als Anreiz, sich zu bemühen, mehr zu leisten. Hierbei handelt es sich um das Gerechtigkeitsmodell des klassischen Liberalismus. Intergenerationell ist dieses Gerechtigkeitsmodell von dem Optimismus geprägt, dass Fortschritt künftige Generationen ertüchtigt, mehr leisten zu können.
3. Gemäß dem kommunistischen Prinzip leistet jeder nach seinen Fähigkeiten und erhält nach seinen Bedürfnissen. Dabei ist es das Ziel, dass sich jeder nach Maßgabe seiner Möglichkeiten in die Gemeinschaft einbringt, wobei diese Gemeinschaft auch intergenerationell definiert sein kann.
4. Gemäß dem Windhundprinzip oder ‚first comes first serves' erhalten jene Güter und Dienstleistungen, sofern sie rasch ihren Bedarf angemeldet haben, ein Prinzip, das intergenerationell nur mit zeitlicher Kontingentierung umsetzbar ist (d. h. z. B. jedes Jahr erfolgt gemäß diesem Prinzip die Vergabe knapper Güter und Dienstleistungen).
5. Gemäß dem Zufallsprinzip wird jedem die gleiche Chance eingeräumt (z. B. Verteilung eines knappen Gutes durch ein Losverfahren). Auch dieses Verfahren ist letztlich allein mit zeitlicher Kontierung intergenerationell denkbar.
6. Gemäß dem autoritären Prinzip erhält jeder vom Machthaber zugewiesen seinen Anteil. Ein ‚weiser' Machthaber könnte also dafür Sorge tragen, dass die heutige Gesellschaft nicht sämtliche Ressourcen künftiger Generationen verbraucht.
7. Gemäß dem Prinzip der Verfahrensgerechtigkeit sind Verfahren zuvor definierter Abläufe durchzuführen, alle am Prozess Beteiligten sind denselben Regeln unterworfen. Werden die Regeln von allen Akteuren akzeptiert, kann dieses Prinzip die Grundlage dafür bilden, Ressourcen für künftige Generationen zu sichern.
8. Gemäß dem Prinzip der Chancengerechtigkeit soll – unabhängig von seiner Herkunft – jeder dieselben Chancen im Leben haben. Ob er diese nutzt oder nicht, obliegt dann der persönlichen Verantwortung. Im intergenerationellen Bezug bedeutet dies, dass künftigen Generationen (mindestens) jene Chancen zur Verfügung gestellt werden müssen, die vorangegangene hatten.

Gerade das letztgenannte Prinzip der Chancengerechtigkeit – in Verbindung mit dem Prinzip der Verfahrensgerechtigkeit – lässt sich für das Konzept nachhaltiger Entwicklung ertragreich einbringen: In modernen demokratischen Gesellschaften, geprägt durch evolutionäre Universalien wie einer effizienten Bürokratie, einer marktlichen

Organisation der Wirtschaft, dem Vorhandensein universalistischer Normen im Rechtssystem, allgemeinen, geheimen und freien Wahlen sowie einem demokratischen
Assoziierungsrecht (Parsons, 1969), lässt sich Gerechtigkeit – im Sinne der Chancen- und
Verfahrensgerechtigkeit – als Recht auf einen fairen Zugang zu Lebenschancen verstehen.
Mit dem Zugang zu Lebenschancen ist auch die Freiheit verbunden, Lebenschancen zu
nutzen. Ralf Dahrendorf (2007a, S. 8) versteht unter Freiheit nicht einen Zustand, „also
die bloße Möglichkeit der Erfüllung, sondern Freiheit als Tätigkeit, die Lebenschancen
wirklich macht". Lebenschancen sind für Dahrendorf (2007a, S. 44) „zunächst Wahl-
chancen, Optionen. Sie verlangen zweierlei, Anrechte auf Teilnahme und ein Angebot von
Tätigkeiten und Gütern zur Auswahl" – wobei es der in Freiheit handelnden Person frei-
gestellt ist, die Angebote auch zu nutzen. Dabei ist der Mensch in ein soziales Gefüge
eingebunden, denn der Sinn, den Lebenschancen benötigen, basiert letztlich auf sozialen
„Wertvorstellungen, die Maßstäbe liefern" (Dahrendorf, 2007a, S. 44).

Die Prinzipien der Verfahrens- und insbesondere der Chancengerechtigkeit werden
bei John Rawls in seiner Theorie der Gerechtigkeit als Fairness (1971, 2003) prägnant
formuliert. Ausgangspunkt von dessen Überlegungen ist der Urzustand (engl. *original
position*), der durch den Schleier des Nichtwissens (engl. *veil of ignorance*; Rawls,
1971, S. 29) gekennzeichnet ist: „Zu den wesentlichen Eigenschaften dieser Situation
gehört, dass niemand seine Stellung in der Gesellschaft kennt, seine Klasse oder seinen
Status, ebenso wenig sein Los bei der Verteilung natürlicher Gaben wie Intelligenz oder
Körperkraft. Ich nehme sogar an, dass die Beteiligten ihre Vorstellung vom Guten und
ihre besonderen psychologischen Neigungen nicht kennen". Dem Schleier des Nichtwissens wird ein entscheidender Faktor bei der Generierung von Gerechtigkeitsstandards
(Schaal und Heidenreich, 2006, S. 98) zugewiesen: „Im Urzustand, hinter dem Schleier der
Unwissenheit, sollen Menschen jene Gerechtigkeitsgrundsätze finden, die später für die
Gesellschaft, in der sie leben sollen, gelten sollen". Aufgabe der generalisierten Person ist
es – unabhängig von der Nutzenmaximierung auf Grundlage eigener individueller oder
sozialer Ausstattung (z. B. als Arbeitsloser oder Unternehmer) – allgemeine Grundsätze der Gerechtigkeit entwickeln. Im Zentrum seiner Gerechtigkeitskonzeption steht
das Prinzip der Chancengleichheit: „Soziale und ökonomische Ungleichheiten müssen
zwei Bedingungen erfüllen: erstens müssen sie mit Ämtern und Positionen verbunden
sein, die unter Bedingungen fairer Chancengleichheit allen offenstehen; und zweitens
müssen sie den am wenigsten begünstigten Angehörigen der Gesellschaft den größten
Vorteil bringen (Differenzprinzip)" (Rawls, 1971, S. 302). Ungleichverteilungen sozialer
und ökonomischer Art sind für Rawls dann zulässig, wenn sie (erstens) nicht zu einer Einschränkung der Grundrechte führen und (zweitens) sie mit der Verbesserung der Lage
der in der Gesellschaft am schlechtesten Gestellten verbunden sind. Die von Rawls
geforderte substanzielle Chancengleichheit bedeutet dabei, dass jedem Menschen nicht
nur das prinzipielle Recht eingeräumt werden muss, am sozialen Leben teilzuhaben
(z. B. durch Schulbildung), sondern dass der Staat zu einem Ausgleich ungleicher
Primärsozialisationsbedingungen verpflichtet ist, um gleiche Lebenschancen sicherzustellen (z. B. Kinder von Eltern mit geringem Bildungsgrad besonders zu fördern). Ein

wesentlicher Aspekt intergenerationeller Chancengleichheit stellt dabei das Hickssche Einkommen dar. Hierbei handelt es sich um ein Einkommen, was nicht auf Kosten des Kapitalverzehrs entsteht (Hicks, 1946). So schränken Staatsschulden die Möglichkeiten künftiger Generationen ein, um aktuelle Probleme zu lösen. Aus der Perspektive Nachhaltiger Entwicklung sind diese zu vermeiden (siehe auch Grunwald und Kopfmüller, 2006). In Bezug auf das Verhältnis von Raum und Gerechtigkeit lassen sich – so Kühne und Meyer (2015) – zwei wesentliche Bezüge feststellen:

1. Raum als Verwaltungseinheit (und damit ‚Verteiler‘) von Gerechtigkeit und
2. Raum als Lebensraum, also Ort, an dem Lebenschancen wahrgenommen werden.

Insbesondere im ersten Fall findet sich eine klare räumliche Abgrenzung, die wiederum Auswirkungen auf den zweiten Fall hat: Die aktuelle Logik von Politik und Verwaltung ist an die dichotome Grenzziehung von einem ‚Innen‘ (der eigenen Zuständigkeit) zu einem ‚Außen‘ (dem Rest) gebunden, wodurch sich Disparitäten in Bezug auf die Lebenschancen der Menschen ergeben können (ein Bundesland mit hohem Steuereinkommen kann beispielsweise mehr Geld in die Bildung investieren als ein Bundesland mit geringeren Steuereinnahmen; Kühne und Meyer, 2015)[6].

8.2.2   Die Prinzipien der ‚schwachen‘ und ‚starken‘ Nachhaltigkeit im Kontext von Weltanschauung und Landschaft

Wie strikt das Prinzip, den Kapitalbestand nicht anzutasten und nur von den Zinsen zu leben (eine ökonomische Formulierung des forstlichen Grundsatzes, nicht mehr Holz aus einem Wald zu entnehmen als nachwächst), wird in den Konzeptionen der ‚schwachen‘ und der ‚starken‘ Nachhaltigen Entwicklung verschieden verstanden (Abb. 8.2): Das anthropozentrisch (der Mensch stellt das Zentrum der Überlegungen dar) ausgerichtete Konzept der ‚schwachen‘ Nachhaltigkeit geht davon aus, dass Naturkapital (z. B. Rohstoffe) durch vom Menschen gemachtes Kapital (z. B. Infrastruktur, aber auch Bildung) ersetzt werden könne, schließlich erhielten künftige Generationen eine Gegenleistung dafür, dass ihre Chancen

---

[6] Dieses Problem ließe sich letztlich dadurch lösen, wenn das Prinzip ‚eine territorial gefasste administrative Einheit sucht ihre Herausforderungen‘ zu ‚territoriale Einheiten werden gemäß der zu Behandelnden Herausforderungen geschnitten‘ verschoben würde, d. h. der globale Klimawandel wäre ein global zu behandelndes Phänomen, die Umgestaltung des Dorfplatzes ein lokales (genaueres siehe Kühne und Meyer 2015). Als ein Schritt in diese Richtung lässt sich die Abgrenzung von Handlungsräumen gemäß erfasster Herausforderungen, wie z. B. in der grenzüberschreitenden Zusammenarbeit in der EU, deuten, auch wenn diese noch auf territorialen Einheiten basieren, zumindest auf Gemeindeebene (Sielker & Chilla, 2015).

	,schwache' Nachhaltigkeit	,starke' Nachhaltigkeit
Umweltethisches Verständnis	anthropozentrisch	ökozentrisch
Konzept	Naturkapital ist durch Sachkapital ersetzbar	Naturkapital ist nicht ersetzbar, es muss dauerhaft erhalten bleiben
Zugrundeliegende Weltanschauung	Liberalismus	Konservatismus
Natur	Natur ist Rohstoff für menschliche Nutzungen	Natur hat einen Eigenwert
Ökonomie	neoklassisch begründete Umweltökonomie	ökologische Ökonomie
Dominante Strategie	Effizienz	Suffizienz

Abb. 8.2 Die Konzepte ,schwacher' und ,starker' Nachhaltigkeit im Vergleich. (Eigene Darstellung, nach: Hauff & Kleine, 2009; Piechocki, 2010)

(z. B. durch Verknappung von Rohstoffen) eingeschränkt würden. Das ökozentrische (d. h. die mit einem Eigenwert versehene ,Natur' steht im Zentrum der Überlegungen) hingegen lehnt diese Vorstellung strikt ab. Entsprechend der ihm zugrundeliegenden liberalen Weltanschauung vertraut das Prinzip der ,schwachen' Nachhaltigkeit auf die Kräfte des Marktes, mit Effizienzsteigerungen, Umweltprobleme zu lösen, d. h. der Markt zwinge Unternehmen dazu, Produkte mit einem möglichst geringen Input an (teuren) Rohstoffen zu produzieren, um nicht vom Markt verdrängt zu werden. Das Prinzip der ,starken' Nachhaltigkeit beinhaltet neben der Steigerung der Effizienz und dem Ersatz umweltschädlicher durch umweltschonende Güter (Konsistenz) insbesondere den Verzicht auf Handlungen, die mit einer großen Umweltbelastung verbunden sind (Suffizienz).

Die Konzepte ,schwacher' und ,starker' Nachhaltigkeit implizieren unterschiedliche Konsequenzen für die Entwicklung von Landschaft in ihren unterschiedlichen Dimensionen. Infolge ihrer grundsätzlich unterschiedlichen weltanschaulichen Ausrichtung, einer liberalen in Bezug auf die Position der ,schwachen' und ein ,konservatives' bei der ,starken' Nachhaltigkeit, lassen sich wesentliche Aspekte der Landschaftskonzeption in den Ausführungen der Abschn. 6.7.1 und 6.7.2 nachvollziehen. „Die kluge und damit nicht allein abstrakt beherrschende, sondern subtile Einfügung menschlicher Nutzungsformen in die Natur, d. h. die Anerkennung der erhaltenden Nutzung der natürlichen Lebensgrundlagen durch den Menschen als hochkomplexes Lebensprinzip im Umgang mit lebender Natur" lässt sich mit Körner und Eisel (2006, S. 49) als wesentlicher Zugriff auf die als essentialistisch verstandene Landschaft aus Sicht der ,starken' Nachhaltigkeit beschreiben. Zentrales Element des Verhältnisses von Mensch und Landschaft im Verständnis der ,starken' Nachhaltigkeit liegt in der Erwartung, der Mensch müsse sich ,in die Landschaft' einpassen und sie nicht etwa seinen Bedürfnissen anpassen, wie es das ,schwache' Konzept vorsieht. Das Konzept der ,starken' Nachhaltigkeit zielt dabei auch auf eine normative lokale Vergemeinschaftung, wodurch an die konservative Vorstellung der Einheit von Kultur und Natur angeknüpft wird (Körner & Eisel, 2006). Zentrale Aspekte der Naturkonzeption der ‚starken' Nachhaltigkeit liegen in dem Misstrauen gegenüber der Fähigkeit, aus freiem Willen nachhaltig handeln zu können, woraus die Forderung abgeleitet wird, der Mensch müsse durch (gemeinschaftliche) Maßnahmen dazu gezwungen werden (vgl. Busch-Lüty, 1995; Ott, 2005, 2009, 2016). Angesichts der historischen Wurzeln des Konzeptes der ‚starken' Nachhaltigkeit stellen Körner und Eisel (2006, S. 57) kritisch fest: „Ob und in welchen Kontexten diese politischen Voraussetzungen eingedenk ihrer völkischen und antidemokratischen Kontexte tragfähig sind in einer Demokratie, könnte und müsste offen diskutiert werden".

8.2.3 Die Umstellung auf die Erzeugung regenerativer Energien und ihre landschaftlichen Implikationen

Als ein wesentlicher Aspekt nachhaltiger Entwicklung gilt die ‚Energiewende' (Krause et al., 1980), also die Umstellung von fossilen Energieträgern auf regenerative (vgl. in landschaftlicher Perspektive unter vielen Pasqualetti, 2001; Short, 2002; Schultze, 2006; Wolsink, 2007; Selman, 2010; Stremke, 2010; Bosch & Peyke, 2011; Le Dû-Blayo, 2011; Leibenath & Otto, 2012; Schöbel, 2012; Tobias, 2013; Becker & Naumann, 2018; Berr, 2018; Bosch & Schwarz, 2019; Engler et al., 2020; Hook, 2018, 2019; Kamlage, Warode et al., 2020; Krippner, 2019; Kühne & Weber, 2016; Otto, 2019; Radtke & Renn, 2019; Radtke & Schaal, 2018; Röhring, 2021; Roth, 2020; Schmidt et al., 2018; Schweiger et al., 2018; Sturm & Mattissek, 2018; Wolf, 2020; Wolsink, 2018; siehe auch Abb. 5.4). Der Ausbau regenerativer Energien wird in Deutschland stark forciert. Weithin wird er in der Bevölkerung als notwendig, in großen Teilen sogar als wünschenswert betrachtet: Nach einer repräsentativen Umfrage des Meinungsforschungsinstituts TNS Emnid vom August 2015 bewerteten 93 % der Befragten den weiteren Ausbau als „wichtig" bis „außerordentlich wichtig" (Agentur für Erneuerbare Energien, 2015, S. o.S.). Auch wenn diese Zustimmung zur (nun von YouGov durchgeführten Umfrage) auf 86 % in der Umfrage von 2020 sank, stößt die Energiewende auf eine allgemein breite Akzeptanz in der deutschen Bevölkerung (Agentur für Erneuerbare Energien, 2021).

Trotz dieser grundsätzlichen Zustimmung stoßen die physischen Manifestationen der Energiewende häufig auf massive Ablehnung, insbesondere bei der ansässigen Bevölkerung, nicht allein in Deutschland. Diese Ablehnung verweist auf Fragen spezifischer gesellschaftlicher Konstruktions- und Bewertungsmuster von Landschaft und Heimat, daneben finden sich auch Argumente aus den Bereichen Naturschutz (Vogelschlag), Gesundheit (‚Infraschall' bei Windkraftanlagen bzw. elektrische und magnetische Felder bei Stromnetzen) und Ökonomie (von dem befürchteten Wertverlust der eigenen Immobilie/n bis hin zu Zweifeln am ökonomischen Sinn der Energiewende; z. B. Kamlage et al., 2014; Kühne & Weber, 2016; Weber, Kühne et al., 2016; Weber, Roßmeier et al., 2017).

Landschaftskonflikte um die physischen Manifeste der Energiewende reihen sich nicht allein in den Kontext anderer Landschafts- bzw. allgemeiner Raumkonflikte (etwa um Errichtung von Straßen oder Bahnlinien, Baugebiete, die Gewinnung mineralischer Rohstoffe, Gentrifizierungsprozesse etc.), sie unterliegen als soziale Konflikte auch bestimmten Ablaufmustern. Insofern erfolgt zunächst eine Einführung in die Konflikttheorie Ralf Dahrendorfs, die sich in Bezug auf die Rahmung von Landschaftskonflikte bewährt hat, daran anschließend erfolgt die Befassung mit Argumentations- und Deutungsmustern sowie Landschaftsbezügen bei sozialen Konflikten um die Energiewende, schließlich wieder eine Rückbindung an den konflikttheoretischen Rahmen.

8.2.3.1 Die Konflikttheorie Ralf Dahrendorfs als Rahmung für die Befassung mit Landschaftskonflikten

Zentral für die Konflikttheorie des deutsch-britischen Soziologen Ralf Dahrendorf (1929–2009) sind die Anerkenntnis der Normalität gesellschaftlicher Konflikte, da diese in allen Gesellschaften auftreten) sowie ihr – unter bestimmten Bedingungen – produktives Potenzial für die Entwicklung von Gesellschaften (Dahrendorf, 1957, 1969, 1972, 1992; siehe auch: Gratzel, 1990; Kühne, 2017c, 2018a; Kühne & Leonardi, 2020; Matys & Brüsemeister, 2012; Niedenzu, 2001). Soziale Konflikte entstehen insbesondere durch gesellschaftliche Rangunterschiede und werden durch den Antagonismus zwischen den Kräften der Persistenz und jenen der Progression verursacht (Bonacker, 2009; Dahrendorf, 1957; Kühne, 2017c). Sozialen Konflikten wohne, so Dahrendorf (z. B. 1957, 1972), stets zugleich das Streben nach wie auch die Behinderung von Lebenschancen inne. Dabei variieren sie nach ‚Intensität‘ und ‚Gewaltsamkeit‘ (Dahrendorf, 1972). ‚Intensität‘ bezeichnet die soziale Relevanz: „[S]ie ist hoch, wenn für die Beteiligten viel davon abhängt, wenn also die Kosten der Niederlage hoch sind“ (Dahrendorf, 1972, S. 38; ähnlich Dahrendorf, 1965). ‚Gewaltsamkeit‘ variiert von unverbindlich geführten Diskussionen bis zu Revolutionen und Weltkriegen. Eine hohe Intensität und Gewaltsamkeit weisen – Dahrendorf (1972) zufolge –mehreren Dimensionen entwickelte Konflikte auf, wenn also ökonomische, politische, kulturelle/religiöse, bildungsspezifische etc. Gegensätze kulminieren (etwa relative Armut mit politischer Benachteiligung, eine Religion, die nicht jener der Mehrheitsgesellschaft entspricht, Barrieren zu einer Teilhabe am (höheren) Bildungssystem). Soziale Konflikte folgen – wie Dahrendorf (1972) feststellt – einem typischen Ablaufschema in drei Phasen:

1. ‚Strukturelle Ausgangslage‘. Diese bezeichnet die Entstehung ‚Quasi-Gruppen‘ genannter gesellschaftlicher Teilmengen. ‚Quasi-Gruppen‘ sind dadurch gekennzeichnet, dass sie jeweils – in bestimmten Zusammenhängen – gleiche Interessen haben.
2. ‚Bewusstwerdung latenter Interessen‘. In dieser Phase entstehen die Konfliktparteien, indem sich die ‚Quasi-Gruppen‘ ihrer spezifischen Interessen bewusst werden.
3. ‚Phase ausgebildeter Interessen‘. Hier steigt der Organisationsgrad der Konfliktparteien „mit sichtbarer eigener Identität“ (Dahrendorf, 1972, S. 36). Diese Phase ist durch eine starke Dichotomisierung des Konfliktes geprägt, die zu einer jeweils inneren Vereinheitlichung reichen (Dahrendorf, 1972).

Im Umgang mit Konflikten sieht Dahrendorf (1972) drei prinzipielle Möglichkeiten. Die Möglichkeit der *Unterdrückung von Konflikten* verwirft er, hier erfolgte weder eine Beseitigung des Konfliktgegenstandes noch der Konfliktursache, eine Behinderung der Bildung und Manifestierung von Konfliktgruppen (Phase 3) bedeute vielmehr eine gesteigerte Virulenz des Konfliktes. Dies steigere die Gefahr einer gewaltsamen Eruption des Konfliktes. Die Möglichkeit der *Lösung von Konflikten* verwirft er ebenfalls, schließlich sei diese mit der Beseitigung der dem Konflikt zugrundeliegenden sozialen Gegensätze verbunden. Dahrendorf (1972) favorisiert eine dritte Möglichkeit des Umgangs mit Konflikten: ihre *Regelung*. Die Regelung von Konflikten ist durch bestimmte Aspekte gekennzeichnet:

- Der zu regelnde Konflikt muss (wie gesellschaftliche Konflikte allgemein auch) als normal anerkannt werden, nicht als ein normwidriger Zustand.
- Die Regelung bezieht sich auf die Formen des Konfliktes, nicht auf dessen Ursachen (da diese gesellschaftlich gegeben sind).
- Je höher der Grad der Organisiertheit der Konfliktparteien desto effizienter ist die Regelung des Konfliktes.
- Eine Konfliktregelung kann nur dann gelingen, wenn die Konfliktparteien bestimmte Regeln des Verfahrens einhalten.
- Die wechselseitige Anerkenntnis der Gleichwertigkeit der Konfliktparteien.
- Die Anerkennung der prinzipiellen Berechtigung der Weltsicht der jeweils anderen Konfliktpartei.
- Das Vorhandensein einer dritten Partei, die in der Lage ist – notfalls auch ohne Einverständnis der Konfliktparteien – den Konflikt einer Beilegung zuzuführen.
- Die Zurechenbarkeit von Verantwortung für Entscheidungen.

Den Rahmen für Konfliktregelungen zu bieten, also „der rationalen Bändigung sozialer Konflikte", fasst Dahrendorf als „eine der zentralen Aufgaben der Politik" (Dahrendorf, 1972, S. 44). Diese ‚Bändigung' umfasst zwei Ebenen: Erstens, die des Politischen selbst, wenn im demokratischen Rechtsstaat politische Konflikte nicht zu Revolutionen führten, sondern durch friedliche Regierungswechsel durch Wahlen geregelt seien. Zweitens, in Bezug auf die (außerpolitische) Gesellschaft, wenn Politik den Rahmen für die außerpolitische Regelung von Konflikten herstelle (Dahrendorf, 1972, 1990, 1992).

8.2.3.2 Unterschiedliche Argumentationsmuster

Die Argumentationsmuster von Befürworter~innenn und Gegner~innen der physischen Manifeste der Energiewende unterscheiden sich, wie zu erwarten, deutlich und erfolgen auch auf unterschiedlichen Bezugsebenen, wie Kühne und Weber (2015b) anhand der Analyse von 55 im Internet verfügbaren Videos zum Ausbau des Stromnetzes infolge der Energiewende feststellten: Die Befürworter~innen des Netzausbaus argumentieren zumeist technisch, abstrakt und stark kognitiv, Netzausbau wird so als Ergebnis einer zweckrationalen Kausalverkettung kommuniziert. Die Sicht der dem Netzausbau kritisch gegenüberstehenden Lai~innen wird nur vereinzelt in den Videos unmittelbar präsentiert. Bezüge zu einer kritischen Sicht des Netzausbaus bilden eher Subdiskurs-stränge aus. Die Position der Lai~innen wird tendenziell in abgrenzendem Sinne durch Expert~innen aufgegriffen, häufig verbunden mit einem stark hierarchisch anmutenden, bisweilen belehrenden Duktus (besonders hervorstechend hier: Videos der Bundesnetz-agentur). Die Bedenken von Lai~innen zu gesundheitlichen, landschaftlich-ästhetischen oder heimatbezogenen Themen werden entweder einer kognitiven Deutung unterzogen oder ignoriert. Der insgesamt geringe Umfang eines Bezugs zu Landschaft in den Videos zeigt eher den Ausschluss des Themas aus dem Expertendiskurs als seine gesellschaft-lich geringe Bedeutung (die Bedeutung wird z. B. auch bei Leibenath und Otto 2012 und Hübner und Hahn 2013 nahegelegt). Technische Aspekte stehen im hegemonialen Dis-kurs der Expert~innen der Netzausbaubefürwortung im Fokus, womit andere Aspekte eher ausgeblendet und marginalisiert werden. Energiekonflikte im Kontext eines sich wandelnden Verständnisses der Regelung öffentlicher Angelegenheiten.

Mit dem Aufkommen eines neuen Selbstverständnisses in Bezug auf unmittelbare Beteiligung von Bürger~innen an Entscheidungsprozessen hat sich die gesellschaftliche Konstruktion von Landschaftsveränderungen (wie hier am Beispiel von Windkraftanlagen und des Netzausbaus; Abb. 8.3) weiter verkompliziert. Die Durchsetzung von politisch entschiedenen, planerisch vorbereiteten, wirtschaftlich umsetzbaren, wissenschaftlich fundierten, mit Verbänden abgestimmten und medial aufbereiteten Entscheidungen (wie der Energiewende) mit landschaftlichen Nebenfolgen wird durch zumeist lokale Widerstände durch Bürger – mit entsprechenden Rückwirkungen auf gesellschaftliche Teilsysteme – infrage gestellt. Der Erfolg solcher Widerstände lässt sich als Ausdruck der Legitimations-und Partizipationskrise der Politik begreifen (Walter et al., 2013). Dem politischen System wird die Fähigkeit zur Regelung der öffentlichen Angelegenheiten abgesprochen. Gerade eine Beteiligung von Bürgerinnen und Bürgern, die eher auf der Ebene der Information ansetzt, während Entscheidungen bereits getroffen sind, wirkt legitimitätsmindernd (vgl. Walk, 2012; Goldschmidt et al., 2012; Kopp et al., 2017). Dies bedeutet: Es wird „eine Lücke zwischen den Erwartungen der Bürger~innen und der ihrer Zufriedenheit mit der Performanz des politischen Systems" (Marg, 2017a, S. 209) festgestellt. Ein wesent-liches Narrativ bei der Konfliktdeutung durch Protestinitiativen ist jenes von ‚groß' gegen ‚klein' bzw. ‚übergeordnet' gegen ‚untergeordnet', das in den Metaphern von ‚David gegen Goliath' bzw. des ‚gallischen Dorfes' seinen Ausdruck findet (Weber, Kühne et al., 2016; Kopp et al., 2017). Die Aneignung (wissenschaftlichen) Wissens durch (lokale) Protest-bewegungen ist dabei durchaus in der Lage, Entscheidungsprozesse zu beeinflussen (Haddad, 2015), wobei diese Aneignung in der Regel interessegebunden ist: Wissenschaft-liche Ergebnisse, die die eigene Position stützen, finden Verwendung, jene, die ihr wider-sprechen, werden ignoriert oder abgelehnt. Dies lässt sich diskurstheoretisch als diskursive Schließung interpretieren, im Sinne der Luhmannschen Systemtheorie kann diese Ent-wicklung als eine gesellschaftliche Entdifferenzierung verstanden werden: Wissenschaft entscheidet hier nicht über den ‚Wahrheitsgehalt' von Aussagen, sie wird zu einem Medium

Abb. 8.3 Windkraftanlagen – hier in der Nähe des kalifornischen Mojaves – gelten bis heute gemeinhin nicht als ‚schön‘, mit ihnen kann aber auch ‚Nachhaltigkeit‘, ‚Modernität‘ oder ‚Erhabenheit‘ konnotiert werden. Das hier gezeigte Beispiel differiert von dem in weiten Teilen Europas praktizierten dezentralen Ausbau von Windkraft. Mit dem Ziel, Skalenvorteile zu erzielen, wurden hier viele hundert Windkraftanlagen auf begrenztem Raum errichtet, dies bedeutet auch die Konzentration landschaftlicher Nebenfolgen des Ausbaus von Windkraft. (Foto: Olaf Kühne)

gesellschaftlicher Auseinandersetzungen um den Ausbau erneuerbarer Energien (Kühne & Weber, 2017). Zugleich ist – wie Hanisch und Messinger-Zimmer (2017, S. 171) anführen – die Forderung aufseiten der Unbeteiligten in solchen Konflikten „nach mehr, unabhängiger, letztlich ‚echter‘ Expertise" groß (wobei dieser Wunsch ein wesentliches Kriterium wissenschaftlichen Wissens außer Acht lässt, nämlich, dass es stets vorläufig und widerlegbar ist, so Karl Popper (1989).

8.2.3.3 Energiewende und Landschaftskonflikte

Einen Ansatz zum Verständnis der Vielschichtigkeit des Konfliktfeldes von Landschaft und Energiewende liegt in differenzierten Ansprüchen als Allgemein- und Privatgut. Landschaft gilt allgemein als Gemeingut, im Gegensatz (zumindest in Marktwirtschaften) zu den meisten einzelnen Flächen, Gebäuden, Bäumen etc., die die physischen Grundlagen ihrer Konstruktion darstellen. Diese Differenz begründet ein prinzipielles Spannungsverhältnis, das allerdings keiner Reflexion unterliegt, da die individuelle Verfügbarkeit der

Kompartimente ebenso wenig prinzipiell kritisch gedeutet wird, wie der Gemeingutbezug der Zusammenschau (vgl. Apolinarski et al., 2006; Röhring, 2008, 2021; Schneider, 2016). Die Wertung von Landschaft als Gemeingut verweist – Olwig (2002) zufolge – wiederum auf die mittelalterlichen Ursprünge des Landschaftsbegriffs im Sinne eines Gebietes, in denen bestimmte Normen einer Gemeinschaft, und zwar jenseits der Herrschaft, gelten. Gilt Landschaft als Gemeingut, wird die deutliche Veränderung ihrer physischen Grundlagen zum Zwecke der individuellen Gewinnerzielung als illegitimer Eingriff in die Rechte der Allgemeinheit gewertet. Umgekehrt setzen sich Landeigentümer~innen zur Wehr, wenn auf privaten Flächen Nutzungseinschränkungen auf Grundlage des ‚Allgemeininteresses' verhängt werden, etwa in Form von Fällungsverboten von Bäumen ab einem gewissen Stammumfang oder Alter, da dies als ‚illegitimer' Eingriff in die privaten Eigentumsrechte gedeutet wird. Die Proteste von Bürgerinitiativen u. ä. beziehen sich nicht nur auf die Verteidigung des Wertes des Privateigentums (in Form des Werterhaltes der eigenen Immobilie/n), sie wollen vielmehr „die Lebensqualität ihrer Heimat erhalten und ihr Umfeld bewusst gestalten" (Walter et al., 2013, S. 106). Hier wird Landschaft als lebensweltliches Gemeingut verstanden (Apolinarski et al., 2006; Olwig, 2008; Schneider, 2016), dem insbesondere emotionale und ästhetische Qualitäten beigemessen werden (Ipsen, 2006), während die Überformung durch Technik (Anlagen zur Erzeugung erneuerbarer Energie) als eine Zweckrationalisierung (im Sinne Weber 1972 [1922]) und damit physisches Manifest des Systemischen (im Sinne von Habermas 1985), hier von Politik und Ökonomie, verstanden werden kann (vgl. auch Kühne & Schönwald, 2014; Gailing & Leibenath, 2017; Röhring, 2021). Dabei wird der Politik häufig Korrumpierbarkeit durch Lobbygruppen unterstellt (Marg, 2017a). Hier werden Deutungsmuster aktualisiert, die in den 1970er und 1980er Jahren entwickelt wurden, damals stand „die Technik unter dem Verdacht, gesellschaftliche Entwicklungen hin zu mehr Effizienz, Funktionalität und wirtschaftlicher Verwertung voranzutreiben, deren Legitimität von vielen angezweifelt wurde" (Renn, 2005, S. 30). So hat die Faszination, die ‚technische Oberflächen' ausüben (können), in den vergangenen Jahrhunderten nachgelassen (galten doch niederländischen Malern des 17. Jahrhunderts die später romantisierten Windmühlen deswegen als malenswert, weil sie Hochtechnologie repräsentierten; vgl. Berr, 2014), „die organisatorische Gestaltung kommt hinzu und erzwingt eine Neubestimmung von Funktion" (Kornwachs, 2013, S. 311). Darüber hinaus erzeugt Protest neues Sozialkapital und neuen Lebenssinn, insbesondere für Personen, die sich in einer biographischen Umbruchphase befinden (wie im Übergang zum Renteneintritt; van der Horst und Toke, 2010 Walter et al., 2013; Kühne, 2014d). Das bei Bürgerinitiativen dominante Landschaftsverständnis ist tendenziell ein essentialistisches: Landschaft wird als Ausdruck einer Heimat ermöglichenden Synthese aus Kultur und Natur verstanden, die durch die Präsenz physischer Repräsentanten der Energiewende gefährdet, wenn nicht gar zerstört wird (Weber, Kühne et al., 2016; Marg, 2017b).

Die Bezugnahme zu als Landschaft gedeuteten Räumen unterliegt einer deutlichen Variabilität. Dies wird auch in Bezug auf die Bezugnahme einer im Jahr 2004 im Saarland durchgeführten und im Jahr 2016 wiederholten Untersuchung zu landschaftlichen Präferenzen deutlich (Kühne, 2006a, 2018d). Diese Variabilität betrifft sowohl die zeitliche Veränderung (siehe Abb. 8.4) als auch soziodemographische Kategorien. So nahmen zwischen 2004 und 2016 die indifferenten Äußerungen ,Gleichgültigkeit' und ,weiß nicht' ab. Zugleich stiegen einerseits Wertungen der Ablehnung an, aber auch der Zugehörigkeit. Hier werden einerseits Wertungen auf Basis stereotyper Landschaft (Ablehnung), andererseits auch ,heimatlicher Normallandschaft' aktualisiert (näheres: Kühne, 2018d). Die Bewertung der im Fragebogen abgebildeten ,Offenlandschaft mit Windkraftanlagen' zeigt auch hinsichtlich soziodemographischer Variablen signifikante Unterschiede: Dies betrifft insbesondere die Kategorie des Geschlechts, denn Frauen stehen der ,Offenlandschaft' mit Windkraftanlagen deutlich weniger ablehnend gegenüber – im Gegenteil, sie verbinden mit ihr Modernität. Gleiches gilt für das Alter: je jünger die Befragten, desto stärker die Konnotation mit Modernität, eine Tendenz, die sich im Vergleich der Befragung von 2004 zur Befragung 2016 noch verstärkt hat. Zugleich stieg in eher ländlich strukturierten Gebieten die Akzeptanz der ,Offenlandschaft mit Windkraftanlagen', während sie in stark verdichteten Gebieten zurückging. Während in ländlich strukturierten Räumen Windkraftanlagen zum alltäglichen Raumerleben gehören und sukzessive zum Teil der ,heimatlichen Normallandschaft' werden, erfolgt durch Personen, die an ländliche als Landschaft bezeichnete Räume stereotype Seherwartungen herantragen (und eben keine alltäglichen) eine kritischere Sichtweise (Kühne, 2006a, 2018d).

Die Ablehnung von Anlagen zur Erzeugung regenerativer Energie (insbesondere Windkraftanlagen; Abb. 8.3) verweist also auch auf die spezifischen Bedingungen

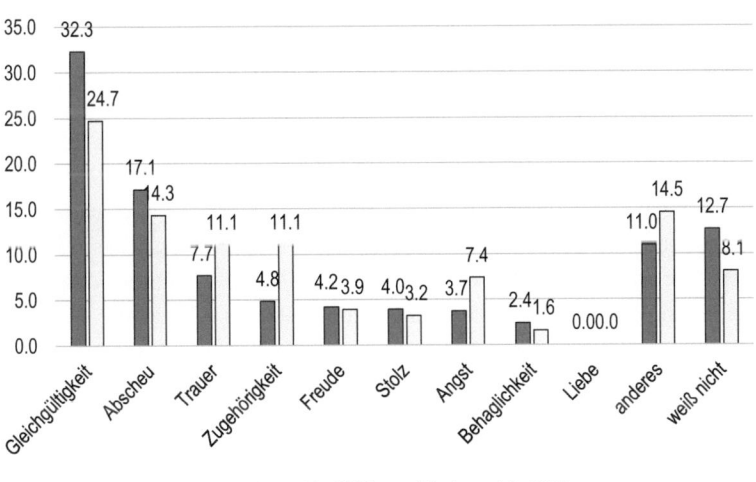

Abb. 8.4 Die emotionale Bezugnahme zu einem Foto einer ,Offenlandschaft mit Windkraftanlagen' in den Jahren 2004 und 2016, erhoben im Saarland mit der identischen Methode, Angaben in Prozent (2004 n = 455; 2016 n = 433). Die Veränderungen der Werte für ,Angst', ,Gleichgültigkeit' und ,weiß nicht' weisen gemäß Chi-Quadrat-Test ein signifikantes, für ,Zugehörigkeit' ein hochsignifikantes Niveau auf. (Eigene Darstellung, nach: Kühne, 2018d)

	Visuelle Bedeutung	Modifikationen der Strukturen des physischen Raumes	Umkehrbarkeit
Windkraftanlagen	sehr groß	gering	in wenigen Monaten
Agrarische Biomasse	gering	sehr groß	Dekaden
Forstliche Biomasse	gering	groß	Dekaden
Großflächige Photovoltaikanlagen	mittelgroß	mittelgroß	in wenigen Monaten

Abb. 8.5 Auswirkungen unterschiedlicher Anlagen zur Erzeugung regenerativer Energie auf die physischen Grundlagen angeeigneter physischer Landschaft. (Eigene Darstellung, verändert nach: Le Dû-Blayo, 2011)

landschaftlicher Sozialisation (vgl. Abschn. 7.1.1; siehe auch Bosch & Peyke, 2011; Kühne, 2011a, 2017b): Die Modifikation der physischen Grundlagen heimatlicher Normallandschaft wird vielfach als Heimatverlust rekonstruiert, insbesondere dann, wenn sie sich schnell vollzieht und die Veränderungen einerseits deutlich wahrnehmbar sind und andererseits damit kein unmittelbarer individueller Nutzen verbunden wird. Heimatliche Normallandschaft unterliegt aber auch einem intergenerationellen Wandel (Kühne, 2008d; Selman, 2010; Forkel & Grimm, 2014)[7].

8.2.3.4 Von Gestaltungen zu Veränderung von Deutungs- und Bewertungsmustern wie zu finanzieller Beteiligung: Möglichkeiten des Umgangs mit den physischen Manifestationen der Energiewende

Im Zuge der angestrebten ‚Energiewende' kommt dem Umgang mit den landschaftlichen Folgen und Nebenfolgen der erneut ausgedehnten sensorischen.

Wahrnehmbarkeit regenerativer Energieträger (z. B. Windkraft: optisch und akustisch; Biomasse: optisch, haptisch und olfaktorisch; Abb. 8.5) eine besondere Bedeutung in Landschaftsforschung und Landschaftspraxis zu. Dabei lässt sich bei den gesellschaftlichen (Steigerung der Akzeptanz) und physisch-räumlichen (Gestaltung und Anordnung)

---

[7] Diese ‚Normalisierung' zeigt sich auch in anderen Kontexten: Erfolgt die Konstruktion einer heimatlichen Normallandschaft in einem Tal, dessen Hänge mit Streuobstbeständen mit Mähwiesen geprägt sind, und diese Hänge ‚verbuschen' infolge der Aufgabe der Nutzung, wird dies von der Generation als Heimatverlust gedeutet, deren landschaftliche Sozialisation in der Zeit vor dem weitflächigen Aufwuchs der Büsche vollzogen wurde. Bilden Menschen jedoch ihre heimatliche Normallandschaft in einem physischen Raum mit buschbestandenen Hängen aus, bedeutet ein späteres Freistellen der Hänge für diese den Verlust von Objekten, die symbolisch mit Heimat konnotiert sind (Schenk, 2006; Kühne & Spellerberg, 2010; Kühne, 2011a). Ähnliche Ergebnisse der ‚Normalisierung' finden sich auch bei ‚Altindustrielandschaften' Kühne (2018d).

Grundlagen angeeigneter physischer Landschaften ansetzen. Ein Beispiel für den Ansatz bei der Gestaltung und Anordnung liefert Schöbel (2012): Er fordert, Windfarmen „als Teil der lesbaren Zeichen der Landschaft zu entwickeln, die vom Betrachter interpretiert und mit Bedeutung gefüllt werden können" (Schöbel, 2012, S. 76). In Anlehnung an Gipe (2002) formuliert er Vorschläge zur Gestaltung von Windkraftanlagen, wie z. B. die in einem Gebiet aufgestellten Windkraftanlagen sollten sich ähneln oder bei Wind sollten sich die Rotoren drehen, da ansonsten die visuellen Erwartungen der Betrachter enttäuscht würden. Darüber hinaus sollten Gondeln verkleidet, die Anlagen nicht verschmutzt und die Anlagen nicht weitläufig abgesperrt sein. Ein größerer Abstand zu Siedlungen könnte Geräuschbelästigungen ebenso vermeiden wie einen unregelmäßigen Schattenwurf in die Siedlungen (Schöbel, 2012). Eine zentrale Forderung Schöbels (2012) lautet dabei, Windkraftanlagen sollten sich in die physischen Strukturen von Landschaft einfügen und diese nicht dominieren. Dieses Einfügen ließe sich beispielsweise durch eine Konturierung von geomorphologischen Formen durch Windkraftanlagen erzeugen.

Auch innerhalb der Landschaftsforschung besteht keine Einigkeit hinsichtlich des Umgangs und der Bewertung der Veränderungen der physischen Grundlagen von Landschaft infolge der Energiewende. Die in Abschn. 6.6.2.4 dargestellten Diskurse zum Umgang mit Landschaft weisen unterschiedliche Affinitäten zum Thema physische Folgen und Nebenfolgen der Energiewende auf (siehe auch Kühne, 2011a; Olwig, 2011; Leibenath & Otto, 2011, 2012; Linke, 2017b):

- Das Paradigma der Wiederherstellung der physischen Grundlagen angeeigneter physischer (Kultur)Landschaft dient insbesondere Expert~innen als Begründungsmuster für eine ablehnende Haltung gegenüber Anlagen der regenerativen Energieerzeugung. Diese seien nicht ‚regionaltypisch‘ und repräsentierten eine globale Vereinheitlichung von Landschaft. Bei dieser Deutung handelt es sich um einen inneren Widerspruch bei den Befürwortern einer ‚starken‘ Nachhaltigkeit, da einerseits der Abbau fossiler Rohstoffe gefordert wird, andererseits eine Rückbesinnung auf eine am ‚Historischen‘ konstruierte Verbindung von Mensch und angeeigneter physischer Landschaft (siehe Abschn. 8.2.2), ein Widerspruch, der nur durch einen radikalen Verlust an Lebensstandard erreichbar ist (Suffizienzstrategie).
- Im Diskurs der sukzessionistischen Entwicklung der physischen Grundlagen angeeigneter physischer Landschaft werden Anlagen zur Erzeugung regenerativer Energie toleriert, unterliegen allerdings einer negativen Konnotation, sofern sie mit einem als zu hoch gedeuteten Subventionseinsatz errichtet werden (auf Ökonomie bezogene Ausprägung des Diskurses). Aus Perspektive der ökologischen Ausprägung des Diskurses werden Anlagen zur Erzeugung regenerativer Energie dann kritisch beurteilt, sofern sie mit großen Flächenansprüchen (Biomasseanbau, Freilandfotovoltaik) verbunden sind.
- Der Diskurs der reflexiven Gestaltung der physischen Grundlagen angeeigneter physischer Landschaft erlaubt es, Anlagen zur Erzeugung regenerativer Energie als

Elemente von *Land-Art* zu inszenieren (siehe die Ausführungen oben zu dem Konzept von Schöbel 2012).

- Der Diskurs der Umdeutung von gesellschaftlicher Landschaft impliziert Möglichkeiten der kognitiven, wie insbesondere der ästhetischen Neubewertung von Anlagen zur Erzeugung regenerativer Energie als physische Elemente angeeigneter physischer Landschaft. Damit wird das Ziel verfolgt, die Akzeptanz von Anlagen zur Erzeugung regenerativer Energie zu steigern. Im Folgenden werden einige Ausführungen zu dieser Umdeutung gemacht (mehr hierzu siehe Selman 2010).

Die Möglichkeiten der Umdeutung von gesellschaftlicher Landschaft begründen sich auf der Reversibilität ästhetischer (aber auch kognitiver) Deutungen. Es erscheint – in Anlehnung an Soyez (2003, S. 37) – nicht allein „in dynamischen urbanen Kontexten wichtig, dass nicht erst das historisch Gewachsene, sondern schon das gegenwärtig Wachsende laufend unter der Perspektive beobachtet und bewertet wird, welche aus kulturgeographischer Sicht wichtigen Veränderungen sich in den bestehenden Bedeutungslandschaften abzeichnen". In diesem Kontext verweist Schultze (2006) auf die Möglichkeit der zeitlichen Einordnung der ‚neuen Energielandschaft', sie sind ein rezentes Phänomen und repräsentieren aktuelle Nutzungsbedarfe, wodurch deutlich wird, dass angeeignete physische Landschaft nicht nur ein Phänomen des Verweises auf die Vergangenheit sein muss. Die Bewertung dieser Repräsentanten der ‚Energiewende' unterliegt einem – wie gezeigt – intergenerationellen Wandel: In Bezug auf die Konstruktion der heimatlichen Normallandschaft vollzieht sich intergenerationell eine Umdeutung: Für nachwachwachsende Generationen wird der Anblick von Anlagen zur Erzeugung regenerativer Energie ‚normal'. Aber auch in Bezug auf die stereotype Landschaft lassen sich im Zuge des Sozialisationsprozesses (systematisch) alternative Deutungsmuster vermitteln, sofern in der Schule (und in Schulbüchern) und Medien der modernisierungskritische Diskurs ‚Kulturlandschaftserhaltung' durch alternative kognitive und ästhetische Deutungsmuster zu Anlagen zur Erzeugung regenerativer Energie ergänzt wird (vgl. Kühne, 2008a). Dabei eigenen sich Anlagen zur Erzeugung regenerativer Energie (insbesondere Windkraftanlagen) aufgrund ihrer großen räumlichen Ausdehnung weniger zur Zuschreibung von Schönheit als vielmehr von Erhabenheit, einer Zuschreibung also, die der postmodernen Affinität zur Erhabenheit entgegenkommt. Bei der ästhetischen Wertung von Anlagen zur Erzeugung regenerativer Energie kommt es aber auch zu Interferenzen mit anderen Aspekten der Weltdeutung: Ändern sich ökonomische, politische und soziale Deutungen, unterliegt auch das Gewicht ästhetischer Zuschreibungen Veränderungen (vgl. Breukers & Wolsink, 2007; Hook, 2008). Bringen Anlagen zur Erzeugung regenerativer Energie dem Einzelnen keinen (z. B. ökonomischen) Gewinn, weil ein Unternehmen mit Sitz in einem anderen Land und eine Landwirtin oder ein Landwirt davon ökonomisch profitieren, werden ästhetische Kriterien umso stärker gewichtet (siehe die Ausführungen oben zum Gemeingut Landschaft). Die Konsequenz ist vielfach die Gründung von Bürgerinitiativen gegen den Ausbau der Anlagen zur Erzeugung regenerativer Energie, die nun dem alltagsweltlich-routinierten Umgang mit Welt entspringen, schließlich sind die Modi der Gründung und des Bestehens dieser Organisationen gemeinhin gesellschaftlich bekannt. Ein solcher Widerstand lässt sich durch die baurechtliche Steuerung, wie dem ausschließlichen Bau von Anlagen zur Erzeugung regenerativer Energie nur auf gemeindeeigenen Grundstücken (wodurch die Pacht der lokalen Allgemeinheit zufließt), oder auch die finanzielle Beteiligung der ansässigen Bevölkerung (in Form von Anteilseigentum) umsetzen.

8.2.3.5 Landschaftskonflikte um die Energiewende vor dem Hintergrund der Konflikttheorie Ralf Dahrendorfs

Wie im Vorangegangenen deutlich wurde: Auch Landschaftskonflikte haben ihre Grundlage in dem Gegensatz der Kräfte der Beharrung und denen des Wandels. Die Konflikte um landschaftlichen Nebenfolgen der Energiewende, auf Ebene der gesellschaftlichen Landschaft wie auch des physischen Raumes, können einen unterschiedlichen Grad an Intensität und Brutalität aufweisen. Dies hängt davon ab, wie groß der sich als betroffen ansehende Teil der Bevölkerung ist, welche Möglichkeiten zur Einflussnahmen auf Entscheidungsprozesse bestehen, wie Akteurinnen und Akteure vernetzt sind, welche Möglichkeiten der Organisation der eigenen Konfliktpartei bestehen etc. Dabei kann sich der Konflikt von einem fachlichen Disput um Landschaftsverständnisse (siehe z. B. Hokema, 2013; Vicenzotti, 2011; Wojtkiewicz, 2015) bis hin zu Sachbeschädigung und sogar blutigen Auseinandersetzungen reichen. Die von den Konfliktbeteiligten eingenommenen Positionen können dabei sehr deutlich variieren (nach: Hofinger, 2001; Kühne, 2018f, 2019d; Weber et al., 2018; Weber, Kühne et al., 2016):

1. Aktive Feindschaft (Bekämpfung, auch jenseits des rechtlich Zulässigen),
2. aktive Gegnerschaft (Beteiligung bzw. Organisation des Widerstandes),
3. Ablehnung (Äußerung verbaler oder nonverbaler Kritik),
4. Zwiespalt (es erfolgt eine Auseinandersetzung, jedoch ohne eindeutige Fixierung der eigenen Meinung),
5. Gleichgültigkeit (es unterbleibt eine aktive Auseinandersetzung),
6. Duldung (in Unterwerfung gesellschaftlicher Machtverhältnisse erfolgt eine Akzeptanz),
7. konditionale Akzeptanz (auf Grundlage rationaler Überlegungen wird ein Projekt unter bestimmten Bedingungen, etwa monetärer Ausgleich, akzeptiert),
8. Zustimmung (positive Bewertung aus eigener Überzeugung),
9. aktives Engagement (Beteiligung bzw. Organisation der Unterstützung),
10. aktive Forcierung (Unterstützung, auch jenseits des rechtlich Zulässigen).

Mit dem Ablauf von Landschaftskonflikten ist eine Verschiebung der von den Involvierten eingenommenen Positionen zum Konfliktgegenstand verbunden (Abb. 8.6). Während in der Ausgangslage die größte Zahl der potenziell in den Konflikt Involvierten eine neutrale Position einnimmt, also in der Phase 1 des Konfliktverlaufs nach Dahrendorf noch im Stadium der ‚Quasi-Gruppe' verharrt, und nur eine kleine Befürworterschaft das Projekt

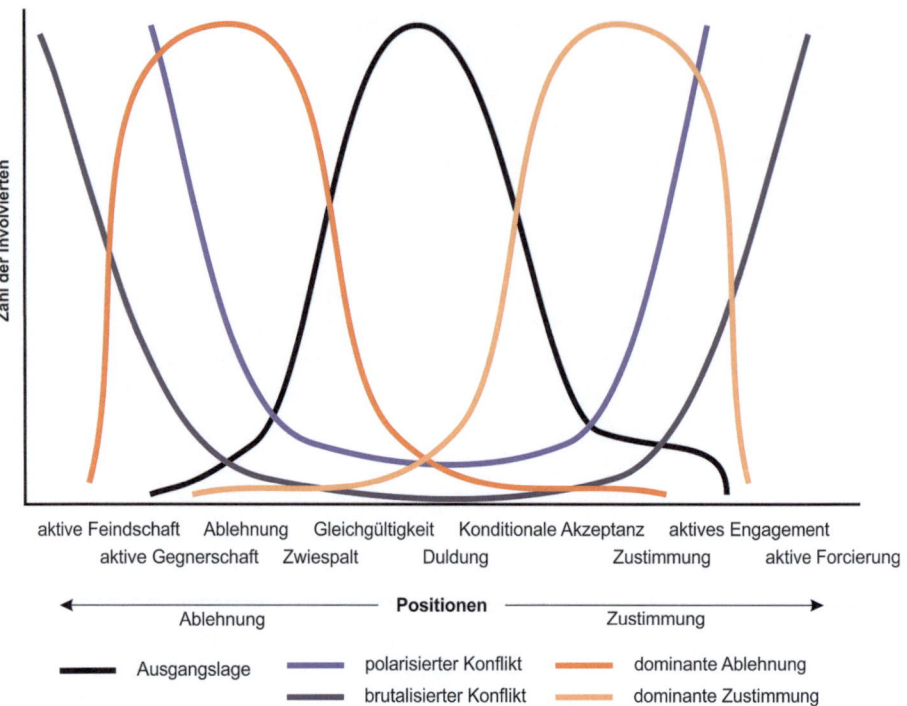

Abb. 8.6 Beispiele der Verteilung von durch Involvierte eingenommene Positionen in Landschaftskonflikten. (Eigene Darstellung nach: Kühne, 2019d)

betreibt und die Zahl der Gegner~innen gering ist, kommt es – in Abhängigkeit von dem Konfliktverlauf (Phasen 2 und 3 nach Dahrendorf) – zu teilweise extremen Polarisierung (bis zur Überschreitung des staatlich definierten rechtlichen Rahmen), auch kann es einer Konfliktpartei gelingen, die ursprünglich ‚neutralen' Involvierten an ihre Position zu binden (auch andere Verteilungen als die dargestellten sind in der Praxis zu finden).

Hinsichtlich des Umgangs mit Landschaftskonflikten bestehen die – in Anschluss an Dahrendorf – die Möglichkeiten der Unterdrückung, der Lösung und der Regelung. Die Unterdrückung von Landschaftskonflikten bedeutete eine Missachtung landschaftlicher Bedürfnisse, Deutungen und Bewertung der Bürgerinnen und Bürger, die durch Herrschaftsmechanismen durchgesetzt würde. Landschaftskonflikte in demokratisch organisierten Gesellschaften dauerhaft zu unterdrücken, erscheint wenig probat, einerseits, weil die Beteiligung unterschiedlicher Akteurinnen und Akteure rechtlich verankert ist (in Deutschland allein durch das Gegenstromprinzip der räumlichen Planung oder Beteiligungspflichten durch das Baugesetzbuch), andererseits, weil der Versuch der Unterdrückung von Landschaftskonflikten, die Intensität latent steigern würde, was sich in gewaltsamen Protesten äußern würde. Der Versuch der Lösung von Landschaftskonflikten hieße, deren gesellschaftliche Gründe beseitigen zu wollen, diese liegen allerdings in der pluralen und differenzierten Gesellschaft, deren Teile zum einen unterschiedliche Ansprüche an Landschaft und ihre physischen Grundlagen, aber hinsichtlich der landschaftlichen Deutungen und Bewertungen immer vielfältiger wird bedeutete die Erhaltung gesellschaftlichen Status Quo zu erhalten, schließlich sind Veränderungen von Landschaft und ihren physischen Grundlagen in Veränderungen in der Gesellschaft begründet, was wiederum mit der Einschränkung von Lebenschancen verbunden würde.. Damit hieße die Lösung von Landschaftskonflikten eine Vereinheitlichung der Gesellschaft. Eine spezifische Strategie des Umgangs mit Landschaftskonflikten, die sich nicht in den Möglichkeiten des Umgangs mit sozialen Konflikten bei Dahrendorf findet, liegt in der Vermeidung von Landschaftskonflikten: Veränderungen der physischen Grundlagen von Landschaft werden unterhalb der ‚Wahrnehmungsschwelle' vollzogen, oder aber sie werden der Wahrnehmung durch ‚Tarnung' entzogen (ein extremes Beispiel hierfür ist das County Jail in Los Angeles, das infolge seiner baulichen Gestaltung nicht als solches zu erkennen ist; genaueres hierzu siehe Kühne, 2012a, 2013b; Weber, 2017). Eine solche Strategie des Versuchs der Vermeidung von Landschaft erscheint infolge der differenzierten Höhe von ‚Wahrnehmungsschwellen' einerseits, und der Möglichkeiten der raschen Verbreitung von Deutungen und Wertungen durch die Nutzung von *social media,* als riskant (siehe auch Abschn. 7.5). Insofern erscheint in einer demokratisch verfassten Gesellschaft der Weg der Regelung von Landschaftskonflikten der angemessene (siehe auch Antrop, 2000; Hülz & Kühne, 2015; Kamlage et al., 2014; Kamlage, Warode et al., 2020; Langer et al., 2016; Roth, 2020). Doch auch die Möglichkeit der Regelung von Landschaftskonflikten, die demokratischen Gesellschaften am angemessensten Umgang gilt (siehe Abschn. 8.2.3.1) ist mit erheblichen Herausforderungen verbunden (siehe ausführlicher: Berr, Jenal, Kindler, 2019; Berr & Kühne, 2019b; Kühne, 2018a, 2019d, 2020a; Kühne, Berr et al., 2021; Kühne, Weber, Berr, 2019):

- Die Organisiertheit der Konfliktparteien in räumlichen Konflikten ist im Prozess der Aushandlung häufig eher diffus, Akteurinnen und Akteure treten hinzu, andere ziehen sich zurück.
- Statt die Standpunkte der ‚anderen Seite' als legitim anzuerkennen, werden die Akteurinnen und Akteure der ‚Gegenseite' moralisch diskreditiert (Berr, 2018; Kühne, 2008b; Spanier, 2006),so werden die Befürworter~innen des Ausbaus der Anlagen zur Erzeugung und Verteilung regenerativer Energien als ‚Zerstörer der Heimat und der historische gewachsenen Kulturlandschaft' diskreditiert, während jene, die sich gegen die Errichtung der eben dieser Anlagen als ‚die Zerstörer der Zukunft der Menschheit' bezeichnet werden (vgl. Kühne & Weber, 2015b; Renn, 2012). Häufig sehen sich darüber hinaus die Interessensvertretungen von Bürgerinnen und Bürgern (z. B. organisiert in Bürgerinitiativen) herausgefordert, als organisierte Konfliktpartei anerkannt zu werden. Im Ringen um diese Anerkennung, greifen sie häufig zu Mitteln einer stark polarisierenden und moralisierenden Argumentation (siehe hierzu Abschn. 7.5.1).

- Diese steht nicht zwingend im Einklang mit den Regeln einer fairen Kommunikation. Der Umgang zwischen, aber auch innerhalb der Konfliktparteien, erfordert jedoch Höflichkeit, Toleranz und Gewaltlosigkeit (Dahrendorf, 1994).
- Die Existenz einer unabhängigen Instanz zur Überwachung der Einhaltung von Regeln kommt – so Dahrendorf – dem Staat zu, der jedoch bei zahlreichen aktuellen Landschaftskonflikten (etwa bei dem Ausbau von Anlagen zur Gewinnung und Leitung regenerativer Energien) selbst zur Konfliktpartei geworden ist. Auch ist der Rechtrahmen für den Umgang mit Landschaftskonflikten uneindeutig und lässt sich widersprechende Interpretationen zu. Was infolge einer gesellschaftlichen Differenzierung unter landschaftlicher ‚Schönheit' (deren Erhalt im Bundesnatur-schutzgesetz gefordert wird) kann kaum allgemeinverbindlich operationalisiert werden (dies dokumentiert ‚Landschaftsbildbewertungsverfahren' dokumentiert; z. B. Roth & Bruns, 2016; siehe auch Abschn. 8.1).
- Wesentlich für eine erfolgreiche Regelung von Landschaftskonflikten ist – so Dahrendorf (1994, S. 69) – „die Autonomie der vielen Organisationen und Institutionen", wobei er unter Autonomie die Unabhängigkeit „von einem Machtzentrum" (Dahrendorf, 1994, S. 69) versteht. Landschaftskonflikte sind durch zumeist diffuse Konfliktlagen geprägt. Dies gilt aufseiten der originären Konfliktparteien, z. B. Energieunternehmen vs. Bürgerinitiative, die dann durch Naturschutzverbänden Sportvereine, Heimatschutzver-eine, ‚Besorgten Bürger~innen' etc. Erweiterung finden können. Kompläxitätssteigernd wirkt dann auch die politische und administrative Einflussnahme (auf unterschiedlichen administrativen Ebenen). Dies erschwert die Zurechenbarkeit von Entscheidungen oder Entscheidungen werden die Rechtsprechung externalisiert, die dann als ‚dritte Partei' fungiert. In dieser Form wird die Änderung einer Raumnutzung nicht nur zu einer Frage des planerisch-administrativen Umgangs, sondern zu ästhetischen, moralischen und politischen und finale einer Frage der verbindlichen Rechtsprechung (vgl. unter vielen Aschenbrand et al., 2017a, 2017b; Brettschneider & Schuster, 2013; Bundes-regierung, 2014; Gailing, 2015a; Hoeft et al., 2017; Hook, 2018; Kühne & Weber, 2018 [online first 2017]; Walter et al., 2013; Weber & Kühne, 2016).

Zwar trägt der hohe Grad an Organisationsfähigkeit von Konfliktparteien infolge der Bildungsexpansion seit den späten 1960er Jahren (Dahrendorf, 1968) potenziell zur Ermöglichung einer geordneten Konfliktregelung bei, zugleich wirkt die zunehmende Differenziertheit von Gesellschaft, hier der einzelnen landschaftsbezogenen Interessen (von landschaftsästhetischen Fragen, die beim Blick von der heimischen Terrasse aktualisiert werden, Nutzungsinteressen für Hundebesitzer~innen, Drachenflieger, Geocacher, Badeinteressierte, grundsätzliche Überlegungen Artenschutz oder Geotop-schutz, von Klimaschützer~innen u.v.m.) jedoch der Organisation der Konfliktinteressen entgegen. Auch die Rechtslage erleichtert die Konfliktregelung infolge der geringen Spezifität ihrer Regelungen nicht: So ist weder geregelt, was unter Landschaft oder gar deren ‚Schönheit' zu verstehen sei. Infolge der geringen Gerichtsfestigkeit des Wunsches nach Erhaltung der physischen Grundlagen ‚heimatlicher Normallandschaft' oder ‚stereotyper Landschaft' gewinnen Artenschutzargumente an Bedeutung. Auch die doppelte Funktion als Konfliktpartei (die den Ausbau regenerativer Energieträger vorantreibt) und als ‚neutrale Instanz' des Staates, erschwert die Konfliktregelung.

Die Einbeziehung von zusätzlichen Akteuren in Beteiligungsprozessen, die Harris (2002) als ‚neues Paradigma' der Planung bezeichnet, bedeutet die Integration unterschiedlicher Perspektiven (hier auf Landschaft) in einer sich zunehmend differenzierenden Gesellschaft (Healey, 1997), wie sie letztlich aus der ‚Bildungsexpansion' erwuchs (Dahrendorf, 1968; Hadjar & Becker, 2009; Hoffmann-Lange, 2000). Damit die erhoffte Legitimitätssteigerung aus solchen Partizipationsverfahren erwächst, sind einige Voraussetzungen nötig, die sich aus den Prinzipien der Chancen- und Verfahrensgerechtigkeit ableiten lassen: Erstens, alle Bevölkerungsteile müssen ertüchtigt werden, an den Verfahren teilzuhaben, was das kulturelle, ökonomische und auch soziale Kapital betrifft (d. h. es müssen Personen sprachfähig gemacht werden, um die eigene Interesse in den Partizipationsprozess einbringen zu können). Zweitens, muss der Ablauf des Verfahrens sowie die Möglichkeiten und Grenzen der Einflussnahmen klar dargelegt werden, Vereinbarungen über Vorgehensweisen müssen eingehalten und Transparenz hergestellt werden (Roe, 2019; zu Landschaft und Gerechtigkeit siehe detaillierter: Setten et al., 2019). Bei Nichteinhaltung solcher Kriterien droht der massive Verlust an Legitimation und zwar nicht allein für die konkrete Planung, sondern auch in das demokratische politische System, das sich von Apathie für öffentliche Angelegenheiten bis hin zum offensiven Vertreten populistischer Positionen führen kann (vgl. Kühne, 2018d; Reusswig, 2019).

8.2.4 Soziale Nachhaltigkeit und Landschaft

Angeeignete physische Landschaft lässt sich – wie dargelegt – als ein Indikator für die physischen Folgen und Nebenfolgen sozialen Handelns gemäß sozial gebildeter Deutungsmuster beschreiben. Sie stellt auch einen Möglichkeitsraum für soziales Handeln dar, indem einerseits die physischen Grundlagen gemäß unterschiedlichen sozialen Vorstellungen gestaltet werden können, andererseits die landschaftlichen Deutungsmuster veränderbar sind (siehe z. B. Abschn. 6.6.2.4). Der Bezug des Gerechtigkeitsgedankens auf intergenerationelle Aspekte – wie konstitutiv für den hier dargestellten Gedanken Nachhaltiger Entwicklung – lässt sich hinsichtlich des Umgangs mit Landschaft auf drei Dimensionen beziehen: Neben der Artenausstattung eines physischen Raumes (ökologische Nachhaltigkeit) wird die Frage nach der Erhaltung historischer Objekte (Kulturlandschaftserhaltung und -entwicklung; soziale Nachhaltigkeit) unter gegenwärtigen und künftig zu erwartenden ökonomischen Bedingungen (ökonomische Nachhaltigkeit) zentral. Zentral für das Konzept Nachhaltige Entwicklung ist seine Offenheit, die auch einer eindeutigen Definierbarkeit entgegensteht (Beaucamp, 2002, S. 233): „Abgesehen vom Prozesscharakter des Konzepts steht dem Erfolg dieser Suche [nämlich der Suche nach eindeutigen Definitionen; Anm. O.K.] entgegen, dass die notwendigen Wertentscheidungen auf dem Weg zu einer zukunftsfähigen Entwicklung in Abhängigkeit von den Problemen und Prioritäten der verschiedenen Länder und Regionen der Erde variieren".

Ziel einer demokratischen Gesellschaft besteht darin, Chancen für soziales Handeln gerecht zu verteilen. Eine faire Chancenverteilung besteht (wie in Abschn. 8.2.1 dargestellt) dann, wenn Menschen mit ähnlichen Fähigkeiten auch ähnliche Lebenschancen haben, also soziale Positionen nach fairer Bewertung der Qualifikation verteilt werden (Verdienstprinzip) und diese Verteilung nicht abhängig vom verfügbaren sozialen Kapital ist. Soziales Kapital (oder auch Sozialkapital) lässt sich als eine Ressource beschreiben, die aus sozialen Beziehungen in sozialen Netzwerken besteht (Bourdieu, 2005 [1983a]). Diese Netzwerke tragen einerseits zur gesellschaftlichen Integration bei, aus individueller Perspektive sind Lebenschancen andererseits von der Verfügbarkeit und Tragfähigkeit sozialen Kapitals abhängig. Sozialkapital in der Gesellschaft ist nicht gleich verteilt: „Einmal bereits vorhandenes konzentriertes Sozialkapital wirkt quasi selbstverstärkend, da bekannte Leute einfach gefragter sind" (Maischatz, 2010, S. 35). Soziales Kapital kann jeder gewinnbringend einbringen, der über ausreichend belastbare und exklusive Netzwerke verfügt. Dies sei an einem Beispiel mit Landschaftsbezug verdeutlicht: Soll ein Park neugestaltet werden, hat jener Landschaftsarchitekt einen Vorteil der Auftragsvergabe, der die entscheidenden Personen (vom Sachbearbeiter bis hin zum Oberstadtdirektor) seit längerer Zeit aus unterschiedlichen sozialen Kontexten (z. B. aus dem Studium, aus einem Club, einer Partei, von Konferenzen) kennt, sofern seine Mitbewerber nicht über diese Kontakte verfügen. Eine solche sozialkapitalbasierte Vergabe kann einerseits dazu führen, dass ein geeigneterer Entwurf (hinsichtlich Kosten, sozialer Akzeptanz u. a.) nicht umgesetzt werden kann, andererseits minimiert er das Risiko eines Scheiterns des Projektes, da dies für den Landschaftsarchitekten mit dem hohen Sozialkapitalbestand die Gefahr von dessen Verlust mit sich bringen würde.

Wird das Prinzip der Chancengerechtigkeit auf Landschaft übertragen, lassen sich aber noch andere Konsequenzen für den Umgang mit Landschaft ziehen: So gilt es, den Zugang zu als Landschaft konstruierten physischen Räumen in möglichst geringen Maße zu reglementieren (also keine Betretungsverbote auf privater Flächen, wo dies nicht zwingend geboten ist), aber auch in der Möglichkeit zu schaffen, die eigenen Bedürfnisse und Anforderungen an Raum im Wettbewerb zu den Bedürfnissen und Anforderungen anderer umsetzen zu können. Aus der Perspektive eines sozialkonstruktivistischen Landschaftsverständnisses lässt sich unter nachhaltiger Landschaftsentwicklung ein Prozess verstehen, in dem die sozialen Anforderungen an angeeignete physische Landschaft so zu fassen sind, dass gesellschaftliche Landschaft und der physische Raum soziale Chancengerechtigkeit repräsentieren. Der Umgang mit Landschaft (in allen Dimensionen) erfolgt in einer Form, dass künftige Generationen Landschaft gemäß ihren Bedürfnissen transformieren können (Kühne, 2011b). Zentraler Aspekt von sozialer Nachhaltigkeit ist die Garantie sozialer Teilhabe in einem demokratischen Gemeinwesen, aber auch dessen Repräsentation in der Landschaft (auf allen Ebenen), unabhängig von der ungleichen

Verteilung sozialen Kapitals (Kurt, 2004; Juarez & Brown, 2008). Roe (2007) folgert für eine sozial nachhaltige Landschaftsentwicklung:

1. Eine stärkere Beteiligung der Bevölkerung (als Souverän einer Demokratie) an dem Umgang mit landschaftsrelevanten physischen Strukturen.
2. Eine Stärkung der kommunikativen Fähigkeiten der Bevölkerung, also die Fähigkeit, eigene Bedürfnisse deutlicher artikulieren zu können, mit Hilfe von Prozessen der partizipativen Entwicklung angeeigneter physischer Landschaften.
3. Den Abbau von miteinander in rekursivem Verhältnis stehenden physischen Strukturen und sozialen Zuschreibungen (beispielsweise in stigmatisierten Stadtteilen), die intra- und intergenerationelle Chancengerechtigkeit unterminieren, z. B. durch Stadtteil-sanierungen.

Als ein wesentliches Instrument eines als sozial nachhaltiger Entwicklung orientierten Umgangs mit Landschaft kann die Europäische Landschaftskonvention gelten (siehe Abschn. 6.8.3). Sie ist auf ein Landschaftsverständnis gegründet, dass die mit Landschaft interagierenden Menschen in das Zentrum von Landschaftsbefassungen stellt (vgl. Meier et al., 2010) und so eine ausgeglichene Entwicklung zwischen sozialen Bedürfnissen, ökonomischen Aktivitäten und Umweltbelangen bei gleichzeitiger Berücksichtigung der kulturellen Dimension anstrebt (Déjeant-Pons, 2006).

Im Zuge der Globalisierung nehmen Migrationsprozesse auf unterschiedlichen Maß-stabsebenen (von lokal bis zu global) zu. Damit wird der Umgang mit dem Fremden zu einer zentralen Herausforderung in Bezug auf die Gewährung von Chancengerechtigkeit. Das Prinzip von Inklusion und Exklusion, Nassehi (1999, S. 219) beschreibt es als einen „Geburtsfehler der Kultur", betrifft insbesondere Fremde negativ, von denen Vorleistungen zur Integration erwartet werden, die von Einheimischen nicht erwartet werden. Die dabei erzeugten Systeme kultureller Zugehörigkeit und Identität bringen nahezu automatisch vergleichende Perspektiven hervor, womit „kulturelle Nicht-Zugehörigkeit (von anderen, Fremden) und Differenz (zu anderen, Fremden) mit entsprechend unterschiedlicher Aus-stattung an sozialem Kapital fast schon zur epistemologischen Möglichkeitsbedingung des Beobachtungsschemas Kultur" (Nassehi, 1999, S. 219) gerinnt. Dies bedeutet, dass Menschen – aufgrund der Zuschreibung einer kulturellen Eigenart – systematisch an sozialer Teilhabe und damit auch an der Möglichkeit, ihre Bedürfnisse physisch zu manifestieren gehindert werden. Wird Landschaft normativ als Einschreibung gesellschaftlicher Chancen-gerechtigkeit verstanden heißt dies, u. a. die Anforderungen von Migranten ernst zu nehmen und ihnen die Möglichkeit zu eröffnen, Landschaft in ihrem Sinne zu überformen (beispiels-weise durch den Bau von Gebäuden zur Religionsausübung; vgl. Tolia-Kelly, 2004; Juarez & Brown, 2008; Piniek et al., 2008; Abb. 8.7). Nachhaltige Landschaftsentwicklung basiert stark auf sozialer Teilhabe. Wie diese soziale Teilhabe an Landschaftsentwicklungsprozessen zu ermöglichen ist, wird in Abschn. 8.3 dargestellt (siehe auch Schöbel, 2012).

Abb. 8.7 Physische Manifestationen des Religiösen: Kirche St. Josef und Selimiye-Moschee in Völklingen/Saar. Diese Manifestationen können auch zu Symbolen des Eigenen und des Fremden werden, von Identifikation und Ausgrenzung (Nienaber und Reich, 2015). Während die Kirche jedoch eine recht eindeutige Konnotation (katholisch in einer noch immer stark katholisch geprägten Region) aufweist, kann die Selimiye-Moschee durchaus auch als Raumhybrid verstanden werden, einerseits da sie ein nicht christliches Religionsbekenntnis in einem weitgehend durch die christliche Vergangenheit religiös geprägten Raum einbringe, andererseits auch, weil das sie beherbergende Gebäude eine weltliche Vergangenheit als Kino hat. (Eigenes Foto)

8.2.5   Gesundheit, Wohlbefinden, Nahrungsmittel und Landschaft

In den vergangenen Jahren ist mit dem Thema der nachhaltigen Entwicklung auch die Frage nach den Zusammenhängen von Gesundheit, Wohlbefinden, der Zugang zu (gesunden) Nahrungsmitteln und Landschaft, gerade im Kontext der Diskussion um Umweltgerechtigkeit, in den Fokus des wissenschaftlichen Interesses gerückt (etwa bei: Bratman et al., 2015; Bruns & Münderlein, 2018; Claßen, 2016a; Gebhard & Kistemann, 2016; Kistemann, 2016; Kistemann & Claßen, 2012; Lengen, 2019; Münderlein, 2020a; Münderlein & Bruns, 2019; Sedelmeier, 2019; Ward Thompson, 2011, 2017).Im Folgenden werden wesentliche Aspekte dieser wissenschaftlichen Befassung vorgestellt.

8.2.5.1 Gesundheit und Umweltgerechtigkeit

Insbesondere vor dem Hintergrund der Debatte um Umweltgerechtigkeit wurde der räumliche Bezug von Gesundheit intensiviert betrachtet. Dabei thematisiert „Umweltgerechtigkeit (environmental justiere) […] die Umweltbelastung verschiedener sozialer bzw. ethnischer Gruppen und Regionen" (Maschewsky, 2004, S. 7). Nach zugrunde gelegten unterschiedlichen Gerechtigkeitsbegriffen (siehe Abschn. 8.2.1) können die Schlussfolgerungen jedoch durchaus unterschiedlich sein: So kann nach dem Prinzip des Egalitarismus eine Gleichverteilung der Umweltbelastungen angestrebt werden, nach dem Prinzip der Verfahrensgerechtigkeit gilt es, Betroffene ‚angemessen' in die Planungen einzubeziehen, nach dem Prinzip der Chancengerechtigkeit, geht es primär darum, die Lebenschancen (eigens der nachwachsenden Generation) nicht einzuschränken, nach dem Prinzip der Leistungsgerechtigkeit kann das Leben in einer weniger belasteten Umgebung als Indikator für individuellen Erfolg verstanden werden etc. Auch wenn der Diskurs insbesondere von den Prinzipien des Egalitarismus und der Verfahrensgerechtigkeit dominiert wird (siehe z. B. Maschewsky, 2004; Hornberg et al., 2011), sollten in der Befassung mit Raum und Landschaft diese Gerechtigkeitsverständnisse – zumindest im Sinne einer nicht dogmatisierenden Wissenschaftskultur – nicht außer Acht gelassen werden. Dass die Frage nach Umweltgerechtigkeit gestellt wird, ist der systemspezifisch differenzierten Logik des Umgangs mit ökologischen Belastungen und deren gesundheitlichen Auswirkungen geschuldet (Abb. 8.8; zu Systemlogiken siehe Abschn. 6.1.5 und 8.3.2). So kann es beispielsweise politisch opportun erscheinen, umwelt- und gesundheitsbelastende Anlagen oder Infrastrukturen dort zu errichten, wo ein geringer Widerstand

Logik	Konzept
politische	Konzentration in Gebieten mit politisch schwacher Bevölkerung, da dort eher durchsetzbar
ökonomische	Konzentration in unattraktiven Gebieten, da geringere Kosten (Grundstücke, Infrastruktur, Sanierung, Haftung etc.)
technische	regionale Konzentration, da Infrastrukturaufwand geringer, Transportwege kürzer, Synergien möglich
ökologische	keine regionale Konzentration, da sonst Risiko irreversibler Umweltschäden lokal höher, Transportwege länger
gesundheitliche	keine Konzentration bei Bevölkerung mit einer geringen Ausstattung sympolischen Kapitels, da diese von Gesundheitsrisiken ohnehin stärker betroffen ist, was das Risiko irreversibler Schäden erhöht
soziale	keine Konzentration bei politisch schwacher Bevölkerung, da dies die sozialstaatlich geforderte Angleichung von Lebensbedingungen erschwert

Abb. 8.8 Unterschiedliche systemische Logiken (siehe dazu die Absch. 6.1.5 und 8.3.2) im Umgang mit Umweltgerechtigkeit. (Eigene Darstellung, leicht verändert nach Maschewsky, 2001)

der Bevölkerung zu erwarten ist. Ein anderer Aspekt ist die Ausstattung von Quartieren, deren Bewohnerschaft eine geringere Ausstattung an symbolischem Kapital aufweist, mit öffentlich zugänglichem Grün (insbesondere Parkanlagen), was angesichts beengter Wohnverhältnisse sowie der geringeren Zugänglichkeit zu privatem Grün (Gärten) und Möglichkeiten, sich dem eigenen Wohnumfeld durch (Kurz)Urlaub zu entziehen, mit systematisch geringeren Möglichkeiten der Erholung verbunden ist (einen Überblick zu diesem Thema liefert: Rigolon, 2016). Andererseits wirkt das Vorhandensein bzw. die Schaffung von öffentlichem Grün als Pull-Faktor für Menschen mit einer höheren Ausstattung an symbolischen Kapital, mit der Folge der Verdrängung von Personen mit einer geringeren Ausstattung an symbolischen Kapitel (Gentifizierung; Wolch et al. 2014). Voraussetzung für die Erfahrung von physischem Raum als angeeignete physische Landschaft ist dessen Zugänglichkeit, ist diese eingeschränkt, etwa durch den Verlust öffentlicher Wege, verringert sich insbesondere für Personen mit einer geringeren Ausstattung an symbolischem Kapital die Möglichkeit ‚Landschaft' zu erfahren, da diese über vergleichsweise gering mit Optionen der Überwindung physischer Räume ausgestattet ist (Torres Gracía et al., 2020; ausführlicher zu den hier angerissenen Zusammenhängen: Curtis, 2004; Elvers, 2011; Mohai et al., 2009; Preisendörfer, 2014; Shelton et al., 2015).

8.2.5.2 Ein sich wandelndes Verständnis von Gesundheit und landschaftliche Bezüge von Gesundheit

Im Vorangegangenen lag der Fokus bislang auf der Frage nach der räumlichen Gerechtigkeit und ihrer Implikationen für Gesundheit. Im Folgenden soll dieser Terminus einer genaueren Betrachtung unterzogen werden. In der Präambel zu ihrer Verfassung definiert die Weltgesundheitsorganisation (World Health Organization, 2006 [1946]) Gesundheit als einen Zustand des vollständigen körperlichen, geistigen wie auch sozialen Wohlbefindens und nicht allein als Abwesenheit von Gebrechen und Krankheit. Diese Definition ist in unterschiedlicher Weise kritisiert worden. So sei ein Zustand der völligen Gesundheit illusorisch, der implizit den politischen Handlungsauftrag nicht einlösbar werden ließe wie auch nicht hinreichend zwischen Gesundheit und Wohlbefinden unterscheide (Hornberg, 2016). Wohlbefinden lässt sich als ein positiver subjektiver Bewusstseinszustand beschreiben, der sich einer ‚objektiven' Messung entzieht, aber nichtsdestotrotz als ein Teil von Gesundheit verstanden werden kann (vgl. Hornberg, 2016). Im Kontext der stärkeren Ausrichtung des Themas Gesundheit auf das subjektive Empfinden rücken Fragen der Betrachtung in den Vordergrund, wie Wohlbefinden hergestellt und erhalten werden kann. Antonovsky (1997) nennt dies Salutogenese. Ein wesentliches Element seines (soziologischen, nicht medizinischen) Konzeptes ist dabei ein Abrücken von dem Konstrukt einer Dichotomie von Gesundheit und Krankheit zugunsten eines hybridisierten Verständnisses davon. Das bedeutet, dass der Mensch lebenslaufabhängig einmal eher dem Pol der Gesundheit ein anderes Mal dem Pol der Krankheit zuneigt, und dabei einen Einfluss auf dieses Oszillieren hat (vgl. auch Hornberg, 2016). Als Gesundung versteht er einen Prozess, in dem geistige, körperliche wie auch soziale Faktoren zusammenwirken. Vor dem Hintergrund des salutogenetischen Verständnisses von Wohlbefinden kommt

Landschaft eine erhebliche Bedeutung zu (Claßen, 2016a; Gebhard & Kistemann, 2016; Bruns & Münderlein, 2018; Gesler, 1993; Petermann, 2017; Thompson, 2011), schließlich sind alle drei der genannten Dimensionen von Gesundheit/Gesundung räumlich (allgemein) bzw. (landschaftlich) kontextualisiert (Münderlein, 2020a):

1. Physische Gesundheit als ein körperliches Wohlbefinden durch Bewegung – in dazu geeigneten Umgebungen.
2. Psychische Gesundheit in Form von Wohlbefinden durch Entspannung, Stress-Abbau bzw. der Vermeidung, die Ermöglichung eines Erlebens von positiven Emotionen sowie Verbesserung der Konzentrationsfähigkeit – in dazu geeigneten Umgebungen.
3. Soziale Gesundheit als Wohlbefinden durch sozialen Interaktionen in einem Netzwerk (dem Aufbau sozialen Kapitals) – in dazu geeigneten Umgebungen.

Die Steigerung von Wohlbefinden ist einerseits von den physisch-materiellen Grundlagen von Landschaft abhängig, bezieht sich aber in besonderer Weise auf gesellschaftliche Vorstellungen von einem ‚guten Leben‘ in einer ‚guten Landschaft‘ und mehr noch individuellen Prädispositionen. Individuell wirken als Landschaften verstandene Räume dem Wohlbefinden zuträglich, wenn sie den eigenen Vorstellungen einer ‚angenehmen‘ Landschaft entsprechen bzw. positiv bewertete heimatlich-normallandschaftliche Bindungen zugelassen werden, wobei eine besonders positive Wirkung als angenehm empfundenen Atmosphären zugeschrieben wird (vgl. Gebhard & Kistemann, 2016; Bruns & Münderlein, 2018; siehe Abschn. 6.3.5). Hinsichtlich der physischen Grundlagen von Landschaft sind die Wirkungen auf das Wohlbefinden umfangreich untersucht worden: Dies reicht von der Versorgung von Städten mit frischer und kühler Luft (unter vielen: Landsberg, 1981; Kuttler, 1998; Eliasson, 2000) über die Beeinträchtigung des menschlichen Wohlbefindens durch Schadgase (heute in Europa insbesondere Ozon) und Stäube (in Europa insbesondere Feinstaub), wie auch der Prävention von Seuchen mithilfe von Abwasserkanalisation und einer zentralisierten Frischwasserversorgung (siehe Claßen, 2016a). Eine besondere Bedeutung für das Wohlbefinden haben Grünräume, da sie körperliche Aktivitäten (wie Radfahren oder Joggen) begünstigen (siehe z. B. Claßen et al., 2009). Insofern ist die Erreichbarkeit von Grünräumen für die Erhaltung von Wohlbefinden von zentraler Bedeutung. Gesundheitsfördernd wirken zudem Räume, die sozialen Austausch zulassen und die Erfahrung von Selbstwirksamkeit zulassen (Abraham et al., 2007; Bruns & Münderlein, 2018)[8].

---

[8] Die Bandbreite dieser physisch-räumlichen Arrangements lässt sich als sehr weit verstehen: Denn sozialer Austausch und die Erfahrung von Selbstwirksamkeit kann bei kontemplativer gemeinschaftlicher Landschaftsmalerei ebenso erfolgen wie in der Fankurve eines Fußballstadions, vorausgesetzt die persönliche Disposition neigt dem einen oder anderen zu (wobei auch beides möglich ist, freilich tendenziell nicht zeitgleich).

Das zunehmende Bewusstsein für individuelles Wohlbefinden lässt sich mit Linke (2016, 2018; 2019b) in den Kontext postmoderner gesellschaftlicher Entwicklungen stellen: Mit dem Übergang von der Dominanz materialistischer zu postmaterialistischen Werten[9] in sogenannten westlichen Gesellschaften (vgl. Inglehart, 1997) vollzieht sich auch die Steigerung gesellschaftlicher Priorisierung von Gesundheit sowie des Schutzes der Umwelt, was sich in der Kombination in der Entwicklung des Lebensstils der ‚LOHAS – Lifestyle of Health and Sustainability' ausdrückt, der nicht allein auf Gesundheit und die nachhaltige Lebensführung des Menschen ausgerichtet wird, sondern auch auf die Erhaltung der Umwelt bezogen wird. Gesundheit und Landschaft sind – wie in Abschn. 8.2.3 diskutiert – zu wesentlichen Argumenten für Bürgerinitiativen, die gegen die physischen Manifeste der Energiewende (teilweise auch gegen diese in Gänze) opponieren, geworden: Heimat, die schöne Landschaft und die Sorge um die eigene Gesundheit bilden die wesentlichen Triebfedern des Protestes (Weber, Kühne et al., 2016, 2017), flankiert von Fragen der Governance, die in Abschn. 8.3 besprochen werden.

8.2.5.3 Der Zusammenhang zwischen der Verfügbarkeit von Nahrungsmitteln und Raum: *Foodscapes* und *Food Deserts*

Ein Thema, das in den vergangenen Jahren zunehmend an Präsenz in Öffentlichkeit und Wissenschaft gewonnen hat, ist jenes der räumlichen Verteilung von Angeboten von und Zugänglichkeit zu Nahrungsmitteln (einen Überblick über aktuelle Ansätze liefern Sedelmeier, Kühne und Jenal 2021). Seit Mitte der 1990er wurde in diesem Zusammenhang der Begriff ‚Foodscape' (Yasmeen, 1996), zu Deutsch etwa ‚Nahrungsmittellandschaft', in unterschiedlichen Forschungen verwendet, die sich mit sozialen und räumlichen Ungleichheiten in Bezug auf die öffentliche Gesundheit und in Bezug auf Ernährungssystemen befassen (Vonthron et al., 2020). Dieses Konzept wird von Adema (2010) verstanden als eine Verbindung zwischen Nahrung (‚food') und Landschaft (das Suffix ‚-scape'), sowohl der in konstruktivistischer Perspektive (als konzeptionelle Vorstellung, die Idee, von Landschaft) als auch in positivistischer Perspektive, aus Perspektive ‚physisch-materieller Landschaften'. In ihrer Meta-Studie zu *foodscapes* unterscheiden Vonthron et al. (2020) vier Zugänge zu dem Thema:

---

[9] Inglehart (1997) geht in seiner Postmaterialismusthese davon aus, dass moderne Gesellschaften durch ‚materialistische' Werte, bei denen die Betonung primär auf ökonomischer und körperlicher Sicherheit liegt, geprägt sind, während in postmodernen Gesellschaften ‚postmaterialistische' Werthaltungen dominieren, die Selbstverwirklichung und Lebensqualität betonen. Dies bedeutet auch den Bruch der Wertesysteme zwischen einer materialistisch und einer postmaterialistisch ausgerichteten Generation: Die Generationen, die in der materiellen Sicherheit der Zeit nach den 1950er Jahre aufwuchsen, brachen mit den materialistischen Werten der früheren Generationen.

1. Raumwissenschaftliche Zugänge, die auf Grundlage eines positivistischen Ansatzes räumliche Ungleichverteilungen der Verfügbarkeit von Nahrungsmitteln ermittelt, methodisch auf quantitative Befragungen und raumstatistische Auswertung unter Nutzung von Geographischen Informationssystemen, gestützt.
2. Sozial- und kulturwissenschaftliche Zugänge, die sich auf Grundlage eines sozial-konstruktivistischen Ansatzes mit den Deutungen und Bedeutungen, aber auch sozialen Praxen, die mit Nahrungsmitteln zusammenhängen, befassen. Hierbei wird primär auf die Auswertung von qualitativen Interviews, Zeichnungen, Fotos etc. zurückgegriffen.
3. Behavioristische Zugänge, bei denen die Verbindung von materiellen, soziokulturellen und organisatorischen Fragen im Zentrum steht, um das Konsumentenverhalten nach-zuvollziehen. Empirisch treten zu den bereits genannten auch Dokumentenanalysen (etwa von Kochbüchern).
4. Systemische Ansätze befassen sich mit Netzwerken der Erzeugung, Verteilung und des Konsums von Nahrungsmitteln, unter Nutzung eines breiten empirischen Methodenspektrums, das zusätzlich zu den genannten, auch Internetrecherchen, Untersuchung von Presseartikeln oder Videos und Werbung einschließt.

Ein besonderer Fokus der Untersuchungen liegt auf Ungleichverteilungen. In den 1990er Jahren tauchte in der angelsächsischen Literatur der Begriff der *food desert* auf, der Räume mit einem mangelhaften Zugang zu gesunden Nahrungsmitteln beschreibt (zusammenfassend siehe: Alviola et al., 2013; Cummins & Macintyre, 2002; Sedelmeier, 2018, 2019; Wright et al., 2016). Als gesund werden dabei solche Lebensmittel ver-standen, die eine geringe Energiedichte aufweisen (Wright et al., 2016), wie etwa Gemüse oder Obst, aber im Verhältnis pro Kalorie einen hohen Preis aufweisen. Zunächst lag der Fokus der Untersuchung schlicht auf der Messung der Distanz zwischen Wohnquartieren und Geschäften des Lebensmitteleinzelhandels, wobei als problematisch insbesondere innenstädtische Quartiere mit einer Bevölkerung mit einer geringen Ausstattung an symbolischem Kapital wie auch periphere ländliche Räume beschrieben wurden (u. a.: Alviola et al., 2013; Bernaschi, 2020; Smoyer-Tomic et al., 2006). Als Ursachen hierfür gelten die Aufgabe kleinerer Geschäfte des Lebensmitteleinzelhandels sowohl in inner-städtischen Lagen als auch in ländlichen Siedlungen zugunsten von großen Supermarkt-komplexen an den Stadträndern, die ohne Auto nicht oder nur unter großem Aufwand zu erreichen sind, während sich in den Innenstädten *Fast-food*-Restaurants konzentrieren (was stärker in Nordamerika als in Mitteleuropa ausgeprägt ist). Aktuell rücken zu den Distanzen zunehmend auch individuelle Dispositionen von Menschen in den Fokus des Interesses zu *food deserts,* etwa in Bezug auf das individuelle Mobilitätsverhalten, die verfügbaren finanziellen Mittel oder das verfügbare Wissen über Nahrungsmittel, aber auch die Kritik an dem Konzept dahin gehend, dass es einen Beitrag zur (weiteren) Stigmatisierung von Räumen leistet (Jürgens, 2018; Sedelmeier, 2019). Auch hier werden unterschiedliche wissenschaftliche Perspektiven deutlich: die Messung von Distanzen aus positivistischer, die Befassung mit individuellen Dispositionen aus konstruktivistischer Perspektive.

8.3   Governance von Landschaft

Der Begriff Governance findet in zahlreichen Kontexten von Politik, Verwaltung, Wirt-schaft, Nicht-Regierungsorganisationen u. a. Verwendung. Da durch Governance-Prozesse auch Landschaften konstituiert werden, wird er auch im Kontext der Landschaftsforschung relevant (vgl. z. B. Naranjo, 2006; Gailing & Röhring, 2008b; Piniek et al., 2008; Säck-da Silva, 2009; Leibenath & Otto, 2011; Gailing, 2012, 2015c; Bernstein et al., 2019; Berr, Jenal, Kühne, Weber, 2019; Bruns, 2010; Langer, 2018, 2019). Arthur Benz (2004, S. 12–13) versteht unter Governance „neue Formen gesellschaftlicher, ökonomischer und politischer Regulierung, Koordinierung und Steuerung in komplexen institutionellen Strukturen, in denen meistens staatliche und private Akteure zusammenwirken. Mit dem Begriff Governance werden Veränderungen in der Herrschaftspraxis des modernen Staates, neue Formen der internationalen Politik sowie der Wandel von Organisationsformen und Interorganisationsbeziehungen in der öffentlichen Verwaltung, in Verbänden, in Unternehmen, in Märkten und in Regionen bezeichnet". Der Prozess des Bedeutungsgewinns von Governance im Umgang mit Landschaft hat dabei eine Intensität erreicht, die in der Formierung internationaler Institutionen zum Ausdruck kommt: „Partizipation und Kooperation entwickeln sich zu grundlegenden Bestandteilen modernen Landschaftsmanagements, so wie es von der Europäischen Landschaftskonvention verstanden wird" (Säck-da Silva, 2009, S. 210). Huang (2010) vertritt sogar die Position, Partizipation sei eine Voraussetzung für eine Nachhaltige Landschaftsentwicklung (ähnlich auch Wragg, 2000; Jones, 2007).

Im Folgenden sollen zunächst wesentliche Aspekte des aktuellen Forschungs-standes um Governance dargestellt werden (Abschn. 8.3.1). Daran anschließend soll ein Phänomen erläutert werden, dass die Governance von Landschaft zu einem mit vielen Unwägbarkeiten verbundenen Prozess macht: die unterschiedlichen Eigenlogiken gesellschaftlicher Teilsysteme (Abschn. 8.3.2). Darüber hinaus werden zwei Perspektiven auf die Governance von Landschaft betrachtet: die institutionelle und die diskurstheoretische (Abschn. 8.3.3).

8.3.1   Grundzüge von Governance

Die ‚Governance'-Perspektive weist zwei Herkünfte auf: Erstens, den wirtschafts-wissenschaftlichen Ursprung, der auf die Institutionenökonomik zurückgeht; also eine Perspektive, die sich mit den Wechselwirkungen der Wirtschaft mit gesellschaftlichen Institutionen, also ein Regelsystem aus Handlungsrechten und -pflichten, das soziales Handeln regelt, befasst. Zweitens, den politikwissenschaftlichen Ursprung, der wiederum auf das Feld der Untersuchung internationaler Beziehungen, aber auch auf die Policy-Forschung, also die Erforschung von Politik-Inhalten, zurückgeht. In der Governance-Forschung wird häufig zwischen Government und Governance unterschieden. Während mit Government „das institutionalisierte staatliche Steuerungssystem bezeichnet wird, meint

‚governance' das Regulierungssystem, das kollektives Handeln steuert. Die Abgrenzung ist erwartungsgemäß nicht immer leicht, weil auch ‚governance' institutionalisiert ist und ‚government' eine spezifische ‚governance' implizieren kann" (Fürst, 2001, S. 271). Dabei kommt es häufig zu Konflikten zwischen den Repräsentanten von Government und Governance, weil „Partizipation oft als ‚Störfaktor' in etablierten Systemen angesehen wird" (Gerhards & Spellerberg, 2011, S. 127).

Die Entwicklung von Governance im regionalen Kontext bedeutet zum einen die Integration nicht öffentlicher Akteurinnen und Akteure in öffentliche Entscheidungs- prozesse, eine Stärkung des Aspektes der Entwicklungs- gegenüber der Ordnungsfunktion, zum anderen auch „das Aufweichen des Territorial- zugunsten des Funktionalprinzips" (Diller, 2005, S. 271), wobei Aufgaben (z. B. der Regionalentwicklung) nicht mehr allein in territorialen Grenzen (z. B. eines Landkreises) stattfinden, sondern sich mehrere Land- kreise hierfür zusammenschließen. Darüber hinaus haben die gewachsene Arbeitsteilung und regionale Strukturwandelprozesse durch den Übergang von der Industriegesell- schaft zur postindustriellen Gesellschaft den Kooperationsbedarf zwischen regionalen Akteuren intensiviert (Fürst, 2001, S. 272): „Trotz der Marktkonkurrenz arbeiten Unter- nehmen in ‚strategischen Allianzen' zusammen, bilden sich zwischen Industriebetrieben und Zulieferern Produktionsgemeinschaften heraus, engagieren sich private und staat- liche / kommunale Akteure in *Public-Private-Partnerships* usw. Netzwerke spielen in der Regionalpolitik eine immer wichtigere Rolle" (vgl. Genosko, 1999). Die Intensität der Beteiligung von Nicht-Planungsträger~innen in Planungsprozessen ist dabei sehr unter- schiedlich: Sie reicht von der Erfüllung formaler Vorgaben bis hin zur gemeinschaft- lichen Erarbeitung von Lösungen und deren Umsetzung (Abb. 8.9). Die Motivlagen, die Governanceprozessen zugrunde liegen, lassen sich in vier Komplexe gliedern (Walk, 2012; Kamlage et al., 2014):

1. Die demokratische Funktion ist auf eine verstärkte Partizipation der Bevölkerung gerichtet, um die Legitimierung von Prozessen zu steigern.
2. Die Bildungsfunktion ist auf die Steigerung des Verständnisses für politische Prozesse gerichtet.
3. Die ökonomische Funktion ist auf die Steigerung der Effizienz von Entscheidungs- prozessen gerichtet. Wenn die Bevölkerung verstärkt in Entscheidungsprozesse ein- gebunden ist, sinkt demnach die Gefahr von Fehlplanungen.
4. Die emanzipatorische Funktion ist auf die Steigerung politischer Handlungsfähigkeit von Bürgerinnen und Bürgern gerichtet.

Die Einbindung von Bürger~innen und Nicht-Regierungsorganisationen in Bezug auf den Umgang mit Landschaft stellt zwar eine Erweiterung der Perspektive der behörd- lichen Planung dar, doch kann sie die Arbeitskraft der Nichtregierungsorganisationen durch Beteiligungsverfahren stark binden und damit durch Überlastung ineffektiv machen. Wird im Rahmen von Governanceverfahren von Nichtregierungsorganisationen (oder auch Bürgerinnen und Bürgern) erwartet, dass sie sich umfangreich und substanziell an

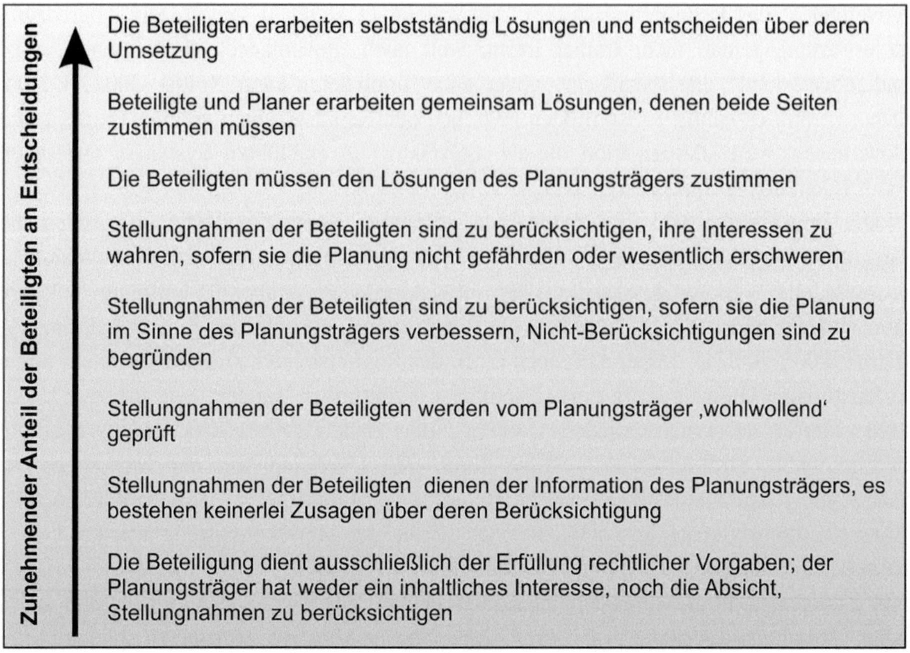

Die Beteiligten erarbeiten selbstständig Lösungen und entscheiden über deren Umsetzung

Beteiligte und Planer erarbeiten gemeinsam Lösungen, denen beide Seiten zustimmen müssen

Die Beteiligten müssen den Lösungen des Planungsträgers zustimmen

Stellungnahmen der Beteiligten sind zu berücksichtigen, ihre Interessen zu wahren, sofern sie die Planung nicht gefährden oder wesentlich erschweren

Stellungnahmen der Beteiligten sind zu berücksichtigen, sofern sie die Planung im Sinne des Planungsträgers verbessern, Nicht-Berücksichtigungen sind zu begründen

Stellungnahmen der Beteiligten werden vom Planungsträger ‚wohlwollend' geprüft

Stellungnahmen der Beteiligten dienen der Information des Planungsträgers, es bestehen keinerlei Zusagen über deren Berücksichtigung

Die Beteiligung dient ausschließlich der Erfüllung rechtlicher Vorgaben; der Planungsträger hat weder ein inhaltliches Interesse, noch die Absicht, Stellungnahmen zu berücksichtigen

Zunehmender Anteil der Beteiligten an Entscheidungen

Abb. 8.9 Die zunehmende Einbindung von Beteiligten bei Planungsprozessen. (Eigene Darstellung, graphisch verändert nach: Heiland, 2008)

Planungen beteiligen, um diese Planungen mit einer höheren Legitimation, Akzeptanz und insbesondere auch einer höheren Rechtssicherheit auszustatten, erscheint es notwendig, für diese Beteiligungen auch (finanzielle) Entschädigungen vorzusehen.

Zentral für die Ausgestaltung von Beteiligungsverfahren ist – soll ein Legitimitätsgewinn erzielt werden – die Einhaltung bestimmter Kriterien, die Kamlage und Nanz und Fleischer (2014) folgendermaßen formulieren:

1. Die Beteiligung soll frühzeitig, d. h. möglichst in der Phase der Politikformulierung, erfolgen,
2. die Zusammensetzung der Teilnehmerschaft soll möglichst heterogen sein,
3. der Austausch der Argumente soll auf ‚gleicher Augenhöhe' stattfinden,
4. Prozesse und Ergebnisse sind transparent zu gestalten,
5. die Verfahren sollen offen gestaltet werden, es soll die Möglichkeit der Einflussnahme auf die Ergebnisse der Verfahren bestehen,
6. Prozesse und Ergebnisse der Verfahren sind gegenüber der Öffentlichkeit transparent zu machen.

Eine herausragende Bedeutung hat dabei der erste Punkt der frühzeitigen Beteiligung, denn in dieser Phase sind Mitwirkungs- wie auch Gestaltungsmöglichkeiten für die

Bürger am umfangreichsten. Eine solche frühzeitige Beteiligung erfordert allerdings einen erheblichen Aufwand hinsichtlich der Bürgeraktivierung, da „deren Interesse und Mobilisierung aufgrund der hohen Abstraktion der Planung, der (noch) geringen Informationen, der Komplexität des Themas und der zumeist noch unklaren Betroffenheit am geringsten ist" (Kamlage et al., 2014, S. 202).

Die Governance-Forschung bezieht sich stark auf Netzwerke (Rhodes, 1996). Netzwerke werden in der Governance-Forschung, vor dem Hintergrund, „dass die staatliche Handlungsfähigkeit, aber auch die Wirksamkeit und Kontrollierbarkeit des Marktes gegenwärtig grundsätzlich in Frage gestellt werden" (Pütz & Job, 2016, S. 575), als Alternative zu den Strukturen von Staat (Hierarchie) und Markt gesehen (Abb. 8.10; genauer Williamson, 1991; Wald & Jansen, 2007). Auf Märkten, in hierarchischen (nicht nur staatlichen) Organisationen wie in Netzwerken vollziehen sich unterschiedliche Steuerungsprozesse: Auf Märkten werden Güter und Dienstleistungen gegen Geld getauscht (und die soziale Beziehung beschränkt sich auf diesen Tausch), in der Hierarchie wird Geld gegen Arbeit getauscht (ein Arbeitnehmer verkauft seinem Arbeitgeber seine Arbeitskraft). In Netzwerken können sich auch andere Tauschmedien als Geld (z. B. Freundschaft) entwickeln. Entsprechend ist die Fristigkeit in Netzwerken auch länger angelegt als auf Märkten (Hierarchien hingegen sind auf Dauer angelegt).

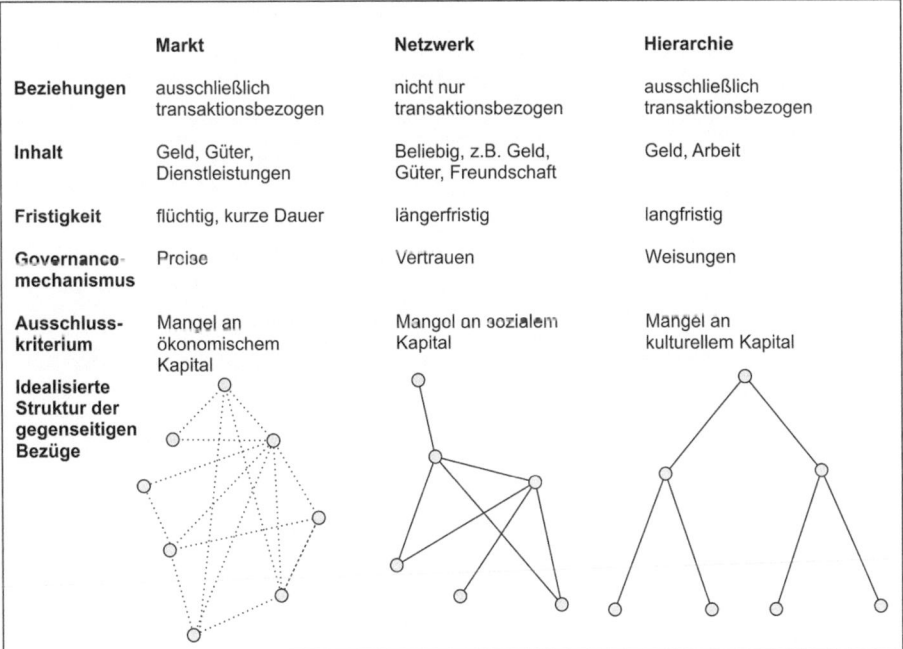

	Markt	Netzwerk	Hierarchie
Beziehungen	ausschließlich transaktionsbezogen	nicht nur transaktionsbezogen	ausschließlich transaktionsbezogen
Inhalt	Geld, Güter, Dienstleistungen	Beliebig, z.B. Geld, Güter, Freundschaft	Geld, Arbeit
Fristigkeit	flüchtig, kurze Dauer	längerfristig	langfristig
Governance-mechanismus	Preise	Vertrauen	Weisungen
Ausschluss-kriterium	Mangel an ökonomischem Kapital	Mangel an sozialem Kapital	Mangel an kulturellem Kapital
Idealisierte Struktur der gegenseitigen Bezüge			

Abb. 8.10 Die Idealtypen von Markt, Netzwerk und Hierarchie. (Eigene Darstellung, um die Ausschlusskriterien ergänzt nach: Wald und Jansen, 2007)

Funktioniert der Markt über Preise und die Hierarchie über Weisungen (von Vorgesetzten an Mitarbeiter), basieren Netzwerke auf Vertrauen. Allerdings tendieren genau deshalb Netzwerke zur sozialen Schließung. Das Vertrauen in Netzwerkpartner wird zumeist durch Mistrauen gegenüber den ‚outsidern' ergänzt, das bedeutet, „dass sich Netzwerke zu geschlossenen Zirkel entwickeln, wenn sich diese nicht für neue Akteure öffnen" (Gottschick & Ette, 2012, S. 27; vgl. hierzu auch Juarez & Brown, 2008; Schnur & Drilling, 2009; Meyer & Kühne, 2012; Kühne & Meyer, 2015). Dies bedeutet, dass ein Mangel an sozialem Kapital zum (temporären) Ausschluss von sozialer Teilhabe führen kann. Im Markt sind Personen ausgeschlossen, die nicht über die nötigen finanziellen Mittel verfügen, um am Marktgeschehen teilnehmen zu können. In der Hierarchie hingegen erhalten Personen (zumindest sieht das Verdienstprinzip dies so vor) nur dann eine Funktion, sofern sie aufgrund ihrer Ausstattung an kulturellem Kapital dazu geeignet sind (zu den drei Kapitalien nach Bourdieu siehe Abschn. 6.6.2). In einer Gesellschaft mit zunehmendem Bildungsgrad (z. B. Bell, 1999 [1973]) wird die Einseitigkeit mittelbaren objekthaft manifestierten Handelns zunehmend kritisch hinterfragt: Beim Bau von Siedlungen, Infrastruktureinrichtungen, bei der Art der Landbewirtschaftung u. a. werden Mitbestimmungsansprüche hinsichtlich der Veränderungen der physischen Grundlagen angeeigneter physischer Landschaft eingefordert – und (teilweise) gewährt. Hierarchisches Regierungshandeln wird selten ersetzt, häufig ergänzt durch netzwerkartige Strukturen unter Einbeziehung nicht staatlicher Akteure (vgl. Diller, 2005).

Die erhoffte Legitimitätssteigerung durch die Einbeziehung von zusätzlichen Akteuren in Governance-Prozesse ist also von bestimmten Bedingungen abhängig, die sich aus den Prinzipien der Chancen- und Verfahrensgerechtigkeit ableiten lassen: Es müssen alle Bevölkerungsteile ertüchtigt werden, an den Verfahren teilzuhaben. Dies betrifft das kulturelle, ökonomische und auch soziale Kapital (d. h. es ist darauf zu achten, dass bestimmte Bevölkerungsteile, die sich ansonsten nicht beteiligen würden, in den Planungsprozess einbringen können). Der Ablauf der Planung sowie die Möglichkeiten der Einflussnahmen müssen klar dargelegt, Vereinbarungen über Vorgehensweisen müssen eingehalten und Transparenz hergestellt werden. Werden solche Kriterien nicht eingehalten, droht der massive Verlust an Legitimation nicht allein für die konkrete Planung, sondern auch der Verlust an Vertrauen in die demokratische Organisation des Staates (vgl. Kühne, 2018a).

8.3.2 Die Eigenlogiken von gesellschaftlichen Teilsystemen und ihr Einfluss auf die soziale Konstruktion von Landschaft, das Beispiel der Ökosystemdienstleistungen

8.3.2.1 Der Einfluss systemischer Eigenlogiken auf die soziale Konstruktion von Landschaft

Märkte, Netzwerke und Hierarchien stellen Arten der Organisation des Sozialen dar. Sie organisieren, wie Gesellschaft mit sich und der außergesellschaftlichen Welt umgeht.

Dieser Umgang ist dadurch geprägt, dass Gesellschaft bestimmte Systeme ausgeprägt hat, die mit dem Umgang mit spezifischen Problemstellungen betraut sind (Luhmann, 1984; vgl. Abschn. 6.1.5).

Die soziale Kommunikation über Landschaft wird zu großen Teilen durch die Eigenlogiken unterschiedlicher gesellschaftlicher Teilsysteme dominiert, schließlich stellt – wie in Abschn. 7.1.1 dargelegt – die individuelle phänomenologische Konstruktion von Landschaft nur einen geringen Teil des individuellen Landschaftsbewusstseins dar. Die soziale Konstruktion von Landschaftsveränderungen vollzieht sich (stark verkürzt dargestellt) in einem rekursiven Prozess insbesondere zwischen Forschung, Politik, Medien und Bevölkerung (Abb. 8.11). Dabei beobachtet Wissenschaft zunächst Veränderungen der physischen, wie auch gesellschaftlichen Grundlagen angeeigneter physischer Landschaft. Diese Beobachtungen, zunächst mit dem Ziel des Wissensgewinns erzeugt, werden von Politik und/oder Medien aufgegriffen und nach der spezifischen Eigenlogik behandelt. So kann eine politische Konsequenz die Forderung nach dem ‚Stopp des Heimatverlustes‘ zum Zwecke der Generierung der Stimmen von konservativen Wählern sein. Im medialen Kontext könnte diese These mit Hilfe von Interviews mit Politikern, Tourismusmanagern, Wissenschaftlern etc. mit dem Ziel aufbereitet werden, Leser/Hörer/Zuschauer zu generieren oder zu binden. Dabei können die politischen und medialen Konstruktionen des Landschaftswandels Rückwirkungen auf die Wissenschaft ausüben: Politisch können Förderprogramme (oder auch nur einzelne Gutachten) zur Erforschung des Landschaftswandels aufgelegt werden und Wissenschaftler können sich durch das rege mediale Interesse dazu animiert fühlen, ihre Forschungen zum Landschaftswandel zu intensivieren (näheres hierzu siehe Kühne

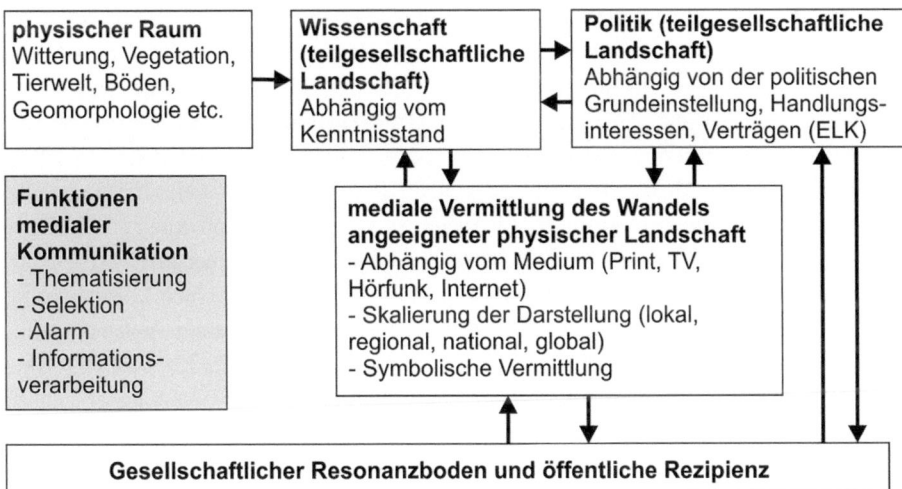

Abb. 8.11 Der soziale Vermittlungsprozess von Veränderungen angeeigneter physischer Landschaft. (Eigene Darstellung, verändert nach: Weber, 2008)

2008a; zum Zusammenhang von Wissenschaft und Gesellschaft allgemein Funtowicz & Ravetz, 1990; Knorr-Cetina, 2002a, 2002b; Latour, 2002 [1999]; Kühne & Berr, 2021). Darüber hinaus ist – wie in Abschn. 6.7 dargelegt – Landschaftsforschung durchsetzt mit weltanschaulichen Deutungsmustern. Somit gestalten sich die Haltungen zum Wandel von Landschaft (in allen Dimensionen), seinen Konsequenzen und gesellschaftlichen Handlungsoptionen als nicht widerspruchsfrei. Insbesondere kognitive und ästhetische/emotionale Bezüge bilden häufig einen Widerspruch, wie die Untersuchungen zur Akzeptanz regenerativer Energieträger (siehe Abschn. 8.2.3) gezeigt haben. Auch die unterschiedlichen Interferenzen zwischen den einzelnen gesellschaftlichen Teilsystemen und die Beobachtung des Agierens der übrigen gesellschaftlichen Teilsysteme leisten hierzu einen Beitrag: So wird ein konservativer Repräsentant des politischen Systems die Ausführungen eines das sukzessionistische Paradigma vertretenden Wissenschaftlers anders werten und diese Wertung an die Medien kommunizieren als ein liberaler. Der Kampf um Diskurshoheiten vollzieht sich demnach nicht allein zwischen den Vertretern unterschiedlicher Diskurse, sondern auch im Spannungsfeld unterschiedlicher teilgesellschaftlicher Logiken und Organisationsformen (Markt, Netz, Hierarchie).

8.3.2.2 Die Ökonomisierung von Natur – das Konzept der Ökosystemdienstleitungen

Die Übersetzung von Aspekten natürlicher Umwelt in gesellschaftliches Handeln hat in den vergangenen Jahren mit dem Ansatz der Ökosystemdienstleistungen (ÖSD) einen neuen konzeptionellen Rahmen erhalten: Mit dem Millennium Ecosystem Assessment (MEA – Millennium Ecosystem Assessment, 2005), der TEEB-Studie – The Economics of Ecosystems and Biodiversity (TEEB, 2009) und dem EASAC policy report – Ecosystem Services and Biodiversity in Europe (EASAC – European Academies Science Advisory Council, 2009) seien nur einige zentrale Stationen genannt, die einen konzeptionellen Rahmen abstecken, mit dem „ökologische Leistungen (Gratis-Naturkräfte) besser in Entscheidungsprozessen zu berücksichtigen und eine nachhaltige Landnutzung zu gewährleisten [sind], um der Überbeanspruchung und Degradation der natürlichen Lebensbedingungen entgegenzuwirken" (Grunewald & Bastian, 2013, S. 2; zur Grundlegung des Konzeptes: Costanza et al., 1997; Costanza et al., 2014; zur Diskussion um das Konzept: Ernstson, 2013; Haaren et al., 2020; Iverson et al., 2014; Kirchhoff, 2019a, 2019b; Kühne & Duttmann, 2019; Leibenath, 2017; Leibenath et al., 2020).

Das Konzept der ÖSD zielt darauf ab, die durch die Natur erbrachten Leistungen für die menschliche Gesellschaft dieser bewusst zu machen und sie einer systematisierten Betrachtung zu unterziehen. Dabei stellt Voigt (2015, S. 204) für das Konzept des ‚Ökosystems' eine zweckrationale Nutzenausrichtung fest: „Beim Ökosystemansatz geht es um die technische Verfügung über sich selbst hervorbringende und erhaltende Bezugssysteme von lebenden Organismen und ihrer Umwelt".

Mithilfe des Konzepts der ÖSD ließen sich – so Schröter-Schlaack (2012, S. 10) – „die Folgen menschlicher Konsum- und Investitionsentscheidungen für die Natur besser offenlegen und damit auch deren Rückwirkungen auf das menschliche Wohlbefinden illustrieren". Die Belastung der natürlichen Umwelt – bzw. des Menschen – wird im Rahmen des Konzeptes der ÖSD in eine ökonomisch quantifizierbare Einheit transformiert, diese stellt ihrerseits eine spezifische physische, jedoch derivante Belastung dar (Knorring, 1995, S. 2). Sie äußert sich darin, dass bei den Geschädigten durch die Schädiger ein Entzug knapper Alternativgüter im Tausch gegen das solchermaßen verknappte Gut ,natürliche Umwelt' vollzieht. Im ökonomischen Sinne stellen die Kosten bei den Kostenträgern den Entzug von in Geldeinheiten bewerteten Alternativgütern dar. Dadurch wird aus der Veränderung natürlicher Umwelt ein Kostenproblem, mit dem die Wirtschaftssubjekte gemäß der ökonomischen Rationalität verfahren können. Somit stellt die ökonomische Betrachtung von Biodiversität und Ökosystemen im aktuell dominanten Konzept der ÖSD „nichts Anderes als den Versuch [dar], Hinweise zum Handeln – einem ökonomischen Handeln – zu geben, um den menschheitsbedrohenden Knappheitssituationen bzgl. der Ressource ,Natur' zu begegnen" (Hansjürgens und Schröter-Schlaack, 2012, S. 16), verbunden mit dem Ziel, den Erhalt von natürlicher Umwelt auch aus ökonomischem Kalkül zu betreiben (Jessel et al., 2009). Diese Sichtweise ist mit einigen machtspezifischen Implikationen verbunden, die im Folgenden mithilfe der Systemtheorie Niklas Luhmanns behandelt werden sollen (ausführlicher: Kühne, 2014b, 2019a; Kühne & Duttmann, 2019).

Gemäß der Theorie sozialer Systeme prägt die moderne Gesellschaft Teilsysteme aus, die mit dem Umgang spezifischer gesellschaftlicher Problemstellungen betraut sind (Luhmann, 1984, 1986). Dabei führt jedes System *eigene Unterscheidungen* ein und erfasst mit Hilfe dieser Unterscheidungen Zustände und Ereignisse, die für das System selbst dann als Information erscheinen" (Luhmann, 1986, S. 45, Hervorh. i.O.). Ob und inwiefern Änderungen in der Umwelt des Systems als Information überhaupt beobachtet werden, hängt davon ab, ob das System dadurch irritiert wird: „Auch wenn das System so in Resonanz versetzt wird, reagiert das System nicht auf ,die Umwelt', sondern auf ,die' jeweils eigene Vorstellung ,der' Umwelt" (Luhmann, 1986, S. 47). Zentral für den Umgang der Gesellschaft mit der natürlichen Umwelt ist Kommunikation. Der Klimawandel, der Rückgang der Biodiversität, die Bildung bodennahen Ozons und andere anthropogene Veränderungen der natürlichen Umwelt als chemische, physikalische oder biotische Tatbestände erzeugen keine gesellschaftliche Resonanz, „so lange nicht darüber kommuniziert wird" (Luhmann, 1986, S. 63). Wird gesellschaftlich nicht darüber kommuniziert, kann dies dauerhafte Folgen, auch für das System selber haben, schließlich muss man „mindestens auch mit der Möglichkeit rechnen, dass ein System so auf seine Umwelt einwirkt, dass es später in dieser Umwelt nicht mehr existieren kann" (Luhmann, 1986, S. 38). Die Kommunikation innerhalb der einzelnen gesellschaftlichen Teilsysteme erfolgt gemäß der ihnen spezifischen Logik (van Assche & Verschraegen, 2008). Für das System der Wirtschaft wird zum Beispiel Landschaft dann interessant, wenn damit Geld in Verbindung zu bringen ist (Code haben/nicht haben), für die Wissenschaft wird natürliche Umwelt in dem Fall zum Gegenstand der Befassung (Code wahr/unwahr), wenn sie sich mit wissenschaftlichen Methoden untersuchen lässt und neue Erkenntnisse zu erzielen sind. Was allerdings als wahr, was als falsch gilt, ist dabei hochgradig fachspezifisch organisiert (siehe Abschn. 6.6.2). Für die Politik wird natürliche Umwelt dann relevant, wenn sich mit ihr Fragen der Machtgenerierung, -erhaltung oder des Machtverlustes in Verbindung bringen lassen (Code politische Macht/Nicht-Macht). Kein gesellschaftliches Teilsystem ist in der Lage, die Umwelt auf Grundlage des eigenen Systemcodes ‚objektiv' zu erfassen – auch nicht das System der Wissenschaft. Die gesellschaftliche Resonanz auf Veränderungen der Umwelt ist nicht allein eine „Summe der teilsystemischen Resonanzen" (Luhmann, 1986, S. 98), schließlich sind die einzelnen gesellschaftlichen Teilsysteme füreinander Umwelt, wobei sie einander bedingen und wechselseitig stören (hier sei an das bisweilen konfliktreiche Verhältnis von Politik und Wirtschaft erinnert).

Das Konzept der ÖSD bedeutet aus systemtheoretischer Perspektive die Möglichkeit einer Transformation des Allgemeingutes natürliche Umwelt in ein Wirtschaftsgut. Das bedeutet letztlich, dass als solche beobachteten Zustände und Entwicklungen unter dem Modus der Systemrationalität des ökonomischen Systems behandelt werden können (vgl. schon Heiland, 1999; auch Schneider, 2016). Dabei werden die Wirtschaftssubjekte – aus systemtheoretischer Perspektive – zu einer der beiden Alternativen gezwungen, „Eigentümer zu sein oder nicht zu sein" (Luhmann, 1986, S. 102). Damit wird eine Lücke der gesellschaftlichen Kommunikation über natürliche Umwelt geschlossen, die sich aus der Logik der funktionalen Differenzierung der Gesellschaft entwickelt hat, schließlich kann „kein Funktionssystem […] für ein anderes einspringen; keines kann ein anderes ersetzen oder auch nur entlasten" (Luhmann, 1986, S. 207). Das Konzept der ÖSD bietet dem ökonomischen System die Möglichkeit an, sich der moralischen und politischen Be- und Verurteilung, der es bislang eher passiv gegenüberstand, teilweise zu entziehen.

Die Behandlung natürlicher Umwelt gemäß dem ökonomischen Code ist jedoch auch mit Restriktionen verbunden: Es lassen sich lediglich bekannte Einflüsse monetarisieren, unbekannte Einflüsse oder Einflüsse mit unbekannten Sekundärfolgen sind nicht adäquat monetarisierbar. Auch die Vergleichbarkeit von Einflüssen auf die natürliche Umwelt ist beschränkt: Infolge der globalen, teilweise sogar regionalen wirtschaftsräumlichen Differenzierung fällt die Bewertung lokaler natürlicher Umwelt unterschiedlich aus: Grundsätzlich gilt dabei, je kleinräumiger die Interferenzen zwischen Gesellschaft und natürlicher Umwelt (z. B. im Einzugsbereich eines Baches) und je weniger Umweltmedien (z. B. allein Wasser) betroffen sind, desto höher ist der Grad der Genauigkeit monetärer Schadensbilanzen. Eine besondere Problematik besteht bei der Bewertung künftiger Einflussnahmen, da künftige Marktpreise nicht bekannt sind (Kühne, 2004). Das Bestreben, natürliche Umwelt ausschließlich in monetären Einheiten zu fassen, birgt die Gefahr der Entdifferenzierung der gesellschaftlichen Teilsysteme. Bei einer Dominanz des ökonomischen Codes wird den anderen, nichtökonomischen gesellschaftlichen Subsystemen der Kommunikationscode des ökonomischen Systems aufoktroyiert. Wenn Wissenschaft die Veränderungen natürlicher Umwelt, insbesondere in Interferenz mit dem System Gesellschaft, nicht mehr anhand des wissenschaftlichen Codes ‚wahr/nicht wahr', sondern nach ‚haben/nicht haben' wahrnimmt, z. B. in Bezug auf die Verfügbarkeit von Drittmitteln für die hochschulische Umweltforschung, oder die Politik darauf verzichtet, das Instrument des Ordnungsrechts (als klassische Anwendung des Codes ‚politische Macht/Nicht-Macht') zu nutzen, dann droht der Verlust der gesellschaftlichen Funktionsfähigkeit. Ein Beispiel für die Folgen der Übernahme eines systemfremden Codes in andere systemische Kontexte liefert Kühne (2003b) für das frühere sozialistische Gesellschaftssystem in Ostmittel- und Osteuropa, in dem u. a. wirtschaftliche Entscheidungen aufgrund politischer Logiken getroffen wurden (siehe auch Abschn. 5.7.2). Die Übersetzung von Teilen von Natur in monetäre Größen ignoriert zudem die Funktion bestimmter Arten für die Funktion von Natur (vgl. Kühne, 2004; Voigt, 2015), mit der Folge, dass Artenschutz schwer begründbar werden kann, denn „Ökosystemdienstleistungen werden meist nicht von seltenen und gefährdeten Arten geleistet […], sondern von häufigen und toleranten Arten, die gegen Veränderungen unempfindlich sind" (Voigt, 2015, S. 211).

Bereits theorieintern kann dieses Ausgreifen des ökonomischen Codes beobachtet werden: Der gegenwärtige Diskurs zum ÖSD-Konzept ist auf Monetarisieren fokussiert, alternative Deutungen zum ÖSD werden marginalisiert. Die Formierung eines hegemonialen Diskurses gefährdet nicht allein die Pluralität der Konzepte, er leistet auch der Illusion Vorschub, die Komplexität der Welt, hier der natürlichen Umwelt, ließe sich auf einen Geldbetrag reduzieren. Dabei entsteht die Gefahr, durch die häufig relativ subjektive Zuordnung von ökonomischen Werten zu (vielfach sogar hypothetischen) Schäden die Illusion von Objektivität zu erzeugen (Kühne, 2014b). Darüber hinaus wird die kulturelle Gebundenheit der Bewertungen von Natur und/oder Landschaft ignoriert: In unterschiedlichen kulturellen Kontexten kann die Erhaltung bzw. der Verlust bestimmter Objekte sehr unterschiedlich (auch monetär) bewertet werden (Voigt, 2015), was umso mehr gilt, da in unterschiedlichen Volkswirtschaften sehr unterschiedliche Wohlstandsniveaus herrschen (siehe hierzu Kühne, 2004, 2005a, 2014b).

8.3.3 Zwel Perspektiven auf das Verhältnis von Governance und Landschaft: die institutionelle und die diskurstheoretische

Zwei grundsätzliche Perspektiven auf Landschaft, eine institutionelle (z. B. Moss, 2003; Gailing & Röhring, 2008a; Fürst, Lahner, Pollermann, 2008; Gailing, 2012, 2015a, 2018), und eine diskurstheoretische (z. B. Duncan und Duncan 1988 oder bei Leibenath und Otto 2011 und 2012; Weber 2018, 2019; vergleichend: Gailing und Leibenath 2015) ermöglichen jedoch spezifische Aspekte der landschaftsbezogenen Governance zu deuten (siehe auch: Berr et al., 2019; Görg, 2007).

Als Institutionen lassen sich allgemein Regeln in Form von sozialen Normen, rechtlichen Regelungen, allgemein anerkannten Verfahren, Handlungs- und Steuerungsmustern begreifen, die die Grundlage für die Ausprägung und Erhaltung verlässlicher Verhaltensmuster von Akteuren darstellen (Moss, 2003; Gailing & Röhring, 2008a; Gailing, 2012). Institutionen dienen durch Anspruch auf Dauergeltung und Beachtung damit einerseits der Aufrechterhaltung von Sicherheit, Ordnung und Stabilität sowie Integration der Gesellschaft, andererseits bedeuten sie auch die Einschränkung von Handlungsspielräumen (Gehlen, 1940; Berger & Luckmann, 1966). Dabei lassen sich Institutionen anhand unterschiedlicher Kriterien genauer spezifizieren (Apolinarski et al., 2006; Gailing & Röhring, 2008a; Gailing, 2012, 2018):

- Kodifizierte (wie Gesetze, Verordnungen, Satzungen) einerseits und nicht kodifizierte andererseits (wie Traditionsregeln, ästhetische Zuschreibungen).
- Wortlaute von (insbesondere kodifizierten) Regeln einerseits und deren Umsetzungspraxis andererseits.
- Aktuell wirksame (wie die Ehe) einerseits und verschwundene (wie Zünfte) andererseits.

Institutionen sind in der Regel unhinterfragter Teil der Welt geworden, sie gelten als ‚objektive Wirklichkeit‘ und ‚soziale Tatsachen‘ (Durkheim, 1961 [1895]). Sie werden erst dann einer kognitiven Befassung unterzogen, wenn sie herausgefordert werden, indem gesellschaftliche Entwicklungen eingesetzt haben, die ihre Selbstverständlichkeit in Frage stellen.

Die physischen Grundlagen angeeigneter physischer Landschaft als Folgen – und häufiger Nebenfolgen – sozialen Handelns lassen sich (auch) als Ergebnisse von institutionellem Handeln begreifen. Sie sind dabei in der Regel nicht Ergebnis eines einzigen „eigenständige[n] komplexe[n] Institutionensystem[s] mit einer abgegrenzten institutionellen Konfiguration" (Gailing & Röhring, 2008a, S. 50), sondern werden als Nebenfolgen unterschiedlicher Institutionen erzeugt. Die bedeutet beispielsweise, dass Gebäude zum Zwecke des Wohnens, Arbeitens, Versorgens u. a. angelegt werden und nicht unter dem Aspekt der ästhetisierten Zusammenschau mit anderen Objekten zu einer ‚harmonischen Landschaft‘. Gailing und Röhring (2008a) unterscheiden in diesem Kontext zwischen Institutionensystemen mit Schutz- und mit Nutzenorientierung. Zu ersteren zählen sie Naturschutz und Denkmalschutz, zu letzteren Siedlungsentwicklung, Landnutzungsentwicklung, Tourismus u. a. dem Institutionensystem der Raumordnung weisen sie eine vermittelnde Funktion zu, indem räumliche Anforderungen der Schutz- gegenüber der Nutzenorientierung abgewogen werden. Neben diesen rechtlich kodifizierten Institutionen sind auch informelle Institutionen für die Entwicklung der physischen Grundlagen angeeigneter physischer Landschaft von Bedeutung. Als Beispiele solch informeller Institutionen nennen Gailing und Röhring (2008a) sektorale Wertmaßstäbe, Leitbilder, Ausprägungen regionaler Identitäten und Landschaftsimages. Gerade mit diesen informellen Institutionen sind Persistenzen verbunden, schließlich weisen sie ein hohes Beharrungsvermögen auf (siehe auch Greider und Garkovich, 1994).

Institutionen sind hinsichtlich ihrer Wirksamkeit nicht auf die physischen Grundlagen angeeigneter physischer Landschaft beschränkt, sie werden auch in Bezug auf die gesellschaftliche Landschaft wirksam: Institutionen binden gesellschaftlich nicht hinterfragte Deutungen und Interpretationen von Landschaft (siehe auch Gailing, 2012). So wird die naturschutzgesetzliche – also kodifizierte – Institutionalisierung der Dreiheit von

‚Vielfalt, Eigenart und Schönheit' hinsichtlich ihres in einem konservativen Landschaftsverständnis (siehe Trepl, 2012a; vgl. auch Abschn. 6.7.2) fußenden impliziten Weltverständnisses selten hinterfragt: Dabei handelt es sich um ontologische Setzungen, die als „besonders wirkungsmächtige informelle Institutionen" (Gailing, 2012, S. 151) verstanden werden können und „damit grundlegende, innerhalb des sektoralen Institutionensystems geteilte Realitätskonstruktionen und ‚Glaubenssätze'" (Gailing, 2012, S. 151–152) bilden. Das rekursive Verhältnis von physischen und gesellschaftlichen Grundlagen angeeigneter physischer Landschaft integriert diese institutionell, wodurch die physischen Grundlagen angeeigneter physischer Landschaft dabei nicht mehr allein oder zumindest teilweise Nebenfolge von Handeln durch Institutionen sind, sondern gesellschaftslandschaftliche Vorstellungen zunehmend in Institutionen integriert werden (siehe Muir, 2003; Paasi, 1986). So dient die unionseuropäische Agrarförderung nicht mehr allein der Steigerung der Ernteerträge in der Landwirtschaft, sondern auch dem Erhalt (bisweilen auch der Entwicklung) physischer Grundlagen angeeigneter physischer Landschaft auf Grundlage gesellschaftslandschaftlicher Sollvorstellungen (vgl. auch Haber, 2014)[10].

Soll die Befassung mit Landschaft (in ihren unterschiedlichen Dimensionen) als Aspekt von Governance-Prozessen dienen, ist dieses Vorhaben mit einigen Herausforderungen konfrontiert (siehe insbesondere Gailing und Röhring, 2008a; Gailing, 2012):

- Landschaft ist gemäß bestimmter Kriterien (ökologischer, sozialer, kultureller, geologischer, klimatischer u.v.m.) im physischen Raum gegen andere Landschaften exakt abzugrenzen. Die solcherart – in positivistischer Denktradition – konstruierten Grenzen werden in den seltensten Fällen allen zugrundeliegenden Kriterien gerecht, weil einerseits die zugrunde gelegten Größen kontinuierliche Übergänge aufweisen (wie beispielsweise die Lufttemperatur), andererseits die untersuchten Größen – sofern gemäß positivistischer Deutung vorhanden – Grenzen ausprägen, die nicht deckungsgleich sind (d. h. die Grenzen kultureller, sozialer, ökonomischer, geologischer etc. Größen weichen bisweilen erheblich voneinander ab).
- Die Governance von Landschaft erfordert in der Regel einen Rückgriff auf ein Landschaftsverständnis im ‚erweiterten Sinne', d. h. auch größere Siedlungen werden als Teil von ‚Landschaft' verstanden, was einem weit verbreiteten ‚engen' Landschaftsverständnis widerspricht.
- Landschaftliche Handlungsräume unterscheiden sich zumeist von territorialadministrativen Einheiten. Das bedeutet: Governance- Landschaft (aufgrund welcher Kriterien Bündel auch immer abgegrenzt) umfasst beispielsweise nicht allein eine Gemeinde oder einen Landkreis, sondern Teile unterschiedlicher Gemeinden oder

---

[10] So wird die „Verbesserung der Umwelt und der Landschaft durch Förderung der Landbewirtschaftung" durch die Verordnung (EG) Nr. 1698/2005 des Rates vom 20. September 2005 über die Förderung der Entwicklung des ländlichen Raums durch den Europäischen Landwirtschaftsfonds für die Entwicklung des ländlichen Raums (ELER) mehrfach thematisiert.

Landkreise, das heißt, dass ‚identitätsräumliche Einheiten', die wiederum kontext-
bezogen sind, von territorial-administrativen Grenzen durchschnitten werden können.
Auf der Ebene der Identitätskonstruktion hat dies zur Folge, dass zwei sich über-
lagernde und sich häufig um Ausschließlichkeit bemühende räumliche Identitäts-
konstrukte in Konkurrenz treten (eines der ‚Landschaft' und eines der ‚Gemeinde').
Dies kann aber auch dazu führen, dass die Bewohner einer Governance-Landschaft
unterschiedlichen Förderpraxen aufgrund territorial-administrativer Teilung unterliegen, z. B., wenn eine solche ‚Landschaft' über zwei Bundesländer verteilt liegt und
diese unterschiedliche Fördermaßnahmen für die ländliche Entwicklung anbieten.

- Landschaftliche Handlungsräume werden durch viele unterschiedliche sektorale Handlungsräume gegliedert (Gailing & Röhring, 2008a, S. 59): „Agrarpolitik, Wasserwirt-
  schaft, Tourismusförderung, Naturschutz und andere sektorale Institutionensysteme
  bilden auf regionaler Ebene eigene Handlungsräume, deren institutionelle Arrangements
  nur selektiv Bezug auf die jeweiligen Kulturlandschaften nehmen". Die Handlungsräume dieser Institutionensysteme werden also lediglich nach deren jeweiliger Hand-
  lungslogik ausgewiesen, ohne dass eine Zusammenschau mit den räumlichen Logiken
  der übrigen Institutionensysteme erfolgt.

- Landschaftliche Handlungsräume werden nicht gemäß der landschaftlichen
  Betrachtungsweise inhärenten Logiken entworfen. Wird ein landschaftlicher Handlungsraum konstruiert, sollte dieser (in positivistischer oder sogar essentialistischer Denktradition) einen möglichst hohen Grad an Kohärenz erreichen. Wird jedoch aufgrund
  von Förderkriterien ein Oberzentrum aus einem solchermaßen konstruierten Gebiet ausgeschlossen, oder wird einer Kommune die Aufnahme in ein zu konstruierendes Gebiet
  verweigert, weil der Minister, der die Definitionshoheit über dieses Gebiet innehat, eine
  persönliche Abneigung gegen den Bürgermeister dieser Kommune pflegt, entsteht eine
  solche Inkongruenz.

Mit Detlev Ipsen (2002a, S. 24) lässt sich eine wesentliche Bedingung für die Verwendung eines landschaftsbezogenen Governance-Prozesses formulieren: Sie erscheint
nur dann sinnvoll, „wenn Landschaft in dem Bewusstsein der Bevölkerung eine wichtige
Rolle spielt".

Diese Perspektive des akteurszentrierten Institutionalismus erleichtert das Verständnis
von Pfadabhängigkeiten mit landschaftlichem Bezug (siehe Abschn. 6.4). Gemäß dem
Pfadkonzept gibt es bestimmte – zunächst vielfach unbedeutend erscheinende – Ereignisse, die grundlegende nur noch schwer zu revidierende Handlungslogiken etablieren
(vgl. Fürst, Gailing et al., 2008; Gailing & Röhring, 2008a; Löw, 2010): Wird in
einem Raum Schwerindustrie angesiedelt, werden dadurch Flächen einer kontingenten
Nutzung entzogen (d. h. auf diesen Flächen können z. B. nicht zeitgleich Blumenwiesen
wachsen), das Siedlungssystem wird auf den Bedarf der der Schwerindustrie nach
Arbeitskräften ausgerichtet, aber auch die Ausbildung der Menschen folgt insbesondere
dem Qualifikationsbedarf, der durch die Schwerindustrie definiert wird. Wird die
Produktion schwerindustrieller Güter in der betreffenden Region infolge internationaler

Konkurrenz durch die schwerindustrielle Produktion in Schwellenländern unwirtschaftlich, werden physisch-räumliche Strukturen ebenso ihrer Funktion beraubt, wie auch die Qualifikation der regional ansässigen Arbeitskräfte. Dies hat zur Folge, dass der Pfad der Schwerindustrieregion verlassen werden muss und neue Entwicklungsmöglichkeiten nötig werden.

Mit Hilfe des akteurszentrierten Institutionalismus lassen sich auch unterschiedliche Handlungsebenen hinsichtlich ihrer Wirksamkeit in Bezug auf Landschaft nachvollziehen, bzw. Governance-Prozesse hinsichtlich der Entwicklung von Landschaft konzipieren: Landschaft (in allen Dimensionen) wird nicht als reines Produkt einer globalen Systemlogik (z. B. der rationellen Landwirtschaft) oder von kodifizierten Institutionen (z. B. des Naturschutzrechtes) verstanden, sondern als Ergebnisse eines komplexen Gefüges kodifizierter und informeller Institutionen, die räumlich auf unterschiedlichen Ebenen wirksam werden (Gailing, 2012; vgl. auch Egner, 2008). So legen lokal und regional agierende Akteure beispielsweise kodifizierte Institutionen aus, um sie gemäß ihren informellen Institutionen zur Entwicklung der aufgrund von Ontologisierungen und Reifikationen von ihnen konstruierten Landschaft anzuwenden. So formulieren LEADER-Gruppen[11] auf Grundlage Europäischer Verordnungen und nationaler Maßnahmen Handlungsstrategien, die ihren Zielvorstellungen von Landschaft entsprechen und setzen diese um.

Auch wenn aus der Perspektive des akteurszentrierten Institutionalismus Landschaft durchaus als konstruiert angesehen wird, fußt seine Logik doch sehr stark in einer positivistischen Denktradition (siehe Abb. 8.12; Leibenath und Otto, 2012): In seinem Vertrauen auf das Vorhandensein einer ‚physisch vorhandenen Landschaft‘, die als Letztinstanz zur Überprüfung der ‚Realitätsnähe‘ handlungslandschaftlicher Konstrukte dient, lässt er sich in den Kontext des gemäßigten Sozialkonstruktivismus einordnen. Ähnliches gilt auch für seine übrigen zentralen Annahmen, indem er Probleme, Akteure wie auch den institutionellen Kontext als gegeben annimmt. Entsprechend dieser Annahmen geht er davon aus, dass für einen sozialen Konflikt eine rationale, von allen Seiten akzeptierte Lösung zu ermitteln ist. Das Verständnis der Eigenlogik der handelnden Akteure dient also dem Ziel, einen aus gegenseitigem Verständnis erwachsenden, optimalen Konsens herzustellen.

Im Gegensatz zum akteurszentrierten Institutionalismus, dessen konstruktivistische Perspektive letztlich auf die ‚optimale‘ Konstruktion (in diesem Sinne: Abgrenzung) eines landschaftlichen Handlungsraumes ausgerichtet ist, versteht der diskurstheoretische Ansatz bereits die zentralen Annahmen des Governance-Prozesses als sozial in diskursiven

---

[11] LEADER (frz. Liaison entre actions de développement de l'économie rurale, dt. Verbindung zwischen Aktionen zur Entwicklung der ländlichen Wirtschaft) ist ein Förderprogramm der Europäischen Union. Seit 1991 sollen mit ihm modellhaft innovative Projekte in den ländlichen Räumen Europas gefördert werden. Dabei sollen sogenannte ‚Lokale Aktionsgruppen‘, gebildet aus öffentlichen und privaten Trägern in räumlichen Einheiten (die häufig landschaftlich begründet werden), Handlungskonzepte zur Entwicklung der eigenen Region entwickeln und umsetzen.

	Akteurzentrierter Institutionalismus	Diskurstheoretischer Ansatz
Zentrale Annahmen	als gegeben angenommen werden:	als diskursiv konstituiert betrachtet werden:
	- Probleme	- Probleme und problembezogenes Wissen
	- Akteure	- Subjekte (Subjektivitäten und Zugehörigkeiten)
	- Institutioneller Kontext	- Institutionelle Kontexte
	- Räume/Landschaften	- Räume/Landschaften
Fokus des Interesses	Strategisches, kalkulierendes Handeln von Akteuren	Diskursive Herstellung sozialer Welt
	Koordinationsprobleme, z. B. zwischen Sektoren oder Handlungsebenen	Strukturierende Wirkung von Diskursen
	Unterstellung der Möglichkeit eines umfassenden Konsenses	Konflikt und antagonistische Konstruktionen von Wirklichkeiten

Abb. 8.12 Unterschiede zwischen dem Governance-Verständnis des akteurszentrierten Institutionalismus und des diskurstheoretischen Ansatzes. (Eigene Darstellung, leicht verändert nach: Leibenath et al., 2012)

Prozessen konstruiert, was sie einem sozialkonstruktivistischen Landschaftsverständnis zurechnen lässt: Was, wann, in welchem Zusammenhang hegemoniale Verankerung findet, wird ebenso als Ergebnis diskursiver Aushandlungs- und Ausgrenzungsprozesse verstanden wie die Frage, was überhaupt als Problem erfasst und verhandelt wird. Entsprechend ist das Interesse des diskursiven Ansatzes nicht auf die Herstellung eines Konsenses gerichtet, den er aufgrund der unterschiedlichen, in Konkurrenz zueinander stehenden Diskursen ohnehin nicht für möglich hält, sondern die Rekonstruktion der unterschiedlichen Diskurse mit ihren Deutungshoheitsansprüchen (Ausführlicheres zum Thema Diskurstheorie und Landschaft siehe Abschn. 6.1.6). Für ihn steht insbesondere die Frage nach der räumlichen Verortung von Macht im Fokus des Interesses: Welche Positionen erreichen so große Macht, gestützt auf welchen Diskurslogiken, dass sie alternative Deutungsmöglichkeiten in den Hintergrund drängen? Welche Landschaftsdiskurse verfestigen sich damit also auch beispielsweise in welchen Kontexten? Dabei sind die Zusammenhänge zwischen Räumen und sozialen Gefügen hochgradig variabel, schließlich ist davon auszugehen, „dass gesellschaftliche Strukturen oder Akteure niemals feststehen, sondern immer widersprüchlich, instabil und brüchig sind" (Glasze & Mattissek, 2009, S. 42). Das bedeutet für die oben gestellte Frage, dass auch das ‚wer' nicht stabil ist: Zentrale Sprecher können aus diskursiven Zusammenhängen genommen werden (z. B. durch Abwahl oder durch persönliche Desavouierung) und durch andere ganz, teilweise oder gar nicht ersetzt werden.

Eine Methode, beide Ansätze – unter Akzeptanz konkurrierender Deutungsansprüche – wissenschaftlich verfügbar zu machen, bietet die Landschaftsbiographie (Abschn. 6.4). Unter der Voraussetzung, dass die gewonnenen Ergebnisse letztlich allesamt als soziale

Konstrukte unterschiedlichen Abstraktionsgrades zu bezeichnen sind (der Grad der Abstraktion von Stamm, Ästen und Blättern zu ‚Baum' ist dabei weniger hoch als von hunderten Bäumen, Grashalmen, Kalksteinbruch, Straße etc. zu ‚Landschaft' oder gar die Synthese differenzierter kultureller bzw. sozialer Deutungen), lassen sich hier Synthesen entwickeln, die die Grundlage für einen sensiblen Umgang mit Landschaft darstellen können.

Schluss und Ausblick

9

Zusammenfassung

Das Kapitel fasst wesentliche Ergebnisses des Lehrbuches zusammen und gibt Ausblicke in Bezug auf offene Fragen der Landschaftsforschung. Dabei wird deutlich gemacht, dass der Begriff der Landschaft einen so hohen Grad an Komplexität aufweist, dass er durch eine einzelne theoretische Perspektive nicht umfassend erfasst werden kann. Infolge ihrer hohen Anschlussfähigkeit sowohl an andere theoretische Zugänge und an praktische Fragen, kann die sozialkonstruktivistische Landschaftstheorie hier die Funktion eines Bindegliedes eines theorie- und methodenpluralen Umgangs mit Landschaft einnehmen.

Schlüsselwörter

Theorienpluralismus · Macht · Deutungshoheit · soziale Konstruiertheit · Perspektiven

Wird Landschaft aus sozialkonstruktivistischer Perspektive betrachtet, stellt sie weder ein wertfreies physisches Objekt, wie es insbesondere in positivistischer Denktradition postuliert wird, noch ein physisches Objekt dar, dem ein Eigenwert immanent ist, wie es eine essentialistisch-konservative Deutung beschreibt. Landschaft wird – aus sozialkonstruktivistischer Perspektive – durch soziale Prozesse bestimmt. Diese sozialen Prozesse erzeugen ein rekursives Verhältnis von physischen und gesellschaftlichen Grundlagen angeeigneter physischer Landschaft: Auf Ebene der gesellschaftlichen Landschaft werden Deutungen und Wertungen von Landschaft erzeugt, die im Prozess der Sozialisation durch den Einzelnen aktualisiert und durch Zusammenschau von Objekten im physischen Raum zu Landschaft synthetisiert werden. Dabei erfolgt ein ständiger Abgleich zwischen der Synthese auf Grundlage physischer Objekte mit gesellschaftslandschaftlichen Konstrukten

O. Kühne, *Landschaftstheorie und Landschaftspraxis,* RaumFragen: Stadt – Region – Landschaft, https://doi.org/10.1007/978-3-658-34746-8_9

wie stereotyper Landschaft und heimatlicher Normallandschaft. Die Konsequenz daraus, dies zeigt sich auch an der Vielfalt der theoretischen Perspektiven auf ‚Landschaft', ist, dass sich ‚Landschaft' nicht allgemeingültig, für alle Kontexte, eindeutig definieren lässt, vielmehr lassen sich Verständnisse in Abhängigkeit von Fragestellungen, theoretischen Perspektiven und genutzten Methoden entwickeln (Duttmann, 2020; Gailing & Leibenath, 2012; Kühne, 2019d; Kühne & Jenal, 2021; Kühne & Weber, 2020). Insofern kann Landschaftstheorie eine ‚integrative Rolle' einnehmen, mit der sich subdisziplinäre Logiken der Landschaftsforschung ‚verorten' lassen (Körner, 2001). Darauf aufbauend formuliert Karsten Berr (2020b, S. 106) den Vorschlag der Aufgabe und Integration von Landschaftstheorie und -praxis, „dass sowohl in Theorie wie Praxis als forschungs- und handlungsleitender Zielhorizont die jeweilige theoretische wie praktische Mitwirkung an der Nutzung, Gestaltung und Schonung einer bewohnbaren Welt fungieren kann".

In Anlehnung an die Konflikttheorie von Ralf Dahrendorf (1969, 1972, 1994, 2007a) lassen sich vier allgemeine Aussagen zum Wandel physisch-räumlicher Grundlagen von Landschaft sowie ihrer Bewertung festhalten (siehe auch Kühne, 2018a, 2019f, 2020a; Kühne & Jenal, 2020c):

1. Die Ubiquität des Wandels: Jede Gesellschaft unterliegt einem andauernden und allseits gegenwärtigen Wandel. Dieser Wandel schreibt sich in physische Räume ein, weswegen entsprechend auch physische Räume einem permanenten Wandel unterliegen. Durch den permanenten Wandel der Gesellschaft ändern sich zudem auch die gesellschaftlichen Konstruktionen von Raum und Landschaft.
2. Die Ubiquität des Konflikts: Jede Gesellschaft kennt soziale Konflikte. Diese können sich in physischen Räumen bzw. gesellschaftlichen Konstruktionen niederschlagen, wodurch Raumkonflikte zu einem gesellschaftlichen Normalzustand gehören.
3. Die Ubiquität der Produktivität: Jedes Gesellschaftsmitglied leistet einen Beitrag zur Veränderung der Gesellschaft. Dabei ist es – bereits infolge seiner leiblichen Gebundenheit – raumwirksam. Entsprechend kann jedes Mitglied der Gesellschaft einen Beitrag zur Veränderung sowohl von physischen Räumen als auch von Vorstellungen davon leisten.
4. Die Ubiquität der Herrschaft: Jede Gesellschaft ist von gerichteten Machtverhältnissen geprägt. In einem solchen Verhältnis üben Mitglieder einer Gesellschaft über andere Mitglieder Macht aus. Diese Machausübung ist häufig raumwirksam. Somit ist Raum/Landschaft ein Medium der Ausübung von Macht. Dies gilt sowohl in den physischen wie auch den gesellschaftlich-konstruktiven Ausprägungen von Raum und Landschaft.

In diesem Kontext wird deutlich: Landschaft ist (in ihren unterschiedlichen Dimensionen) ein Ausdruck von (auch ästhetisch vermittelten) Machtverhältnissen, wobei diese Verhältnisse alltäglich sind. Landschaft und Ästhetik (insbesondere durch Geschmack) lassen sich als Instrument der Erhaltung und Entwicklung von Machtverhältnissen in der Gesellschaft verstehen. Eine wesentliche diskursive Ausprägung dieses Strebens nach

Macht ist die Ausprägung landschaftsbezogener Paradigmen, insbesondere bei Landschaftsexperten. Dieses Streben nach diskursiver Hegemonialität bedeutet auch die Verstetigung der Repräsentanz sozialer Chancenungleichheit (und damit beginnen im Sinne Dahrendorfs, ungleiche gesellschaftlich Machtverhältnisse problematisch zu werden): Weder die Anhänger der ‚unterlegenen' Diskurse noch ‚Lai~innen' sind in der Lage, ihre Vorstellungen und Bedürfnisse im physischen Raum angemessen zu manifestieren. Dieser Versuche zum Trotz, insbesondere in expertenhaften Diskursen hegemoniale Vorstellungen von Landschaft zu erzeugen, lassen sich – auch infolge der Entwicklung konstruktivistischer Perspektiven – Tendenzen zum Bedeutungsgewinn der Partizipation von Laiinnen und Laien in Planungen aufgrund unterschiedlicher Entwicklungen und Perspektivverschiebungen feststellen (vgl. auch Müller, 1998; Mitchell, 2003; Collins, 2004; Jones, 2007; Kamlage et al., 2014; Kamlage et al., 2017; Kamlage, Drewing et al., 2020; Stemmer et al., 2019):

- Lai~innen sind Expert~innen ihrer Lebenswelt und kennen ihre landschaftlichen Bedürfnisse besser als externe Experten.
- Die Bildungsexpansion und beschleunigte Verfügbarkeit von Wissen durch das Internet bedeutet eine Auflösung der Dichotomie von Expert~innen und Laien.
- Planung zielt nicht mehr darauf ab, durch Modifikation der physischen Grundlagen angeeigneter physischer Landschaft eine ‚gute Gesellschaft' zu erziehen, vielmehr soll Planung Menschen unterstützen, eine ihren Bedürfnissen gerecht werdende Landschaft (in allen Dimensionen) zu entwickeln.
- Diese Entwicklungen implizieren einen Bedeutungsgewinn von sozialwissenschaftlicher Landschaftsforschung, schließlich wird Landschaft als sozial konstruiert verstanden, sodass diese Konstruktionsprozesse eine wesentliche Grundlage des Umgangs mit Landschaft darstellen.

Wird die Untersuchung von ‚Landschaft' um eine sozialkonstruktivistische Perspektive erweitert, bedeutet diese eine Erweiterung von Wissensbeständen um eine reflexive Komponente: Auf einer Meta-Ebene werden Möglichkeiten und Grenzen anderer Wissensarten, des impliziten Wissens, des konzeptionellen Wissens, wie auch des systematischen Wissens, häufig kritisch hinterfragt (Abb. 9.1). Eine sozialkonstruktivistische Perspektive bedeutet demnach auch bei der Konstruktion von Governance-Landschaften Ontologisierungen und Reifikationen (vgl. Gailing, 2012) zu hinterfragen, indem der Konstruktionscharakter räumlicher Einheiten offengelegt wird, um räumlich vermittelte soziale Exklusionsprozesse (insbesondere ‚das Heimatliche' gegen ‚das Fremde') zu vermeiden. Schließlich sind ästhetische wie auch kognitive Deutungen ebenso reversibel wie emotionale Bestandteile des Landschaftsbewusstseins. Zwar gilt heimatliche Normallandschaft als Symbol für Dauerhaftigkeit und als Pol der Ruhe, doch unterliegt sie einer intergenerationellen Veränderlichkeit der Zuschreibungen. Bei der sozialen Bewertung von Landschaft stehen ästhetische Deutungen rekursiver Verbindung kognitiven Deutungen und emotionalen Bezügen gegenüber (vgl. Hook, 2008; Steinkrüger, 2017).

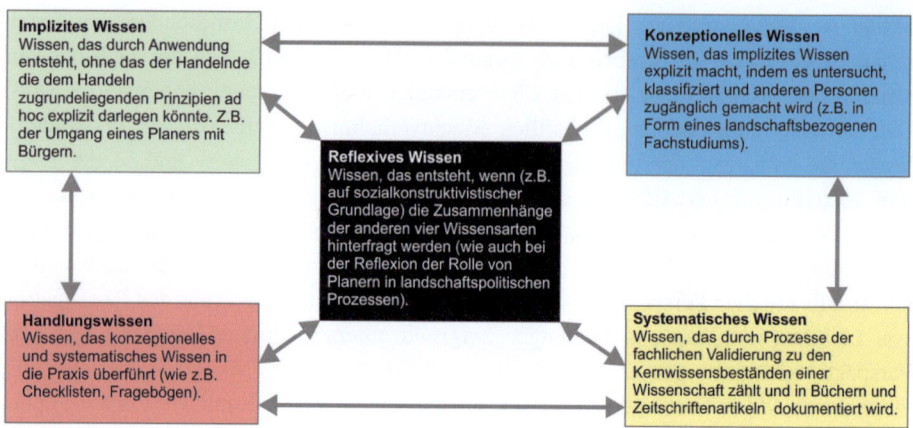

Abb. 9.1   Arten des Wissens. (Eigene Darstellung, stark verändert und ergänzt nach: Deming und Swaffield, 2011)

Wird der sozialkonstruktivistischen Perspektive der Landschaftsforschung in Bezug auf den künftigen Umgang mit Landschaft ein höherer Stellenwert beigemessen, können bestimmte Anforderungen daran festgestellt werden (vgl. Kühne, 2012a): Angeeignete physische Landschaften werden zum Ausdruck der Ästhetik der Toleranz und Diversität (von Alter, Geschlecht, Kultur etc.), da die Einschreibung hegemonialer ästhetischer (aber auch kognitiver) Deutungen vermieden wird. Sie werden für vielfältige Interpretationen, unterschiedliche Autorenschaften, eine Vielzahl gesellschaftslandschaftlicher Deutungen, aber auch physische Veränderungen offen (Riley, 1994; Potteiger & Purinton, 2002). Dabei verbinden sie emotionale Zugänglichkeit mit kognitiver Verständlichkeit. Sie nehmen zudem das Historische ernst, ohne dass sie sich jedoch einer Totalität des Historischen unterwerfen, denn „mit der Pluralität von Kulturen ist auch eine Vielfalt an Landschaften verbunden" (Jackson, 1989, S. 177). Schließlich besteht eine kulturelle (aber auch soziodemographische) Differenziertheit der Konstruktion, Wertung und Bewertung von als Landschaft gedeuteten physischen Räumen. Auch wenn der Sozialkonstruktivismus (zeitdiagnostisch) ‚etwas in die Jahre gekommen' sei, bildet er aus drei Gründen eine wertvolle Basis für die Befassung der Verhältnisse von Gesellschaft, Subjekt und Landschaft: Erstens, wirkt er – wie dieses Buch gezeigt hat – stark integrations- bzw. anschlussfähig (für andere Theorien, wie etwa in Bezug auf Bourdieus Gesellschaftsforschung, den Symbolischen Interaktionismus, Pragmatismus), zweitens, weist er ein hohes Weiterentwicklungspotenzial auf (etwa in Bezug auf die Fokussierung kommunikativer Prozesse), drittens, hat er ein hohes Potenzial unterschiedliche Themen- und Aspekte der ‚sozialen Konstruktion von Wirklichkeit' zu behandeln, auch in der Integration von materieller Objekte, etwa hier im Kontext des Themas ‚Landschaft' (siehe dazu: Knoblauch, 2016; Tuma & Wilke, 2016).

Wird die Perspektive der sozialkonstruktivistischen Landschaftsforschung mit Aspekten nachhaltiger Entwicklung kombiniert, werden angeeignete physische Landschaften zum Ausdruck von Chancengerechtigkeit: Bildungsinfrastrukturen, grüne Infrastrukturen (wie Parks oder Grünzüge) und Sicherheit stehen allen Teilen der Bevölkerung in vergleichbarem Maße zur Verfügung. Darüber hinaus wird ökologischen Spezifika vor dem Hintergrund Rechnung getragen, dass Ergebnisse der Umweltforschung ernst genommen werden. Gleichzeitig werden die weltanschaulichen Wurzeln der Umweltforschung jedoch in dem Prozess der Landschafts-Governance offengelegt. In den Prozessen der Governance von Landschaft gilt es, jene konstitutiv zu beteiligen, die an Landschaftsentwicklungen teilhaben. Diese Governance sollte sich auf alle Ebenen des Umgangs mit Landschaft beziehen, die gesellschaftliche, individuelle wie physische, dies bedeutet aber auch eine Einbindung der an Landschaft Teilhabenden an allen Schritten der Planung: Von der Auswahl der zu analysierenden Gegenstände, über die daraus gezogene Synthese bis hin zu den Fragen der physischen Umsetzung von Plänen oder Projekten zur Erweiterung gesellschaftslandschaftlicher Verständnisse (eine Methode hierzu kann die Landschaftsbiographie darstellen). Solchermaßen entstehende postmoderne angeeignete physische Landschaften lassen sich als Ausdruck einer sozialen Kontingenz verstehen, die auch ‚misslingende‘ Sozialisation einschließt. Zwar sind diese Prozesse des Umgangs mit Landschaft nicht frei von Machteinflüssen, doch ermöglichen sie die Reflexion und den Abbau systematischer Machtungleichheit (z. B. zwischen Experten und Laien).

Mit der postmodernen Dekonstruktion von Wissenschaft und Planung sowie deren praktischer Ausübung durch die Anerkenntnis der alltagsweltlichen Verhaftetheit wissenschaftlicher Begriffe ist nicht nur eine Stärkung des Bedürfnisses sozialer Teilhabe an Prozessen des Umgangs mit Landschaft verbunden (z. B. Solbrig et al., 2017), vielmehr erfährt auch der Begriff der Landschaft in der Wissenschaft eine Rehabilitierung: Wurde der Begriff der Landschaft infolge seines alltagssprachlich dominierten ‚semantischen Hofs‘ in modernistischer Wissenschaftstradition als inexakt abgelehnt (wie z. B. noch bei Paffen, 1973a), erweist er sich heute hinsichtlich der Anbindung wissenschaftlicher an alltagsweltliche Diskurse als tauglich und kann damit zur gesellschaftlichen Legitimation von Wissenschaft beitragen (vgl. Latour, 2002 [1999]; Weingart, 2003). Aus dieser Überlegung zur gesteigerten Bedeutung von ‚Landschaft‘ im wissenschaftlichen und allgemein gesellschaftlichen Kontext lassen sich zwei Konsequenzen ableiten: Erstens stellt sich die Frage, ob die unterschiedlichen sozial-, kultur-, natur- und planungswissenschaftlichen Perspektiven zu einer ‚Landschaftswissenschaft‘ synthetisiert werden könnten (vgl. auch Küster, 2009), auch um so die fachliche Diskursgebundenheit der einzelnen Perspektiven mit manifesten Deutungskonkurrenzen zu relativieren. Zweitens stellt sich die Frage, ob die landschaftliche Perspektive nicht verstärkt in das Zentrum aller Überlegungen zum Umgang mit Raum rücken sollte, schließlich ist ‚Landschaft‘ lebensweltlich verankert, während ‚Raum‘ eine eher abstrakt-expertenorientierte Denkweise darstellt.

Literatur

Abel, W. (1967). *Geschichte der deutschen Landwirtschaft. Vom frühen Mittelalter bis zum 19. Jahrhundert* (Deutsche Agrargeschichte, Bd. 2). Ulmer.

Abraham, A., Sommerhalder, K., Bolliger, H., & Abel, T. (2007). *Landschaft und Gesundheit.* Universität Bern.

Achleitner, F. (1997). *Region, ein Konstrukt? Regionalismus, eine Pleite?* Birkhäuser.

Ackermann, A. (2004). Das Eigene und das Fremde: Hybridität, Vielfalt und Kulturtransfers. In F. Jaeger & J. Rüsen (Hrsg.), *Handbuch der Kulturwissenschaften.* (Bd. 3: Themen und Tendenzen, S. 139–154). Metzler.

Adema, P. (2010). *Garlic Capital of the World. Gilroy, Garlic, and the Making of a Festive Foodscape.* University Press of Mississippi.

Adorno, T. W. (1970). *Ästhetische Theorie. Gesammelte Schriften Band 7.* Suhrkamp.

Adorno, T. W. (1972). *Soziologische Schriften 1. Gesammelte Schriften Band 8.* Suhrkamp.

Agentur für Erneuerbare Energien. (2015). Die deutsche Bevölkerung will mehr Erneuerbare Energien: Repräsentative Akzeptanzumfrage zeigt hohe Zustimmung für weiteren Ausbau. http://www.unendlich-viel-energie.de/die-deutsche-bevoelkerung-will-mehr-erneuerbare-energien. Zugegriffen: 9. März 2016.

Agentur für Erneuerbare Energien. (2021). Zustimmung für den Ausbau der Erneuerbaren Energien bleibt hoch. https://www.unendlich-viel-energie.de/themen/akzeptanz-erneuerbarer/akzeptanz-umfrage/zustimmung-fuer-den-ausbau-der-erneuerbaren-energien-bleibt-hoch. Zugegriffen: 27. Mai 2021.

Aglietta, M. (1976). *Régulation et crises du capitalisme. L'expérience des Etats-Unis* (Perspectives de l'economie). Calmann-Lévy.

Ahrens, D. (2001). *Grenzen der Enträumlichung. Weltstädte, Cyberspace und transnationale Räume in der globalisierten Moderne* (Forschung Soziologie, Bd. 127). Leske + Budrich.

Ahrens, D. (2006). Zwischen Konstruiertheit und Gegenständlichkeit – Anmerkungen zum Landschaftsbegriff aus soziologischer Perspektive. In Technische Universität Berlin (Hrsg.), *Perspektive Landschaft* (S. 229–241). Wissenschaftlicher Verlag Berlin.

Aitken, S. C., & Valentine, G. (Hrsg.). (2015). *Approaches to Human Geography. Philosophies, Theories, People and Practices* (2. Aufl.). SAGE.

Akademie für Raumforschung und Landesplanung (Hrsg.). (2011). *Grundriss der Raumordnung und Raumentwicklung.* Selbstverlag.

Albert, G. (2005). *Hermeneutischer Positivismus und dialektischer Essentialismus Vilfredo Paretos.* VS Verlag für Sozialwissenschaften.

Albrecht, V. (1990). Nationale Einheit und kulturelle Vielfalt in den USA. Aufgezeigt am Beispiel der Hispanics im Südwesten. *Geographische Rundschau, 42*(9), 488–496.

Aletta, F., Kang, J., & Axelsson, O. (2016). Soundscape descriptors and a conceptual framework for developing predictive soundscape models. *Landscape and Urban Planning, 149*, 65–74. https://doi.org/10.1016/j.landurbplan.2016.02.001.

Al-Khanbashi, M. (2020a). *The Social Construction and Use of Landscape and Public Space in the Age of Migration: Arab Immigrants in Berlin.* Springer VS, in Vorbereitung.

Al-Khanbashi, M. (2020). Using Matrix as a Qualitative Data Display for Landscape Research and A Reflection Based on the Social Constructivist Perspective. In D. Edler, C. Jenal, & O. Kühne (Hrsg.), *Modern Approaches to the Visualization of Landscapes* (S. 103–118). Springer VS.

Allen, C. D. (2011). On Actor-Network Theory and landscape. *Area, 43*(3), 274–280. https://doi.org/10.1111/j.1475-4762.2011.01026.x.

Alonso, W. (1964). *Location and Land Use. Toward a General Theory of Land Rent* (Publications of the Joint Center for Urban Studies of the Massachusetts Institute of Technology and Harvard University). Harvard University Press.

Althusser, L. (1977). *Ideologie und ideologische Staatsapparate. Aufsätze zur marxistischen Theorie* (Positionen, Bd. 3). VSA Verlag für das Studium der Arbeiterbewegung.

Altrock, U., Güntner, S., Huning, S., & Peters, D. (Hrsg.). (2005). *Zwischen Anpassung und Neuerfindung. Raumplanung und Stadtentwicklung in den Ländern der EU-Osterweiterung* (Planungsrundschau, Bd. 11). Springer VS.

Altvater, E. (1987). *Sachzwang Weltmarkt. Verschuldungskrise, blockierte Industrialisierung und ökologische Gefährdung – der Fall Brasilien.* VSA.

Alviola, P. A., Nayga, R. M., Thomsen, M. R., & Wang, Z. (2013). Determinants of Food Deserts. *American Journal of Agricultural Economics, 95*(5), 1259–1265. https://doi.org/10.1093/ajae/aat029.

Amin, A., & Thrift, N. (2002). *Cities.* Polity Press.

Amirou, R. (2012). *L'imaginaire touristique.* CNRS.

Anders, G. (1980). *Die Antiquiertheit des Menschen 1.* Über die Seele im Zeitalter der zweiten industriellen Revolution. C.H.

Andrews, M. (1989). *The Search for the Picturesque. Landscape Aesthetics and Tourism in Britain, 1760 – 1800.* Stanford University Press.

Anter, A. (2012). *Theorien der Macht zur Einführung.* Junius.

Antonovsky, A. (1997). *Salutogenese: Zur Entmystifizierung der Gesundheit.* dgvt.

Antrop, M. (2000). Background concepts for integrated landscape analysis. *Agriculture, Ecosystems & Environment, 77*(1–2), 17–28. https://doi.org/10.1016/S0167-8809(99)00089-4.

Antrop, M. (2015). Interacting Cultural, Psychological and Geographical Factors of Landscape Preference. In D. Bruns, O. Kühne, A. Schönwald, & S. Theile (Hrsg.), *Landscape Culture – Culturing Landscapes. The Differentiated Construction of Landscapes* (S. 53–65). Springer VS.

Antrop, M., & van Eetvelde, V. (2017). *Landscape Perspectives. The Holistic Nature of Landscape.* Springer Netherlands.

Apolinarski, I., Gailing, L., & Röhring, A. (2004). Institutionelle Aspekte und Pfadabhängigkeiten des regionalen Gemeinschaftsgutes Kulturlandschaft. *Erkner 10,* 2009. http://www.irs-net.de/download/Kulturlandschaft.pdf.

Apolinarski, I., Gailing, L., & Röhring, A. (2006). Kulturlandschaft als regionales Gemeinschaftsgut. Vom Kulturlandschaftsdilemma zum Kulturlandschaftsmanagement. In U. Matthiesen, R. Danielzyk, S. Heiland, & S. Tzschaschel (Hrsg.), *Kulturlandschaften als Herausforderung für die Raumplanung. Verständnisse – Erfahrungen – Perspektiven* (Forschungs- und Sitzungsberichte, Bd. 228, S. 81–98). Selbstverlag.

Appadurai, A. (2015 [1986]). Introduction: Commodities and the Politics of Value. In A. Appadurai (Hrsg.), *The social life of things. Commodities in cultural perspective* (12. Aufl., S. 3–63). Cambridge University Press.

Appleton, J. H. (1980). *Landscape in the arts and the sciences.* University of Hull.

Appleton, J. (1975). *The experience of landscape.* Wiley.

Appleton, J. (1984). Prospects and Refuges Re-Visited. *Landscape Journal, 3*(2), 91–103. https://doi.org/10.3368/lj.3.2.91.

Appleyard, D. (1979). The Environment as a Social Symbol: Within a Theory of Environmental Action and Perception. *Journal of the American Planning Association, 45*(2), 143–153. https://doi.org/10.1080/01944367908976952.

Arendt, H. (1970). *Macht und Gewalt.* Piper.

Areopagita, P.-D. (1988 [um 500]). *Über die göttlichen Namen.* BGL.

Arias, J. G. (2010). The View from East L.A. In R. J. Lustig (Hrsg.), *Remaking California. Reclaiming the public good* (S. 140–153). Heyday Books.

Arnberger, A., & Eder, R. (2011). Exploring the Heterogeneity of Rural Landscape Preferences. An Image-Based Latent Class Approach. *Landscape Research 36*(1), 19–40.

Arnesen, T. (1998). Landscapes lost. *Landscape Research, 23*(1), 39–50.

Aschauer, W. (1990). *Zum Nutzen von „Ethnizität" und „Regional-" oder „Heimatbewußtsein" als Erklärungskategorien geographischer Theoriebildung. Ein kritischer Beitrag zur laufenden Diskussion über Heimat und Regionalbewußtsein in den Sozialwissenschaften* (Kritische Geographie, Bd. 7). Selbstverlag.

Aschauer, W. (2001). *Landeskunde als adressatenorientierte Form der Darstellung. Ein Plädoyer mit Teilen einer Landeskunde des Landesteils Schleswig* (Forschungen zur deutschen Landeskunde, Bd. 249). Deutsche Akademie für Landeskunde.

Aschenbrand, E. (2016). Einsamkeit im Paradies. Touristische Distinktionspraktiken bei der Aneignung von Landschaft. *Berichte. Geographie und Landeskunde, 90*(3), 219–234.

Aschenbrand, E. (2017). *Die Landschaft des Tourismus. Wie Landschaft von Reiseveranstaltern inszeniert und von Touristen konsumiert wird.* Springer VS.

Aschenbrand, E. (2019). Tourismus und Landschaft. In O. Kühne, F. Weber, K. Berr, & C. Jenal (Hrsg.), *Handbuch Landschaft* (S. 631–640). Springer VS.

Aschenbrand, E., & Grebe, C. (2018). Erneuerbare Energie und ‚intakte' Landschaft: Wie Naturtourismus und Energiewende zusammenpassen. In O. Kühne & F. Weber (Hrsg.), *Bausteine der Energiewende* (S. 523–538). Springer VS.

Aschenbrand, E., Kühne, O., & Weber, F. (2017a). Rohstoffgewinnung in Deutschland: Auseinandersetzungen und Konflikte. Eine Analyse aus sozialkonstruktivistischer Perspektive. *UmweltWirtschaftsForum,* online first. doi:https://doi.org/10.1007/s00550-017-0438-7.

Aschenbrand, E., Kühne, O., & Weber, F. (2017b). Steinharter Widerstand? Bürgerinitiativen und die Akzeptanz der Rohstoffgewinnung. *GesteinsPerspektiven* (2/2017), 8–12. http://webkiosk.stein-verlaggmbh.de/gp-02-17/57998424. Zugegriffen: 27. Apr. 2019.

Aschenbrand, E., & Michler, T. (2021). Exploring connections between tourism and forest conservation. In K. Berr & C. Jenal (Hrsg.), *Wald in der Vielfalt möglicher Perspektiven. Von der Pluralität lebensweltlicher Bezüge und wissenschaftlichen Thematisierungen* (S. im Druck). Springer VS, in Vorbereitung.

Assmann, A. (1999). *Die Planung dezentraler, integrierter Hochwasserschutzmaßnahmen-mit dem Schwerpunkt der Standortausweisung von Retentionsarealen an der oberen Elsenz, Kraichgau* (Schriftenreihe des Landesamtes für Flurneuordnung und Landentwicklung Baden-Württemberg, Bd. 11). N. A.

Assmann, J. (1988). Kollektives Gedächtnis und kulturelle Identität. In J. Assmann & T. Hölscher (Hrsg.), *Kultur und Gedächtnis* (S. 9–19). Suhrkamp.

Atmanagara, J. (2015). Chancen und Grenzen der Europäischen Landschaftskonvention zur Steuerung von Prozessen des Landschaftswandels. In O. Kühne, K. Gawroński, & J. Hernik (Hrsg.), *Transformation und Landschaft. Die Folgen sozialer Wandlungsprozesse auf Landschaft* (S. 307–319). Springer VS.

Augé, M. (1994). *Orte und Nicht-Orte: Vorüberlegungen zu einer Ethnologie der Einsamkeit.* Fischer.

Augenstein, I. (2002). *Die Ästhetik der Landschaft. Ein Bewertungsverfahren für die planerische Umweltvorsorge* (Berliner Beiträge zur Ökologie, Bd. 3). Weißensee.

Augustinus, A. (1962 [390]). *Theologische Frühschriften* (Die Bibliothek der alten Welt: Reihe Antike und Christentum). Artemis Verl. (Vom freien Willen (De libero arbitrio) u. Von der wahren Religion (De vera religione)).

Aust, B., Herrmann, H.-W., & Quasten, H. (2008). *Das Werden des Saarlandes – 500 Jahre in Karten* (Veröffentlichungen des Instituts für Landeskunde im Saarland, Bd. 45). Institut für Landeskunde im Saarland.

Backhaus, N., Reichler, C., & Stremlow, M. (2007). *Alpenlandschaften – Von der Vorstellung zu Handlung. Thematische Synthese zum Forschungsschwerpunkt I „Prozesse der Wahrnehmung und Darstellung von Landschaften und Lebensräumen der Alpen"; Nationales Forschungsprogramm 48 „Landschaften und Lebensräume der Alpen" des Schweizerischen Nationalfonds; [Synthesebericht NFP 48]*. Vdf, Hochsch.-Verl. an der ETH.

Baecker, D. (2015). Raum, formtheoretisch betrachtet. In P. Goeke, R. Lippuner, &J. Wirths (Hrsg.), *Konstruktion und Kontrolle. Zur Raumordnung sozialer Systeme* (S. 37–47). Springer VS.

Bagoly-Simó, P. M. (2020). Landscape in Geography Textbooks. In D. Edler, C. Jenal, & O. Kühne (Hrsg.), *Modern Approaches to the Visualization of Landscapes* (S. 371–385). Springer VS.

Bahr, H.-D. (2014). *Landschaft. Das Freie und seine Horizonte*. Freiburg: Alber Verlag.

Bahrdt, H. P. (1996). ‚Natur' und Landschaft als kulturspezifische Deutungsmuster für Teile der Außenwelt. In G. Gröning (Hrsg.), *Landschaftswahrnehmung und Landschaftserfahrung* (Arbeiten zur sozialwissenschaftlich orientierten Freiraumplanung, S. 163–192). LIT.

Bailer-Jones, D. M. (2005). The Difference Between Models and Theories. In C. Nimtz & A. Beckermann (Hrsg.), *Philosophie und/als Wissenschaft. Hauptvorträge und Kolloquiumsbeiträge zu GAP.5* (Perspektiven der analytischen Philosophie, S. 339–353). Mentis.

Bajerski, A. (2020). Rural Schools in Poland in the Period of Post-Socialist Decentralization and Demographic Decline. In C. Gristy, L. Hargreaves, &S. R. Kučerová (Hrsg.), *Educational Research and Schooling in Rural Europe. An Engagement with Changing Patterns of Education, Space and Place* (S. 125–146). Information Age Publishing.

Banham, R. (2009 [1971]). *Los Angeles. The Architecture of Four Ecologies*. University of California Press.

Barab, S., & Squire, K. (2004). Replaying history: Engaging urban underserved students in learning world history through computer simulation games. In N. Eneydy, Y. B. Kafai & W. A. Sandoval (Hrsg.), *ICLS '04: Proceedings of the 6th international conference on Learning sciences* (S. 505–512). International Society of the Learning Sciences.

Baridon, M. (2006). *Naissance et renaissance du paysage*. Actes Sud.

Barros, G. A. B., & Togelius, J. (2015). Balanced Civilization Map Generation based on Open Data. *IEEE Congress on Evolutionary Computation*, 1482–1489. doi:https://doi.org/10.1109/CEC.2015.7257063.

Bärsch, C.-E. (1981). Sozialismus. In J. H. Schoeps, J. H. Knoll & C.-E. Bärsch (Hrsg.), *Konservativismus, Liberalismus, Sozialismus. Einführung, Texte, Bibliographien* (Uni-Taschenbücher Politologie, Neuere Geschichte, Soziologie, Bd. 1032, S. 140–249). Fink.

Bartels, D. (1973). Zum Landschaftsbegriff (1968). In K. Paffen (Hrsg.), *Das Wesen der Landschaft* (Wege der Forschung, Bd. 39, S. 175–201). WBG.

Bartels, K. (1989). Über das Technisch-Erhabene. In C. Pries (Hrsg.), *Das Erhabene. Zwischen Grenzerfahrung und Größenwahn* (S. 295–318). VCH Acta Humaniora.

Barthes, R. (1988). *Das semiologische Abenteuer*. Suhrkamp.

Basten, L. (2005). *Postmoderner Urbanismus. Gestaltung in der städtischen Peripherie* (Schriften des Arbeitskreises Stadtzukünfte der Deutschen Gesellschaft für Geographie, Bd. 1). LIT.

Basten, L. (2017). Suburban Worlds. In W. Gamerith & U. Gerhard (Hrsg.), *Kulturgeographie der USA. Eine Nation begreifen* (S. 137–144). Springer Spektrum.

Bathelt, H., & Glückler, J. (2003). Toward a relational economic geography. *Journal of Economic Geography, 3*(2), 117–144. https://doi.org/10.1093/jeg/3.2.117.

Bätzing, W. (2000). Postmoderne Ästhetisierung von Natur versus „schöne Landschaft" als Ganzheitserfahrung – Von der Kompensation der „Einheit der Natur" zur Inszenierung von Natur als Erlebnis. In A. Arndt, K. Bal & H. Ottmann (Hrsg.), *Hegels Ästhetik. Die Kunst der Politik – Die Politik der Kunst*. Zweiter Teil (S. 196–202). Akademie.

Bauder, M., & Freytag, T. (2020). Geographie des Tourismus. In H. Gebhardt, R. Glaser, U. Radtke, P. Reuber & A. Vött (Hrsg.), *Geographie — Physische Geographie und Humangeographie* (3. Aufl., S. 1045–1062). Springer Spektrum.

Baudrillard, J. (1976). *L'échange symbolique et la mort*. Gallimard.

Baudrillard, J. (1978). *Agonie des Realen* (Merve-Titel, Bd. 81). Merve.

Baudrillard, J. (1994). *Simulacra and Simulation*. University of Michigan Press.

Bauer, L., & Wall-Strasser, S. (2008). *Liberalismus/Neoliberalismus* (Politik und Zeitgeschehen, Bd. 4). Verlag des Österreichischen Gewerkschaftsbundes.

Bauer, S. (1994). *Naturschutz und Landwirtschaft. Konturen einer integrierten Agrar-und Naturschutzpolitik, Vorschläge und politische Handlungsempfehlungen* (Schriftenreihe Angewandte Landschaftsökologie Heft 3), Bonn-Bad Godesberg.

Bauman, Z. (2000). *Die Krise der Politik. Fluch und Chance einer neuen Öffentlichkeit.* Hamburger Edition.

Bauman, Z. (2008). *Flüchtige Zeiten. Leben in der Ungewissheit*. Hamburger Edition.

Bauman, Z. (2009). *Gemeinschaften. Auf der Suche nach Sicherheit in einer bedrohlichen Welt.* Suhrkamp.

Bauman, Z. (2009 [1993]). *Postmoderne Ethik*. Hamburger Edition.

Baumgarten, A. G. (2009 [1750–1758]). *Ästhetik* (Philosophische Bibliothek, 572a/b, 2 Bände). Meiner.

Beaucamp, G. (2002). Die Leitvorstellung der nachhaltigen Raumentwicklung. *Raumforschung und Raumordnung, 60*(3–4), 232–238.

Beck, R. (1996). Die Abschaffung der Wildnis. Landschaftsästhetik, bäuerliche Wirtschaft und Ökologie zu Beginn der Moderne. In W. Konold (Hrsg.), *Naturlandschaft – Kulturlandschaft. Die Veränderung der Landschaften nach der Nutzbarmachung durch den Menschen* (S. 27–44). Ecomed.

Beck, U. (1986). *Risikogesellschaft. Auf dem Weg in eine andere Moderne* (Edition Suhrkamp, Bd. 1365). Suhrkamp.

Beck, U. (2006). *Weltrisikogesellschaft. Auf der Suche nach der verlorenen Sicherheit*. Suhrkamp.

Beck, U., & Beck-Gernsheim, E. (1994). Individualisierung in modernen Gesellschaften – Perspektiven und Kontroversen einer subjektorientierten Soziologie. In U. Beck & E. Beck-Gernsheim (Hrsg.), *Riskante Freiheiten. Individualisierung in modernen Gesellschaften* (S. 10–39). Suhrkamp.

Beck, U., Bonß, W., & Lau, C. (2001). Theorie reflexiver Modernisierung – Fragestellungen, Hypothesen, Forschungsprogramme. In U. Beck & W. Bonß (Hrsg.), *Die Modernisierung der Moderne* (S. 11–59). Suhrkamp.

Becker, J. (1997). *Geographie und Postmoderne: Eine Kritik postmodernen Methodologisierens in der Geographie* (Beiträge zur kritischen Geographie Bd. 1). Österr. Ges. für Krit. Geographie.

Becker, S., & Naumann, M. (2018). Energiekonflikte erkennen und nutzen. In O. Kühne & F. Weber (Hrsg.), *Bausteine der Energiewende* (S. 509–522). Springer VS.

Becker, W. (2013). *Macht ohne Maß und kein Ende?* Engelsdorfer.

Becker, W. C. (1998). *Die Eigenart der Kulturlandschaft: Bedeutung und Strategien für die Land-schaftsplanung.* Verlag für Wiss. u. Forschung.

Behrens, R. (2008). *Postmoderne* (2., korrigierte Aufl.). Europäische Verlaganstalt.

Beil, B., Freyermuth, G. S., & Gotto, L. (2015). *New Game Plus. Perspektiven der Game Studies. Genres – Künste – Diskurse* (Bild und Bit). transkript.

Beil, B., Hensel, T., & Rauscher, A. (Hrsg.). (2018). *Game Studies* (Film, Fernsehen, Neue Medien). Springer VS.

Belina, B. (2006). *Raum, Überwachung, Kontrolle. Vom staatlichen Zugriff auf städtische Bevölkerung.* Westfälisches Dampfboot.

Belina, B. (2009). Kriminalitätskartierung – Produkt und Mittel neoliberalen Regierens, oder: Wenn falsche Abstraktionen durch die Macht der Karte praktisch wahr gemacht werden. *Geographische Zeitschrift, 97*(4), 192–212.

Belina, B. (2013). *Raum. Zu den Grundlagen eines historisch-geographischen Materialismus* (Einstiege, Band 20). Westfälisches Dampfboot.

Bell, D. (1999 [1973]). The coming of post-industrial society. A venture in social forecasting. Basic Books.

Bellini, A., & Leonardi, L. (2020). Prato: The Social Construction of an Industrail City Facing Processes of Cultural Hybridization. In D. Edler, C. Jenal, & O. Kühne (Hrsg.), *Modern Approaches to the Visualization of Landscapes* (S. 547–570). Springer VS.

Bender, B. (1982). *Ästhetische Strukturen der literarischen Landschaftsbeschreibung in den Reise-werken des Fürsten Pückler-Muskau.* Lang.

Benevolo, L. (1999). *Die Stadt in der europäischen Geschichte* (Europa bauen, Bd. 4021, Limitierte Sonderaufl.). Beck.

Benson, J. F., & Roe, M. (Hrsg.). (2007). *Landscape and Sustainability* (2. Aufl.). Routledge Taylor & Francis Group.

Benz, A. (2004). Einleitung: Governance – Modebegriff oder nützliches sozialwissenschaftliches Konzept? In A. Benz (Hrsg.), *Governance – Regieren in komplexen Regelsystemen. Eine Einführung* (S. 11–28). VS Verlag für Sozialwissenschaften.

Berendt, B. (2005). Kognitionswissenschaft. In K. Sachs-Hombach (Hrsg.), *Bildwissenschaft. Disziplinen, Themen, Methoden* (Suhrkamp-Taschenbuch Wissenschaft, Bd. 1751, Originalausg., 1. Aufl., [Nachdr.], S. 21–36). Suhrkamp.

Berger, M., & Bill, R. (2019). Combining VR Visualization and Sonification for Immersive Exploration of Urban Noise Standards. *MTI – Multimodal Technologies and Interaction 3* (2), 1–15. doi:https://doi.org/10.3390/mti3020034.

Berger, P. L., & Luckmann, T. (1966). *The Social Construction of Reality. A Treatise in the Sociology of Knowledge.* Anchor Books.

Berking, H. (2013). StadtGesellschaft: Zur Kontroverse um die Eigenlogik der Städte. *Leviathan, 41*(2), 224–237.

Berleant, A. (1997). *Living in the Landscape.* University Press of Kansas.

Berlin, I. (1995 [1969]). *Freiheit. Vier Versuche.* Fischer.

Bernaschi, D. (2020). *Collective Actions of Solidarity against Food Insecurity. The Impact in Terms of Capabilities.* Springer VS.

Bernat, S., & Hernik, J. (2015). Polnische Klanglandschaft um die Jahrhundertwende. In O. Kühne, K. Gawroński & J. Hernik (Hrsg.), *Transformation und Landschaft. Die Folgen sozialer Wandlungsprozesse auf Landschaft* (S. 247–267). Springer VS.

Bernhardt, C. (2001). Umweltprobleme in der neueren europäischen Stadtgesichte. In C. Bernhardt (Hrsg.), *Environmental problems in European cities in the 19th and 20th century. Umweltprobleme in europäischen Städten des 19. und 20. Jahrhunderts* (Cottbuser Studien zur Geschichte von Technik, Arbeit und Umwelt, Band 14, 2. verb. Auflage, S. 5–23). Waxmann.

Bernstein, F. (2018). *Eichsfeld – Eine Landschaftsbiografie*. Eine Landschaftsbiographische Analyse der Grenzregion Eichsfeld. Masterarbeit, Universität Kassel.

Bernstein, F., Kaußen, L., & Stemmer, B. (2019). Online-Partizipation und Landschaft. In O. Kühne, F. Weber, K. Berr, & C. Jenal (Hrsg.), *Handbuch Landschaft* (S. 547–558). Springer VS.

Berr, K. (2009). *Hegels Bestimmung des Naturschönen. Zur Betrachtung und Darstellung schöner Natur und Landschaft*. Südwestdeutscher Verlag für Hochschulschriften.

Berr, K. (2014). Zum ethischen Gehalt des Gebauten und Gestalteten. *Ausdruck und Gebrauch, 12*, 30–56.

Berr, K. (2017). Zur Moral des Bauens, Wohnens und Gebauten. In K. Berr (Hrsg.), *Architektur- und Planungsethik. Zugänge, Perspektiven, Standpunkte* (S. 111–138). Springer VS.

Berr, K. (2018). Ethische Aspekte der Energiewende. In O. Kühne & F. Weber (Hrsg.), *Bausteine der Energiewende* (S. 57–74). Springer VS.

Berr, K. (2019a). Heimat und Landschaft im Streit der Weltanschauungen. In M. Hülz, O. Kühne & F. Weber (Hrsg.), *Heimat. Ein vielfältiges Konstrukt* (S. 27–51). Springer VS.

Berr, K. (2019). Konflikt und Ethik. In K. Berr & C. Jenal (Hrsg.), *Landschaftskonflikte* (S. 109–129). Springer VS.

Berr, K. (2019). Landschaftsarchitektur. In O. Kühne, F. Weber, K. Berr, & C. Jenal (Hrsg.), *Handbuch Landschaft* (S. 231–244). Springer VS.

Berr, K. (2020a). Visuality, Aesthetics and Landscape. For the enlightenment and self-enlightenment of constructivist landscape research. In D. Edler, C. Jenal & O. Kühne (Hrsg.), *Modern Approaches to the Visualization of Landscapes* (S. 189–215). Springer VS.

Berr, K. (2020b). Vom Wahren, Schönen und Guten. Philosophische Zugänge zu Landschaftsprozessen. In R. Duttmann, O. Kühne & F. Weber (Hrsg.), *Landschaft als Prozess* (S. 83–117). Springer VS.

Berr, K., & Hahn, A. (Hrsg.). (2020). *Interdisziplinäre Architektur-Wissenschaft. Eine Einführung*. Springer VS.

Berr, K., & Jenal, C. (2021). Wald-Ästhetiken. Empirische Ergebnisse im Licht theoretischer Reflexionen über Natur und Landschaft. In K. Berr & C. Jenal (Hrsg.), *Wald in der Vielfalt möglicher Perspektiven. Von der Pluralität lebensweltlicher Bezüge und wissenschaftlichen Thematisierungen* (S. im Druck). Springer VS, in Vorbereitung.

Berr, K., Jenal, C., & Kindler, H. (2019). Landschaftskonflikte. In O. Kühne, F. Weber, K. Berr, & C. Jenal (Hrsg.), *Handbuch Landschaft* (S. 367–382). Springer VS.

Berr, K., Jenal, C., Kindler, H., Kühne, O., & Weber, F. (2019). Heimaten gestern und heute. Von Flexibilisierungen und Hybridisierungen. *Informationen zur Raumentwicklung, 2*, 80–89.

Berr, K., Jenal, C., Kühne, O., & Weber, F. (2019). *Landschaftsgovernance. Ein Überblick zu Theorie und Praxis*. Springer VS.

Berr, K., & Kühne, O. (2019). Moral und Ethik von Landschaft. In O. Kühne, F. Weber, K. Berr, & C. Jenal (Hrsg.), *Handbuch Landschaft* (S. 351–365). Springer VS.

Berr, K., & Kühne, O. (2019). Werte und Werthaltungen in Landschaftskonflikten. In K. Berr & C. Jenal (Hrsg.), *Landschaftskonflikte* (S. 65–88). Springer VS.

Berr, K., & Kühne, O. (2020). *„Und das ungeheure Bild der Landschaft …". The Genesis of Landscape Understanding in the German-speaking Regions*. Springer VS.

Berr, K., & Schenk, W. (2019). Begriffsgeschichte. In O. Kühne, F. Weber, K. Berr, & C. Jenal (Hrsg.), *Handbuch Landschaft* (S. 23–38). Springer VS.

Bertels, L. (1997). *Die dreiteilige Großstadt als Heimat. Ein Szenarium*. Leske + Budrich.

Betcher, R. W. (1981). Intimate Play and Martial Adaptation. *Psychiatry, 44*(1), 13–33. https://doi.org/10.1521/00332747.1981.11024088.

Betzler, M., & Nida-Rümelin, J. (1998). *Ästhetik und Kunstphilosophie. Von der Antike bis zur Gegenwart in Einzeldarstellungen*. Kröner.

Beute, F., & de Kort, Y. A. W. (2019). Thinking of nature: Associations with natural versus urban environments and their relations to preference. *Landscape Research, 44*(4), 374–392. https://doi.org/10.1080/01426397.2018.1457144.

Beyme, K. v. (2013). *Von der Postdemokratie zur Neodemokratie*. Springer VS.

Bhabha, H. K. (2000 [engl. Original 1994]). *Die Verortung der Kultur*. Stauffenburg.

Bischoff, W. (2003). Inspiration der Straße. Für eine Architektur „der Nase nach". In I. Flagge (Hrsg.), *Architektur und Wahrnehmung. Jahrbuch Licht und Architektur 2003* (S. 44–49). Das Beispiel.

Bischoff, W. (2005). *Nicht-visuelle Dimensionen des Städtischen: olfaktorische Wahrnehmung in Frankfurt a. M., dargestellt an zwei Einzelstudien zum Frankfurter Westend und Ostend*. Dissertation, Johann Wolfgang Goethe-Universität.

Bischoff, W. (2007). *Nicht-visuelle Dimensionen des Städtischen. Olfaktorische Wahrnehmung in Frankfurt a. M., dargestellt an zwei Einzelstudien zum Frankfurter Westend und Ostend* (Wahrnehmungsgeographische Studien, Bd. 23). BIS.

Bitterer, N., & Heeg, S. (2015). Die Macht der Zahlen. *Zeitschrift für Wirtschaftsgeographie, 59*(1), 34–50.

Blackbourn, D. (2007). *Die Eroberung der Natur*. Random House.

Blakely, E. J., & Snyder, M. G. (1997). *Fortress America: Gated Communities in the United States. Gated Communities in the United States*. Brookings Institution Press.

Bloch, P. H., Ridgway, N. M., & Dawson, S. A. (1994). The shopping mall as consumer habitat. *Journal of Retailing, 70*(1), 23–42. https://doi.org/10.1016/0022-4359(94)90026-4.

Bloemers, J., & van der Valk, A. (2007). The dutch landscape in transition. An integrated approach. In B. Pedroli, A. van Doorn, G. de Blust, M. L. Paracchini, D. Wascher & F. Bunce (Hrsg.), *Europe's Living Landscapes. Essays exploring our identity in the countryside* (S. 162–172). KNNV Publishing.

Blotevogel, H. H. (1996). Aufgaben und Probleme der Regionalen Geographie heute. Überlegungen zur Theorie der Landes- und Länderkunde anläßlich des Gründungskonzepts des Instituts für Länderkunde, Leipzig. *Berichte zur deutschen Landeskunde, 70*(1), 11–40.

Blotevogel, H. H. (1998). *Geographische Erzählungen zwischen Moderne und Postmoderne. Thesen zur Theoriediskussion in der Geographie am Ende des 20. Jahrhunderts*. Duisburg.

Blotevogel, H. H. (2000). Geographische Erzählungen zwischen Moderne und Postmoderne. In H. H. Blotevogel, J. Ossenbrügge & G. Wood (Hrsg.), *Lokal verankert – weltweit vernetzt. Tagungsbericht und wissenschaftliche Abhandlungen* (S. 465–478). Steiner.

Blumer, H. (1973). Der methodologische Standort des symbolischen Interaktionismus. In Arbeitsgruppe Bielefelder Soziologen (Hrsg.), *Alltagswissen, Interaktion und gesellschaftliche Wirklichkeit. Band 1* (S. 80–146). Rowohlt.

Boczek, B. (2007). *Transformation urbaner Landschaft. Ansätze zur Gestaltung in der Rhein-Main-Region* (Schriftenreihe Zwischenstadt, Bd. 11). Müller + Busmann.

Bodenhorn, B. (1993). Gendered Spaces, Public Places. Public and Private Revisited on the North Slope of Alaska. In B. Bender (Hrsg.), *Landscape. Politics and Perspectives* (S. 169–204). Berg.

Bodenschatz, H. (2001). Europäische Stadt, Zwischenstadt und New Urbanism. *Planerin 3*, 24–26. http://www.ceunet.de/zwischenstadt.htm. Zugegriffen: 31. Dez. 2003.

Bogner, A. (2005). Moralische Expertise? Zur Produktionsweise von Kommissionsethik. In A. Bogner & H. Torgersen (Hrsg.), *Wozu Experten? Ambivalenzen der Beziehung von Wissenschaft und Politik* (S. 172–193). VS Verlag für Sozialwissenschaften.

Böheim, J. (1930). *Das Landschaftsgefühl des ausgehenden Mittelalters*. Teubner.

Böhm, A. (1955). *Epoche des Teufels. Ein Versuch.* G. Kilpper.

Böhme, G. (1995). *Atmosphäre. Essays zur neuen Ästhetik* (Edition Suhrkamp). Suhrkamp.

Böhme, G. (2007). Welche Natur wollen wir? Aporien des Naturbegriffs. In B. Busch (Hrsg.), *Jetzt ist die Landschaft ein Katalog voller Wörter. Beiträge zur Sprache der Ökologie* (Valerio, Bd. 5, S. 24–33). Wallstein.

Bollhöfer, B., & Strüver, A. (2005). Geographische Ermittlungen in der Münsteraner Filmwelt: Der Fall *Wilsberg. geographische revue, 7*(1/2), 25–42.

Bollnow, O. F. (1963). *Mensch und Raum.* Kohlhammer.

Bonacker, T. (2009). Konflikttheorien. In G. Kneer & M. Schroer (Hrsg.), *Handbuch Soziologische Theorien* (S. 179–197). VS Verlag für Sozialwissenschaften.

Bonsdorff, P. von. (2005). Building and the Naturally Unplanned. In A. Light & J. M. Smith (Hrsg.), *The Aesthetics of Everyday Life.* Columbia University Press.

Borgeest, C. (1977). *Das sogenannte Schoene.* Fischer.

Bosch, S., & Peyke, G. (2011). Gegenwind für die Erneuerbaren-Räumliche Neuorientierung der Wind-, Solar-und Bioenergie vor dem Hintergrund einer verringerten Akzeptanz sowie zunehmender Flächennutzungskonflikte im ländlichen Raum. *Raumforschung und Raumordnung, 69*(2), 105–118.

Bosch, S., & Schwarz, L. (2019). The Energy Transition from Plant Operators' Perspective – A Behaviorist Approach. *Sustainability, 11*(6), 1621. https://doi.org/10.3390/su11061621.

Bosshard, A., & Winkler, J. (2003). Architektur und Klang. Der städtische Raum zwischen Gestaltung und Okkupation. In I. Flagge (Hrsg.), *Architektur und Wahrnehmung. Jahrbuch Licht und Architektur 2003* (S. 58–61). Das Beispiel.

Bourassa, S. C. (1991). *The Aesthetics of Landscape.* Belhaven Press.

Bourdieu, P. (1974). *Zur Soziologie der symbolischen Formen* (Suhrkamp-Taschenbuch Wissenschaft). Suhrkamp.

Bourdieu, P. (1979 [French Original 1972]). *Entwurf einer Theorie der Praxis auf der ethnologischen Grundlage der kabylischen Gesellschaft.* Suhrkamp.

Bourdieu, P. (1985). The Market of Symbolic Goods. *Poetics, 14*(1–2), 13–44.

Bourdieu, P. (1985b). *Sozialer Raum und „Klassen". Leçon sur la leçon; 2 Vorlesungen.* Suhrkamp.

Bourdieu, P. (1987 [1979]). *Die feinen Unterschiede. Kritik der gesellschaftlichen Urteilskraft* (Suhrkamp Taschenbuch Wissenschaft, Bd. 658). Suhrkamp.

Bourdieu, P. (1989). Social space and symbolic power. *Sociological theory, 7*(1), 14–25.

Bourdieu, P. (1991). Physischer, sozialer und angeeigneter physischer Raum. In M. Wentz (Hrsg.), *Stadt-Räume* (S. 25–34). Campus.

Bourdieu, P. (2001). *Meditationen: zur Kritik der scholastischen Vernunft.* Suhrkamp.

Bourdieu, P. (2004). *Der Staatsadel.* UVK.

Bourdieu, P. (2005 [1983a]). Ökonomisches Kapital – Kulturelles Kapital – Soziales Kapital. In P. Bourdieu (Hrsg.), *Die verborgenen Mechanismen der Macht* (S. 49–80). VSA.

Bourdieu, P. (2005 [1983b]). Politik, Bildung und Sprache. In P. Bourdieu (Hrsg.), *Die verborgenen Mechanismen der Macht. Schriften zu Politik und Kultur 1* (S. 13–30). VSA.

Bourdieu, P., & Passeron, J.-C. (1973). *Grundlagen einer Theorie der symbolischen Gewalt.* Suhrkamp.

Bourne, L. S. (1996). Reinventing the Suburbs: Old Myths and New Realities. *Progress in Planning, 46*(3), 163–184. https://doi.org/10.1016/0305-9006(96)88868-4.

Brady, E. (2005). Sniffing and Savoring: The Aesthetics of Smells and Tastes. In A. Light & J. M. Smith (Hrsg.), *The Aesthetics of Everyday Life* (S. 177–193). Columbia University Press.

Brady, E. (2006). The aesthetics of agricultural landscapes and the relationship between humans and nature. *Ethics, Place and Environment, 9*(1), 1–19.

Brake, K. (2001). Neue Akzente der Suburbanisierung. Suburbaner Raum und Kernstadt: eigene Profile und neuer Verbund. In K. Brake, J. S. Dangschat & G. Herfert (Hrsg.), *Suburbanisierung in Deutschland. Aktuelle Tendenzen* (S. 15–26). Leske + Budrich.

Brake, K. (2006). Der suburbane Raum: Zwischen „Appendix" und „Abkopplung"? Ein Beitrag zur aktuellen Standortbestimmung. *Berichte zur deutschen Landeskunde, 80*(4), 401–414.

Brake, K., Einacker, I., & Mäding, H. (2005). *Kräfte, Prozesse, Akteure – zur Empirie der Zwischenstadt* (Zwischenstadt, Bd. 1). Müller+ Busmann.

Bratman, G. N., Daily, G. C., Levy, B. J., & Gross, J. J. (2015). The benefits of nature experience: Improved affect and cognition. *Landscape and Urban Planning, 138*(June), 41–50. https://doi.org/10.1016/j.landurbplan.2015.02.005.

Bratzel, S. (1995). *Extreme der Mobilität. Entwicklung und Folgen der Verkehrspolitik in Los Angeles*. Birkhäuser.

Breckner, I. (2016). StadtLandschaften in hybriden Gesellschaftsstrukturen. In S. Hofmeister & O. Kühne (Hrsg.), *StadtLandschaften. Die neue Hybridität von Stadt und Land* (S. 111–126). Springer VS.

Brettschneider, F., & Schuster, W. (Hrsg.). (2013). *Stuttgart 21. Ein Großprojekt zwischen Protest und Akzeptanz*. Springer VS.

Breukers, S., & Wolsink, M. (2007). Wind power implementation in changing institutional landscapes: An international comparison. *Energy Policy, 35*(5), 2737–2750. https://doi.org/10.1016/j.enpol.2006.12.004.

Brilli, A. (2001). *Als Reisen eine Kunst war. Vom Beginn des modernen Tourismus: Die „Grand Tour"* (Bd. 274). Wagenbach.

Brooks, J. O., Goodenough, R. R., Crisler, M. C., Klein, N. D., Alley, R. L., Koon, B. L., Logan, W. C., Ogle, J. H., Tyrell, R. A., & Wills, R. F. (2010). Simulator Sickness during Driving Simulation Studies. *Accident Analysis and Prevention, 42*(3), 788–796. https://doi.org/10.1016/j.aap.2009.04.013.

Bruegmann, R. (2005). *Sprawl*. University of Chicago Press.

Bruns, D. (2006). Die Europäische Landschaftskonvention. Bedarf es eines deutschen Sonderwegs? *Stadt +Grün* (12), 14–19.

Bruns, D. (2007). Die Europäische Landschaftskonvention. Anknüpfungspunkt und Impuls für eine moderne Landschaftspolitik. In S. Körner & I. Marschall (Hrsg.), *Die Zukunft der Kulturlandschaft. Verwilderndes Land, wuchernde Stadt?* (BfN-Skripten, Bd. 224, S. 189–204). Bonn-Bad Godesberg.

Bruns, D. (2008). Die Europäische Landschaftskonvention. Anknüpfungspunkt für eine moderne Landschaftspolitik. In J. Pain, U. Schuster, E. Köstler, & S. Körner (Hrsg.), *Die Zukunft der Kulturlandschaft – Entwicklungsräume und Handlungsfelder* (Laufener Spezialbeiträge, 1/08, S. 104–113). Bayerische Akademie für Naturschutz und Landschaftspflege.

Bruns, D. (2010). Die Europäische Landschaftskonvention – eine Aufforderung zu mehr Landschafts-Governance. *Garten + Landschaft, 120*(2/2010), 33–35.

Bruns, D. (2013). Landschaft – ein internationaler Begriff? In D. Bruns & O. Kühne (Hrsg.), *Landschaften: Theorie, Praxis und internationale Bezüge. Impulse zum Landschaftsbegriff mit seinen ästhetischen, ökonomischen, sozialen und philosophischen Bezügen mit dem Ziel, die Verbindung von Theorie und Planungspraxis zu stärken* (S. 153–168). Oceano.

Bruns, D. (2015). Die Euopäische Landschaftskonvention – eine Antwort auf die landschaftlichen Herausforderungen sich transformierender Gesellschaft. In O. Kühne, K. Gawroński, & J. Hernik (Hrsg.), *Transformation und Landschaft. Die Folgen sozialer Wandlungsprozesse auf Landschaft* (S. 293–305). Springer VS.

Bruns, D. (2016). Kulturell diverse Raumaneignung. In F. Weber & O. Kühne (Hrsg.), *Fraktale Metropolen. Stadtentwicklung zwischen Devianz, Polarisierung und Hybridisierung* (S. 231–240). Springer VS.

Bruns, D., & Kühne, O. (2013). Landschaft im Diskurs. Konstruktivistische Landschaftstheorie als Perspektive für künftigen Umgang mit Landschaft. *Naturschutz und Landschaftsplanung 45* (3), 83–88.

Bruns, D., & Kühne, O. (2015a). Gesellschaftliche Transformation und die Entwicklung von Landschaft. Eine Betrachtung aus der Perspektive der sozialkonstruktivistischen Landschaftstheorie. In O. Kühne, K. Gawroński & J. Hernik (Hrsg.), *Transformation und Landschaft. Die Folgen sozialer Wandlungsprozesse auf Landschaft* (S. 17–34). Springer VS.

Bruns, D., & Kühne, O. (2015b). Zur kulturell differenzierten Konstruktion von Räumen und Landschaften als Herausforderungen für die räumliche Planung im Kontext von Globalisierung. In B. Nienaber & U. Roos (Hrsg.), *Internationalisierung der Gesellschaft und die Auswirkungen auf die Raumentwicklung. Beispiele aus Hessen, Rheinland-Pfalz und dem Saarland* (Arbeitsberichte der ARL, Bd. 13, S. 18–29). Selbstverlag. https://shop.arl-net.de/media/direct/pdf/ab/ab_013/ab_013_02.pdf. Zugegriffen: 26. Nov. 2018.

Bruns, D., & Münderlein, D. (2017). Kulturell diverse Landschaftswertschätzung und Visuelle Kommunikation. In O. Kühne, H. Megerle, & F. Weber (Hrsg.), *Landschaftsästhetik und Landschaftswandel* (RaumFragen: Stadt – Region – Landschaft, S. 303–318). Springer VS.

Bruns, D., & Münderlein, D. (2018). „Paysage à votre santé". Gesundheitsfördernde Landschaften – Eine Betrachtung von Naturparken. In F. Weber, F. Weber, & C. Jenal (Hrsg.), *Wohin des Weges? Regionalentwicklung in Großschutzgebieten* (Arbeitsberichte der ARL, Bd. 21, S. 250–281). Selbstverlag.

Bruns, D., & Münderlein, D. (2019). Interkulturelle Konstruktion. In O. Kühne, F. Weber, K. Berr, & C. Jenal (Hrsg.), *Handbuch Landschaft* (S. 313–319). Springer VS.

Bruns, D., & Münderlein, D. (2019b). Internationale Konzepte zur Erklärung von Mensch-Ort-Beziehungen. In M. Hülz, O. Kühne, & F. Weber (Hrsg.), *Heimat. Ein vielfältiges Konstrukt* (S. 99–119). Springer VS.

Brunsch, T. (2017). Landschaftsbau und Landschaft. In O. Kühne, H. Megerle & F. Weber (Hrsg.), *Landschaftsästhetik und Landschaftswandel* (RaumFragen: Stadt – Region – Landschaft, S. 319–342). Springer VS.

Buchner, L.-M. (2017). Die Herausforderungen einer ‚regionaltypischen' Siedlungsentwicklung am Beispiel der oberbayerischen Gemeinde Ampfing. In O. Kühne, H. Megerle & F. Weber (Hrsg.), *Landschaftsästhetik und Landschaftswandel* (RaumFragen: Stadt – Region – Landschaft, S. 343–359). Springer VS.

Buchwald, K. (1968). Geschichtliche Entwicklung von Landschaftspflege und Naturschutz in Deutschland während des Industriezeitalters. In K. Buchwald & W. Engelhardt (Hrsg.), *Handbuch für Landschaftspflege und Naturschutz. Band 1: Grundlagen* (S. 97–131). Bayrischer Landwirtschaftsverlag.

Bundesministerium für Verkehr, Bau und Stadtentwicklung. (2006). *Leitbilder und Handlungsstrategien für die Raumentwicklung in Deutschland*. Berlin.

Bundesregierung. (2014). Neue Trassen für die Energiewende. http://www.bundesregierung.de/Content/DE/Artikel/2014/11/2014-11-10-keine-energiewende-ohne-trassen.html. Zugegriffen: 8. Dez. 2014.

Bunn, D. (2002). 'Our Wattles Cot'. Mercantile and Domestic Space in Thomas Pringle's öandscapes. In W. J. T. Mitchell (Hrsg.), *Landscape and Power* (2. Aufl., S. 127–174). University of Chicago Press.

Bur, A., & Schönwald, A. (2016). Kritische Überlegungen zu aktuellen ‚Wildnis'-Konzepten am Beispiel des ‚Urwalds vor den Toren der Stadt' bei Saarbrücken. In S. Hofmeister & O. Kühne

(Hrsg.), *StadtLandschaften. Die neue Hybridität von Stadt und Land* (S. 169–184). Springer VS.

Burckhardt, L. (2004). Was ist Wohnlichkeit? – Messbare und unsichtbare Bedürfnisse. In L. Burckhardt (Hrsg.), *Wer plant die Planung? Architektur, Politik und Mensch* (S. 200–210). Schmitz.

Burckhardt, L. (2004). Wert und Sinn städtebaulicher Utopien (1968). In L. Burckhardt (Hrsg.), *Wer plant die Planung? Architektur, Politik und Mensch* (S. 146–162). Schmitz.

Burckhardt, L. (2004). Zwischen Flickwerk und Gesamtkonzeption (1982). In L. Burckhardt (Hrsg.), *Wer plant die Planung? Architektur, Politik und Mensch* (S. 99–106). Schmitz.

Burckhardt, L. (2006). Ästhetik der Landschaft (1991). In M. Ritter & M. Schmitz (Hrsg.), *Warum ist Landschaft schön? Die Spaziergangswissenschaft* (S. 82–90). Schmitz.

Burckhardt, L. (2006). Ästhetik und Ökologie (1990). In M. Ritter & M. Schmitz (Hrsg.), *Warum ist Landschaft schön? Die Spaziergangswissenschaft* (S. 67–81). Schmitz.

Burckhardt, L. (2006). Furkablick (1988). In M. Ritter & M. Schmitz (Hrsg.), *Warum ist Landschaft schön? Die Spaziergangswissenschaft* (S. 216–222). Schmitz.

Burckhardt, L. (2006). Gartenkunst wohin? (1981). In M. Ritter & M. Schmitz (Hrsg.), *Warum ist Landschaft schön? Die Spaziergangswissenschaft* (S. 197–207). Schmitz.

Burckhardt, L. (2006). Landschaft (1998). In M. Ritter & M. Schmitz (Hrsg.), *Warum ist Landschaft schön? Die Spaziergangswissenschaft* (S. 114–123). Schmitz.

Burckhardt, L. (2006). Landschaft ist transitorisch (1994). In M. Ritter & M. Schmitz (Hrsg.), *Warum ist Landschaft schön? Die Spaziergangswissenschaft* (S. 90–97). Schmitz.

Burckhardt, L. (2006). Landschaftsentwicklung und Gesellschaftsstruktur (1977). In M. Ritter & M. Schmitz (Hrsg.), *Warum ist Landschaft schön? Die Spaziergangswissenschaft* (S. 19–32). Schmitz.

Burckhardt, L. (2006). Natur ist unsichtbar (1989). In M. Ritter & M. Schmitz (Hrsg.), *Warum ist Landschaft schön? Die Spaziergangswissenschaft* (S. 49–56). Schmitz.

Burckhardt, L. (2006). Ökologie – nur eine Mode? In M. Ritter & M. Schmitz (Hrsg.), *Warum ist Landschaft schön? Die Spaziergangswissenschaft* (S. 42–49). Schmitz.

Burckhardt, L. (2006). Spaziergangswissenschaft (1995). In M. Ritter & M. Schmitz (Hrsg.), *Warum ist Landschaft schön? Die Spaziergangswissenschaft* (S. 257–300). Schmitz.

Burckhardt, L. (2006). *Warum ist Landschaft schön?* Schmitz.

Burghardt, G. M. (1999). Conceptions of play and the evolution of animal minds. *Evolution and Cognition, 5*(2), 115–123.

Burghardt, G. M. (2005). *The Genesis of Animal Play*. MIT Press.

Burghardt, G. M. (2011). Defining and Recognizing Play. In A. D. Pellegrini (Hrsg.), *The Oxford Handbook of the Development of Play* (S. 9–18). Oxford University Press.

Burke, E. (1989 [1757]). *Philosophische Untersuchung über den Ursprung unserer Ideen vom Erhabenen und Schönen* (Philosophische Bibliothek, Bd. 324, 2. Aufl.). Meiner.

Burns, A. (2004). Civilization III: Digital Game-Based Learning an Macrohistory Simulations. *Retrieved, 11*(24), 1–16.

Burr, V. (1995). *An Introduction to Social Constructionism*. Routledge.

Burr, V. (1998). Realism, Relativism, Social Constructionism and Discourse. In I. Parker (Hrsg.), *Social Constructionism, Discourse and Realism* (S. 13–26). SAGE.

Burr, V. (2005). *Social Constructivism*. Routledge.

Burton, R. J. F. (2012). Understanding farmers' Aesthetic Preference for Tidy Agricultural Landscapes: A Bourdieusian Perspective. *Landscape Research, 37*, 51–71. https://doi.org/10.1080/01426397.2011.559311.

Busch-Lüty, C. (1995). Nachhaltige Entwicklung als Leitmodell einer ökonomischen Ökologie. In P. Fritz, J. Huber, & H. W. Levi (Hrsg.), *Nachhaltigkeit in naturwissenschaftlicher und sozial-*

wissenschaftlicher Perspektive. Eine Publikation der Karl-Heinz-Beckurts-Stiftung (Edition Universitas, S. 115–131). Hirzel.

Buttlar, A. v. (1989). *Der Landschaftsgarten. Gartenkunst des Klassizismus und der Romantik.* DuMont.

Büttner, N. (2006). *Geschichte der Landschaftsmalerei.* Hirmer.

Büttner, N. (2019). Landschaftsmalerei. In O. Kühne, F. Weber, K. Berr, & C. Jenal (Hrsg.), *Handbuch Landschaft* (S. 577–584). Springer VS.

Butzer, K. W. (1977). Environment, Culture, and Human Evolution. *American Scientist, 65*(5), 572–584.

Büyüksalih, G., Kan, T., Özkan, G. E., Meriç, M., Isın, L., & Kersten, T. P. (2020). Preserving the Knowledge of the Past Through Virtual Visits: From 3D Laser Scanning to Virtual Reality Visualisation at the Istanbul Çatalca İnceğiz Caves. *PFG – Journal of Photogrammetry. Remote Sensing and Geoinformation Science, 88*, 133–146. https://doi.org/10.1007/s41064-020-00091-3.

Campbell, N. (2000). *The Cultures of the American New West.* Fitzroy Dearborn Publishers.

Carlson, A. (2007). On aesthetically appreciating human environments. In A. Berleant & A. Carlson (Hrsg.), *The Aesthetics of Human Environments* (S. 47–65). Peterborough.

Carlson, A. (2009). *Nature and Landscape.* Columbia University Press.

Carol, H. (1973a). Grundsätzliches zum Landschaftsbegriff (1957). In K. Paffen (Hrsg.), *Das Wesen der Landschaft* (Wege der Forschung, Bd. 39, S. 142–155). WBG.

Carol, H. (1973b). Die Wirtschaftslandschaft und ihre kartographische Darstellung (1946). In K. Paffen (Hrsg.), *Das Wesen der Landschaft* (Wege der Forschung, Bd. 39, S. 322–352). WBG.

Castells, M. (1991). *The Informational City.* John Wiley & Sons.

Cavalcanti, S. O. (2004). Kultur Medien Macht. Kulturindustrie als Massenbetrug zwischen Manipulation und rückwirkendem Bedürfnis – zur Entstehungsgeschichte der Kulturtheorie der kritischen Theorie. http://www.sopos.org/aufsaetze/41bee2e9c632c/1.phtml. Zugegriffen: 20. Nov. 2018.

Caviola, H., Kläy, A., & Weiss, H. (2018). *Sprachkompass Landschaft und Umwelt.* Haupt.

Cerwén, G. (2016). Urban soundscapes: A quasi-experiment in landscape architecture. *Landscape Research, 41*(5), 481–494. https://doi.org/10.1080/01426397.2015.1117062.

Chilla, T. (2005). Stadt und Natur — Dichotomie, Kontinuum, soziale Konstruktion? *Raumforschung und Raumordnung, 63*(3), 179–188. https://doi.org/10.1007/BF03182950.

Chilla, T. (2007). Zur politischen Relevanz raumbezogener Konflikte. Das Beispiel der Naturschutzpolitik in der Europäischen Union. *Erdkunde, 61*(1), 13–25. doi:https://doi.org/10.3112/erdkunde.2007.01.02.

Chilla, T., Kühne, O., & Neufeld, M. (2016). *Regionalentwicklung* (UTB, Bd. 4566). Ulmer.

Chilla, T., Kühne, O., Weber, F., & Weber, F. (2015). „Neopragmatische" Argumente zur Vereinbarkeit von konzeptioneller Diskussion und Praxis der Regionalentwicklung. In O. Kühne & F. Weber (Hrsg.), *Bausteine der Regionalentwicklung* (S. 13–24). Springer VS.

Civilscape. (2010). Chancen für die Zivilgesellschaft. http://www.civilscape.org/civilscape/content/de/elc/opportunity.html?jid=1o2o3. Zugegriffen: 27. März 2012.

Clarke, D. B. (2003). *The Consumer Society and the Postmodern City.* Routledge.

Clarke, G. (1993). Introduction. A Critical and Historical Overview. In G. Clarke (Hrsg.), *The American landscape. Literary sources & documents* (S. 3–51). Helm Information.

Claßen, T. (2016a). Empirische Befunde zum Zusammenhang von Landschaft und physischer Gesundheit. In U. Gebhard & T. Kistemann (Hrsg.), *Landschaft, Identität und Gesundheit. Zum Konzept der Therapeutischen Landschaften* (S. 71–91). Springer VS.

Claßen, T. (2016b). Landschaft. In U. Gebhard & T. Kistemann (Hrsg.), *Landschaft, Identität und Gesundheit. Zum Konzept der Therapeutischen Landschaften* (S. 31–44). Springer VS.

Claßen, T., Brei, B., & Hornberg, C. (2009). Alles im „Grünen Bereich". Forschungsergebnisse zur gesundheitlichen Bedeutung von Bewegung im urbanen Grün-Raum. In Niedersächsisches Ministerium für Umwelt und Klimaschutz (Hrsg.), *Umwelt und Sport. Partnerschaft für die Zukunft* (S. 14–22). Eigenverlag.

Coaffee, J. (2017). *Terrorism.* Routledge.

Coccoli, M., Saverio, I., & Vercelli, G. (2015). Applying gamification techniques to enhance effectiveness of video-lessons. *Journal of e-Learning and Knowledge Society, 11*(3), 73–84.

Cohen, E. (1985). Tourism as play. *Religion, 15*(3), 291–304. https://doi.org/10.1016/0048-721X(85)90016-8.

Collado, S., Staats, H., & Sorrel, M. A. (2016). Helping out on the land. Effects of children's role in agriculture on reported psychological restoration. *Journal of Environmental Psychology, 45*, 201–209. https://doi.org/10.1016/j.jenvp.2016.01.005.

Collin, F. (2008). *Konstruktivismus für Einsteiger.* Paderborn: Fink.

Collins, T. (2004). Konturen einer Ästhetik der Vielfalt. In H. Strelow & V. David (Hrsg.), *Ökologische Ästhetik. Theorie und Praxis künstlerischer Umweltgestaltung* (S. 170–179). Birkhäuser.

Conzen, M. P. (Hrsg.). (2010). *The Making of the American Landscape* (2. Aufl.). Routledge.

Conzen, M. P. (2017). Reflection: Cultural Forces in the American Landscapes. In W. Gamerith & U. Gerhard (Hrsg.), *Kulturgeographie der USA. Eine Nation begreifen* (S. 15–20). Springer Spektrum.

Le Corbusier. (1926). *Kommende Baukunst.* Deutsche Verlags-Anstalt.

Corner, J. (1999a). Introduction. Recovering Landscape as a Critical Cultural Practice. In J. Corner & A. Balfour (Hrsg.), *Recovering Landscape: Essays in Contemporary Landscape Theory* (S. 1–29). Princeton Architectural Press.

Corner, J. (1999b). *Recovering landscape: Essays in contemporary landscape theory.* Princeton Architectural Press.

Corner, J. (2002a). The Hermeneutic Landscape (1991). In S. R. Swaffield (Hrsg.), *Theory in Landscape Architecture. A Reader* (Penn studies in landscape architecture, S. 130–131). University of Pennsylvania Press.

Corner, J. (2002b). Representation and Landscape (1992). In S. R. Swaffield (Hrsg.), *Theory in Landscape Architecture. A Reader* (Penn studies in landscape architecture, S. 144–165). University of Pennsylvania Press.

Cosgrove, D. (1984). *Social Formation and Symbolic Landscape.* University of Wisconsin Press.

Cosgrove, D. (1985). Prospect, Perspective and the Evolution of the Landscape Idea. *Transactions of the Institute of British Geographers, 10*(1), 45–62. https://doi.org/10.2307/622249.

Cosgrove, D. (1989). Geography is Everywhere: Culture and Symbolism in Human Landscapes. In D. Gregory & R. Walford (Hrsg.), *Horizons in Human Geography* (S. 118–135). Macmillan Press LTD.

Cosgrove, D. (1993). *The Palladian Landscape. Geographical Change and its Cultural Representations in sixteenth-century Italy.* Pennsylvania State University Press.

Cosgrove, D. (1998). Cultural Landscapes. In T. Unwin (Hrsg.), *A European Geography* (S. 65–72). Routledge.

Cosgrove, D. (1998b). *Social Formation and Symbolic Landscape.* University of Wisconsin Press.

Cosgrove, D. (1999). Liminal Geometry an Elemental Landscape. Construction and Representation. In J. Corner & A. Balfour (Hrsg.), *Recovering Landscape: Essays in Contemporary Landscape Theory* (S. 103–119). Princeton Architectural Press.

Cosgrove, D., & (2008, . (2001). Introduction to the Social Formation and Symbolic Landscape. In R. Z. DeLue & J. Elkins (Hrsg.), *Landscape Theory* (S. 17–42). Routledge.

Cosgrove, D., & Daniels, S. (Hrsg.). (1988). *The Iconography of Landscape. Essays on the Symbolic Representation, Design and Use of Past Environments* (Cambridge Studies in Historical Geography, Bd. 9). Cambridge University Press.

Costanza, R., d'Arge, R., Groot, R. de, Farber, S., Grasso, M., Hanno, B. et al. (1997). The value of the world's ecosystem services and natural capital. *Nature, 387*, 253–260.

Costanza, R., de Groot, R., Sutton, P., van der Ploeg, S., Anderson, S. J., Kubiszewski, I., Farber, S., & Turner, K. (2014). Changes in the global value of ecosystem services. *Global Environmental Change, 26*, 152–158. https://doi.org/10.1016/j.gloenvcha.2014.04.002.

Costonis, J. J. (1982). Law and Aesthetics: A Critique and a Reformulation of the Dilemmas. *Michigan Law Review, 80*(3), 355–461.

Council of Europe. (2000a). Europäisches Landschaftsübereinkommen. Nichtamtliche Übersetzung. https://www.coe.int/en/web/conventions/full-list/-/conventions/treaty/176. Zugegriffen: 10. Feb. 2021.

Council of Europe. (2000b). European Landscape Convention. European Treaty Series: 176. Zugegriffen: 17. Jan. 2017.

Craik, K. H. (1972). Appraising the objectivity of landscape dimensions. In J. V. Krutilla (Hrsg.), *Natural environments. Studies in theoretical and applied analysis* (S. 255–266). Johns Hopkins University Press.

Crang, M. (2003). The Hair in the Gate: Visuality and Geographical Knowledge. *Antipode, 35*(2), 238–243.

Cresswell, T. (2003). Landscape and the Obliteration of Practice. In K. Anderson, M. Domosh, S. Pile, & N. Thrift (Hrsg.), *Handbook of Cultural Geography* (S. 269–282). SAGE.

Crilley, D. (1993). Architecture as Advertising: Constructing the Image of Redevelopment. In G. Kearns & C. Philo (Hrsg.), *Selling Places. The City as Cultural Capital, Past and Present* (Policy, planning, and critical theory, S. 231–252). Pergamon Press.

Croce, B. (1930). *Aesthetik als Wissenschaft vom Ausdruck und allgemeine Sprachwissenschaft.* Mohr.

Cronon, W. (1996a). Introduction: In Search of Nature. In W. Cronon (Hrsg.), *Uncommon Ground. Rethinking the Human Place in Nature* (S. 23–68). W. W. Norton & Company.

Cronon, W. (1996b). The Trouble with Wilderness; or, Getting Back to the Wrong Nature. In W. Cronon (Hrsg.), *Uncommon Ground. Rethinking the Human Place in Nature* (S. 69–90). W. W. Norton & Company.

Culver, L. (2010). *The Frontier of Leisure.* Oxford University Press.

Cummins, S., & Macintyre, S. (2002). "Food deserts" – evidence and assumption in health policy making. *BMJ – British Medical Journal, 325*(7361), 436–438. doi:https://doi.org/10.1136/bmj.325.7361.436.

Curtis, S. (2004). *Health and Inequality. Geographical Perspectives.* SAGE.

Curtius, E. R. (1954 [1948]). *Europäische Literatur und lateinisches Mittelalter* (Zweite, durchgesehene Auflage). Francke.

Czepczyński, M. (2008). *Cultural Landscapes of Post-Socialist Cities.* Ashgate.

Czesak, B., Pazdan, M., & Różycka-Czas, R. (2015). Die städtische Landschaft in der Transformation: Krakau und Warschau. In O. Kühne, K. Gawroński & J. Hernik (Hrsg.), *Transformation und Landschaft. Die Folgen sozialer Wandlungsprozesse auf Landschaft* (S. 165–181). Springer VS.

Dahrendorf, R. (1957). *Soziale Klassen und Klassenkonflikt in der industriellen Gesellschaft.* Enke.

Dahrendorf, R. (1963). *Die angewandte Aufklärung. Gesellschaft und Soziologie in Amerika.* Piper.

Dahrendorf, R. (1965). *Industrie- und Betriebssoziologie.* de Gruyter.

Dahrendorf, R. (1968). *Bildung ist Bürgerrecht. Plädoyer für eine aktive Bildungspolitik* (Die Zeit Bücher, Neuauflage). Wegner.

Dahrendorf, R. (1969). Sozialer Konflikt. In W. Bernsdorf (Hrsg.), *Wörterbuch der Soziologie* (S. 1006–1009). Enke.

Dahrendorf, R. (1971 [1958]). *Homo Sociologicus. Ein Versuch zur Geschichte, Bedeutung und Kritik der Kategorie der sozialen Rolle* (UTB Uni-Taschenbücher, 10. Aufl.). Westdeutscher.

Dahrendorf, R. (1972). *Konflikt und Freiheit. Auf dem Weg zur Dienstklassengesellschaft*. Piper.

Dahrendorf, R. (1979). *Lebenschancen. Anläufe zur sozialen und politischen Theorie* (Suhrkamp-Taschenbuch, Bd. 559). Suhrkamp.

Dahrendorf, R. (1983). *Die Chancen der Krise*. Deutsche Verlags-Anstalt.

Dahrendorf, R. (1984). *Reisen nach innen und außen*. Deutsche Verlags-Anstalt.

Dahrendorf, R. (1990). *Betrachtungen über die Revolution in Europa in einem Brief, der an einen Herrn in Warschau gerichtet ist*. Deutsche Verlags-Anstalt.

Dahrendorf, R. (1992). *Der moderne soziale Konflikt*. Deutsche Verlags-Anstalt.

Dahrendorf, R. (1994). *Der moderne soziale Konflikt*. Deutscher Taschenbuch.

Dahrendorf, R. (2000). Die globale Klasse und die neue Ungleichheit. *Merkur Deutsche Zeitschrift für europäisches Denken, 54*(11), 1057–1068.

Dahrendorf, R. (2003). *Die Krisen der Demokratie. Ein Gespräch mit Antonio Polito*. Beck.

Dahrendorf, R. (2007a). *Auf der Suche nach einer neuen Ordnung. Vorlesungen zur Politik der Freiheit im 21. Jahrhundert* (Krupp-Vorlesungen zu Politik und Geschichte am Kulturwissenschaftlichen Institut im Wissenschaftszentrum Nordrhein-Westfalen, Bd. 3, 4. Aufl.). Beck.

Dahrendorf, R. (2007b). Freiheit – eine Definition. In U. Ackermann (Hrsg.), *Welche Freiheit. Plädoyers für eine offene Gesellschaft* (S. 26–39). Matthes & Seitz.

Daniel, T. C. (2001). Whither scenic beauty? Visual landscape quality assessment in the 21st century. *Landscape and Urban Planning, 54*(1–4), 267–281. https://doi.org/10.1016/S0169-2046(01)00141-4.

Daniels, S. (1988). The Political Iconography of Woodland in Later Georgian England. In D. Cosgrove & S. Daniels (Hrsg.), *The Iconography of Landscape. Essays on the Symbolic Representation, Design and Use of Past Environments* (Cambridge Studies in Historical Geography, Bd. 9, S. 43–82). Cambridge University Press.

Daniels, S. (1993). *Fields of vision. Landscape imagery and national identity in England and the United States*. Princeton University Press.

Daniels, S. (1999). *Humphry Repton*. Yale University Press.

Daniels, S., & Cosgrove, D. (1988). Introduction: Iconography and Landscape. In D. Cosgrove & S. Daniels (Hrsg.), *The Iconography of Landscape. Essays on the Symbolic Representation, Design and Use of Past Environments* (Cambridge Studies in Historical Geography, Bd. 9, S. 1–10). Cambridge University Press.

Danielzyk, R., & Priebs, A. (2012). Suburbanisierung – Angesichts von Reurbanisierungstendenzen ein Phänomen „von gestern“? In W. Schenk, M. Kühn, M. Leibenath & S. Tzschaschel (Hrsg.), *Suburbane Räume als Kulturlandschaften* (Forschungs- und Sitzungsberichte, Bd. 236, S. 25–57). Selbstverlag.

Däumel, G. (1963). Gustav Vorherr und die Landesverschönerung in Bayern. In K. Buchwald, W. Lendholdt & K. Meyer (Hrsg.), *Festschrift für Friedrich Wiepking. Beiträge zur Landespflege 1* (Bd. 1, S. 332–376). Stuttgart.

Davies, D. (1988). The evocative symbolism of trees. In D. Cosgrove & S. Daniels (Hrsg.), *The Iconography of Landscape. Essays on the Symbolic Representation, Design and Use of Past Environments* (Cambridge Studies in Historical Geography, Bd. 9, S. 32–42). Cambridge University Press.

Davis, M. (1998). *Ecology Of Fear*. Metropolitan Books.

Davis, M. (Hrsg.). (2002). *Dead Cities*. New York.

Davis, M. (2004). *Ökologie der Angst. Das Leben mit der Katastrophe* (Serie Piper, Bd. 3819). Piper.

Dear, M. (2005). Die Los Angeles School of Urbanism. *Geographische Rundschau, 57*(1), 30–36.

Dear, M., & Flusty, S. (2002a). Los Angeles as Postmodern Urbanism. In M. Dear (Hrsg.), *From Chicago to L.A. Making Sense of Urban Theory* (S. 55–84). SAGE.

Dear, M., & Flusty, S. (2002b). The Resistible Rise of the L A School. In M. Dear (Hrsg.), *From Chicago to L.A. Making Sense of Urban Theory* (S. 3–16). SAGE.

Dearden, P. (1984). Factors influencing landscape preferences: An empirical investigation. *Landscape Planning, 11*(4), 293–306.

DeFilippis, J., Martin, N., Bernhardt, A., & McGrath, S. (2009). On the Character and Organization of Unregulated Work in the Cities of the United States. *Urban Geography, 30*(1), 63–90. https://doi.org/10.2747/0272-3638.30.1.63.

Degen, M. M. (2008). *Sensing Cities*. Regenerating public life in Barcelona and Manchester.

Degórska, B. (2007). Key problems in the relation between the environment and spatial development in Poland. *European Spatial Research and Policy, 14*(2), 53–81.

Déjeant-Pons, M. (2006). The European Landscape Convention. *Landscape Research, 31*(4), 363–384.

Delorme, A. (1990). Stalinowska industrializacja przyczyna klęski ekologicznej Krakowa. In Polski Klub Ekologiczny (Hrsg.), *Klęska Ekologiczna Krakowa. Przyczyny, Terazniejszość, Perspektywy Ekorozwoju Miasta* (S. 33–52). Kraków.

DeLue, R. Z., & (2008, . (2001). Elusive Landscapes and Shifting Grounds. In R. Z. DeLue & J. Elkins (Hrsg.), *Landscape Theory* (S. 3–14). Routledge.

Deming, E., & Boone, K. (2019). Symbolic Conversations in Public Landscapes of the American South: Revisiting the Confederate Legacy. In K. Berr & C. Jenal (Hrsg.), *Landschaftskonflikte* (S. 535–555). Springer VS.

Deming, M. E., & Swaffield, S. (2011). *Landscape architectural research: Inquiry*. John Wiley & Sons.

Demuth, B. (2006). *Das Schutzgut Landschaftsbild in der Landschaftsplanung: Methodenüberprüfung anhand ausgewählter Beispiele der Landschaftsrahmenplanung*. Mensch-und-Buch-Verlag.

Denzer, V. (2019). Landschaft als Text. In O. Kühne, F. Weber, K. Berr, & C. Jenal (Hrsg.), *Hand buch Landschaft* (S. 81–89). Springer VS.

Denzin, N. K. (1995). Symbolic interactionism. In J. A. Smith, R. Harré, & L. van Langenhove (Hrsg.), *Rethinking psychology* (S. 43–58). SAGE.

Denzin, N. K. (2007). Triangulation. In G. Ritzer (Hrsg.), *The Blackwell Encyclopedia of Sociology*. John Wiley & Sons, Ltd.

Dettmar, J. (2004). Ökologische und ästhetische Aspekte der Sukzession auf Industriebrachen. In H. Strelow & V. David (Hrsg.), *Ökologische Ästhetik. Theorie und Praxis künstlerischer Umweltgestaltung* (S. 128–161). Birkhäuser.

Dettmar, J. (2018). Wissenschaftliche Grundlagen der Landschaftsarchitektur. In K. Berr (Hrsg.), *Landschaftsarchitekturtheorie. Aktuelle Zugänge, Perspektiven und Positionen* (S. 21–50). Springer VS.

Dettmar, J. (2019). Stadtnatur. In O. Kühne, F. Weber, K. Berr, & C. Jenal (Hrsg.), *Handbuch Landschaft* (S. 721–730). Springer VS.

Dewey, J. (1929). *Experience and Nature*. Allen and Unwin.

Dewey, J. (1988 [1934]). *Kunst als Erfahrung* (Suhrkamp Taschenbuch Wissenschaft, Bd. 703). Suhrkamp.

Dickmann, F. (2018). *Kartographie* (Das Geographische Seminar). Westermann.

Dickmann, F. (2020). Die kartographische Darstellung von Landschaftsprozessen. In R. Duttmann, O. Kühne, & F. Weber (Hrsg.), *Landschaft als Prozess* (S. 225–244). Springer VS.

Dickmann, F., & Zehner, K. (2001). *Computerkartographie und GIS* (Das Geographische Seminar, 2., aktualisierte Auflage). Westermann.

Diller, C. (2005). *Regional Governance by and with Government: Die Rolle staatlicher Rahmensetzungen und Akteure in drei Prozessen der Regionsbildung.* Habilitationsschrift.

Dinnebier, A. (2004). Als das Paradies den Garten verließ. *Stadt und Grün, 53,* 35–40.

Dinnebier, A. (1996). *Die Innenwelt der Außenwelt. Die schöne „Landschaft" als gesellschaftstheoretisches Problem* (Landschaftsentwicklung und Umweltforschung, Bd. 100). Techn. Univ.

Dinnebier, A. (1997). Der Barockgarten als Vorbereitung der Idee der „Landschaft". *Stadt+Grün 46,* 157–164.

Dirlinger, H. (2000). *Bergbilder. Die Wahrnehmung alpiner Wildnis am Beispiel der englischen Gesellschaft 1700–1850* (Historisch-anthropologische Studien, Bd. 10). Lang.

Dixon, J., & Durrheim, K. (2004). Dislocating identity: Desegregation and the Transformation of Place. *Journal of Environmental Psychology, 24*(4), 455–473.

Dodt, J., Bestgen, A.-K., & Edler, D. (2017). Ansätze der Erfassung und kartographischen Präsentation der olfaktorischen Dimension. *Kartographische Nachrichten, 67*(5), 245–256.

Döhla, H.-J. (2019). Sprache und Landschaft. In O. Kühne, F. Weber, K. Berr, & C. Jenal (Hrsg.), *Handbuch Landschaft* (S. 429–440). Springer VS.

Dollinger, F. (2013). Schutzgut „Landschaft" – wie unterscheidet man die „Wahre Landschaft" von der „Ware Landschaft"? *Raumplanung aktuell. Die Zeitschrift für die Salzburger Raumentwicklung. Heft, 9,* 13–29.

Domański, B. (1997). *Industrial control over the socialist town: Benevolence or exploitation?* Praeger Publishers.

Donnelly, K. J. (2002). A Ramble Through the Margins of the Cityscape: The Postmodern as the Return of Nature. In M. J. Dear & S. Flusty (Hrsg.), *The Spaces of Postmodernity. Readings in Human Geography* (S. 423–430). Blackwell Publishers.

Dorfs, H. P. (1972). *Wesel: eine stadtgeographische Monographie mit einem Vergleich zu anderen Festungsstätten.* Bundesforschungsanst. f. Landeskunde u. Raumordnung.

Döring, J., & Thielmann, T. (Hrsg.). (2009). *Mediengeographie. Theorie – Analyse – Diskussion.* transcript.

Dörner, D. (1994). *Die Logik des Mißlingens. Strategisches Denken in komplexen Situationen.* Rowohlt.

Dörner, R., Broll, W., Grimm, P., & Jung, B. (Hrsg.). (2013). *Virtual and Augmented Reality (VR/ AR).* Springer.

Douglas, M. (1994). *Risk and Blame. Essays in Cultural Theory* (Paperback ed.). Routledge.

Dreibrodt, S., & Bork, H.-R. (2006). Die Geschichte der Landnutzung. In H.-R. Bork (Hrsg.), *Landschaften der Erde unter dem Einfluss des Menschen* (S. 162–167). Primus.

Drexler, D. (2009). Kulturelle Differenzen der Landschaftswahrnehmung in England, Frankreich, Deutschland und Ungarn. In T. Kirchhoff & L. Trepl (Hrsg.), *Vieldeutige Natur. Landschaft, Wildnis und Ökosystem als kulturgeschichtliche Phänomene* (Sozialtheorie, S. 119–136). transcript.

Drexler, D. (2010). *Landschaften und Landschaftswahrnehmung: Untersuchung des kulturhistorischen Bedeutungswandels von Landschaft anhand eines Vergleichs von England, Frankreich.* Technische Universität München.

Drexler, D. (2013a). Landscape, Paysage, Landschaft, Táj. The Cultural Background of Landscape Perceptions in England, France, Germany, and Hungary. *Journal of Ecological Anthropology, 16*(1), 85–96. doi:https://doi.org/10.5038/2162-4593.16.1.7.

Drexler, D. (2013b). Die Wahrnehmung der Landschaft – ein Blick auf das englische, französische und ungarische Landschaftsverständnis. In D. Bruns & O. Kühne (Hrsg.), *Landschaften: Theorie, Praxis und internationale Bezüge. Impulse zum Landschaftsbegriff mit seinen ästhetischen, ökonomischen, sozialen und philosophischen Bezügen mit dem Ziel, die Verbindung von Theorie und Planungspraxis zu stärken* (S. 37–54). Oceano.

Droz, Y., & Miéville-Ott, V. (2005). Le paysage der l'anthropologue. In Y. Droz & V. Miéville-Ott (Hrsg.), *La polyphonie du paysage* (S. 4–20). Lausanne.

Duineveld, M., van Assche, K., & Beunen, R. (2017). Re-conceptualising political landscapes after the material turn: A typology of material events. *Landscape Research, 42*(4), 375–384. https://doi.org/10.1080/01426397.2017.1290791.

Duncan, J. (1995). Landscape geography, 1993–94. *Progress in Human Geography, 19*(3), 414–422. https://doi.org/10.1177/030913259501900308.

Duncan, J., & Duncan, N. (1988). (Re)reading the Landscape. *Environment and Planning D: Society and Space, 6*(2), 117–126. https://doi.org/10.1068/d060117.

Duncan, J. S. (1973). Landscape Taste as a Symbol of Group Identity: A Westchester County Village. *Geographical Review, 63*(3), 334–355. https://doi.org/10.2307/213943.

Duncan, J. S. (1980). The superorganic in American cultural geography. *Annals of the Association of American Geographers, 70*(2), 181–198.

Duncan, J. S. (1990). *The city as text: The politics of landscape interpretation in the Kandyan Kingdom.* Cambridge University Press.

Duncan, J. S., & Duncan, N. (2004). *Landscapes of Privilege. The Politics of the Aesthetics in an American Suburb.* Routledge.

Dunkel, A. (2015). Visualizing the perceived environment using crowdsourced photo geodata. *Landscape and Urban Planning, 142,* 173–186.

Durkheim, É. (1961 [1895]). *Die Regeln der soziologischen Methode.* Luchterhand.

Duttmann, R. (2020). Naturwissenschaftliche Zugänge zur Prozesshaftigkeit von Landschaft – Ansätze der ökologischen Landschaftssystemforschung. In R. Duttmann, O. Kühne, & F. Weber (Hrsg.), *Landschaft als Prozess* (S. 17–68). Springer VS.

Duttmann, R., Kühne, O., & Weber, F. (Hrsg.). (2020). *Landschaft als Prozess.* Springer VS.

Düttmann, S. (2000). *Ästhetische Lernprozesse.* Tectum.

Eagleton, T. (1994). *Ästhetik. Die Geschichte ihrer Ideologie.* Metzler.

EASAC – European Academies Science Advisory Council. (2009). *Ecosystem services and biodiversity in Europe. EASAC policy report 09.* EASAC Secretariat, The Royal Society.

Eckardt, F. (2014). *Stadtforschung. Gegenstand und Methoden.* Springer VS.

Eckardt, F. (2019). Landschaft und Wohnen. In O. Kühne, F. Weber, K. Berr, & C. Jenal (Hrsg.), *Handbuch Landschaft* (S. 771–779). Springer VS.

Edler, D. (2020). Altindustrielle Klanglandschaften und moderne 3D-kartographische Ansätze ihrer Wiedergabe und Erhaltung. In R. Duttmann, O. Kühne, & F. Weber (Hrsg.), *Landschaft als Prozess* (S. 267–280). Springer VS.

Edler, D. (2020b). Where Spatial Visualization Meets Landscape Research and "Pinballology": Examples of Landscape Construction in Pinball Games. *KN – Journal of Cartography and Geographic Information online first.* doi:https://doi.org/10.1007/s42489-020-00044-1.

Edler, D., & Dickmann, F. (2017). The Impact of 1980s and 1990s Video Games on Multimedia Cartography. *Cartographica: The International Journal for Geographic Information and Geovisualization, 52*(2), 168–177. doi:https://doi.org/10.3138/cart.52.2.3823.

Edler, D., & Dickmann, F. (2019). Landschaft im amtlichen Geoinformationswesen. In O. Kühne, F. Weber, K. Berr, & C. Jenal (Hrsg.), *Handbuch Landschaft* (S. 507–515). Springer VS.

Edler, D., Husar, A., Keil, J., Vetter, M., & Dickmann, F. (2018). Virtual Reality (VR) and Open Source Software: A Workflow for Constructing an Interactive Cartographic VR Environment to

Explore Urban Landscapes. *KN – Journal of Cartography and Geographic Information, 68*(1), 5–13. doi:https://doi.org/10.1007/BF03545339.

Edler, D., Jebbink, K., & Dickmann, F. (2015). Einsatz audio-visueller Karten in der Schule – Eine Unterrichtsidee zum Strukturwandel im Ruhrgebiet. *Kartographische Nachrichten, 65*(5), 259–265.

Edler, D., Keil, J., & Dickmann, F. (2020). From Na Pali to Earth – An 'Unreal' Engine for Modern Geodata? In D. Edler, C. Jenal, & O. Kühne (Hrsg.), *Modern Approaches to the Visualization of Landscapes* (S. 279–291). Springer VS.

Edler, D., Keil, J., Wiedenlübbert, T., Sossna, M., Kühne, O., & Dickmann, F. (2019). Immersive VR Experience of Redeveloped Post-industrial Sites: The Example of "Zeche Holland" in Bochum-Wattenscheid. *KN – Journal of Cartography and Geographic Information 38* (3), 1–18. doi:https://doi.org/10.1007/s42489-019-00030-2.

Edler, D., & Kühne, O. (2019). Nicht-visuelle Landschaften. In O. Kühne, F. Weber, K. Berr, & C. Jenal (Hrsg.), *Handbuch Landschaft* (S. 599–612). Springer VS.

Edler, D., Kühne, O., & Jenal, C. (2020). Modern Approaches to the Visualization of Landscapes – An Introduction. In D. Edler, C. Jenal, & O. Kühne (Hrsg.), *Modern Approaches to the Visualization of Landscapes* (S. 3–15). Springer VS.

Edler, D., Kühne, O., Jenal, C., Vetter, M., & Dickmann, F. (2018). Potenziale der Raum-visualisierung in Virtual Reality (VR) für die sozialkonstruktivistische Landschaftsforschung. *KN – Journal of Cartography and Geographic Information, 68*(5), 245–254. doi:https://doi.org/10.1007/BF03545421.

Edler, D., Kühne, O., Keil, J., & Dickmann, F. (2019). Audiovisual Cartography: Established and New Multimedia Approaches to Represent Soundscapes. *KN – Journal of Cartography and Geographic Information, 69* 5–17. doi:https://doi.org/10.1007/s42489-019-00004-4.

Edler, D., & Lammert-Siepmann, N. (2010). Approaching the Acoustic Dimension in Cartographic Theory and Practice: An Example of Mapping Estonia(n). *meta – carto – semiotics, 3*(1), 1–15.

Edler, D., Lammert-Siepmann, N., & Dodt, J. (2012). Die akustische Dimension in der Karto-graphie – eine Übersicht. *Kartographische Nachrichten, 63*(4), 185–195.

Edley, N. (2001). Unravelling Social Constructionism. *Theory & Psychology, 11*(3), 433–441. https://doi.org/10.1177/0959354301113008.

Edwards, B. (2020). The History of Civilization, GAMASUTRA. https://www.gamasutra.com/view/feature/129947/the_history_of_civilization.php?print=1. Zugegriffen: 30. Sept. 2020.

Egner, H. (2006). Mythos ‚West'. Die Canyon Country (USA) als ‚Freizeitpark'. In M. Flitner & J. Lossau (Hrsg.), *Themenorte* (Geographie, Bd. 17). LIT.

Egner, H. (2008). *Gesellschaft, Mensch, Umwelt – beobachtet. Ein Beitrag zur Theorie der Geo-graphie* (Erdkundliches Wissen, Bd. 145). Steiner.

Egner, H. (2010). *Theoretische Geographie*. WBG.

Eibl-Eibesfeldt, I. (1997). *Die Biologie des menschlichen Verhaltens. Grundriss der Humanetho-logie* (3., überarb. und erw. Aufl., 10. – 12. Tsd). Piper.

Eickelmann, J. (2016). Wenn Kunst zum Ereignis wird. In M. Kauppert & H. Eberl (Hrsg.), *Ästhetische Praxis* (Kunst und Gesellschaft, S. 355–376). Springer VS.

Eickelpasch, R., & Rademacher, C. (2004). *Identität*. transcript.

Eisel, U. (1980). *Die Entwicklung der Anthropogeographie von einer „Raumwissenschaft" zur Gesellschaftswissenschaft*. Gesamthochschul-Bibliothek.

Eisel, U. (1982). Die schöne Landschaft als kritische Utopie oder als konservatives Relikt. Über die Kristallisation gegnerischer politischer Philosophien im Symbol „Landschaft". *Soziale Welt, 33*(2), 157–168.

Eisel, U. (1997). Triumph des Lebens. Der Sieg christlicher Wissenschaft über den Tod in Arkadien. *Geographisches Denken. Urbs et Regio, Kasseler Schriften zur Geographie und Planung, 65,* 39–160.

Eisel, U. (1999). Die Architektonik der Moderne. Einige theoretische und definitorische Vorklärungen für die Dekonstruktion des Diskurses der Baumeister. *Modern, Postmodern, Antimodern. Studienprojekt an der TU Berlin (unveröffentlichtes Manuskript). Berlin,* 28–49.

Eisel, U. (2001). Angst vor der Landschaft: Ein wissenschaftlicher Essay. *Erdkunde, 55*(2), 159–171.

Eisel, U. (2004a). Politische Schubladen als theoretische Heuristik. Methodische Aspekte politischer Bedeutungsverschiebungen in Naturbildern. In L. Fischer (Hrsg.), *Projektionsfläche Natur. Zum Zusammenhang von Naturbildern und gesellschaftlichen Verhältnissen* (S. 29–44). Hamburg University Press.

Eisel, U. (2004b). Wann ist die Eigenart einer Landschaft schön? In S. Schöbel-Rutschmann (Hrsg.), *Aufhebungen. Urbane Landschaftsarchitektur als Aufgabe: Eine Anthologie für Jürgen Wenzel* (S. 15–37). Wvb.

Eisel, U. (2006). Landschaftliche Vielfalt mit und ohne Sinn. Über den Nutzen einer Methode in der Landschaftsplanung und im Naturschutz. In U. Eisel & S. Körner (Hrsg.), *Landschaft in einer Kultur der Nachhaltigkeit. Band I. Die Verwissenschaftlichung kultureller Qualität* (Arbeitsberichte des Fachbereichs Architektur, Stadtplanung, Landschaftsplanung, Bd. 163, S. 92–119). Universität Kassel.

Eisel, U. (2008). Über Deutungen und Fehldeutungen. Eine Fortsetzung der Diskussion um den Landschaftsbegriff. *Stadt und Grün, 57*(4), 54–58.

Eisel, U. (2009). *Landschaft und Gesellschaft. Räumliches Denken im Visier* (Raumproduktionen: Theorie und gesellschaftliche Praxis, Bd. 5). Westfälisches Dampfboot.

Eisel, U. (2011). *Abenteuer, Brüche, Sicherheiten und Erschütterungen in der Landschaftsarchitektur? Über den Unterschied zwischen Theorie und Fachpolitik – sowie einige Auskünfte über eine Schule.* Kassel University Press.

Eisel, U., & Körner, S. (Hrsg.). (2006). *Landschaft in einer Kultur der Nachhaltigkeit. Band I. Die Verwissenschaftlichung kultureller Qualität* (Arbeitsberichte des Fachbereichs Architektur, Stadtplanung, Landschaftsplanung, Bd. 163). Universität Kassel.

Eisenstein, S. M. (1988). *Nonindifferent nature. Film and the Structure of Things* (Cambridge studies in film, Reprint). Cambridge Univ. Press.

Eissing, H., & Franke, N. M. (2015). Orte in der Landschaft. Anmerkungen über die Macht von Institutionen. In S. Kost & A. Schönwald (Hrsg.), *Landschaftswandel – Wandel von Machtstrukturen.* Springer VS.

Ekardt, F. (2005). *Das Prinzip Nachhaltigkeit. Generationengerechtigkeit und globale Gerechtigkeit.* Beck.

Eliade, M. (1960). *Schmiede und Alchemisten* (2. Aufl.). Klett-Cotta.

Elias, N. (1997 [1939]). *Über den Prozeß der Zivilisation. Soziogenetische und psychogenetische Untersuchungen* (Suhrkamp-Taschenbuch Wissenschaft, 158/159, 20., neu durchgesehene und erweitere Auflage). Suhrkamp.

Elias, N., & Schröter, M. (Hrsg.). (1994). *Über die Zeit. Arbeiten zur Wissenssoziologie II* (Suhrkamp-Taschenbuch Wissenschaft, Bd. 756, 5. Aufl.). Suhrkamp.

Eliasson, I. (2000). The use of climate knowledge in urban planning. *Landscape and Urban Planning, 48*(1–2), 31–44.

Eliot, T. S. (1980). Traditional and the individual talent. *Id., Selected Essays,* 13–23.

Ellin, N. (1999). *Postmodern Urbanism.* Princeton Architectural Press.

Ellmers, L. (2019). Politische Geographie und Landschaft. In O. Kühne, F. Weber, K. Berr, & C. Jenal (Hrsg.), *Handbuch Landschaft* (S. 397–406). Springer VS.

Ellmers, L. (2020). Politische Entwicklungen als Treiber von Landschaftsprozessen. In R. Duttmann, O. Kühne, & F. Weber (Hrsg.), *Landschaft als Prozess* (S. 557–572). Springer VS.

Elvers, H.-D. (2011). Umweltgerechtigkeit. In M. Groß (Hrsg.), *Handbuch Umweltsoziologie* (S. 464–484). Springer VS.

Engell, L., Siegert, B., & Vogl, J. (Hrsg.). (2007). *Stadt – Land – Fluss. Medienlandschaften* (Archiv für Mediengeschichte, Bd. 7.2007). Universitätsverlag.

Engels, J. I. (2010). Machtfragen. Aktuelle Entwicklungen und Perspektiven der Infrastruktur-geschichte. *Neue politische Literatur, 55,* 51–70.

Engler, S., Janik, J., & Wolf, M. (Hrsg.). (2020). *Energiewende und Megatrends. Wechsel-wirkungen von globaler Gesellschaftsentwicklung und Nachhaltigkeit* (Edition Politik, Bd. 93). transcript.

Ennen, E. (1987). *Die europäische Stadt des Mittelalters (Sammlung Vandenhoeck, 4* (verb). Vandenhoeck und Ruprecht.

Entrikin, J. N. (1991). *The betweenness of place.* Johns Hopkins University Press.

Erb, G. (1997). *Die Landschaftsdarstellung in der deutschen Druckgraphik vor Albrecht Dürer* (Europäische Hochschulschriften Reihe 28, Kunstgeschichte, Bd. 282). Lang.

Ernstson, H. (2013). The social production of ecosystem services: A framework for studying environmental justice and ecological complexity in urbanized landscapes. *Landscape and Urban Planning, 109*(1), 7–17. https://doi.org/10.1016/j.landurbplan.2012.10.005.

Escher, A., & Zimmermann, S. (2001). Geography meets Hollywood. Die Rolle der Landschaft im Spielfilm. *Geographische Zeitschrift, 89*(4), 227–236.

Esser, B. (1998). Das Selbstverständnis einer Nation. Von der ersten Teilung bis zum Ende des Sozialismus. *Geographische Rundschau, 50*(1), 12–16.

Etzemüller, T. (2019). Landschaft, Tourismus und Nation. Imaginary landscapes als Medien des inneren *nation building* in der Moderne. *Geschichte und Gesellschaft, 45*(2), 275–296. doi:https://doi.org/10.13109/gege.2019.45.2.275.

Euchner, W., Stegmann, F. J., Langhorst, P., Jähnichen, T., & Friedrich, N. (2015). *Geschichte der sozialen Ideen in Deutschland: Sozialismus – Katholische Soziallehre – Protestantische Sozial-ethik.* Springer.

Fainstein, S. S. (2010). *The just city.* Cornell University Press.

Färber, A. (2014). Potenziale freisetzen: Akteur-Netzwerk-Theorie und Assemblageforschung in der interdisziplinären kritischen Stadtforschung. *sub\urban zeitschrift für kritische stadt-forschung, 2*(1), 95–103.

Fassl, P. (2014). Photovoltaik – Windkraft – Biogasanlagen. Zur Frage einer kulturlandwirtschaft-lichen Bewertung. In Bund Heimat und Umwelt in Deutschland (BHU) (Hrsg.), *Energieland-schaften gestalten. Leitlinien und Beispiele für Bürgerpartizipation* (S. 59–81). Selbstverlag.

Faure, P. (1993). *Magie der Düfte. Eine Kulturgeschichte der Wohlgerüche von den Pharaonen zu den Römern.* Artemis und Winkler.

Feagan, R., & Ripmeester, M. (2001). Reading private green space: Competing geographic identities at the level of the lawn. *Philosophy & Geography, 4*(1), 79–95. https://doi.org/10.1080/10903770124446.

Fehl, G. (2004). Stadt im „National Grid". Zu einigen historischen Grundlagen der US-amerikanischen Stadtproduktion. *Going West,* 42–68.

Fehn, K. (2007). Naturschutz und Landschaftspflege im ‚Dritten Reich'. Zur Terminologie der ‚artgemäßen Landschaftsgestaltung'. In B. Busch (Hrsg.), *Jetzt ist die Landschaft ein Katalog voller Wörter. Beiträge zur Sprache der Ökologie* (Valerio, Bd. 5, S. 42–50). Wallstein.

Felber Rufer, P. (2006). *Landschaftsveränderung in der Wahrnehmung und Bewertung der Bevölkerung. Eine qualitative Studie in vier Schweizer Gemeinden.* Eidgenössische Forschungsanstalt WSL.

Ferenčuhová, S., & Gentile, M. (2016). Introduction: Post-socialist cities and urban theory. *Eurasian Geography and Economics, 57*(4–5), 483–496. https://doi.org/10.1080/15387216.20 16.1270615.

Fetscher, I. (1993 [1975]). *Rousseaus politische Philosophie. Zur Geschichte des demokratischen Freiheitsbegriffs* (Suhrkamp-Taschenbuch Wissenschaft, Bd. 143). Suhrkamp.

Fierla, I. (1999). *Repetytorium z geografii gospodarczej.* Polskie Wydawnictwo Ekonomiczne.

Fine, A. (2000). Der Blickpunkt von niemand besonderen. In M. Sandbothe (Hrsg.), *Die Renaissance des Pragmatismus. Aktuelle Verflechtungen zwischen analytischer und kontinentaler Philosophie* (S. 59–77). Velbrück.

Fink-Kessler, A., & Häpke, U. (1995). *Für eine nachhaltige Landwirtschaft in Niedersachsen.* ABL Bauernblatt Verlags-GmbH.

Firges, J. (2004). *Jean-Jacques Rousseau: Julie oder die neue Héloïse. Die Genese der bürgerlichen Ideologie* (Exemplarische Reihe Literatur und Philosophie, Bd. 18). Sonnenberg.

Fischer, L. (2001). Das Erhabene und die ‚feinen Unterschiede‘. Zur Dialektik in den soziokulturellen Funktionen von ästhetischen Deutungen der Landschaft. In R. W. Brednich, A. Schneider, & U. Werner (Hrsg.), *Natur – Kultur. Volkskundliche Perspektiven auf Mensch und Umwelt* (S. 347–356). Waxmann.

Fischer, L. (2011, Mai). *Landschaft und der doppelte Effekt von Arbeit. Vortrag auf der Konferenz: Konstituierung von Kulturlandschaft: Wie wird Landschaft gemacht?.*

Fischer, N. (2016). *Gedächtnislandschaften in Geschichte und Gegenwart. Kulturwissenschaftliche Studien.* Springer VS.

Flam, H. (2002). *Soziologie der Emotionen. Eine Einführung* (UTB, Bd. 2359). UVK.

Fontaine, D. (2017a). Ästhetik simulierter Welten am Beispiel Disneylands. In O. Kühne, H. Megerle & F. Weber (Hrsg.), *Landschaftsästhetik und Landschaftswandel* (RaumFragen: Stadt – Region – Landschaft, S. 105–120). Springer VS.

Fontaine, D. (2017b). *Simulierte Landschaften in der Postmoderne. Reflexionen und Befunde zu Disneyland, Wolfersheim und GTA V.* Springer VS.

Fontaine, D. (2018). Die Energiewende und ihr Einzug in saarländische Lehrwerke für Gymnasien: Eine Erfolgsgeschichte? In O. Kühne & F. Weber (Hrsg.), *Bausteine der Energiewende* (S. 369–383). Springer VS.

Fontaine, D. (2019). Landschaft in Schulbüchern. In O. Kühne, F. Weber, K. Berr, & C. Jenal (Hrsg.), *Handbuch Landschaft* (S. 641–650). Springer VS.

Fontaine, D. (2020). Landscape in Computer Games – The Examples of GTA V and Watch Dogs 2. In D. Edler, C. Jenal, & O. Kühne (Hrsg.), *Modern Approaches to the Visualization of Landscapes* (S. 293–306). Springer VS.

Fontaine, D. (2020). Virtuality and Landscape. In D. Edler, C. Jenal, & O. Kühne (Hrsg.), *Modern Approaches to the Visualization of Landscapes* (S. 267–278). Springer VS.

Fontaine, D. (2021). Wald im Schulbuch. In K. Berr & C. Jenal (Hrsg.), *Wald in der Vielfalt möglicher Perspektiven. Von der Pluralität lebensweltlicher Bezüge und wissenschaftlichen Thematisierungen* (S. im Druck). Springer VS, in Vorbereitung.

Ford, D. (2016). "eXplore, eXpand, eXploit, eXterminate": Affective Writing of Postcolonial History and Education in Civilization V. *Game Studies, 16*(2). http://gamestudies.org/1602/articles/ford. Zugegriffen: 21. Sept. 2020.

Forkel, J. A., & Grimm, M. (2014). Die Emotionalisierung durch Landschaft oder das Glück in der Natur. *Sozialwissenschaften und Berufspraxis, 37*(2), 251–266.

Forman, R. T. T., & Godron, M. (1996). *Landscape Ecology.* Wiley.

Foucault, M. (1977). *Überwachen und Strafen. Die Geburt des Gefängnisses* (Suhrkamp-Taschenbuch Wissenschaft, Bd. 184). Suhrkamp.

Foucault, M. (1981 [frz. Original 1969]). *Archäologie des Wissens* (Suhrkamp-Taschenbuch Wissenschaft, Bd. 356). Suhrkamp.

Foucault, M. (1983 [1976]). *Der Wille zum Wissen. Sexualität und Wahrheit* (Suhrkamp-Taschenbuch Wissenschaft). suhrkamp taschenbuch wissenschaft.

Foucault, M. (1990). Andere Räume. In K. Barck, P. Gente, & H. Paris (Hrsg.), *Aisthesis. Wahrnehmung heute oder Perspektiven einer anderen Ästhetik* (S. 34–46). Reclam.

Foucault, M. (2005). *Die Heterotopien*. Suhrkamp Verlag (Zwei Radiovorträge).

Foxley, A. (2010). *Distance & Engagement*. Lars Müller Publishers.

Frank, S. (2012). Reurbanisierung als innere Suburbanisierung. In A. Hill & A. Prossek (Hrsg.), *Metropolis und Region. Aktuelle Herausforderungen für Stadtforschung und Raumplanung* (Metropolis und Region, Bd. 8, S. 69–80). Rohn.

Frank, S. (2018). Inner-City Suburbanization – no Contradiction in Terms. Middle-Class Family Enclaves are Spreading in the Cities. *Raumforschung und Raumordnung | Spatial Research and Planning, 76*(2), 123–132. doi:https://doi.org/10.1007/s13147-016-0444-1.

Franke, N. (2016). Die Rolle des Naturschutzes bei Planung und Bau des Westwalls. In N. Franke & K. Werk (Hrsg.), *Naturschutz am ehemaligen Westwall. NS-Großanlagen im Diskurs*. Tagung Naturschutz am ehemaligen Westwall – NS-Großanlagen im Diskurs (Geisenheimer Beiträge zur Kulturlandschaft, Bd. 1, S. 30–47). Gesellschaft zur Förderung der Hochschule Geisenheim.

Frantz, K. (2001). Gated Communities in Metro-Phoenix (Arizona): Neuer Trend in der US-Amerikanischen Stadtlandschaft. *Geographische Rundschau, 53*(1), 12–18.

French, R. A., & Hamilton, F. E. I. (Hrsg.). (1979). *The Socialist city. Spatial structure in Soviet and East European cities*. Wiley.

Frey, R. L. (1994). *Wirtschaft, Staat und Wohlfahrt. Eine Einführung in die Nationalökonomie*. Helbing & Lichtenhahn.

Freyer, H. (1996a). Landschaft und Geschichte. In G. Gröning (Hrsg.), *Landschaftswahrnehmung und Landschaftserfahrung* (Arbeiten zur sozialwissenschaftlich orientierten Freiraumplanung, S. 69–90). LIT.

Freyer, H. (1996b). Über das Dominantwerden technischer Kategorien in der Lebenswelt der industriellen Gesellschaft. In P. Fischer (Hrsg.), *Technikphilosophie. Von der Antike bis zur Gegenwart* (S. 237–254). Reclam.

Freytag, T., & Bauder, M. (2018). Bottom-up touristification and urban transformations in Paris. *Tourism Geographies, 20*(3), 443–460. https://doi.org/10.1080/14616688.2018.1454504.

Freytag, T., & Popp, M. (2009). Der Erfolg des europäischen Städtetourismus. Grundlagen, Entwicklungen, Wirkungen. *Geographische Rundschau 61* (2), 4–11.

Friedrichs, J. (1995). *Stadtsoziologie* (Di 1 ban). Leske + Budrich.

Friesen, H. (2013). Philosophische Ästhetik und die Entwicklung der Kunst. In H. Friesen & M. Wolf (Hrsg.), *Kunst, Ästhetik, Philosophie. Im Spannungsfeld der Disziplinen* (S. 71–160). Mentis.

Fröhlich, H. (2003). *Learning from Los Angeles – Zur Rolle von Los Angeles in der Diskussion um die postmoderne Stadt* (Beiträge zur Stadt- und Regionalplanung, Bd. 5). Selbstverlag.

Fröhlich, H. (2007). *Das neue Bild der Stadt. Filmische Stadtbilder und alltägliche Raumvorstellungen im Dialog* (Erdkundliches Wissen, Bd. 142). Steiner.

Frohmann, E. (1997). *Gestaltungsqualitäten in Landschaft und Freiraum: abgeleitet von den körperlich, seelisch, geistigen Wechselwirkungen zwischen Mensch und Lebensraum*. Österreichischer Kunst- und Kulturverlag.

Frohn, H.-W., & Rosebrock, J. (2008). „Bruno, der Bär" und die afrikanische Megafauna. Zum Habitus internationaler Naturschutzakteure – eine historische Herleitung. In K.-H. Erdmann, J. Löffler & S. Roscher (Hrsg.), *Naturschutz im Kontext einer nachhaltigen Entwicklung. Ansätze,*

Konzepte, Strategien (Naturschutz und Biologische Vielfalt, Bd. 67, S. 31–50). Bundesamt für Naturschutz.

Fuhrer, U., & Wölfing, S. (1997). *Von den sozialen Grundlagen des Umweltbewußtseins zum verantwortlichen Umwelthandeln.* Huber.

Fukuyama, F. (2013). What is Governance? CGD Working Paper 314. http://www.cgdev.org/content/publications/detail/1426906. Zugegriffen: 28. Nov. 2018.

Fuller, G. (1992). *Kitsch-Art. Wie Kitsch zur Kunst wird* (DuMont-Taschenbücher, Bd. 287). DuMont.

Füller, H., & Marquardt, N. (2008). Die Sicherstellung von Urbanität. Ambivalente Effekte von BIDs auf soziale Kontrolle in Los Angeles. In R. Pütz (Hrsg.), *Business Improvement Districts. Ein neues Governance-Modell aus Perspektive von Praxis und Stadtforschung* (Geographische Handelsforschung, Bd. 14, S. 35–60). L.I.S.

Füller, H., & Marquardt, N. (2010). *Die Sicherstellung von Urbanität. Innerstädtische Restrukturierung und soziale Kontrolle in Downtown Los Angeles.* Westfälisches Dampfboot.

Funck, C. (2019). Wechselwirkungen zwischen Tourismus und Landschaft in Japan. In K. Berr & C. Jenal (Hrsg.), *Landschaftskonflikte* (S. 357–374). Springer VS.

Funken, C., & Löw, M. (2007). Ego-Shooters Container. Raumkonstruktionen im elektronischen Netz. In R. Maresch & N. Werber (Hrsg.), *Raum, Wissen, Macht* (Suhrkamp Taschenbuch Wissenschaft, Bd. 1603, 7. Nachdr, S. 69–91). Suhrkamp.

Funtowicz, S. O., & Ravetz, J. R. (1990). *Uncertainty and Quality in Science for Policy.* Dordrecht.

Furia, P. (2021). Space and Place. A Morphological Perspective. *Axiomathes,* 1–18. doi:https://doi.org/10.1007/s10516-021-09539-6.

Fürst, D. (2001). Regional governance – ein neues Paradigma der Regionalwissenschaften? *Raumforschung und Raumordnung, 59*(5–6), 370–380.

Fürst, D. (2008). Metropolregionen, Wissensregionen und Governance. *Raumforschung und Raumordnung, 66*(3), 219–229.

Fürst, D., Gailing, L., Lahner, M., Pollermann, K., & Röhring, A. (2008). Konstituierung von Kulturlandschaften als Handlungsräume. In D. Fürst, L. Gailing, K. Pollermann, & A. Röhring (Hrsg.), *Kulturlandschaft als Handlungsraum. Institutionen und Governance im Umgang mit dem regionalen Gemeinschaftsgut Kulturlandschaft* (S. 89–102). Rohn.

Fürst, D., Lahner, M., & Pollermann, K. (2008). Regional Governance und Place-making in Kulturlandschaften. In D. Fürst, L. Gailing, K. Pollermann, & A. Röhring (Hrsg.), *Kulturlandschaft als Handlungsraum. Institutionen und Governance im Umgang mit dem regionalen Gemeinschaftsgut Kulturlandschaft* (S. 71–88). Rohn.

Gądecki, J. (2012). Gating Warsaw. Enclosed Housing Estates and the Aesthetics of Luxury. In M. Grubbauer & J. Kusiak (Hrsg.), *Chasing Warsaw: Socio-Material Dynamics of Urban Change since 1990* (S. 109–132). Campus.

Gądecki, J. (2014). The marketers of dreams vs. romantic gentrifiers: reflections on consumption in the Polish housing market. *Europa Regional, 20*(1), 30–41.

Gailing, L. (2007). Zwischenlandschaft. Institutionelle Dimensionen der Kulturlandschaft zwischen Stadt und Land. In S. Körner & I. Marschall (Hrsg.), *Die Zukunft der Kulturlandschaft. Verwilderndes Land, wuchernde Stadt?* (BfN-Skripten, Bd. 224, S. 177–188). Bonn-Bad Godesberg.

Gailing, L. (2008). Kulturlandschaft – Begriff und Debatte. In D. Fürst, L. Gailing, K. Pollermann, & A. Röhring (Hrsg.), *Kulturlandschaft als Handlungsraum. Institutionen und Governance im Umgang mit dem regionalen Gemeinschaftsgut Kulturlandschaft* (S. 21–34). Rohn.

Gailing, L. (2012). Sektorale Institutionensysteme und die Governance kulturlandschaftlicher Handlungsräume. Eine institutionen- und steuerungstheoretische Perspektive auf die

Konstruktion von Kulturlandschaft. *Raumforschung und Raumordnung, 70*(2), 147–160. doi:https://doi.org/10.1007/s13147-011-0135-x.

Gailing, L. (2014). *Kulturlandschaftspolitik. Die gesellschaftliche Konstituierung von Kulturlandschaft durch Institutionen und Governance* (Planungswissenschaftliche Studien zu Raumordnung und Regionalentwicklung, Bd. 4). Rohn.

Gailing, L. (2015a). Energiewende als Mehrebenen-Governance. *Nachrichten der ARL, 45*(2), 7–10.

Gailing, L. (2015b). Landschaft und produktive Macht. In S. Kost & A. Schönwald (Hrsg.), *Landschaftswandel – Wandel von Machtstrukturen* (S. 37–51). Springer VS.

Gailing, L. (2015c). Die Transformation suburbaner Räume in westlichen Gesellschaften und die Perspektive der sozialwissenschaftlichen Landschaftsforschung. In O. Kühne, K. Gawroński, & J. Hernik (Hrsg.), *Transformation und Landschaft. Die Folgen sozialer Wandlungsprozesse auf Landschaft* (S. 84–93). Springer VS.

Gailing, L. (2018). Die räumliche Governance der Energiewende: Eine Systematisierung der relevanten Governance-Formen. In O. Kühne & F. Weber (Hrsg.), *Bausteine der Energiewende* (S. 75–90). Springer VS.

Gailing, L. (2019). Landschaft und Governance. In O. Kühne, F. Weber, K. Berr, & C. Jenal (Hrsg.), *Handbuch Landschaft* (S. 419–428). Springer VS.

Gailing, L., & Leibenath, M. (2010). Diskurse, Institutionen und Governance: Sozialwissenschaftliche Zugänge zum Untersuchungsgegenstand Kulturlandschaft. *Berichte zur deutschen Landeskunde, 84*(1), 9–25.

Gailing, L., & Leibenath, M. (2012). Von der Schwierigkeit, „Landschaft" oder „Kulturlandschaft" allgemeingültig zu definieren. *Raumforschung und Raumordnung, 70*(2), 95–106. https://doi.org/10.1007/s13147-011-0129-8.

Gailing, L., & Leibenath, M. (2015). The Social Construction of Landscapes: Two Theoretical Lenses and Their Empirical Applications. *Landscape Research, 40*(2), 123–138. https://doi.org/10.1080/01426397.2013.775233.

Gailing, L., & Leibenath, M. (2017). Political landscapes between manifestations and democracy, identities and power. *Landscape Research, 42*(4), 1–12. https://doi.org/10.1080/01426397.2017.1290225.

Gailing, L., & Röhring, A. (2008a). Institutionelle Aspekte der Kulturlandschaftsentwicklung. In D. Fürst, L. Gailing, K. Pollermann, & A. Röhring (Hrsg.), *Kulturlandschaft als Handlungsraum. Institutionen und Governance im Umgang mit dem regionalen Gemeinschaftsgut Kulturlandschaft* (S. 49–70). Rohn.

Gailing, L., & Röhring, A. (2008). Kulturlandschaften als Handlungsräume der Regionalentwicklung. Implikationen des neuen Leitbildes zur Kulturlandschaftsgestaltung. *RaumPlanung, 136*, 5–10.

Gallagher, L. (2013). *The End of the Suburbs. Where the American Dream is Moving.* Portfolio/Penguin.

Gandy, M. (2016). Unintentional landscapes. *Landscape Research, 41*(4), 433–440.

Gans, H. J. (1962). *The Urban Villagers. Group and Class in the Life of Italian-Americans.* Free Press of Glencoe.

Gansland, H. R., & Carrier, M. (2004). „Positivismus (historisch)". In J. Mittelstraß (Hrsg.), *Enzyklopädie Philosophie und Wissenschaftstheorie* (3, P – So, unveränderte Sonderausgabe, S. 301–303). Metzler.

Ganzert, C. (1996). Die Landwirtschaft zwischen Natur und Markt. In W. Konold (Hrsg.), *Naturlandschaft – Kulturlandschaft. Die Veränderung der Landschaften nach der Nutzbarmachung durch den Menschen* (S. 77–98). Ecomed.

Garfinkel, H. (1967). *Studies in ethnomethodology* (10. printing). Prentice-Hall.

Garreau, J. (1991). *Edge City*. Anchor Books.

Gawroński, K. (2015). Die Veränderungen der Raumordnungspolitik Polens in den Jahren 1945–2012. In O. Kühne, K. Gawroński, & J. Hernik (Hrsg.), *Transformation und Landschaft. Die Folgen sozialer Wandlungsprozesse auf Landschaft* (S. 45–59). Springer VS.

Gebhard, G., Geisler, O., & Schröter, S. (2007). Heimatdenken: Konjunkturen und Konturen. In G. Gebhard, O. Geisler, & S. Schröter (Hrsg.), *Heimat. Konturen und Konjunkturen eines umstrittenen Konzepts* (S. 9–56). transcript.

Gebhard, U. (2013). *Kind und Natur. Die Bedeutung der Natur für die psychische Entwicklung* (4. Aufl.). Springer VS.

Gebhard, U., & Kistemann, T. (2016). Therapeutische Landschaften: Gesundheit, Nachhaltigkeit, „gutes Leben". In U. Gebhard & T. Kistemann (Hrsg.), *Landschaft, Identität und Gesundheit. Zum Konzept der Therapeutischen Landschaften* (S. 1–17). Springer VS.

Gebhardt, D., & Holm, A. (2011). Initiativen für ein Recht auf Stadt. In A. Holm & D. Gebhardt (Hrsg.), *Initiativen für ein Recht auf Stadt. Theorie und Praxis städtischer Aneignungen* (S. 7–23). VSA.

Gebhardt, H. (2016). Entwicklungspfade und Perspektiven der Humangeographie im deutschsprachigen Raum – einige Leitlinien. In J. Aistleitner, M. Coy, & J. Stötter (Hrsg.), *Die Welt verstehen – eine geographische Herausforderung. Eine Festschrift der Geographie Innsbruck für Axel Borsdorf* (Innsbrucker geographische Studien, Bd. 40, S. 43–59). Geographie Innsbruck Selbstverlag.

Gebhardt, H. (2019). Landeskunde und Landschaft – eine kritische Betrachtung. In O. Kühne, F. Weber, K. Berr, & C. Jenal (Hrsg.), *Handbuch Landschaft* (S. 289–298). Springer VS.

Gebhardt, H., Reuber, P., & Wolkersdorfer, G. (2003). Kulturgeographie – Leitlinien und Perspektiven. In H. Gebhardt, P. Reuber, & G. Wolkersdorfer (Hrsg.), *Kulturgeographie. Aktuelle Ansätze und Entwicklungen* (Spektrum Lehrbuch, S. 1–30). Spektrum Akademischer.

Gebhardt, L., & Wiegandt, C.-C. (2014). Neue Stadtlust? Motive für urbanes Wohnen im Kontext der Reurbanisierungsdebatte – die Fallstudien Köln Sülz und Leipzig Südvorstadt. In R. Danielzyk, S. Lentz, & C.-C. Wiegandt (Hrsg.), *Suchst du noch oder wohnst du schon? Wohnen in polyzentrischen Stadtregionen* (S. 141–169). LIT.

Gehlen, A. (1940). *Der Mensch. Seine Natur und seine Stellung in der Welt*. Junker und Dünnhaupt.

Gehring, K., & Kohsaka, R. (2007). Landscape' in the Japanese language: Conceptual differences and implications for landscape research. *Landscape Research, 32*(2), 273–283. https://doi.org/10.1080/01426390701231887.

Gelfert, H.-D. (2000). *Was ist Kitsch?* (Kleine Reihe V und R, Bd. 4024). Vandenhoeck und Ruprecht.

Gelinsky, E. (2006). *Vielfalt und regionale Eigenart als strukturierende Prinzipien einer Kulturtheorie des Essens. Eine ideengeschichtliche Rekonstruktion am Beispiel der Organisation Slow Food*. Dissertation, Technische Universität München. München. https://mediatum.ub.tum.de/doc/603772/document.pdf. Zugegriffen: 28. Juli 2020.

Genosko, J. (1999). *Netzwerke in der Regionalpolitik* (Strukturpolitik). Schüren.

Gergen, K. J. (1999). *An invitation to social construction*. SAGE.

Gergen, K. J., & Gergen, M. (2009). *Einführung in den sozialen Konstruktionismus*. Carl-Auer-Systeme.

Gerhard, U. (2017). Reurbanisierung – mehr als ein neoliberaler Diskurs. In W. Gamerith & U. Gerhard (Hrsg.), *Kulturgeographie der USA. Eine Nation begreifen* (S. 145–152). Springer Spektrum.

Gerhards, P., & Spellerberg, A. (2011). Partizipative Planung mit Seniorinnen und Senioren am Beispiel von Zukunftswerkstätten in Pirmasens. *Raumforschung und Raumordnung, 69*(2), 119–128. https://doi.org/10.1007/s13147-011-0083-5.

Gertenbach, L. (2015). *Entgrenzungen der Soziologie. Bruno Latour und der Konstruktivismus* (1. Aufl.). Velbrück (Teilw. zugl.: Jena, Univ., Diss., 2012).

Gesler, W. M. (1993). Therapeutic Landscapes: Theory and a Case Study of Epidauros, Greece. *Environment and Planning D: Society and Space, 11*(2), 171–189. https://doi.org/10.1068/d110171.

Gethmann-Siefert, A. (1995). *Einführung in die Ästhetik* (UTB, Bd. 1875). Fink.

Geulen, D. (1991). Die historische Entwicklung sozialisationstheoretischer Ansätze. In K. Hurrelmann & D. Ulrich (Hrsg.), *Neues Handbuch der Sozialisationsforschung* (S. 21–54). Beltz.

Geulen, D. (2005). *Subjektorientierte Sozialisationstheorie. Sozialisation als Epigenese des Subjekts in Interaktion mit der gesellschaftlichen Umwelt.* Juventa.

Geulen, D., & Hurrelmann, K. (1980). Zur Programmatik einer umfassenden Sozialisationstheorie. In K. Hurrelmann & D. Ulrich (Hrsg.), *Handbuch der Sozialisationsforschung* (S. 51–67). Beltz.

Giacomoni, P. (2007). Locus amoenus and locus horridus in the contemporary debate on landscape. In M. Schmeling & M. Schmitz-Emans (Hrsg.), *Das Paradigma der Landschaft in Moderne und Postmoderne. (Post-)Modernist Terrains: Landscapes – Settings – Spaces* (Saarbrücker Beiträge zur vergleichenden Literatur- und Kulturwissenschaft, Bd. 34, S. 83–92). Königshausen & Neumann.

Giddens, A. (1995 [1990]). *Konsequenzen der Moderne* (2. Aufl.). Suhrkamp.

Gilbert, K. E., & Kuhn, H. (1953). *A history of esthetics.* Indiana University Press.

Gimblett, H. R., Itami, R. M., & Fitzgibbon, J. E. (1985). Mystery in an Information Processing Model of Landscape Preference. *Landscape Journal, 4*(2), 87–95.

Gipe, P. (2002). Design As If People Matter: Aesthetic Guidelines for a Wind Power Future. In M. J. Pasqualetti, P. Gipe, & R. W. Righter (Hrsg.), *Wind Power in View: Energy Landscapes in a Crowded World* (S. 173–212). Academic Press.

Gladstone, D. L., & Fainstein, S. S. (2003). The New York and Los Angeles Economies. In D. Halle (Hrsg.), *New York & Los Angeles. Politics, Society, and Culture: A Comparative View* (S. 79–98). University of Chicago Press.

Glasersfeld, E. v. (1995). *Radical constructivism. A way of knowing and learning* (Studies in mathematics education series, Bd. 6). Falmer Press.

Glasze, G. (2003). *Die fragmentierte Stadt. Ursachen und Folgen bewachter Wohnkomplexe im Libanon* (Stadtforschung aktuell, Bd. 89). Leske + Budrich.

Glasze, G., & Mattissek, A. (2009). Diskursforschung in der Humangeographie: Konzeptionelle Grundlagen und empirische Operationalisierung. In G. Glasze & A. Mattissek (Hrsg.), *Handbuch Diskurs und Raum. Theorien und Methoden für die Humangeographie sowie die sozial- und kulturwissenschaftliche Raumforschung* (S. 11–59). transcript.

Göb, A. (2019). Heimat im Suburbanen? Zur Lebenswelt von Suburbaniten. In M. Hülz, O. Kühne, & F. Weber (Hrsg.), *Heimat. Ein vielfältiges Konstrukt* (S. 245–257). Springer VS.

Gold, J., & Revill, G. (1999). Landscapes of defence. *Landscape Research, 24*(3), 229–239.

Gold, J. R., & Revill, G. (2003). Exploring landscapes of fear: Marginality, spectacle and surveillance. *Capital & Class, 27*(2), 27–50. https://doi.org/10.1177/030981680308000104.

Goldschmidt, R., Renn, O., & Scheel, O. (2012). *Zur Wirkung und Effektivität von Dialog- und Beteiligungsformaten. Arbeitsbericht* (Stuttgarter Beiträge zur Risiko- und Nachhaltigkeitsforschung, Bd. 23). Inst. für Sozialwiss., Abt. für Technik- und Umweltsoziologie.

Goodchild, M. F. (2007). Citizens as sensors: The world of volunteered geography. *GeoJournal, 69*(4), 211–221. https://doi.org/10.1007/s10708-007-9111-y.

Goodman, N. (1951). *The structure of appearance.* Harvard University Press.

Goodman, N. (1973). *Sprachen der Kunst. Ein Ansatz zu einer Symboltheorie.* Suhrkamp.

Goodman, N. (1978). *Ways of Worldmaking* (Harvester studies in philosophy, Bd. 5). Harvester Press.

Goodman, N. (1992). Kunst und Erkenntnis. In D. Henrich & W. Iser (Hrsg.), *Theorien der Kunst* (Suhrkamp Taschenbuch Wissenschaft, Bd. 1012, S. 569–591). Suhrkamp.

Gordon, G. (2008). What is Play? In Search of a Universal Definition. *Play and Culture Studies, 8,* 1–21.

Görg, C. (2007). Landscape governance. The „politics of scale" and the „natural" conditions of places. *Geoforum, 38*(5), 954–966.

Gottdiener, M. (1977). *Planned sprawl. Private and public interests in suburbia* ((Sage library of social research, v. 38), 2. print). Sage.

Gottschick, M., & Ette, J. (2012). Etablierte Partizipationslandschaften. Hemmnis für Innovationen zur nachhaltigen regionalen Entwicklung und Anpassung an den Klimawandel? In A. Knierim, S. Baasch, & M. Gottschick (Hrsg.), *Partizipationsforschung und Partizipationsverfahren in der sozialwissenschaftlichen Klimaforschung. Diskussionspapiere zum Workshop* (S. 26–39). Workshop-Materialien.

Gradmann, R. (1924). Das harmonische Landschaftsbild. Z. d. *Zeitschrift der Gesellschaft für Erdkunde zu Berlin,* 129–147.

Graham, G. (2005). *Philosophy of the arts. An introduction to aesthetics* (3rd ed.). Routledge.

Granö, J. G. (1973). Geographische Ganzheiten. In K. Paffen (Hrsg.), *Das Wesen der Landschaft* (Wege der Forschung, Bd. 39, S. 3–19). WBG.

Granö, J. G. (1997 [1929]). *Pure geography.* The Johns Hopkins University Press.

Grap, R. (1992). *Neue Formen der Arbeitsorganisation für die Stahlindustrie.* Verlag der Augustinus-Buchhandlung.

Gratzel, G. A. (1990). Freiheit, Konflikt und Wandel. Bemerkungen zum Liberalismus-Verständnis bei Ralf Dahrendorf. In H.-G. Fleck, J. Frölich, & B.-C. Padtberg (Hrsg.), *Jahrbuch zur Liberalismus-Forschung. 2. Jahrgang 1990* (S. 11–45). Nomos.

Grau, A. (2017). *Hypermoral. Die neue Lust an der Empörung* (2. Aufl.). Claudius.

Green, N. (2003). Looking at the Landscape. Class Formation and the Visual. In E. D. Hirsch & M. O'Hanlon (Hrsg.), *The anthropology of landscape. Perspectives on place and space* (S. 31–42). Clarendon.

Greenberg, C. (2007). Avantgarde und Kitsch. In U. Dettmar & T. Küpper (Hrsg.), *Kitsch. Texte und Theorien* (S. 203–212). Reclam.

Greider, T., & Garkovich, L. (1994). Landscapes: The Social Construction of Nature and the Environment. *Rural Sociology, 59*(1), 1–24. https://doi.org/10.1111/j.1549-0831.1994.tb00519.x.

Greiffenhagen, M. (1971). *Das Dilemma des Konservatismus in Deutschland.* Piper.

Greverus, I.-M. (1979). *Auf der Suche nach Heimat* (Beck'sche Schwarze Reihe, Bd. 189). Beck.

Greverus, I.-M. (2005). *Ästhetische Orte und Zeichen. Wege zu einer ästhetischen Anthropologie* (TRANS, Bd. 7). LIT.

Groß, M. (2006). *Natur.* transcript.

Groth, P., & Wilson, C. (2005). Die Polyphonie der Cultural Landscape Studies [2003]. In B. Franzen & S. Krebs (Hrsg.), *Landschaftstheorie. Texte der Cultural Landscape Studies* (Kunstwissenschaftliche Bibliothek, Bd. 26, S. 58–90). König.

Gruenter, R. (1975 [1953]). Landschaft. Bemerkungen zu Wort und Bedeutungsgeschichte. In A. Ritter (Hrsg.), *Landschaft und Raum in der Erzählkunst* (Wege der Forschung, Bd. 418, S. 192–207). BG.

Grunewald, K., & Bastian, O. (2013). Ökosystemdienstleistungen (ÖSD) – mehr als ein Modewort? In K. Grunewald & O. Bastian (Hrsg.), *Ökosystemdienstleistungen. Konzept, Methoden und Fallbeispiele* (S. 1–11). Springer Spektrum.

Grunwald, A., & Kopfmüller, J. (2006). *Nachhaltigkeit.* Campus.

Gudermann, R. (2005). Conviction and Constraint. Hydraulic Engineers and Agricultural Projects in Nineteenth-Century Prussia. In T. Lekan & T. Zeller (Hrsg.), *Germany's Nature. Cultural Landscapes and Environmental History* (S. 33–54). Rutgers University Press.

Gugenberger, E., & Schweidlenka, R. (1996). *Bioregionalismus. Bewegung für das 21. Jahrhundert* (2. Aufl.). Packpapier.

Gunzelmann, T. (1987). *Die Erhaltung der historischen Kulturlandschaft. Angewandte Historische Geographie des ländlichen Raumes mit Beispielen aus Franken.* Dissertation, Universität Bamberg. Bamberg.

Ha, K. N. (2005). *Hype um Hybridität. Kultureller Differenzkonsum und postmoderne Verwertungstechniken im Spätkapitalismus* (Cultural studies, Bd. 11). transcript.

Ha, K. N. (2006). Die Grenze überqueren? Hybridität als spätkapitalistische Logik der kulturellen Übersetzung und der nationalen Modernisierung. http://eipcp.net/transversal/1206/ha/de. Zugegriffen: 29. Nov. 2018.

Haaren, C. von, Lovett, A. A., & Albert, C. (2020). *Landscape planning with ecosystem services. Theories and methods for application in Europe* (Landscape Series). Springer.

Haber, W. (1991). Kulturlandschaft versus Naturlandschaft. Zur Notwendigkeit der Bestimmung ökologischer Ziele im Rahmen der Raumplanung. *Raumforschung und Raumordnung, 49*(2–3), 106–112.

Haber, W. (1993). Über die Entwicklung der Naturschutzgesetzgebung. In Bayerische Akademie der Wissenschaften (Hrsg.), *Probleme der Umweltforschung in historischer Sicht. Rundgespräch am 16. und 17. November 1992 in München* (Rundgespräche der Kommission für Ökologie, Bd. 7, S. 221–231). Dr. Friedrich Pfeil.

Haber, W. (2000). Die Kultur der Landschaft. Von der Ästhetik zur Nachhaltigkeit. In S. Appel, E. Duman, F. Große-Kohorst, & F. Schafranski (Hrsg.), *Wege zu einer neuen Planungs- und Landschaftskultur. Festschrift für Hanns Stephan Wüst* (S. 1–19). Selbstverlag.

Haber, W. (2001). Kulturlandschaft zwischen Bild und Wirklichkeit. In Akademie für Raumforschung und Landesplanung (Hrsg.), *Die Zukunft der Kulturlandschaft zwischen Verlust, Bewahrung und Gestaltung* (Forschungs- und Sitzungsberichte, Bd. 215, S. 6–29). Selbstverlag.

Haber, W. (2005). Pflege des Landes – Verantwortung für Landschaft und Heimat. In Deutscher Rat für Landespflege (Hrsg.), *Landschaft und Heimat* (Schriftenreihe des Deutschen Rates für Landespflege, Heft 77, S. 100–107). DCM.

Haber, W. (2006). Kulturlandschaften und die Paradigmen des Naturschutzes. *Stadt+Grün, 55*(12), 20–25.

Haber, W. (2007). Vorstellungen über Landschaft. In B. Busch (Hrsg.), *Jetzt ist die Landschaft ein Katalog voller Wörter. Beiträge zur Sprache der Ökologie* (Valerio, Bd. 5, S. 78–85). Wallstein.

Haber, W. (2014). *Landwirtschaft und Naturschutz* (2 Aufl.). Wiley.

Habermas, J. (1971). *Technik und Wissenschaft als 'Ideologie'* (Edition Suhrkamp). Suhrkamp.

Habermas, J. (1985). *Kleine politische Schriften 5. Die neue Unübersichtlichkeit.* Suhrkamp.

Habermas, J. (1981). *Theorie des kommunikativen Handelns.* Suhrkamp.

Häcker, S. (1998). Von der Kulturlandschaft zum Landschaftsdenkmal? Eine Diskussion über die Erhaltung der Heiderelikte. In W. D. Blümel (Hrsg.), *Beiträge zur Physischen Geographie*

Südwestdeutschlands (Stuttgarter geographische Studien, Bd. 128, S. 44–65). Institut für Geographie.

Hacking, I. (1999). *The Social Construction of What?* Harvard University Press.

Haddad, M. A. (2015). NIMBY is Beautiful: How Local Environment Protests Are Changing the World. In C. Hager & M. A. Haddad (Hrsg.), *NIMBY is Beautiful. Cases of Local Activism and Environmental Innovation Around the World* (S. 200–212). Berghahn Books.

Hadjar, A., & Becker, R. (2009). Erwartete und unerwartete Folgen der Bildungsexpansion in Deutschland. In R. Becker (Hrsg.), *Lehrbuch der Bildungssoziologie* (S. 195–213). VS Verlag für Sozialwissenschaften.

Hahn, A. (2012). Suburbane Räume ‚als' Lebensräume. Das Beispiel eines hermeneutischen Zugangs zum Raumphänomen. In W. Schenk, M. Kühn, M. Leibenath, & S. Tzschaschel (Hrsg.), *Suburbane Räume als Kulturlandschaften* (Forschungs- und Sitzungsberichte, Bd. 236, S. 167–182). Selbstverlag.

Hahn, A. (2014). Entwerfen, Planen und Entscheiden. *Ausdruck und Gebrauch, 12,* 71–95.

Hahn, A. (2017). *Architektur und Lebenspraxis. Für eine phänomenologisch-hermeneutische Architekturtheorie* (Architekturen, Bd. 40). transcript.

Hahn, B. (2001). Erlebniseinkauf und Urban Entertainment Centers. Neuer Trend im US-amerikanischen Einzelhandel. *Geographische Rundschau 53* (1), 19–25.

Halbwachs, M. (1950). *La mémoire collective*. Presses Universitaires de France.

Hall, S. (1980). Encoding/Decoding. In S. Hall, D. Hobson, A. Lowe, & P. Willis (Hrsg.), *Culture, Media, Language. Working papers in cultural studies, 1972–79* (S. 128–138). Hutchinson; Centre for Contemporary Cultural Studies, University of Birmingham.

Hall, S. (1994). *Rassismus und kulturelle Identität. Ausgewählte Schriften 2*. Argument.

Hall, S. (2001). Foucault: Power, knowledge and discourse. In M. Wetherell, S. Taylor, & S. J. Yates (Hrsg.), *Discourse theory and practice. A reader* (S. 72–81). SAGE.

Hall, S. (2002). Die Zentralität von Kultur. Anmerkungen über die kulturelle Revolution unserer Zeit. In A. Hepp & M. Löffelholz (Hrsg.), *Grundlagentexte zur transkulturellen Kommunikation* (S. 95–107). UVK.

Hall, T. (1995). 'The second industrial revolution': Cultural reconstructions of industrial regions. *Landscape Research, 20*(3), 112–123. https://doi.org/10.1080/01426399508706465.

Hall, T. (2006). *Urban Geography*. Routledge.

Hamm, B. (2000). Nachbarschaft. In H. Häußermann (Hrsg.), *Großstadt. Soziologische Stichworte* (2. Aufl., S. 173–182). VS Verlag für Sozialwissenschaften.

Hampicke, U. (2013). *Kulturlandschaft und Naturschutz. Probleme – Konzepte – Ökonomie*. Springer Fachmedien.

Hampicke, U. (2018). *Kulturlandschaft – Äcker, Wiesen*. Springer.

Hanisch, K., & Messinger-Zimmer, S. (2017). „Also ich trau da überhaupt keinem.". Die Konflikte aus Perspektive der Unbeteiligten. In C. Hoeft, S. Messinger-Zimmer, & J. Zilles (Hrsg.), *Bürgerproteste in Zeiten der Energiewende. Lokale Konflikte um Windkraft, Stromtrassen und Fracking* (S. 169–180). Bielefeld: transcript.

Hannigan, J. A. (2014). *Environmental sociology* (3 Aufl.). Routledge.

Hansjürgens, B., & Schröter-Schlaack, C. (2012). Die ökonomische Bedeutung der Natur. In B. Hansjürgens, C. Neßhöver, & I. Schniewind (Hrsg.), *Der Nutzen von Ökonomie und Ökosystemleistungen für die Naturschutzpraxis. Workshop I: Einführung und Grundlagen*. Erste Veranstaltung der Workshop-Reihe des Bundesamtes für Naturschutz … 07. – 11. November 2011, Internationale Naturschutzakademie Insel Vilm (BfN-Skripten, Bd. 318, 2. Aufl., S. 16–21). Bundesamt für Naturschutz.

Hard, G. (1969). Das Wort Landschaft und sein semantischer Hof. Zu Methode und Ergebnis eines linguistischen Tests. *Wirkendes Wort, 19,* 3–14.

Hard, G. (1970). Der ‚Totalcharakter der Landschaft'. Re-Interpretation einiger Textstellen bei Alexander von Humboldt. *Erdkundliches Wissen* (Beiheft), 49–71.

Hard, G. (1973). *Die Geographie. Eine wissenschaftstheoretische Einführung* (Sammlung Göschen). de Gruyter.

Hard, G. (1977). Zu den Landschaftsbegriffen der Geographie. In A. Hartlieb von Wallthor & H. Quirin (Hrsg.), *„Landschaft" als interdisziplinäres Forschungsproblem. Vorträge und Diskussionen des Kolloquiums am 7./8. November 1975 in Münster* (S. 13–24). Aschendorff.

Hard, G. (1995). *Spuren und Spurenleser. Zur Theorie und Ästhetik des Spurenlesens in der Vegetation und anderswo* (Osnabrücker Studien zur Geographie, Bd. 16). Universitätsverlag Rasch.

Hard, G. (2002a). Arkadien in Deutschland. Bemerkungen zu einem landschaftlichen Reiz. In G. Hard (Hrsg.), *Landschaft und Raum. Aufsätze zur Theorie der Geographie* (Osnabrücker Studien zur Geographie, Bd. 22, S. 11–34). Universitätsverlag Rasch.

Hard, G. (2002b). Auf der Suche nach dem verlorenen Raum [1987 erstveröffentlicht]. In G. Hard (Hrsg.), *Landschaft und Raum. Aufsätze zur Theorie der Geographie* (Osnabrücker Studien zur Geographie, Bd. 22, S. 211–234). Universitätsverlag Rasch.

Hard, G. (Hrsg.). (2002c). *Landschaft und Raum. Aufsätze zur Theorie der Geographie* (Osnabrücker Studien zur Geographie, Bd. 22). Universitätsverlag Rasch.

Hard, G. (2002d). Zu Begriff und Geschichte von „Natur" und „Landschaft" in der Geographie des 19. und 20. Jahrhunderts [1983 erstveröffentlicht]. In G. Hard (Hrsg.), *Landschaft und Raum. Aufsätze zur Theorie der Geographie* (Osnabrücker Studien zur Geographie, Bd. 22, S. 171–210). Universitätsverlag Rasch.

Hard, G. (2008). Der Spatial Turn, von der Geographie her beobachtet. In J. Döring & T. Thielmann (Hrsg.), *Spatial Turn. Das Raumparadigma in den Kultur- und Sozialwissenschaften* (S. 263–316). transcript.

Hard, G., & Gliedner, A. (1977). Wort und Begriff Landschaft anno 1976. In F. Achleitner (Hrsg.), *Die Ware Landschaft. Eine kritische Analyse des Landschaftsbegriffs* (S. 16–24). Residenz.

Hardinghaus, M. (2004). *Zur amerikanischen Entwicklung der Stadt*. Lang.

Harlander, T. (2009). Suburbs, Sun Cities und Gated Communities. Krise und Fragmentierung im Sunbelt der USA. In T. Harlander & D. Schubert (Hrsg.)Suburbanisierung und Reurbanisierung. Wohnungsbau und Immobilienkrise in den USA. *Die Alte Stadt, 36*(2), 177–198 [Themenheft]. BAG.

Harris, N. (2002). Collaborative Planning. In M. Tewdwr-Jones & P. Allmendinger (Hrsg.), *Planning Futures. New Directions for Planning Theory* (S. 21–43). Routledge.

Harrison, B. (1994). *Lean and Mean: Changing Landscape of Corporate Power in the Age of Flexibility*. Basic Books.

Harrison, R. (2010). 'Where the cattle went, they went': towards a phenomenological archaeology of mustering in the Kunderang Gorges, northeastern New South Wales. In H. Lewis (Hrsg.), *Perspectives in Landscape Archaeology. Papers presented at Oxford 2003–5* (BAR International series, Bd. 2103, S. 45–54). Archaeopress.

Hartmann, E.V. (1924). *Philosophie des Schönen (Auswahlreihe des Volksverbandes der Bücherfreunde.* (2 Aufl.). Wegweiser.

Hartmann, N. (1953). *Ästhetik*. de Gruyter.

Hartshorne, R. (1961, [1939]). *The nature of geography. A critical survey of current thought in the light of the past*. Greenwood Press.

Hartz, A., & Kühne, O. (2007). Der Regionalpark Saar – eine Betrachtung aus postmoderner Perspektive. *Raumforschung und Raumordnung, 65*(1), 30–43. https://doi.org/10.1007/BF03183821.

Hartz, A., & Kühne, O. (2009). Aesthetic approaches to active urban landscape planning. In A. van der Valk & T. van Dijk (Hrsg.), *Regional Planning for Open Space* (S. 249–278). Routledge.

Harvey, D. (1973). *Social Justice and the City*. Arnold.

Harvey, D. (2005). *A Brief History of Neoliberalism*. Oxford University Press.

Harvey, D. (2013). *Rebellische Städte. Vom Recht auf Stadt zur urbanen Revolution* (Edition Suhrkamp, Bd. 2657). Suhrkamp.

Hasse, J. (1993). *Heimat und Landschaft*. Passagen.

Hasse, J. (1997). *Mediale Räume* (Wahrnehmungsgeographische Studien zur Regionalentwicklung, Bd. 16). BIS Bibliotheks- und Informationssystem der Universität Oldenburg.

Hasse, J. (2000). *Die Wunden der Stadt*. Passagen.

Hasse, J. (2012). *Atmosphären der Stadt. Aufgespürte Räume*. Jovis.

Hauff, M. von. & Kleine, A. (2009). *Nachhaltige Entwicklung*. Oldenbourg Wissenschaftsverlag.

Haus, M. (2003). *Kommunitarismus*. VS Verlag für Sozialwissenschaften.

Hauser, B. (2014). Spiel als notwendige Bedingung gelingender früher Sprachentwicklung. *SAL-Bulletin, 151*, 5–11.

Hauser, B. (2016). *Spielen. Frühes Lernen in Familie, Krippe und Kindergarten* (2. Aufl.). W. Kohlhammer GmbH.

Hauser, S. (2000). Modelle und Adaptionen. Planungsansätze für alte Industrieregionen. *Wolkenkuckucksheim, 4*(2).

Hauser, S. (2001). *Metamorphosen des Abfalls. Konzepte für alte Industrieareale*. Campus.

Hauser, S. (2004). Industrieareale als urbane Räume. In W. Siebel (Hrsg.), *Die europäische Stadt* (S. 146–157). Suhrkamp.

Hauser, S. (2012). Kulturlandschaften – Drei Konzepte, ihre Kritik und einige Schlussfolgerungen für die urbanisierte Landschaft. In W. Schenk, M. Kühn, M. Leibenath, & S. Tzschaschel (Hrsg.), *Suburbane Räume als Kulturlandschaften* (Forschungs- und Sitzungsberichte, Bd. 236, S. 197–209). Selbstverlag.

Hauser, S., & Kamleithner, C. (2006). *Ästhetik der Agglomeration* (Zwischenstadt, Bd. 8). Müller + Busmann.

Hauskeller, M. (2005). *Was ist Kunst? Positionen der Ästhetik von Platon bis Danto* (Beck'sche Reihe, 8. Aufl.). Beck.

Häußermann, H. (1984). Der Wandel der Wohnverhältnisse von Arbeitern. In R. Ebbighausen, F. Tiemann & S. Braun (Hrsg.), *Das Ende der Arbeiterbewegung in Deutschland? Ein Diskussionsband zum sechzigsten Geburtstag von Theo Pirker* (Schriften des Zentralinstituts für sozialwissenschaftliche Forschung der FU Berlin, Bd. 43, S. 646–660). Westdeutscher.

Häußermann, H. (1998). „Amerikanisierung" der deutschen Städte. In W. Prigge (Hrsg.), *Peripherie ist überall* (Edition Bauhaus, Bd. 1, S. 76–83). Campus.

Häußermann, H. (2009). Der Suburbanisierung geht das Personal aus. Eine stadtsoziologische Zwischenbilanz. *StadtBauwelt* (181), 52–57.

Häußermann, H., & Siebel, W. (2004). *Stadtsoziologie. Eine Einführung*. Campus.

Hayden, D. (1997). *The power of place*. Urban Landscapes as Public History.

Hayden, D. (2004a). *Building Suburbia. Green Fields and Urban Growth, 1820–2000*. Vintage Books.

Hayden, D. (2004b). *A Field Guide to Sprawl*. W. W. Norton & Company.

Hayden, D. (2009). Muster amerikanischer Vorstädte. Ein bauhistorischer Essay. *Bauwelt, 12*, 20–33.

Healey, P. (1997). *Collaborative Planning. Shaping Places in Fragmented Societies*. Macmillan.

Hegel, G. W. F. (1970 [1835–1838]). *Vorlesungen über die Ästhetik I* (20 Bände). Suhrkamp.

Heidegger, M. (2005 [1927]). *Die Grundprobleme der Phänomenologie*. Klostermann.

Heiland, S. (1992). *Naturverständnis. Dimensionen des menschlichen Naturbezugs*. WBG.

Heiland, S. (1999). *Voraussetzungen erfolgreichen Naturschutzes: Individuelle und gesellschaftliche Bedingungen umweltgerechten Verhaltens, ihre Bedeutung für den Naturschutz und die Durchsetzbarkeit seiner Ziele*. Ecomed.

Heiland, S. (2006). Zwischen Wandel und Bewahrung, zwischen Sein und Sollen: Kulturlandschaft als Thema und Schutzgut in Naturschutz und Landschaftsplanung. In U. Matthiesen, R. Danielzyk, S. Heiland, & S. Tzschaschel (Hrsg.), *Kulturlandschaften als Herausforderung für die Raumplanung. Verständnisse – Erfahrungen – Perspektiven* (Forschungs- und Sitzungsberichte, Bd. 228, S. 43–70). Selbstverlag.

Heiland, S. (2008). Zielgruppenanalysen in Naturschutz und Landschaftsplanung. Vorschlag einer praxisorientierten Vorgehensweise. In K.-H. Erdmann, J. Löffler & S. Roscher (Hrsg.), *Naturschutz im Kontext einer nachhaltigen Entwicklung. Ansätze, Konzepte, Strategien* (Naturschutz und Biologische Vielfalt, Bd. 67, S. 231–256). Bundesamt für Naturschutz.

Heiland, S. (2019). Kulturlandschaft. In O. Kühne, F. Weber, K. Berr, & C. Jenal (Hrsg.), *Handbuch Landschaft* (S. 651–665). Springer VS.

Hein, K. (2006). *Hybride Identitäten. Bastelbiografien im Spannungsverhältnis zwischen Lateinamerika und Europa*. transcript.

Heineberg, H. (1989). *Stadtgeographie* (2., überarbeitete Aufl.). Schöningh.

Helbrecht, I. (1996). Stadtstrukturen in Kanada und den USA im Vergleich. Die Dialektik von Stadt und Gesellschaft. *Erdkunde, 50*(3), 238–251.

Helbrecht, I. (2003). Der Wille zur „totalen Gestaltung": Zur Kulturgeographie der Dinge. In H. Gebhardt, P. Reuber, & G. Wolkersdorfer (Hrsg.), *Kulturgeographie. Aktuelle Ansätze und Entwicklungen* (Spektrum Lehrbuch, S. 149–170). Spektrum Akademischer.

Hellpach, W. (1950[1911]). *Geopsyche. Die Menschenseele unter dem Einfluss von Wetter und Klima, Boden und Landschaft*. Enke.

Henderson, G. L. (2003). What (Else) We Talk about When We Talk about Landscape: For a Return to a Social Imagination. In C. Wilson & P. Groth (Hrsg.), *Everyday America. Cultural Landscape Studies after J. B. Jackson* (S. 178–198). University of California Press.

Henkel, G. (1996). Der ländliche Raum auf dem Weg ins 3. Jahrtausend – Wandel durch Fremdbestimmung oder endogene Entwicklung? In K. Schmidt (Hrsg.), *Lasst die Kirche im Dorf! Vergangenheit, Strukturwandel und Zukunft des ländlichen Raumes als Chance lebensraumorientierten Bildungsauftrages*. Festgabe für Wilhelm Kuhne zur Vollendung des 70. Lebensjahres (Veröffentlichungen zur Geschichte der mitteldeutschen Kirchenprovinz, Bd. 9, S. 14–34). H & S.

Hennecke, S. (2010). Aus ParZellen keimt die Stadt. Anmerkungen zu einem organischen Leitbild für Berlin. In I. Nierhaus, J. Hoenes, A. Urban, & C. Keim (Hrsg.), *Landschaftlichkeit – zwischen Kunst, Architektur und Theorie* (S. 91–102). Reimer.

Henning, C. (2016). Grenzen der Kunst. In M. Kauppert & H. Eberl (Hrsg.), *Ästhetische Praxis* (Kunst und Gesellschaft, S. 303–327). Springer VS.

Henning, F.-W. (1994). *Deutsche Agrargeschichte des Mittelalters. 9. bis 15. Jahrhundert*. Ulmer.

Hernik, J., & Dixon-Gough, R. (2013). The concept and importance of landscape in Polish language and in Poland. In D. Bruns & O. Kühne (Hrsg.), *Landschaften: Theorie, Praxis und internationale Bezüge. Impulse zum Landschaftsbegriff mit seinen ästhetischen, ökonomischen, sozialen und philosophischen Bezügen mit dem Ziel, die Verbindung von Theorie und Planungspraxis zu stärken* (S. 83–98). Oceano.

Herrington, S. (2006). Framed Again: The Picturesque Aesthetics of Contemporary Landscapes. *Landscape Journal, 25*(1), 22–37. https://doi.org/10.3368/lj.25.1.22.

Herrington, S. (2016). Beauty: Past and future. *Landscape Research, 41*(4), 441–449. https://doi.org/10.1080/01426397.2016.1156064.

Herrington, S. (2016). *Landscape theory in design*. Routledge.

Herrmann, H.-W., & Sante, G. W. (1972). *Geschichte des Saarlandes*. Ploetz.

Herzfeld, M. (1993). *The Social Production of Indifference*. University of Chicago Press.

Herzog, L. (2013). *Freiheit gehört nicht nur den Reichen. Plädoyer für einen zeitgemäßen Liberalismus* (Beck Paperback, Bd. 6127). Beck.

Hesse, M. (2008). Reurbanisierung? Urbane Diskurse, Deutungskonkurrenzen, konzeptuelle Konfusion. *Raumforschung und Raumordnung, 66*(5), 415–428.

Hesse, M. (2010). Suburbs: the next slum? Explorations into the contested terrain of social construction and political discourse. *articulo. Journal of Urban Research,* (Special issue 3), 43 Absätze. doi:https://doi.org/10.4000/articulo.1552.

Hesse, M. (2012). Suburbaner Raum – Annäherungen an Gegenstand, Inhalte und Bedeutungs-zuweisungen. In W. Schenk, M. Kühn, M. Leibenath & S. Tzschaschel (Hrsg.), *Suburbane Räume als Kulturlandschaften* (Forschungs- und Sitzungsberichte, Bd. 236, S. 13–24). Selbst-verlag.

Hettner, A. (1927). *Die Geographie. Ihre Geschichte, ihr Wesen und ihre Methoden*. Hirt.

Hicks, J. (1946). *Value and Capital*. Clarendon Press.

Higson, A. (1987). The Landscapes of Television. *Landscape Research, 12*(3), 8–13. https://doi.org/10.1080/01426398708706232.

Hilbig, H. (2014). Warum es keine Architekturethik braucht – Und warum vielleicht doch. *Ausdruck und Gebrauch, 12,* 96–106.

Hildebrand, D. L. (2003). The neopragmatist turn. *Southwest Philosophy Review, 19*(1), 79–88.

Hildebrand, D. L. (2005). Pragmatism, neopragmatism, and public administration. *Administration & Society, 37*(3), 345–359.

Hillebrandt, F. (2014). *Soziologische Praxistheorien*. VS Verlag für Sozialwissenschaften.

Hirsch, E. (1995). Hortus Oeconomicus: Nutzen, Schönheit, Bildung. Das Dessau-Wörlitzer Gartenreich als Landschaftsgestaltung der euopäischen Aufklärung. In H. Wunderlich (Hrsg.), *„Landschaft" und Landschaften im achtzehnten Jahrhundert. Tagung der Deutschen Gesellschaft für die Erforschung des 18. Jahrhunderts, Herzog-August-Bibliothek Wolfenbüttel, 20. bis 23. November 1991* (Beiträge zur Geschichte der Literatur und Kunst des 18. Jahrhunderts, Bd. 13, S. 179–208). Universitätsverlag C. Winter.

Hirsch, E. D. (2003). Introduction. Landscape: Between Place and Space. In E. D. Hirsch & M. O'Hanlon (Hrsg.), *The anthropology of landscape. Perspectives on place and space* (S. 1–30). Clarendon.

Hirsch, J., & Roth, R. (1986). *Das neue Gesicht des Kapitalismus. Vom Fordismus zum Post-Fordismus*. VSA.

Hochschild, V., Braun, A., Sommer, C., Warth, G., & Omran, A. (2020). Visualizing Landscapes by Geospatial Techniques. In D. Edler, C. Jenal, & O. Kühne (Hrsg.), *Modern Approaches to the Visualization of Landscapes* (S. 47–78). Springer VS.

Hoeft, C., Messinger-Zimmer, S., & Zilles, J. (Hrsg.). (2017). *Bürgerproteste in Zeiten der Energiewende. Lokale Konflikte um Windkraft, Stromtrassen und Fracking*. transcript.

Hoeres, W. (2004). *Der Weg der Anschauung. Landschaft zwischen Ästhetik und Metaphysik* (Die Graue Reihe, Bd. 40). Die Graue Edition.

Hoesterey, I. (2001). *Pastiche. Cultural Memory in Art, Film, Literature*. Indiana University Press.

Höfer, W. (2001). *Natur als Gestaltungsfrage. Zum Einfluß aktueller gesellschaftlicher Veränderungen auf die Idee von Natur und Landschaft als Gegenstand der Landschaftsarchitektur*. Dissertation. Utz.

Höfer, W., & Vicenzotti, V. (2013). From Brownfields to Postindustrial Landscapes. Evolving Concepts in North America and Europe. In P. Howard, I. Thompson & E. Waterton (Hrsg.), *The Routledge Companion to Landscape Studies* (S. 405–416). Routledge.

Hoffmann-Lange, U. (2000). Bildungsexpansion, politisches Interesse und politisches Engagement in den alten Bundesländern. In O. Niedermayer & B. Westle (Hrsg.), *Demokratie und Partizipation. Festschrift für Max Kaase* (S. 46–64). Westdeutscher.

Hofinger, G. (2001). *Denken über Umwelt und Natur*. Beltz.

Hofmann, W. (2013). *Caspar David Friedrich. Naturwirklichkeit und Kunstwahrheit* (3. Aufl.). Beck.

Hofmeister, B. (1994). *Stadtgeographie* (Das Geographische Seminar, 6. korrigierte Aufl.). Westermann.

Hofmeister, B. (1996). *Die Stadtstruktur. Ihre Ausprägung in den verschiedenen Kulturräumen der Erde*. Wissenschaftliche Buchgesellschaft.

Hofmeister, S. (2008). Verwildernde Naturverhältnisse. Versuch über drei Formen der Wildnis. *Das Argument, 50*(6), 813–826.

Hofmeister, S., & Kühne, O. (2016a). Fazit und Ausblick: StadtLandschaften zwischen Verlusterfahrung und Erneuerung. In S. Hofmeister & O. Kühne (Hrsg.), *StadtLandschaften. Die neue Hybridität von Stadt und Land* (S. 283–286). Springer VS.

Hofmeister, S., & Kühne, O. (2016b). StadtLandschaften: Die neue Hybridität von Stadt und Land. In S. Hofmeister & O. Kühne (Hrsg.), *StadtLandschaften. Die neue Hybridität von Stadt und Land* (S. 1–10). Springer VS.

Hofmeister, S., & Scurrell, B. (2016). Die ‚Energielandschaft' als StadtLandschaft. Die Transformationsgeschichte einer Region in sozial-ökologischer Perspektive. In S. Hofmeister & O. Kühne (Hrsg.), *StadtLandschaften. Die neue Hybridität von Stadt und Land* (S. 187–214). Springer VS.

Hohl, H. (1977). Das Thema Landschaft in der deutschen Malerei des ausgehenden 18. und beginnenden 19. Jahrhunderts. In A. Hartlieb von Wallthor & H. Quirin (Hrsg.), *„Landschaft" als interdisziplinäres Forschungsproblem. Vorträge und Diskussionen des Kolloquiums am 7./8. November 1975 in Münster* (S. 45–53). Aschendorff.

Hoisl, R., Nohl, W., Zekorn, S., & Zöllner, G. (1987). Landschaftsästhetik in der Flurbereinigung – Skizze eines Forschungsprojekts. *Zeitschrift für Kulturtechnik und Flurbereinigung, 26*, 346–353.

Hokema, D. (2009). Die Landschaft der Regionalentwicklung: Wie flexibel ist der Landschaftsbegriff? *Raumforschung und Raumordnung, 67*(3), 239–249.

Hokema, D. (2013). *Landschaft im Wandel? Zeitgenössische Landschaftsbegriffe in Wissenschaft, Planung und Alltag*. Springer VS.

Hokema, D. (2015). Landscape is Everywhere. The Construction of Landscape by US-American Laypersons. *Geographische Zeitschrift, 103*(3), 151–170.

Holm, A. (2006). *Die Restrukturierung des Raumes. Stadterneuerung der 90er Jahre in Ostberlin. Interessen und Machtverhältnisse* (Urban studies). transcript.

Holm, A. (2018). Gentrification. In B. Belina, M. Naumann, & A. Strüver (Hrsg.), *Handbuch Kritische Stadtgeographie* (3. korrigierte und erweiterte Aufl., S. 152–157). Westfälisches Dampfboot.

Holzinger, M. (2004). *Natur als sozialer Akteur. Realismus und Konstruktivismus in der Wissenschafts- und Gesellschaftstheorie* (Forschung Soziologie, Bd. 197). VS Verlag für Sozialwissenschaften.

Holzner, L. (1994). Geisteshaltung und Stadt-Kulturlandschaftsgestaltung. Das Beispiel der Vereinigten Staaten. *Petermanns Geographische Mitteilungen,138*(1), 51–59.

Holzner, L. (1996). *Stadtland USA: Die Kulturlandschaft des American Way of Life*. Perthes.

Honneth, A. (2015). *Die Idee des Sozialismus. Versuch einer Aktualisierung*. Suhrkamp.

Hook, S. (2008). *Landschaftsveränderungen im südlichen Oberrheingebiet und Schwarzwald. Wahrnehmung kulturtechnischer Maßnahmen seit Beginn der 19. Jahrhunderts*. VDM.

Hook, S. (2018). Energiewende': Von internationalen Klimaabkommen bis hin zum deutschen Erneuerbaren-Energien-Gesetz. In O. Kühne & F. Weber (Hrsg.), *Bausteine der Energiewende* (S. 21–54). Springer VS.

Hook, S. (2019). *Einführung in die Regenerative Energiewirtschaft*. Springer VS.

Hopfinger, H. (2007). Städte- und Shoppingtourismus als postmoderne Wachstumsmaschinen. In A. Günther, H. Hopfinger, H. J. Kagelmann & W. Kiefl (Hrsg.), *Tourismusforschung in Bayern. Aktuelle sozialwissenschaftliche Beiträge* (S. 103–107). Profil.

Hoppmann, H. (2000). *Pro:Vision – Postmoderne Taktiken in einer strategischen Gegenwartsgesellschaft. Eine soziologische Analyse*. WVB Wissenschaftlicher Verlag Berlin.

Horkheimer, M. (1963). *Über das Vorurteil*. Opladen.

Horkheimer, M. (1976). Vernunft und Selbsterhaltung. In H. Ebeling (Hrsg.), *Subjektivität und Selbsterhaltung. Beiträge zur Diagnose der Moderne* (Theorie-Diskussion, S. 41–75). Suhrkamp.

Horkheimer, M. (1977 [1937]). *Traditionelle und kritsiche Theorie. Fünf Aufsätze*. Fischer Wissenschaft.

Horkheimer, M., & Adorno, T. W. (1969). *Dialektik der Aufklärung*. Fischer.

Hornberg, C. (2016). Gesundheit und Wohlbefinden. In U. Gebhard & T. Kistemann (Hrsg.), *Landschaft, Identität und Gesundheit. Zum Konzept der Therapeutischen Landschaften* (S. 63–69). Springer VS.

Hornberg, C., Bunge, C., & Pauli, A. (2011). *Strategien für mehr Umweltgerechtigkeit*. Laurenti.

Hoskins, W. G. (2005 [1955]). *The Making of the English Landscape*. The Folio Society.

Howard, P., Thompson, I., Waterton, E., & Atha, M. (Hrsg.). (2019). *The Routledge Companion to Landscape Studies* (2. Aufl.). Routledge.

Howard, P. J. (2011). *An Introduction to Landscape*. Routledge.

Howley, P. (2011). Landscape aesthetics: Assessing the general publics' preferences towards rural landscapes. *Ecological Economics, 72*, 161–169. https://doi.org/10.1016/j.ecolecon.2011.09.026.

Hruby, F. (2019). The Sound of Being There: Audiovisual Cartography with Immersive Virtual Environments. *KN – Journal of Cartography and Geographic Information, 69*(1), 19–28. doi:https://doi.org/10.1007/s42489-019-00003-5.

Hruby, F., Ressl, R., La Borbolla Valle, G., & de. . (2019). Geovisualization with immersive virtual environments in theory and practice. *International Journal of Digital Earth, 12*(2), 123–136. https://doi.org/10.1080/17538947.2018.1501106.

Hruby, F., Sánchez, L. F. Á., Ressl, R., & Escobar-Briones, E. G. (2020). An Empirical Study on Spatial Presence in Immersive Geo-Environments. *PFG – Journal of Photogrammetry. Remote Sensing and Geoinformation Science, 88*, 155–163. https://doi.org/10.1007/s41064-020-00107-y.

Huang, J., Lucash, M. S., Scheller, R. M., & Klippel, A. (2020). Walking through the forests of the future: Using data-driven virtual reality to visualize forests under climate change. *International Journal of Geographical Information Science*. https://doi.org/10.1080/13658816.2020.1830997

Huang, S.-C. L. (2010). The Impact of Public Participation on the Effectiveness of, and Users' Attachment to, Urban Neighbourhood Parks. *Landscape Research, 35*(5), 551–562. doi:https://doi.org/10.1080/01426397.2010.504916.

Huber, A. (1999). *Heimat in der Postmoderne*. Seismo.

Hübner, G., & Hahn, C. (2013). Akzeptanz des Stromnetzausbaus in Schleswig-Holstein. Abschlussbericht zum Forschungsprojekt, Institut für Psychologie der Universität Halle-Wittenberg. http://www.forum-netzintegration.de/uploads/media/Akzeptanz_Stromnetz_SH_Mai2013_web.pdf. Zugegriffen: 30. Aug. 2017.

Hugill, P. J. (1995). *Upstate Arcadia. Landscape, aesthetics, and the triumph of social differentiation in America*. Rowman & Littlefield.

Hügin, U. (1996). *Individuum, Gemeinschaft*. Lang.

Huizinga, J. (1938). *Homo ludens. Versuch einer Bestimmung des Spielelementes der Kultur* (3. Aufl.). Akademie Verlagsanstalt Pantheon.

Hull, R., Lam, M., & Vigo, G. (1994). Place identity: Symbols of self in the urban fabric. *Landscape and Urban Planning, 28*(2–3), 109–120. https://doi.org/10.1016/0169-2046(94)90001-9.

Hülz, M., & Kühne, O. (2015). Handlungsbedarfe und -empfehlungen an die räumliche Planung vor dem Hintergrund einer zunehmenden Internationalisierung der Gesellschaft. In B. Nienaber & U. Roos (Hrsg.), *Internationalisierung der Gesellschaft und die Auswirkungen auf die Raumentwicklung. Beispiele aus Hessen, Rheinland-Pfalz und dem Saarland* (Arbeitsberichte der ARL, Bd. 13, S. 131–135). Selbstverlag.

Hülz, M., Kühne, O., & Weber, F. (Hrsg.). (2019). *Heimat. Ein vielfältiges Konstrukt*. Springer VS.

Hülz, M., & Sondermann, M. (2019). Heimat als Kosmos – Über Heimatplaneten, gesellschaftliche und individuelle Heimaten. In M. Hülz, O. Kühne, & F. Weber (Hrsg.), *Heimat. Ein vielfältiges Konstrukt* (S. 67–85). Springer VS.

Hunziker, M. (1995). The spontaneous reafforestation in abandoned agricultural lands: Perception and aesthetic assessment by locals and tourists. *Landscape and Urban Planning, 31*(1–3), 399–410. https://doi.org/10.1016/0169-2046(95)93251-J.

Hunziker, M. (2000). *Einstellungen der Bevölkerung zu möglichen Landschaftsentwicklungen in den Alpen*. Eidgenössische Forschungsanstalt WSL.

Hunziker, M. (2010). Die Bedeutung der Landschaft für den Menschen: objektive Eigenschaften der Landschaft oder individuelle Wahrnehmung des Menschen? In WSL (Hrsg.), *Landschaftsqualität. Konzepte, Indikatoren und Datengrundlagen* (Forum für Wissen, S. 33–41). Eidgenössische Forschungsanstalt WSL.

Hunziker, M., Felber, P., Gehring, K., Buchecker, M., Bauer, N., & Kienast, F. (2008). Evaluation of Landscape Change by Different Social Groups. Results of Two Empirical Studies in Switzerland. *Mountain Research and Development, 28*(2), 140–147. http://dx.doi.org/https://doi.org/10.1659/mrd.0952. Zugegriffen: 1. Dez. 2017.

Hunziker, M., & Kienast, F. (1999). Potential impacts of changing agricultural activities on scenic beauty – a prototypical technique for automated rapid assessment. *Landscape Ecology, 14*(2), 161–176. https://doi.org/10.1023/A:1008079715913.

Hupke, K.-D. (2015). *Naturschutz. Ein kritischer Ansatz*. Springer Spektrum.

Hüppauf, B. (2007). Heimat – die Wiederkehr eines verpönten Wortes. Ein Populärmythos im Zeitalter der Globalisierung. In G. Gebhard, O. Geisler, & S. Schröter (Hrsg.), *Heimat. Konturen und Konjunkturen eines umstrittenen Konzepts* (S. 109–140). transcript.

Husserl, E. (1973[1929]). *Cartesianische Meditationen und Pariser Vortrage* (Husserliana: Edmund Husserl – Gesammelte Werke, Bd. 1). Nijhoff.

Husserl, E. (2007 [1936]). *Die Krisis der europäischen Wissenschaften und die transzendentale Phänomenologie. Eine Einleitung in die phänomenologische Philosophie* (Philosophische Bibliothek, Bd. 292, 3. Aufl.). Meiner.

Hutcheson, F. (1986[1725]). *Über den Ursprung unserer Ideen von Schönheit und Tugend. Über moralisch Gutes und Schlechtes* (Philosophische Bibliothek, Bd. 364). Meiner.

Illing, F. (2006). *Kitsch*. UVK.

Imbert, D. (2007). The AIAJM: A Manifesto for Landscape Modernity. *Landscape Journal, 26*(2), 219–235.

Imbusch, P. (2002). Macht und Herrschaft. In H. Korte & B. Schäfers (Hrsg.), *Einführung in Hauptbegriffe der Soziologie* (6., erweiterte und aktualisierte Auflage, S. 161–182). Leske + Budrich.

Inglehart, R. (1997). *Modernization and postmodernization: Cultural, economic, and political change in 43 societies*. Princeton University Press.

Ipsen, D. (1992). Stadt und Land – Metamorphosen einer Beziehung. In H. Häußermann, D. Ipsen, R. Krämer-Badoni, D. Läpple, M. Rodenstein, & W. Siebel (Hrsg.), *Stadt und Raum. Soziologische Analysen* (2. Aufl., S. 117–156). Centaurus.

Ipsen, D. (2002a). Landschaftsbewusstsein in der Niederlausitz. Ergebnisse der Umfrage. Bd. 3. http://www.uni-kassel.de/fb13/AEP/pdf/band3.pdf. Zugegriffen: 8. März 2019.

Ipsen, D. (2002). Raum als Landschaft. In D. Ipsen & D. Läpple (Hrsg.), *Soziologie des Raumes: Räume der Gesellschaft – soziologische Perspektiven* (S. 86–111). Fernuniversität.

Ipsen, D. (2006). *Ort und Landschaft*. VS Verlag für Sozialwissenschaften.

Ipsen, D., Reichhardt, U., Schuster, S., Wehrle, A., & Weichler, H. (2003). *Zukunft Landschaft. Bürgerszenarien zur Landschaftsentwicklung* (Arbeitsberichte des Fachbereichs Architektur, Stadtplanung, Landschaftsplanung, Bd. 153). Selbstverlag.

Ipsen, D., Schuster, S., & Wehrle, A. (2002). Landschaftskonferenz „Niederlausitzer Bogen".

Ipsen, D., & Wehrle, A. (1995). Die Stadt ist kein Wald, aber doch mit ihm verbunden. Die Konstruktion eines urban-ökologischen Wahrnehmungsraumes. In P. Jüngst & O. Meder (Hrsg.), *Aggressivität und Verführung, Monumentalität und Territorium. Zähmung des Unbewußten durch planerisches Handeln und ästhetische Formen?* (S. 262–285). Gesamthochschulbibl.

Iverson, L., Echeverria, C., Nahuelhual, L., & Luque, S. (2014). Ecosystem services in changing landscape. An introduction. *Landscape Ecology, 29*(2), 181–186. doi:https://doi.org/10.1007/s10980-014-9993-2.

Jacks, B. (2004). Reimagining Walking: Four Practices. *Journal of Architectural Education, 51*(3), 5–9.

Jackson, J. B. (2005a). Landschaften. Ein Resümee [1984]). In B. Franzen & S. Krebs (Hrsg.), *Landschaftstheorie. Texte der Cultural Landscape Studies* (Kunstwissenschaftliche Bibliothek, Bd. 26, S. 29–44). König.

Jackson, J. B. (2005b). Die Zukunft des Vernakulären [1990]). In B. Franzen & S. Krebs (Hrsg.), *Landschaftstheorie. Texte der Cultural Landscape Studies* (Kunstwissenschaftliche Bibliothek, Bd. 26, S. 45–56). König.

Jackson, P. (1989). *Maps of meaning*. Unwin Hyman.

Jacobs, M. H. (2002). *Landschap 3. Het ware, juiste en waarachtige landschap*. Expertisecentrum Landschapsbeleving, Alterra, Wageningen UR.

Jaehne, G. (1972). *Landwirtschaft und Landwirtschatliche Zusammenarbeit im Rat für gegenseitige Wirtschaftshilfe Comecon*. Duncker & Humblot.

Jamei, E., Mortimer, M., Seyedmahmoudian, M., Horan, B., & Stojcevski, A. (2017). Investigating the Role of Virtual Reality in Planning for Sustainable Smart Cities. *Sustainability, 9*(11), 1–16. https://doi.org/10.3390/su9112006.

James, W. (1977). *Der Pragmatismus. Ein neuer Name für alte Denkmethoden* (Philosophische Bibliothek, Bd. 297). Meiner.

Jaworski, A., & Thurlow, C. (2010). Introducing Semiotic Landscape. In A. Jaworski & C. Thurlow (Hrsg.), *Semiotic Landscapes. Language, Image, Space* (S. 1–40). Continuum International Publishing Group.

Jenal, C. (2019). (Alt)Industrielandschaften. In O. Kühne, F. Weber, K. Berr, & C. Jenal (Hrsg.), *Handbuch Landschaft* (S. 831–841). Springer VS.

Jenal, C. (2019b). *„Das ist kein Wald, Ihr Pappnasen!" – Zur sozialen Konstruktion von Wald. Perspektiven von Landschaftstheorie und Landschaftspraxis.* Springer VS.

Jenal, C. (2020a). „Ist das ein Wald oder ein Park?". Von erlernten Seh- und Deutungsmustern zu „Wald". *Stadt+Grün,* (9), 53–57.

Jenal, C. (2020). Empirical Approaches to Landscape Processes: On symbolic inscriptions of 'forest' – historical perspectives and current trends. In R. Duttmann, O. Kühne, & F. Weber (Hrsg.), *Landschaft als Prozess* (S. 403–427). Springer VS.

Jenal, C. (2020). Wald in postmateriellen Zeiten. *Berichte. Geographie und Landeskunde, 93*(4), 329–346.

Jenal, C., Kindler, H., Kühne, O., & Weber, F. (2019). NeuLand – Heimat im Kontext fragmentierter Landschaftsbiographien. Eine explorative Annäherung. In M. Hülz, O. Kühne & F. Weber (Hrsg.), *Heimat. Ein vielfältiges Konstrukt* (S. 323–339). Springer VS.

Jenal, C., & Schönwald, A. (2019). Wild drauflos? Wildniskonflikte im Fokus. In K. Berr & C. Jenal (Hrsg.), *Landschaftskonflikte* (S. 375–388). Springer VS.

Jencks, C. (1977). *The Language of Post-Modern Architecture.* Wiley-Academy.

Jencks, C. (1993). *Heteropolis. Los Angeles – The Riots and the Strange Beauty of Hetero-Architecture.* Academy Editions.

Jerald, J. (2016). *The VR Book. Human-Centered Design for Virtual Reality.* Morgan & Claypool.

Jessel, B. (2000). „Landschaft" – zum Gebrauch mit einem als selbstverständlich gebrauchten Begriff. In S. Appel, E. Duman, F. Große-Kohorst & F. Schafranski (Hrsg.), *Wege zu einer neuen Planungs- und Landschaftskultur. Festschrift für Hanns Stephan Wüst* (S. 143–160). Selbstverlag.

Jessel, B. (2005). Landschaft. In E.-H. Ritter (Hrsg.), *Handwörterbuch der Raumordnung* (4., neu bearbeitete Auflage, S. 579–586). Akademie für Raumforschung und Landesplanung (ARL).

Jessel, B., Tschimpke, O., & Walser, M. (2009). *Produktivkraft Natur.* Hoffmann und Campe.

Jessen, J. (2004). Europäische Stadt als Bausteinkasten für die Städtebaupraxis – die neuen Stadtteile. In W. Siebel (Hrsg.), *Die europäische Stadt* (S. 92–104). Suhrkamp.

Jirku, A. (2006). Krisenlandschaften und die Herkunft der Zukunft. *Stadt und Grün, 12*, 62–68.

Joas, H. (1988). Symbolischer Interaktionismus. Von der Philosophie des Pragmatismus zu einer soziologischen Forschungstradition. *Kölner Zeitschrift für Soziologie und Sozialpsychologie, 40*, 417–446.

Job, H. (1999). *Der Wandel der historischen Kulturlandschaft und sein Stellenwert in der Raumordnung. Eine historisch-, aktual- und prognostisch-geographische Betrachtung tradioneller Weinbau-Steillagen und ihres bestimmenden Strukturmerkmals Rebterrasse, diskutiert am Beispiel rheinland-pfälzischer Weinbaulandschaften* (Forschungen zur deutschen Landeskunde, Bd. 248). Deutsche Akademie für Landeskunde.

Job, H., & Knies, S. (2001). Der Wert der Landschaft. Ansätze zur Quantifizierung der Schutzwürdigkeit von Kulturlandschaften. *Raumforschung und Raumordnung, 59*(1), 19–28.

Johnson, H. B. (2010). Gridding a National Landscape. In M. P. Conzen (Hrsg.), *The Making of the American Landscape* (2. Aufl., S. 142–161). Routledge.

Johnston, R., & Sidaway, J. D. (2015). *Geography & Geographers. Anglo-American Human Geography since 1945.* Hodder Education Publishers.

Jones, M. (1991). The elusive reality of landscape. Concepts and approaches in landscape research. *Norsk Geografisk Tidsskrift, 45*(4), 229–244. doi:https://doi.org/10.1080/00291959108552277.

Jones, M. (2006). Landscape, Law and Justice – Concepts and Issues. *Norsk Geografisk Tidsskrift – Norwegian Journal of Geography, 60*(1), 1–14. doi:https://doi.org/10.1080/00291950600618726.

Jones, M. (2007). The European Landscape Convention and the Question of Public Participation. *Landscape Research, 32*(5), 613–633. https://doi.org/10.1080/01426390701552753.

Jones, M., & Daugstad, K. (1997). Usages of the "cultural landscape" concept in Norwegian and Nordic landscape administration. *Landscape Research, 22*(3), 267–281. https://doi.org/10.1080/01426399708706515.

Jones, M., Howard, P., Olwig, K. R., Primdahl, J., & Sarlöv Herlin, I. (2007). Multiple interfaces of the European Landscape Convention. *Norsk Geografisk Tidsskrift, 61*(4), 207–216. https://doi.org/10.1080/00291950701709176.

Jones, M., & Stenseke, M. (Hrsg.). (2011). *The European Landscape Convention. Challenges of Participation* (Landscape Series, Bd. 13). Springer Science+Business Media B.V.

Jones, O., & Cloke, P. (2002). *Tree Cultures. The Place of Trees and Trees in their Place*. Berg.

Jorgensen, A. (2011). Beyond the view. Future directions in landscape aesthetics research. *Landscape and Urban Planning, 100*(4), 353–355. doi:https://doi.org/10.1016/j.landurbplan.2011.02.023.

Jorgensen, A., & Tylecote, M. (2007). Ambivalent Landscapes — Wilderness in the Urban Interstices. *Landscape Research, 32*(4), 443–462.

Jörke, D. (2010). Die Versprechen der Demokratie und die Grenzen der Deliberation. *Zeitschrift für Politikwissenschaft, 20*(3–4), 269–290.

Juarez, J. A., & Brown, K. D. (2008). Extracting or Empowering? A Critique of Participatory Methods for Marginalized Populations. *Landscape Journal, 27*(2), 190–204.

Juchnowicz, S. (1990). Zródla patologicznej urbanizacji i kryzysu ekologicznego obszaru Krakowa. – Przyczyny, Terazniejszość, Perspektywy Ekorozwoju Miasta. In Polski Klub Ekologiczny (Hrsg.), *Klęska Ekologiczna Krakowa. Przyczyny, Terażniejszość, Perspektywy Ekorozwoju Miasta Kraków* (S. 248–255). Kraków.

Jucu, I. S. (2016). From State-Socialist Ambitions of Romanian Rural Indutrialisation to Post-Socialist Rural Deindutrialisation: Two Case Studies From Romania. *Eastern European Countryside, 22*(1), 165–195. https://doi.org/10.1515/eec-2016-0009.

Junge, X., Schüpbach, B., Walter, T., Schmid, B., & Lindemann-Matthies, P. (2015). Aesthetic quality of agricultural landscape elements in different seasonal stages in Switzerland. *Landscape and Urban Planning, 133*, 67–77. https://doi.org/10.1016/j.landurbplan.2014.09.010.

Jürgens, U. (2018). Real' versus ,mental' food deserts from the consumer perspective – concepts and quantitative methods applied to rural areas of Germany. *Die Erde, 149*(1), 25–43. https://doi.org/10.12854/erde-149-56.

Jurt, J. (2012). Bourdieus Kapital-Theorie. In M. M. Bergman, S. Hupka-Brunner, T. Meyer, & R. Samuel (Hrsg.), *Bildung – Arbeit – Erwachsenwerden. Ein interdisziplinärer Blick auf die Transition im Jugend und jungen Erwachsenenalter* (S. 21–41). Springer.

Kadatz, H.-J. (1997). *Städtebauliche Entwicklungslinien in Mittel- und Osteuropa. DDR, Tschechoslowakei und Ungarn nach dem Zweiten Weltkrieg* (Regio Beiträge des IRS, Bd. 1997,12). IRS.

Kambartel, F. (2004). „Positivismus (systematisch)". In J. Mittelstraß (Hrsg.), *Enzyklopädie Philosophie und Wissenschaftstheorie* (3, P – So, unveränderte Sonderausgabe, S. 303–304). Metzler.

Kamlage, J.-H., Drewing, E., Reinermann, J. L., Vries, N. de, & Flores, M. (2020). Fighting fruitfully? Participation and conflict in the context of electricity grid extension in Germany. *Utilities Policy 64*, 101022. doi:https://doi.org/10.1016/j.jup.2020.101022.

Kamlage, J.-H., Nanz, P., & Fleischer, B. (2014). Dialogorientierte Bürgerbeteiligung im Netzausbau. In H. Rogall, H.-C. Binswanger, F. Ekardt, A. Grothe, W.-D. Hasenclever, I. Hauchler et al. (Hrsg.), *Im Brennpunkt: Die Energiewende als gesellschaftlicher Transformationsprozess* (Jahrbuch Nachhaltige Ökonomie, Bd. 4, S. 195–216). Metropolis.

Kamlage, J.-H., Nanz, P., & Richter, I. (2017). Ein Grenzgang – Informelle, dialogorientierte Bürgerbeteiligung im Netzausbau der Energiewende. In J. Sommer (Hrsg.), *Kursbuch Bürgerbeteiligung #2* (S. 56–77). Verlag der Deutschen Umweltstiftung.

Kamlage, J.-H., Warode, J., Reinermann, J., de Vries, N., & Trost, E. (2020). Von Konflikt und Dialog: Manifestationen der Energiewende in den Transformationsfeldern Netzausbau, Biogas und Windkraft. In R. Duttmann, O. Kühne, & F. Weber (Hrsg.), *Landschaft als Prozess* (S. 603–633). Springer VS.

Kamlah, W. (1975). *Von der Sprache zur Vernunft. Philosophie und Wissenschaft in der neuzeitlichen Profanität*. Bibliographisches Institut.

Kangler, G. (2021). Wildnisauffassungen in der aktuellen Politik und das unterschätzte Potenzial der Fließgewässer. In C. Walsh, G. Kangler, & M. Schaffert (Hrsg.), *Landschaftsbilder und Landschaftsverständnisse in Politik und Praxis* (S. 15–32). Springer Fachmedien Wiesbaden GmbH; Springer VS.

Kant, I. (1959 [1781]). *Kritik der reinen Vernunft*. Felix Meiner.

Kant, I. (1959 [1790]). *Kritik der Urteilskraft* (Philosophische Bibliothek, Unveränd. Neudr. der Ausg. von 1924). Meiner.

Kant, I. (2011 [1781]). *Kritik der reinen Vernuft*. Darmstadt.

Kaplan, R., & Kaplan, S. (1989). *The experience of nature*. Cambridge University Press.

Kaplan, R., Kaplan, S., & Ryan, R. L. (1998). *With People in Mind*. Island Press.

Kaplan, S., & Kaplan, R. (1982). *Cognition and environment. Functioning in an Uncertain World*. Praeger.

Karatani, K. (1993). *Origins of Modern Japanese Literature*. Duke University Press.

Karmanov, D. Y., & Hamel, R. (2009). Evaluations of Design Gardens by Students of Landscape Architecture and Non-design Students. A Comparative Study. *Landscape Research, 34*(4), 457–479.

Kastner, J. (2002). Existenzgeld statt Unsicherheit? Zygmunt Bauman und die Krise globaler Politik angesichts der neoliberalen Globalisierung. In M. Junge & T. Kron (Hrsg.), *Zygmunt Bauman. Soziologie zwischen Postmoderne und Ethik* (UTB, Bd. 2221, S. 225–254). Leske + Budrich.

Kaufmann, S. (2005). *Soziologie der Landschaft*. VS Verlag für Sozialwissenschaften.

Kauppert, M. (2016). Ästhetische Praxis. Selbstentgrenzung der Künste oder Entkunstung der Kunst? In M. Kauppert & H. Eberl (Hrsg.), *Ästhetische Praxis* (Kunst und Gesellschaft, S. 3–34). Springer VS.

Kaußen, L. (2018). Landscape Perception and Construction in Social Media: An Analysis of User-generated Content. *Journal of Digital Landscape Architecture, 3*, 373–379. https://doi.org/10.14627/537642040.

Kazig, R. (2007). Atmosphären – Konzept für einen nicht repräsentationellen Zugang zum Raum. In C. Berndt & R. Pütz (Hrsg.), *Kulturelle Geographien. Zur Beschäftigung mit Raum und Ort nach dem Cultural Turn* (S. 167–187). transcript.

Kazig, R. (2008). Typische Atmosphären städtischer Plätze. Auf dem Weg zu einer anwendungsorientierten Atmosphärenforschung. *Die Alte Stadt, 35*(2), 148–160.

Kazig, R. (2013). Landschaft mit allen Sinnen – Zum Wert des Atmosphärenbegriffs für die Landschaftsforschung. In D. Bruns & O. Kühne (Hrsg.), *Landschaften: Theorie, Praxis und internationale Bezüge. Impulse zum Landschaftsbegriff mit seinen ästhetischen, ökonomischen, sozialen und philosophischen Bezügen mit dem Ziel, die Verbindung von Theorie und Planungspraxis zu stärken* (S. 221–232). Oceano.

Kazig, R. (2016). Die Bedeutung von Alltagsästhetik im Kontext der Polarisierung und Hybridisierung von Städten. Eine Spurensuche. In F. Weber & O. Kühne (Hrsg.), *Fraktale*

Metropolen. Stadtentwicklung zwischen Devianz, Polarisierung und Hybridisierung (S. 215–230). Springer VS.

Kazig, R. (2019). Atmosphären und Landschaft. In O. Kühne, F. Weber, K. Berr, & C. Jenal (Hrsg.), *Handbuch Landschaft* (S. 453–460). Springer VS.

Kazig, R. (2019b). Für ein alltagsästhetisches Verständnis von Heimat. In M. Hülz, O. Kühne & F. Weber (Hrsg.), *Heimat. Ein vielfältiges Konstrukt* (S. 87–97). Springer VS.

Kazig, R., & Weichhart, P. (2009). Die Neuthematisierung der materiellen Welt in der Humangeographie. *Berichte zur deutschen Landeskunde, 83*(2), 109–128.

Kazig, R., Wiegandt, C.-C., & Müller, A. (2003). Öffentlicher Raum in Europa und den USA. *Informationen zur Raumentwicklung, 1*(2), 91–102.

Keck, M. (2006). *Walking in the Wilderness. The Peripatetic Tradition in Nineteenth-Century American Literature and Painting* (American studies, Bd. 134). Winter.

Keil, A. (2005). Use and Perception of Post-Industrial Urban Landscapes in the Ruhr. In I. Kowarik & S. Körner (Hrsg.), *Wild Urban Woodlands. New Perspectives for Urban Forestry* (S. 117–130). Springer.

Keil, J., Edler, D., & Dickmann, F. (2019). Preparing the HoloLens for user Studies: an Augmented Reality Interface for the Spatial Adjustment of Holographic Objects in 3D Indoor Environments. *KN – Journal of Cartography and Geographic Information 69*, 205–215. doi:https://doi.org/10.1007/s42489-019-00025-z.

Keil, J., Edler, D., Schmitt, T., & Dickmann, F. (2021). Creating Immersive Virtual Environments Based on Open Geospatial Data and Game Engines. *KN – Journal of Cartography and Geographic Information, 71*, 1–13. doi:https://doi.org/10.1007/s42489-020-00069-6.

Keil, J., Korte, A., Ratmer, A., Edler, D., & Dickmann, F. (2020). Augmented Reality (AR) and Spatial Cognition: Effects of Holographic Grids on Distance Estimation and Location Memory in a 3D Indoor Scenario. *PFG – Journal of Photogrammetry, Remote Sensing and Geoinformation Science, 88*(2), 165–172. doi:https://doi.org/10.1007/s41064-020-00104-1.

Keil, R. (1993). *Weltstadt – Stadt der Welt. Internationalisierung und lokale Politik in Los Angeles.* Westfälisches Dampfboot.

Keller, R. (2007). *Diskursforschung. Eine Einführung für SozialwissenschaftlerInnen* (Qualitative Sozialforschung, Bd. 14, 3., aktualisierte Auflage). VS Verlag für Sozialwissenschaften.

Keller, R. (2016). Die symbolische Konstruktion von Räumen. Sozialkonstruktivistisch-diskursanalytische Perspektiven. In G. B. Christmann (Hrsg.), *Zur kommunikativen Konstruktion von Räumen* (S. 55–78). Springer VS.

Keller, R., Knoblauch, H., & Reichertz, J. (Hrsg.). (2013). *Kommunikativer Konstruktivismus. Theoretische und empirische Arbeiten zu einem neuen wissenssoziologischen Ansatz.* Springer VS.

Keller, R., & Backhaus, N. (2021). Wie fördern Landschaften das Wohlbefinden der Menschen? Erkenntnisse transdisziplinärer Forschungsprojekte aus der Schweiz. In C. Walsh, G. Kangler, & M. Schaffert (Hrsg.), *Landschaftsbilder und Landschaftsverständnisse in Politik und Praxis* (S. 141–157). Springer VS.

Kemper, F.-J. (2003). Landschaften, Texte, soziale Praktiken. Wege der angelsächsischen Kulturgeographie. *Petermanns Geographische Mitteilungen, 147*(2), 6–15.

Kianicka, S., Buchecker, M., Hunziker, M., & Müller-Böker, U. (2006). Locals' and Tourists' Sense of Place. A Case Study of a Swiss Alpine Village. *Mountain Research and Development, 26*(1), 55–63. doi:https://doi.org/10.1659/0276-4741(2006)026[0055:LATSOP]2.0.CO;2.

Kiemstedt, H. (1967). *Zur Bewertung natürlicher Landschaftselemente für die Planung von Erholungsgebieten.* Dissertation an der Technischen Hochschule Hannover.

Kilper, H., Heiland, S., Leibenath, M., & Tzschaschel, S. (2012). Die gesellschaftliche Konstituierung von Kulturlandschaft. *Raumforschung und Raumordnung, 70*(2), 91–94. https://doi.org/10.1007/s13147-011-0139-6.

King, L. J. (2002). Alternatives to Positive Economic Geography. In M. J. Dear & S. Flusty (Hrsg.), *The Spaces of Postmodernity. Readings in Human Geography* (S. 77–84). Blackwell Publishers.

Kirchhoff, T. (2011). Natur' als kulturelles Konzept. *Zeitschrift für Kulturphilosophie, 5*(1), 69–96.

Kirchhoff, T. (2011b). Landschaftsökologie gleich Ökologie der Landschaft? Eine wissenschaftstheoretisch-kulturwissenschaftliche Analyse landschaftsökologischer Forschungsprogramme. In Bayerische Akademie für Naturschutz und Landschaftspflege (Hrsg.), *Landschaftsökologie. Grundlagen, Methoden, Anwendungen* (S. 53–60). ANL.

Kirchhoff, T. (2017). Sehnsucht nach Wald als Wildnis. *Aus Politik und Zeitgeschichte, 67*(49–50), 19–24.

Kirchhoff, T. (2019a). *„Kulturelle Ökosystemdienstleistungen". Eine begriffliche und methodische Kritik* (Physis, Bd. 4). Alber.

Kirchhoff, T. (2019). Ökosystemdienstleistungen. In O. Kühne, F. Weber, K. Berr, & C. Jenal (Hrsg.), *Handbuch Landschaft* (S. 807–822). Springer VS.

Kirchhoff, T. (2019). Politische Weltanschauungen und Landschaft. In O. Kühne, F. Weber, K. Berr, & C. Jenal (Hrsg.), *Handbuch Landschaft* (S. 383–396). Springer VS.

Kirchhoff, T. (2020). Prozessschutz: Geschichte und Typologie. In R. Duttmann, O. Kühne, & F. Weber (Hrsg.), *Landschaft als Prozess* (S. 513–535). Springer VS.

Kirchhoff, T., Karafyllis, N. C., Evers, D., Falkenburg, B., Gerhard, M., Hartung, G. et al. (Hrsg.). (2017). *Naturphilosophie. Ein Lehr- und Studienbuch.* Mohr Siebeck.

Kirchhoff, T., & Trepl, L. (2001). Vom Wert der Biodiversität. Über konkurrierende politische Theorien in der Diskussion um Biodiversität. *Zeitschrift für angewandte Umweltforschung Sonderheft, 13*, 27–44.

Kirchhoff, T., & Trepl, L. (2009). Landschaft, Wildnis, Ökosystem: zur kulturbedingten Vieldeutigkeit ästhetischer, moralischer und theoretischer Naturauffassungen. Einleitender Überblick. In T. Kirchhoff & L. Trepl (Hrsg.), *Vieldeutige Natur. Landschaft, Wildnis und Ökosystem als kulturgeschichtliche Phänomene* (Sozialtheorie, S. 13–68). transcript.

Kistemann, T. (2016). Das Konzept der Therapeutischen Landschaften. In U. Gebhard & T. Kistemann (Hrsg.), *Landschaft, Identität und Gesundheit. Zum Konzept der Therapeutischen Landschaften* (S. 123–149). Springer VS.

Kistemann, T., & Claßen, T. (2012). Therapeutische Landschaften-Schlüsselkonzept einer postmedizinischen Geographie der Gesundheit. *Berichte zur deutschen Landeskunde, 86*(2), 109–124.

Kitchin, R. (2015). Positivist Geography. In S. C. Aitken & G. Valentine (Hrsg.), *Approaches to Human Geography. Philosophies, Theories, People and Practices* (2. Aufl., S. 23–34). SAGE.

Klarer, J., & Francis, P. (1997). Regional Overview. In J. Klarer & B. Moldan (Hrsg.), *The Environmental Challenge for Central European Economies in Transition* (S. 1–66). Wiley.

Kleinhückelkotten, S., Neitzke, H.-P., Küchler-Krischun, J., Schell, C., & Mues, A. (2010). *Naturbewusstsein 2009. Umfrage zu Natur und biologische Vielfalt. Studie im Auftrag des Bundesamtes für Naturschutz.* BMU.

Klemm, K. (2004). Methoden von Orts- und Stadtbildanalysen. In C. Becker, H. Hopfinger, & A. Steinecke (Hrsg.), *Geographie der Freizeit und des Tourismus. Bilanz und Ausblick* (S. 515–527). Oldenbourg.

Kloock, D., & Spahr, A. (2007 [1986]). *Medientheorien. Eine Einführung* (UTB). Fink.

Klotz, H. (1985). *Moderne und Postmoderne. Architektur der Gegenwart 1960–1980* (Schriften des Deutschen Architekturmuseums zur Architekturgeschichte und Architekturtheorie, 2. Aufl.). Vieweg+Teubner.

Kluge, N. (1981). *Spielen und Erfahren. Der Zusammenhang von Spielerlebnis und Lernprozess.* Klinkhardt.

Klüter, H. (1986). *Raum als Element sozialer Kommunikation.* Verlag des Geographischen Instituts der Justus-Liebig-Universität Giessen.

Knaut, A. (1993). *Zurück zur Natur.* Kilda.

Kneer, G. (2009). Jenseits von Realismus und Antirealismus. Eine Verteidigung des Sozialkonstruktivismus gegenüber seinen postkonstruktivistischen Kritikern. *Zeitschrift für Soziologie, 38*(1), 5–25. doi:https://doi.org/10.1515/zfsoz-2009-0101.

Kneer, G., & Nassehi, A. (1997). *Niklas Luhmanns Theorie sozialer Systeme. Eine Einführung.* Fink.

Knoblauch, H. (2003). Habitus und Habitualisierung. Zur Komplementarität von Bourdieu mit dem Sozialkonstruktivismus. In B. Rehbein, G. Saalmann, & H. Schwengel (Hrsg.), *Pierre Bourdieus Theorie des Sozialen. Probleme und Perspektiven* (S. 187–201). UVK.

Knoblauch, H. (2016). Über die kommunikative Konstruktion der Wirklichkeit. In G. B. Christmann (Hrsg.), *Zur kommunikativen Konstruktion von Räumen. Theoretische Konzepte und empirische Analysen* (Theorie und Praxis der Diskursforschung, S. 29–53). Springer VS.

Knoll, J. H. (1981). Liberalismus. In J. H. Schoeps, J. H. Knoll & C.-E. Bärsch (Hrsg.), *Konservativismus, Liberalismus, Sozialismus. Einführung, Texte, Bibliographien* (Uni-Taschenbücher Politologie, Neuere Geschichte, Soziologie, Bd. 1032, S. 87–139). Fink.

Knorr-Cetina, K. (2002a). *Die Fabrikation von Erkenntnis. Zur Anthropologie von Wissenschaft.* Suhrkamp.

Knorr-Cetina, K. (2002b). *Wissenskulturen. Ein Vergleich naturwissenschaftlicher Wissensformen* (Suhrkamp-Taschenbuch Wissenschaft, Bd. 1594, Dt. Erstausg., 1. Aufl). Suhrkamp.

Knorring, E. von (Institut für Volkswirtschaftslehre der Universität Augsburg, Hrsg.). (1995). Quantifizierung des Umweltproblems durch Monetarisierung? Volkswirtschaftliche Diskussionsreihe: 128. https://www.econstor.eu/bitstream/10419/70067/2/380878976.pdf. Zugegriffen: 16. Nov. 2020.

Knox, P., & Pinch, S. (2010). *Urban Social Geography. An Introduction* (6. Aufl.). Pearson Education Limited.

Knox, P. L. (2005). *Metroburbia.* Rutgers University Press.

Koch, F. (2010). *Die europäische Stadt in Transformation. Stadtplanung und Stadtentwicklungspolitik im postsozialistischen Warschau.* VS Verlag für Sozialwissenschaften (Zugl.: Berlin, Humboldt-Univ., Diss, 2009).

Koch, F. (2012). Anspruch und Realität europäischer Stadtentwicklung: Das Beispiel Warschau/ Aspiracje i rzeczywistość w europejskim rozwoju miast: przykład Warszawy. In J. Sulzer (Hrsg.), *Stadtheimaten/Miekie ojczyzny. Deutsch-polnische Einblicke/Niemiecko-Polskie Punkty Widzenia* (S. 147–168). Jovis.

Koch, G. (2016). Städte, Regionen und Landschaften als Augmented Realities. Rekonfigurationen des Raums durch digitale Informations- und Kommunikationstechnologien. In *Zur kommunikativen Konstruktion von Räumen* (S. 209–222). Springer VS, Wiesbaden. https://link.springer.com/chapter/; https://doi.org/10.1007/978-3-658-00867-3_9.

Kocks, D. E. (2000). *Dream a Little. Land and Social Justice in Modern America.* University of California Press.

Koebel, G. (2017). Simulating the Ages of Man: Periodization in Civilization V and Europa Universalis IV. *Loading... The Journal of the Canadian Game Studies Association, 10*(17), 60–76.

Koegst, L. (2020). Kann Landschaft zerstört werden? Ein Vergleich sozialkonstruktivistischer und essentialistischer Sichtweise. In R. Duttmann, O. Kühne, & F. Weber (Hrsg.), *Landschaft als Prozess* (S. 573–584). Springer VS.

Koegst, L., Baum, L., & Stintzing, M. (2022). Landscape in Action. The teaching of ‚landscape‘ in innovative excursion formats using the example of the digital urban geography excursion in Stuttgart devel-oped within the project ‚InExkurs‘. In D. Edler, O. Kühne, & C. Jenal (Hrsg.), *The Social Construction of Landscape in Games* (S. im Druck). Springer.

Koh, J. (1982). Ecological Design. A Post-Modern Design Paradigm of Holistic Philosophy and Evolutionary Ethic. *Landscape Journal, 1*, 76–84.

Köhler, W. (1969). *The task of Gestalt psychology (Princeton Legacy Library)*. Princeton University Press.

Köhring, A. (2010). Die ‚Begrünung‘ Moskaus in der Nachkriegszeit und der Sportpark Lužniki. In I. Nierhaus, J. Hoenes, A. Urban, & C. Keim (Hrsg.), *Landschaftlichkeit – zwischen Kunst, Architektur und Theorie* (S. 103–112). Reimer.

Kolb, F. (2005). *Die Stadt im Altertum*. Albatros.

Kolen, J. (1995). Recreating (in) nature, visiting history. Second thoughts on landscape reserves and their role in the preservation and experience of the historic environment. *Archaeological Dialogues, 2*(2), 127–159.

Komar, V., Melamid, A., & Wypijewski, J. (Hrsg.). (1999). *Painting by numbers. Komar and Melamid‘s scientific guide to art* (1. paperback printing). University of California Press.

Könen, D., Gryl, I., & Pokraka, J. (2018). Zwischen ‚Windwahn‘, Interessenvertretung und Ver-antwortung: Bürger*innenbeteiligung am Beispiel Windkraft im Spiegel von Neocartography und Spatial Citizenship. In O. Kühne & F. Weber (Hrsg.), *Bausteine der Energiewende* (S. 207–230). Springer VS.

Kong, L., Yuen, B., Briffett, C., & Sodhi, N. S. (1997). Nature and Nurture, Danger and Delight. Urban Women‘s Experiences of the Natural World. *Landscape Research, 22*(3), 245–266.

Konold, W. (1996a). Von der Dynamik einer Kulturlandschaft. Das Allgäu als Beispiel. In W. Konold (Hrsg.), *Naturlandschaft – Kulturlandschaft. Die Veränderung der Landschaften nach der Nutzbarmachung durch den Menschen* (S. 121–228). Ecomed.

Konold, W. (1996b). Vorwort. In W. Konold (Hrsg.), *Naturlandschaft – Kulturlandschaft. Die Veränderung der Landschaften nach der Nutzbarmachung durch den Menschen* (S. 5). Ecomed.

Kook, K. (2008). Zum Landschaftsverständnis von Kindern: Aussichten – Ansichten – Einsichten. In R. Schindler, J. Stadelbauer, & W. Konold (Hrsg.), *Points of View. Landschaft verstehen – Geographie und Ästhetik, Energie und Technik* (S. 107–124). modo.

Kook, K. (2009). *Landschaft als soziale Konstruktion. Raumwahrnehmung und Imagination am Kaiserstuhl*. Dissertation, Universität Freiburg.

Kopp, J., Messinger-Zimmer, S., & Rugenstein, J. (2017). „Das war aber keine Beteiligung.“ Proteste gegen Stromtrassen. In C. Hoeft, S. Messinger-Zimmer, & J. Zilles (Hrsg.), *Bürgerproteste in Zeiten der Energiewende. Lokale Konflikte um Windkraft, Stromtrassen und Fracking* (S. 43–61). transcript.

Köpsel, V. (2019). *New Spaces for Climate Change. The Societal Construction of Landscapes in Times of a Changing Climate*. Springer Fachmedien Wiesbaden.

Köpsel, V., Walsh, C., & Leyshon, C. (2017). Landscape narratives in practice: Implications for climate change adaptation. *The Geographical Journal, 183*(2), 175–186. https://doi.org/10.1111/geoj.12203.

Kopytoff, I. (2015 [1986]). The cultural biography of things: commoditization as process. In A. Appadurai (Hrsg.), *The social life of things. Commodities in cultural perspective* (12. Aufl., 64–91). Cambridge University Press.

Kornai, J. (1992). *The Socialist System*. Oxford University Press.

Körner, S. (2001). *Theorie und Methodologie der Landschaftsplanung*. Selbstverlag.

Körner, S. (2005). Landschaft und Raum im Heimat- und Naturschutz. In M. Weingarten (Hrsg.), *Strukturierung von Raum und Landschaft. Konzepte in Ökologie und der Theorie gesellschaftlicher Naturverhältnisse* (S. 107–117). Westfälisches Dampfboot.

Körner, S. (2006a). Heimatschutz, Naturschutz und Landschaftsplanung. In Institut für Landschaftsarchitektur und Umweltplanung – Technische Universität Berlin (Hrsg.), *Perspektive Landschaft* (S. 131–142). wvb Wissenschaftlicher Verlag Berlin.

Körner, S. (2006b). Die neue Debatte über Kulturlandschaft in Naturschutz und Stadtplanung. www.bfn.de/fileadmin/MDB/documents/service/perspektivekultur_koerner.pdf. Zugegriffen: 10. Mai 2017.

Körner, S. (2006c). Eine neue Landschaftstheorie? Eine Kritik am Begriff „Landschaft Drei". *Stadt+Grün 10/2006*, 18–25.

Körner, S. (2010). *Amerikanische Landschaften. J. B. Jackson in der deutschen Rezeption*. Steiner.

Körner, S., & Eisel, U. (2006). Nachhaltige Landschaftsentwicklung. In D. D. Genske (Hrsg.), *Fläche – Zukunft – Raum. Strategien und Instrumente für Regionen im Umbruch* (Schriftenreihe der Deutschen Gesellschaft für Geowissenschaften, Bd. 37, S. 45–60). Deutsche Gesellschaft für Geowissenschaften.

Körner, S., Eisel, U., & Nagel, A. (2003). Heimat als Thema des Naturschutzes. Anregungen für eine sozio-kulturelle Erweiterung. *Natur und Landschaft 78* (9/10), 382–389.

Kornwachs, K. (2013). *Philosophie der Technik. Eine Einführung*. Beck.

Korr, J. (2008). Physical and Social Construction of the Capital Beltway. In C. Mauch & T. Zeller (Hrsg.), *The World beyond the Windshield. Roads and Landscapes in the United States and Europe* (S. 187–210). Ohio University Press.

Kortländer, B. (1977). Die Landschaft in der Literatur des ausgehenden 18. und beginnenden 19. Jahrhunderts. In A. Hartlieb von Wallthor & H. Quirin (Hrsg.), *„Landschaft" als interdisziplinäres Forschungsproblem. Vorträge und Diskussionen des Kolloquiums am 7./8. November 1975 in Münster*. Aschendorff.

Kost, S. (2013). Landschaftsgenese und Mentalität als kulturelles Muster – Das Landschaftsverständnis in den Niederlanden. In D. Bruns & O. Kühne (Hrsg.), *Landschaften: Theorie, Praxis und internationale Bezüge. Impulse zum Landschaftsbegriff mit seinen ästhetischen, ökonomischen, sozialen und philosophischen Bezügen mit dem Ziel, die Verbindung von Theorie und Planungspraxis zu stärken* (S. 55–68). Oceano.

Kost, S. (2017). Raumbilder und Raumwahrnehmung von Jugendlichen. In O. Kühne, H. Megerle, & F. Weber (Hrsg.), *Landschaftsästhetik und Landschaftswandel* (RaumFragen: Stadt – Region – Landschaft, S. 69–85). Springer VS.

Kost, S., & Schönwald, A. (Hrsg.). (2015). *Landschaftswandel – Wandel von Machtstrukturen*. Springer VS.

Köstlin, K. (2001). Kultur als Natur. In R. W. Brednich, A. Schneider, & U. Werner (Hrsg.), *Natur – Kultur. Volkskundliche Perspektiven auf Mensch und Umwelt* (S. 1–10). Waxmann.

Kotkin, J. (2006). *The City. A Global History*. Modern Library.

Kötzle, M. (1999). Eigenart und Eigentum. Zur Genese und Struktur konservativer und liberaler Weltbilder. In S. Körner, T. Heger, A. Nagel, & U. Eisel (Hrsg.), *Naturbilder in Naturschutz und Ökologie* (Landschaftsentwicklung und Umweltforschung, Bd. 111, S. 19–36). TU Berlin.

Krabbe, W. R. (1989). *Die deutsche Stadt im 19. und 20. Jahrhundert. Eine Einführung* (Kleine Vandenhoeck-Reihe, Bd. 1543). Vandenhoeck & Ruprecht.

Kral, F. (1992). Die postglaziale Entwicklung der natürlichen Vegetation Mitteleuropas und ihre Beeinflussung durch den Menschen. In H. Franz (Hrsg.), *Die Störung der ökologischen Ordnung in den Kulturlandschaften* (Veröffentlichungen der Kommission für Humanökologie

/ Österreichische Akademie der Wissenschaften, Bd. 3, S. 8–36). Verlag der Österreichischen Akademie der Wissenschaften.

Kramer, C. (2012). „Alles hat seine Zeit" – die „Time Geography" im Licht des „Material Turn". In N. Weixlbaumer (Hrsg.), *Anthologie zur Sozialgeographie* (Abhandlungen zur Geographie und Regionalforschung, Bd. 16, S. 83–105). Institut für Geographie und Regionalforschung.

Krätke, S. (1995). *Stadt – Raum – Ökonomie. Einführung in aktuelle Problemfelder der Stadtökonomie und Wirtschaftsgeographie* (Stadtforschung aktuell, Bd. 53). Birkhäuser.

Krätke, S. (1996). Regulationstheoretische Perspektiven in der Wirtschaftsgeographie. *Zeitschrift für Wirtschaftsgeographie, 40*(1–2), 6–19.

Krätke, S. (2002). *Medienstadt. Urbane Cluster und globale Zentren der Kulturproduktion.* Leske + Budrich.

Krause, F., Bossel, H., & Mueller-Reissmann, K. F. (1980). *Energie-Wende.* Fischer.

Krebs, S. (2008). Von Landscape One zu Heimat 3 – Zur Realität filmischer Landschaften. In H. Küster (Hrsg.), *Kulturlandschaften. Analyse und Planung* (Stadt und Region als Handlungsfeld, Bd. 5, S. 131–142). Lang.

Kremer, B. P. (2015). *Kulturlandschaften lesen.* Haupt.

Kreuzer, F., Hayek, F. A. v., & Dahrendorf, R. (1983). *Markt, Plan, Freiheit. Franz Kreuzer im Gespräch mit Friedrich von Hayek und Ralf Dahrendorf.* Deuticke.

Krippner, R. (2019). Urbane Dächer unter Strom – Anmerkungen zur (Un-)Versöhnlichkeit von (Alt-)Städten und Photovoltaik. In K. Berr & C. Jenal (Hrsg.), *Landschaftskonflikte* (S. 439–460). Springer VS.

Krisch, R. (2009). Levittown Reloaded. Privater Wohnungsbau "von der Stange" in Long Island / New York. In T. Harlander & D. Schubert (Hrsg.)Suburbanisierung und Reurbanisierung. Wohnungsbau und Immobilienkrise in den USA. *Die Alte Stadt, 36*(2), 235–246 [Themenheft]. BAG.

Krohne, H. W. (2010). *Psychologie der Angst. Ein Lehrbuch.* Kohlhammer.

Kropp, C. (2015). Regionale StadtLandschaften – Muster der lebensweltlichen Erfahrung postindustrieller Raumproduktion zwischen Homogenisierung und Fragmentierung. *Raumforschung und Raumordnung, 73*(2), 91–106.

Krysinski, W. (2007). Lieux des modernes. La modernité différentielle des paysages. In M. Schmeling & M. Schmitz-Emans (Hrsg.), *Das Paradigma der Landschaft in Moderne und Postmoderne. (Post-)Modernist Terrains: Landscapes – Settings – Spaces* (Saarbrücker Beiträge zur vergleichenden Literatur- und Kulturwissenschaft, Bd. 34, S. 49–62). Königshausen & Neumann.

Krysmanski, R. (1996). Die Nützlichkeit der Landschaft [1971]. In G. Gröning (Hrsg.), *Landschaftswahrnehmung und Landschaftserfahrung* (Arbeiten zur sozialwissenschaftlich orientierten Freiraumplanung, S. 223–242). LIT.

Kubsch, R. (2007). *Die Postmoderne. Abschied von der Eindeutigkeit.* Hänssler.

Küchler, J., & Wang, X. (2009). Vielfältig und vieldeutig. Natur und Landschaft im Chinesischen. In T. Kirchhoff & L. Trepl (Hrsg.), *Vieldeutige Natur. Landschaft, Wildnis und Ökosystem als kulturgeschichtliche Phänomene* (Sozialtheorie, S. 201–220). transcript.

Kühbauch, W. (1993). Intensität der Landnutzung im Wandel der Zeit. *Die Geowissenschaften, 11*, 121–129.

Kühn, M. (2001a). Regionalisierung der Städte. Eine Analyse von Stadt-Umland-Diskursen räumlicher Forschung und Planung. *Raumforschung und Raumordnung, 59*(5–6), 402–411.

Kühn, M. (2001b). Stadt als Kulturlandschaft? Alte Kritik und neue Perspektiven der „Stadtlandschaft". In Akademie für Raumforschung und Landesplanung (Hrsg.), *Die Zukunft der Kulturlandschaft zwischen Verlust, Bewahrung und Gestaltung* (Forschungs- und Sitzungsberichte, Bd. 215, S. 100–105). Selbstverlag.

Kühn, M. (2002). Landschaft in der Regionalstadt – zwischen Grüngürteln und grünen Herzen. In D. Kornhardt & V. Härtig (Hrsg.), *Mögliche Räume. Stadt schafft Landschaft*. Ergebnisse der Tagung „Stadt schafft Landschaft" (S. 93–99). Junius.

Kühne, O. (2001). The interaction of industry and town in Central Eastern Europe – an intertemporary comparison based on systems theory and exemplified by Poland. *Die Erde, 132*(3), 161–185.

Kühne, O. (2003). Shifts of Political, Economic and Socio-Cultural Boundaries in East Central and Eastern Europe: Ramifications of System Transformation and Enlargement of the European Union. *Die Erde, 134*(1), 43–64.

Kühne, O. (2003b). *Umwelt und Transformation in Polen. Eine kybernetisch-systemtheoretische Analyse* (Mainzer Geographische Studien, Bd. 51). Geographisches Institut der Johannes Gutenberg-Universität Mainz.

Kühne, O. (2004). *Monetarisierung der Umwelt. Chancen und Probleme aus raumwissenschaftlich-systemtheoretischer Perspektive* (Beiträge zur Kritischen Geographie, Bd. 3). Kritische Geographie.

Kühne, O. (2005a). *Landschaft als Konstrukt und die Fragwürdigkeit der Grundlagen der konservierenden Landschaftserhaltung – eine konstruktivistisch-systemtheoretische Betrachtung. 2005* (Beiträge zur Kritischen Geographie, Bd. 4). Selbstverlag.

Kühne, O. (2005). Stadt-Land-Beziehungen zwischen Moderne und Postmoderne. *Ländlicher Raum, 56*(6), 45–50.

Kühne, O. (2006a). *Landschaft in der Postmoderne. Das Beispiel des Saarlandes*. DUV.

Kühne, O. (2006b). Landschaft und ihre Konstruktion. Theoretische Überlegungen und empirische Befunde. *Naturschutz und Landschaftsplanung, 38*(5), 146–152.

Kühne, O. (2006c). Soziale Distinktion und Landschaft. Eine landschaftssoziologische Betrachtung. *Stadt+Grün* (12), 42–45.

Kühne, O. (2007). *Das Ende der europäischen Stadt?* Fernuniversität.

Kühne, O. (2007b). Ländliche Räume im Saarland zwischen Moderne und Postmoderne. In H. P. Dörrenbächer, O. Kühne, & J. M. Wagner (Hrsg.), *50 Jahre Saarland im Wandel* (Veröffentlichungen des Instituts für Landeskunde im Saarland, Bd. 44, S. 57–68). Selbstverlag.

Kühne, O. (2007c). Neunkirchen (Saar). Postmoderne Raumentwicklungen in einer Altindustriestadt. *Geographische Rundschau, 59*(6), 58–65.

Kühne, O. (2007d). Soziale Akzeptanz und Perspektiven der Altindustrielandschaft. Ergebnisse einer empirischen Untersuchung im Saarland. *RaumPlanung* (132/133), 156–160.

Kühne, O. (2008). *Distinktion – Macht – Landschaft*. VS Verlag für Sozialwissenschaften.

Kühne, O. (2008b). Landschaft und Kitsch. Anmerkungen zu impliziten und expliziten Landschaftsvorstellungen. *Naturschutz und Landschaftsplanung, 40*(12), 403–408.

Kühne, O. (2008c). *Neunkirchen. Eine Stadt zwischen Moderne und Postmoderne* (Veröffentlichungen des Instituts für Landeskunde im Saarland, Bd. 46). Institut für Landeskunde im Saarland.

Kühne, O. (2008). Die Sozialisation von Landschaft – sozialkonstruktivistische Überlegungen, empirische Befunde und Konsequenzen für den Umgang mit dem Thema Landschaft in Geographie und räumlicher Planung. *Geographische Zeitschrift, 96*(4), 189–206.

Kühne, O. (2009). Grundzüge einer konstruktivistischen Landschaftstheorie und ihre Konsequenzen für die räumliche Planung. *Raumforschung und Raumordnung, 67*(5/6), 395–404. https://doi.org/10.1007/BF03185714.

Kühne, O. (2009b). Heimat und Landschaft – Zusammenhänge und Zuschreibungen zwischen Macht und Mindermacht. Überlegungen auf sozialkonstruktivistischer Grundlage. *Stadt+Grün* (9), 17–22.

Kühne, O. (2009). Landschaft und Heimat – Überlegungen zu einem geographischen Amalgam. *Berichte zur deutschen Landeskunde, 83*(3), 223–240.

Kühne, O. (2010). Postsozialistische Agglomerationen zwischen Moderne und Postmoderne. Entwicklungen und Aspekte der räumlichen Planung in Polen. *RaumPlanung, 148,* 23–28.

Kühne, O. (2011a). Akzeptanz von regenerativen Energien – Überlegungen zur sozialen Definition von Landschaft und Ästhetik. *Stadt+Grün, 60*(8), 9–13.

Kühne, O. (2011). Heimat und sozial nachhaltige Landschaftsentwicklung. *Raumforschung und Raumordnung, 69*(5), 291–301. https://doi.org/10.1007/s13147-011-0108-0.

Kühne, O. (2011c). Historische Entwicklung der Stadt und ihrer ökologischen Belastung. In S. Henninger (Hrsg.), *Stadtökologie. Bausteine des Ökosystems Stadt* (S. 35–61). Schöningh.

Kühne, O. (2011d). Die Konstruktion von Landschaft aus Perspektive des politischen Liberalismus. Zusammenhänge zwischen politischen Theorien und Umgang mit Landschaft. *Naturschutz und Landschaftsplanung, 43*(6), 171–176.

Kühne, O. (2012a). *Stadt – Landschaft – Hybridität. Ästhetische Bezüge im postmodernen Los Angeles mit seinen modernen Persistenzen.* Springer VS.

Kühne, O. (2012). Urban nature between modern and postmodern aesthetics: Reflections based on the social constructivist approach. *Quaestiones Geographicae, 31*(2), 61–70. https://doi.org/10.2478/v10117-012-0019-3.

Kühne, O. (2013a). Landschaft zwischen Objekthaftigkeit und Konstruktion – Überlegungen zur inversen Landschaft. In D. Bruns & O. Kühne (Hrsg.), *Landschaften: Theorie, Praxis und internationale Bezüge. Impulse zum Landschaftsbegriff mit seinen ästhetischen, ökonomischen, sozialen und philosophischen Bezügen mit dem Ziel, die Verbindung von Theorie und Planungspraxis zu stärken* (S. 181–193). Oceano.

Kühne, O. (2013). Landschaftsästhetik und regenerative Energien – Grundüberlegungen zu De- und Re-Sensualisierungen und inversen Landschaften. In L. Gailing & M. Leibenath (Hrsg.), *Neue Energielandschaften – Neue Perspektiven der Landschaftsforschung* (S. 101–120). Springer VS.

Kühne, O. (2013c). *Landschaftstheorie und Landschaftspraxis. Eine Einführung aus sozialkonstruktivistischer Perspektive.* Springer VS.

Kühne, O. (2013d). Macht und Landschaft: Annäherungen an die Konstruktion von Experten und Laien. In M. Leibenath, S. Heiland, H. Kilper & S. Tzschaschel (Hrsg.), *Wie werden Landschaften gemacht? Sozialwissenschaftliche Perspektiven auf die Konstituierung von Kulturlandschaften* (S. 237–271). transcript.

Kühne, O. (2014a). Die intergenerationell differenzierte Konstruktion von Landschaft. Ergebnisse einer empirischen Studie zum Thema Wald. *Naturschutz und Landschaftsplanung, 46*(10), 297–302.

Kühne, O. (2014b). Das Konzept der Ökosystemdienstleistungen als Ausdruck ökologischer Kommunikation. Betrachtungen aus der Perspektive Luhmannscher Systemtheorie. *Naturschutz und Landschaftsplanung, 46*(1), 17–22.

Kühne, O. (2014). Landschaft und Macht: Von Eigenlogiken und Ästhetiken in der Raumentwicklung. *Ausdruck und Gebrauch, 12,* 151–172.

Kühne, O. (2014d). Motive für zivilgesellschaftliche Partizipation – zur Notwendigkeit eines gewandelten Verständnisses zum Umgang mit Landschaft. In BHU (Hrsg.), *Energielandschaften gestalten. Leitlinien und Beispiele für Bürgerpartizipation* (S. 121–130). Bonn.

Kühne, O. (2014). Wie kommt die Landschaft zurück in die Humangeographie? Plädoyer für eine ‚konstruktivistische Landschaftsgeographie'. *Geographische Zeitschrift, 102*(2), 68–85.

Kühne, O. (2015a). Historical Developments: The Evolution of the Concept of Landscape in German Linguistic Areas. In D. Bruns, O. Kühne, A. Schönwald, & S. Theile (Hrsg.),

Landscape Culture – Culturing Landscapes. The Differentiated Construction of Landscapes (S. 43–52). Springer VS.

Kühne, O. (2015b). Komplexe Kräfteverhältnisse. Macht, Angst und Unsicherheit in postmodernen Landschaften – von ‚historischen Kulturlandschaften' zu gated communities. In S. Kost & A. Schönwald (Hrsg.), *Landschaftswandel – Wandel von Machtstrukturen* (S. 27–36). Springer VS.

Kühne, O. (2015). The Streets of Los Angeles: Power and the Infrastructure Landscape. *Landscape Research, 40*(2), 139–153. https://doi.org/10.1080/01426397.2013.788691.

Kühne, O. (2015d). Das studentische Verständnis von Landschaft Ergebnisse einer qualitativen und quantitativen Studie bei Studierenden der Fakultät Landschaftsarchitektur der Hochschule Weihenstephan-Triesdorf. *morphé. rural – suburban – urban* (1), 50–59. www.hswt.de/fklamorphe. Zugegriffen: 21. März 2017.

Kühne, O. (2015e). Was ist Landschaft? Eine Antwort aus sozialkonstruktivistischer Perspektive. *morphé. rural – suburban – urban* (1), 27–32. http://www.hswt.de/fileadmin/Dateien/Hochschule/Fakultaeten/LA/Dokumente/MORPHE/MORPHE-Band-01-Juni-2015.pdf. Zugegriffen: 21. März 2017.

Kühne, O. (2015). Weltanschauungen in regionalentwickelndem Handeln – die Beispiele liberaler und konservativer Ideensysteme. In O. Kühne & F. Weber (Hrsg.), *Bausteine der Regionalentwicklung* (S. 55–69). Springer VS.

Kühne, O. (2015g). Zwischen Geographien der Angst, des Konsums und der Historie. Warschaus spezifischer Weg in die Postmoderne. In O. Kühne, K. Gawroński & J. Hernik (Hrsg.), *Transformation und Landschaft. Die Folgen sozialer Wandlungsprozesse auf Landschaft* (S. 183–202). Springer VS.

Kühne, O. (2016a). Los Angeles – machtspezifische Implikationen einer Verkehrsinfrastruktur. In S. Hofmeister & O. Kühne (Hrsg.), *StadtLandschaften. Die neue Hybridität von Stadt und Land* (S. 253–282). Springer VS.

Kühne, O. (2016b). Die Los Angeles Riots von 1992. Von Postmodernisierungsverlierern und der neuen Bedeutung von ‚Ethnizität'. In F. Weber & O. Kühne (Hrsg.), *Fraktale Metropolen. Stadtentwicklung zwischen Devianz, Polarisierung und Hybridisierung* (S. 331–347). Springer VS.

Kühne, O. (2016c). Transformation, Hybridisierung, Streben nach Eindeutigkeit und Urbanizing former Suburbs (URFSURBS): Entwicklungen postmoderner Stadtlandhybride in Südkalifornien und in Altindustrieräumen Mitteleuropas – Beobachtungen aus der Perspektive sozialkonstruktivistischer Landschaftsforschung. In S. Hofmeister & O. Kühne (Hrsg.), *StadtLandschaften. Die neue Hybridität von Stadt und Land* (S. 13–36). Springer VS.

Kühne, O. (2016d). Warschau – das postsozialistische Raumpastiche und seine spezifische Ästhetik. In F. Weber & O. Kühne (Hrsg.), *Fraktale Metropolen. Stadtentwicklung zwischen Devianz, Polarisierung und Hybridisierung* (S. 271–294). Springer VS.

Kühne, O. (2016e). Wasser und Landschaft – symbolische Zugänge und ästhetische Deutungen. *morphé. rural – suburban – urban* (2), 42–49. https://www.hswt.de/fileadmin/Dateien/Hochschule/Fakultaeten/LA/Dokumente/MORPHE/MORPHE-Band-02-Juni-2016.pdf. Zugegriffen: 21. März 2017.

Kühne, O. (2017a). Hybridisierungstendenzen, Raumpastiches und URFSURBs in Südkalifornien als Herausforderung für die Planung. In K. Berr (Hrsg.), *Architektur- und Planungsethik. Zugänge, Perspektiven, Standpunkte* (S. 15–32). Springer VS.

Kühne, O. (2017b). Der intergenerationelle Wandel landschaftsästhetischer Vorstellungen – eine Betrachtung aus sozialkonstruktivistischer Perspektive. In O. Kühne, H. Megerle & F. Weber (Hrsg.), *Landschaftsästhetik und Landschaftswandel* (RaumFragen: Stadt – Region – Landschaft, S. 53–67). Springer VS.

Kühne, O. (2017c). *Zur Aktualität von Ralf Dahrendorf. Einführung in sein Werk* (Aktuelle und klassische Sozial- und KulturwissenschaftlerInnen). Springer VS.

Kühne, O. (2018). Neue Landschaftskonflikte' – Überlegungen zu den physischen Manifestationen der Energiewende auf der Grundlage der Konflikttheorie Ralf Dahrendorfs. In O. Kühne & F. Weber (Hrsg.), *Bausteine der Energiewende* (S. 163–186). Springer VS.

Kühne, O. (2018b). Heimat – ein alter Begriff heute kontrovers diskutiert. *Die Mediation* (Quartal I), 51–53.

Kühne, O. (2018c). *Landscape and Power in Geographical Space as a Social-Aesthetic Construct.* Springer International Publishing.

Kühne, O. (2018d). *Landschaft und Wandel. Zur Veränderlichkeit von Wahrnehmungen.* Springer VS.

Kühne, O. (2018). Die Landschaften 1, 2 und 3 und ihr Wandel. Perspektiven für die Landschaftsforschung in der Geographie – 50 Jahre nach Kiel. *Berichte. Geographie und Landeskunde, 3–4,* 217–231.

Kühne, O. (2018f). Macht, Herrschaft und Landschaft: Landschaftskonflikte zwischen Dysfunktionalität und Potenzial. Eine Betrachtung aus Perspektive der Konflikttheorie Ralf Dahrendorfs. In K. Berr (Hrsg.), *Transdisziplinäre Landschaftsforschung. Grundlagen und Perspektiven* (S. 155–170). Springer VS.

Kühne, O. (2018g). Die Moralisierung von Landschaft – Überlegungen zu einer problematischen Kommunikation aus Sicht der Luhmannschen Systemtheorie. In S. Hennecke, H. Kegler, K. Klaczynski, & D. Münderlein (Hrsg.), *Diedrich Bruns wird gelehrt haben. Eine Festschrift* (S. 115–121). Kassel University Press.

Kühne, O. (2018). Reboot „Regionale Geographie" – Ansätze einer neopragmatischen Rekonfiguration „horizontaler Geographien". *Berichte. Geographie und Landeskunde, 92*(2), 101–121.

Kühne, O. (2018). Warschau – vom real existierenden Sozialismus in die Postmoderne. *Geographische Rundschau, 70*(9), 24–29.

Kühne, O. (2019). Autopoietische Systemtheorie und Landschaft. In O. Kühne, F. Weber, K. Berr, & C. Jenal (Hrsg.), *Handbuch Landschaft* (S. 91–103). Springer VS.

Kühne, O. (2019). Der dreifache Landschaftswandel. *Forum Raumentwicklung, 1,* 18–19.

Kühne, O. (2019c). Heimat Saarland – Deutungen und Zuschreiben. In M. Hülz, O. Kühne, & F. Weber (Hrsg.), *Heimat. Ein vielfältiges Konstrukt* (S. 231–243). Springer VS.

Kühne, O. (2019d). *Landscape Theories. A Brief Introduction.* Springer VS.

Kühne, O. (2019). Macht und Landschaft. In O. Kühne, F. Weber, K. Berr, & C. Jenal (Hrsg.), *Handbuch Landschaft* (S. 321–333). Springer VS.

Kühne, O. (2019). Die Produktivität von Landschaftskonflikten – Möglichkeiten und Grenzen auf Grundlage der Konflikttheorie Ralf Dahrendorfs. In K. Berr & C. Jenal (Hrsg.), *Landschaftskonflikte* (S. 37–49). Springer VS.

Kühne, O. (2019). Die Sozialisation von Landschaft. In O. Kühne, F. Weber, K. Berr, & C. Jenal (Hrsg.), *Handbuch Landschaft* (S. 301–312). Springer VS.

Kühne, O. (2019). Sozialkonstruktivistische Landschaftstheorie. In O. Kühne, F. Weber, K. Berr, & C. Jenal (Hrsg.), *Handbuch Landschaft* (S. 69–79). Springer VS.

Kühne, O. (2019). Vom ‚Bösen' und ‚Guten' in der Landschaft – das Problem moralischer Kommunikation im Umgang mit Landschaft und ihren Konflikten. In K. Berr & C. Jenal (Hrsg.), *Landschaftskonflikte* (S. 131–142). Springer VS.

Kühne, O. (2020a). Landscape Conflicts. A Theoretical Approach Based on the Three Worlds Theory of Karl Popper and the Conflict Theory of Ralf Dahrendorf, Illustrated by the Example of the Energy System Transformation in Germany. *Sustainability 12* (17), 1–20. doi:https://doi.org/10.3390/su12176772.

Kühne, O. (2020). The Social Construction of Space and Landscape in Internet Videos. In D. Edler, C. Jenal, & O. Kühne (Hrsg.), *Modern Approaches to the Visualization of Landscapes* (S. 121–137). Springer VS.

Kühne, O. (2022). Representations of landscape in the strategy game Civilization. In D. Edler, O. Kühne & C. Jenal (Hrsg.), *The Social Construction of Landscape in Games* (S. im Druck). Springer.

Kühne, O., & Berr, K. (2021). *Wissenschaft, Raum, Gesellschaft. Eine Einführung zur sozialen Erzeugung von Wissen* (RaumFragen: Stadt – Region – Landschaft). Springer VS, im Druck.

Kühne, O., Berr, K., & Jenal, C. (2020). Die Gewinnung mineralischer Rohstoffe als konfliktärer Landschaftsprozess. In R. Duttmann, O. Kühne, & F. Weber (Hrsg.), *Landschaft als Prozess* (S. 585–601). Springer VS.

Kühne, O., Berr, K., Schuster, K., & Jenal, C. (2021). *Freiheit und Landschaft*. Springer.

Kühne, O., Denzer, V., & Eissner, C. (2022). The beach in the box – aspects of the construction and experience of a hybrid landscape. In D. Edler, O. Kühne & C. Jenal (Hrsg.), *The Social Construction of Landscape in Games* (S. im Druck). Springer.

Kühne, O., & Duttmann, R. (2019). Recent Challenges of the Ecosystems Services Approach from an Interdisciplinary Point of View. *Raumforschung und Raumordnung Spatial Research and Planning online first*. https://doi.org/10.2478/rara-2019-0055.

Kühne, O., & Edler, D. (2018). Multisensorische Landschaften – die Bedeutung des Nicht-Visuellen bei der sozialen und individuellen Konstruktion von Landschaft und Herausforderungen für ihre Erfassung und Wiedergabe. *Berichte. Geographie und Landeskunde, 92*(1), 27–45.

Kühne, O., Edler, D., & Jenal, C. (2021a). The Abstraction of an Idealization: Cartographic Representations of Model Railroads. Die Abstraktion der Idealisierung – über kartographische Repräsentationen von Modellbahnlandschaften. *KN – Journal of Cartography and Geographic Information*. doi:https://doi.org/10.1007/s42489-020-00064-x.

Kühne, O., Edler, D., & Jenal, C. (2021b). A Multi-Perspective View on Immersive Virtual Environments (IVEs). *ISPRS – International Journal of Geo-Information, 10*(8), 1–22. https://doi.org/10.3390/ijgi10080518.

Kühne, O., Edler, D., & Jenal, C. (2022). The cartographic representation of model railroad landscapes – theoretical considerations and empirical results from model railroad-related literature. In D. Edler, O. Kühne & C. Jenal (Hrsg.), *The Social Construction of Landscape in Games* (S. im Druck). Springer.

Kühne, O., & Franke, U. (2010). *Romantische Landschaft. Impulse zur Wiederentdeckung der Romantik in der Landschafts- und Siedlungsgestaltung in der norddeutschen Kulturlandschaft. Ein Plädoyer*. Oceano.

Kühne, O., & Hernik, J. (2015). Zur Bedeutung materieller Objekte bei der Konstitution von Heimat – unter besonderer Berücksichtigung von Objekten deutschen Ursprungs aus der Teilungsära Polens. In O. Kühne, K. Gawroński & J. Hernik (Hrsg.), *Transformation und Landschaft. Die Folgen sozialer Wandlungsprozesse auf Landschaft* (S. 221–229). Springer VS.

Kühne, O., & Jenal, C. (2018). Längsschnittstudie zur Wahrnehmung von Alt- und Totholz sowie zur symbolischen Konnotation von Wald. Abschlussbericht der sozialwissenschaftlichen Begleitstudie ‚Wertvoller Wald durch Alt- und Totholz' im Auftrag des NABU Saarland 2013 bis 2018. https://wertvollerwald.nabu-saar.de/fileadmin/Wertvoller_Wald/PDF-Downloads/NABU_Abschlussbericht_final.pdf. Zugegriffen: 14. Dez. 2019.

Kühne, O., & Jenal, C. (2020a). *Baton Rouge – The Multivillage Metropolis. A Neopragmatic Landscape Biographical Approach on Spatial Pastiches, Hybridization, and Differentiation*. Springer VS.

Kühne, O., & Jenal, C. (2020b). Baton Rouge (Louisiana): On the Importance of Thematic Cartography for ‚Neopragmatic Horizontal Geography'. *KN – Journal of Cartography and Geographic Information*. doi:https://doi.org/10.1007/s42489-020-00054-z.

Kühne, O., & Jenal, C. (2020). The Threefold 'Landscape Dynamics – Basic Considerations, Conflicts and Potentials of Virtual Landscape Research. In D. Edler, C. Jenal, & O. Kühne (Hrsg.), *Modern Approaches to the Visualization of Landscapes* (S. 389–402). Springer VS.

Kühne, O., & Jenal, C. (2021). Baton Rouge – A Neopragmatic Regional Geographic Approach. *Urban Science, 5*(1), 1–17. https://doi.org/10.3390/urbansci5010017.

Kühne, O., Jenal, C., & Edler, D. (2020). Functions of Landscape in Games – A Theoretical Approach with Case Examples. *Arts 9* (4). doi:https://doi.org/10.3390/arts9040123.

Kühne, O., Jenal, C., & Weber, F. (2016). Die soziale Definition von Heimat. In Bund Heimat und Umwelt in Deutschland (BHU) (Hrsg.), *Heimat – Vergangenheit verstehen, Zukunft gestalten. Dokumentation der zwei Veranstaltungen „Workshop zur Vermittlung des römischen Kultur-erbes" (17. November 2016, Bonn) und „Heimat neu finden" (23. bis 24. November 2016, Bensberg)* (S. 21–27). Selbstverlag.

Kühne, O., Jenal, C., Weber, F., & Zeck, H. (2018). Das Biosphärenreservat Bliesgau: Ein-schätzungen durch die Bevölkerung. In F. Weber, F. Weber, & C. Jenal (Hrsg.), *Wohin des Weges? Regionalentwicklung in Großschutzgebieten* (Arbeitsberichte der ARL, Bd. 21, S. 175–191). Selbstverlag.

Kühne, O., & Leonardi, L. (2020). *Ralf Dahrendorf.* Palgrave Macmillan.

Kühne, O., Megerle, H., & Weber, F. (2017). Landschaft – Landschaftswandel – Landschafts-ästhetik: Einführung – Überblick – Ausblick. In O. Kühne, H. Megerle, & F. Weber (Hrsg.), *Landschaftsästhetik und Landschaftswandel* (RaumFragen: Stadt – Region – Landschaft, S. 1–22). Springer VS.

Kühne, O., & Meyer, W. (2015). Gerechte Grenzen? Zur territorialen Steuerung von Nachhaltig-keit. In O. Kühne & F. Weber (Hrsg.), *Bausteine der Regionalentwicklung* (S. 25–40). Springer VS.

Kühne, O., & Schmitt, J. (2012a). Landschaft und Modelleisenbahn. Zur Erzeugung von Land-schaft im Spannungsfeld von ästhetischen Präferenzen, Anpassung an das Vorbild und Technik-bezogenheit. *Zoll+. Österreichische Schriftenreihe für Landschaft und Freiraum, 22*(21), 108–111.

Kühne, O., & Schmitt, J. (2012). Spiel mit Landschaft – Logiken der Konstruktion von Landschaft in der Diskursgemeinschaft der Modelleisenbahner. *Berichte zur deutschen Landeskunde, 86*(2), 175–194.

Kühne, O., & Schönwald, A. (2013). Zur Frage der sozialen Akzeptanz von Landschaftsver-änderungen – Hinweise zum Ausbau von Energienetzen in Deutschland. *UMID – Umwelt und Mensch-Informationsdienst* (2), 82–88. https://www.umweltbundesamt.de/sites/default/files/medien/419/publikationen/umid_2_2013.pdf. Zugegriffen: 22. Aug. 2017.

Kühne, O., & Schönwald, A. (2014). Macht – Einflussfaktor auf Entscheidungen über Art, Ausmaß und Standort erneuerbarer Energien. In B. Demuth, S. Heiland, N. Wiersbinsk & C. Hildebrandt (Hrsg.), *Energielandschaften – Kulturlandschaften der Zukunft? Dokumentation ausgewählter Beiträge der Workshops II (18.-21.03.2013) + III (15.-18.10.2013) an der Inter-nationalen Naturschutzakademie Insel Vilm (INA) des Bundesamtes für Naturschutz* (BfN-Skripten, Bd. 364, S. 63–72). Bonn-Bad Godesberg.

Kühne, O., & Schönwald, A. (2015a). *San Diego. Eigenlogiken, Widersprüche und Hybriditäten in und von ‚America's finest city'.* Springer VS.

Kühne, O., & Schönwald, A. (2015). San Diego: *Trouble in Paradise?* Zwischen Stadterneuerung, Reurbanisierung und restriktiver Steuerpolitik. *Geographische Rundschau, 67*(5), 49–54.

Kühne, O., Schönwald, A., & Weber, F. (2016). Urban / Rural Hybrids: The Urbanisation of Former Suburbs (URFSURBS). *Quaestiones Geographicae, 35*(4), 23–34. https://doi.org/10.1515/quageo-2016-0032.

Kühne, O., Schönwald, A., & Weber, F. (2017). Die Ästhetik von Stadtlandhybriden: URFSURBS (*Urbanizing former suburbs*) in Südkalifornien und im Großraum Paris. In O. Kühne, H. Megerle & F. Weber (Hrsg.), *Landschaftsästhetik und Landschaftswandel* (RaumFragen: Stadt – Region – Landschaft, S. 177–198). Springer VS.

Kühne, O., & Spellerberg, A. (2010). *Heimat in Zeiten erhöhter Flexibilitätsanforderungen.* VS Verlag für Sozialwissenschaften.

Kühne, O., & Weber, F. (Hrsg.). (2015a). *Bausteine der Regionalentwicklung.* Springer VS.

Kühne, O., & Weber, F. (2015). Der Energienetzausbau in Internetvideos – eine quantitativ ausgerichtete diskurstheoretisch orientierte Analyse. In S. Kost & A. Schönwald (Hrsg.), *Landschaftswandel – Wandel von Machtstrukturen* (S. 113–126). Springer VS.

Kühne, O., & Weber, F. (2016). Zur sozialen Akzeptanz der Energiewende. *UmweltWirtschaftsForum, 24*(2–3), 207–213. https://doi.org/10.1007/s00550-016-0415-6.

Kühne, O., & Weber, F. (2017). Geographisches Problemlösen: Das Beispiel des Raumkonfliktes um die Gewinnung mineralischer Rohstoffe. *Geographie aktuell und Schule, 225,* 16–24.

Kühne, O., & Weber, F. (2018 [online first 2017]). Conflicts and negotiation processes in the course of power grid extension in Germany. *Landscape Research 43* (4), 529–541. doi:https://doi.org/10.1080/01426397.2017.1300639.

Kühne, O., & Weber, F. (2019a). *Hybrid California. Annäherungen an den Golden State, seine Entwicklungen, Ästhetisierungen und Inszenierungen.* Springer VS.

Kühne, O., & Weber, F. (2019). Postmoderne Zugriffe und Differenzierungen von Stadt und Land(schaft): Stadtlandhybride, räumliche Pastiches und URFSURBS. In O. Kühne, F. Weber, K. Berr, & C. Jenal (Hrsg.), *Handbuch Landschaft* (S. 755–770). Springer VS.

Kühne, O., & Weber, F. (2020). Sozialwissenschaftliche Zugänge zur Prozesshaftigkeit von Landschaft. In R. Duttmann, O. Kühne, & F. Weber (Hrsg.), *Landschaft als Prozess* (S. 69–81). Springer VS.

Kühne, O., Weber, F., & Berr, K. (2019). The productive potential and limits of landscape conflicts in light of Ralf Dahrendorf's conflict theory. *Società Mutamento Politica, 10*(19), 77–90. https://oajournals.fupress.net/index.php/smp/article/view/10597. Zugegriffen: 22. Juni 2020.

Kühne, O., Weber, F., Berr, K., & Jenal, C. (Hrsg.). (2019). *Handbuch Landschaft.* Springer VS.

Kühne, O., Weber, F., & Koegst, L. (2020). Der Prozess der URFSURBanisierung in San Diego (Kalifornien) aus der Perspektive von Bewohner*innen und Besucher*innen des East Village. In R. Duttmann, O. Kühne, & F. Weber (Hrsg.), *Landschaft als Prozess* (S. 475–490). Springer VS.

Kühne, O., Weber, F., & Weber, F. (2013). Wiesen, Berge, blauer Himmel. Aktuelle Landschaftskonstruktionen am Beispiel des Tourismusmarketings des Salzburger Landes aus diskurstheoretischer Perspektive. *Geographische Zeitschrift, 101*(1), 36–54. doi:https://doi.org/10.1007/978-3-658-15848-4_19.

Kulke, E., Lentz, S., & Wardenga, U. (2004). Geography in Germany. *Belgeo, 1,* 81–95. https://doi.org/10.4000/belgeo.10067.

Küpper, J., & Menke, C. (2003). Einleitung. In J. Küpper & C. Menke (Hrsg.), *Dimensionen ästhetischer Erfahrung* (S. 7–15). Suhrkamp.

Kurt, H. (2004). Ästhetik der Nachhaltigkeit. In H. Strelow & V. David (Hrsg.), *Ökologische Ästhetik. Theorie und Praxis künstlerischer Umweltgestaltung* (S. 238–241). Birkhäuser.

Küster, H. (1998). *Geschichte des Waldes. Von der Urzeit bis zur Gegenwart.* Beck.

Küster, H. (1999). *Geschichte der Landschaft in Mitteleuropa. Von der Eiszeit bis zur Gegenwart.* Beck.

Küster, H. (2009). *Schöne Aussichten. Kleine Geschichte der Landschaft.* Beck.

Küster, H. (2012). *Die Entdeckung der Landschaft. Einführung in eine neue Wissenschaft.* Beck.

Küster, H. (2013 [1995]). *Geschichte der Landschaft in Mitteleuropa. Von der Eiszeit bis zur Gegenwart*. Beck.

Küster, H. (2019). Wald. In O. Kühne, F. Weber, K. Berr, & C. Jenal (Hrsg.), *Handbuch Landschaft* (S. 691–698). Springer VS.

Küster, H., & Hoppe, A. (2010). *Das Gartenreich Dessau-Wörlitz. Landschaft und Geschichte*. Beck.

Kuttler, W. (1998). Stadtklima. In H. Sukopp & R. Wittig (Hrsg.), *Stadtökologie. Ein Fachbuch für Studium und Praxis* (2. Aufl., S. 125–167). Fischer.

Kwa, C. (2005). Alexander von Humboldt's invention of the natural landscape. *The European Legacy, 10*(2), 149–162. https://doi.org/10.1080/1084877052000330084.

Laclau, E., & Mouffe, C. (1985). *Hegemony and Socialist Strategy*. Verso.

Lacoste, Y. (1990). *Geographie und politisches Handeln. Perspektiven einer neuen Geopolitik*. Wagenbach.

Lahl, K. (2019). Angst- und Sehnsuchtsräume. Repräsentationen der Natur in Computerspielen. *Arts & Humanitas, 13*(2), 285–299. doi:https://doi.org/10.4312/ars.13.2.285-299.

Lammert-Siepmann, N., Bestgen, A.-K., Edler, D., Kuchinke, L., & Dickmann, F. (2017). Audiovisual communication of object-names improves the spatial accuracy of recalled object-locations in topographic maps. *PloS one, 12*(10). doi:https://doi.org/10.1371/journal.pone.0186065.

Landsberg, H. E. (1981). *The Urban Climate*. Academic Press.

Lang, R. (2003). *Edgeless Cities*. Brookings Institution Press.

Lang, R. E., Sanchez, T. W., & Oner, A. C. (2009). Beyond Edge City: Office Geography in the New Metropolis. *Urban Geography, 30*(7), 726–755.

Langer, K. (2018). Frühzeitige Planungskommunikation – ein Schlüssel zur Konfliktbewältigung bei der Energiewende? In O. Kühne & F. Weber (Hrsg.), *Bausteine der Energiewende* (S. 539–556). Springer VS.

Langer, K. (2019). Landschaft und Partizipation: Landschaft fokussiert zur Sprache bringen – effektives Verfahrensdesign. In O. Kühne, F. Weber, K. Berr, & C. Jenal (Hrsg.), *Handbuch Landschaft* (S. 535–545). Springer VS.

Langer, K., Kühne, O., Weber, F., Jenal, C., Sanio, T., & Igel, M. (2016). *Analyse des öffentlichen Diskurses zu gesundheitlichen Auswirkungen von Hochspannungsleitungen – Handlungsempfehlungen für die strahlenschutzbezogene Kommunikation beim Stromnetzausbau. Werkzeugkasten*. Handreichung, die per Mail beim Bundesamt für Strahlenschutz angefragt werden kann.

Lanninger, S., & Langarová, K. (2010). Landschaft und Identität. Theoretische Überlegungen zur Weiterentwicklung der Landschaftsbildbewertung. *GAIA – Ecological Perspectives for Science and Society, 19*(2), 129–139.

Läpple, D. (1991). Gesellschaftszentriertes Raumkonzept. In M. Wentz (Hrsg.), *Stadt-Räume* (S. 35–46). Campus.

Läpple, D. (1992). Essay über den Raum. Für ein gesellschaftswissenschaftliches Raumkonzept. In H. Häußermann, D. Ipsen, R. Krämer-Badoni, D. Läpple, M. Rodenstein & W. Siebel (Hrsg.), *Stadt und Raum. Soziologische Analysen* (2. Aufl., S. 157–207). Centaurus.

Lash, S., & Urry, J. (1994). *Economies of signs and space*. SAGE.

Latour, B. (1996a). *Der Berliner Schlüssel*. Akademie.

Latour, B. (1996b). *Petite réflexion sur le culte moderne des dieux Faitiches*. Synthélabo groupe.

Latour, B. (1997). The Trouble with Actor-Network Theory. *Soziale Welt, 47*, 369–381.

Latour, B. (1998). *Wir sind nie modern gewesen. Versuch einer symmetrischen Anthropologie*. Suhrkamp.

Latour, B. (2002 [1999]). *Die Hoffnung der Pandora. Untersuchungen zur Wirklichkeit der Wissenschaft.* Suhrkamp.

Latour, B., & Roßler, G. (2007 [2005]). *Eine neue Soziologie für eine neue Gesellschaft. Einführung in die Akteur-Netzwerk-Theorie.* Suhrkamp.

Latour, B. & Woolgar, S. (2013 [1979]). *Laboratory Life: The Construction of Scientific Facts.* Princeton University Press.

Lautensach, H. (1973). Über die Erfassung und Abgrenzung von Landschaftsräumen [Erstveröffentlichung 1938]. In K. Paffen (Hrsg.), *Das Wesen der Landschaft* (Wege der Forschung, Bd. 39, S. 20–38). WBG.

Laux, H. D., & Thieme, G. (2008). Los Angeles Restructuring. Ethnic and Socio-Economic Transformation into a „Galactic Metropolis". *Geographische Rundschau International, 4*(2), 36–43.

Lavoie, C. (2005). Sketching the Landscape: Exploring a Sense of Place. *Landscape Journal, 24*(24), 13–31.

Le Dû-Blayo, L. (2011). How Do We Accommodate New Land Uses in Traditional Landscapes? Remanence of Landscapes, Resilience of Areas, Resistance of People. *Landscape Research, 36*(4), 417–434. doi:https://doi.org/10.1080/01426397.2011.583010.

Lefebvre, H. (1972). *Le droit à la ville suivi de Espace et Politique* (Points. Civilisations, Bd. 52). Édition Anthropos.

Lefebvre, M. (Hrsg.). (2006). *Landscape and Film.* Routledge.

Lefèbvre, H. (1974). La production de l'espace. *L'Homme et la société, 31–32*(1), 15–32.

Lehmann, A. (1996). Wald als „Lebensstichwort". Zur biographischen Bedeutung der Landschaft, des Naturerlebnisses und des Naturbewußtseins. *BIOS – Zeitschrift für Biographieforschung, Oral History und Lebensverlaufsanalysen, 9*(2), 143–154.

Lehmann, A. (2001). Landschaftsbewusstsein. Zur gegenwärtigen Wahrnehmung natürlicher Ensembles. In R. W. Brednich, A. Schneider, & U. Werner (Hrsg.), *Natur – Kultur. Volkskundliche Perspektiven auf Mensch und Umwelt* (S. 147–154). Waxmann.

Lehmann, A. (2003). Aspekte populären Landschaftsbewußtseins. In W. Siemann (Hrsg.), *Umweltgeschichte: Themen und Perspektiven* (S. 147–164). Beck.

Lehmann, D. (2009). Die Verdinglichung der Natur. Über das Verhältnis von Vernunft und die Unmöglichkeit der Naturbeherrschung. *Phase 2, Zeitschrift gegen die Realität* (33), 36 Absätze. https://phase-zwei.org/hefte/artikel/die-verdinglichung-der-natur-255/. Zugegriffen: 25. Mai 2021.

Lehmann, H. (1968). *Formen landschaftlicher Raumerfahrung im Spiegel der bildenden Kunst* (Erlanger Geographische Arbeiten, Bd. 22). Selbstverlag der Fränkischen Geographischen Gesellschaft.

Lehmann, H. (1973). Die Physiognomie der Landschaft (1950). In K. Paffen (Hrsg.), *Das Wesen der Landschaft* (Wege der Forschung, Bd. 39, S. 39–71). WBG.

Lehmann, H. (1986). Der amerikanische Mensch im Spiegel seiner Landschaft. In A. Krenzlin & R. Müller (Hrsg.), *Essays zur Physiognomie der Landschaft (Erdkundliches Wissen)* (S. 239–246). Steiner.

Lehmann, H. (1986). Die Rolle des Landschaftsklischees im Italienbild des Deutschen. In A. Krenzlin & R. Müller (Hrsg.), *Essays zur Physiognomie der Landschaft (Erdkundliches Wissen)* (S. 171–198). Steiner.

Leibenath, M. (2014). Landschaft im Diskurs: Welche Landschaft? Welcher Diskurs? Praktische Implikationen eines alternativen Entwurfs konstruktivistischer Landschaftsforschung. *Naturschutz und Landschaftsplanung, 46*(4), 124–129.

Leibenath, M. (2014b). Landschaftsbewertung im Spannungsfeld von Expertenwissen, Politik und Macht. *UVP-report 28* (2), 44–49. https://www2.ioer.de/recherche/pdf/2014_leibenath_uvp-report.pdf. Zugegriffen: 26. Jan. 2017.

Leibenath, M. (2015). Landschaften und Macht. In S. Kost & A. Schönwald (Hrsg.), *Landschafts-wandel – Wandel von Machtstrukturen* (S. 17–26). Springer VS.

Leibenath, M. (2017). Ecosystem services and neoliberal governmentality – German style. *Land Use Policy, 64,* 307–316.

Leibenath, M., & Gailing, L. (2012). Semantische Annäherung an „Landschaft" und „Kulturland-schaft". In W. Schenk, M. Kühn, M. Leibenath & S. Tzschaschel (Hrsg.), *Suburbane Räume als Kulturlandschaften* (Forschungs- und Sitzungsberichte, Bd. 236, S. 58–79). Selbstverlag.

Leibenath, M., Kurth, M., & Lintz, G. (2020). Science–Policy Interfaces Related to Biodiversity and Nature Conservation: The Case of Natural Capital Germany – TEEB-DE. *Sustainability, 12*(9). doi:https://doi.org/10.3390/su12093701.

Leibenath, M., & Lintz, G. (2018). Streifzug mit Michel Foucault durch die Landschaften der Energiewende: Zwischen Government, Governance und Gouvernementalität. In O. Kühne & F. Weber (Hrsg.), *Bausteine der Energiewende* (S. 91–107). Springer VS.

Leibenath, M., Lintz, G., Tennhardt, F., & Wirth, P. (2012, April). *Energiewende und Landschafts-Governance: Empirische Befunde und theoretische Perspektiven.* Neue Energie – Neue Energielandschaften – Neue Perspektiven der Landschaftsforschung?. Erkner.

Leibenath, M., & Otto, A. (2011, Mai). *Diskursive Konstituierung von Kulturlandschaft am Bei-spiel politischer Windenergiediskurse.* Kulakon-Abschlusskonferenz, Hannover.

Leibenath, M., & Otto, A. (2012). Diskursive Konstituierung von Kulturlandschaft am Beispiel politischer Windenergiediskurse in Deutschland. *Raumforschung und Raumordnung, 70*(2), 119–131. https://doi.org/10.1007/s13147-012-0148-0.

Leibenath, M., & Otto, A. (2014). Competing Wind Energy Discourses, Contested Landscapes. *Landscape. Online, 38,* 1–18. https://doi.org/10.3097/LO.201438.

Leimgruber, W. (2004). Heidi und Tell. Schweizerische Mythen in regionaler, nationaler und globaler Perspektive. In K. Hanika & B. Wagner (Hrsg.), *Kulturelle Globalisierung und regionale Identität. Beiträge zum kulturpolitischen Diskurs.* Dokumentation des Kultur-politischen Kongresses vom 5. bis 7. September 2002 in Ludwigsburg (Edition Umbruch, 17: Texte zur Kulturpolitik, S. 32–44). Klartext.

Leipold, H. (1988). *Wirtschafts- und Gesellschaftssysteme im Vergleich* (Uni-Taschenbücher Wirt-schaftswissenschaften, Politologie, Bd. 481, 5., bearb. Aufl.). Fischer.

Lekan, T., & Zeller, T. (Hrsg.). (2005). *Germany's Nature.* Rutgers University Press.

Lengen, C. (2019). Heimat und mentale Gesundheit: Wie *place identity* unser Heimatgefühl und Wohlbefinden beeinflusst. In M. Hülz, O. Kühne & F. Weber (Hrsg.), *Heimat. Ein vielfältiges Konstrukt* (S. 121–146). Springer VS.

Lenk, K. (1989). *Deutscher Konservatismus.* Campus.

Leonardi, L. (2014). *Introduzione a Dahrendorf* (Maestri del Novecento, Bd. 20). Editori Laterza.

Leonhard, J. (2001). *Liberalismus. Zur historischen Semantik eines europäischen Deutungsmusters* (Veröffentlichungen des Deutschen Historischen Instituts London/ Publications of the German Historical Institute London). R. Oldenbourg.

Leser, H. (1991). *Landschaftsökologie. Ansatz, Modelle, Methodik, Anwendung* (UTB, Bd. 521, 3., völlig neubearbeitete Auflage). Ulmer.

Leser, H. (2019). Landschaftsökologie. In O. Kühne, F. Weber, K. Berr, & C. Jenal (Hrsg.), *Hand-buch Landschaft* (S. 181–191). Springer VS.

Leuschen, L., & Thimm, T. (2019). Landschaftsstereotype und Relevanz kreativwirtschaftlicher Narrative in der touristischen Vermarktung der Destination Bodensee. *Via Tourism Review 16.* doi:https://doi.org/10.4000/viatourism.4644.

Leveson, D. (1988). Geologic Clarity. A Geologist's Perspective On Landscape Aesthetics. *Landscape Journal, 7*(2), 85–94.

Lévy, B.-H. (2005). *American Vertigo. Traveling America in the Footsteps of Torqueville*. Random House.

Lewin, K. (2006). Kriegslandschaft. In J. Dünne & S. Günzel (Hrsg.), *Raumtheorie. Grundlagentexte aus Philosophie und Kulturwissenschaften* (1. Aufl., S. 129–141). Suhrkamp.

Lewis, J. L. (2010). Interethnic Preferences for Landscape Change. A Comparison of First Nations and Euro-Canadian Residents. *Landscape Journal, 29*(2), 215–231.

Lewis, P. F. (1976). *New Orleans – the Making of an Urban Landscape*. Ballinger Publishing Company.

Liboriussen, B. (2008). *The Landscape Aesthetics of Computer Games*. Conference Proceedings of the Philosophy of Computer Games, Potsdam. http://pub.ub.uni-potsdam.de/volltexte/2008/2458/. Zugegriffen: 15. Mai 2021.

Lichtenberger, E. (1995). Vorsozialistische Siedlungsmuster, Effekte der sozialistischen Planwirtschaft und Segmentierung der Märkte. In H. Fassmann & E. Lichtenberger (Hrsg.), *Märkte in Bewegung: Metropolen und Regionen in Ostmitteleuropa* (S. 27–35). Böhlau.

Liessmann, K. P. (1999). *Philosophie der modernen Kunst. Eine Einführung* (UTB für Wissenschaft Mittlere Reihe Philosophie, Kunstwissenschaft, Bd. 2088). WUV-Universitätsverlag.

Liessmann, K. P. (2002). *Kitsch! oder Warum der schlechte Geschmack der eigentlich gute ist*. Brandstätter.

Lindern, E. von., Bauer, N., Frick, J., Hunziker, M., & Hartig, T. (2013). Occupational engagement as a constraint on restoration during leisure time in forest settings. *Landscape and Urban Planning, 118*, 90–97. https://doi.org/10.1016/j.landurbplan.2013.03.001.

Lindner, C. (2009). Freiheit und Fairness. In P. Rösler & C. Lindner (Hrsg.), *Freiheit: gefühlt – gedacht – gelebt. Liberale Beiträge zu einer Wertediskussion* (S. 17–28). VS Verlag für Sozialwissenschaften.

Linke, S. (2016). Sozialräumliche Segregation in ländlich bezeichneten Räumen. In F. Weber & O. Kühne (Hrsg.), *Fraktale Metropolen. Stadtentwicklung zwischen Devianz, Polarisierung und Hybridisierung* (S. 245–270). Springer VS.

Linke, S. (2017a). Ästhetik, Werte und Landschaft – eine Betrachtung zwischen philosophischen Grundlagen und aktueller Praxis der Landschaftsforschung. In O. Kühne, H. Megerle, & F. Weber (Hrsg.), *Landschaftsästhetik und Landschaftswandel* (RaumFragen: Stadt – Region – Landschaft, S. 23–40). Springer VS.

Linke, S. (2017b). Neue Landschaften und ästhetische Akzeptanzprobleme. In O. Kühne, H. Megerle & F. Weber (Hrsg.), *Landschaftsästhetik und Landschaftswandel* (RaumFragen: Stadt – Region – Landschaft, S. 87–104). Springer VS.

Linke, S. (2018). Ästhetik der neuen Energielandschaften – oder: „Was Schönheit ist, das weiß ich nicht". In O. Kühne & F. Weber (Hrsg.), *Bausteine der Energiewende* (S. 409–429). Springer VS.

Linke, S. (2020). Landscape in Internet Pictures. In D. Edler, C. Jenal, & O. Kühne (Hrsg.), *Modern Approaches to the Visualization of Landscapes* (S. 139–156). Springer VS.

Linke, S. (2020). Der Wandel landschaftsästhetischer Vorstellungen. In R. Duttmann, O. Kühne, & F. Weber (Hrsg.), *Landschaft als Prozess* (S. 135–153). Springer VS.

Linke, S. I. (2019a). *Die Ästhetik medialer Landschaftskonstrukte. Theoretische Reflexionen und empirische Befunde*. Springer VS.

Linke, S. I. (2019). Landschaftsästhetik. In O. Kühne, F. Weber, K. Berr, & C. Jenal (Hrsg.), *Handbuch Landschaft* (S. 441–452). Springer VS.

Lipietz, A. (1991). Zur Zukunft der städtischen Ökologie. In M. Wentz (Hrsg.), *Stadt-Räume* (S. 129–136). Campus.

Lippard, L. (2005). Park-Plätze [1999]). In B. Franzen & S. Krebs (Hrsg.), *Landschaftstheorie. Texte der Cultural Landscape Studies* (Kunstwissenschaftliche Bibliothek, Bd. 26, S. 110–138). König.

Lippmann, H.-C. (2016). *Sommerfrische als Symbol- und Erlebnisraum bürgerlichen Lebensstils. Zur gesellschaftlichen Konstruktion touristischer ländlicher Räume.* Dissertation, Technische Universität Berlin. https://docplayer.org/76567488-Sommerfrische-als-symbol-und-erlebnis-raum-buergerlichen-lebensstils-zur-gesellschaftlichen-konstruktion-touristischer-laendlicher-raeume.html. Zugegriffen: 19. Jan. 2021.

Lippmann, W. (1922). *Public Opinion.* Harcourt Brace & Company.

Lippuner, R. (2008a). Objekte und Stellen. Eine systemtheoretische Interpretation von Raum und Architektur. *Wolkenkuckucksheim 12* (2).

Lippuner, R. (2008b). Raumbilder der Gesellschaft. Zur Räumlichkeit des Sozialen in der Systemtheorie. In J. Döring & T. Thielmann (Hrsg.), *Spatial Turn. Das Raumparadigma in den Kultur- und Sozialwissenschaften* (S. 341–363). transcript.

Lippuner, R. (2011). Gesellschaft, Umwelt und Technik: Zur Problemstellung einer „Ökologie sozialer System". *Soziale Systeme. Zeitschrift für soziologische Theorie, 17*(2), 308–335.

Lippuner, R. (2011b, Mai). *Gestalten und Unterscheiden – Überlegungen zu einer Formtheorie der Landschaft.* Wie wird Landschaft gemacht?, Leibnizhaus Hannover.

Loda, M., Kühne, O., & Puttilli, M. (2020). The Social Construction of Tuscany in the German and English Speaking World – Presented by the Analysis of Internet Images. In D. Edler, C. Jenal, & O. Kühne (Hrsg.), *Modern Approaches to the Visualization of Landscapes* (S. 157–171). Springer VS.

Loesberg, J. (2005). *A Return to Aesthetics. Autonomy, Indifference, and Postmodernism.* Stanford University Press.

Löfgren, O. (1986). Natur, Tiere und Moral. Zur Entwicklung der bürgerlichen Naturauffassung. In U. Jeggle & H. Bausinger (Hrsg.), *Volkskultur in der Moderne. Probleme und Perspektiven empirischer Kulturforschung* (Rowohlts Enzyklopädie, Bd. 431, S. 122–144). Rowohlt.

Löfgren, O. (2002). *On Holiday.* University of California Press.

Loidl, H. J. (1981). Landschaftsbildanalyse – Ästhetik in der Landschaftsgestaltung. *Landschaft + Stadt 13* (1), 7–19.

Lokka, I. E., & Çöltekin, A. (2020). Perspective switch and spatial knowledge acquisition: Effects of age, mental rotation ability and visuospatial memory capacity on route learning in virtual environments with different levels of realism. *Cartography and Geographic Information Science, 47*(1), 14–27. https://doi.org/10.1080/15230406.2019.1595151.

Lokka, I. E., Çöltekin, A., Wiener, J., Fabrikant, S. I., & Röcke, C. (2018). Virtual environments as memory training devices in navigational tasks for older adults. *Scientific Reports, 8*, 1–15. https://doi.org/10.1038/s41598-018-29029-x.

Lorberg, F. (2006). Metaphern und Metamorphosen der Landschaft. Die Funktion von Leitbildern in der Landespflege. https://kobra.uni-kassel.de/bitstream/handle/123456789/2007110719590/ DissertationFrankLorberg.pdf?sequence=3&isAllowed=y. Zugegriffen: 11. Dez. 2018.

Lorberg, F. (2010). *Wahrnehmungspsychologie und Landschaft.* KOBRA – Kasseler OnlineBibliothek, Repository und Archiv.

Lorimer, H. (2005). Cultural geography: The busyness of being ‚more-than-representational'. *Progress in Human Geography, 29*(1), 83–94. https://doi.org/10.1191/0309132505ph531pr.

Lossau, J. (2009). Räume von Bedeutung. Spatial turn, cultural turn und Kulturgeographie. In M. Csáky & C. Leitgeb (Hrsg.), *Kommunikation – Gedächtnis – Raum. Kulturwissenschaften nach dem „Spatial Turn"* (S. 29–44). transcript.

Lothian, A. (1999). Landscape and the philosophy of aesthetics. Is landscape quality inherent in the landscape or in the eye of the beholder? *Landscape and Urban Planning, 44*(4), 177–198. doi:https://doi.org/10.1016/S0169-2046(99)00019-5.

Löw, M. (2001). *Raumsoziologie.* Suhrkamp.

Löw, M. (2008). Wenn Sex zum Image wird. Über die Leistungsfähigkeit vergeschlechtlichter Großstadtbilder. In D. Schott & M. Toyka-Seid (Hrsg.), *Die europäische Stadt und ihre Umwelt* (S. 193–206). Wissenschaftliche Buchgesellschaft.

Löw, M. (2010). *Soziologie der Städte* (Bd. 1976). Suhrkamp.

Lowenthal, A. F. (2009). *Global California.* Stanford University Press.

Luckmann, T. (1975). *The Sociology of Language.* Bobbs Merrill.

Luginbühl, Y. (2006). Landscape and Individual and Social Well-Being. In Council of Europe (Hrsg.), *Landscape and Sustainable Development. Challenges of the European Landscape Convention* (S. 29–54). Council of Europe Publishing.

Luhmann, N. (1977). Macht und System. Ansätze zur Analyse von Macht in der Politikwissenschaft. *Universitas, 32*, 473–482.

Luhmann, N. (1984). *Soziale Systeme. Grundriß einer allgemeinen Theorie.* Suhrkamp.

Luhmann, N. (1986). *Ökologische Kommunikation. Kann die moderne Gesellschaft sich auf ökologische Gefährdungen einstellen?* Westdeutscher.

Luhmann, N. (1988). *Die Wirtschaft der Gesellschaft.* Suhrkamp.

Luhmann, N. (1989 [1980]). *Gesellschaftsstruktur und Semantik. Studien zur Wissenssoziologie der modernen Gesellschaft* (Bd. 1). Suhrkamp.

Luhmann, N. (1990 [1986]). *Ökologische Kommunikation. Kann die moderne Gesellschaft sich auf ökologische Gefährdungen einstellen?* (3. Aufl.). VS Verlag für Sozialwissenschaften.

Luhmann, N. (1990). *Die Wissenschaft der Gesellschaft.* Suhrkamp.

Luhmann, N. (1993). Die Moral des Risikos und das Risiko der Moral. In G. Bechmann (Hrsg.), *Risiko und Gesellschaft. Grundlagen und Ergebnisse interdisziplinärer Risikoforschung* (S. 327–338). Westdeutscher.

Luhmann, N. (1995). *Die Kunst der Gesellschaft.* Suhrkamp.

Luhmann, N. (1996). *Die Realität der Massenmedien.* Westdeutscher.

Luhmann, N. (2002). *Die Politik der Gesellschaft.* Suhrkamp.

Luhmann, N. (2017). *Systemtheorie der Gesellschaft.* Suhrkamp.

Luik, R. (2007, Oktober). *Menschenleeres, verwildertes Land? – Perspektiven der ländlichen Kulturlandschaft vor dem Hintergrund des demographischen und agrarstrukturellen Wandels.* Demographie und Kulturlandschaft. Kulturlandschaft Quo vadis?, Geldern.

Lukács, G. (1968). Die Verdinglichung und das Bewusstsein des Proletariats. In G. Lukács (Hrsg.), *Geschichte und Klassenbewußtsein. Frühschriften II* (S. 257–397). Luchterhand.

Lüke, B. (2008). *Los Angeles im Film.* VDM.

Lukinbeal, C. (2005). Cinematic Landscapes. *Journal of Cultural Geography, 23*(1), 3–22.

Lukinbeal, C. (2012). "On Location" Filming in San Diego County from 1985–2005: How a Cinematic Landscape Is Formed Through Incorporative Tasks and Represented Through Mapped Inscriptions. *Annals of the Association of American Geographers, 102*(1), 171–190. https://doi.org/10.1080/00045608.2011.583574.

Lundmark, T. (1997). *Landscape, Recreation, and Takings in German and American Law* (American German studies, Vol. 6). Heinz.

Lupp, G. (2008). *Landschaftswahrnehmung von Anwohnern und Besuchern des Müritz-Nationalparks und Prognose zu erwartender Veränderungen im Landschaftsbild* (Culterra: Schriftenreihe der Professur für Landespflege der Albert-Ludwigs-Universität Freiburg, Bd. 54). Albert-Ludwigs-Universität Freiburg.

Lütjens, M., Kersten, T., Dorschel, B., & Tschirschwitz, F. (2019). Virtual Reality in Cartography: Immersive 3D Visualization of the Arctic Clyde Inlet (Canada) Using Digital Elevation Models and Bathymetric Data. *Multimodal Technologies and Interaction, 3*(1), 1–15. https://doi.org/10.3390/mti3010009.

Lynch, K. (1965). *Das Bild der Stadt* (Bauwelt Fundamente, Bd. 16). Ullstein.

Lynch, M. (2016). Social Constructivism in Science and Technology Studies. *Human Studies, 39*(1), 101–112.

Lyons, E. (1983). Demographic Correlates of Landscape Preference. *Environment and Behavior, 15*(4), 487–511.

Lyotard, J.-F. (1991). *Leçons sur l'Analytique du sublime*. Galilee.

Ma, Y., Wright, J., Gopal, S., & Phillips, N. (2020). Seeing the invisible: From imagined to virtual urban landscapes. *Cities, 98*, 1–10. https://doi.org/10.1016/J.CITIES.2019.102559.

Maak, N. (2014). *Wohnkomplex*. Hanser.

Maase, K. (2001). Krisenbewusstsein und Reformorientierung. Zum Deutungsmuster der Gegner der modernen Populärkünste 1880–1918. In K. Maase & W. Kaschuba (Hrsg.), *Schund und Schönheit. Populäre Kultur um 1900* (S. 290–342). Böhlau.

Maciá, A. (1979). Visual Perception of Landscape. Sex and Personality Differences. In G. H. Elsner & R. C. Smardon (Hrsg.), *Proceedings of Our National Landscape. A Conference on Applied Techniques of Analysis and Management of the Visual Resource* (S. 279–285). Pacific Southwest Forest and Range Experiment Station.

Macpherson, H. (2016). Walking methods in landscape research: Moving bodies, spaces of disclosure and rapport. *Landscape Research, 41*(1), 425–432. https://doi.org/10.1080/01426397.2016.1156065.

Madsen, D. L. (1998). *American Excepionalism*. University Press of Mississippi.

Maffei, L., Masullo, M., Pascale, A., Ruggiero, G., & Puyana-Romero, V. (2016). Immersive virtual reality in community planning: Acoustic and visual congruence of simulated vs real world. *Sustainable Cities and Society, 27*, 338–345. https://doi.org/10.1016/j.scs.2016.06.022.

Maischatz, K. (2010). Eine Einführung in das Sozialkapital-Konzept anhand der zentralen Vertreter. In A. Fischer (Hrsg.), *Die soziale Dimension von Nachhaltigkeit – Beziehungsgeflecht zwischen Nachhaltigkeit und Benachteiligtenförderung. Berufliche Bildung und zukünftige Entwicklung* (Leuphana-Schriften zur Berufs- und Wirtschaftspädagogik, Bd. 3, S. 31–54). Schneider.

Majetschak, S. (2007). *Ästhetik zur Einführung*. Junius.

Makhzoumi, J. M. (2002). Landscape in the Middle East: An inquiry. *Landscape Research, 27*(3), 213–228. https://doi.org/10.1080/01426390220149494.

Mancini, M., Cherubino, P., Cartocci, G., Martinez, A., Borghini, G., Guastamacchia, E., Di Flumeri, G., Rossi, D., Modica, E., Menicocci, S., Lupo, V., Trettel, A., & Babiloni, F. (2021). Forefront Users' Experience Evaluation by Employing Together Virtual Reality and Electroencephalography: A Case Study on Cognitive Effects of Scents. *Brain Sciences, 11*(2), 1–21. https://doi.org/10.3390/brainsci11020256.

Mannheim, K. (1984 [1927]). *Konservatismus. Ein Beitrag zur Soziologie des Wissens* (Suhrkamp-Taschenbuch Wissenschaft, Bd. 478). In D. Kettler, V. Meja, & Nico Stehr (Hrsg.). Suhrkamp.

Mantey, D., & Sudra, P. (2019). Types of suburbs in post-socialist Poland and their potential for creating public spaces. *Cities, 88*, 209–221. https://doi.org/10.1016/j.cities.2018.11.001.

Marchand, B., & Scott, A. (1991). Los Angeles en 1990: Une nouvelle capitale mondiale. *Annales de géographie, 100*(560), 406–426.

Marcińczak, S., Musterd, S., van Ham, M., & Tammaru, T. (2016). Inequality and rising levels of socio-economic segregation: Lessons from a pan-European comparative study. In T. Tammaru,

S. Marcińczak, M. van Ham, & S. Musterd (Hrsg.), *Socio-Economic Segregation in European Capital Cities. East meets West* (S. 358–382). Routledge.

Marcuse, H. (1965). Über den affirmativen Charakter der Kultur. In H. Marcuse (Hrsg.), *Kultur und Gesellschaft I* (S. 75–137). Suhrkamp.

Marg, S. (2017a). „Ich kann einfach nicht mehr vertrauen." Demokratie- und Legitimitätsvorstellungen. In C. Hoeft, S. Messinger-Zimmer, & J. Zilles (Hrsg.), *Bürgerproteste in Zeiten der Energiewende. Lokale Konflikte um Windkraft, Stromtrassen und Fracking* (S. 207–220). transcript.

Marg, S. (2017b). Heimat. Die Reaktivierung eines Kampfbegriffes. In C. Hoeft, S. Messinger-Zimmer, & J. Zilles (Hrsg.), *Bürgerproteste in Zeiten der Energiewende. Lokale Konflikte um Windkraft, Stromtrassen und Fracking* (S. 221–234). transcript.

Marschall, I., & Werk, K. (2007). Die Europäische Landschaftskonvention. Ziele, Inhalt sowie ihre derzeitige landschaftspolitische Bedeutung in Deutschland. *Natur und Recht, 29*, 719–722. https://doi.org/10.1007/s10357-007-1359-y.

Marshall, J. J. (2008 [2001]). Toward Phenomenology. A Material Culture Studies Approach to Landscape Theory. In R. Z. DeLue & J. Elkins (Hrsg.), *Landscape Theory* (S. 195–203). Routledge.

Marx, K. (1957[1867]). *Das Kapital. Kritik der politischen Ökonomie* (Kröners Taschenausgabe, Bd. 64). Kröner (Im Zusammenhang ausgewählt und eingeleitet von Benedikt Kautsky).

Marxhausen, C. (2010). *Identität – Repräsentation – Diskurs. Eine handlungsorientierte linguistische Diskursanalyse zur Erfassung raumbezogener Identitätsangebote* (Sozialgeographische Bibliothek, Bd. 14). Steiner.

Maschewsky, W. (2001). *Umweltgerechtigkeit, Public Health und soziale Stadt.* VAS – Verlag für Akademische Schriften.

Maschewsky, W. (2004). *Umweltgerechtigkeit: Gesundheitsrelevanz und empirische Erfassung* (Discussion Papers, Bd. 301). WZB – Wissenschaftszentrum Berlin für Sozialforschung gGmbH.

Massey, D. (1999). Cities in the world. In D. Massey, J. Allen, & S. Pile (Hrsg.), *City Worlds* (Understanding Cities, S. 93–150). Routledge in association with The Open University.

Matheis, A. (2016). Vernunft, Moral, Handeln – Grenzverläufe. Anmerkungen zu einem abendländischen kulturellen Selbstverständnis. In A. Schaffer, E. Lang, & S. Hartard (Hrsg.), *An und in Grenzen – Entfaltungsräume für eine nachhaltige Entwicklung* (S. 107–126). Metropolis.

Mattissek, A., & Reuber, P. (2004). Die Diskursanalyse als Methode in der Geographie – Ansätze und Potentiale. *Geographische Zeitschrift, 92*(4), 227–242.

Mattissek, A., & Wiertz, T. (2014). Materialität und Macht im Spiegel der Assemblage-Theorie: Erkundungen am Beispiel der Waldpolitik in Thailand. *Geographica Helvetica, 69*(3), 157–169.

Maturana, H. R., & Varela, F. J. (1987). *The Tree of Knowledge. The Biological Roots of Human Understanding* (Revised edition). Shambhala.

Matys, T., & Brüsemeister, T. (2012). Gesellschaftliche Universalien versus bürgerliche Freiheit des Einzelnen – Macht, Herrschaft und Konflikt bei Ralf Dahrendorf. In P. Imbusch (Hrsg.), *Macht und Herrschaft. Sozialwissenschaftliche Theorien und Konzeptionen* (2., aktualisierte und erweiterte Aufl., S. 195–216). Springer VS.

Maull, O. (1973). Die Grenzgürtelmethode. In K. Paffen (Hrsg.), *Das Wesen der Landschaft* (Wege der Forschung, Bd. 39, S. 425–432). WBG.

Mausbach, W. (2017). Go West! Frontier und die „Idee" Amerika. In W. Gamerith & U. Gerhard (Hrsg.), *Kulturgeographie der USA. Eine Nation begreifen* (S. 5–13). Springer Spektrum.

May, R. (1958). Contributions of existential psychotherapy. In R. May, E. Angel, & H. F. Ellenberger (Hrsg.), *Existence. A new dimension in psychiatry and psychotherapy* (S. 37–91). Basic Books.

McLean, K. (2020). Temporalities of the Smellscape: Creative Mapping as Visual Representation. In D. Edler, C. Jenal, & O. Kühne (Hrsg.), *Modern Approaches to the Visualization of Landscapes* (S. 27–245). Springer VS.

MEA – Millennium Ecosystem Assessment. (2005). *Ecosystem and Human Well-Being: Scenarios* (Bd. 2). Island Press.

Mead, G. H. (1909). Social psychology as counterpart to physiological psychology. *Psychological Bulletin, 6*, 401–408.

Mead, G. H. (1910). Social consciousness and the consciousness of meaning. *Psychological Bulletin, 7*, 397–405.

Mead, G. H. (1975 [1968]). *Geist, Identität und Gesellschaft aus der Sicht des Sozialbehaviorismus* (Suhrkamp-Taschenbuch Wissenschaft, Bd. 28, 2. Aufl.). Suhrkamp.

Medyńska-Gulij, B., & Zagata, K. (2020). Experts and Gamers on Immersion into Reconstructed Strongholds. *ISPRS – International Journal of Geo-Information 9* (11), 1–17. doi:https://doi.org/10.3390/ijgi9110655.

Meier, C., Bucher, A., & Hagenbuch, R. (2010). Landschaft, Landschaftsbewusstsein und landschaftliche Identität als Potenziale für die regionale Entwicklung. Eine empirische Fallstudie in Glarus Süd, Schweiz. *GAIA – Ecological Perspectives for Science and Society, 19*(3), 213–222.

Meijles, E., & van Hoven, B. (2010). Using the *Rural Atelier* as an Educational Method in Landscape Studies. *Journal of Geography in Higher Education, 34*(4), 541–560.

Mels, T. (2013). Emplacing Landscape in Sweden. In D. Bruns & O. Kühne (Hrsg.), *Landschaften: Theorie, Praxis und internationale Bezüge. Impulse zum Landschaftsbegriff mit seinen ästhetischen, ökonomischen, sozialen und philosophischen Bezügen mit dem Ziel, die Verbindung von Theorie und Planungspraxis zu stärken* (S. 71–82). Oceano Verlag.

Merleau-Ponty, M. (1945). *Phénoménologie de la perception (Bibliothèque des idées)*. Gallimard.

Merton, R. K. (1968[1949]). *Social Theory and Social Structure*. Free Press.

Merton, R. K. (1973). *The Sociology of Science*. University of Chicago Press.

Meske, M. (2008). Naturbild und Nachhaltigkeit. Welches Bild machen sich Kinder von der Natur, und wo muss Umweltbildung ansetzen, damit es zu mehr Nachhaltigkeitsbewusstsein kommt? In K.-H. Erdmann, J. Löffler, & S. Roscher (Hrsg.), *Naturschutz im Kontext einer nachhaltigen Entwicklung. Ansätze, Konzepte, Strategien* (Naturschutz und Biologische Vielfalt, Bd. 67, S. 73–100). Bundesamt für Naturschutz.

Meske, M. (2011). *Natur ist für mich die Welt*. VS Verlag für Sozialwissenschaften.

Meurer, M. (1997). Stadtökologie. Eine historische, aktuelle und zukünftige Perspektive. *Geographische Rundschau, 49*(10), 548–555.

Meyer, D. R. (2010). Mechanizing the American Earth. In M. P. Conzen (Hrsg.), *The Making of the American Landscape* (2. Aufl., S. 279–302). Routledge.

Meyer, W. (1981). Das Image von Dänemark als Urlaubsland. In Studienkreis für Tourismus (Hrsg.), *Reisemotive – Länderimages – Umweltverhalten* (S. 141–158). Eigenverlag.

Meyer, W. (1993). Touristische Images (Reiseländerimages). In H. Hahn & H. J. Kagelmann (Hrsg.), *Tourismuspsychologie und Tourismussoziologie. Ein Handbuch zur Tourismuswissenschaft* (Quintessenz Tourismuswissenschaft, S. 321–325). Quintessenz.

Meyer, W., & Kühne, O. (2012). Nachhaltige Entwicklung durch gerechte Beteiligung im grenzenlosen Raum: Herausforderungen des Klimawandels und Perspektiven für neue institutionelle Lösungen. In A. Knierim, S. Baasch, & M. Gottschick (Hrsg.), *Partizipationsforschung und Partizipationsverfahren in der sozialwissenschaftlichen Klimaforschung. Diskussionspapiere zum Workshop* (S. 78–84). Workshop-Materialien.

Michaeli, M. (2008). Verstädterte Landschaft – landschaftliche Stadt. Der unbeabsichtigte Selbstmord der Planung im uneindeutigen Raum metropolitaner Kulturlandschaften. In Bayerische Akademie für Naturschutz und Landschaftspflege & Lehrstuhl für Landschaftsbau und

Vegetationstechnik (Hrsg.), *Die Zukunft der Kulturlandschaft – Entwicklungsräume und Handlungsfelder* (S. 46–55). Laufen.

Micheel, M. (2012). Alltagsweltliche Konstruktionen von Kulturlandschaft. *Raumforschung und Raumordnung, 70*(2), 107–117. https://doi.org/10.1007/s13147-011-0143-x.

Michelis, M. de. (1983). Italienische Architektur in der Zeit des Faschismus. *Wissenschaftliche Zeitschrift / Hochschule für Architektur und Bauwesen <Weimar>, 29*(5–6), 381–386. https://doi.org/10.25643/bauhaus-universitaet.954.

Michelsen, D., & Walter, F. (2013). *Unpolitische Demokratie. Zur Krise der Repräsentation* (Edition Suhrkamp, Bd. 2668, 1. Aufl.). Suhrkamp.

Michler, T., Aschenbrand, E., & Leibl, F. (2019). Gestört, aber grün: 30 Jahre Forschung zu Landschaftskonflikten im Nationalpark Bayerischer Wald. In K. Berr & C. Jenal (Hrsg.), *Landschaftskonflikte* (S. 291–311). Springer VS.

Miebach, B. (2010). *Soziologische Handlungstheorie. Eine Einführung* (3. Aufl.). VS Verlag für Sozialwissenschaften.

Miggelbrink, J. (2002). Konstruktivismus? ‚Use with caution‘. Zum Raum als Medium der Konstruktion gesellschaftlicher Wirklichkeit. *Erdkunde, 56*(4), 337–350.

Miggelbrink, J. (2009). Verortung im Bild. Überlegungen zu ‚visuellen Geographien‘. In J. Döring & T. Thielmann (Hrsg.), *Mediengeographie. Theorie – Analyse – Diskussion* (S. 179–202). transcript.

Mills, S. (1997). *The American Landscape.* Keele University Press.

Mitchell, D. (2003). Cultural landscapes: Just landscapes or landscapes of justice? *Progress in Human Geography, 27*(6), 787–796. https://doi.org/10.1191/0309132503ph464pr.

Mitchell, D. (2005). Landscape. In D. Atkinson, P. Jackson, D. Sibley, & N. Washbourne (Hrsg.), *Cultural Geography. A Critical Dictionary of Key Concepts* (International library of human geography, Bd. 3, S. 49–56). I. B. Tauris & Co.

Mitchell, D. (2007). Work, Struggle, Death, and Geographies of Justice: The Transformation of Landscape in and beyond California's Imperial Valley. *Landscape Research, 32*(5), 559–577. https://doi.org/10.1080/01426390701552704.

Mitchell, D. (2009). Work, Struggle, Death, and Geographies of Justice. The Transformation of Landscape in and Beyond California,s Imperial Valley. In K. R. Olwig & D. Mitchell (Hrsg.), *Justice, Power and the Political Landscape* (S. 177–195). Routledge.

Mitchell, J. (2001). Business Improvement Districts and the "New" Revitalization of Downtown. *Economic Development Quarterly, 15*(2), 115–123. https://doi.org/10.1177/089124240101500201.

Mitchell, W. J. T. (2002a). Holy Landscape: Israel, Palestine, and the American Wilderness. In W. J. T. Mitchell (Hrsg.), *Landscape and Power* (2. Aufl., S. 261–290). University of Chicago Press.

Mitchell, W. J. T. (2002b). Imperial Landscape. In W. J. T. Mitchell (Hrsg.), *Landscape and Power* (2. Aufl., S. 5–34). University of Chicago Press.

Mitchell, W. J. T. (2002c). Introduction. In W. J. T. Mitchell (Hrsg.), *Landscape and Power* (2. Aufl., S. 1–4). University of Chicago Press.

Mittelstraß, J. (1998). Interdisziplinarität oder Transdisziplinarität? In *Die Häuser des Wissens. Wissenschaftstheoretische Studien* (S. 29–48). Suhrkamp.

Mlejnek, M., Lütke, P., & Wood, G. (2020). Framing the Debate on Suburbanization in North America and Germany Conceptually—Edward Soja's Concept of "Regional Urbanization" Revisited. *Urban Science, 4*(1), 1–24. https://doi.org/10.3390/urbansci4010003.

Mohai, P., Pellow, D., & Roberts, J. T. (2009). Environmental Justice. *Annual Review of Environment and Resources, 34*(1), 405–430. https://doi.org/10.1146/annurev-environ-082508-094348.

Moïsi, D. (2009). *Kampf der Emotionen.* Deutsche Verlags-Anstalt.

Mol, A. A., Politopoulos, A., & Ariese-Vandemeulebroucke, C. E. (2017). "From the Stone Age to the Information Age": History and Heritage in Sid Meier's Civilization VI. *Advances in Archaeological Practice, 5*(2), 214–219. https://doi.org/10.1017/aap.2017.9.

Mölders, T., & Hofmeister, S. (2020). Landschaft als Prozess – Prozess als Konflikt. In R. Duttmann, O. Kühne, & F. Weber (Hrsg.), *Landschaft als Prozess* (S. 493–511). Springer VS.

Mölders, T., Othengrafen, F., Stock, K., & Zibell, B. (2016). Zwischen Stadt und Land: Hybride Räume verstehen und gestalten. In S. Hofmeister & O. Kühne (Hrsg.), *StadtLandschaften. Die neue Hybridität von Stadt und Land* (S. 37–61). Springer VS.

Molotch, H. (1996). L.A. as Design Product. How Art Works in a Regional Economy. In A. J. Scott & E. W. Soja (Hrsg.), *The City: Los Angeles and Urban Theory at the End of the Twentieth Century* (S. 225–275). University of California Press.

Moore-Colyer, R., & Scott, A. (2005). What Kind of Landscape Do We Want? Past, Present and Future Perspectives. *Landscape Research, 30*(4), 501–523. https://doi.org/10.1080/01426390500273254.

Morgan, R. (1999). Some Factors Affecting Coastal Landscape Aesthetic Quality Assessment. *Landscape Research, 24*(2), 167–184. https://doi.org/10.1080/01426399908706557.

Mose, I. (2019). Landschaft und Regionalentwicklung. In O. Kühne, F. Weber, K. Berr, & C. Jenal (Hrsg.), *Handbuch Landschaft* (S. 279–288). Springer VS.

Moss, T. (2003). Raumwissenschaftliche Perspektiverweiterung zur Umsetzung der EU-Wasserrahmenrichtlinie. In T. Moss (Hrsg.), *Das Flussgebiet als Handlungsraum. Institutionenwandel durch die EU-Wasserrahmenrichtlinie aus raumwissenschaftlichen Perspektiven* (Stadt- und Regionalwissenschaften /Urban and Regional Sciences, Bd. 3, S. 21–43). LIT.

Moulaert, F., & Swyngedouw, E. (1989). Survey 15. A Regulation Approach to the Geography of Flexible Production Systems. *Environment and Planning D: Society and Space, 7*(3), 327–345. doi:https://doi.org/10.1068/d070327.

Mozingo, L. A. (2003). Campus, Estate, and Park: Lawn Culture Comes to the Corporation. In C. Wilson & P. Groth (Hrsg.), *Everyday America. Cultural Landscape Studies after J. B. Jackson* (S. 255–274). University of California Press.

Mrass, W. (1981). Ökologische Entwicklungstendenzen im ländlichen Raum und ihre Auswirkungen auf die Flurbereinigung. In StMELF – Bayerische Staatsministerium für Ernährung, Landwirtschaft und Forsten (Hrsg.), *Berichte aus der Flurbereinigung 37* (Berichte zur Ländlichen Entwicklung in Bayern, Bd. 37, S. 29–40). StMELF – Bayerische Staatsministerium für Ernährung, Landwirtschaft und Forsten.

Muir, R. (1998). Reading the Landscape, Rejecting the Present. *Landscape Research, 23*(1), 71–82. https://doi.org/10.1080/01426399808706526.

Muir, R. (2003). On Change in the Landscape. *Landscape Research, 28*(4), 383–403.

Muller, E. K. (2010). Building American Cityscape. In M. P. Conzen (Hrsg.), *The Making of the American Landscape* (2. Aufl., S. 303–328). Routledge.

Müller, G. (1977). Zur Geschichte des Wortes Landschaft. In A. Hartlieb von Wallthor & H. Quirin (Hrsg.), *„Landschaft" als interdisziplinäres Forschungsproblem. Vorträge und Diskussionen des Kolloquiums am 7./8. November 1975 in Münster* (S. 3–13). Aschendorff.

Müller, K. (2013). *Allgemeine Systemtheorie*. VS Verlag für Sozialwissenschaften.

Müller, R. (1986). Die Physiognomie der Landschaft als Thema geographischer Forschung bei Herbert Lehmann. In A. Krenzlin & R. Müller (Hrsg.), *Essays zur Physiognomie der Landschaft (Erdkundliches Wissen)* (S. 7–26). Steiner.

Müller, W. (1998). Erwartete und unerwartete Folgen der Bildungsexpansion. *Kölner Zeitschrift für Soziologie und Sozialpsychologie/ Sonderhefte, 38*, 81–112.

Müller, W., & Rohr-Zänker, R. (2001). Amerikanisierung der „Peripherie" in Deutschland? In K. Brake, J. S. Dangschat, & G. Herfert (Hrsg.), *Suburbanisierung in Deutschland. Aktuelle Tendenzen* (S. 27–39). Leske + Budrich.

Munafo, J., Diedrick, M., & Stoffregen, T. A. (2017). The virtual reality head-mounted display Oculus Rift induces motion sickness and is sexist in its effects. *Experimental Brain Research, 235*(3), 889–901. https://doi.org/10.1007/s00221-016-4846-7.

Münderlein, D. (2020). Gesundheits- und Erholungsprozesse. In R. Duttmann, O. Kühne, & F. Weber (Hrsg.), *Landschaft als Prozess* (S. 155–176). Springer VS.

Münderlein, D. (2020b). *Macht Landschaft Glücklich? Entwicklung und Erprobung von wahrnehmungsbasierten Methoden zur Ermittlung von landschaftsbezogenem Wohlbefinden und Erholung für die räumliche Planung. Dissertationsschrift.* Dissertation, Universität Kassel.

Münderlein, D., & Bruns, A. (2019). Landschaft und Gesundheit. In O. Kühne, F. Weber, K. Berr, & C. Jenal (Hrsg.), *Handbuch Landschaft* (S. 489–503). Springer VS.

Münker, S. (2009). *Emergenz digitaler Öffentlichkeiten. Die Sozialen Medien im Web 2.0* (Edition Unseld, Bd. 26). Suhrkamp.

Næss, A. (1973). The Shallow and the Deep, Long-Range Ecology Movements. A Summary. *Inquiry – An Interdisciplinary Journal of Philosophy 16* (1), 95–100.

Nagle, A. (2017). *Kill all normies. The online culture wars from Tumblr and 4chan to the alt-right and Trump.* Zero Books.

Naranjo, F. Z. (2006). Landscape and spatial planning policies. In Council of Europe (Hrsg.), *Landscape and sustainable development. Challenges of the European Landscape Convention* (S. 53–79). Council of Europe Publishing.

Nasar, J. L. (1988). *Environmental Aesthetics. Theory, Research, & Applications.* Cambridge University Press.

Nassehi, A. (1999). *Differenzierungsfolgen.* VS Verlag für Sozialwissenschaften.

Nassehi, A. (2003). Zutritt verboten! In S. Lamnek & M.-T. Tinnefeld (Hrsg.), *Privatheit, Garten und politische Kultur. Von kummunikativen Zwischenräumen* (S. 26–39). VS Verlag für Sozialwissenschaften.

Neater, E. A. (1981). Das Image von Jugoslawien als Urlaubsland. In Studienkreis für Tourismus (Hrsg.), *Reisemotive – Länderimages – Umweltverhalten* (S. 173–186). Eigenverlag.

Neckel, S. (2009). Felder, Relationen, Ortseffekte. Sozialer und physischer Raum. In M. Csáky & C. Leitgeb (Hrsg.), *Kommunikation – Gedächtnis – Raum. Kulturwissenschaften nach dem „Spatial Turn"* (S. 45–55). transcript.

Nederveen Pieterse, J. (2005). Hybridität, na und? In L. Allolio-Näcke, B. Kalscheuer & A. Manzeschke (Hrsg.), *Differenzen anders denken. Bausteine zu einer Kulturtheorie der Transdifferenz* (S. 396–430). Campus.

Neef, E. (1967). *Die theoretischen Grundlagen der Landschaftslehre.* Haack.

Neef, E. (1973). Einige Grundfragen der Landschaftsforschung. In K. Paffen (Hrsg.), *Das Wesen der Landschaft* (Wege der Forschung, Bd. 39, S. 113–141). WBG.

Neuburger, M., & Rau, R. (2019). Die Kolonialität der brasilianischen Energielandschaft. In K. Berr & C. Jenal (Hrsg.), *Landschaftskonflikte* (S. 487–504). Springer VS.

Neutze, M. (1988). *Planning as Urban Management. A Critical Assessment* (Urban Research Unit Working, Bd. 6). Australian National University.

Niedenzu, H.-J. (2001). Kapitel 8: Konflikttheorie: Ralf Dahrendorf. In J. Morel, E. Bauer, T. Maleghy, H.-J. Niedenzu, M. Preglau & H. Staubmann (Hrsg.), *Soziologische Theorie. Abriß ihrer Hauptvertreter* (7. Aufl., S. 171–189). Oldenbourg.

Nienaber, B., & Reich, A. (2015). Moscheebauten und Minarettstreit in Hessen, Rheinland-Pfalz und im Saarland am Beispiel der Selimiye-Moschee in Völklingen. In B. Nienaber & U. Roos (Hrsg.), *Internationalisierung der Gesellschaft und die Auswirkungen auf die Raument-*

wicklung. Beispiele aus Hessen, Rheinland-Pfalz und dem Saarland (Arbeitsberichte der ARL, Bd. 13, S. 43–53). Selbstverlag.

Nissen, U. (1998). *Kindheit, Geschlecht und Raum. Sozialisationstheoretische Zusammenhänge geschlechtsspezifischer Raumaneignung.* Beltz Juventa.

Nohl, W. (1981). Der Mensch und sein Landschaftsbild. In ANL – Bayerische Akademie für Naturschutz und Landschaftspflege (Hrsg.), *Beurteilung des Landschaftsbildes* (S. 5–11). Selbstverlag.

Nohl, W. (1991). Konzeptionelle und methodische Hinweise auf landschaftsästhetische Bewertungskriterien für Eingriffsbestimmung und Festlegung des Ausgleichs. In G. Wehner & A. Winkelbrandt (Hrsg.), *Landschaftsbild – Eingriff – Ausgleich. Handhabung der natur-schutzrechtlichen Eingriffsregelung für den Bereich Landschaftsbild.* Dokumentation einer Arbeitstagung vom 12. bis zum 14. September 1990 in Bonn (193–121). BfANL – Bundes-forschungsanstalt für Naturschutz und Landschaftsökologie.

Nohl, W. (1997). Bestimmungsgründe landschaftlicher Eigenart. *Stadt+Grün 46,* 805–813.

Nohl, W. (2004). Landschaft und Erinnerung. *Stadt+Grün 12,* 37–43.

Nohl, W. (2006). Landschaftserfahrung und individuelle Aneignung. In U. Eisel & S. Körner (Hrsg.), *Landschaft in einer Kultur der Nachhaltigkeit. Band I. Die Verwissenschaftlichung kultureller Qualität* (Arbeitsberichte des Fachbereichs Architektur, Stadtplanung, Landschafts-planung, Bd. 163, S. 120–128). Universität Kassel.

Nohl, W. (2015). *Landschaftsästhetik heute. Auf dem Wege zu einer Landschaftsästhetik des guten Lebens; ausgewählte Aufsätze aus vier Jahrzehnten.* Oekom.

Nohl, W. (2016). Windkraftwerke sind keine Windmühlen. Warum moderne „Energie-Land-schaften" nicht schön sind. In G. Etscheit (Hrsg.), *Geopferte Landschaften. Wie die Energie-wende unsere Umwelt zerstört* (S. 114–136). Heyne.

Nohl, W., & Neumann, K.-D. (1986). *Landschaftsbewertung im Alpenpark Berchtesgaden – Umwelt-psychologische Untersuchung zur Landschaftsästhetik* (MAB-Mitteilungen, Bd. 23). Deutsches Nationalkomitee für das UNESCO-Programm.

Nowotny, H. (2005). Experten, Expertisen und imaginierte Laien. In A. Bogner & H. Torgersen (Hrsg.), *Wozu Experten? Ambivalenzen der Beziehung von Wissenschaft und Politik* (S. 33–44). VS Verlag für Sozialwissenschaften.

Ode Sang, Å., Hagerhall, C. M., & Sang, N. (2010). Analysing Visual Landscape Complexity. Theory and Application. *Landscape Research, 35*(1), 111–131.

Oerter, R. (2007). Zur Psychologie des Spiels. *Psychologie und Gesellschaftskritik, 31*(4), 7–32.

Olwig, K. F. (2003). "Transnational" Socio-Cultural Systems and Ethnographic Research: Views from an Extended Field Site. *International Migration Review, 37*(3), 787–811. https://doi.org/10.1111/j.1747-7379.2003.tb00158.x.

Olwig, K. R. (1993). Sexual Cosmology. Nation and Landscape at the Conceptual Interstices of Nature and Culture/or What does Landscape Really Mean? In B. Bender (Hrsg.), *Landscape. Politics and Perspectives* (S. 307–345). Berg.

Olwig, K. R. (1995). Reinventing Common Nature: Yosemite and Mount Rushmore – A Meandering Tale of a Double Nature. In W. Cronon (Hrsg.), *Uncommon Ground. Toward Reinventing Nature* (S. 379–408). W. W. Norton & Company.

Olwig, K. R. (1996). Recovering the Substantive Nature of Landscape. *Annals of the Association of American Geographers, 86*(4), 630–653.

Olwig, K. R. (2002). *Landscape, Nature, and the Body Politic. From Britain's Renaissance to America's New World.* University of Wisconsin Press.

Olwig, K. R. (2007). The Practice of Landscape ‚Conventions' and the Just Landscape: The Case of the European Landscape Convention. *Landscape Research, 32*(5), 579–594. https://doi.org/10.1080/01426390701552738.

Olwig, K. R., & (2008, . (2001). The 'Actual Landscape', or Actual Landscapes? In R. Z. DeLue & J. Elkins (Hrsg.), *Landscape Theory* (S. 158–177). Routledge.

Olwig, K. R. (2008). The Jutland Ciper: Unlocking the Meaning and Power of a Contested Landscape. In M. Jones & K. Olwig (Hrsg.), *Nordic landscapes. Region and belonging on the northern edge of Europe* (S. 12–52). University of Minnesota Press; Published in cooperation with the Center for American Places.

Olwig, K. R. (2009). Introduction to Part One. Law, Polity and the Changing Meaning of Landscape. In K. R. Olwig & D. Mitchell (Hrsg.), *Justice, Power and the Political Landscape* (S. 5–10). Routledge.

Olwig, K. R. (2011). The Earth is Not a Globe: Landscape versus the 'Globalist' Agenda. *Landscape Research, 36*(4), 401–415. https://doi.org/10.1080/01426397.2011.582940.

Oppel, A. (1884). *Landschaftskunde. Versuch einer Physiogonomik der gesamten Erdoberfläche in Skizzen, Charakteristiken und Schilderungen*. Hirt.

Orians, G. H. (1980). Habitat Selection: General Theory and Applications to Human Behavior. In J. S. Lockard (Hrsg.), *The Evolution of Human Social Behavior* (S. 3–25). Elsevier.

Orians, G. H. (1986). An Ecological and Evolutionary Approach to Landscape Aesthetics. In E. C. Penning-Rowsell & D. Lowenthal (Hrsg.), *Landscape Meanings and Values* (S. 3–25). Allen and Unwin.

Osborne, B. S. (1988). The Iconography of Nationhood in Canadian Art. In D. Cosgrove & S. Daniels (Hrsg.), *The Iconography of Landscape. Essays on the Symbolic Representation, Design and Use of Past Environments* (Cambridge Studies in Historical Geography, Bd. 9, S. 162–178). Cambridge University Press.

Oßenbrügge, J., & Vogelpohl, A. (Hrsg.). (2014). *Theorien in der Raum- und Stadtforschung. Einführungen*. Westfälisches Dampfboot.

Otis, D. (2002). *Grounds for Pleasure. Four Centuries of the American Garden*. Harry N. Abrams.

Ott, K. (2005). ‚Heimat'-Argumente als Naturschutzbegründungen in Vergangenheit und Gegenwart. In Deutscher Rat für Landespflege (Hrsg.), *Landschaft und Heimat* (Schriftenreihe des Deutschen Rates für Landespflege, Heft 77, S. 24–32). DCM.

Ott, K. (2009). Guidelines for a Strong Sustainability – A Proposal for Embedding the Three-Pillar Concept Leitlinien einer starken Nachhaltigkeit – Ein Vorschlag zur Einbettung des Drei-Säulen-Modells. *GAIA – Ecological Perspectives for Science and Society, 18*(1), 25–28. doi:https://doi.org/10.14512/gaia.18.1.9.

Ott, K. (2016). Starke Nachhaltigkeit. In K. Ott, J. Dierks, & L. Voget-Kleschin (Hrsg.), *Handbuch Umweltethik* (S. 190–195). Metzler.

Otto, A. (2019). Landschaft und der Ausbau der Windenergie. In O. Kühne, F. Weber, K. Berr, & C. Jenal (Hrsg.), *Handbuch Landschaft* (S. 859–869). Springer VS.

Özgüner, H. (2011). Cultural Differences in Attitudes towards Urban Parks and Green Spaces. *Landscape Research, 36*(5), 599–620.

Paasi, A. (1986). The institutionalization of regions: a theoretical framework for understanding the emergence of regions and the constitution of regional identity. *Fennia – International Journal of Geography,164*(1), 105–146. doi:https://doi.org/10.11143/9052.

Paasi, A. (1992). The construction of socio-spatial consciousness: Geographical perspectives on the history and contexts of Finnish nationalism. *Nordisk Samhallsgeografisk Tidskrift, 15*, 79–100.

Paasi, A. (2008). Finnish Landscape as Social Practice. Mapping Identity and Scale. In M. Jones & K. R. Olwig (Hrsg.), *Nordic Landscapes. Region and Belonging on the Northern Edge of Europe* (S. 511–539). University of Minnesota Press.

Pacione, M. (2009). *Urban Geography. A Global Perspective* (3. Aufl.). Routledge.

Paesler, R. (2007). Kulturtourismus als Segment des Incoming-Tourismus in Polen – ein Werkstatt-bericht. In A. Günther, H. Hopfinger, H. J. Kagelmann, & W. Kiefl (Hrsg.), *Tourismusforschung in Bayern. Aktuelle sozialwissenschaftliche Beiträge* (S. 95–100). Profil.

Paffen, K. (1953). *Die natürliche Landschaft und ihre räumliche Gliederung.* Verlag der Bundes-anstalt für Landeskunde.

Paffen, K. (1973a). Einleitung. In K. Paffen (Hrsg.), *Das Wesen der Landschaft* (Wege der Forschung, Bd. 39, S. IX–XXXVII). WBG.

Paffen, K. (1973b). Der Landschaftsbegriff als Problemstellung (1953). In K. Paffen (Hrsg.), *Das Wesen der Landschaft* (Wege der Forschung, Bd. 39, S. 71–112). WBG.

Paffen, K. (1973c). Ökologische Landschaftsgliederung. In K. Paffen (Hrsg.), *Das Wesen der Landschaft* (Wege der Forschung, Bd. 39, S. 223–234). WBG.

Pali, B., & Schuilenburg, M. (2020). Fear and Fantasy in the Smart City. *Critical Criminology, 28,* 775–788. https://doi.org/10.1007/s10612-019-09447-7.

Pánek, J., Gekker, A., Hind, S., Wendler, J., Perkins, C., & Lammes, S. (2018). Encountering Place: Mapping and Location-Based Games in Interdisciplinary Education. *The Cartographic Journal, 55*(3), 285–297. https://doi.org/10.1080/00087041.2017.1386342.

Papadimitriou, F. (2010). Conceptual Modelling of Landscape Complexity. *Landscape Research, 35*(5), 563–570. https://doi.org/10.1080/01426397.2010.504913.

Papadimitriou, F. (2020). Modelling and Visualization of Landscape Complexity with Braid Topology. In D. Edler, C. Jenal, & O. Kühne (Hrsg.), *Modern Approaches to the Visualization of Landscapes* (S. 79–101). Springer VS.

Papadimitriou, F. (2020). Visualization of Future Landscapes, Postmodern Cinema and Geographical Education. In D. Edler, C. Jenal, & O. Kühne (Hrsg.), *Modern Approaches to the Visualization of Landscapes* (S. 351–369). Springer VS.

Papadimitriou, F. (2021). *Spatial Complexity. Theory, mathematical methods and applications.* Springer Nature.

Paris, R. (2005). *Normale Macht. Soziologische Essays.* UVK.

Parsons, T. (1951). *The Social System.* Free Press.

Parsons, T. (1969). Evolutionäre Universalien der Gesellschaft. In W. Zapf (Hrsg.), *Theorien des sozialen Wandels* (S. 55–74). Kiepenheuer & Witsch.

Pasqualetti, M. J. (2001). Wind energy landscapes: Society and technology in the California desert. *Society & Natural Resources: An International Journal, 14*(8), 689–699. https://doi.org/10.1080/08941920152524882.

Pasquaré Mariotto, F., & Bonali, F. L. (2021). Virtual Geosites as Innovative Tools for Geoheritage Popularization: A Case Study from Eastern Iceland. *Geosciences, 11*(4), 1–19. https://doi.org/10.3390/geosciences11040149.

Passarge, S. (1929). *Beschreibende Landschaftskunde* (2., erweiterte und verbesserte Auflage). Friedrichsen; de Gruyter & Co.

Passoth, J.-H. (2006). Moderne, Postmoderne, Amoderne – Natur und Gesellschaft bei Bruno Latour. In M. Voss & B. Peuker (Hrsg.), *Verschwindet die Natur? Die Akteur-Netzwerk-Theorie in der umweltsoziologischen Diskussion* (S. 37–52). transcript.

Payer, P. (2004). Gerüche – zwischen Abfall und Stimulans. Ein olfaktorischer Streifzug durch Wiens Geschichte und Gegenwart. In I. Kossina (Hrsg.), *Abfallwirtschaft von Wien* (S. 49–58). Thomé-Kozmiensky.

Pazaurek, G. E. (2007). Guter und schlechter Geschmack im Kunstgewerbe. In U. Dettmar & T. Küpper (Hrsg.), *Kitsch. Texte und Theorien* (S. 116–128). Reclam.

Pedroli, B., & van Mansvelt, J. D. (2006). Landscape and awareness-raising, training and education. In Council of Europe (Hrsg.), *Landscape and sustainable development. Challenges of the European Landscape Convention* (S. 117–140). Council of Europe Publishing.

Peil, T. (2004). Relations with Land – Roots, Rights and Reflections on Estonian Coastal Landscapes. In M. Jones & A. Schanche (Hrsg.), *Landscape, Law and Custumary Rights. Report from a Symposium in Guovdageaidnu/Kautokeino 26–28 March 2003* (Nature, Culture and Knowledge, Bd. 3, S. 75–84). Nordic Saami Institute.

Peil, T., & Sooväli, H. (2005). Estonian National Landscapes. The Sum and its Parts. In T. Peil & M. Jones (Hrsg.), *Landscape, Law and Justice. Proceedings of a conference organised by the Centre for Advanced Study at the Norwegian Academy of Science and Letters, Oslo 15–19 June 2003* (Instituttet for Sammenlignende Kulturforskning Serie B, Skrifter, Bd. 118, S. 49–62). Oslo.

Peirce, C. S. (1991). *Schriften zum Pragmatismus und Pragmatizismus* (Suhrkamp-Taschenbuch Wissenschaft, Bd. 945). Suhrkamp.

Peres, C. (2013). Philosophische Ästhetik. Eine Standortbestimmung. In H. Friesen & M. Wolf (Hrsg.), *Kunst, Ästhetik, Philosophie. Im Spannungsfeld der Disziplinen* (S. 13–69). Mentis.

Petermann, C. (2017). Landschaft und Gesundheit. In O. Oßenbrink & C. Petermann (Hrsg.), *Landschaftarchitektur und Gesundheit. Freiraum und Landschaft im Kontext menschlichen Wohlbefindens* (S. 61–69). Hochschule Osnabrück.

Petrow, C. A. (2019). Öffentliche Freiräume zwischen ökonomischer Wertschöpfung und sozialer Leistungsfähigkeit in Business Improvement Districts (BID). In K. Berr & C. Jenal (Hrsg.), *Landschaftskonflikte* (S. 155–177). Springer VS.

Peyroux, E., Pütz, R., & Glasze, G. (2012). Business Improvement Districts (BIDs): The internationalization and contextualization of a 'travelling concept'. *European Urban and Regional Studies, 19*(2), 111–120. https://doi.org/10.1177/0969776411420788.

Pfeiffer, J. (2011). ,Landschaft' im Mittelalter? oder: Warum die Landschaft angeblich der Moderne gehört. *Das Mittelalter – Perspektiven mediävistischer Forschung,16*(1), 11–30.

Pfütze, H. (2016). Das ist doch keine Kunst – Das kann ich auch. In M. Kauppert & H. Eberl (Hrsg.), *Ästhetische Praxis* (Kunst und Gesellschaft, S. 83–102). Springer VS.

Phillips, M. (2000). Landscapes of Defence, Exclusivity and Leisure. Rural Private Communities in North Carolina. In J. R. Gold & G. Revill (Hrsg.), *Landscapes of Defence* (S. 130–145). Taylor & Francis.

Piaget, J. (1969). *Das Erwachen der Intelligenz beim Kinde.* Klett-Cotta.

Piaget, J. (1972). *Theorien und Methoden der modernen Erziehung.* Molden.

Piaget, J. (1983). *Meine Theorie der geistigen Entwicklung.* Fischer-Taschenbuch.

Piaget, J., & Inhalder, B. (1975 [1947]). *Die Entwicklung des räumlichen Denkens beim Kinde.* Klett-Cotta.

Piątek, G. (2008). In Warschau wäre Gleichheit undenkbar. *Bauwelt, 12*(99), 28–37.

Piechocki, R. (2010). *Landschaft – Heimat – Wildnis. Schutz der Natur – aber welcher und warum?* Beck.

Piepmeier, R. (1980). Das Ende der ästhetischen Kategorie „Landschaft". Zu einem Aspekt neuzeitlichen Naturverhältnisses. *Westfälische Forschungen, 30*, 8–46.

Pietila, A. (2010). *Not in My Neighborhood. How Bigotry Shaped a Great American City.* Ivan R. Dee.

Piltz, E. (2007). Verortung der Erinnerung. Heimat und Raumerfahrung in Selbstzeugnissen der Frühen Neuzeit. In G. Gebhard, O. Geisler, & S. Schröter (Hrsg.), *Heimat. Konturen und Konjunkturen eines umstrittenen Konzepts* (S. 57–80). transcript.

Piniek, S., Prey, G., & Güles, O. (2008). Zukunftsperspektiven urbaner Brachflächen. Wahrnehmung, Bewertung und Aneignung durch türkische Migranten in nördlichen Ruhrgebiet. *Berichte zur deutschen Landeskunde, 82*(3), 267–284.

Pirker, P., Rode, P., & Lichtenwagner, M. (2019). From palimpsest to me-moiré. Exploring urban memorial landscapes of political violence. *Political Geography 74.*. doi:https://doi.org/10.1016/j.polgeo.2019.102057.

Platon. (2005 [im 4. Jh. v. u. Z.]. *Werke in 8 Bänden* (9 Bände). WBG.

Plessner, H. (2002[1924]). *Grenzen der Gemeinschaft. Eine Kritik des sozialen Radikalismus* (1. Aufl.). Suhrkamp.

Plien, M. (2017). *Filmisch imaginierte Geographien Jugendlicher*. Steiner.

Pobłocki, K. (2002). Becoming-state. The bio-cultural imperialism of Sid Meier's Civilization. *Focaal – European Journal of Anthropology* (39), 163–177.

Poenicke, K. (1989). Eine Geschichte der Angst? Appropriationen des Erhabenen in der englischen Ästhetik des 18. Jahrhunderts. In C. Pries (Hrsg.), *Das Erhabene. Zwischen Grenzerfahrung und Größenwahn* (S. 75–90). VCH Acta Humaniora.

Poerting, J., & Marquardt, N. (2019). Kritisch-geographische Perspektiven auf Landschaft. In O. Kühne, F. Weber, K. Berr, & C. Jenal (Hrsg.), *Handbuch Landschaft* (S. 145–152). Springer VS.

Pojani, E., van Acker, V., & Pojani, D. (2018). Cars as a status symbol: Youth attitudes toward sustainable transport in a post-socialist city. *Transportation Research Part F: Traffic Psychology and Behaviour, 58*, 210–227. https://doi.org/10.1016/j.trf.2018.06.003.

Pöltl, M. (2021). *Simulierte Landschaften – Erlebnislandschaften in Freizeitpark*. Masterarbeit, Universität Tübingen. Tübingen. https://www.researchgate.net/publication/350124763_Simulierte_Landschaften_-_Erlebnislandschaften_in_Freizeitparks. Zugegriffen: 3. Mai 2021.

Pöltner, G. (2008). *Philosophische Ästhetik* (Kohlhammer-Urban-Taschenbücher, Bd. 400). Kohlhammer.

Ponte, A. (2010). Reise in den Norden Quebecs. Understanding (McLuhan's) Media. In I. Nierhaus, J. Hoenes, A. Urban, & C. Keim (Hrsg.), *Landschaftlichkeit – zwischen Kunst, Architektur und Theorie* (S. 63–80). Reimer.

Popitz, H. (1992). *Phänomene der Macht* (2., stark erweiterte Auflage). Mohr Siebeck.

Popitz, H. (1995). *Der Aufbruch zur artifiziellen Gesellschaft. Zur Anthropologie der Technik*. Mohr Siebeck.

Popjaková, D. (1998). Socioekonomická transformácia. *Folia geografica 1*, 317–339.

Popper, K. R. (1959). *The Logic of Scientific Discovery*. Harper & Row.

Popper, K. R. (1984). *Auf der Suche nach einer besseren Welt. Vorträge und Aufsätze aus dreißig Jahren*. Piper.

Popper, K. R. (1989). *Logik der Forschung*. Mohr Siebeck.

Popper, K. R. (2003[1945]). *Die offene Gesellschaft und ihre Feinde. Band 1: Der Zauber Platons* (8. Aufl.). Mohr Siebeck.

Popper, K. R. (2010). *Die beiden Grundprobleme der Erkenntnistheorie. Aufgrund von Manuskripten aus den Jahren 1930–1933* (Karl R. Popper – Gesammelte Werke, Bd. 2, 3. Aufl., durchgesehen und ergänzt). Mohr Siebeck (Herausgegeben von Troels Eggers Hansen).

Popper, K. R. (2011[1947]). *The Open Society and Its Enemies*. Routledge.

Popper, K. R. (1973). *Objektive Erkenntnis. Ein evolutionärer Entwurf*. Hoffmann und Campe.

Porteous, J. D. (1982). Urban environmental aesthetics. In B. Sadler & A. Carlson (Hrsg.), *Environmental aesthetics: essays in interpretation* (Western geographical series, Bd. 20, S. 67–95). Selbstverlag.

Porteous, J. D. (2013). *Environmental Aesthetics*. Routledge.

Poschlod, P. (2017). *Geschichte der Kulturlandschaft. Entstehungsursachen und Steuerungsfaktoren der Entwicklung der Kulturlandschaft, Lebensraum- und Artenvielfalt in* (2., aktualisierte Auflage). Ulmer.

Poser, H. (2012). *Wissenschaftstheorie. Eine philosophische Einführung* (2., überarbeitete und erweiterte Auflage). Reclam.

Pott, A. (2007). *Orte des Tourismus. Eine raum- und gesellschaftstheoretische Untersuchung.* transcript.

Potteiger, M., & Purinton, J. (2002). Landscape Narratives (1998). Design Practices for Telling Stories. In S. R. Swaffield (Hrsg.), *Theory in Landscape Architecture. A Reader* (Penn studies in landscape architecture, S. 136–144). University of Pennsylvania Press.

Potter, J. (1996). *Representing Reality. Discourse, Rhetoric and Social Construction.* SAGE.

Prawelska-Skrzypek, G. (1988). Social Differentiation in Old Central City Neighbourhoods in Poland. *Area, 20*(3), 221–232.

Pregill, P., & Volkman, N. (1999). *Landscapes in History. Design and Planning in the Eastern and Western Traditions.* Wiley.

Preisendörfer, P. (2014). Umweltgerechtigkeit. Von sozial-räumlicher Ungleichheit hin zu postulierter Ungerechtigkeit lokaler Umweltbelastungen. *Soziale Welt: Zeitschrift für Sozialwissenschaftliche Forschung, 65*(1), 25–45.

Pries, C. (1989). Einleitung. In C. Pries (Hrsg.), *Das Erhabene. Zwischen Grenzerfahrung und Größenwahn* (S. 1–30). VCH Acta Humaniora.

Prieur, M. (2006). Landscape and social, economic, culural and ecological approaches. In Council of Europe (Hrsg.), *Landscape and Sustainable Development. Challenges of the European Landscape Convention* (S. 11–28). Council of Europe Publishing.

Prigge, W. (1991). Die Revolution der Städte lesen. In M. Wentz (Hrsg.), *Stadt-Räume* (S. 99–112). Campus.

Prigge, W., & Herterich, F. (1988). Skyline: Zeichen der Stadt. Moderner und Postmoderner Städtebau. In K. R. Scherpe (Hrsg.), *Die Unwirklichkeit der Städte. Großstadtdarstellungen zwischen Moderne und Postmoderne* (S. 304–324). Rowohlt-Taschenbuch.

Prince, S. (2019). Dwelling and tourism: Embracing the non-representational in the tourist landscape. *Landscape Research, 44*(6), 731–742. https://doi.org/10.1080/01426397.2018.1518 520.

Prisille, C., & Ellerbrake, M. (2020). Virtual Reality (VR) and Geography Education: Potentials of 360° 'Experiences' in Secondary Schools. In D. Edler, C. Jenal, & O. Kühne (Hrsg.), *Modern Approaches to the Visualization of Landscapes* (S. 321–332). Springer VS.

Prominski, M. (2004). *Landschaft entwerfen. Zur Theorie aktueller Landschaftsarchitektur.* Reimer.

Prominski, M. (2006a). Landschaft – warum weiter denken? Eine Antwort auf Stefan Körners Kritik am Begriff ,Landschaft Drei'. *Stadt+Grün, 55*(12), 34–39.

Prominski, M. (2006b). Landschaft drei. In Institut für Landschaftsarchitektur und Umweltplanung – Technische Universität Berlin (Hrsg.), *Perspektive Landschaft* (S. 241–251). wvb Wissenschaftlicher Verlag Berlin.

Prominski, M. (2019). Landschaft Drei. In O. Kühne, F. Weber, K. Berr, & C. Jenal (Hrsg.), *Handbuch Landschaft* (S. 667–674). Springer VS.

Purcell, A. T. (1992). Abstract And Specific Physical Attributes And The Experience Of Landscape. *Journal of Environmental Management, 34*(3), 159–177. https://doi.org/10.1016/S0301-4797(05)80149-5.

Pütz, G. (2007). Landschaft als Logo. Die Inszenierung postindustrieller Landschaften. In U. Eisel & S. Körner (Hrsg.), *Landschaft in einer Kultur der Nachhaltigkeit. Band 2. Landschaftsgestaltung im Spannungsfeld zwischen Ästhetik und Nutzen* (Arbeitsberichte des Fachbereichs Architektur, Stadtplanung, Landschaftsplanung, Bd. 166, S. 125–135). Kassel University Press.

Pütz, M., & Job, H. (2016). Governance und Regionalentwicklung in Großschutzgebieten der Schweiz und Österreichs. *Raumforschung und Raumordnung, 74*(6), 569–583.

Pütz, R. (Hrsg.). (2008). *Business Improvement Districts. Ein neues Governance-Modell aus Perspektive von Praxis und Stadtforschung* (Geographische Handelsforschung, Bd. 14). L.I.S.

Puyana-Romero, V., Lopez-Segura, L. S., Maffei, L., Hernández-Molina, R., & Masullo, M. (2017). Interactive Soundscapes: 360°-Video Based Immersive Virtual Reality in a Tool for the Participatory Acoustic Environment Evaluation of Urban Areas. *Acta Acustica united with Acustica, 103*(4), 574–588. https://doi.org/10.3813/AAA.919086.

Quasten, H. (1997a). Grundsätze und Methoden der Erfassung und Bewertung kulturhistorischer Phänomene der Kulturlandschaft. In W. Schenk, K. Fehn, & D. Denecke (Hrsg.), *Kulturlandschaftspflege. Beiträge der Geographie zur räumlichen Planung* (S. 19–34). Borntraeger.

Quasten, H. (1997b). Zur konzeptionellen Entwicklung der Kulturlandschaftspflege. In W. Schenk, K. Fehn & D. Denecke (Hrsg.), *Kulturlandschaftspflege. Beiträge der Geographie zur räumlichen Planung* (S. 9–12). Borntraeger.

Raab, J. (1998). Die soziale Konstruktion olfaktorischer Wahrnehmung. Eine Soziologie des Geruchs.   http://kops.uni-konstanz.de/bitstream/handle/123456789/11429/260_1.pdf?sequence=1&isAllowed=y. Zugegriffen: 20. Dez. 2018.

Radkau, J. (1994). Was ist Umweltgeschichte? In W. Abelshauser (Hrsg.), *Umweltgeschichte. Umweltverträgliches Wirtschaften in historischer Perspektive. Acht Beiträge* (S. 11–28). Vandenhoeck & Ruprecht.

Radkau, J. (2005). Germany as a Focus of European 'Particularities' in Environmental History. In T. Lekan & T. Zeller (Hrsg.), *Germany's Nature. Cultural Landscapes and Environmental History* (S. 17–32). Rutgers University Press.

Radkau, J., & Schäfer, I. (1987). *Holz. Ein Naturstoff in der Technikgeschichte*. Rowohlt.

Radtke, J., & Renn, O. (2019). Partizipation und bürgerliche Engagement in der Energiewende. In J. Radtke & W. Canzler (Hrsg.), *Energiewende. Eine sozialwissenschaftliche Einführung* (S. 283–316). Springer VS.

Radtke, J., & Schaal, G. S. (2018). Die Energiewende in Deutschland. Versuch einer demokratie-theoretischen Systematisierung. In L. Holstenkamp & J. Radtke (Hrsg.), *Handbuch Energiewende und Partizipation* (S. 143–155). Springer VS.

Rammert, W. (2007). *Technik – Handeln – Wissen. Zu einer pragmatistischen Technik- und Sozialtheorie*. Springer VS.

Rathfelder, A., & Megerle, H. (2017). Wahrnehmung und Nutzung von Flusslandschaften durch unterschiedliche gesellschaftliche Gruppen am Beispiel des Neckars. In O. Kühne, H. Megerle, & F. Weber (Hrsg.), *Landschaftsästhetik und Landschaftswandel* (RaumFragen: Stadt – Region – Landschaft, S. 121–138). Springer VS.

Ratzel, F. (1906). *Über Naturschilderung* (2. unveränderte Auflage). Oldenbourg.

Rau, S. (2013). *Räume. Konzepte, Wahrnehmungen, Nutzungen* (Historische Einführungen, Bd. 14). Campus.

Rawls, J. (1971). *A Theory of Justice*. Harvard University Press.

Rawls, J. (2003). *Politischer Liberalismus* (Suhrkamp-Taschenbuch Wissenschaft, Bd. 1642). Suhrkamp.

Recki, B. (2013). Stil im Handeln oder die Aufgaben der Urteilskraft. In H. Friesen & M. Wolf (Hrsg.), *Kunst, Ästhetik, Philosophie. Im Spannungsfeld der Disziplinen* (S. 221–244). Mentis.

Reckwitz, A. (2012). *Die Erfindung der Kreativität. Zum Prozess gesellschaftlicher Ästhetisierung* (Suhrkamp-Taschenbuch Wissenschaft, Bd. 1995). Suhrkamp.

Rehder, H. (1932). *Die Philosophie der unendlichen Landschaft. Ein Beitrag zu Geschichte der romantischen Weltanschauung* (Deutsche Vierteljahrsschrift für Literaturwissenschaft und Geistesgeschichte, 19. Band). Niemeyer.

Reicher, M. E. (2015). *Einführung in die philosophische Ästhetik* (Einführungen Philosophie, 3., überarbeitete Auflage). WBG.

Relph, E. (1987). *The Modern Urban Landscape*. John Hopkins University Press.

Renn, O. (2005). Technikakzeptanz: Lehren und Rückschlüsse der Akzeptanzforschung für die Bewältigung des technischen Wandels. *Technikfolgenabschätzung – Theorie und Praxis 14*, 29–38.

Renn, O. (2012). Wissen und Moral. Stadien der Risikowahrnehmung. In M.-D. Weitze, A. Pühler, W. M. Heckl, W. Müller-Röber, O. Renn, P. Weingart et al. (Hrsg.), *Biotechnologie-Kommunikation. Kontroversen, Analysen, Aktivitäten* (Acatech DISKUSSION, S. 367–375). Springer Vieweg.

Resch, C. (1999). *Die schönen guten Waren. Die Kunstwelt und ihre Selbstdarsteller*. Westfälisches Dampfboot.

Reulecke, J. (1985). *Geschichte der Urbanisierung in Deutschland* (Edition Suhrkamp Neue historische Bibliothek). Suhrkamp.

Reusswig, F. (2004). Naturschutz und Naturbilder in verschiedenen Lebensstilgruppen. In W. Serbser, H. Inhetveen, & F. Reusswig (Hrsg.), *Land-Natur-Konsum. Bilder und Konzeptionen in humanökologischen Diskurs* (Edition Humanökologie, Bd. 3, S. 146–176). Oekom.

Reusswig, F. (2017). Natur. Versuch über eine soziologische Kalamität. In J. Rückert-John (Hrsg.), *Gesellschaftliche Naturkonzeptionen. Ansätze verschiedener Wissenschaftsdisziplinen* (S. 99–122). Springer VS.

Reusswig, F. (2019). Heimat und politische Parteien. In M. Hülz, O. Kühne, & F. Weber (Hrsg.), *Heimat. Ein vielfältiges Konstrukt* (S. 371–389). Springer VS.

Rhodes, R. (1996). The New Governance: Governing without Government. *Political Studies, 44*, 652–667. https://doi.org/10.1111/j.1467-9248.1996.tb01747.x.

Richter, R. (2005). *Die Lebensstilgesellschaft*. VS Verlag für Sozialwissenschaften.

Riedel, W. (1989). *Der Spaziergang. Ästhetik der Landschaft und Geschichtsphilosophie der Natur bei Schiller*. Königshausen & Neumann.

Riehl, W. H. (1854). *Die Naturgeschichte des Volkes als Grundlage einer deutschen Social-Politik. Land und Leute* (Bd. 1). Klett-Cotta.

Riehl, W. H. (1925[1853]). *Die Naturgeschichte des Volkes als Grundlage einer deutschen Sozial-Politik. Wanderbuch, als zweiter Teil zu „Land und Leute"*. Cotta.

Riemann, F. (2009 [1961]). *Grundformen der Angst. Eine tiefenpsychologische Studie* (36. Aufl.). Ernst Reinhardt.

Rifkin, J. (2007). *Access – Das Verschwinden des Eigentums. Warum wir weniger besitzen und mehr ausgeben werden* (3., erweiterte Auflage). Campus.

Rigolon, A. (2016). A complex landscape of inequity in access to urban parks: A literature review. *Landscape and Urban Planning, 153*, 160–169. https://doi.org/10.1016/j.landurbplan.2016.05.017.

Riley, R. B. (1994). Gender, Landscape, Culture: Sorting Out Some Questions. *Landscape Journal, 13*(2), 153–163.

Risse-Kappen, T. (1995). Reden ist nicht billig. Zur Debatte um Kommunikation und Rationalität. *Zeitschrift für Internationale Beziehungen, 2*(1), 171–184.

Ritter, J. (1996). Landschaft. Zur Funktion des Ästhetischen in der modernen Gesellschaft. In G. Gröning (Hrsg.), *Landschaftswahrnehmung und Landschaftserfahrung* (Arbeiten zur sozialwissenschaftlich orientierten Freiraumplanung, S. 28–68). LIT.

Rivera López, E. (1995). *Die moralischen Voraussetzungen des Liberalismus*. Alber.

Robertson, R. (1995). Glocalization: Time-Space and Homogeneity-Heterogeneity. In M. Featherstone, S. Lash, & R. Robertson (Hrsg.), *Global Modernities* (S. 25–44). SAGE.

Rodaway, P. (2002). *Sensuous Geographies: Body, Sense, and Place*. Routledge.

Rode, P., & Grimm-Pretner, D. (2007). Die urbane Landschaft als Handlungsfeld in der post-sozialistischen Stadtentwicklung in Sofia. http://www.corp.at/archive/corp2007_RODE.pdf. Zugegriffen: 11. Jan. 2021.

Rodenstein, M. (1974). Thesen zum Wandel der kommunalen Selbstverwaltung in Deutschland. In R. Emmenlauer, H. Grymer, T. Krämer-Badoni, & M. Rodenstein (Hrsg.), *Die Kommune in der Staatsorganisation* (S. 123–152). Suhrkamp.

Rodenstein, M. (2008). Die Eigenart der Städte – Frankfurt und Hamburg im Vergleich. In H. Berking & M. Löw (Hrsg.), *Die Eigenlogik der Städte – Neue Wege für die Stadtforschung* (Interdisziplinäre Stadtforschung, S. 261–312). Campus.

Rodewald, R. (2001). *Sehnsucht Landschaft. Landschaftsgestaltung unter ästhetischem Gesichtspunkt* (2. Aufl.). Chronos.

Roe, M. (2007). The Social Dimensions of Landscape Sustainability. In J. F. Benson & M. Roe (Hrsg.), *Landscape and Sustainability* (2. Aufl., S. 58–83). Routledge Taylor & Francis Group.

Roe, M. (2019). Landscape and participation. In P. Howard, I. Thompson, E. Waterton, & M. Atha (Hrsg.), *The Routledge Companion to Landscape Studies* (2. Aufl., S. 402–417). Routledge.

Rofe, M. W. (2006). New landscapes of gated communities. Australia's Sovereign Islands. *Landscape Research, 31*(3), 309–317.

Roger, A. (Hrsg.). (1995). *La théorie du paysage en France. 1974–994*. Champ Vallon.

Röhring, A. (2008). Gemeinschaftsgut Kulturlandschaft. Dilemma und Chancen der Kulturland-schaftsforschung. In D. Fürst, L. Gailing, K. Pollermann, & A. Röhring (Hrsg.), *Kulturland-schaft als Handlungsraum. Institutionen und Governance im Umgang mit dem regionalen Gemeinschaftsgut Kulturlandschaft* (S. 35–48). Rohn.

Röhring, A. (2021). Place-making in Handlungsräumen der Energiewende-Energielandschafts-gestaltung und Entwicklung des Energielandschaftsverständnisses in Bioenergie-Regionen. In C. Walsh, G. Kangler, & M. Schaffert (Hrsg.), *Landschaftsbilder und Landschaftsverständnisse in Politik und Praxis* (S. 77–95). Springer Fachmedien Wiesbaden GmbH; Springer VS.

Ronen, R. (2009). *Aesthetics of Anxiety*. Suny Press.

Ropohl, G. (2012). *Allgemeine Systemtheorie. Einführung in transdisziplinäres Denken*. Edition Sigma.

Rorty, R. (1989). *Kontingenz, Ironie und Solidarität*. Suhrkamp.

Rorty, R. (1997). *Contingency, irony, and solidarity (Reprint)*. Cambridge University Press.

Rosa, H. (2013). *Beschleunigung und Entfremdung. Entwurf einer Kritischen Theorie spät-moderner Zeitlichkeit*. Suhrkamp.

Rosenkranz, K. (1996 [1853]). *Ästhetik des Häßlichen* (2., überarbeitete Auflage). Reclam.

Roßmeier, A. (2019). Quo vadis , Temporary Paradise'? Urfsurbanisierung und räumliche Konflikte im postmodernen San Diego. In K. Berr & C. Jenal (Hrsg.), *Landschaftskonflikte* (S. 591–616). Springer VS.

Roßmeier, A. (2020). Urban /Rural Hybridity in Pictures – The Creation of Neighborhood Images Using the Example of San Diego's Urbanizing Inner-Ring Suburbs East Village and Barrio Logan. In D. Edler, C. Jenal, & O. Kühne (Hrsg.), *Modern Approaches to the Visualization of Landscapes* (S. 477–496). Springer VS.

Roßmeier, A., Weber, F., & Kühne, O. (2018). Wandel und gesellschaftliche Resonanz – Diskurse um Landschaft und Partizipation beim Windkraftausbau. In O. Kühne & F. Weber (Hrsg.), *Bausteine der Energiewende* (S. 653–679). Springer VS.

Roters, E. (1995). *Jenseits von Arkadien. Die romantische Landschaft*. DuMont.

Roth, K. (2020). *Die Akzeptanz des Stromnetzausbaus – Eine interdisziplinäre Untersuchung der Möglichkeiten und Grenzen gesetzlicher Regelungen zur Akzeptanzsteigerung entlang des Ver-fahrens für einen beschleunigten Stromnetzausbau nach dem EnWG und dem NABEG*. Nomos.

Roth, M. (2006). Landschaftsbildanlayse – Lanschaftsbildbewertung. Entwicklungsgeschichte eines Planungsinstruments. In U. Eisel & S. Körner (Hrsg.), *Landschaft in einer Kultur der Nachhaltigkeit. Band I. Die Verwissenschaftlichung kultureller Qualität* (Arbeitsberichte des Fachbereichs Architektur, Stadtplanung, Landschaftsplanung, Bd. 163, S. 47–66). Universität Kassel.

Roth, M. (2012). *Landschaftsbildbewertung in der Landschaftsplanung. Entwicklung und Anwendung einer Methode zur Validierung von Verfahren zur Bewertung des Landschaftsbildes durch internetgestützte Nutzerbefragungen* (IÖR-Schriften, Bd. 59). Rhombos.

Roth, M., & Bruns, E. (2016). *Landschaftsbildbewertung in Deutschland. Stand von Wissenschaft und Praxis* (BfN-Skripten, Bd. 439). Selbstverlag.

Rothfuß, E., & Winterer, A. (2008). Eine Natur – Zwei Kulturen? Schutzpilosophien im transnationalen Kontext der benachbarten Nationalparke Bayerischer Wald und Šumava. *Standort – Zeitschrift für angewandte Geographie, 32*(4), 147–151.

Rousseau, J.-J. (1964 [1762]). *Oeuvres complètes. Du contrat social ou principes du droit politique* (Bd. 3). Gallimard.

Roymans, N. (1995). The Cultural Biography of Urnfields and the long-term History of a Mythical Landscape. *Archaeological Dialogues, 2*, 2–24. https://doi.org/10.1017/S138020380000026X.

Roymans, N., Gerritsen, F., van der Heijden, C., Bosma, K., & Kolen, J. (2009). Landscape Biography as Research Strategy: The Case of the South Netherlands Project. *Landscape Research, 34*(3), 337–359. https://doi.org/10.1080/01426390802381185.

Rudolf, D. B. (2020). (Un-)umstrittene Denkmäler als Ressourcen kultureller Identität im Spannungsverhältnis des Gemeinsamen und Gleichartigen. In Y. Bizeul & D. B. Rudolf (Hrsg.), *Gibt es eine kulturelle Identität?* (S. 203–230). Nomos.

Rudorff, E. (1994 [1897]). *Heimatschutz*. St. Goar: Reichl.

Rupprecht, C. D. D., Byrne, J. A., Ueda, H., & Lo, A. Y. (2015). 'It's real, not fake like a park': Residents' perception and use of informal urban green-space in Brisbane, Australia and Sapporo, Japan. *Landscape and Urban Planning, 143*, 205–218. https://doi.org/10.1016/j.landurbplan.2015.07.003.

Säck-da Silva, S. (2009). *MitWirkung – Zukunft gestalten*. Prozessmanagement in der räumlichen Planung, Universität Kassel.

Sailer-Fliege, U. (1999). Wohnungsmärkte in der Transformation: Das Beispiel Osteuropa. In R. Pütz (Hrsg.), *Ostmitteleuropa im Umbruch. Wirtschafts- und sozialgeographische Aspekte der Transformation* (Mainzer Kontaktstudium Geographie, Bd. 5, S. 69–84). Geographisches Institut Johannes-Gutenberg-Universität Mainz.

Samuels, M. S. (1979). The Biography of Landscape. Cause and Culpability. In D. W. Meinig (Hrsg.), *The Interpretation of Ordinary Landscapes. Geographical Essays* (S. 51–88). Oxford University Press.

Sanchez, G. M. E., van Renterghem, T., Sun, K., de Coensel, B., & Botteldooren, D. (2017). Using Virtual Reality for assessing the role of noise in the audio-visual design of an urban public space. *Landscape and Urban Planning, 167*, 98–107. https://doi.org/10.1016/j.landurbplan.2017.05.018.

Sander, A., Blossfeldt, K., Renger-Platzsch, A., Becher, B., & Becher, H. (1997). *Vergleichende Konzeptionen*. Schirmer/Mosel.

Santos, X. M., Piñeiro-Antelo, & María De Los Ángeles. (2020). Landscape and power: The debate around ugliness in Galicia (Spain). *Landscape Research, 45*(7), 841–853. https://doi.org/10.1080/01426397.2020.1808961.

Šašinka, Č., Stachoň, Z., Sedlák, M., Chmelík, J., Herman, L., Kubíček, P., Šašinková, A., Doležal, M., Tejkl, H., Urbánek, T., Svatoňová, H., Ugwitz, P., & Juřík, V. (2019). Collaborative

Immersive Virtual Environments forEducation in Geography. *ISPRS – International Journal of Geo-Information 8* (1), 1–25. doi:https://doi.org/10.3390/ijgi8010003.

Sassen, S. (2000). Cities in the global economy. In R. Simmonds & G. Hack (Hrsg.), *Global City Regions. Their Emerging Forms* (S. 269–276). Spon Press.

Sassen, S. (2001). *The Global City. New York, London, Tokyo* (2. Aufl.). Princeton University Press.

Sassen, S. (2009). Reading the City in a Global Digital Age. Geography of Talk and the Limits of Topographic Representation. In J. Döring & T. Thielmann (Hrsg.), *Mediengeographie. Theorie – Analyse – Diskussion* (S. 513–538). transcript.

Satter, E. (2000). Ästhetik. In J. Bretschneider & H.-G. Eschke (Hrsg.), *Lexikon freien Denkens* (lose Blattsammlung ohne Seitenangabe). Lenz.

Sauer, C. O. (2005). Die Morphologie der Landschaft. In B. Franzen & S. Krebs (Hrsg.), *Landschaftstheorie. Texte der Cultural Landscape Studies* (Kunstwissenschaftliche Bibliothek, Bd. 26, S. 91–108). König.

Saunders, F. P. (2013). Seeing and doing conservation differently: A discussion of landscape aesthetics, wilderness, and biodiversity conservation. *The Journal of Environment and Development, 22*(1), 3–24.

Schaal, G. S., & Heidenreich, F. (2006). *Einführung in die Politischen Theorien der Moderne* (UTB Politikwissenschaft, Bd. 2791). Budrich.

Schafer, R. M. (1977). *The Turning of the World. Toward a Theory of Soundscape Design*. Random House Inc.

Schäfer, P. (1998). *Alltag in den Vereinigten Staaten. Von der Kolonialzeit bis zur Gegenwart*. Styria.

Schäfer, R. (2016). Religionssoziologische Überlegungen zur ästhetischen Lebensführung. In M. Kauppert & H. Eberl (Hrsg.), *Ästhetische Praxis (Kunst und Gesellschaft* (S. 285–301). Springer VS.

Schaffert, M., Becker, T., & Wenger, F. C. (2021). Partizipatives Kartieren von kulturlandschaftlichen Besonderheiten als Beitrag für einen transdisziplinären Place-Branding-Prozess in der Metropolregion Hamburg. In C. Walsh, G. Kangler, & M. Schaffert (Hrsg.), *Landschaftsbilder und Landschaftsverständnisse in Politik und Praxis* (S. 99–118). Springer Fachmedien Wiesbaden GmbH; Springer VS.

Schafranski, F. (1996). *Landschaftsästhetik und räumliche Planung. Theoretische Herleitung und exemplarische Anwendung eines Analyseansatzes als Beitrag zur Aufstellung von landschaftsästhetischen Konzepten in der Landschaftsplanung*. Dissertation, Technische Universität Kaiserslautern. Kaiserslautern. http://kluedo.ub.uni-kl.de/volltexte/1996/2/html/Deckbatt.html. Zugegriffen: 10. Mai 2005.

Schafranski, F. (2000). Ästhetisch bestimmte Beiträge zur nachhaltigen Landschaftsentwicklung. In S. Appel, E. Duman, F. Große-Kohorst, & F. Schafranski (Hrsg.), *Wege zu einer neuen Planungs- und Landschaftskultur. Festschrift für Hanns Stephan Wüst* (S. 179–200). Selbstverlag.

Scharoun, L. (2014). *America at the Mall. The Cultural Role of a Retail Utopia*. McFarland & Company.

Scharpf, F. W. (1997). *Games Real Actors Play. Actor-Centered Institutionalism in Policy Research*. Routledge.

Schatzki, T. (2002). *The site of the social. A philosophical account of the constitution of social life and change*. Pennsylvania State University Press.

Scheer, B. (2015 [1997]). *Einführung in die philosophische Ästhetik*. WBG.

Schein, R. H. (1997). The Place of Landscape. A Conceptual Framework for Interpreting an American Scene. *Annals of the Association of American Geographers, 87*(4), 660–680. doi:https://doi.org/10.1111/1467-8306.00072.

Schein, R. H. (2003). Normative Dimensions of Landscape. In C. Wilson & P. Groth (Hrsg.), *Everyday America. Cultural Landscape Studies after J. B. Jackson* (S. 199–218). University of California Press.

Schelske, A. (2005). Soziologie. In K. Sachs-Hombach (Hrsg.), *Bildwissenschaft. Disziplinen, Themen, Methoden* (Suhrkamp-Taschenbuch Wissenschaft, Bd. 1751, Originalausg., 1. Aufl., [Nachdr.], S. 257–267). Suhrkamp.

Schenk, W. (2005). Historische Geographie. In W. Schenk & K. Schliephake (Hrsg.), *Allgemeine Anthropogeographie* (S. 215–264). Klett-Perthes.

Schenk, W. (2006). Der Terminus „gewachsene Kulturlandschaft" im Kontext öffentlicher und raumwissenschaftlicher Diskurse zu „Landschaft" und Kulturlandschaft". In U. Matthiesen, R. Danielzyk, S. Heiland, & S. Tzschaschel (Hrsg.), *Kulturlandschaften als Herausforderung für die Raumplanung. Verständnisse – Erfahrungen – Perspektiven* (Forschungs- und Sitzungsberichte, Bd. 228, S. 9–21). Selbstverlag.

Schenk, W. (2011). *Historische Geographie* (Geowissen kompakt). WBG.

Schenk, W. (2013). Landschaft als zweifache sekundäre Bildung – historische Aspekte im aktuellen Gebrauch von Landschaft im deutschsprachigen Raum, namentlich in der Geographie. In D. Bruns & O. Kühne (Hrsg.), *Landschaften: Theorie, Praxis und internationale Bezüge. Impulse zum Landschaftsbegriff mit seinen ästhetischen, ökonomischen, sozialen und philosophischen Bezügen mit dem Ziel, die Verbindung von Theorie und Planungspraxis zu stärken* (S. 23–36). Oceano.

Schenk, W. (2017). Landschaft. In L. Kühnhardt & T. Mayer (Hrsg.), *Bonner Enzyklopädie der Globalität.* (Bd. 1, 2; S. 671–684). Springer VS.

Schenk, W. (2020). Visualization of the Fundamental Dimensions of "landscape" in Landscape Paintings Around 1500 A.D. In D. Edler, C. Jenal & O. Kühne (Hrsg.), *Modern Approaches to the Visualization of Landscapes* (19–32). Springer VS.

Schenker, H. M. (1994). Feminist Interventions in the Histories of Landscape Architecture. *Landscape Journal, 13*(2), 107–112. https://doi.org/10.3368/lj.13.2.107.

Scherle, N. (2016). *Kulturelle Geographien der Vielfalt. Von der Macht der Differenzen zu einer Logik der Diversität* (Sozial- und Kulturgeographie). transcript.

Schipper, S. (2013). Von der unternehmerischen Stadt zum Recht auf Stadt. *Emanzipation, 3*(2), 21–34.

Schläpfer, F., Waltert, F., Segura, L., & Kienast, F. (2015). Valuation of landscape amenities: A hedonic pricing analysis of housing rents in urban, suburban and periurban Switzerland. *Landscape and Urban Planning, 141*, 24–40. https://doi.org/10.1016/j.landurbplan.2015.04.007.

Schleich, M. (2020). Stories Grown Out of Landscapes. Die Rolle von Landschaften in kontemporären Fernsehserien. In R. Duttmann, O. Kühne, & F. Weber (Hrsg.), *Landschaft als Prozess* (S. 297–308). Springer VS.

Schlink, B. (2000). *Heimat als Utopie* (Edition Suhrkamp Sonderdruck). Suhrkamp.

Schlottmann, A. (2005). *RaumSprache. Ost-West-Differenzen in der Berichterstattung zur deutschen Einheit* (Geographie, Bd. 4). (Eine sozialgeographische Theorie).

Schlottmann, A., & Miggelbrink, J. (Hrsg.). (2015). *Visuelle Geographien. Zur Produktion, Aneignung und Vermittlung von RaumBildern*. transcript.

Schlottmann, A., & Wintzer, J. (2019). *Weltbildwechsel. Ideengeschichten geographischen Denkens und Handelns*. UTB GmbH.

Schmeling, M., & Schmitz-Emans, M. (2007). Einleitung. In M. Schmeling & M. Schmitz-Emans (Hrsg.), *Das Paradigma der Landschaft in Moderne und Postmoderne. (Post-)Modernist Terrains: Landscapes – Settings – Spaces* (Saarbrücker Beiträge zur vergleichenden Literatur- und Kulturwissenschaft, Bd. 34, S. 21–38). Königshausen & Neumann.

Schmidt, C., Hage, G., Hoppenstedt, A., Bruns, D., Kühne, O.,& Schuster, L. (2018). *Landschaftsbild & Energiewende*. (Bd. 1). Bundesamt für Naturschutz.

Schmidt, C., Meyer, H.-H., Schottke, M., & Zeigerer, A. (2006). *Kulturlandschaft Thüringen. Arbeitshilfe für die Planungspraxis*. Fachhochschule Erfurt (Quellen und Methoden zur Erfassung der Kulturlandschaft).

Schmidt, G. (2008). Die Landschaftswahrnehmung der Bauern. Erfahrungen bei gemeinsamen Wanderungen mit Bauern. In J. Pain, U. Schuster, E. Köstler, & S. Körner (Hrsg.), *Die Zukunft der Kulturlandschaft – Entwicklungsräume und Handlungsfelder* (Laufener Spezialbeiträge, 1/08, S. 59–65). Laufen: Bayerische Akademie für Naturschutz und Landschaftspflege. https://www.bestellen.bayern.de/application/eshop_app000002?SID=1619894432&ACTIONxSESSx SHOWPIC(BILDxKEY:%27anl_lsb_0093%27,BILDxCLASS:%27Artikel%27,BILDxTYPE:%27PDF%27). Zugegriffen: 12. Jan. 2021.

Schmidt, J.-H. (2011). *Das neue Netz. Merkmale, Praktiken und Folgen des Web 2.0*. UVK.

Schmidt-Lauber, B., & Wolfmayr, G. (2020). Rurbane Assemblagen. In M. Trummer & A. Decker (Hrsg.), *Das Ländliche als kulturelle Kategorie. Aktuelle kulturwissenschaftliche Perspektiven auf Stadt-Land-Beziehungen* (S. 23–44). transcript.

Schmithüsen, J. (1953–1962). Grundsätzliches und Methodisches. In E. Meynen & J. Schmithüsen (Hrsg.), *Handbuch der naturräumlichen Gliederung Deutschlands. Neun Bände* (Bd. 1, S. 1–44). Selbstverlag der Bundesanstalt für Landeskunde.

Schmithüsen, J. (1973). Was ist eine Landschaft? In K. Paffen (Hrsg.), *Das Wesen der Landschaft* (Wege der Forschung, Bd. 39, S. 156–174). WBG.

Schmitthenner, H. (1954). *Zum Problem der Allgemeinen Geographie und der Länderkunde* (Münchener geographische Hefte, Bd. 4). Lassleben.

Schmitz, W. (1999). Zwischen Ursprung und Utopie. Heimatsuche in der deutschen Literatur und im deutschen Film der 70er Jahre. In P. von Sydow (Hrsg.), *Regionaler Fundamentalismus? Geschichte der Heimatbewegung in Stadt und Land Oldenburg* (S. 230–251). Isensee.

Schmitz-Emans, M. (2005). „Landschaft": Stichworte und Überlegungen zur Einleitung. In K. Röttgers & M. Schmitz-Emans (Hrsg.), *Landschaft. gesehen, beschrieben, erlebt* (Philosophisch-literarische Reflexionen, Bd. 7, S. 7–18). Die Blaue Eule.

Schmohl, S., Tutzauer, P., & Haala, N. (2020). Stuttgart City Walk: A Case Study on Visualizing Textured DSM Meshes for the General Public Using Virtual Reality. *PFG – Journal of Photogrammetry. Remote Sensing and Geoinformation Science, 88*, 147–154. https://doi.org/10.1007/s41064-020-00106-z.

Schmoll, F. (2004). *Erinnerung an die Natur. Die Geschichte des Naturschutzes im deutschen Kaiserreich* (Geschichte des Natur- und Umweltschutzes, Bd. 2). Campus.

Schneider, G. (1989). *Die Liebe zur Macht. Über die Reproduktion der Enteignung in der Landschaftspflege*. Arbeitsgemeinschaft Freiraum und Vegetation.

Schneider, H. (2019). „Essentialismus". In J. Ritter (Hrsg.), *Historisches Wörterbuch der Philosophie*. (Bd. 2: D – F. Völlig neubearbeitete Ausgabe des „Wörterbuchs der philosophischen Begriffe" von Rudolf Eisler, Sonderausgabe, S. 751–753). WBG Academic.

Schneider, M. (2016). Der Raum – ein Gemeingut? Die Grenzen einer marktorientierten Raumverteilung. In F. Weber & O. Kühne (Hrsg.), *Fraktale Metropolen. Stadtentwicklung zwischen Devianz, Polarisierung und Hybridisierung* (S. 179–214). Springer VS.

Schneider, N. (2005). *Geschichte der Ästhetik von der Aufklärung bis zur Postmoderne. Eine paradigmatische Einführung* (Universal-Bibliothek, Bd. 9457, 4. Aufl.). Reclam.

Schneider-Sliwa, R. (2005). *USA. Geographie, Geschichte, Wirtschaft, Politik* (Wissenschaftliche Länderkunden). WBG.

Schnittger, A., & Schubert, H. (2005). Kriterien für Kriminalprävention im Städtebau und in der Wohnbewirtschaftung. In H. Schubert (Hrsg.), *Sicherheit durch Stadtgestaltung. Städtebauliche* und wohnungswirtschaftliche Kriminalprävention. Konzepte und Verfahren, Grundlagen und Anwendungen (SRM-Reihe, Bd. 2, S. 33–108). Verlag Sozial Raum Management.

Schnur, O. (2015). „Moabit ist Beste". Zur Transformation von Quartierslandschaften in westlichen Gesellschaften. In O. Kühne, K. Gawroński, & J. Hernik (Hrsg.), *Transformation und Landschaft. Die Folgen sozialer Wandlungsprozesse auf Landschaft* (S. 95–114). Springer VS.

Schnur, O., & Drilling, M. (2009). Governance – ein neues Zauberwort auch in der Quartiersentwicklung? In O. Schnur & M. Drilling (Hrsg.), *Governance der Quartiersentwicklung. Theoretische und praktische Zugänge zu neuen Steuerungsformen* (Quartiersforschung, 1. Aufl., S. 11–26). VS Verlag für Sozialwissenschaften.

Schöbel, S. (2012). *Windenergie und Landschaftsästhetik. Zur landschaftsgerechten Anordnung von Windfarmen.* Jovis.

Schöbel-Rutschmann, S. (2007). Landschaft als Prinzip. Über das Verstehen, Erklären und Entwerfen. *Stadt+Grün, 56*(12), 53–58.

Schoeps, J. H. (1981). Konservativismus. In J. H. Schoeps, J. H. Knoll, & C.-E. Bärsch (Hrsg.), *Konservativismus, Liberalismus, Sozialismus. Einführung, Texte, Bibliographien* (Uni-Taschenbücher Politologie, Neuere Geschichte, Soziologie, Bd. 1032, S. 11–86). Fink.

Schönberger, H. (1975). Das Ende oder das Fortleben spätrömischer Städte an Rhein und Donau. In J. Herbert, S. Walter, & H. Steuer (Hrsg.), *Vor- und Frühformen der europäischen Stadt im Mittelalter. Bericht über ein Symposium in Reinhausen bei Göttingen in der Zeit vom 18. bis 24. April 1972* (2. Aufl., Bd. 1, S. 102–109). Vandenhoeck & Ruprecht.

Schönwald, A. (2012). *Identitäten und Stereotype in grenzüberschreitenden Verflechtungsräumen. Das Beispiel der Großregion.* Springer VS.

Schönwald, A. (2013). Die soziale Konstruktion ‚besonderer' Landschaften. Überlegungen zu Stadt und Wildnis. In D. Bruns & O. Kühne (Hrsg.), *Landschaften: Theorie, Praxis und internationale Bezüge. Impulse zum Landschaftsbegriff mit seinen ästhetischen, ökonomischen, sozialen und philosophischen Bezügen mit dem Ziel, die Verbindung von Theorie und Planungspraxis zu stärken* (S. 195–207). Oceano.

Schönwald, A. (2015). Bedeutungsveränderungen der Symboliken von Landschaften als Zeichen eines veränderten Verständnisses von Macht über Natur. In S. Kost & A. Schönwald (Hrsg.), *Landschaftswandel – Wandel von Machtstrukturen* (S. 127–138). Springer VS.

Schönwald, A. (2015b). Die Transformation von Altindustrielandschaften zwischen Kontinuität und Wandel. In O. Kühne, K. Gawroński, & J. Hernik (Hrsg.), *Transformation und Landschaft. Die Folgen sozialer Wandlungsprozesse auf Landschaft* (S. 63–73). Springer VS.

Schönwald, A. (2017). Ästhetik des Hybriden. Mehr Bedeutungsoffenheit für Landschaften durch Hybridisierungen. In O. Kühne, H. Megerle, & F. Weber (Hrsg.), *Landschaftsästhetik und Landschaftswandel* (RaumFragen: Stadt – Region – Landschaft, S. 161–175). Springer VS.

Schott, D. (2008). Die europäische Stadt und ihre Umwelt: Einleitende Bemerkungen. In D. Schott & M. Toyka-Seid (Hrsg.), *Die europäische Stadt und ihre Umwelt* (S. 7–26). Wissenschaftliche Buchgesellschaft.

Schreg, R., & Schenk, W. (2008). Grundlinien der Siedlungs- und Kulturlandschaftsentwicklung in Südwestdeutschland von den ersten Bauern bis zum Ende des Mittelalters. In H. Gebhardt (Hrsg.), *Geographie Baden-Württembergs. Raum, Entwicklung, Regione* (S. 183–199). Kohlhammer.

Schroer, M. (2006). *Räume, Orte, Grenzen. Auf dem Weg zu einer Soziologie des Raums.* Suhrkamp.

Schröter-Schlaack, C. (2012). Das Konzept der Ökosystemleistungen. In B. Hansjürgens, C. Neßhöver & I. Schniewind (Hrsg.), *Der Nutzen von Ökonomie und Ökosystemleistungen für die Naturschutzpraxis. Workshop I: Einführung und Grundlagen.* Erste Veranstaltung der Workshop-Reihe des Bundesamtes für Naturschutz … 07. – 11. November 2011, Internationale

Naturschutzakademie Insel Vilm (BfN-Skripten, Bd. 318, 2. Aufl., S. 8–15). Bundesamt für Naturschutz.

Schrul, M. (2008). *Die Umweltgeschichte der Stadt im Zeitalter der Industriellen Revolution. Entwicklungen, Konflikte und Akteure in Apolda, Jena und Weimar 1850–1905.* Dissertation, Universität Jena.

Schründer-Lenzen, A. (2013). Triangulation – ein Konzept zur Qualitätssicherung von Forschung. In B. Friebertshäuser, A. Langer, & A. Prengel (Hrsg.), *Handbuch. Qualitative Forschungsmethoden in der Erziehungswissenschaft* (S. 149–158). Beltz Juventa.

Schubert, H.-J., Joas, H., & Wenzel, H. (2010). *Pragmatismus zur Einführung. Kreativität, Handlung, Deduktion, Induktion, Abduktion, Chicago School, Sozialreform, symbolische Interaktion* (Zur Einführung, Bd. 382). Junius.

Schultheiß, G. (2007). Alles Landschaft? Zur Konjunktur eines Begriffes in der Urbanistik. In U. Eisel & S. Körner (Hrsg.), *Landschaft in einer Kultur der Nachhaltigkeit. Band 2. Landschaftsgestaltung im Spannungsfeld zwischen Ästhetik und Nutzen* (Arbeitsberichte des Fachbereichs Architektur, Stadtplanung, Landschaftsplanung, Bd. 166, S. 86–104). Kassel University Press.

Schultz, H.-D. (1980). *Die deutschsprachige Geographie 1800–1970. Ein Beitrag zur Geschichte ihrer Methodologie.* Geographisches Institut der Freien Universität.

Schultz, H.-D. (1998). Deutsches Land – deutsches Volk. Die Nation als geographisches Konstrukt. *Berichte zur deutschen Landeskunde, 72*(2), 85–114.

Schultze, C. (2006). Landnutzungsdynamik. Vom Zeitfenster für Energielandschaften. In Institut für Landschaftsarchitektur und Umweltplanung – Technische Universität Berlin (Hrsg.), *Perspektive Landschaft – 75 Jahre Lehre und Forschung in Berlin* (S. 306–320). Wissenschaftlicher.

Schultze, J. H. (1973). Landschaft (1966/70). In K. Paffen (Hrsg.), *Das Wesen der Landschaft* (Wege der Forschung, Bd. 39, S. 202–222). WBG.

Schulze, G. (1992). *Die Erlebnisgesellschaft. Kultursoziologie der Gegenwart.* Campus.

Schulz-Schaeffer, I. (2000). Akteur-Netzwerk-Theorie: Zur Koevolution von Gesellschaft, Natur und Technik. In J. Weyer & J. Abel (Hrsg.), *Soziale Netzwerke. Konzepte und Methoden der sozialwissenschaftlichen Netzwerkforschung* (Lehr- und Handbücher der Soziologie, S. 187–210). Oldenbourg.

Schurz, G. (1997). *The Is-Ought Problem. An Investigation in Philosophical Logic* (Bd. 1). Springer Netherlands.

Schütz, A. (1960 [1932]). *Der sinnhafte Aufbau der sozialen Welt. Eine Einleitung in die Verstehende Soziologie* (2. Aufl.). Springer. (Originalarbeit erschienen 1932).

Schütz, A. (1971 [1962]). *Gesammelte Aufsätze 1. Das Problem der Wirklichkeit.* Martinus Nijhoff.

Schütz, A. (1971). *Gesammelte Aufsätze 3. Studien zur phänomenologischen Philosophie.* Martinus Nijhoff.

Schütz, A. (2004 [1932]). *Der sinnhafte Aufbau der sozialen Welt. Eine Einleitung in die verstehende Soziologie.* UVK.

Schütz, A., & Luckmann, T. (2003 [1975]). *Strukturen der Lebenswelt.* UTB.

Schwab, G. (1958). *Tanz mit dem Teufel – Ein abenteuerliches Interview.* Sponholtz.

Schwarzer, M. (2009). Positionen und Konzepte zur Bergbaufolgelandschaft. In T. Kirchhoff & L. Trepl (Hrsg.), *Vieldeutige Natur. Landschaft, Wildnis und Ökosystem als kulturgeschichtliche Phänomene* (Sozialtheorie, S. 189–200). Bielefeld: transcript.

Schwarzer, M. (2014). *Von Mondlandschaften zur Vision eines neuen Seenlandes. Der Diskurs über die Gestaltung von Tagebaubrachen in Ostdeutschland.* Springer VS.

Schweiger, S., Kamlage, J.-H., & Engler, S. (2018). Ästhetik und Akzeptanz. Welche Geschichten könnten Energielandschaften erzählen? In O. Kühne & F. Weber (Hrsg.), *Bausteine der Energiewende* (S. 431–445). Springer VS.

Schweizer, S., Werder-Zyprian, H., & v. . (2019). Landschaftsgarten. In O. Kühne, F. Weber, K. Berr, & C. Jenal (Hrsg.), *Handbuch Landschaft* (S. 585–597). Springer VS.

Schweppenhäuser, G. (2007). *Ästhetik. Philosophische Grundlagen und Schlüsselbegriffe*. Campus.

Schwind, M. (1973). Sinn und Ausdruck der Landschaft. In K. Paffen (Hrsg.), *Das Wesen der Landschaft* (Wege der Forschung, Bd. 39, S. 353–366). WBG.

Scolozzi, R., Schirpke, U., Detassis, C., Abdullah, S., & Gretter, A. (2015). Mapping Alpine Landscape Value and Related Threats as Perceived by Tourists. *Landscape Research, 40*(4), 451–465. https://doi.org/10.1080/01426397.2014.902921.

Scott, A. (2002). Assessing Public Perception of Landscape. The LANDMAP experience. *Landscape Research, 27*(3), 271–295.

Scott, A., Brown, K., & White, V. (2009). 'Seeing is Not Everything'. Exploring the Landscape Experiences of Different Publics. *Landscape Research, 34*(4), 397–424.

Scott, A. J. (1996). The Manufacturing Economy. Ethnic and Gender Divisions of Labour. In R. D. Waldinger & M. Bozorgmehr (Hrsg.), *Ethnic Los Angeles* (S. 215–246). Russell Sage Foundation.

Sedelmeier, T. (2018). Urbane Nahrungslandschaften – ungleicher Zugang zu Nahrungsmitteln. *Berichte. Geographie und Landeskunde, 92*(3–4), 267–277.

Sedelmeier, T. (2019). Food Deserts – Einblicke in Nahrungslandschaften. In K. Berr & C. Jenal (Hrsg.), *Landschaftskonflikte* (S. 687–698). Springer VS.

Sedelmeier, T., Kühne, O., & C. Jenal (2021). *Foodscapes/Nahrungslandschaften. Eine Bestandsaufnahme*. Springer VS.

Seel, M. (1996). *Eine Ästhetik der Natur* (Bd. 1231). Suhrkamp.

Seibel, W. (2016). *Verwaltung verstehen. Eine theoriegeschichtliche Einführung*. Suhrkamp.

Seidl, A. (2006). *Deutsche Agrargeschichte*. DLG.

Sekula, P. (Autor). (2015). *Urban Construction Pack of the Unreal Engine*. https://www.youtube.com/watch?v=iutfmdm4Sj8.

Seligman, M. E. P. (1975). *Helplessness. On Depression, Development, and Death*. Freeman.

Selman, P. (2010). Learning to Love the Landscapes of Carbon-Neutrality. *Landscape Research, 35*(2), 157–171. https://doi.org/10.1080/01426390903560414.

Sen, A. (2012). *Die Idee der Gerechtigkeit (Ungekürzte Ausgabe* (2. Aufl.). Deutscher Taschenbuch.

Sennett, R. (1991). *Civitas. Die Großstadt und die Kultur des Unterschieds*. Fischer.

Setten, G., Brown, K. M., & Rørtveit, H. N. (2019). Landscape and social justice. In P. Howard, I. Thompson, E. Waterton, & M. Atha (Hrsg.), *The Routledge Companion to Landscape Studies* (2. Aufl., S. 418–428). Routledge.

Shelton, T., Poorthuis, A., & Zook, M. (2015). Social media and the city: Rethinking urban socio-spatial inequality using user-generated geographic information. *Landscape and Urban Planning, 142*, 198–211. https://doi.org/10.1016/j.landurbplan.2015.02.020.

Shepard, P. (1967). *Man in the Landscape. A Historic View Of The Esthetics Of Nature*. Knopf.

Short, L. (2002). Wind power and English landscape identity. In M. J. Pasqualetti, P. Gipe, & R. W. Righter (Hrsg.), *Wind Power in View: Energy Landscapes in a Crowded World* (S. 43–58). Academic Press.

Shusterman, R. (2001). Tatort: Kunst als Dramatisieren. In J. Früchtl & Z. Jörg (Hrsg.), *Ästhetik der Inszenierung. Dimensionen eines künstlerischen, kulturellen und gesellschaftlichen Phänomens* (Edition Suhrkamp, Bd. 2196, S. 126–143). Suhrkamp.

Siebel, W. (2004). Einleitung: Die europäische Stadt. In W. Siebel (Hrsg.), *Die europäische Stadt* (S. 11–50). Suhrkamp.

Sieferle, R. P. (2004). Transport und wirtschaftliche Entwicklung. In R. P. Sieferle & H. Breuninger (Hrsg.), *Transportgeschichte im internationalen Vergleich. Europa – China – Naher Osten* (Der europäische Sonderweg: ein Projekt der Breuninger-Stiftung, Bd. 12, S. 5–44). Breuninger Stiftung.

Siekmann, R. (2004). *Eigenartige Senne. Zur Kulturgeschichte der Wahrnehmung einer peripheren Landschaft* (Lippische Studien, Bd. 20). Landesverband Lippe Inst. für Lippische Landeskunde.

Sielker, F., & Chilla, T. (2015). Regionen als ‚Soft Spaces'? Das neue EU- Instrument der makroregionalen Strategien. In O. Kühne & F. Weber (Hrsg.), *Bausteine der Regionalentwicklung* (S. 41–54). Springer VS.

Siepmann, N., Edler, D., & Kühne, O. (2020). Soundscapes in Cartographic Media. In D. Edler, C. Jenal, & O. Kühne (Hrsg.), *Modern Approaches to the Visualization of Landscapes* (S. 247–263). Springer VS.

Sieverts, T. (1997). *Zwischenstadt. Zwischen Ort und Welt, Raum und Zeit, Stadt und Land* (Bauwelt Fundamente, Bd. 118). Vieweg + Sohn.

Sieverts, T. (2001). Jenseits von Zwischenstadt: Die Regionale als Mobile. Ein Beitrag zu einer gestaltenden Regionalplanung. In K. Brake, J. S. Dangschat, & G. Herfert (Hrsg.), *Suburbanisierung in Deutschland. Aktuelle Tendenzen* (S. 235–245). Leske + Budrich.

Sieverts, T. (2004). Die Kultivierung von Suburbia. In W. Siebel (Hrsg.), *Die europäische Stadt* (S. 85–91). Suhrkamp.

Simmel, G. (1908). *Soziologie. Untersuchungen über die Formen der Vergesellschaftung.* Duncker & Humblot.

Simmel, G. (1996). Philosophie der Landschaft. In G. Gröning (Hrsg.), *Landschaftswahrnehmung und Landschaftserfahrung (Arbeiten zur sozialwissenschaftlich orientierten Freiraumplanung* (S. 91–105). LIT.

Sinn, C. (1998). Non aliud. Die Entstehung der modernen Virtualitätskonzeption aus dem alten Geist der Virtus oder Konsens über den Dissens. *Zeitschrift für Literatur und Philospohie – diss.sense.* http://www.dissense.de/vi/sinn.html. Zugegriffen: 13. Jan. 2021.

Śleszyński, P. (2021). Multi-Item Assessment of Physiognomic Diversity of Geocomplexes as a Comprehensive Method of Visual-Aesthetic Landscape Assessment. *Geographies, 1*(1), 22–46. https://doi.org/10.3390/geographies1010003.

Sloterdijk, P. (2007). *Der ästhetische Imperativ. Schriften zur Kunst* (Fundus-Bücher, Bd. 166, 2., unveränderte Neuauflage). Philo & Philo Fine Arts.

Slotkin, R. (1973). *Regeneration through Violence: The Mythology of the American Frontier, 1600–1860.* Wesleyan University Press.

Smaczyński, M., & Horbiński, T. (2020). Creating a 3D Model of the Existing Historical Topographic Object Based on Low-Level Aerial Imagery. *KN – Journal of Cartography and Geographic Information,* 1–11. doi:https://doi.org/10.1007/s42489-020-00061-0.

Smith, B., Prentice, I. C., & Sykes, M. T. (2001). Representation of vegetation dynamics in the modelling of terrestrial ecosystems: Comparing two contrasting approaches within European climate space. *Global Ecology and Biogeography, 10*(6), 621–637. https://doi.org/10.1046/j.1466-822X.2001.t01-1-00256.x.

Smith, B. (1989). *European Vision and the South Pacific.* Yale University Press.

Smith, D. P., & Phillips, D. A. (2001). Socio-cultural representations of greentrified Pennine rurality. *Journal of Rural Studies, 17*(4), 457–469. https://doi.org/10.1016/S0743-0167(01)00014-6.

Smith, D. M. (1996). The Socialist City. In G. D. Andrusz, I. Szelényi & M. Harloe (Hrsg.), *Cities after Socialism. Urban and Regional Change and Conflict in Post-Socialist Societies* (S. 286–317). Blackwell.

Smith, N. (1984). *Uneven Development. Nature, Capital and the Production of Space.* Blackwell.

Smoyer-Tomic, K. E., Spencer, J. C., & Amrhein, C. (2006). Food Deserts in the Prairies? Supermarket Accessibility and Neighborhood Need in Edmonton, Canada. *The Professional Geographer, 58*(3), 307–326. doi:https://doi.org/10.1111/j.1467-9272.2006.00570.x.

Sofsky, W. (2007). *Verteidigung des Privaten. Eine Streitschrift.* Beck.

Sofsky, W. (2013). *Das '„eigentliche Element". Über das Böse* (Kursbuch 176: Ist Moral gut?). Murmann.

Sofsky, W., & Paris, R. (1994). *Figurationen sozialer Macht. Autorität, Stellvertretung, Koalition* (Suhrkamp Taschenbuch Wissenschaft, Bd. 1135). Suhrkamp.

Soja, E. W. (1989). *Postmodern Geographies. The Reassertion of Space in Critical Social Theory.* Verso.

Soja, E. W. (1994). „In Los Angeles kommt alles zusammen". Die Dekonstruktion und Rekonstruktion des Modernen. In B.-P. Lange & H.-P. Rodenberg (Hrsg.), *Die neue Metropole. Los Angeles – London* (Gulliver, Bd. 35, S. 7–32). Argument.

Soja, E. W. (1996). *Thirdspace. Journeys to Los Angeles and other real-and-imagined places.* Blackwell.

Soja, E. W. (2000). *Postmetropolis. Critical Studies of Cities and Regions.* Blackwell.

Soja, E. W. (2003). Thirdspace – Die Erweiterung des Geographischen Blicks. In H. Gebhardt, P. Reuber & G. Wolkersdorfer (Hrsg.), *Kulturgeographie. Aktuelle Ansätze und Entwicklungen* (Spektrum Lehrbuch, S. 269–288). Spektrum Akademischer.

Soja, E. W. (2007). Verräumlichungen: Marxistische Geographie und kritische Gesellschafts-theorie. In B. Belina & B. Michel (Hrsg.), *Raumproduktionen. Beiträge der Radical Geography. Eine Zwischenbilanz* (Raumproduktionen, Bd. 1, S. 77–110). Westfälisches Dampfboot.

Soja, E. W. (2008). Vom „Zeitgeist" zum „Raumgeist". New Twists on the Spatial Turn. In J. Döring & T. Thielmann (Hrsg.), *Spatial Turn. Das Raumparadigma in den Kultur- und Sozial-wissenschaften* (S. 241–262). transcript.

Soja, E. W., & Scott, A. J. (1998). Introduction to Los Angeles. City and Region. In A. J. Scott & E. W. Soja (Hrsg.), *The City. Los Angeles and Urban Theory at the End of the Twentieth Century* (S. 1–21). University of California Press.

Soja, E. W., & Scott, A. J. (2006). Los Angeles 1870–1990. Historische Geographie einer amerikanischen Megastadt. In W. Schwentker (Hrsg.), *Megastädte im 20. Jahrhundert* (S. 283–304). Vandenhoeck und Ruprecht.

Solbrig, F., Buer, C., & Stoll-Kleemann, S. (2017). Wahrnehmung und Wertschätzung von Natur und Naturschutz – Beispiele aus deutschen Großschutzgebieten im Vergleich mit der Studie „Naturbewusstsein in Deutschland". In J. Rückert-John (Hrsg.), *Gesellschaftliche Natur-konzeptionen. Ansätze verschiedener Wissenschaftsdisziplinen* (S. 239–266). Springer VS.

Southworth, M. (1969). The Sonic Environment of Cities. *Environment and Behavior 1* (1), 49–70. https://journals.sagepub.com/doi/pdf/; https://doi.org/10.1177/001391656900100104. Zugegriffen: 13. Jan. 2021.

Soyez, D. (2003). Kulturlandschaftspflege: Wessen Kultur? Welche Landschaft? Was für eine Pflege? *Petermanns Geographische Mitteilungen, 147,* 30–39.

Spanier, H. (2001). Natur und Kultur. *Bayerische Akademie für Naturschutz und Landschaftspflege (ANL) 25,* 69–86. https://www.zobodat.at/pdf/Ber-Bayer-Akad-f-Natursch-u-Landschaftspfl_25_0069-0086.pdf. Zugegriffen: 13. Jan. 2021.

Spanier, H. (2006). Pathos der Nachhaltigkeit. Von der Schwierigkeit, „Nachhaltigkeit" zu kommunizieren. *Stadt+Grün* (12), 26–33.

Spanier, H. (2008). Mensch und Natur – Reflexionen über unseren Platz in der Natur. In K.-H. Erdmann, J. Löffler, & S. Roscher (Hrsg.), *Naturschutz im Kontext einer nachhaltigen Ent-wicklung. Ansätze, Konzepte, Strategien* (Naturschutz und Biologische Vielfalt, Bd. 67, S. 269–292). Bundesamt für Naturschutz.

Spellerberg, A. (2004). Ländliche Lebensstile. Ein praxisnaher Forschungsüberblick. In G. Henkel (Hrsg.), *Dörfliche Lebensstile. Mythos, Chance oder Hemmschuh der ländlichen Entwicklung?*

(Essener geographische Arbeiten, Bd. 36, S. 37–51). Institut für Geographie Universität Duisburg-Essen.

Spelsberg, G. (1988). *Rauchplage. Zur Geschichte der Luftverschmutzung.* Kölner Volksblatt.

Spencer, D. (2016). *The Architecture of Neoliberalism. How Contemporary Architecture Became an Instrument of Control and Compliance.* Bloomsbury.

Spengler, O. (1950). *Der Untergang des Abendlandes. Umrisse einer Morphologie der Weltgeschichte (2 Bände), Welthistorische Perspektiven..* Welthistorische Perspektiven.

Spicer, E. A., Swaffield, S., & Moore, K. (2020). A landscape and landscape biography approach to assessing the consequences of an environmental policy implementation. *Landscape Research, 42*(2), 1–14. https://doi.org/10.1080/01426397.2019.1669147.

Spirn, A. W. (1988). The Poetics of City and Nature. Towards a New Aesthetic for Urban Design. *Landscape Journal, 7,* 108–126.

Spirn, A. W. (1998). *The Language of Landscape.* Yale University Press.

Spirn, A. W. (2008 [2001]). ,One with Nature'. Landscape, Language, Empathy, and Imagination. In R. Z. DeLue & J. Elkins (Hrsg.), *Landscape Theory* (S. 43–67). Routledge.

Squire, K. (2002). Cultural Framing of Computer/Video Games. *Game Studies 2* (1). http://www.gamestudies.org/0102/squire/. Zugegriffen: 21. Sept. 2020.

Sreetheran, M., & Konijendijk van den Bosch, C. (2014). A socio-ecological exploration of fear of crime in urban green spaces. A systematic review. *Urban Forestry and Urban Greening 13* (1), 1–18. https://www.sciencedirect.com/science/article/pii/S1618866713001350. Zugegriffen: 14. Jan. 2021.

SRU. (1985). *Umweltprobleme der Landwirtschaft. Sondergutachten März 1985.* W. Kohlhammer GmbH.

Stahl, M. (2008). Die antike Stadt und ihre Infrastruktur. In D. Schott & M. Toyka-Seid (Hrsg.), *Die europäische Stadt und ihre Umwelt* (S. 27–46). Wissenschaftliche Buchgesellschaft.

Stakelbeck, F., & Weber, F. (2013). Almen als alpine Sehnsuchtslandschaften: Aktuelle Landschaftskonstruktionen im Tourismusmarketing am Beispiel des Salzburger Landes. In D. Bruns & O. Kühne (Hrsg.), *Landschaften: Theorie, Praxis und internationale Bezüge. Impulse zum Landschaftsbegriff mit seinen ästhetischen, ökonomischen, sozialen und philosophischen Bezügen mit dem Ziel, die Verbindung von Theorie und Planungspraxis zu stärken* (S. 235–252). Oceano.

Stanney, K. M., Kennedy, R. S., & Hale, K. S. (2015). Virtual Environment Usage Protocols. In K. S. Hale & K. M. Stanney (Hrsg.), *Handbook of Virtual Environments. Design, Implementation, and Applications* (2. Aufl., S. 797–809). CRC Press.

Starr, K. (2006). *Coast of Dreams. California on the Edge, 1990–2003.* Vintage Books.

Statistisches Bundesamt. (2009). Lange Reihen. Arbeitsmarkt. http://www.destatis.de/jetspeed/portal/cms/Sites/destatis/Internet/DE/Content/Statistiken/Zeitreihen/LangeReihen/Arbeitsmarkt/Content75/lrerw13a,templateId=renderPrint.psml. Zugegriffen: 27.Ock. 2009.

Statistisches Bundesamt. (2012). Statistisches Jahrbuch 2011. https://www.destatis.de/DE/Publikationen/StatistischesJahrbuch/Arbeitsmarkt.pdf?__blob=publicationFile. Zugegriffen: 8. Apr. 2012.

Statistisches Bundesamt. (2017). Arbeitsmarkt. https://www.destatis.de/DE/ZahlenFakten/Indikatoren/LangeReihen/Arbeitsmarkt/lrerw013.html. Zugegriffen: 22. Mai 2017.

Stearns, P. (1995). Emotion. In R. Harre & P. Stearns (Hrsg.), *Discursive Psychology in Practice* (S. 37–54). SAGE.

Stearns, P. N. (2006). *American Fear. The Causes and Consequences of High Anxiety.* Routledge.

Steiner, C. (2014a). *Pragmatismus – Umwelt – Raum. Potenziale des Pragmatismus für eine transdisziplinäre Geographie der Mitwelt* (Erdkundliches Wissen, Bd. 155) Steiner.

Steiner, C. (2014). Von Interaktion zu Transaktion – Konsequenzen eines pragmatischen Mensch-Umwelt-Verständnisses für eine Geographie der Mitwelt. *Geographica Helvetica, 69*(3), 171–181.

Steinhardt, U., Barsch, H., & Blumenstein, O. (2012). *Lehrbuch der Landschaftsökologie* (2. Aufl.). Springer Spektrum.

Steinhaus, W., & Funck, C. (2021). Wald und Wälder in Japan von der Urgeschichte bis in die Gegenwart. Natur und Kultivierung – Narrative und Ideen. In K. Berr & C. Jenal (Hrsg.), *Wald in der Vielfalt möglicher Perspektiven. Von der Pluralität lebensweltlicher Bezüge und wissenschaftlichen Thematisierungen* (S. im Druck). Springer VS, in Vorbereitung.

Steinkrüger, J.-E. (2017). Von der Poppelsdorfer Allee nach Disney World. Oder: Kulturlandschaft als semiotisches System. In O. Kühne, H. Megerle, & F. Weber (Hrsg.), *Landschaftsästhetik und Landschaftswandel* (RaumFragen: Stadt – Region – Landschaft, S. 41–50). Springer VS.

Stemmer, B. (2016). *Kooperative Landschaftsbewertung in der räumlichen Planung. Sozialkonstruktivistische Analyse der Landschaftswahrnehmung der Öffentlichkeit.* Springer VS.

Stemmer, B., Bernstein, F., Kaußen, L., & Moczek, N. (2020). Expertenurteil und öffentliche Mitwirkung in der Landschaftsplanung und -forschung. In R. Duttmann, O. Kühne, & F. Weber (Hrsg.), *Landschaft als Prozess* (S. 199–222). Springer VS.

Stemmer, B., & Bruns, D. (2017). Kooperative Landschaftsbewertung in der räumlichen Planung – Planbare Schönheit? Partizipative Methoden, (Geo-)Soziale Medien. In O. Kühne, H. Megerle, & F. Weber (Hrsg.), *Landschaftsästhetik und Landschaftswandel (RaumFragen: Stadt – Region – Landschaft* (S. 283–302). Springer VS.

Stemmer, B., & Kaußen, L. (2018). Partizipative Methoden der Landschafts(bild)bewertung – Was soll das bringen? In O. Kühne & F. Weber (Hrsg.), *Bausteine der Energiewende* (S. 489–507). Springer VS.

Stemmer, B., Philipper, S., Moczek, N., & Röttger, J. (2019). Die Sicht von Landschaftsexperten und Laien auf ausgewählte Kulturlandschaften in Deutschland – Entwicklung eines Antizipativ-Iterativen Geo-Indikatoren-Landschaftspräferenzmodells (AIGILaP). In K. Berr & C. Jenal (Hrsg.), *Landschaftskonflikte* (S. 507–534). Springer VS.

Stevens, G. (2002). *The Favored Circle. The Social Foundations of Architectural Distinction.* MIT Press.

Stichweh, R. (1998). Raum, Region und Stadt in der Systemtheorie. *Soziale Systeme, 4*(2), 341–358.

Stichweh, R. (2003). Raum und moderne Gesellschaft. Aspekte der sozialen Kontrolle des Raumes. In T. Krämer-Badoni (Hrsg.), *Die Gesellschaft und ihr Raum. Raum als Gegenstand der Soziologie* (Stadt, Raum und Gesellschaft, Bd. 21, S. 93–102). Leske + Budrich.

Stichweh, R. (2010). *Der Fremde. Studien zu Soziologie und Sozialgeschichte.* Suhrkamp.

Stiens, G. (1999). Veränderte Sichtweisen zur Kulturlandschaftserhaltung und neue Zielsetzungen der Raumordnung. *Informationen zur Raumentwicklung* (5/6), 321–332.

Stintzing, M., Pietsch, S., & Wardenga, U. (2020). How to Teach "Landscape" Through Games? In D. Edler, C. Jenal, & O. Kühne (Hrsg.), *Modern Approaches to the Visualization of Landscapes* (S. 333–349). Springer VS.

Stobbelaar, D. J., & Pedroli, B. (2011). Perspectives on Landscape Identity: A Conceptual Challenge. *Landscape Research, 36*(3), 321–339.

Stotten, R. (2013). Kulturlandschaft gemeinsam verstehen – Praktische Beispiele der Landschaftssozialisation aus dem Schweizer Alpenraum. *Geographica Helvetica, 68*(2), 117–127. https://doi.org/10.5194/gh-68-117-2013.

Stotten, R. (2015). *Das Konstrukt der bäuerlichen Kulturlandschaft. Perspektiven von Landwirten im Schweizerischen Alpenraum* (alpine space – man & environment, Bd. 15). Innsbruck University Press.

Stotten, R. (2019a). Kulturlandschaft als Ausdruck von Heimat der bäuerlichen Gesellschaft. In M. Hülz, O. Kühne & F. Weber (Hrsg.), *Heimat. Ein vielfältiges Konstrukt* (S. 149–162). Springer VS.

Stotten, R. (2019). Landschaft und Gebirge. In O. Kühne, F. Weber, K. Berr, & C. Jenal (Hrsg.), *Handbuch Landschaft* (S. 711–719). Springer VS.

Stotten, R. (2019). Landschaft und Landwirtschaft. In O. Kühne, F. Weber, K. Berr, & C. Jenal (Hrsg.), *Handbuch Landschaft* (S. 823–830). Springer VS.

Stratmann, J., Ristea, A., Leitner, M., & Paulus, G. (2020). Exploring Urban "Blightscapes" Applying Spatial Video Technology and Geographic Information System: A Case Study from Baton Rouge, USA. In D. Edler, C. Jenal, & O. Kühne (Hrsg.), *Modern Approaches to the Visualization of Landscapes* (S. 497–515). Springer VS.

Stremke, S. (2010). *Designing Sustainable Energy Landscapes. Concepts, Principles and Procedures.* Wageningen University.

Ströbele, M., & Hunziker, M. (2017). Are suburbs perceived as rural villages? Landscape-related residential preferences in Switzerland. *Landscape and Urban Planning, 163*, 67–79.

Stroh, H., & Megerle, H. (2017). Wahrnehmung von Wald und Wildnis am Beispiel des Lotharpfads im Nationalpark Nordschwarzwald. In O. Kühne, H. Megerle, & F. Weber (Hrsg.), *Landschaftsästhetik und Landschaftswandel (RaumFragen: Stadt – Region – Landschaft* (S. 139–157). Springer VS.

Strüver, A., & Wucherpfennig, C. (2009). Performativität. In G. Glasze & A. Mattissek (Hrsg.), *Handbuch Diskurs und Raum. Theorien und Methoden für die Humangeographie sowie die sozial- und kulturwissenschaftliche Raumforschung* (S. 107–128). transcript.

Sturm, C., & Mattissek, A. (2018). Energiewende als Herausforderung für die Stadtentwicklungspolitik – eine diskurs- und gouvernementalitätstheoretische Perspektive. In O. Kühne & F. Weber (Hrsg.), *Bausteine der Energiewende* (S. 109–128). Springer VS.

Sturm, G. (2000). *Wege zum Raum. Methodologische Annäherungen an ein Basiskonzept raumbezogener Wissenschaften.* VS Verlag für Sozialwissenschaften.

Sudjic, D. (1993). *The 100 Mile City.* Harcourt Brace & Company.

Sukopp, H. (1981). Veränderungen von Flora und Vegetation in Agrarlandschaften. *Berichte über Landwirtschaft, 197*, 255–264.

Sullivan, G. A. (1998). *The Drama of Landscape. Land, Property, and Social Relations on the Early Modern Stage.* Stanford University Press.

Sutton-Smith, B. (1997). *The Ambiguity of Play.* Harvard University Press.

Swaffield, S. (1998). Frames of Reference. A Metaphor for Analyzing attitudesand Interpreting Attitudes of Environmental Policy Makers and Policy Influencers. *Environmental Management, 22*(4), 495–504. https://link.springer.com/article/https://doi.org/10.1007/s002679900122. Zugegriffen: 14. Jan. 2021.

Swift, E. (2011). *The Big Roads. The Untold Story of the Engineers, Visionairies, and Trailblazers Who Creates the American Superhighways.* Houghton Mifflin Harcourt.

Swyngedouw, E., & Heynen, N. C. (2003). Urban political ecology, justice and the politics of scale. *Antipode – A Radical Journal of Geography, 35*(5), 898–918.

Swyngedouw, E., Moulaert, F., & Rodriguez, A. (2002). Neoliberal Urbanization in Europe: Large-Scale Urban Development Projects and the New Urban Policy. *Antipode, 34*(3), 542–577. https://doi.org/10.1111/1467-8330.00254.

Tänzler, D. (2007). Politisches Charisma in der entzauberten Welt. In P. Gostmann & P.-U. Merz-Benz (Hrsg.), *Macht und Herrschaft. Zur Revision zweier soziologischer Grundbegriffe* (S. 107–137). VS Verlag für Sozialwissenschaften.

Tapsell, S. M. (1997). Rivers and River Restoration: A child's-eye view. *Landscape Research, 22*(1), 45–65. https://doi.org/10.1080/01426399708706500.

Tauschek, M. (2005). Aspekte des aktuellen Heimatbegriffes. *Volkskunde in Niedersachsen, 22*, 14–24.

Taylor, B. (2000). Bioregionalism: An Ethics of Loyalty to Place. *Landscape Journal,19*(1/2), 50–72. https://www.jstor.org/stable/43324333?seq=1#metadata_info_tab_contents. Zugegriffen: 14. Jan. 2021.

Taylor, K. (2009). Cultural Landscapes and Asia: Reconciling International and Southeast Asian Regional Values. *Landscape Research, 34*(1), 7–31.

TEEB. (2009). The Economics of Ecosystems and Biodiversity for National and International Policy Makers, Europäische Kommission. http://www.teebweb.org/wp-content/uploads/ Study%20and%20Reports/Reports/National%20and%20International%20Policy%20Making/ TEEB%20for%20National%20Policy%20Makers%20report/TEEB%20for%20National.pdf. Zugegriffen: 16. Mai 2018.

Teng, X., & Shen, Z. (2020). Design of a Smart Visiting Service Management System for Personal Information Collection in Order to Integrate Tourism Management into an Isolated Island. *Applied Sciences, 10*(18). doi:https://doi.org/10.3390/app10186442.

Terkenli, T. S. (2001). Towards a theory of the landscape: The Aegean landscape as a cultural image. *Landscape and Urban Planning, 57*(3–4), 197–208. https://doi.org/10.1016/S0169-2046(01)00204-3.

Termeer, M. (2007). Natur unter Kontrolle – Landschaften als Bilder dritter Ordnung. In L. Engell, B. Siegert, & J. Vogl (Hrsg.), *Stadt – Land – Fluss. Medienlandschaften* (Archiv für Mediengeschichte, Bd. 7.2007, S. 171–180). Universitätsverlag.

Termeer, M. (2016). Das „Dorf der unbegrenzten Möglichkeiten". Konstruktionen hybrider Stadtlandschaften in der unternehmerischen Stadt und ihre Widersprüche. In S. Hofmeister & O. Kühne (Hrsg.), *StadtLandschaften. Die neue Hybridität von Stadt und Land* (S. 127–142). Springer VS.

Tessin, W. (2008). *Ästhetik des Angenehmen. Städtische Freiräume zwischen professioneller Ästhetik und Laiengeschmack.* VS Verlag für Sozialwissenschaften.

Tetens, H. (2013). *Wissenschaftstheorie. Eine Einführung.* Beck.

Thayer Jr., R. L. (1989). The Experience of Sustainable Landscapes. *Landscape Journal 8* (2), 101–110. https://www.jstor.org/stable/43324023?seq=1#metadata_info_tab_contents. Zugegriffen: 14. Jan. 2021.

Thibaud, J.-P. (2003). Die sinnliche Umwelt von Städten. Zum Verständnis urbaner Atmosphären. In M. Hauskeller (Hrsg.), *Die Kunst der Wahrnehmung. Beiträge zu einer Philosophie der sinnlichen Erkenntnis* (S. 280–297). SFG-Servicecenter Fachverlage.

Thiem, N., & Weber, F. (2011). Von eindeutigen Uneindeutigkeiten – Grenzüberschreitungen zwischen Geografie und Literaturwissenschaft im Hinblick auf Raum und Kartografie. In M. Gubo, M. Kypta, & F. Öchsner (Hrsg.), *Kritische Perspektiven: „Turns", Trends und Theorien* (S. 171–193). LIT.

Thieme, G., & Laux, H. D. (1996). Los Angeles. Prototyp einer Weltstadt an der Schwelle zum 21. Jahrhundert. *Geographische Rundschau, 48*(2), 82–88.

Thimm, C. (2017). Internet. In L. Kühnhardt & T. Mayer (Hrsg.), *Bonner Enzyklopädie der Globalität.* (Bd. 1, 2; S. 433–442). Springer VS.

Thimm, T. (2013). Imaginäre Geographien klassischer und neuer Reisemedien – Wirklichkeitskonstruktion touristischer Intermediäre am Beispiel Sevillas. *Via Tourism Review 3* (3). http:// journals.openedition.org/viatourism/1038. Zugegriffen: 15. Mai 2021.

Thimm, T. (2018). Der Süden: Zur Konstruktion einer Raumsemantik im Tourismus. *Zeitschrift für Tourismuswissenschaft, 10*(1), 49–66. https://doi.org/10.1515/tw-2018-0004.

Thomas, P. M. (2020). The Digitalizing Society – Transformations and Challenges. In D. Edler, C. Jenal, & O. Kühne (Hrsg.), *Modern Approaches to the Visualization of Landscapes* (S. 447–456). Springer VS.

Thompson, C. W. (2011). Linking landscape and health: The recurring theme. *Landscape and Urban Planning, 99*(3–4), 187–195. https://doi.org/10.1016/j.landurbplan.2010.10.006.

Thompson, I. (2007). The Ethics of Sustainability. In J. F. Benson & M. Roe (Hrsg.), *Landscape and Sustainability* (2. Aufl., S. 16–26). Routledge Taylor & Francis Group.

Tiezzi, E. (2005). *Beauty and Science* (The sustainable world, Bd. 10). WIT.

Tilley, C. (1994). *A Phenomenology of Landscape. Places, Paths and Monuments.* Berg.

Tilley, C. (1997). *A phenomenology of landscape. Places, paths and monuments* (Explorations in anthropology). Berg.

Tillmann, K.-J. (2007). *Sozialisationstheorien. Eine Einführung in den Zusammenhang von Gesellschaft, Institution und Subjektwerdung* (Rororo Rowohlts Enzyklopädie, Bd. 55476, 15. Aufl.). Rowohlt.

Tobias, K. (2013). Zukunftslandschaften. In D. Bruns & O. Kühne (Hrsg.), *Landschaften: Theorie, Praxis und internationale Bezüge. Impulse zum Landschaftsbegriff mit seinen ästhetischen, ökonomischen, sozialen und philosophischen Bezügen mit dem Ziel, die Verbindung von Theorie und Planungspraxis zu stärken* (S. 323–334). Oceano.

Tolia-Kelly, D. P. (2004). Landscape, Race and Memory. Biographical Mapping of the Routes of British Asian Landscape Values. *Landscape Research, 29*(3), 277–292.

Tönnies, F. (1887). *Gemeinschaft und Gesellschaft. Abhandlung des Communismus und des Socialismus als empirischer Kulturformen.* Fues.

Torrens, P. M. (2018). Artificial Intelligence and Behavioral Geography. In D. R. Montello (Hrsg.), *Handbook of Behavioral and Cognitive Geography* (S. 357–371). Edward Elgar Publishing.

Torres Gracía, M., Ghislanzoni, M., & Trujillo Carmona, M. (2020). The disappearance of public paths in Spain and its impact on landscape justice. *Landscape Research, 45*(5), 615–626. https://doi.org/10.1080/01426397.2020.1736532.

Townsend, D. (1997). *An introduction to Aesthetics* (Introducing philosophy, Bd. 5). Blackwell.

Trepl, L. (2012a). *Die Idee der Landschaft. Eine Kulturgeschichte von der Aufklärung bis zur Ökologiebewegung.* transcript.

Trepl, L. (Spektrum.de SciLogs, Hrsg.). (2012b). John Brinckerhoff Jacksons drei Landschaften. http://www.scilogs.de/chrono/blog/landschaft-oekologie/allgemein/2012-02-20/john-brinckerhoff-jacksons-drei-landschaften. Zugegriffen: 21. März 2012.

Trepl, L., Kirchhoff, T., & Voigt, A. (2005). Natur. In H. der Raumordnung (Hrsg.), *ARL – Akademie für Raumentwicklung in der Leibniz-Gemeinschaft* (S. 685–692). Selbstverlag.

Tress, B., & Tress, G. (2001a). Begriff, Theorie und System der Landschaft. Ein transdisziplinärer Ansatz zur Landschaftsforschung. *Naturschutz und Landschaftsplanung, 33*(2/3), 52–58.

Tress, B., & Tress, G. (2001). Capitalism on multiplicity: A trandisciplinary systems approach to landscape research. *Landscape and Urban Planning, 57*(3–4), 143–157.

Trigg, D. (2006). *The Aesthetics of Decay. Nothingness, Nostalgia, and the Absence of Reason* (New studies in aesthetics, Bd. 37). Lang.

Troll, C. (1939). Luftbildplan und ökologische Bodenforschung. Ihr zweckmäßiger Einsatz für die wissenschaftliche Erforschung und praktische Erschließung wenig bekannter Länder. *Zeitschrift der Gesellschaft für Erdkunde zu Berlin, 7–8*, 241–298.

Troll, C. (1950). *Die geographische Landschaft und ihre Erforschung.* Springer.

Troll, C. (1967). Die geographische Landschaft und ihre Erforschung. In W. Strokebaum (Hrsg.), *Zum Gegenstand und zur Methode der Geographie* (1. Aufl., S. 417–463). Wissenschaftliche Buchgesellschaft.

Troll, C. (1968). Landschaftsökologie. In R. Tuexen (Hrsg.), *Pflanzensoziologie und Landschafts-ökologie* (Berichte über die Internationalen Symposia der Internationalen Vereinigung für Vegetationskunde, Bd. 7, 1. Aufl., S. 1–21). Springer Netherlands.

Troll, C. (1973). Die Wirtschaftslandschaft und ihre kartographische Darstellung. Ein methodischer Versuch. In K. Paffen (Hrsg.), *Das Wesen der Landschaft* (Wege der Forschung, Bd. 39, S. 322–352). WBG.

Truhlar, D. (2006). *Demokratismus. Philosophie der demokratischen Weltanschauung.* Lang.

Tsenkova, S. (2007). Reinventing strategic planning in post-socialist cities: Experiences from Sofia. *European Planning Studies, 15*(3), 295–317.

Tuan, Y.-F. (1974). *Topophilia: A Study of Environmental Perception, Attitudes and Values.* Prentice-Hall.

Tuan, Y.-F. (1976). Humanistic Geography. *Annals of the Association of American Geographers, 66*(2), 266–276. https://doi.org/10.1111/j.1467-8306.1976.tb01089.x.

Tuan, Y.-F. (1979). *Landscapes of Fear.* University of Minnesota Press.

Tuan, Y.-F. (1979b). Sight and pictures. *Geographical Review 69* (4), 413–422. https://www.jstor.org/stable/214804?seq=1#metadata_info_tab_contents. Zugegriffen: 14. Jan. 2021.

Tuan, Y.-F. (1989). Surface Phenomena and Aesthetic Experience. *Annals of the Association of American Geographers, 79*(2), 233–241. https://doi.org/10.1111/j.1467-8306.1989.tb00260.x.

Tulumello, S. (2020). Landscape of Fer. In A. Kobayashi (Hrsg.), *International Encyclopedia* (2. Aufl., S. 127–130). Elsevier.

Tuma, R., & Wilke, R. (2016). Zur Rezeption des Sozialkonstruktivismus in der deutschsprachigen Soziologie. In S. Moebius & A. Ploder (Hrsg.), *Geschichte der Soziologie im deutschsprachigen Raum (Springer NachschlageWissen, Bd. 1, Living Reference Work, continuously* (updated, S. 1–29). Springer VS.

Tunstall, S., Tapsell, S., & House, M. (2004). Children's perceptions of river landscapes and play: What children's photographs reveal. *Landscape Research, 29*(2), 181–204. https://doi.org/10.1080/01426390410001690365.

Türer-Baskaya, F. A. (2013). Landscape Concepts in Turkey. In D. Bruns & O. Kühne (Hrsg.), *Landschaften: Theorie, Praxis und internationale Bezüge. Impulse zum Landschaftsbegriff mit seinen ästhetischen, ökonomischen, sozialen und philosophischen Bezügen mit dem Ziel, die Verbindung von Theorie und Planungspraxis zu stärken* (S. 101–113). Oceano.

Turner, T. (1996). *City as Landscape. A Post-Postmodern View of Design and Planning.* Taylor & Francis.

Tuvikene, T. (2010). From Soviet to Post Soviet with Transformation of the Fragmented Urban Landscape: The Case of Garage Areas in Estonia. *Landscape Research, 35*(5), 509–528.

Tveit, M. S., Ode Sang, Å., & Fry, G. (2006). Key Concepts in a Framework for Analysing Visual Landscape Character. *Landscape Research, 31*(3), 229–255. https://doi.org/10.1080/01426390600783269.

Tverijonaite, E., Sæþórsdóttir, A. D., Ólafsdóttir, R., & Hall, C. M. (2019). Renewable Energy in Wilderness Landscapes: Visitors' Perspectives. *Sustainability, 11*(20), 1–23. https://doi.org/10.3390/su11205812.

Tzschaschel, S. (2012). Wahrnehmungsperspektiven auf suburban Kulturlandschaften. In W. Schenk, M. Kühn, M. Leibenath, & S. Tzschaschel (Hrsg.), *Suburbane Räume als Kulturlandschaften (Forschungs- und Sitzungsberichte* (Bd. 236, S. 111–125). Selbstverlag.

Ueda, H. (2010). *A Study on Residential Landscape Perception through Landscape Image. Four Case Studies in German and Japanese Rural Communities.* Inaugural Dissertation. https://kobra.bibliothek.uni-kassel.de/bitstream/urn:nbn:de:hebis:34-2009072029116/3/ThesisHirofumiUeda.pdf. Zugegriffen: 26. Apr. 2017.

Ueda, H. (2013). The Concept of Landscape in Japan. In D. Bruns & O. Kühne (Hrsg.), *Landschaften: Theorie, Praxis und internationale Bezüge. Impulse zum Landschaftsbegriff mit seinen ästhetischen, ökonomischen, sozialen und philosophischen Bezügen mit dem Ziel, die Verbindung von Theorie und Planungspraxis zu stärken* (S. 115–130). Oceano.

Uekötter, F. (2007). *Umweltgeschichte im 19. und 20. Jahrhundert* (Enzyklopädie deutscher Geschichte, Bd. 81). Oldenbourg.

Uhlig, H. (1970). Organisationsplan und System der Geographie. *Geoforum 1*, 19–52. https://www.sciencedirect.com/science/article/pii/0016718570900059. Zugegriffen: 14. Jan. 2021.

Ulber, M. (2017). *Landschaft und Atmosphäre. Künstlerische Übersetzungen* (Image, Bd. 117). transcript.

Ulrich, R. S. (1977). Visual landscape preference. A model and application. *Man-Environment Systems, 7*(5), 279–293. https://www.researchgate.net/publication/232566612_Visual_landscape_preference_A_model_and_application. Zugegriffen: 14. Jan. 2021.

Ulrich, R. S. (1979). Visual landscapes and psychological well-being. *Landscape Research, 4*(1), 17–23.

Ungers, O. M. (1990, November). Die Stadtinseln im Meer der Metropole. Das pluralistische Konzept der „Städtearchipel" – Planung auf historischem Boden. das Neue Berlin (VII). *Frankfurter Allgemeine Zeitung,* S. 37.

Upton, D. (2007). Sound as Landscape. *Landscape Journal, 26*(1), 24–35. https://doi.org/10.3368/lj.26.1.24.

Urmersbach, V. (2009). *Im Wald, da sind die Räuber. Eine Kulturgeschichte des Waldes* (Kleine Kulturgeschichten). Vergangenheitsverlag.

Urry, J. (2002 [1990]). *The Tourist Gaze* (2. Aufl.). SAGE.

Urry, J., & Larsen, J. (2011). *The Tourist Gaze 3.0.* Sage.

van Assche, K., & Verschraegen, G. (2008). The Limits of Planning: Niklas Luhmann's Systems Theory and the Analysis of Planning and Planning Ambitions. *Planning Theory, 7*(3), 263–283. https://doi.org/10.1177/1473095208094824.

van den Berg, A. E., Vlek, C. A. J., & Coeterier, J. F. (1998). Group differences in the aesthetic evaluation of nature development plans: A multilevel approach. *Journal of Environmental Psychology, 18*(2), 141–157.

van der Horst, D., & Toke, D. (2010). Exploring the landscape of wind farm developments; local area characteristics and planning process outcomes in rural England. *Land Use Policy, 27*(2), 214–221. https://doi.org/10.1016/j.landusepol.2009.05.006.

van der Valk, A. (2009). Multiple Cultural Landscape. Research and Planning for Living Heritage in the Netherlands. In J. Hernik (Hrsg.), *Cultural Landscape – Across Disciplines* (S. 31–60). Oficyna Wydawnicza Branta.

van Lammeren, R., Theile, S., Stemmer, B., & Bruns, D. (2017). Social Media. In A. van den Brink, D. Bruns, H. Tobi, & S. Bell (Hrsg.), *Research in Landscape Architecture. Methods and methodology* (S. 136–161). Routledge.

van Noy, R. (2003). *Surveying the interior. Literary cartographers and the sense of place* (Environmental arts and humanities series). University of Nevada Press.

van Vleet, M., & Feeney, B. C. (2015). Play Behavior and Playfulness in Adulthood. *Social and Personality Psychology Compass, 9*(11), 630–643. https://doi.org/10.1111/spc3.12205.

van Vleet, M., & Feeney, B. C. (2015). Young at Heart: A Perspective for Advancing Research on Play in Adulthood. *Perspectives on Psychological Science, 10*(5), 639–645. https://doi.org/10.1177/1745691615596789.

van Wezemael, J., & Loepfe, M. (2009). Veränderte Prozesse der Entscheidungsfindung in der Raumentwicklung. *Geographica Helvetica, 64*(2), 106–118.

Vervloet, J. A. J., van Beek, R., & Keunen, L. J. (2010). A biography of the cultural landscape in the eastern Netherlands: theory and practice of acquisition and propagation of knowledge. In T. Bloemers, H. Kars, A. van der Valk, & M. Wijnen (Hrsg.), *The Cultural Landscape & Heritage Paradox. Protection and Development of the Dutch Archaeological-Historical Landscape and its European Dimension* (S. 133–150). Amsterdam University Press.

Vester, H.-G. (1993). *Soziologie der Postmoderne*. Quintessenz.

Vetter, M. (2019). 3D-Visualisierung von Landschaft – Ein Ausblick auf zukünftige Entwicklungen. In O. Kühne, F. Weber, K. Berr, & C. Jenal (Hrsg.), *Handbuch Landschaft* (S. 559–573). Springer VS.

Vetter, M. (2020). Technical Potentials for the Visualization in Virtual Reality. In D. Edler, C. Jenal, & O. Kühne (Hrsg.), *Modern Approaches to the Visualization of Landscapes* (S. 307–317). Springer VS.

Vicenzotti, V. (2006). Kulturlandschaft und Stadt-Wildnis. In I. Kazal, A. Voigt, A. Weil, & A. Zutz (Hrsg.), *Kulturen der Landschaft. Ideen von Kulturlandschaft zwischen Tradition und Modernisierung* (Landschaftsentwicklung und Umweltforschung, Bd. 127, Bd. 127, S. 221–236). Technische Universität Berlin.

Vicenzotti, V. (2008). „Stadt-Wildnis". Bedeutungen, Phänomene und gestalterische Strategien. In Bayerische Akademie für Naturschutz und Landschaftspflege & Lehrstuhl für Landschaftsbau und Vegetationstechnik (Hrsg.), *Die Zukunft der Kulturlandschaft – Entwicklungsräume und Handlungsfelder* (S. 29–37). Laufen.

Vicenzotti, V. (2011). *Der „Zwischenstadt"-Diskurs. Eine Analyse zwischen Wildnis, Kulturlandschaft und Stadt*. transcript.

Vicenzotti, V. (2012). Gestalterische Zugänge zum suburbanen Raum – Eine Typisierung. In W. Schenk, M. Kühn, M. Leibenath, & S. Tzschaschel (Hrsg.), *Suburbane Räume als Kulturlandschaften (Forschungs- und Sitzungsberichte* (Bd. 236, S. 252–275). Selbstverlag.

Vicenzotti, V. (2017). Thomas Sieverts: Zwischenstadt. In F. Eckardt (Hrsg.), *Schlüsselwerke der Stadtforschung* (S. 127–143). Springer VS.

Vicenzotti, V. (2019). Die Landschaft der Zwischenstadt. In O. Kühne, F. Weber, K. Berr, & C. Jenal (Hrsg.), *Handbuch Landschaft* (S. 743–753). Springer VS.

Vieillard-Baron, H. (2016). Die Geschichte der *banlieues* in Frankreich. Von der Mehrdeutigkeit der Definitionen zu den heutigen Besonderheiten. In F. Weber & O. Kühne (Hrsg.), *Fraktale Metropolen. Stadtentwicklung zwischen Devianz, Polarisierung und Hybridisierung* (S. 75–91). Springer VS.

Vileniske, I. G. (2008). Influence of Built Heritage on Sustainable Development of Landscape. *Landscape Research, 33*(4), 425–437.

Vischer, F. T. v. (1922). *Kritische Gänge* (2 (verm) Aufl.). Meyer & Jessen.

Visscher, S. D., & Bouverne-De Bie, M. (2008). Recognizing Urban Public Space as a Co-Educator: Children's Socialization in Ghent. *International Journal of Urban and Regional Research, 32*(3), 604–616. https://doi.org/10.1111/j.1468-2427.2008.00798.x.

Vöckler, K. (1998). Psychoscape. In W. Prigge (Hrsg.), *Peripherie ist überall* (Edition Bauhaus, Bd. 1, S. 276–288). Campus.

Vogel, H. (1993). Landschaftserleben, Landschaftswahrnehmung, Naturerlebnis, Naturwahrnehmung. In H. Hahn & H. J. Kagelmann (Hrsg.), *Tourismuspsychologie und Tourismussoziologie. Ein Handbuch zur Tourismuswissenschaft* (Quintessenz Tourismuswissenschaft, S. 286–293). Quintessenz.

Voigt, A. (2009a). ‚Wie sie ein Ganzes bilden' – analoge Deutungsmuster in ökologischen Theorien und politischen Philosophien der Vergesellschaftung. In T. Kirchhoff & L. Trepl (Hrsg.), *Vieldeutige Natur. Landschaft, Wildnis und Ökosystem als kulturgeschichtliche Phänomene* (Sozialtheorie, S. 331–348). transcript.

Voigt, A. (2009b). *Die Konstruktion der Natur. Ökologische Theorien und politische Philosophien der Vergesellschaftung* (Sozialgeographische Bibliothek, Bd. 12). Steiner.

Voigt, A. (2015). Die Macht des Ökonomischen im Blick auf Natur und Landschaft. In S. Kost & A. Schönwald (Hrsg.), *Landschaftswandel – Wandel von Machtstrukturen* (S. 202–219). Springer VS.

Vonthron, S., Perrin, C., & Soulard, C.-T. (2020). Foodscape: A scoping review and a research agenda for food security-related studies. *PLoS ONE, 15*(5), 1–26. https://doi.org/10.1371/journal.pone.0233218.

Vrtačič, E. (2014). The grand narratives of video games: Sid Meier's Civilization. *Teorija in praksa, 51*(1), 91–105.

Vygotsky, L. S. (1978). *Mind in Society. The Development of Higher Psychological Processes.* Harvard University Press.

Vygotsky, L. S. (1981[1979]). The Development of Higher Forms of Attention in Childhood. In J. V. Wertsch (Hrsg.), *The Concept of Activity in Soviet Psychology* (S. 189–240). M. E. Sharpe.

Wachholz, M. (2005). *Entgrenzung der Geschichte. Eine Untersuchung zum historischen Denken der amerikanischen Postmoderne.* Universitätsverlag Winter GmbH Heidelberg.

Wackernagel, M., & Beyers, B. (2010). *Der Ecological Footprint. Die Welt neu vermessen.* CEP Europäische Verlagsanstalt.

Wacquant, L. (2008). Relocating Gentrification: The Working Class, Science and the State in Recent Urban Research. *International Journal of Urban and Regional Research, 32*(1), 198–205. https://doi.org/10.1111/j.1468-2427.2008.00774.x.

Wagner, E. (2019a). Intimisierte Öffenlichkeiten. Zur Erzeugung von Publika auf Facebook. In M. Stempfhuber & E. Wagner (Hrsg.), *Praktiken der Überwachten. Öffentlichkeit und Privatheit im Web 2.0* (S. 243–266). Springer Fachmedien Wiesbaden.

Wagner, E. (2019b). *Intimisierte Öffentlichkeiten. Pöbeleien, Shitstorms und Emotionen auf Facebook.* transcript.

Wagner, H. (1999). Umweltfragen im österreichischen Bergbau. http://www.matarka.hu/koz/ISSN_0237-6016/vol_53_1999/ISSN_0237-6016_vol_53_1999_ger_007-025.pdf. Zugegriffen: 3. Feb. 2015.

Wagner, J. M. (1997). Zur emotionalen Wirksamkeit von Kulturlandschaft. In W. Schenk, K. Fehn, & D. Denecke (Hrsg.), *Kulturlandschaftspflege. Beiträge der Geographie zur räumlichen Planung* (S. 59–66). Borntraeger.

Wagner, P. (1995). *Soziologie der Moderne. Freiheit und Disziplin.* Campus.

Wald, A., & Jansen, D. (2007). Netzwerke. In A. Benz, S. Lütz, U. Schimank, & G. Simonis (Hrsg.), *Handbuch Governance. Theoretische Grundlagen und empirische Anwendungsfelder* (S. 93–105). VS Verlag für Sozialwissenschaften.

Waldeyer, C. (2016). *Homo hortulanus. Die Sinnzuschreibungen in privaten Hausgartengestaltungen* (Erlebniswelten). Springer VS.

Waldeyer, C. (2019). Sinnzuschreibungen privater Gartengestaltungen – Konflikthafte Artefakte zwischen der Landschaftsnatur und Gesellschaftskultur. In K. Berr & C. Jenal (Hrsg.), *Landschaftskonflikte* (S. 223–238). Springer VS.

Waldheim, C. (2016). *Landscape as Urbanism: A General Theory.* Princeton University Press.

Waldie, D. J. (2005). *Holy Land. A Suburban Memoir.* W. W. Norton & Company.

Walk, H. (2012). Partizipationsforschung und Partizipationsverfahren – Herausforderungen für eine integrative Perspektive. In A. Knierim, S. Baasch, & M. Gottschick (Hrsg.), *Partizipationsforschung und Partizipationsverfahren in der sozialwissenschaftlichen Klimaforschung. Diskussionspapiere zum Workshop* (S. 5–6). Workshop-Materialien.

Wallach, B. (2010). Designing the American Utopia. Reflections. In M. P. Conzen (Hrsg.), *The Making of the American Landscape* (2. Aufl., S. 451–466). Routledge.

Walmsley, A., & Kersten, T. P. (2019). Low-cost Development of an Interactive, Immersive Virtual Reality Experience of the Historic City Model Stade 1620. *The International Archives of the Photogrammetry, Remote Sensing and Spatial Information Sciences XLII-2/W17*, 405–411. doi:https://doi.org/10.5194/isprs-archives-XLII-2-W17-405-2019.

Walmsley, A., & Kersten, T. P. (2020). The Imperial Cathedral in Königslutter (Germany) as an Immersive Experience in Virtual Reality with Integrated 360° Panoramic Photography. *MDPI Journal Applied Sciences, 10*(4), 1–11. https://doi.org/10.3390/app10041517.

Walter, F., Marg, S., Geiges, L., & Butzlaff, F. (Hrsg.). (2013). *Die neue Macht der Bürger. Was motiviert die Protestbewegungen? (BP-Gesellschaftsstudie).* Rowohlt.

Walter, H., & Breckle, S.-W. (1991). *Spezielle Ökologie der tropischen und subtropischen Zonen* (2. Aufl.). Fischer.

Walter, M. (2005). Probleme der Stadtplanung in Polen. In U. Altrock, S. Güntner, S. Huning, & D. Peters (Hrsg.), *Zwischen Anpassung und Neuerfindung. Raumplanung und Stadtentwicklung in den Ländern der EU-Osterweiterung* (Planungsrundschau, Bd. 11, 211–220). Springer VS.

Ward Thompson, C. (2011). Linking landscape and health: The recurring theme. *Landscape and Urban Planning, 99*(3–4), 187–195. https://doi.org/10.1016/j.landurbplan.2010.10.006.

Ward Thompson, C. (2017). Landscape and Health. In A. van den Brink, D. Bruns, H. Tobi, & S. Bell (Hrsg.), *Research in Landscape Architecture. Methods and methodology* (S. 120–235). Routledge.

Wardenga, U. (1989). Wieder einmal: „Geographie heute?". Zur disziplinhistorischen Charakteristik einiger Verlaufsmomente in der Geographiegeschichte. In P. Sedlacek (Hrsg.), *Programm und Praxis qualitativer Sozialgeographie* (Wahrnehmungsgeographische Studien, Bd. 6, S. 21–27). BIS.

Wardenga, U. (1996). Von der Landeskunde zur „Landeskunde". In G. Heinritz, G. Sandner & R. Wießner (Hrsg.), *Der Weg der deutschen Geographie. Rückblick und Ausblick* (50. Deutscher Geographentag, Bd. 4, S. 132–141). Steiner.

Wardenga, U. (2001). Theorie und Praxis der länderkundlichen Forschung und Darstellung in Deutschland. In F.-D. Grimm & U. Wardenga (Hrsg.), *Zur Entwicklung des länderkundlichen Ansatzes (Beiträge zur Regionalen Geographie* (Bd. 53, S. 9–35). Selbstverlag.

Wardenga, U. (2001b). Zur Konstruktion von ‚Raum' und ‚Politik' in der Geographie des 20. Jahrhunderts. In P. Reuber & G. Wolkersdorfer (Hrsg.), *Politische Geographie. Handlungsorientierte Ansätze und Critical Geopolitics* (Heidelberger geographische Arbeiten, Bd. 112, S. 17–32). Selbstverlag des Geographischen Instituts der Universität Heidelberg.

Wardenga, U. (2002). Alte und neue Raumkonzepte für den Geographieunterricht. *Geographie heute, 23*(200), 8–11.

Wardenga, U. (2005). „Kultur" und historische Perspektive in der Geographie. *Geographische Zeitschrift, 93*(1), 17–32.

Wardenga, U. (2006). German Geographical Thought and the Development of *Länderkunde*. *Inforgeo, 18*, 127–147.

Wardenga, U. (2006b). Raum- und Kulturbegriffe in der Geographie. In M. Dickel & D. Kanwischer (Hrsg.), *TatOrte. Neue Raumkonzepte didaktisch inszeniert* (Praxis Neue Kulturgeographie, Bd. 3, S. 21–47). LIT.

Warnke, M. (1992). *Politische Landschaft. Zur Kunstgeschichte der Natur.* Hanser.

Wartmann, F. M., & Mackaness, W. A. (2020). Describing and mapping where people experience tranquillity. An exploration based on interviews and Flickr photographs. *Landscape Research 45* (5), 662–681. doi:https://doi.org/10.1080/01426397.2020.1749250.

Waterton, E. (2013). Landscape and non-representational theories. In P. Howard, I. Thompson, & E. Waterton (Hrsg.), *The Routledge Companion to Landscape Studies* (S. 66–75). Routledge.

Wayand, G. (1998). Pierre Bourdieu: Das Schweigen der Doxa aufbrechen. In P. Imbusch (Hrsg.), *Macht und Herrschaft. Sozialwissenschaftliche Konzeptionen und Theorien* (S. 221–237). VS Verlag für Sozialwissenschaften.

WCED World Commission on Environment and Development. (1987). *Report of the World Commission on Environment and Development: Our Common Future*. Oxford University Press.

Weber, F. (2013). *Soziale Stadt – Politique de la Ville – Politische Logiken. (Re-)Produktion kultureller Differenzierungen in quartiersbezogenen Stadtpolitiken in Deutschland und Frankreich*. Springer VS.

Weber, F. (2015). Diskurs – Macht – Landschaft. Potenziale der Diskurs- und Hegemonietheorie von Ernesto Laclau und Chantal Mouffe für die Landschaftsforschung. In S. Kost & A. Schönwald (Hrsg.), *Landschaftswandel – Wandel von Machtstrukturen* (S. 97–112). Springer VS.

Weber, F. (2016). Extreme Stadtlandschaften: Die französischen ‚banlieues'. In S. Hofmeister & O. Kühne (Hrsg.), *StadtLandschaften. Die neue Hybridität von Stadt und Land* (S. 85–109). Springer VS.

Weber, F. (2017). Landschaftsreflexionen am Golf von Neapel. *Déformation professionnelle*, Meer-Stadtlandhybride und Atmosphäre. In O. Kühne, H. Megerle, & F. Weber (Hrsg.), *Landschaftsästhetik und Landschaftswandel* (RaumFragen: Stadt – Region – Landschaft, S. 199–214). Springer VS.

Weber, F. (2018). *Konflikte um die Energiewende. Vom Diskurs zur Praxis*. Springer VS.

Weber, F. (2019). Diskurstheoretische Landschaftsforschung. In O. Kühne, F. Weber, K. Berr, & C. Jenal (Hrsg.), *Handbuch Landschaft* (S. 105–117). Springer VS.

Weber, F. (2020). Über Tage' – das Saarpolygon als Anker sich wandelnder Altindustrielandschaften im Saarland. In R. Duttmann, O. Kühne, & F. Weber (Hrsg.), *Landschaft als Prozess* (S. 377–402). Springer VS.

Weber, F., Jenal, C., & Kühne, O. (2016). Facetten und Sichtweisen zur Gewinnung mineralischer Rohstoffe. *GesteinsPerspektiven* (3/2016), 42–47. https://www.yumpu.com/de/document/view/55524914/gp-gesteinsperspektiven-03-16. Zugegriffen: 20. Feb. 2018.

Weber, F., Jenal, C., Roßmeier, A., & Kühne, O. (2017). Conflicts around Germany's *Energiewende*: Discourse patterns of citizens' initiatives. *Quaestiones Geographicae, 36*(4), 117–130. https://doi.org/10.1515/quageo-2017-0040.

Weber, F., & Kühne, O. (2015). Bausteine der Regionalentwicklung – eine Einführung. In O. Kühne & F. Weber (Hrsg.), *Bausteine der Regionalentwicklung* (S. 1–10). Springer VS.

Weber, F., & Kühne, O. (2016). Räume unter Strom. Eine diskurstheoretische Analyse zu Aushandlungsprozessen im Zuge des Stromnetzausbaus. *Raumforschung und Raumordnung 74* (4), 323–338. doi:https://doi.org/10.1007/s13147-016-0417-4.

Weber, F., & Kühne, O. (2019). Essentialistische Landschafts- und positivistische Raumforschung. In O. Kühne, F. Weber, K. Berr, & C. Jenal (Hrsg.), *Handbuch Landschaft* (S. 57–68). Springer VS.

Weber, F., Kühne, O., Jenal, C., Aschenbrand, E., & Artuković, A. (2018). *Sand im Getriebe. Aushandlungsprozesse um die Gewinnung mineralischer Rohstoffe aus konflikttheoretischer Perspektive nach Ralf Dahrendorf*. Springer VS.

Weber, F., Kühne, O., Jenal, C., Sanio, T., Langer, K., & Igel, M. (2016). Analyse des öffentlichen Diskurses zu gesundheitlichen Auswirkungen von Hochspannungsleitungen – Handlungsempfehlungen für die strahlenschutzbezogene Kommunikation beim Stromnetzausbau. Ressortforschungsbericht. https://doris.bfs.de/jspui/bitstream/urn:nbn:de:0221-2016050414038/3/BfS_2016_3614S80008.pdf. Zugegriffen: 31. Aug. 2020.

Weber, F., Roßmeier, A., Jenal, C., & Kühne, O. (2017). Landschaftswandel als Konflikt. Ein Vergleich von Argumentationsmustern beim Windkraft- und beim Stromnetzausbau aus diskurstheoretischer Perspektive. In O. Kühne, H. Megerle, & F. Weber (Hrsg.), *Landschaftsästhetik und Landschaftswandel* (RaumFragen: Stadt – Region – Landschaft, S. 215–244). Springer VS.

Weber, F., & Sautter, T. (2018 [2020 erschienen]). Zwischen dort und hier – eine explorative Annäherung an Landschaftskonstruktionsprozesse bei nach Deutschland Geflüchteten. *Berichte. Geographie und Landeskunde 92* (3–4), 251–266.

Weber, F., & Weber, F. (2015). „Die Stärken der Region herausarbeiten" – Von Idealvorstellungen der ,Regionalentwicklung' und Hindernissen, vor Ort'. In O. Kühne & F. Weber (Hrsg.), *Bausteine der Regionalentwicklung* (S. 169–178). Springer VS.

Weber, M. (1972 [1922]). *Wirtschaft und Gesellschaft. Grundriss der verstehenden Soziologie* (5., revidierte Auflage). Mohr Siebeck.

Weber, M. (1976 [1922]). *Wirtschaft und Gesellschaft. Grundriß der verstehenden Soziologie.* Mohr Siebeck.

Weber, M. (1988a). Die ,Objektivität' sozialwissenschaftlicher und sozialpolitischer Erkenntnis. In J. Winckelmann (Hrsg.), *Gesammelte Aufsätze zur Wissenschaftslehre* (S. 146–214). Mohr Siebeck.

Weber, M. (1988b). Parlament und Regierung im neugeordneten Deutschland. In J. Winckelmann (Hrsg.), *Gesammelte Politische Schriften von Max Weber* (5. Aufl., S. 306–443). Mohr Siebeck.

Weber, M. (2008). *Alltagsbilder des Klimawandels. Zum Klimabewusstsein in Deutschland.* VS Verlag für Sozialwissenschaften.

Weber, R. (2002). Extracting Value from the City: Neoliberalism and Urban Redevelopment. *Antipode – A Radical Journal of Geography 34* (3), 519–540.

Węcławowicz, G. (2016). Urban Development in Poland, from the Socialist City to the Post-Socialist and Neoliberal City. In V. Szirmai (Hrsg.), *„Artifical Towns" in the 21st Century. Social Polarisation in the New Town Regions of East-Central Europe* (S. 65–82). Centre for Social Sciences Hungarian Academy of Sciences.

Weichhart, P. (2008). *Entwicklungslinien der Sozialgeographie. Von Hans Bobek bis Benno Werlen* (Sozialgeographie kompakt, Bd. 1). Steiner.

Weichhart, P. (2018 [2020 erschienen]). Die Landschaft der Landschaften. *Berichte. Geographie und Landeskunde 92* (3–4), 203–216.

Weichhart, P. (2019). Heimat, raumbezogene Identität und Descartes' Irrtum. In M. Hülz, O. Kühne, & F. Weber (Hrsg.), *Heimat. Ein vielfältiges Konstrukt* (S. 53–66). Springer VS.

Weingart, P. (2003). *Wissenschaftssoziologie* (Einsichten). transcript.

Weingart, P., Engels, A., & Pansegrau, P. (2000). Risks of communication: Discourses on climate change inscience, politics, and the mass media. *Public understanding of science, 9*(3), 261–284.

Weingart, P., Engels, A., & Pansegrau, P. (2008). *Von der Hypothese zur Katastrophe. Der anthropogene Klimawandel im Diskurs zwischen Wissenschaft, Politik und Massenmedien* (2., leicht veränderte Auflage). Budrich.

Weis, M. (2008). *Methode zur Entwicklung von Landschaftsleitbildern mithilfe einer dynamischen Landschaftsmodellierung – erarbeitet am Fallbeispiel Hinterzarten im Hochschwarzwald.* Dissertation, Universität Freiburg.

Weiß, J. (2006). Wissenselite. In D. Tänzler, H. Knoblauch, & H.-G. Soeffner (Hrsg.), *Zur Kritik der Wissensgesellschaft* (S. 13–30). UVK.

Welsch, W. (1987). *Unsere postmoderne Moderne.* VCH Acta Humaniora.

Welsch, W. (1988). Einleitung. In W. Welsch (Hrsg.), *Wege aus der Moderne. Schlüsseltexte der Postmoderne-Diskussion* (S. 1–46). VCH Acta Humaniora.

Welsch, W. (1993). Das Ästhetische – eine Schlüsselkategorie unserer Zeit? In W. Welsch (Hrsg.), *Die Aktualität des Ästhetischen* (S. 13–47). Fink.

Welsch, W. (1993b). Städte der Zukunft. Philosophische Überlegungen. In Kulturkreis der Deutschen Wirtschaft im Bundesverband der Deutschen Industrie (Hrsg.), *Wohnen und Arbeiten. Städtebauliches Modellprojekt Schwerin-Lankow* (S. 12–18). Selbstverlag.

Welsch, W. (2006). *Ästhetisches Denken*. Reclam.

Werlen, B. (1995). *Sozialgeographie alltäglicher Regionalisierungen. Band 1: Zur Ontologie von Gesellschaft und Raum* (Erdkundliches Wissen Schriftenreihe für Forschung und Praxis, Bd. 116). Steiner.

Werlen, B. (1997). *Sozialgeographie alltäglicher Regionalisierungen. Band 2 Globalisierung, Region und Regionalisierung* (Erdkundliches Wissen Schriftenreihe für Forschung und Praxis, Bd. 119). Steiner.

Werlen, B. (2000). *Sozialgeographie. Eine Einführung*. Haupt.

Werlen, B., & Weingarten, M. (2005). Tun, Handeln, Strukturieren – Gesellschaft, Struktur, Raum. In M. Weingarten (Hrsg.), *Strukturierung von Raum und Landschaft. Konzepte in Ökologie und der Theorie gesellschaftlicher Naturverhältnisse* (S. 177–221). Westfälisches Dampfboot.

Wescoat, J. L. (2008). Introduction: Three Faces of Power in Landscape Change. In J. L. Wescoat & D. M. Johnston (Hrsg.), *Political Economies of Landscape Change. Places of Integrative Power* (The GeoJournal Library, Bd. 89, S. 1–25). Springer.

Wetherell, M., & Still, A. (1998). Realism and relativism. In R. Sapsford, A. Still, M. Wetherell, D. Miell, & R. Stevens (Hrsg.), *Theory and Social Psychology* (S. 99–114). SAGE Publications in association with the Open University.

White, M. G., & White, L. (1962). *The Intellectual versus the City. From Thomas Jefferson to Fran Lloyd Wright*. Harvard University Press; MIT Press.

Wicks, R. L. (2013). *European Aesthetics. A Critical Introduction from Kant to Derrida*. Oneworld Publications.

Widgren, M. (2004). Can landscapes be read? In H. Palang, H. Sooväli, M. Antrop, & G. Setten (Hrsg.), *European Rural Landscapes. Persistence and Change in a Globalising Environment* (S. 455–466). Kluwer Academic Publishers.

Widgren, M. (2006). Reading Property in the Landscape. *Norsk Geografisk Tidsskrift, 60*(1), 57–64.

Wiegandt, C.-C. (2017). Die Renaissance öffentlicher Räume – inszeniert und reglementiert. In W. Gamerith & U. Gerhard (Hrsg.), *Kulturgeographie der USA. Eine Nation begreifen* (S. 167–175). Springer Spektrum.

Wiesmüller, W. (2004). Natur und Landschaf in der österreichischen Lyrik seit 1945. In R. Battiston-Zuliani (Hrsg.), *Funktion von Natur und Landschaft in der österreichischen Literatur. Nature et paysages: un enjeu Autrichien* (Convergences, Bd. 30, S. 243–261). Lang.

Wightman, E. M. (1970). *Roman Trier and the Treveri*. PraegerPublishers.

Williams, R. (1973). *The Country And The City*. Oxford University Press.

Williamson, O. E. (1991). Comparative Economic Organization. The Analysis of Discrete Structural Alternatives. *Administrative Science Quarterly 36* (2), 269–296.

Wilson, D. (2004). Toward a contingent urban neoliberalism. *Urban Geography, 25*(8), 771–783.

Wilson, E. O. (1984). *Biophilia*. Harvard University Press.

Winchester, H. P. M., Kong, L., & Dunn, K. (2003). *Landscapes. Ways of imagining the world*. Routledge.

Winiwarter, V., & Knoll, M. (2007). *Umweltgeschichte. Eine Einführung* (UTB Geschichte, Naturwissenschaften, Bd. 2521). Böhlau.

Winkler, J. (2005). Raumzeitphänomenen Klanglandschaften. In V. Denzer, J. Hasse, K.-D. Kleefeld & U. Recker (Hrsg.), *Kulturlandschaft. Wahrnehmung – Inventarisation – regionale Beispiele* (Kulturlandschaft, Bd. 14, S. 77–88). Habelt.

Winter, K. (2014). Ansichtssache Stadtnatur. Zwischennutzungen und Naturverständnisse. Sozial- und Kulturgeographie. http://www.degruyter.com/search?f_0=isbnissn&q_0= 9783839430040&searchTitles=true.

Wöbse, H. H. (1994). *Schutz historischer Kulturlandschaften.* Inst. für Landschaftspflege u. Naturschutz, Univ. Hannover.

Wöbse, H.-H. (1999). Kulturlandschaft" und „historische Kulturlandschaft. *Informationen zur Raumentwicklung, 5,* 269–278.

Wöbse, H.-H. (2002). *Landschaftsästhetik. Über das Wesen, die Bedeutung und den Umgang mit landschaftlicher Schönheit.* Ulmer.

Wöhler, K. (2001). Pflege der Negation. Zur Produktion negativer Räume als Reiseauslöser. In A. G. Keul, R. Bachleitner, & H. J. Kagelmann (Hrsg.), *Gesund durch Erleben? Beiträge zur Erforschung der Tourismusgesellschaft* (2., korrigierte Auflage, S. 29–37). Profil.

Wohlwill, J. F. (1976). Environmental Aesthetics: The Environment as a Source of Affect. In I. Altman & J. F. Wohlwill (Hrsg.), *Human Behavior and Environment. Advances in Theory and Research.* (Bd. 1, S. 37–86). Springer US.

Wojtkiewicz, W. (2015). *Sinn – Bild – Landschaft. Landschaftsverständnisse in der Landschaftsplanung: eine Untersuchung von Idealvorstellungen und Bedeutungszuweisungen.* Technische Universität Berlin.

Wojtkiewicz, W., & Heiland, S. (2012). Landschaftsverständnisse in der Landschaftsplanung. Eine semantische Analyse der Verwendung des Wortes „Landschaft" in kommunalen Landschaftsplänen. *Raumforschung und Raumordnung, 70*(2), 133–145. doi:https://doi.org/10.1007/s13147-011-0138-7.

Wolch, J. R., Byrne, J., & Newell, J. P. (2014). Urban green space, public health, and environmental justice: The challenge of making cities 'just green enough'. *Landscape and Urban Planning, 125,* 234–244. https://doi.org/10.1016/j.landurbplan.2014.01.017.

Wolf, A. (2020). Landschaftskonflikte im Zuge der Energiewende: Die Windenergieanlagen von Wadgassen (Saarland). In R. Duttmann, O. Kühne, & F. Weber (Hrsg.), *Landschaft als Prozess* (S. 635–656). Springer VS.

Wolf, M. J. P., & Perron, B. (Hrsg.). (2014). *The Routledge Companion to Video Game Studies.* Routledge Taylor & Francis Group.

Wollrath, M. (2020). Invasive Planzenarten zwischen kontrastierenden Landschaftsverständnissen. In R. Duttmann, O. Kühne, & F. Weber (Hrsg.), *Landschaft als Prozess* (S. 537–555). Springer VS.

Wolsink, M. (2007). Planning of renewables schemes, Deliberative and fair decision-making on landscape issues instead of reproachful accusations of non-cooperation. *Energy Policy, 35*(5), 2692–2704. doi:https://doi.org/10.1016/j.enpol.2006.12.002.

Wolsink, M. (2018). Co-production in distributed generation: Renewable energy and creating space for fitting infrastructure within landscapes. *Landscape Research, 43*(4), 542–561. https://doi.org/10.1080/01426397.2017.1358360.

Wood, G. (1996). Regionale Geographie im Umbruch? Ansätze einer sozialwissenschaftlichen New Regional Geography im angelsächsischen Sprachraum. *Berichte zur deutschen Landeskunde, 70*(1), 55–72.

Wood, G. (2003). Die postmoderne Stadt: Neue Formen der Urbanität im Übergang vom zweiten ins dritte Jahrtausend. In H. Gebhardt, P. Reuber, & G. Wolkersdorfer (Hrsg.), *Kulturgeographie. Aktuelle Ansätze und Entwicklungen* (Spektrum Lehrbuch, S. 131–148). Spektrum Akademischer Verlag.

Wood, G. (2012). Zur Bedeutung von Images in der Entwicklung von Altindustrieregionen. Das Beispiel Ruhrgebiet. *Metropolis und Region 8,* 129–140.

World Health Organization. (2006 [1946]). Constitution of the World Health Organization. Basic Documents. http://www.who.int/governance/eb/who_constitution_en.pdf. Zugegriffen: 17. Mai 2017.

Wormbs, B. (1996). Über den Umgang mit Natur [1976]. In G. Gröning (Hrsg.), *Landschaftswahrnehmung und Landschaftserfahrung (Arbeiten zur sozialwissenschaftlich orientierten Freiraumplanung* (S. 243–257). LIT.

Wragg, A. (2000). Towards Sustainable Landscape Planning. Experiences from the Wye Valley Area of Outstanding Natural Beauty. *Landscape Research, 25*(2), 183–200.

Wright, J. D., Donley, A. M., Gualtieri, M. C., & Strickhouser, S. M. (2016). Food Deserts: What is the Problem? What is the Solution? *Society, 53*(2), 171–181. doi:https://doi.org/10.1007/s12115-016-9993-8.

Wunderlich, F. M. (2010). The Aesthetics of Place-temporality in Everyday Urban Space. The Case of Fitzroy Square. In T. Edensor (Hrsg.), *Geographies of rhythm. Nature, place, mobilities and bodies*. Routledge, Taylor & Francis Group.

Wyckoff, W. (2010). Imposing Landscapes of Private Power and Wealth. In M. P. Conzen (Hrsg.), *The Making of the American Landscape* (2. Aufl., S. 381–402). Routledge.

Wylie, J. (2005). A single day's walking: Narrating self and landscape on the South West Coast Path. *Transactions of the Institute of British Geographers, 30*(2), 234–247. https://doi.org/10.1111/j.1475-5661.2005.00163.x.

Wylie, J. (2007). *Landscape*. Routledge.

Wylie, J. (2015). Poststructuralist Approaches: Deconstruction and Discourse Analysis. In S. C. Aitken & G. Valentine (Hrsg.), *Approaches to Human Geography. Philosophies, Theories, People and Practices* (2. Aufl., S. 373–384). SAGE.

Yasmeen, G. (1996). *Bangkok's foodscape : public eating, gender relations and urban change*. Dissertation, University of British Columbia. Vancouver. https://open.library.ubc.ca/cIRcle/collections/ubctheses/831/items/1.0088160. Zugegriffen: 30. März 2021.

Zahavi, D. (2007). *Phänomenologie für Einsteiger*. UTB; Fink.

Zapatka, C. (1995). *The American Landscape*. Princeton Architectural Press.

Zepp, H. (2020). Das Neue Emschertal. Transformation von Freiräumen und Veränderung von Ökosystemleistungen während der letzten 200 Jahre. In R. Duttmann, O. Kühne, & F. Weber (Hrsg.), *Landschaft als Prozess* (S. 327–360). Springer VS.

Zhang, K., Zhao, J., & Bruns, D. (2013). Landschaftsbegriffe in China. In D. Bruns & O. Kühne (Hrsg.), *Landschaften: Theorie, Praxis und internationale Bezüge. Impulse zum Landschaftsbegriff mit seinen ästhetischen, ökonomischen, sozialen und philosophischen Bezügen mit dem Ziel, die Verbindung von Theorie und Planungspraxis zu stärken* (S. 133–150). Oceano.

Zhao, J., LaFemina, P., Carr, J., Sajjadi, P., Wallgrün, J. O., & Klippel, A. (2020, März). *Learning in the Field: Comparison of Desktop, Immersive VirtualReality, and Actual Field Trips for Place-Based STEM Education*. IEEE Conference on Virtual Reality and 3D User Interfaces (VR), Atlanta. https://conferences.computer.org/vr-tvcg/2020/pdfs/VR2020-2f8MzUJjtCXG6Ue9RYFSN2/560800a893/560800a893.pdf. Zugegriffen: 2. März 2021.

Zierhofer, W. (1999). Geographie der Hybriden. *Erdkunde, 53*(1), 1–13.

Zierhofer, W. (2003). Natur – das Andere der Kultur? Konturen einer nicht-essentialistischen Geographie. In H. Gebhardt, P. Reuber, & G. Wolkersdorfer (Hrsg.), *Kulturgeographie. Aktuelle Ansätze und Entwicklungen* (Spektrum Lehrbuch, S. 193–212). Spektrum Akademischer.

Zimmermann, J. (1982). *Landschaft: Verwandelt, misshandelt: Mensch und Umwelt in nordrheinischen Ballungszentren*. Neusser.

Zimmermann, S. (2019). Filmlandschaft. In O. Kühne, F. Weber, K. Berr, & C. Jenal (Hrsg.), *Handbuch Landschaft* (S. 623–629). Springer VS.

Zink, M. (2006). Von den Elementen zur Landschaft. In K.-H. Spieß (Hrsg.), *Landschaften im Mittelalter* (S. 199–206). Steiner.

Zöller, R. (2015). *Was ist eigentlich Heimat? Annäherung an ein Gefühl.* Links.

Zube, E. H. (1984). Themes in landscape assessment theory. *Landscape Journal, 3*(2), 104–110.

Zube, E. H., & Pitt, D. G. (1981). Cross-cultural perceptions of scenic and heritage landscapes. *Landscape Planning, 8*(1), 69–87. https://doi.org/10.1016/0304-3924(81)90041-1.

Zukin, S. (2010). *Naked City. The death and Life of Authentic Urban Places.* Oxford University Press.

Zutz, A. (2015). Von der Ohnmacht über die Macht zur demokratischen Neuaushandlung. Die geschichtliche Herausbildung der Position des Planers zur Gewährleistung ‚Landschaftlicher Daseinsvorsorge'. In S. Kost & A. Schönwald (Hrsg.), *Landschaftswandel – Wandel von Machtstrukturen* (S. 65–94). Springer VS.